설지민 전공특수 2022학년도 연간 강좌 계획

강좌	강의 안내	교재
1~2월 기본이론반 [8주]	• 특수교육학 기본 내용을 기출 영역에 맞게 재편하여 알기 쉽게 구성 • 매 영역마다 마인드맵을 통해 각 영역별 구조화 틀 잡기	2021 설지민 특수교육학 1, 2
3~6월 각론반 [13주]	• 기출문제가 출제된 영역을 각론서를 통해 심도있게 이해하는 과정 • 매 영역마다 마인드맵을 통해 심화된 내용을 추가하여, 자신만의 마인드맵을 정리 • 객관형 기출문제를 통해 기출문제에 대한 이해도를 높이며, 문제풀이에 대한 접근을 높임	시중 교재 (개별 구입)
7~8월 기출문제 풀이 & 기출 변형 문제풀이반 [8주]	• 기출문제 풀이를 통해, 이해한 내용을 문제에 적용하는 기틀을 다지는 과정 • 객관형 기출과 서술형 기출을 함께 보면서 기출문제의 변천과 내용이 다양하게 변형되는 것을 익힘 • 기출변형문제를 직접 풀어보면서, 같은 내용이 변형이 되었을 때도 문제를 풀 수 있는지 점검해보고 기출내용 영역에 대한 자신의 이해도 점검 • 첨삭을 통해, 문제의 키워드와 답을 쓰는 요령을 학습	해커스임용 설지민 특수교육학 영역별 이론+기출문제 1, 2, 3(2판)
9~10월 영역별 모의고사 [7주]	• 기출확장 영역을 다루고, 심화내용을 학습 • 영역별 내용을 통해, 각 영역의 구조화를 공고히 만들어 백지인출의 기틀을 만듦 • 심화내용에 대한 문제를 직접 풀면서, 답을 작성하는 요령과 시간 내 문제를 풀고 답을 작성하는 시험시간에 대한 전략 학습 • 첨삭 진행	프린트
10월 영역별 모의고사 [3주]	• 마지막으로 전 영역을 한번에 구조화하여, 영역에 대한 정리 완성 • 서브노트가 아닌 마인드맵 형식으로, 인출할 수 있는 형태의 개념·내용·키워드를 통해 백지인출 연습 • 첨삭 진행	해커스임용 설지민 특수교육학 마인드맵(2판)
10~11월 파이널 모의고사 [4주]	• 전 영역 문제를 통해, 영역별 전환 연습 • 교육과정, 법에 대한 문제풀이를 통해 암기할 부분 확인 • 기출영역에 대한 오개념 재확인 • 실전문제 연습 • 시험시간과 같게 시간을 맞춰놓고 모의고사를 풀면서, 시험일 시간 배분 연습을 체득 • 첨삭 진행	프린트

※ 강의계획은 상황에 따라 변경될 수 있으며, 세부계획은 강좌별 수업계획서를 참조

해커스임용

설지민 특수교육학

영역별 이론+기출문제 2

해커스임용

설지민

약력

대구대학교 사범대학 중등특수교육전공 졸업
대구대학교 교육대학원 특수교육전공 졸업
구대학교 지체중복장애아 교육전공 박사과정 재학
스임용 특수교육 전임교수
학원 특수교육 전임강사
특수교육 전임강사

저서

해커스임용 설지민 특수교육학 영역별 이론 + 기출문제 1~3, 해커스패스
해커스임용 설지민 특수교육학 마인드맵, 해커스패스
설지민 특수교육학 기출풀이 STEP 1~3, 열린교육
설지민 특수교육학, 북이그잼
설지민 특수교육학 기출변형문제집 전3권, 북이그잼

저자의 말

안녕하세요. 설지민입니다.

〈해커스임용 설지민 특수교육학 영역별 이론+기출문제 2〉가 출간됩니다. 이 교재를 만드는 지금 시점이 새로운 시작이라는 생각이 들었습니다. 내용을 이해하는 단계에서 정답을 작성하는 단계로 전환하는 시점이기 때문이죠.

대부분의 선생님들께서 '기출문제'의 중요성은 알지만, 어떤 관점에서 왜 기출문제를 풀어야 하는지는 잘 모르시는 것 같습니다.

본 교재는 기출문제를 학습하는 선생님들의 학습 방향을 설정해주는 교재입니다. 각 영역별로 알아야 할 최소한의 핵심이론과 관련 개념의 기출문제를 묶어서 배치하였습니다. 각 개념이 어떤 문제로 나오는지, 같은 개념이라도 얼마나 다양한 문제 유형으로 등장했는지를 더욱 쉽게 파악할 수 있습니다. 또한, 정답과 해설을 나누어 작성하여 개념 중 어떤 부분을 우선적으로 보면 좋을지도 알 수 있습니다.

본 교재로 기출문제를 좀 더 효과적으로 학습하시려면,

첫째, 기출문제에 나온 개념을 확인해야 합니다. 본 교재는 영역별로 기출문제를 분석하여, 각 영역마다 어떤 개념이 출제되었는지, 어떤 문제 유형이 출제되었는지 확인할 수 있습니다. 단순히 개념을 알면 문제를 풀 수 있다는 생각에서 벗어나서, 문제를 푸는 적용을 위해 기출문제를 다각도로 분석해야 합니다. 어떤 개념이 어떤 유형으로 등장하는지 암기하면 문제풀이가 수월해집니다.

둘째, 정답을 알아야 합니다. 단순히 정답만 알아서는 안 되며, 문제와 정답을 연결하는 것이 필요합니다. 기출개념(예: 상황이야기)에 대한 질문(예: 지시문)과 핵심요소(예: 목적)가 무엇인지 확인해야 합니다. 방대한 특수교육학 이론의 우선적인 개념을 파악하고자 기출문제를 분석하는 것이므로, 기출문제의 핵심인 정답은 반드시 알아야 합니다. 개념의 단편적인 파악만으로는 문제풀이가 어렵기 때문에 교재의 모범답안과 자신의 답안을 비교하며 문제와 정답을 연결하는 연습도 중요합니다.

셋째, 기출문제를 자세히 읽어야 합니다. 우리는 기출문제를 풀 때 정답보다는 정답의 개념을 먼저 떠올립니다. 그러나 정답은 개념 중에서도 세부 개념을 묻기 때문에, 포괄적인 개념만 알아서는 답안 작성이 어렵습니다. 답안을 작성하려면 문제에서 정확한 조건을 찾아야 합니다. 특정 조건에서 세부 개념의 단서를 찾고 답안을 작성할 수 있기 때문에 문제를 여러 번 풀어보며 조건을 찾는 연습이 중요합니다. 처음 기출문제를 풀 때는 개념에만 초점이 맞춰지므로, 반복적으로 학습해야 합니다.

더운 여름날, 특수교사가 되기 위해 땀 흘리고 계신 선생님의 공부에 조금이나마 도움이 되었으면 합니다. 코로나와 날씨, 여러 어려운 상황이 이어질 수 있지만 우리를 보며 배시시 웃어줄 아이들을 위해 조금만 더 참아봅시다. 사고를 치면 한 대 쥐어박아주고 싶을 때도 있지만, 사심 없이 웃어주는 아이들이잖아요.

무더운 여름 슬기롭게 잘 헤쳐 나가길 바랍니다. 남은 수험기간 동안 힘내십시오.

설지민 Dream

목차

제7장 정서 · 행동장애

제8장 자폐성장애

이 책의 활용법

1 '기출문제 바로 찾기'로 필요한 문제 위치 빠르게 확인하기

영역별 기출문제 바로 찾기

* '2021학년도 최신 기출문제'는 NEW로 표시했습니다.

5. 지적장애

절	영역	세부 영역	교재 내 번호	기출문제 정보	페이지
지적장애 개관	• 지적장애의 정의 • 예방 및 원인	AAIDD 11차 정의	01	객관식 2013학년도 중등 23번	p.31
		AAIDD 지원체계, 필수적 가정	02	서답형 (추) 2013학년도 중등 A 5번 1), 3)	p.32
		AAIDD 지원체계	03	객관식 2010학년도 초등 7번	p.33
		인간 기능성의 개념적 틀	04	서답형 2016학년도 중등 A 3번	p.33
		적응행동 영역	05	객관식 2009학년도 초등 19번	p.34
		적응행동 영역	06	객관식 2010학년도 중등 13번	p.34
		적응행동 영역	07	서답형 2021학년도 중등 B 4번 NEW	p.35
		적응행동 영역, 지원 유형	08	객관식 2011학년도 중등 16번	p.36
		지원 방법	09	서답형 2019학년도 중등 A 5번	p.36
		적응행동 영역	10	논술형 2014학년도 중등 B 1번	p.37
		지원 모델	11	서답형 2020학년도 중등 A 4번	p.38

영역별 기출문제 쉽게 확인 가능

각 영역에 수록된 기출문제의 정보와 교재 내 페이지를 표로 정리하여 수록했습니다. 모든 기출문제의 세부 영역과 기출정보(학년도, 분야, 문항번호), 문제가 속한 페이지를 편리하게 확인할 수 있습니다.

원하는 문제의 위치 바로 찾기

교재 학습 전/후로 기출문제 정보가 필요할 때 간편하게 찾을 수 있습니다. 직전 연도 기출문제에 별도 표시하여 최근 기출문제가 어떤 영역에서 출제되었는지 확인하고, 최신 기출경향도 쉽게 파악할 수 있습니다.

2 '기출경향 및 학습TIP'으로 학습 준비하기

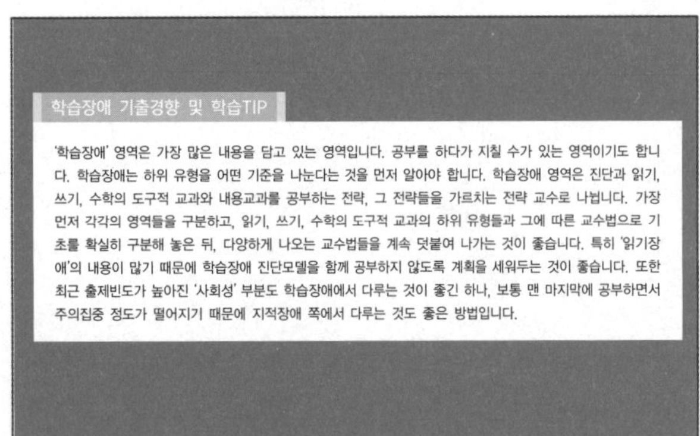

학습장애 기출경향 및 학습TIP

'학습장애' 영역은 가장 많은 내용을 담고 있는 영역입니다. 공부를 하다가 지칠 수가 있는 영역이기도 합니다. 학습장애는 하위 유형을 어떤 기준을 나눈다는 것을 먼저 알아야 합니다. 학습장애 영역은 진단과 읽기, 쓰기, 수학의 도구적 교과와 내용교과를 공부하는 전략, 그 전략들을 가르치는 전략 교수로 나뉩니다. 가장 먼저 각각의 영역들을 구분하고, 읽기, 쓰기, 수학의 도구적 교과의 하위 유형들과 그에 따른 교수법으로 기초를 확실히 구분해 놓은 뒤, 다양하게 나오는 교수법들을 계속 덧붙여 나가는 것이 좋습니다. 특히 '읽기장애'의 내용이 많기 때문에 학습장애 진단모델을 함께 공부하지 않도록 계획을 세워두는 것이 좋습니다. 또한 최근 출제빈도가 높아진 '사회성' 부분도 학습장애에서 다루는 것이 좋긴 하나, 보통 맨 마지막에 공부하면서 주의집중 정도가 떨어지기 때문에 지적장애 쪽에서 다루는 것도 좋은 방법입니다.

각 장 도입부에 기출경향 및 학습TIP 제공

교수님의 다년간 노하우를 담은 기출경향과 학습전략을 통해 영역별 학습방향을 올바르게 설정하여 효과적인 학습이 가능합니다.

영역별 중요 개념 파악 완료

학습에 본격적으로 임하기 전, 해당 영역에서 필수적으로 학습해야 하는 우선순위 개념과 각 영역의 기출 특징을 참고하면 중요 개념에 더욱 쉽게 접근할 수 있습니다.

3 전 영역을 구조화한 마인드맵으로 인출 연습하기

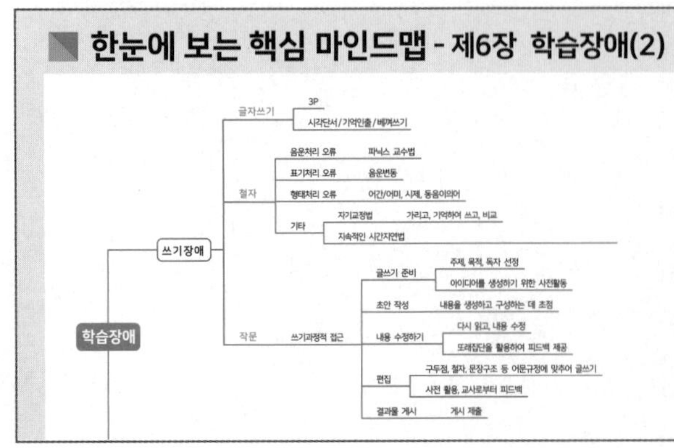

체계적으로 구조화한 마인드맵

영역별 핵심 키워드와 실제 시험에 나오는 기출개념 키워드를 마인드맵 형식으로 구조화하여, 학습자가 각 영역의 중요 키워드를 정리하고자 할 때 가이드라인이 되어줍니다.

빈출 키워드 인출 연습 가능

이론 학습 전 마인드맵을 키워드 위주로 훑어보면서 이론의 전반적인 흐름을 파악하고, 이론 학습 후 마인드맵의 주요 키워드만 가리고 백지인출 연습을 해보면서 서답형 시험을 더욱 효과적으로 준비할 수 있습니다.

영역별 이론과 기출문제를 한 번에 학습하기

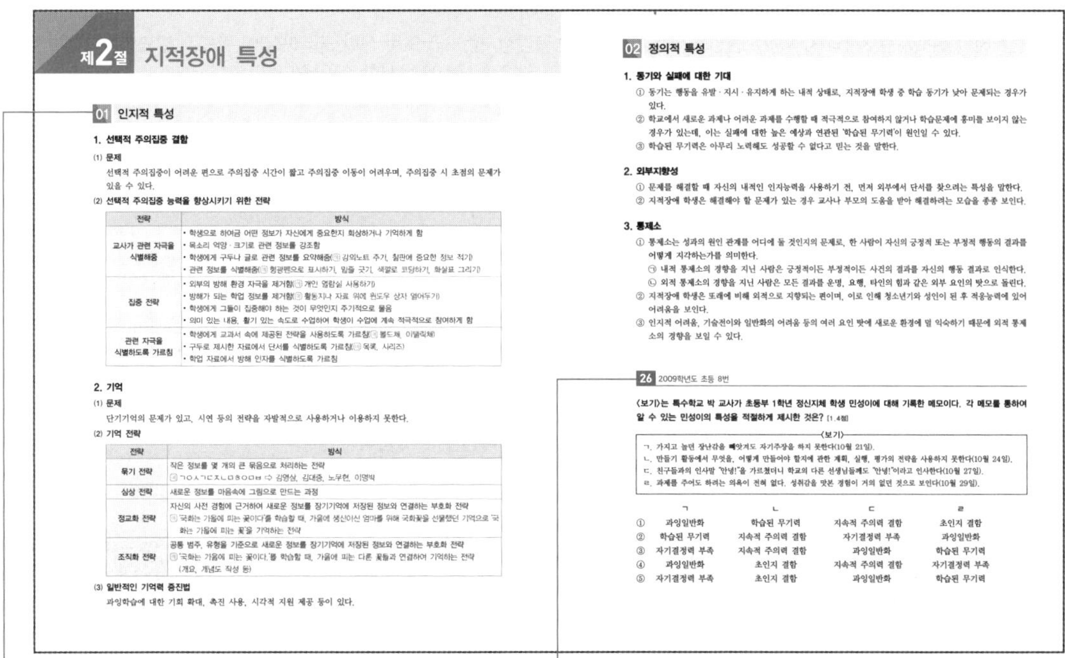

제2절 지적장애 특성

01 인지적 특성

1. 선택적 주의집중 결함

(1) 문제

선택적 주의집중이 어려운 편으로 주의집중 시간이 짧고 주의집중 이동이 어려우며, 주의집중 시 초점의 문제가 있을 수 있다.

(2) 선택적 주의집중 능력을 향상시키기 위한 전략

전략	방식
교사가 관련 자극을 식별해줌	• 학생으로 하여금 어떤 정보가 자신에게 중요한지 회상하거나 기억하게 함 • 목소리 억양·크기로 관련 정보를 강조함 • 학생에게 구두나 글로 관련 정보를 요약해줌(예 강의노트 주기, 칠판에 중요한 정보 적기) • 관련 정보를 식별해줌(예 형광펜으로 표시하기, 밑줄 긋기, 색깔로 코딩하기, 화살표 그리기)
집중 전략	• 외부의 방해 환경 자극을 제거함(예 개인 열람실 사용하기) • 방해가 되는 학업 정보를 제거함(예 활동지나 자료 위에 윈도우 상자 얹어두기) • 학생에게 그들이 집중해야 하는 것이 무엇인지 주기적으로 물음 • 의미 있는 내용, 활기 있는 속도로 수업하여 학생이 수업에 계속 적극적으로 참여하게 함
관련 자극을 식별하도록 가르침	• 학생에게 교과서 속에 제공된 전략을 사용하도록 가르침(예 볼드체, 이탤릭체) • 구두로 제시한 자료에서 단서를 식별하도록 가르침(예 목록, 시리즈) • 학업 자료에서 방해 인자를 식별하도록 가르침

2. 기억

(1) 문제

단기기억의 문제가 있고, 시연 등의 전략을 자발적으로 사용하거나 이용하지 못한다.

(2) 기억 전략

전략	방식
묶기 전략	작은 정보를 몇 개의 큰 묶음으로 처리하는 전략 예 ㄱㅇㅅㄱㄷㅈㄴㅁㅎㅇㅁㅂ ⇨ 김영삼, 김대중, 노무현, 이명박
심상 전략	새로운 정보를 마음속에 그림으로 만드는 과정
정교화 전략	자신의 사전 경험에 근거하여 새로운 정보를 장기기억에 저장된 정보와 연결하는 부호화 전략 예 '국화는 가을에 피는 꽃이다'를 학습할 때, 가을에 생신이신 엄마를 위해 국화꽃을 선물했던 기억으로 '국화는 가을에 피는 꽃'을 기억하는 전략
조직화 전략	공통 범주, 유형을 기준으로 새로운 정보를 장기기억에 저장된 정보와 연결하는 부호화 전략 예 '국화는 가을에 피는 꽃이다.'를 학습할 때, 가을에 피는 다른 꽃들과 연결하여 기억하는 전략(개요, 개념도 작성 등)

(3) 일반적인 기억력 증진법

과잉학습에 대한 기회 확대, 촉진 사용, 시각적 지원 제공 등이 있다.

02 정의적 특성

1. 동기와 실패에 대한 기대

① 동기는 행동을 유발·지시·유지하게 하는 내적 상태로, 지적장애 학생 중 학습 동기가 낮아 문제되는 경우가 있다.
② 학교에서 새로운 과제나 어려운 과제를 수행할 때 적극적으로 참여하지 않거나 학습문제에 흥미를 보이지 않는 경우가 있는데, 이는 실패에 대한 높은 예상과 연관된 '학습된 무기력'이 원인일 수 있다.
③ 학습된 무기력은 아무리 노력해도 성공할 수 없다고 믿는 것을 말한다.

2. 외부지향성

① 문제를 해결할 때 자신의 내적인 인지능력을 사용하기 전, 먼저 외부에서 단서를 찾으려는 특성을 말한다.
② 지적장애 학생은 해결해야 할 문제가 있는 경우 교사나 부모의 도움을 받아 해결하려는 모습을 종종 보인다.

3. 통제소

① 통제소는 성과의 원인 관계를 어디에 둘 것인지의 문제로, 한 사람이 자신의 긍정적 또는 부정적 행동의 결과를 어떻게 지각하는가를 의미한다.
㉠ 내적 통제소의 경향을 지닌 사람은 긍정적이든 부정적이든 사건의 결과를 자신의 행동 결과로 인식한다.
㉡ 외적 통제소의 경향을 지닌 사람은 모든 결과를 운명, 요행, 타인의 힘과 같은 외부 요인의 탓으로 돌린다.
② 지적장애 학생은 또래에 비해 외적으로 지향되는 편이며, 이로 인해 청소년기와 성인이 된 후 적응능력에 있어 어려움을 보인다.
③ 인지적 어려움, 기술전이와 일반화의 어려움 등의 여러 요인 탓에 새로운 환경에 덜 익숙하기 때문에 외적 통제소의 경향을 보일 수 있다.

26 2009학년도 초등 8번

〈보기〉는 특수학교 박 교사가 초등부 1학년 정신지체 학생 민성이에 대해 기록한 메모이다. 각 메모를 통하여 알 수 있는 민성이의 특성을 적절하게 제시한 것은? [1.4점]

〈보기〉
ㄱ. 가지고 놀던 장난감을 빼앗겨도 자기주장을 하지 못한다(10월 21일).
ㄴ. 만들기 활동에서 무엇을, 어떻게 만들어야 할지에 관한 계획, 실행, 평가의 전략을 사용하지 못한다(10월 24일).
ㄷ. 친구들과의 인사말 "안녕!"을 가르쳤더니 학교의 다른 선생님들께도 "안녕!"이라고 인사한다(10월 27일).
ㄹ. 과제를 주어도 하려는 의욕이 전혀 없다. 성취감을 맛본 경험이 거의 없던 것으로 보인다(10월 29일).

	ㄱ	ㄴ	ㄷ	ㄹ
①	과잉일반화	학습된 무기력	지속적 주의력 결함	초인지 결함
②	학습된 무기력	지속적 주의력 결함	자기결정력 부족	과잉일반화
③	자기결정력 부족	지속적 주의력 결함	과잉일반화	학습된 무기력
④	과잉일반화	초인지 결함	지속적 주의력 결함	자기결정력 부족
⑤	자기결정력 부족	초인지 결함	과잉일반화	학습된 무기력

영역별 핵심이론

학습해야 할 범위가 방대한 특수교육학 이론을 영역별 핵심 기출개념 위주로 정리하여 효율적으로 학습할 수 있습니다. 또한 이론 학습에 도움이 되는 관련 개념(참고)과 심화 개념(핵심 플러스)의 설명을 더해 연계학습도 용이합니다.

2009~2021학년도 기출문제

2009~2021학년도 유·초·중등 기출문제를 관련 이론과 함께 수록하여, 이론 학습 후 바로 실전 문제풀이가 가능합니다. 기출문제에 기출연도, 분야, 문항번호, 배점 등을 표기하여 현재 학습하는 문제의 기출 정보도 편리하게 확인할 수 있습니다.

모든 문제에 대한 정답 · 해설로 이론 보충하기

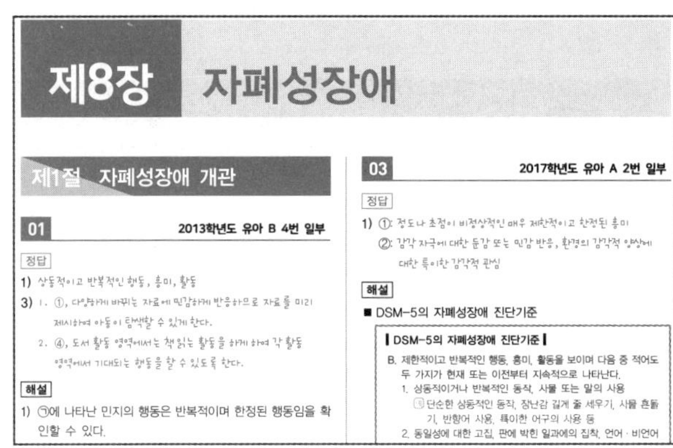

제8장 자폐성장애

제1절 자폐성장애 개관

01 2013학년도 유아 B 4번 일부

정답

1) 상동적이고 반복적인 행동, 흥미, 활동
3) 1. ①, 다양하게 바뀌는 자료에 민감하게 반응하므로 자료를 미리 제시하여 아동이 탐색할 수 있게 한다.
2. ④, 도서 활동 영역에서는 책 읽는 활동을 하게 하여 각 활동 영역에서 기대되는 행동을 할 수 있도록 한다.

해설

1) ㉠에 나타난 민지의 행동은 반복적이며 한정된 행동임을 확인할 수 있다.

03 2017학년도 유아 A 2번 일부

정답

1) ①: 정도나 초점이 비정상적인 매우 제한적이고 한정된 흥미
②: 감각 자극에 대한 둔감 또는 민감 반응, 환경의 감각적 양상에 대한 특이한 감각적 관심

해설

■ DSM-5의 자폐성장애 진단기준

| DSM-5의 자폐성장애 진단기준 |

B. 제한적이고 반복적인 행동, 흥미, 활동을 보이며 다음 중 적어도 두 가지가 현재 또는 이전부터 지속적으로 나타난다.
1. 상동적이거나 반복적인 동작, 사물 또는 말의 사용
예 단순한 상동적인 동작, 장난감 길게 줄 세우기, 사물 흔들기, 반향어 사용, 특이한 어구의 사용 등
2. 동일성에 대한 고집, 판에 박힌 일과에의 집착, 언어 · 비언어

전체 문제의 정답 · 해설 제시

모든 문제에 대한 정답·해설을 제시하여 기출문제 풀이 후 정답 확인과 관련 이론의 복습이 가능합니다.

서답형 문제 모범답안 제공

교수님이 직접 작성한 서답형 문제의 모범답안을 수록하여 기출문제에 대한 자신의 답안을 모범답안과 비교해보고 부족한 부분을 보충할 수 있습니다.

특수 임용 시험안내

* 임용시험에 관한 자세한 정보는 시·도 교육청 및 시험별로 상이하므로, 응시하고자 하는 시험의 시·도 교육청 홈페이지의 공고문을 꼭 확인하세요.

1. 임용시험이란?

- 임용시험은 '교사 임용후보자 선정 경쟁시험'의 준말로, 교사로서의 전문적인 능력을 평가하여 공립(국, 사립) 유치원·초등학교·중등학교 교사를 선발하는 시험입니다.
- 임용시험에 응시하기 위해서는 2개의 자격증(교원임용자격증, 한국사능력검정시험 3급 또는 심화 3급 이상)이 반드시 필요합니다.
- 임용시험은 유·초등과 중등이 각각 1년에 한 번 진행되며, 1차 시험 합격 시 2차 시험에 응시할 수 있습니다.
- 임용시험은 1차 시험과 2차 시험으로 나누어져 있습니다.

2. 시험 유형 및 배점

- 1차 시험은 기입형·서술형·논술형으로 구성된 필기시험이며, 2차 시험은 수업실연 및 면접 등으로 구성된 실기시험입니다.
- 1차 시험의 성적이 각 과목별 해당 배점의 40% 미만인 경우 과락으로 2차 시험에 응시할 수 없습니다.
- 부득이한 사정으로 2차 시험에 응시하지 못하거나 불합격한 경우, 다음 연도에 다시 1차 시험부터 응시해야 합니다.
- 최종 점수는 '1차+2차 시험 성적'을 합산하여 점수가 높은 사람부터 차례로 최종 합격자가 결정됩니다.
- 1차 시험 성적은 1차 합격자 발표일에, 2차 시험 성적은 최종 합격자 발표일에 확인할 수 있습니다.

1) 1차 시험

구분	유·초등 특수교사 임용시험					중등 특수교사 임용시험				
교시 (출제 분야)	1교시 (교직논술)	2교시 (교육과정 A)		3교시 (교육과정 B)		1교시 (교육학)	2교시 (전공 A)		3교시 (전공 B)	
시험 시간	60분 (09:00~10:00)	70분 (10:40~11:50)		70분 (12:30~13:40)		60분 (09:00~10:00)	90분 (10:40~12:10)		90분 (12:50~14:20)	
문항 유형	**논술형**	**기입형**	**서술형**	**기입형**	**서술형**	**논술형**	**기입형**	**서술형**	**기입형**	**서술형**
문항 수	**1문항**	**16문항 내외**				**1문항**	**4문항**	**8문항**	**2문항**	**9문항**
문항당 배점	20점	80점				20점	2점	4점	2점	4점
교시별 배점	20점	80점				20점	40점		40점	
총 배점	100점					100점				

- 기입형: 주로 풀이과정을 작성하라는 별도의 지침 없이, 단답으로 답안을 작성하는 방식(= 단답형)
- 서술형: 2~3가지의 답이 이어지도록 문장의 형태로 답안을 작성하는 방식
- 논술형: '서론 – 본론 – 결론'이 전체적으로 이어지는 하나의 틀을 가지고 답안을 작성하는 방식

2) 2차 시험

구분	유·초등 특수교사 임용시험	중등 특수교사 임용시험
시험 과목	교직적성 심층면접, 집단토의 교수·학습 과정안 작성, 수업실연	교직적성 심층면접, 집단토의 교수·학습 지도안 작성, 수업실연
시험 시간	시·도 교육청 결정	시·도 교육청 결정
총 배점	100점	100점

* 2차 시험은 시·도별로 시험 과목, 출제 범위 및 내용이 다르므로, 응시하고자 하는 시·도 교육청 홈페이지의 공고문을 꼭 확인하세요.

3. 1차 시험 출제 범위 및 시험 과목

구분	유·초등 특수교사 임용시험		중등 특수교사 임용시험	
출제 범위 및 시험 과목	교직논술	특수학교 교직·교양 전 영역	교육학	교육학개론, 교육철학 및 교육사, 교육과정, 교육평가, 교육방법 및 교육공학, 교육심리, 교육사회, 교육행정 및 교육경영, 생활지도 및 상담
	교육과정 A, B	특수교육학, 유·초등 특수교육 교육과정, 유·초등 교육과정 전 영역	전공 A, B	교과교육학, 교과내용학 ⓐ 교과교육학: 교과교육학(론)과 임용시험 시행 공고일 현재까지 국가(교육부 등)에 의해 고시되어 있는 총론 및 교과 교육과정까지 ⓑ 교과내용학: 교과교육학(론)을 제외한 과목
기타	「장애인 등에 대한 특수교육법」(법, 시행령, 시행규칙)			

4. 응시원서 접수 안내

1) 응시원서 접수 방법

- 응시원서는 시·도 교육청별 온라인 채용시스템을 통하여 인터넷으로만 접수가 가능하며, 방문/우편 접수는 불가합니다.
- 접수기간 내에는 24시간 접수하며, 접수마감일은 18:00까지 접수가 가능합니다.
- 응시원서 접수 마감시간에 임박하면 지원자의 접속 폭주로 인하여 사이트가 다운되거나 속도가 저하되는 등 마감시간까지 접수를 완료하지 못할 수 있으므로 미리 접수하는 것이 좋습니다.
- 응시원서 최종 접수 결과는 각 시·도 교육청 홈페이지에서 확인할 수 있습니다.

2) 접수 준비물

한국사능력검정시험 3급 또는 심화 3급 이상	• 국사편찬위원회에서 주관하는 한국사능력검정시험의 3급 또는 심화 3급 이상 시험 성적이 필요함 • 유·초등의 경우, 1차 시험 합격자 결정일 전날까지 점수가 발표된 시험 중 인증등급(3급 또는 심화 3급) 이상인 시험 성적에 한하여 인정함 • 중등의 경우, 1차 시험 예정일 전까지 취득한 인증등급(3급 또는 심화 3급) 이상인 인증서에 한하여 인정함 ※ 한국사능력검정시험 급수체계 개편에 따라 제46회 시험 이전 응시자는 3급, 제47회 시험 이후 응시자는 심화 3급의 인증등급이 필요함 ※ 2022학년도 중등교사 임용시험의 경우 2016.1.1 이후 실시된 한국사능력검정시험까지의 성적에 한함 • 응시원서 접수 전 인증등급 취득자는 응시원서에 합격등급, 인증번호, 인증(합격)일자 등을 정확히 기재해야 함 • 인증등급 취득 예정자는 응시원서에 응시예정등급, 원서접수번호를 정확히 기재해야 하며, 미취득자는 결시로 처리함(응시수수료 환불 불가) ※ 시험 시행 공고문에 취득 예정 인정 회차가 기재되어 있으므로 참고하여 응시원서 접수해야 함
사진	• 최근 6개월 이내 촬영한 3.5cm × 4.5cm의 여권용 컬러 증명사진 • 파일은 jpg, gif, jpeg, png로 된 30KB 이상 100KB 이내 사이즈여야 함
응시료	시·도 교육청별로 상이함

* 스캔파일 제출 대상자는 원서 접수 시 입력한 내용과 동일한 각종 증명서류를 반드시 파일 첨부로 제출해야 합니다.
* 교원자격증 또는 교원자격취득예정증명서는 1차 합격자 발표 이후 합격자에 한해서만 제출합니다.

⚠ **응시원서 중복 지원 금지:** 아래 17개 시·도 교육청 중 본인이 응시하길 원하는 1개의 지역에만 지원 가능합니다.
서울특별시 교육청, 부산광역시 교육청, 대구광역시 교육청, 인천광역시 교육청, 광주광역시 교육청, 대전광역시 교육청, 울산광역시 교육청, 경기도 교육청, 강원도 교육청, 충청북도 교육청, 충청남도 교육청, 전라북도 교육청, 전라남도 교육청, 경상북도 교육청, 경상남도 교육청, 제주특별자치도 교육청, 세종특별자치시 교육청

특수 임용 시험 미리보기

1. 1차 시험 진행 순서

시험장 가기 전

- 수험표, 신분증, 검은색 펜, 수정테이프, 아날로그(바늘시계) 손목시계를 반드시 준비합니다.
  (전자시계, 탁상시계 및 휴대전화는 반입 불가)
- 중식시간 없이 시험이 진행되므로, 필요할 경우 간단한 간식(또는 개인도시락) 및 음용수를 준비합니다.

참고
- 유효 신분증: 주민등록증, 운전면허증, 여권, 장애인등록증
- 수험표: 이면지를 사용하여 출력할 수 없고, 컬러로 출력해야 하며, 수험표 앞/뒷면에 낙서 및 메모 금지
- 검은색 펜: 답안지는 지워지거나 번지지 않는 동일한 종류의 검은색 필기구만을 사용해야 하며, 연필 또는 사인펜은 사용 불가

시험장(시험실) 도착 및 착석

- 시험 당일 정해진 입실 시간까지 입실 완료하여 지정된 좌석에 앉아야 합니다.

참고 입실 시간이 상이하므로 시·도 교육청 홈페이지의 공고문을 꼭 확인하세요.

- 시험장 입구에서 선발과목 및 수험번호를 확인한 후 시험실 위치를 확인합니다.
- 시험실에 부착된 좌석배치도를 확인하여 착석합니다.

시험 준비 및 대기

- 매 교시 시험 시작 후에는 입실과 퇴실이 금지되므로, 화장실을 미리 다녀옵니다.

참고 부득이한 사정(생리현상 등)으로 시험 시간 중 불가피하게 퇴실할 경우, 해당 시험 시간 중 재입실이 불가하며, 시험 종료 시까지 시험관리본부 지정 장소에서 대기하여야 합니다.

- 시험실에 모든 전자기기(휴대전화, 태블릿 PC, 넷북, 스마트와치 등)를 포함한 소지(반입)금지물품을 반입한 경우, 전원을 끈 후 시험 시작 전에 감독관에게 제출합니다.
  (시험장 내에서 이를 사용 또는 소지할 경우 부정행위자로 간주하여 처분함)
- 소지품, 책 등은 가방 속에 넣어 지정된 장소에 두어야 합니다.
- 기타 보조기구(귀마개, 모자 등)의 착용은 불허합니다.

답안지 및 시험지 배부

- 감독관의 지시에 따라 시험지의 인쇄 상태를 확인합니다.
  (인쇄 상태 확인 후 시험 시작 전에 계속 시험지를 열람하는 행위는 부정행위로 간주됨)
- 감독관의 지시에 따라 답안지의 상단 부분을 작성합니다.

시험 시간

- 총 3교시로 나누어 시험이 진행됩니다.

구분	유·초등 특수교사 임용시험		중등 특수교사 임용시험	
시험시간	1교시 교직논술	09:00~10:00 (60분)	1교시 교육학	09:00~10:00 (60분)
	2교시 교육과정 A	10:40~11:50 (70분)	2교시 전공 A	10:40~12:10 (90분)
	3교시 교육과정 B	12:30~13:40 (70분)	3교시 전공 B	12:50~14:20 (90분)

- 정해진 시험 시간 안에 답안 작성까지 완료해야 하므로 시험 시간을 고려해가며 문제를 풀고 답안을 작성합니다.
- 시험 종료종이 울리면 답안지를 제출합니다.
  (시험지는 제출하지 않음)

쉬는 시간

- 총 2번의 쉬는 시간이 있습니다.

구분	유·초등 특수교사 임용시험		중등 특수교사 임용시험	
시험시간	1교시 후 쉬는 시간	10:00~10:40 (40분)	1교시 후 쉬는 시간	10:00~10:40 (40분)
	2교시 후 쉬는 시간	11:50~12:30 (40분)	2교시 후 쉬는 시간	12:10~12:50 (40분)

- 쉬는 시간에는 화장실을 다녀오거나, 준비해온 간식을 먹으며 휴식합니다.
- 다음 시험이 시작하기 전 미리 착석하여 대기합니다.

시험 종료

- 전체 시험이 종료되면 감독관의 지시에 따라 퇴실합니다.
- 시험 전 제출한 소지(반입)금지물품이 있을 경우, 물품을 받은 뒤 퇴실합니다.

2. 특수 임용 답안지(OMR) 작성 시 유의사항

답안지 관련 정보	• 답안지는 총 2면이 제공되며, 답안지 수령 후 문제지 및 답안지의 전체 면수와 인쇄 상태를 확인하여야 합니다.
작성 시간	• 별도의 답안 작성 시간이 제공되지 않으므로, 시험 종료 전까지 답안 작성을 완료해야 합니다. • 시험 종료 후 답안 작성은 부정행위로 간주됩니다.
답안란 상단 작성/수정	• 답안지 모든 면의 상단에 성명과 수험번호를 기재하고, 검은색 펜을 사용하여 수험번호를 해당란에 '●'로 표기해야 합니다. • '●'로 표기한 부분을 수정하고자 할 경우에는 반드시 수정테이프를 사용해야 합니다. • 답안을 작성하지 않은 빈 답안지에도 성명과 수험번호를 기재·표기한 후, 답안지를 모두 제출합니다. * 위 내용은 2021학년도 시험 기준이며, 매년 기준이 상이할 수 있으니 각 시·도 교육청 홈페이지의 공고문을 확인하시기 바랍니다.
답안란 작성	• 답안지에 제시된 '응시자 유의사항'을 읽은 후 답안을 작성해야 합니다. • 답안은 반드시 지워지거나 번지지 않는 동일한 종류의 검은색 펜(연필이나 사인펜 종류 사용 불가)을 사용하여 작성해야 합니다. • 답안의 초안 작성은 문제지 여백을 활용할 수 있습니다. • 답안 작성 시, 해당 답안란 내에서 가로 선을 그어 답안란의 줄을 추가할 수 있습니다. *중등 임용의 경우, 세로 선을 그어 답안란을 다단으로 구분할 수도 있습니다. • 아래에 해당하는 답안은 채점하지 않습니다. – 다른 문항의 답안란에 작성한 부분(문항 번호를 임의로 수정하는 경우, 맞바꿔 작성한 부분을 화살표로 표시하는 경우 등) – 문항에 대한 답안 내용 이외의 것(답안의 특정 부분을 강조하기 위한 밑줄이나 기호 등) – 답안란 이외의 공간에 작성한 부분 – 내용이 지워지거나 번지는 등 식별이 불가능한 부분 – 연필로 작성한 부분, 수정테이프 또는 수정액을 사용하여 수정한 부분 – 개인 정보를 노출하거나 암시하는 표시(성명 및 수험번호 기재란 제외)가 있는 답안지 전체 • 시험별 답안 작성 시 특이사항 (아래 표 참조)
답안 수정	• 답안을 수정할 때에는 반드시 두 줄(=)을 긋고 수정할 내용을 작성해야 합니다. • 수정테이프 또는 수정액을 사용하여 답안을 수정할 수 없습니다. • 답안지 교체가 필요한 경우, 답안 작성 시간을 고려해야 합니다. 주의 • 시험 종료종이 울리면 답안을 작성할 수 없음 • 답안지 교체 후에, 교체 전 답안지는 폐답안지로 처리함

시험별 답안 작성 시 특이사항:

구분	유·초등 특수교사 임용시험	중등 특수교사 임용시험
작성법	하위 문항의 번호 또는 기호와 함께 답안을 작성해야 함	문항에서 요구하는 내용의 가짓수가 제한되어 있는 경우, 요구한 가짓수까지의 내용만 답안으로 작성함 (첫 번째로 작성한 내용부터 문항에서 요구한 가짓수에 해당하는 내용까지만 순서대로 채점함)
문항 내용 기재 여부	문항의 내용은 필요한 경우에만 일부 활용하여 작성할 수 있음	문항 내용을 기재하지 않음

* 특수 임용 전용 답안지(OMR)는 해커스임용 사이트(teacher.Hackers.com)의 [학습자료실] > [과년도 기출문제]에서 무료로 다운받으세요.

* 더 자세한 답안지(OMR) 작성 시 유의사항은 한국교육과정평가원 사이트(www.kice.re.kr)에서 확인하세요.

영역별 기출문제 바로 찾기

*'2021학년도 최신 기출문제'는 NEW로 표시했습니다.

5. 지적장애

영역별 기출문제 바로 찾기

6. 학습장애

절	영역	세부 영역	교재 내 번호	기출문제 정보	페이지
학습장애 개관	• 학습장애 • 학습부진, 학습지진, 학습장애 아동 • 학습장애 유형	학습장애 법적 정의	01	객관식 2010학년도 중등 18번	p.97
		비언어성 학습장애	02	객관식 2011학년도 중등 9번	p.99
교육적 사정	• 학습장애 진단 및 평가	중재반응 모델	03	객관식 2012학년도 초등 10번	p.103
		중재반응 모델, 학습장애 진단 검사	04	서답형 2021학년도 중등 B 2번 NEW	p.104
		중재반응 모델	05	객관식 2009학년도 중등 38번	p.104
		중재반응 모델 장점	06	서답형 2020학년도 초등 B 3번 2)	p.105
		중재반응 모델, CBM	07	객관식 2012학년도 초등 12번	p.106
		중재반응 모델, CBM	08	서답형 2019학년도 초등 B 3번 4)	p.107
		인지처리과정 모델	09	객관식 2013학년도 중등 31번	p.108
		불일치 모델, 중재반응 모델 평가방법	10	서답형 2021학년도 초등 B 2번 NEW	p.109
읽기장애	• 읽기장애	읽기 하위 영역	11	객관식 2010학년도 초등 18번	p.111
		읽기 지도법 - 상향식, 하향식	12	객관식 2009학년도 초등 38번	p.111
		전통적 읽기 교수방법	13	객관식 2011학년도 중등 30번	p.113
		음운인식	14	서답형 2014학년도 초등 A 4번 1)	p.117
		음운인식 과제 유형	15	서답형 2018학년도 유아 A 4번 2)	p.117
		단어인식 - 해독중심 교수법	16	객관식 2009학년도 초등 15번	p.121
		음운변동	17	서답형 2019학년도 초등 B 3번 1)	p.121
		단어인식 - 의미중심 교수법	18	객관식 2010학년도 초등 36번	p.122
		총체적 언어교수법	19	객관식 2010학년도 유아 29번	p.122
		언어경험 접근법	20	객관식 2010학년도 중등 25번	p.123
		언어경험 접근법	21	객관식 2011학년도 초등 20번	p.123
		일견단어 교수법	22	서답형 2017학년도 중등 A 12번	p.124
		읽기유창성 오류, 교수법	23	객관식 2012학년도 중등 18번	p.126
		읽기유창성 교수법 - 반복읽기	24	서답형 2013학년도 초등 A 4번 1)	p.126
		읽기유창성 - 구성요소, 목적, 지도방안	25	서답형 2018학년도 중등 B 6번	p.127
		반복읽기 전략	26	서답형 2019학년도 초등 B 3번 2)	p.128
		읽기유창성 교수법	27	서답형 2021학년도 중등 A 9번 NEW	p.129
		어휘 - 의미지도	28	서답형 2017학년도 초등 B 3번 4)	p.133
		읽기이해 단계	29	서답형 2019학년도 중등 B 1번	p.137
		읽기이해 - 글의 구조	30	객관식 2010학년도 중등 17번	p.138
		읽기이해 교수법	31	객관식 2013학년도 중등 34번	p.138
		읽기이해 교수법	32	서답형 2014학년도 초등 A 4번 2), 3)	p.139
		읽기 하위 영역	33	서답형 2014학년도 중등 A 14번	p.140
		PALs 하위 유형	34	서답형 2015학년도 초등 B 1번 3)	p.140
		K-W-L 기법	35	서답형 2015학년도 중등 B 3번	p.141
쓰기장애	• 글씨 쓰기 • 철자 • 작문하기	쓰기 교수법	36	서답형 2018학년도 중등 A 7번	p.145
		쓰기 교수법	37	서답형 2015학년도 중등 A 10번	p.145
		쓰기 오류에 따른 지도방법	38	객관식 2009학년도 초등 17번	p.146
		쓰기 오류에 따른 지도방법	39	객관식 2010학년도 중등 16번	p.146
		쓰기 오류에 따른 지도방법	40	객관식 2011학년도 초등 19번	p.147

절	영역	세부 영역	교재 내 번호	기출문제 정보	페이지
		쓰기 오류에 따른 지도방법	41	객관식 2012학년도 중등 19번	p.148
		쓰기 과정적 접근	42	객관식 2013학년도 중등 35번	p.148
		쓰기 오류에 따른 지도방법	43	객관식 2011학년도 중등 29번	p.149
		쓰기 과정적 접근	44	서답형 2014학년도 중등 A 6번	p.149
수학장애	• 수학 수행에 영향을 미치는 일반적 어려움 • 수학 하위 영역별 특성 및 교수법	CSA 전략	45	객관식 2009학년도 중등 11번	p.155
		수학유창성	46	객관식 2009학년도 중등 23번	p.155
		연산 오류분석	47	서답형 2019학년도 중등 A 7번	p.156
		연산 오류, 지도방법	48	객관식 2009학년도 초등 43번	p.156
		연산 오류에 따른 지도방법	49	객관식 2011학년도 초등 25번	p.157
		연산 오류에 따른 지도방법	50	객관식 2013학년도 중등 36번	p.158
		큰 가수로부터 이어세기	51	서답형 2014학년도 중등 A 7번	p.158
		문장제 문제 오류 및 지도방법	52	서답형 2016학년도 초등 A 5번 2), 3)	p.159
		문장제 문제 오류	53	서답형 2017학년도 중등 B 5번	p.160
		문장제 문제 오류에 따른 지도방법	54	객관식 2012학년도 중등 17번	p.160
		문장제 문제 오류 및 표상교수	55	서답형 (추) 2013학년도 초등 B 1번	p.161
		핵심어법, CSA	56	서답형 2021학년도 중등 B 5번 NEW	p.162
내용 강화법	• 안내노트 • 기억전략 • 그래픽 조직도 • 학습전략: 과제를 학습하는 개인 접근방식	두문자법	57	서답형 2018학년도 중등 A 13번	p.166
		핵심어법, 페그워드법	58	서답형 (추) 2013학년도 중등 B 6번 2)	p.167
		내용교과 지도 전략	59	객관식 2010학년도 중등 8번	p.168
		그래픽 조직도	60	객관식 2010학년도 초등 28번	p.168
		그래픽 조직도	61	객관식 2012학년도 초등 19번	p.169
		의미특성 분석	62	서답형 2014학년도 중등 A 5번	p.170
		안내노트	63	서답형 2017학년도 초등 B 3번 3)	p.171
		시험보기 전략	64	서답형 2016학년도 중등 A 11번	p.172
		자기조절 전략	65	서답형 2017학년도 중등 B 5번	p.172
교수방법	• 행동주의적 접근 활용 교사 주도 교수방법 • 인지주의적 접근 활용 학생 주도 교수방법	행동주의 교수전략	66	객관식 2009학년도 초등 6번	p.175
		행동주의 교수전략	67	객관식 2011학년도 초등 13번	p.175
		교수전략	68	객관식 2009학년도 초등 18번	p.176
		직접교수	69	객관식 2012학년도 중등 11번	p.176
		직접교수	70	서답형 2020학년도 중등 B 2번	p.177
		직접교수	71	서답형 2016학년도 중등 A 11번	p.178
		정밀교수	72	서답형 2015학년도 중등 A 10번	p.178
		직접교수	73	서답형 2021학년도 중등 A 9번 NEW	p.179
		상보적 교수	74	객관식 2009학년도 중등 40번	p.180
		상보적 교수	75	서답형 2015학년도 중등 A 5번	p.180
		상보적 교수	76	서답형 2017학년도 초등 B 2번 2)	p.181
사회성	• 사회성 개념 및 구성요소 • 사회성 평가방법 • 사회적 능력 결함 • 사회성 지도방법	사회적 기술 및 평가방법	77	객관식 2009학년도 중등 34번	p.188
		사회적 위계모형	78	객관식 2012학년도 중등 8번	p.188
		사회적 기술 결함	79	서답형 2016학년도 중등 A 14번	p.189
		사회성 평가방법, 사회성 전략	80	서답형 2015학년도 중등 A 8번	p.189
		사회성 평가방법	81	서답형 2021학년도 유아 A 5번 2) NEW	p.190
		역할극	82	서답형 2018학년도 중등 A 13번	p.191
		타당도에 따른 사회성 평가방법	83	서답형 2019학년도 중등 A 12번	p.192

7. 정서·행동장애

절	영역	세부 영역	교재 내 번호	기출문제 정보	페이지
정서·행동 장애 개관	• 정의 • 분류	정서·행동장애 법적 기준	01	객관식 2009학년도 중등 6번	p.198
		교육적 분류	02	객관식 2013학년도 중등 33번	p.201
		문제행동 차원	03	서답형 2017학년도 초등 B 1번 1)	p.201
		교육적 분류	04	서답형 2018학년도 초등 A 2번 1)	p.201
이론적 모델	• 신체생리학적 모델 • 정신역동적 모델 • 생태학적 모델 • 인지주의 모델 • 행동주의 모델	이론적 모델	05	객관식 2010학년도 중등 19번	p.206
		이론적 모델과 중재방법	06	객관식 2012학년도 중등 23번	p.206
		이론적 모델과 중재방법	07	서답형 (추) 2013학년도 중등 A 6번 2), 3)	p.207
		기질, 심리역동적 모델	08	서답형 (추) 2013학년도 유아 A 5번 4)	p.207
		생태학적 체계	09	서답형 2021학년도 유아 A 3번 1) NEW	p.208
		심리역동적 모델, 행동주의 모델	10	서답형 2017학년도 중등 B 2번	p.209
		자기교수	11	객관식 2009학년도 초등 29번	p.215
		자기관리 전략	12	객관식 2009학년도 초등 34번	p.215
		인지주의 전략	13	서답형 2016학년도 중등 A 4번	p.216
		자기교수법	14	서답형 (추) 2013학년도 중등 A 6번 1)	p.217
		자기교수 단계와 진술문	15	서답형 2015학년도 초등 B 6번 1), 2)	p.218
		자기교수	16	서답형 2018학년도 유아 A 3번 1)	p.219
		합리적 정서행동치료	17	서답형 2020학년도 중등 B 1번	p.219
		합리적 정서행동치료	18	서답형 2014학년도 초등 B 1번 1)	p.220
		합리적 정서행동치료	19	서답형 2014학년도 유아 B 2번 3)	p.221
		귀인 이론	20	객관식 2010학년도 초등 4번, 유아 4번	p.222
		귀인 이론	21	객관식 2012학년도 초등 11번, 유아 7번	p.222
		귀인 이론	22	서답형 (추) 2013학년도 중등 B 6번 1)	p.223
		자기관리 전략, 귀인 재훈련	23	서답형 2017학년도 유아 A 4번	p.224
정서·행동 장애 유형	• 신경발달 장애 • 불안장애 및 기초신체기능 장애 • 우울장애와 양극성장애 • 외현화 장애	ADHD	24	객관식 2013학년도 중등 30번	p.229
		ADHD 교수전략	25	객관식 2010학년도 초등 9번, 유아 9번	p.229
		ADHD 교수전략	26	객관식 2012학년도 초등 34번	p.230
		DSM-5에서 ADHD 기준 변화	27	서답형 2018학년도 중등 A 11번	p.230
		뚜렛장애	28	서답형 (추) 2013학년도 중등 A 6번 4)	p.231
		틱장애 유형	29	서답형 2015학년도 중등 A 9번	p.231
		외상 후 스트레스 장애	30	객관식 2011학년도 초등 11번	p.247
		DSM 정서·행동장애 유형	31	객관식 2012학년도 중등 24번	p.247
		불안장애 유형	32	서답형 2020학년도 중등 B 1번	p.248
		우울장애 중재방법	33	객관식 2010학년도 중등 21번	p.248
		불안장애 중재방법	34	서답형 2018학년도 중등 A 6번	p.249
		체계적 둔감법, 실제상황 둔감법	35	서답형 2019학년도 유아 A 5번 3)	p.250
		불안장애 중재방법	36	서답형 2019학년도 중등 A 8번	p.250

8. 자폐성장애

절	영역	세부 영역	교재 내 번호	기출문제 정보	페이지
자폐성장애 개관	• 정의 • 자폐성장애 원인 : 인지이론 • 자폐성장애 특성	DSM 자폐 진단기준, 지원방안	01	(서답형) 2013학년도 유아 B 4번 1), 3)	p.275
		자폐성장애 법적 정의	02	(서답형) 2014학년도 유아 A 4번 1)	p.276
		DSM 자폐 진단기준	03	(서답형) 2017학년도 유아 A 2번 1)	p.276
		DSM 자폐 진단기준	04	(서답형) 2017학년도 중등 A 7번	p.277
		사회적 의사소통장애	05	(서답형) 2018학년도 중등 A 5번	p.277
		마음이론 결함	06	(서답형) (추) 2013학년도 유아 B 5번 2)	p.279
		마음이론 결함	07	(서답형) 2020학년도 중등 A 5번	p.279
		마음이론 결함	08	(서답형) 2018학년도 초등 A 4번 4)	p.280
		실행기능 결함, 중앙응집기능 결함	09	(객관식) 2010학년도 중등 26번	p.281
		실행기능 결함	10	(서답형) 2018학년도 중등 A 5번	p.281
		실행기능 결함	11	(서답형) 2020학년도 초등 A 4번 1)	p.281
		중앙응집기능 결함	12	(서답형) 2015학년도 유아 A 5번 1)	p.282
		중앙응집기능 결함	13	(서답형) 2020학년도 유아 A 1번 1)	p.282
		자폐 특성에 따른 교수전략	14	(객관식) 2012학년도 초등 13번	p.285
		자폐 특성에 따른 교수전략	15	(객관식) 2012학년도 초등 14번	p.285
		자폐 특성에 따른 교수전략	16	(서답형) 2015학년도 초등 B 4번 2)	p.286
		자폐 특성에 따른 교수전략	17	(객관식) 2012학년도 초등 25번	p.286
		자폐 언어적 특성 오류	18	(객관식) 2010학년도 초등 19번	p.287
		반향어	19	(서답형) (추) 2013학년도 유아 B 8번 2)	p.287
		반향어, 의사소통 기능	20	(서답형) 2014학년도 유아 A 4번 2)	p.288
		반향어의 유형	21	(서답형) 2018학년도 중등 B 2번	p.288
		반향어, 상동행동	22	(서답형) 2020학년도 유아 A 8번 2), 3)	p.289
		초분절적 요소	23	(서답형) 2015학년도 유아 A 5번 2)	p.290
		초분절적 요소	24	(서답형) (추) 2013학년도 유아 A 6번 2)	p.290
교육과정 및 교육방법	• 구조화된 교수 (TEACCH) • 사회성 지도방법 • 포괄적 중재 : 중심반응 훈련 • 의사소통 지도법	TEACCH 요소	25	(객관식) 2011학년도 중등 2번	p.292
		TEACCH 요소 - 작업 시스템	26	(서답형) 2016학년도 초등 A 6번 2)	p.292
		TEACCH 요소	27	(서답형) 2021학년도 중등 A 8번 NEW	p.293
		시간의 구조화	28	(서답형) 2019학년도 초등 A 5번 3)	p.293
		시간의 구조화	29	(서답형) 2014학년도 유아 A 2번 3)	p.294
		시간의 구조화 목표	30	(서답형) (추) 2013학년도 유아 A 6번 1)	p.294
		시간의 구조화	31	(서답형) 2014학년도 초등 B 2번 1)	p.295
		물리적 구조화, 시간의 구조화	32	(서답형) 2018학년도 초등 B 5번 2)	p.295
		진정 영역	33	(서답형) 2019학년도 초등 B 6번 1)	p.296
		PECS 단계 순서	34	(객관식) 2009학년도 초등 1번	p.300
		PECS 단계 순서	35	(서답형) 2014학년도 중등 A 15번	p.300
		PECS - 변별하기	36	(서답형) 2016학년도 유아 B 3번 3)	p.301

절	영역	세부 영역	교재 내 번호	기출문제 정보	페이지
교육과정 및 교육방법	• 구조화된 교수 (TEACCH) • 사회성 지도방법 • 포괄적 중재 : 중심반응 훈련 • 의사소통 지도법	PECS - 단계별 교수방법	37	서답형 2019학년도 초등 A 5번 4)	p.301
		PECS 교수방법	38	서답형 2020학년도 유아 A 1번 2)	p.302
		상황이야기	39	객관식 2009학년도 중등 21번	p.305
		상황이야기 - 목적, 문장유형, 사회적 도해	40	서답형 2013학년도 유아 A 7번	p.306
		상황이야기 - 문장유형	41	서답형 2020학년도 유아 A 1번 3)	p.307
		상황이야기 - 문장유형	42	서답형 2021학년도 초등 A 4번 2) NEW	p.308
		파워카드, 상황이야기 문장유형	43	서답형 2015학년도 유아 A 1번	p.310
		파워카드 요소, 특성	44	서답형 2019학년도 초등 B 6번 2)	p.311
		파워카드 - 시나리오 내용	45	서답형 2020학년도 중등 A 5번	p.311
		짧은 만화대화, 상황이야기 - 문장유형	46	서답형 2018학년도 중등 B 2번	p.313
		자폐성장애 아동 지도전략	47	객관식 2011학년도 초등 21번	p.314
		감각적 특성, 사회적 도해 단계	48	서답형 2020학년도 초등 B 6번 3), 4)	p.315
		모델링	49	서답형 2018학년도 초등 A 4번 1)	p.316
		모델링	50	서답형 2019학년도 유아 B 3번 3)	p.317
		효과적인 모델의 요소	51	서답형 2020학년도 유아 B 1번 2)	p.317
		중심반응 훈련(PRT)	52	객관식 2009학년도 초등 4번	p.320
		중심반응 훈련(PRT) 교수전략	53	서답형 2013학년도 초등 B 5번 3)	p.320
		PRT - 복합 단서에 반응하기	54	서답형 2017학년도 초등 B 6번 2)	p.321
		PRT 정의, 영역	55	서답형 2017학년도 유아 A 2번 2), 3), 4)	p.322
		PRT - 동기, 자기주도	56	서답형 2019학년도 중등 B 7번	p.322
		자폐 중재전략	57	객관식 2011학년도 중등 8번	p.324
		비연속 개별시도교수(DTT) - 구성요소	58	서답형 (추) 2013학년도 유아 A 7번 2)	p.324
		DTT - 시행 간 간격	59	서답형 (추) 2013학년도 중등 A 2번 2)	p.325
		DTT - 구성요소, 단점	60	서답형 2015학년도 초등 B 4번 1), 3)	p.325
		DTT, 우발교수	61	서답형 2017학년도 중등 B 3번	p.326
		자폐 언어적 중재전략	62	객관식 2012학년도 중등 25번	p.331
		환경중심 언어중재 기법	63	서답형 2019학년도 초등 B 6번 3)	p.331
		공동 관심	64	서답형 2019학년도 중등 A 13번	p.332

학습 성향별 맞춤 학습법

개별학습 혼자 공부할 때, 학습효과가 높다!

- **자신에게 맞는 학습계획을 세운다.**

교재의 목차를 참고하여 자신에게 맞는 학습계획을 세워 시간을 효율적으로 활용할 수 있도록 합니다. 월별/주별/일별로 계획을 구체적인 학습계획을 세우고 스스로 점검합니다.

- **교재를 꼼꼼히 학습한다.**

해커스임용 교재로 다양한 이론과 문제를 꼼꼼히 학습합니다. 학습 중 교재에 대하여 궁금한 사항이 생기면, 해커스임용 사이트의 [고객센터]〉[1:1 고객센터] 게시판에 질문합니다.

- **해커스임용 사이트를 적극 활용한다.**

해커스임용 사이트를 적극적으로 활용하면 수험정보, 최신정보, 기출문제 등 참고자료를 얻을 수 있습니다. 또한, 학습 시 부족한 부분은 해커스임용 동영상 강의를 통해 보충할 수 있습니다.

스터디학습 여러 사람과 함께 공부할 때, 더 열심히 한다!

- **자신에게 맞는 스터디를 선택하고 준비한다.**

자신의 학습성향 및 목표에 맞는 스터디를 선택하고, 스터디원들끼리 정한 학습계획에 따라 공부해야 할 자료를 미리 준비합니다.

- **스터디 구성원들과 함께 학습하며 완벽하게 이해한다.**

개별적으로 학습할 때, 이해하기 어려웠던 개념은 스터디를 통해 함께 학습하며 완벽하게 이해합니다. 또한 학습 내용 및 시험 관련 정보를 공유하며 학습효과를 높일 수 있습니다.

- **스터디 자료 및 부가 학습자료로 개별 복습한다.**

스터디가 끝난 후, 팀원들의 자료와 자신의 자료를 비교하며 학습한 내용을 복습합니다. 또한 해커스임용 사이트에서 제공하는 다양한 학습자료를 활용하여 학습 내용을 보충합니다.

동영상학습 자유롭게 시간을 활용해 강의를 듣고 싶다!

- **자신만의 학습플랜을 세운다.**
  해커스임용 사이트의 샘플강의를 통해 교수님의 커리큘럼 및 강의 스타일을 미리 파악해 보고, 수강할 동영상 강의 커리큘럼을 참고하여 스스로 학습계획을 세웁니다.

- **[내 강의실]에서 동영상 강의를 집중해서 학습한다.**
  학습플랜에 따라 공부해야 할 강의를 듣습니다. 자신의 학습속도에 맞게 '(속도) 배수 조절'을 하거나, 놓친 부분이 있다면 되돌아가서 학습합니다.

- **[교수님께 질문하기] 게시판을 적극 활용한다.**
  강의 수강 중 모르는 부분이 있거나 질문할 것이 생기면 해커스임용 사이트의 [고객센터]〉[문의하기]〉[학습 질문하기] 게시판을 통해 교수님께 직접 문의하여 확실히 이해하도록 합니다.

학원학습 선생님의 생생한 강의를 직접 듣고 싶다!

- **100% 출석을 목표로 한다.**
  자신이 원하는 학원 강의를 등록하고, 개강일부터 종강일까지 100% 출석을 목표로 빠짐없이 수업에 참여합니다. 스터디가 진행되는 수업의 경우, 학원 수업 후 스터디에 참여하여 학습효과를 높일 수 있습니다.

- **예습과 복습을 철저히 한다.**
  수업 전에는 그날 배울 내용을 미리 훑어보고, 수업이 끝난 후에는 그날 학습한 내용을 철저하게 복습합니다. 복습 시 이해하기 어려운 부분은 선생님께 직접 질문하여 완벽하게 이해할 수 있도록 합니다.

- **수업에서 제공하는 자료를 적극 활용한다.**
  수업 시 교재 외 부가 학습자료를 제공하는 경우가 많으므로, 해커스임용 선생님의 노하우가 담긴 학습자료를 자신만의 방식으로 정리 및 암기합니다.

지적장애 기출경향 및 학습TIP

'지적장애' 영역은 장애 유형 중 가장 전통적인 유형이다 보니, 생각보다 내용의 변화가 별로 없는 부분입니다. 너무 당연시 받아들여지는 내용들이 많아서 제대로 공부하지 않고 넘어가기 때문에, 모의고사 시기에 어려워지는 영역 중 하나가 될 수 있으니 유의해야 합니다. 'AAIDD 정의'와 관련된 부분의 출제 빈도가 높으며, '기능적 생활중심 교육과정'에 대한 출제 빈도가 높습니다.

제 5 장

지적장애

한눈에 보는 핵심 마인드맵 - 제5장 지적장애

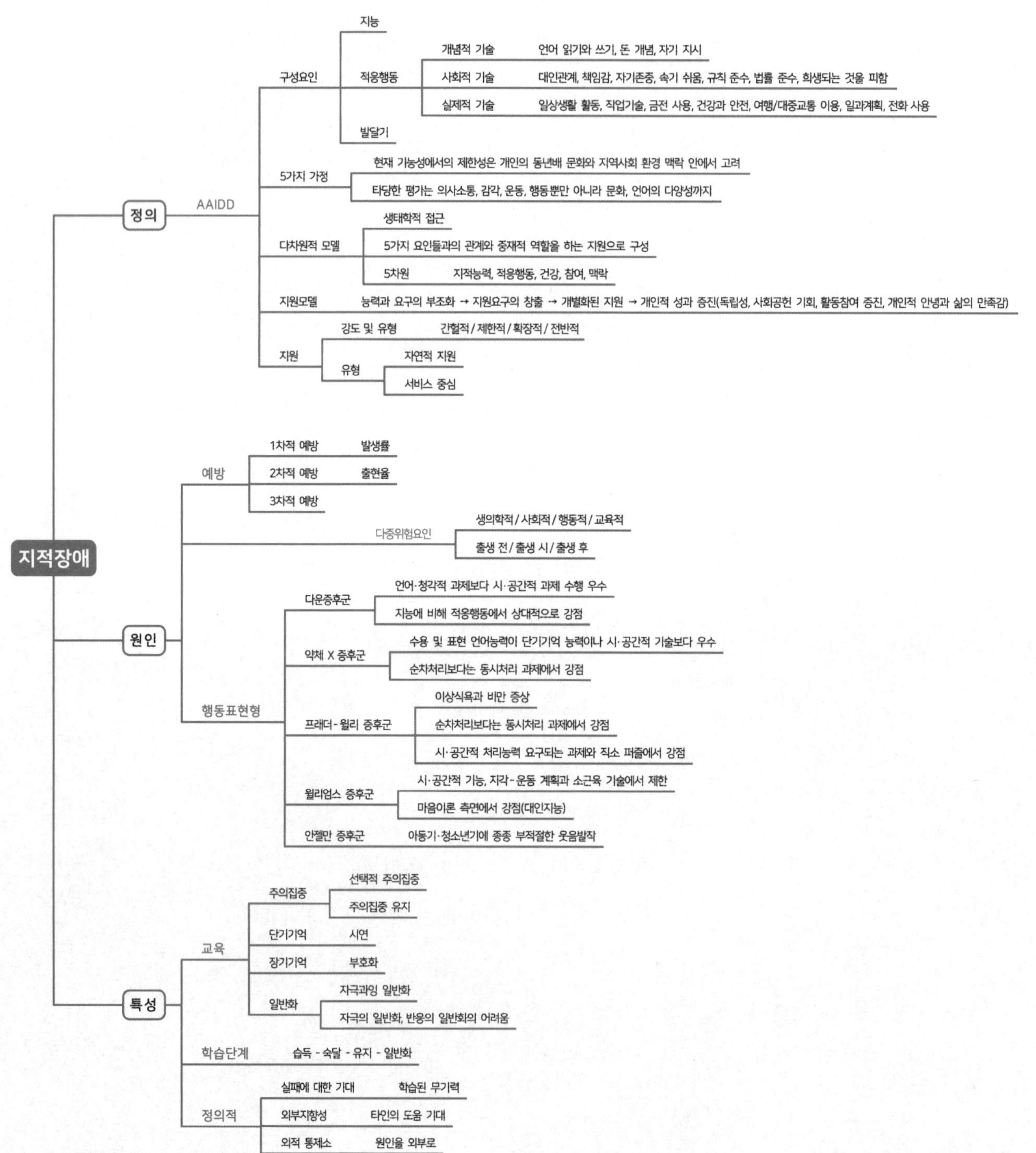

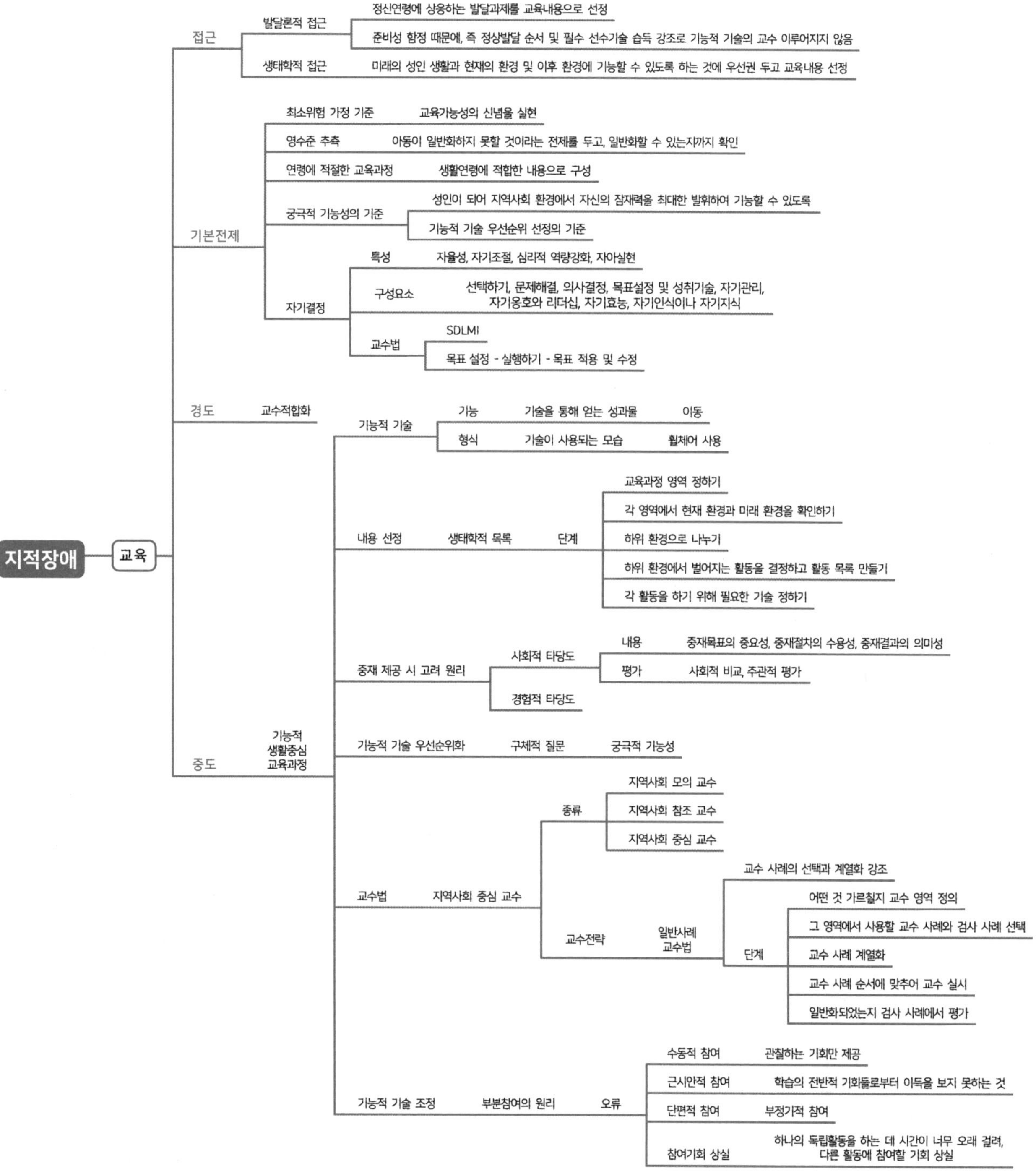
지적장애
교육
접근
발달론적 접근
정신연령에 상응하는 발달과제를 교육내용으로 선정
준비성 함정 때문에, 즉 정상발달 순서 및 필수 선수기술 습득 강조로 기능적 기술의 교수 이루어지지 않음
생태학적 접근
미래의 성인 생활과 현재의 환경 및 이후 환경에 기능할 수 있도록 하는 것에 우선권 두고 교육내용 선정
기본전제
최소위험 가정 기준
교육가능성의 신념을 실현
영수준 추측
아동이 일반화하지 못할 것이라는 전제를 두고, 일반화할 수 있는지까지 확인
연령에 적절한 교육과정
생활연령에 적합한 내용으로 구성
궁극적 기능성의 기준
성인이 되어 지역사회 환경에서 자신의 잠재력을 최대한 발휘하여 기능할 수 있도록
기능적 기술 우선순위 선정의 기준
자기결정
특성
자율성, 자기조절, 심리적 역량강화, 자아실현
구성요소
선택하기, 문제해결, 의사결정, 목표설정 및 성취기술, 자기관리,
자기옹호와 리더십, 자기효능, 자기인식이나 자기지식
교수법
SDLMI
목표 설정 - 실행하기 - 목표 적용 및 수정
경도
교수적합화
중도
기능적
생활중심
교육과정
기능적 기술
기능
기술을 통해 얻는 성과물
이동
형식
기술이 사용되는 모습
휠체어 사용
내용 선정
생태학적 목록
단계
교육과정 영역 정하기
각 영역에서 현재 환경과 미래 환경을 확인하기
하위 환경으로 나누기
하위 환경에서 벌어지는 활동을 결정하고 활동 목록 만들기
각 활동을 하기 위해 필요한 기술 정하기
중재 제공 시 고려 원리
사회적 타당도
내용
중재목표의 중요성, 중재절차의 수용성, 중재결과의 의미성
평가
사회적 비교, 주관적 평가
경험적 타당도
기능적 기술 우선순위화
구체적 질문
궁극적 기능성
교수법
지역사회 중심 교수
종류
지역사회 모의 교수
지역사회 참조 교수
지역사회 중심 교수
교수전략
일반사례
교수법
교수 사례의 선택과 계열화 강조
단계
어떤 것 가르칠지 교수 영역 정의
그 영역에서 사용할 교수 사례와 검사 사례 선택
교수 사례 계열화
교수 사례 순서에 맞추어 교수 실시
일반화되었는지 검사 사례에서 평가
기능적 기술 조정
부분참여의 원리
오류
수동적 참여
관찰하는 기회만 제공
근시안적 참여
학습의 전반적 기회들로부터 이득을 보지 못하는 것
단편적 참여
부정기적 참여
참여기회 상실
하나의 독립활동을 하는 데 시간이 너무 오래 걸려,
다른 활동에 참여할 기회 상실

제1절 지적장애 개관

01 지적장애의 정의

1. 「장애인 등에 대한 특수교육법」에 따른 정의

'지적기능과 적응행동의 어려움이 함께 존재하여 교육적 성취에 어려움이 있는 장애'로 정의한다.

2. 'AAIDD'에 따른 정의(2010년 11차 정의)

(1) 정의

지적장애를 '지적 기능성'과 개념적 · 사회적 · 실제적 적응 기술로 표현되는 '적응행동'의 양 영역에서 유의하게 제한성을 보이는 것으로 정의하였으며, 이 장애가 18세 이전에 시작된다고 보았다.

핵심 플러스 - AAIDD의 5가지 가정

① 현재 기능성에서의 제한성은 그 개인의 동년배와 문화에 전형적인 지역사회 환경의 맥락 안에서 고려되어야 한다.
② 타당한 평가는 의사소통, 감각과 운동, 행동 요인의 차이와 함께 문화와 언어의 다양성도 고려하여 실시한다.
③ 한 개인은 제한성만 가지고 있는 것이 아니라 동시에 강점도 가지고 있다.
④ 제한성을 기술하는 중요한 목적은 개인에게 필요한 지원이 무엇인지 파악하기 위해서이다.
⑤ 개별화된 적절한 지원이 장기간 제공된다면 지적장애인의 생활기능은 일반적으로 향상될 것이다.

(2) 조작적 정의의 핵심 구성요인

구성요인	내용
지능	• 일반적인 정신 능력을 말함 • 추리, 계획, 문제해결, 추상적 사고, 복잡한 아이디어 이해, 학습의 신속성, 경험을 통한 학습 등이 포함됨 ➡ 평균보다 심각하게 낮은 지능 수준은 평균을 기준으로 하위 2 표준편차 이하 정도를 의미함 ➡ 측정 시 사용된 특정 검사도구의 측정 표준오차와 평가도구의 강점 · 제한점을 고려해야 함
적응행동	• 사람이 일상생활에서 기능하기 위해 학습해온 개념적 · 사회적 · 실제적 기술의 집합체 • 심각한 적응행동상의 제한성은 지적장애를 포함하여 일반인을 규준으로 한 표준화된 적응행동 검사에서 ➡ '적응행동 유형인 개념적 · 사회적 · 실제적 적응행동 세 가지 중 하나의 영역 점수', ➡ '세 기술 영역의 전반적인 점수가 평균보다 대략 하위 2 표준편차 이하의 점수'를 보이는 상태

(3) 적응행동

구분	2010년 정의의 대표적 기술			
개념적 적응기술 (인지 · 의사소통 · 학업 기술)	• 언어, 문해 기술	• 금전, 시간, 수 개념	• 자기지시	
사회적 적응기술 (사회적 능력 기술)	• 대인기술 • 순진성	• 사회적 책임감 • 사회적 문제해결	• 자긍심 • 규칙 · 법률 준수	• 속기 쉬움 • 희생되는 것을 피함
실제적 적응기술 (독립 생활 기술)	• 일상생활 활동(개인적 관리) • 직업 기술	• 금전 사용	• 건강과 안전 • 일과 계획	• 여행, 대중교통 이용 • 전화 사용

(4) 인간 기능성의 다차원적 모델에 대한 이해

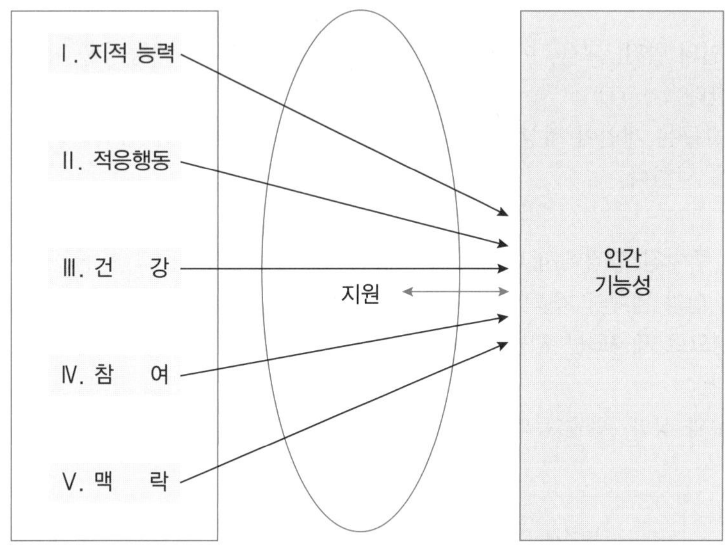

[그림 5-1] 인간 기능성의 다차원적 모델

① 지적장애를 '인간 기능성에서의 제한성'의 관점에서 정의하며, 생태학적 · 다면적인 관점에서 개념화한다.
② 개인의 기능을 향상시키는 데 필요한 개별화된 지원의 역할이 가지는 중요성을 제시한다.
③ 인간 기능성의 제한성, 즉 지적장애 상태를 이해하고자 생태학적인 관점으로 접근한다.
④ 인간 기능성, 기능성의 요인인 5가지 차원과의 관계, 중재적 역할을 하는 지원으로 구성된다.
⑤ 인간 기능성의 5가지 차원 요인

요인	설명
지적능력	• 지적능력(지능)은 일반적으로 정신능력을 말함 • 추리, 계획, 문제해결, 추상적 사고, 복잡한 아이디어 이해, 학습의 신속성, 경험을 통한 학습 등의 능력 • 우리 주변을 이해하는 데 필요한 광범위한 능력을 의미한다고 볼 수 있음
적응행동	• 사람이 일상생활에서 기능하기 위해 학습해온 개념적 · 사회적 · 실제적 기술의 집합체를 말함 • 개인이 일상적인 일과나 변화하는 상황에서 보이는 전형적인 수행능력을 알아보기 위함
건강	• 완전한 신체적 · 정신적 · 사회적 안녕 상태를 의미함 • 다른 차원의 요인에 직간접적으로 영향을 미침으로써 인간 기능성에도 영향을 줄 수 있음
참여	• 가정생활, 직업, 교육, 여가, 종교, 문화적 활동 영역에서의 역할과 상호작용을 의미함 • 사회생활에서 실제 활동을 수행하는 것을 말함 • 한 개인이 가지는 사회에서의 기능성과 관련이 있음
맥락	개인의 삶의 전반적인 배경으로, 환경적 요소와 개인적 요소를 포함함

(5) 지원에 대한 이해

① 정의

㉠ 지원은 한 개인의 발달, 교육, 이익, 개인적 안녕 등을 촉진하고 기능성을 향상시키기 위해 사용되는 자원, 전략을 의미한다.

㉡ 지원에 대한 요구는 개인이 정상적인 인간 기능성과 관련된 활동에 참여하는 데 필요한 지원 유형 · 강도의 심리적 구인을 말한다.

② 종류

㉠ **자연적 지원**: 주어진 환경에서 자연스럽게 공급 가능한 인적 · 물적 자원을 제공하는 지원을 말한다.

예 자연스러운 일과 내에서 가족이나 직장 동료, 친구, 이웃 등으로부터 지원이 제공되는 경우

㉡ **서비스를 중심으로 제공되는 지원**: 한 개인의 자연스러운 환경의 일부가 아닌 사람, 장비 등으로 제공되는 지원을 말한다.

예 교사나 치료와 상담, 법률 등의 서비스 전문가로부터 지원이 제공되는 경우

㉢ **지원모델**

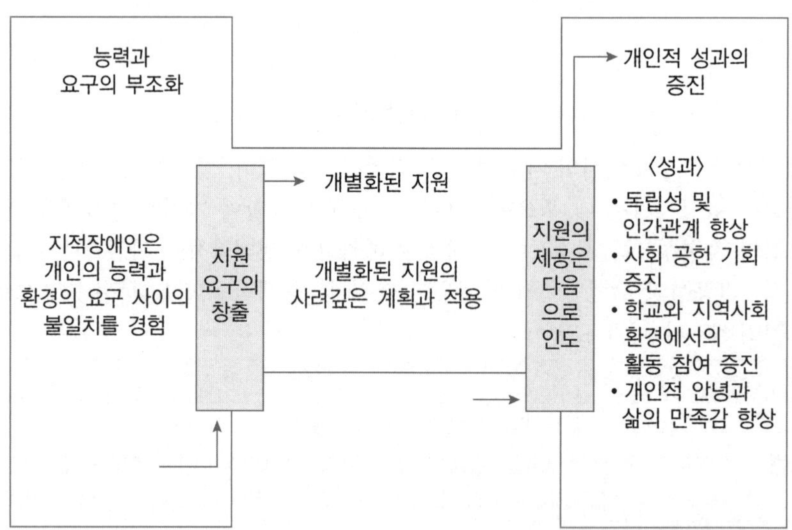

[그림 5-2] 지원모델

③ 강도 및 유형

㉠ AAIDD는 1992년, 2002년 분류 체계에서 지적장애인의 지능 수준보다 개인의 강점에 더 초점을 두었으며, 요구되는 지원 강도에 따른 지원 유형을 제시하였다.

㉡ 요구되는 지원 강도에 따른 지원 유형

유형	설명
간헐적 지원	• 필요에 따른 지원을 말함 • 일시적(지원을 항상 필요로 하지는 않음) 또는 단기적(실직, 심각한 의료적 위험 등 일생의 전환기에 지원을 필요로 함) 속성을 가짐
제한적 지원	• 한동안 지속되며, 시간적인 제한은 있으나 간헐적인 속성은 없음 • 더 강한 수준의 지원보다는 인력과 비용의 소모가 적음 예 학교 졸업 후 성인기로 진입하는 시기에 필요할 시간이 제한된 고용 훈련, 전환 지원 등
확장적 지원	최소한의 특정 환경(예 학교, 직장, 가정)에 정기적으로 관여함 예 장기 지원, 장기 가정생활 지원 등
전반적 지원	• 항구적, 높은 강도, 여러 환경에 걸친 제공 등이 특징 • 일생에 걸쳐 지속되는 속성을 가질 수도 있음 • 일반적으로 확장적 지원, 제한적 지원보다 더 많은 인력과 비용이 개입됨

④ 지원 요구 평가방법

구분	내용
평가방법	한 개인의 지원 요구는 자기보고, 지원정도척도 등을 통해 평가함
도구	• **지원정도척도(SIS)** – 지원 요구 평가를 위한 표준화된 도구 – 현재 미국에서는 지원 요구 평가를 위한 지원정도척도(SIS)가 개발 · 적용되고 있음 – 지원 요구 평가로 개인이 일상생활에 참여하는 데 필요한 지원의 강도와 유형을 평가함
결과	• 지원이 각 활동에 얼마나 자주 요구되는가?(빈도) • 지원할 때마다 얼마나 많은 시간이 소요되는가?(지원 시간) • 어떤 유형의 지원이 필요한지 구체적으로 평가할 수 있게 구성되어 있음 • 지원이 간헐적 · 제한적 · 확장적 · 전반적 지원 중 어느 지원에 해당하는지는 제시하지 않음 • **지원 유형의 구분** – 관리감독이 필요한 수준 – 언어 · 자세 촉진이 필요한 수준 – 부분적인 신체적 도움이 필요한 수준 – 완전한 신체적 도움이 필요한 수준

⑤ 개별화된 지원의 평가, 계획, 실행 과정

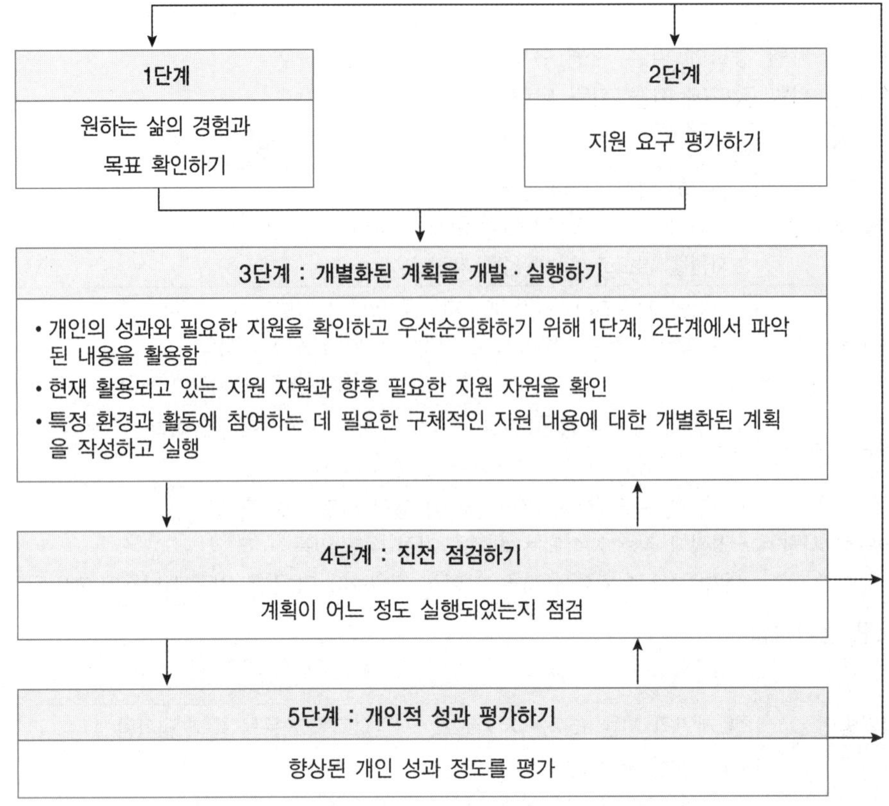

[그림 5-3] 개별화된 지원의 평가, 계획, 실행과정

㉠ 1단계(원하는 삶의 경험과 목표 확인하기): 개인의 꿈, 선호도, 관심 등에 초점을 둔 '개인중심 계획' 과정을 사용한다.

ⓐ '개인중심 계획'의 핵심은 당사자가 자신에게 중요하다고 생각하는 것이 무엇인지 파악하는 것이며, 이 과정에서 현재 제공되는 서비스, 재정 상태, 개인의 능력 등에 국한하지 않고 논의한다.

ⓑ 따라서 이 계획 과정에 장애 당사자뿐 아니라 주요 주변인도 참여해야 하며, 현재의 삶과 함께 미래의 삶에 대한 내용도 다루어야 한다.

㉡ 2단계(지원 요구 평가하기): 표준화된 도구(예 SIS), 관찰, 심층 면담 등을 이용하여 삶의 다양한 영역에 필요한 지원 요구를 평가하고, 앞서 '개인중심 계획' 단계에서 드러난 개인이 원하는 활동에 성공적으로 참여하려면 어떠한 지원이 필요한지에 관한 주요 정보가 수집된다.

㉢ 3단계(개별화된 계획을 개발 · 실행하기): 개인의 성과와 필요한 지원을 확인한 다음 우선순위를 정하기 위해 1단계, 2단계에서 파악된 내용을 활용하여 특정 환경과 활동에 참여하는 데 필요한 구체적인 지원 계획을 작성하고 실행에 옮긴다.

예 일주일에 몇 번, 시간은 몇 시간, 누가 어떤 지원을 할지 등

㉣ 4단계(진전 점검하기): 지원계획팀이 정기적으로 만나 실제로 계획이 어느 정도 실행되었는지를 체계적으로 점검하는 과정이 필요하다.

㉤ 5단계(개인적 성과 평가하기): 계획한 지원을 실행함에 따라 개인이 원하던 삶의 경험, 목표 등이 얼마나 성취되었는지 평가하는 단계로, 개인 중심 성과, 가족 관련 성과, 사회적 성과 영역 등의 성과 지표를 개발하여 이를 기준으로 평가할 수 있다.

01 2013학년도 중등 23번

2010년 11차 미국 지적장애 및 발달장애 학회(AAIDD)가 발표한 지적장애의 정의 및 지원체계에 대한 설명으로 옳은 것은? [2점]

① 정신지체에서 지적장애로 용어가 변경되었다. 정신지체라는 용어는 장애를 한 개인이 지닌 '결함'의 의미로 본다면, 지적장애라는 용어는 장애를 한 개인이 지닌 개인 내차에 초점을 둔 '능력의 불일치'라는 의미로 본다.

② 10차 정의와 동일하게 지능지수의 절사점은 평균으로부터 2 표준편차 이하이고, 75 이상도 포함하도록 하여 지원 대상의 범위를 넓혔다.

③ 인간 기능성에 대한 개념적 틀은 '기능성, 장애 및 건강의 국제 분류(ICF)'모델과는 차원을 달리 하는데, 개인에 대한 적절한 지원은 유동적인 것으로 삶의 상황이나 단계에 따라 변화 가능한 것으로 본다.

④ 지원 모델은 개인의 지원 요구에 대해 일상적이고 보편적인 지원을 하게 함으로써, 개인의 안녕과 삶의 만족감이 상당히 향상될 것으로 본다.

⑤ 지원 유형은 주어진 환경 내에서 자연스럽게 제공되는 인적 · 물적 지원과 개인의 필요와 요구에 따라 제공되는 서비스 중심의 지원이 있다.

02 2013학년도 중등 추시 A 5번 일부

(가)는 준호의 정보이고, (나)는 김 교사가 준호를 관찰한 자료와 이에 대한 분석을 토대로 구성한 교수적 지원방안이다. 물음에 답하시오.

(가) 준호의 정보

- 경도 정신지체를 가진 중학교 3학년 학생임
- 대부분이 1학년 학생으로 구성된 특수학급에 배치되어 있으며, 일부 교과는 통합학급에서 공부함
- 다문화 가정에서 성장하여 한국어 어휘가 부족함

(나) 관찰내용과 분석 및 지원방안

관찰내용		분석의견		지원방안
간단한 단어를 읽고 쓸 수 있으며 화폐 개념이 있음, 책임감이 낮고 학급 및 도서실에서의 규칙 따르기가 어려움	➜	개념적 적응행동에 비해 (㉠) 적응행동에 어려움이 있다.	➜	도서실 이용 규칙에 대해 지도하고, 도서 대출과 반납을 위해 도서실 이용 시 필요할 때마다 도움을 주는 (㉡) 지원을 제공한다.
관련 있는 중요한 자극에 집중하기 어려움, 단기간 내 사용할 수 있는 정보를 기억하는 데 어려움이 있음	➜	(㉢)와(과) 단기기억에 어려움이 있다.	➜	집중해야 할 중요한 단서를 강조하고, 정보를 조직화해주거나 시연 전략을 지도한다.
㉣ <u>특수학급에서는 수업 참여나 다른 학생들과의 의사소통에 무리가 없는 편임, 국내 표준화된 지능검사 결과 지능 지수가 2 표준편차 이하로 나타남</u>	➜	정신지체 정의의 적용에 필수적으로 전제되어야 할 가정 중 2가지가 제대로 반영되지 못한 점을 고려할 때, 관찰·검사 결과 해석에 주의가 요구된다.	➜	학생의 지원 요구 파악과 지원방안을 구체화하기 위하여 필요하다면 추후 관찰 및 검사를 실시한다.

1) 2010년 11차 미국 지적장애 및 발달장애 협회(AAIDD)의 지적장애 정의 및 지원 체계에 근거하여 ㉠과 ㉡에 들어갈 말을 쓰시오. [1점]

- ㉠: ____________________
- ㉡: ____________________

3) 2010년 11차 미국 지적장애 및 발달장애 협회(AAIDD)에서는 지적장애 정의와 그 정의를 적용할 때 전제되어야 하는 필수적인 가정을 제시하였다. 이 중 (가)의 정보를 바탕으로 ㉣를 해석하는 데 고려되어야 할 가정을 2가지 쓰시오. [2점]

- ____________________
- ____________________

03 2010학년도 초등 7번

다음은 일반학교 병설유치원 통합학급에 있는 경도 정신지체 학생 영호의 상황과 그에 따른 지원 요구이다. 영호에게 필요한 지원은 미국 정신지체 협회가 1992년에 제시한 지원 유형 중 어느 유형에 속하는가? [1.4점]

> 2009년 3월 16일 기록
>
> 〈영호의 상황〉
> - 건강: 영호는 만성적 질환인 소아당뇨병이 있는 아동이다.
> - 문제행동: 최근 영호는 집안 사정으로 할머니 댁에 맡겨진 이후로 갑자기 유치원에서 주의산만한 행동을 보이기 시작했다.
> - 전환(transition): 2010년에 영호는 현재 다니고 있는 유치원이 소속된 초등학교의 특수학급으로 진학할 예정이다.
>
> 〈영호의 지원에 대한 요구〉
> - 건강: 만성적인 소아당뇨로 인하여 인슐린 주사를 장기적으로 매일 맞아야 한다.
> - 문제행동: 갑자기 생긴 주의산만한 행동에 대한 단기적인 행동 중재를 받을 필요가 있다.
> - 전환: 초등학교로의 전환을 위해 필요한 기술(예: 학습준비 기술, 사회성 기술 등)을 올 한 해 동안 배울 필요가 있다.

	건강	문제행동	전환
①	전반적 지원	간헐적 지원	제한적 지원
②	전반적 지원	제한적 지원	간헐적 지원
③	확장적 지원	간헐적 지원	제한적 지원
④	확장적 지원	제한적 지원	간헐적 지원
⑤	제한적 지원	간헐적 지원	확장적 지원

04 2016학년도 중등 A (기입형) 3번

다음은 미국 지적장애 및 발달장애 협회(AAIDD; American Association on Intellectual and Developmental Disabilities)의 11차 정의(2010)에서 제시한 '인간 기능성의 개념적 틀'이다. 이 개념적 틀을 통해 지적장애를 이해할 때 강조되는 점 2가지를 쓰시오. [2점]

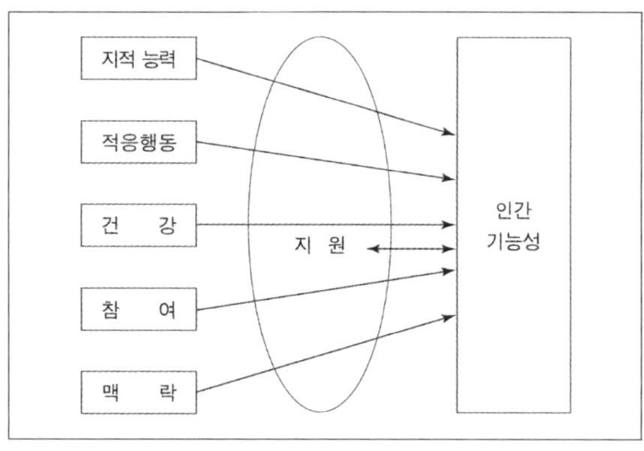

〈인간 기능성의 개념적 틀〉

- ______________________________
- ______________________________

05 2009학년도 초등 19번

다음은 최 교사가 정신지체 학생 연수에게 제7차 특수학교 국민공통 기본 교육과정 3학년 도덕과의 '깨끗한 생활' 단원을 지도하려고 학습목표, 과제분석, 지원방안을 표로 작성한 것이다. 최 교사가 선택한 적응행동 영역과 일반화의 유형을 바르게 짝지은 것은? [1.4점]

• 학습목표: 여러 장소의 사물함 이용하기

	학교	수영장	목욕탕	지원방안
자기 사물함 찾기	+	△	△	열쇠 번호에 해당하는 사물함 찾도록 하기
사물함을 열쇠로 열기	+	−	△	열쇠 형태에 따라 바르게 열도록 하기
물건 넣기	△	△	−	옷이나 책을 넣도록 하기
사물함을 열쇠로 잠그기	+	−	△	열쇠 형태에 따라 바르게 잠그도록 하기

+: 독립수행 가능, △: 촉진(촉구)을 제공하면 수행 가능, −: 수행 불가능

	적응행동 영역	일반화 유형
①	실제적 적응행동	자극일반화
②	사회적 적응행동	반응일반화
③	개념적 적응행동	자극일반화
④	사회적 적응행동	자극일반화
⑤	실제적 적응행동	반응일반화

06 2010학년도 중등 13번

다음은 정신지체 학생 A의 적응행동검사 결과를 요약한 것이다. 이에 기초하여 지도해야 할 내용으로 적절한 것을 〈보기〉에서 모두 고른 것은? [2점]

적응행동검사 결과 요약

A는 적응행동검사에서 전체점수가 평균으로부터 −2 표준편차 이하에 속하는 것으로 나타났다. 특히, 개념적 기술점수는 사회적 및 실제적 기술 점수보다 매우 낮았다. 따라서 AAMR(2002)이 제시한 적응행동 기술 영역 중 개념적 기술에 관한 내용을 A의 교수·학습계획에 포함시키는 것이 필요하다고 본다.

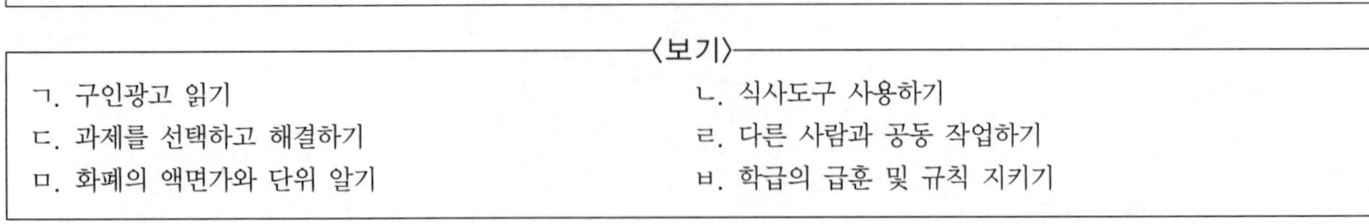

〈보기〉

ㄱ. 구인광고 읽기
ㄴ. 식사도구 사용하기
ㄷ. 과제를 선택하고 해결하기
ㄹ. 다른 사람과 공동 작업하기
ㅁ. 화폐의 액면가와 단위 알기
ㅂ. 학급의 급훈 및 규칙 지키기

① ㄷ, ㅁ ② ㄱ, ㄷ, ㄹ ③ ㄱ, ㄷ, ㅁ ④ ㄷ, ㅁ, ㅂ ⑤ ㄱ, ㄴ, ㄹ, ㅂ

07 2021학년도 중등 B 4번

(가)는 지적장애 학생 F에 대한 지도 중점 사항이고, (나)는 교육 실습생이 기록한 학생 F의 수행 점검표이다. 〈작성 방법〉에 따라 서술하시오. [4점]

(가) 지도 중점 사항

- 독립적인 자립생활을 위해 적응행동 기술 교수
- 수업 중 소리 지르기 행동에 대해 지원

(나) 수행 점검표

상위 기술	하위 기술	수행 점검
컵라면 구입하기	컵라면 가격 알기	×
	종업원에게 인사하기	○
	종업원에게 질문하기	○
	계산하고 구입하기	×
컵라면 조리하기	컵라면 뚜껑 열기	○
	컵 안쪽에 보이는 선까지 물 붓기	○
	면이 익을 때까지 기다리기	○
정리하기	빈 용기 정리하기	○

〈작성 방법〉

- (나)에서 학생 F가 어려움을 보이는 적응행동 하위 유형의 명칭을 쓸 것(단, 적응행동 하위 유형의 명칭은 AAIDD의 11차 정의에 제시된 용어로 쓸 것)

08 2011학년도 중등 16번

다음은 중학교 1학년 특수학급에 입급된 정신지체 학생 A에 대한 정보이다. 학생 A에게 적합한 교수적 지원을 제공하고자 특수교사가 취한 행동 중 적절한 것만을 〈보기〉에서 모두 고른 것은? [2점]

- 한국인 아버지와 베트남인 어머니 사이에서 태어남
- 베트남에서 초등학교를 다니다가 중학교 입학을 앞두고 한국으로 옴
- IQ는 65이며 적응행동 기술 영역에서 개념적 기술 점수가 사회적, 실제적 기술 점수에 비해 매우 낮음

〈보기〉

ㄱ. 학생 A의 가정생활에 대한 정보를 수집하기 위해 부모와 면담을 하였다.
ㄴ. 지능검사의 언어성 점수와 동작성 점수를 비교하여 지능검사 결과를 해석하는 데 참고하였다.
ㄷ. 중학교 1학년 통합학급에서 학생 A의 학교생활을 일정 기간 동안 직접 관찰하고 분석하였다.
ㄹ. 학생 A의 개념적 기술 향상을 위하여 책임감 및 자존감을 증진시킬 수 있는 교육 계획을 수립하였다.
ㅁ. 필기의 양이 많은 수업 시간에 학생 A의 필요에 따라 일시적, 단기적으로 제공되는 제한적 지원 계획을 구상하였다.

① ㄱ, ㄴ, ㄷ ② ㄱ, ㄷ, ㄹ ③ ㄴ, ㄹ, ㅁ
④ ㄱ, ㄴ, ㄷ, ㅁ ⑤ ㄴ, ㄷ, ㄹ, ㅁ

09 2019학년도 중등 A (기입형) 5번 일부

다음은 ○○고등학교 현장실습위원회가 협의한 내용의 일부이다. 밑줄 친 ㉡이 의미하는 지원 방법의 명칭을 쓰시오. [2점]

장 교사: 학생들의 현장실습을 위해 교내·외 실습 장소에서 도움을 줄 수 있는 방법에 대해 논의해봅시다.
홍 교사: 통합된 환경에서의 실습이 어려운 중도 장애학생을 위해 교내에서는 특수학급에서 워크 액티비티를 실시하고, 외부 실습은 장애인 직업재활시설 작업장에서 인근 사업체 하청 작업(볼펜 조립)을 반복적으로 수행하여 작업 기능을 높일 수 있도록 합시다.
민 교사: 분리된 환경에서의 실습은 사회 통합의 기회를 제한할 수 있습니다. 교내 실습은 보조 인력을 제공하고, 외부에서 실시하는 바리스타 실습은 직무지도원을 배치하여 도울 수 있습니다.
최 교사: 유급 인력의 공식적인 지원에만 의존하는 것도 사회 통합을 방해할 수 있을 것입니다. ㉡ <u>교내에서는 비장애 또래를 통해 도움을 제공하고, 외부에서는 직장 동료의 도움을 활용하는 방법</u>으로 지역사회 통합과 개인의 삶의 질 향상을 도모할 수 있도록 합시다.

- ㉡: ______________________________

10 2014학년도 중등 B (논술형) 1번

다음의 (가)는 고등학교 3학년 정신지체 학생 A의 현재 실습지에서의 실습활동 평가 결과를 요약한 것이고, (나)는 학생 A가 실습하게 될 다음 실습지에 대한 사전조사 내용을 요약한 것이다. (가)의 상황평가 결과에 나타난 학생 A의 행동 특성을 '2010년 11차 미국 지적장애 및 발달장애협회(AAIDD)의 지적장애 정의'에 있는 적응행동 유형과 관련지어 설명하시오. 그리고 (가)와 (나)의 정보를 바탕으로 학생 A의 다음 실습지로 ○○카페가 적합한 이유를 실습지의 직무, 실습지의 구성원, 실습지의 문화 측면에서 각각 1가지씩 쓰고, 학생 A가 ○○카페에서 실습을 하기 전에 갖추어야 할 기술 1가지와 그 기술을 선정한 이유를 쓰시오. [10점]

(가) 학생 A의 현재 실습지에서의 실습활동 평가 결과 요약

- 실습 장소: 집 근처 분식집(도보로 이동 가능한 거리)

〈상황평가 결과〉
- 출근 시간을 잘 지킨다.
- 맡은 일은 끝까지 마무리한다.
- 메뉴판의 음식명을 읽을 수 있다.
- 손님과 다른 직원들에게 인사를 잘 하고 친절하다.
- 다른 사람의 도움 없이는 화장실 청소를 하지 못한다.
- 음식 주문번호와 일치하는 번호의 테이블에 음식을 가져간다.
- 화폐의 종류는 구분하나, 음식 값을 계산하는 데는 어려움이 있다.

〈학생과의 면담 내용〉
- 카페나 레스토랑에서의 유니폼을 입고 일하는 친구들이 부럽다.
- 친하게 지낼 만한 또래가 있었으면 좋겠는데, 같이 일하는 분들이 모두 나이가 많다.

〈어머니와의 면담 내용〉
- 학생 A의 출퇴근을 지원할 여건이 안 된다.
- 학생 A가 대중교통을 혼자 이용하는 것이 걱정이 되어서 아직까지 기회를 주지 않고 있다.
- 학생 A가 방과 후에 바리스타 수업을 받기는 했지만, 다른 사람의 도움 없이는 커피를 내리지 못한다.

(나) 학생 A의 다음 실습지에 대한 사전조사 내용 요약

- 실습 장소: 인근 지역에 있는 ○○카페(학생 A의 집에서 지하철로 20분 거리)
- 실습 시간: 오전 9시~오후 3시
- 직무별 직원 구성 및 직원 특성
  - 사장, 바리스타(2명), 카운터(1명), 서빙(4명: 고등학생과 대학생 아르바이트)
  - 장애인과 함께 근무한 경험이 있어 장애인에 대한 이해도가 전반적으로 높음
- 복무규정
  - 정시 출근
  - 단정한 유니폼 착용

11 2020학년도 중등 A 4번 일부

(가)는 일반교사가 특수교육 연수를 받으며 기록한 내용의 일부이다. 괄호 안의 ㉠, ㉡에 해당하는 용어를 순서대로 쓰시오. [2점]

(가) 기록 내용

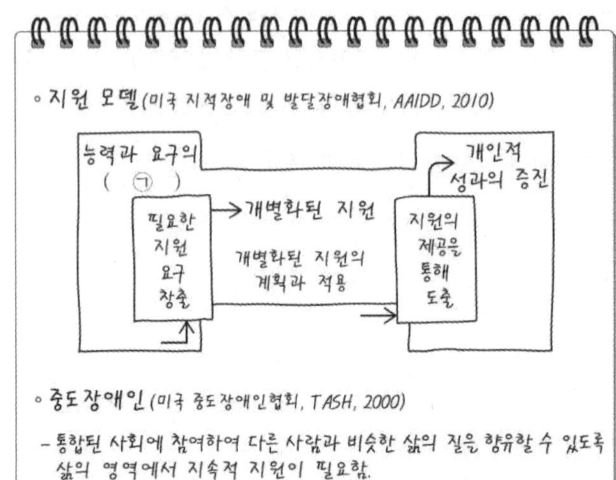

• ㉠: ______________________ • ㉡: ______________________

12 2018학년도 중등 A 3번

다음은 지적장애 고등학생 A를 위한 전환교육계획을 수립하기 위해 특수교사와 어머니가 나눈 대화의 일부이다. ㉠과 ㉡에 들어갈 내용을 쓰시오. [2점]

> 특수교사: 어머니, 학생 A에게 적절한 전환교육계획을 수립하기 위해 몇 가지 평가를 하려고 합니다.
> 어 머 니: 어떤 평가를 하나요?
> 특수교사: 먼저, 지원정도척도(SIS; Supports Intensity Scale)를 활용하여 학생 A에게 필요한 지원 요구를 파악하고자 합니다.
> 어 머 니: 그런데 지원정도척도는 처음 듣는 거라서 잘 모르겠어요. 그게 무엇인가요?
> 특수교사: 예, 지원정도척도는 개인이 사회에서 성공적으로 살아가기 위해 필요한 지원 요구를 (㉠), 일일 지원 시간, (㉡)의 3가지 차원에서 파악하는 것입니다.

• ㉠: ______________________ • ㉡: ______________________

13 2020학년도 초등 B 4번 일부

다음은 통합학급 교사인 최 교사가 특수교사인 강 교사와 교내 메신저로 지적장애 학생 지호의 음악과 수행평가에 대해 나눈 대화의 일부이다. 물음에 답하시오.

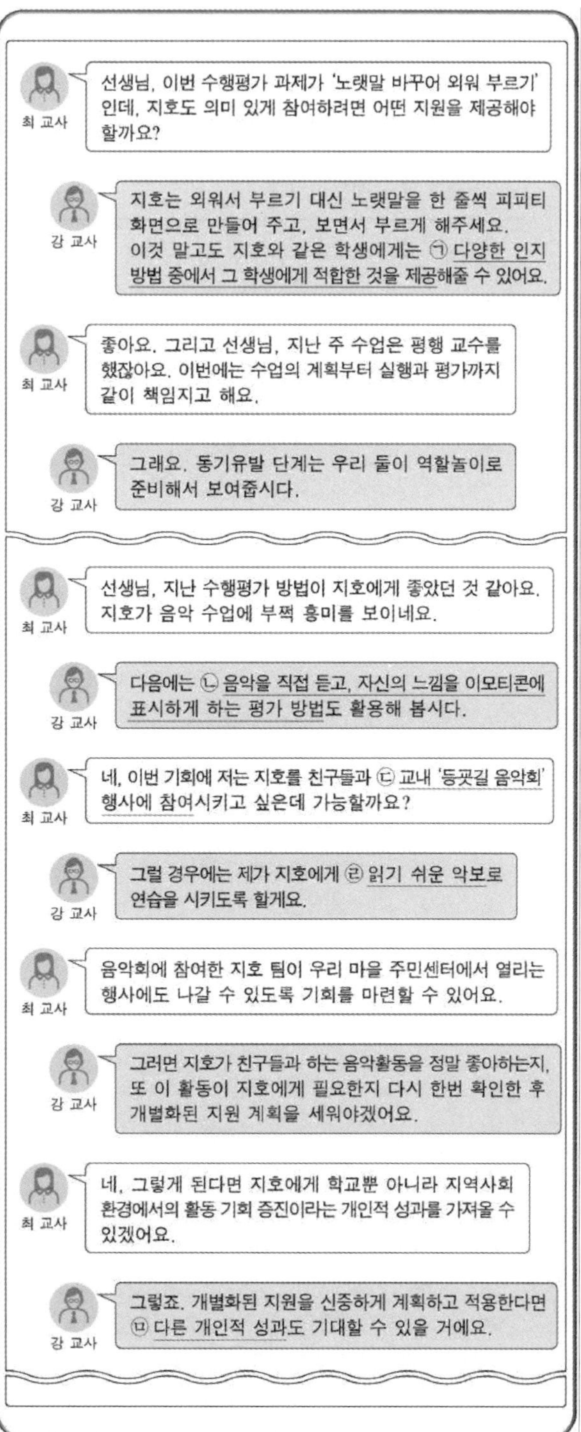

4) 2010년 '미국 지적장애 및 발달장애 협회(AAIDD)'가 제시한 '지원 모델'에 근거해 ㉤에 해당하는 내용을 1가지 쓰시오. [1점]

• ____________________

지적장애 | 제5장 | 해커스임용 설지민 특수교육학 영역별 이론 + 기출문제 2

14 2021학년도 중등 A 1번

다음은 미국 지적장애 및 발달장애 협회[American Association on Intellectual and Developmental Disabilities(AAIDD), 2010]에서 제시한 개별화된 지원 평가, 계획 및 감독을 위한 과정이다. ㉠을 위한 방법을 쓰고, ㉡에 해당하는 개인의 지원 요구 및 의료적 · 행동적 지원 요구를 판별하기 위한 표준화 검사도구의 명칭을 쓰시오. [2점]

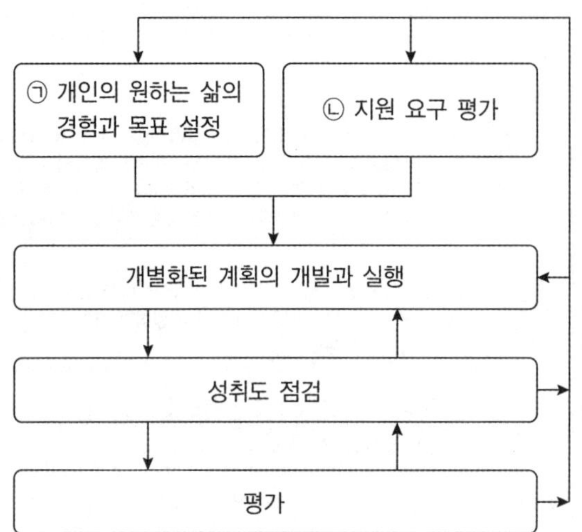

- ㉠:
- ㉡:

02 예방 및 원인

1. 예방

(1) 1차적 예방

예방이 아니면 지적장애를 초래할 수 있는 상태에 대해 실시하는 예방으로, 문제가 발생하는 것을 사전에 방지하는 방법을 말한다.

예 산모의 알코올 중독을 예방하는 프로그램

(2) 2차적 예방

현재 존재하는 상태에서 지적장애가 초래되는 것을 예방하는 조치 방법을 말한다.

예 PKU(페닐케톤뇨증)를 가진 사람을 처치하는 식이요법

(3) 3차적 예방

장애의 원인과 관련된 기능적 손상을 최소화하거나 진단에 의해 야기 · 전개될 수 있는 이차적 상황을 예방하는 조치 방법을 말한다.

예 신체적 · 교육적 · 직업적 재활을 위한 프로그램 등

(4) 예방의 단계별 목적

예방의 단계	일반적인 목적	장애 예방의 목적
1차 예방	새로운 발생 감소에 의한 상황 발생 예방 ➡ 발생률 감소	위험에 놓이게 될 아동의 새로운 발생 감소
2차 예방	기존의 발생 숫자 감소에 의한 상황 발생 예방 ➡ 출현율 감소	지속 시간과 정도의 경감에 의한 예방
3차 예방	직간접적인 영향의 감소에 의한 상황 발생 예방 ➡ 후유증 감소	직 · 간접적인 영향의 감소에 의한 예방

2. 발생률과 출현율

(1) 발생률

① 개념: 특정 기간 동안 모집단에서 판별된 새로운 사례의 수를 의미한다.

② 활용: 장애의 원인을 조사하고 예방 프로그램을 개발하는 데 의의가 있다.

(2) 출현율

① 개념: 전체 인구 중 장애라는 특정 조건을 가진 장애인의 수를 의미한다.

② 활용: 교육, 재활 서비스 등에 대한 요구를 파악하는 데 활용하기가 용이하다.

3. 원인

(1) 다중위험요인

① 다중위험요인의 분류

구분	생물 · 의학적 요인	사회적 요인	행동적 요인	교육적 요인
출생 전	• 염색체 이상 • 단일유전자 이상 • 증후군 • 대뇌 이상 • 모체 질병 • 부모의 나이	• 빈곤 • 산모의 영양결핍 • 가정폭력 • 부모의 관리 부족	• 부모의 약물 남용 • 부모의 알코올 남용 • 부모의 흡연 • 부모의 미성숙	• 부모로부터 지원이 없는 인지장애 • 부모가 될 준비 결여
출생 시	• 미숙아 • 출생 시 상해 • 신생아 외상	출생 시 관리 결여	부모의 보호 거부	퇴원 시 중재 서비스에 대한 의학적 지식 부족
출생 후	• 외상성 뇌손상 • 영양실조 • 뇌수막염 • 발작장애 • 퇴행성 장애	• 잘못된 보호자 • 적절한 자극 결여 • 가족의 빈곤 • 가족의 만성 질병 • 시설 수용	• 아동 학대, 유기 • 가정 폭력 • 부적절한 안전 수단 • 사회적 박탈 • 까다로운 아동 행동	• 잘못된 육아 • 진단 지연 • 부적절한 조기교육 • 부적절한 특수교육 • 부적절한 가족 지원

② 다중위험요인의 정의

㉠ **생물 · 의학적 위험요인**: 생물학적인 처리과정과 연관된 다양한 위험요인이다.

예 출생 전 염색체 이상, 유전자 장애, 출생 전후 겪은 뇌손상, 출산 후 사고로 인한 뇌손상, 신생아 질환, 영양실조, 그 외 지적장애를 초래하는 각종 질병 등

㉡ **사회적 위험요인**: 아동의 발달에 영향을 줄 수 있는 자극이나 상호작용의 질을 좌우하는 여건으로부터 초래되는 위험요인이다.

예 출생 전 빈곤 상태, 산모의 영양실조, 산모가 겪은 가정 폭력, 출생 전후로 출산과 관련된 적절한 관리를 받지 못한 채로 진행되는 출산 경험, 출생 후 빈곤, 적절한 자극이 부족한 가정환경 등

㉢ **행동적 위험요인**: 당사자뿐만 아니라 부모 세대의 부적절한 행동으로 야기될 수 있는 잠재적인 위험요인이다.

예 출생 전 부모의 약물 남용, 음주나 흡연, 산전 관리에 도움이 안 되는 미성숙한 행동, 출생 전후에 나타나는 부모의 육아 거부행위, 출생 후 보모의 아동 학대, 가정 폭력, 부적절한 안전 조치, 사회로부터 아동을 격리하는 행위, 아동의 다루기 힘든 행동 등

㉣ **교육적 위험요인**: 지적능력과 적절한 적응 기술을 발달시키는 데 필요한 정보 제공과 교육 지원의 부재로 야기될 수 있는 위험요인이다.

예 출생 전 임신 · 출산 관련 지원을 전혀 받지 못한 지적장애가 있는 부모의 상태, 부모로서의 준비가 덜 된 상태, 출생 전후에 필요한 중재를 위한 의료적인 의뢰를 못한 상태, 출생 후 부모의 양육 기술이 부족한 경우, 조기중재 서비스나 특수교육, 가족 지원 등이 적절하게 제공되지 못한 경우 등

(2) 행동표현형

① 특징

㉠ 유전자에 따라 겉으로 나타나는 행동 유형을 말하는데, 이는 동일한 증후군을 가진 아동이 모두 동일한 행동표현형을 가진다는 의미는 아니다.

㉡ 행동표현형을 보이는 원인을 가진 경우 실제적 · 잠재적으로 미래를 위해 필요한 기능적 지원 요구를 미리 예측할 수 있다.

㉢ 교사나 서비스 전문가는 장애의 원인으로 인해 나타날 수 있는 강점, 약점, 임상적 쟁점을 정확하게 파악하여 교육 · 지원을 계획해야 한다.

② 분류

증후군	간헐적으로 발견되는 인지 · 언어 · 행동 특성
다운 증후군	• 언어나 청각적 과제보다 시 · 공간적 과제 수행이 더 우수함 • 장기기억 능력이 요구되는 과제의 수행능력이 동일한 정신연령 아동보다 지체됨 • 표현언어보다 수용언어 능력이 상대적으로 우수하고, 지능에 비해 적응행동에서 강점을 가짐 • 명랑하고 사회적인 성격을 보이나 성인기에 우울증과 치매 성향이 나타남
윌리엄스 증후군	• 언어 · 청각적 기억, 얼굴 인지를 잘하는 편임 • 시 · 공간적 기능, 지각-운동 계획과 소근육 기술은 제한을 보임 • 마음이론 측면에서 강점을 보임(대인지능) • 손상된 사회적 지능을 가지며 친숙함을 보이지만, 모든 연령에서 불안장애가 나타남
약체 X 증후군	• 수용 · 표현언어 능력이 단기기억 능력이나 시 · 공간적 기술보다 우수함 • 순차적보다는 동시적인 처리가 요구되는 과제에서 강점을 보임 • 일상생활 기술과 자조 기술에서 상대적 강점을 보임 • 부주의, 과잉행동, 자폐증과 유사한 행동을 하며 모든 연령에 걸쳐 불안장애를 보임
프래더-윌리 증후군	• 이상 식욕과 비만 증상을 보임 • 순차적보다는 동시적인 처리가 요구되는 과제에 강함 • 단기기억보다 장기기억 능력이 우수함 • 시 · 공간적 처리능력이 요구되는 과제와 직소 퍼즐을 잘함 • 타인을 꼬집는 행동, 심한 짜증을 보이고 모든 연령에서 강박장애와 충동조절장애가 나타남
스미스-마제니스 증후군	• 언어 습득이 지체되고 순차적 처리과정이 요구되는 과제에 상대적으로 약함 • 일반적으로 수면장애가 나타나며, 아동기에는 충동조절장애를 보이는 경우가 많음 • 상동행동과 자기상해 행동을 빈번하게 보임
안젤만 증후군	• 아동기와 청소년기에 종종 부적절한 웃음 발작을 보임 • 일반적으로 모든 연령이 행복해하는 기질이 있음 • 젊은 연령층의 경우 과잉행동, 수면장애가 나타남
레트 증후군	• 손을 씻거나 비트는 듯한 비정상적인 손의 상동행동과 수면장애를 보임 • 자폐증과 유사한 행동이 나타남
묘성 증후군	• 과잉행동을 하거나 자기자극 행동, 자해행동이 나타남 • 고양이 울음소리 같은 소리를 냄

15 2009학년도 중등 1번

장애인 출현율에 대해 적절히 설명한 것을 〈보기〉에서 고른 것은? [2점]

〈보기〉

ㄱ. 출현율과 동일한 의미를 가진 발생률이라는 용어가 있다.
ㄴ. 전체 인구 중 장애라는 특정 조건을 가진 장애인 수를 말한다.
ㄷ. 특정 기간에 전체 인구 중 새롭게 판별된 장애인 수를 말한다.
ㄹ. 장애의 원인을 연구하고 예방 프로그램을 개발하는 데 의의가 있다.
ㅁ. 교육이나 재활 서비스 등에 대한 요구를 파악하는 데 활용하기 용이하다.

① ㄱ, ㄷ ② ㄱ, ㄹ ③ ㄴ, ㄹ ④ ㄴ, ㅁ ⑤ ㄷ, ㅁ

16 2016학년도 초등 A 4번 일부

다음은 ○○특수학교의 오 교사와 강 교사가 '정신지체의 원인과 예방을 위한 지원'에 대한 교사 연수에 참여한 후 나눈 대화의 일부이다. 물음에 답하시오.

오 교사: 저는 이번 연수에서 정신지체를 유발하는 위험 요인에 따라 ㉠ 1차, 2차, 3차적 예방을 다르게 할 수 있다는 것을 알게 되었어요.
강 교사: 저도 생의학적 위험요인뿐만 아니라 ㉡ 행동적 위험 요인 등과 같은 다양한 위험요인이 정신지체의 원인이 될 수 있다는 점에 대해 다시 한번 생각하게 되었어요.
오 교사: 그러고보니 ㉢ 주거 환경 속에서 납 성분에 지속적으로 노출되는 것은 정신지체의 원인이 될 수도 있으니, 주거 환경을 정비 · 규제하는 것은 1차적 예방이 될 수 있겠네요.
강 교사: 그러네요. 그렇다면 ㉣ 아이들이 자전거를 탈 때 사고로 인해 뇌 손상을 입지 않도록 안전모를 쓰게 하는 것은 3차적 예방이 되겠네요. 그리고 ㉤ 장애 학생의 건강상의 문제를 최소화하기 위해 의학적 접근을 하는 것도 3차적 예방이 되겠지요.
오 교사: 맞아요. 저는 이번 기회를 통해 무엇보다도 ㉥ 정신지체 학생들의 특성을 고려하여 교육을 잘 하는 것이 우리 교사들이 할 수 있는 중요한 예방이라고 생각하게 되었어요.

…하략…

1) ㉠ 중에서 2차적 예방의 예를 1가지 쓰시오. [1점]

•

2) ㉡의 예를 1가지 쓰시오. [1점]

•

3) ㉢~㉥에서 잘못된 것을 1가지 골라 기호를 쓰고, 그것이 잘못된 것이라고 판단한 이유를 쓰시오. [1점]

•

17 2010학년도 중등 15번

정신지체에 대한 설명으로 옳은 것을 〈보기〉에서 고른 것은? [2점]

〈보기〉

ㄱ. 페닐케톤뇨증(PKU)은 출생 후 조기 선별이 어려우나 진단을 받은 후에는 식이요법을 통해 치료가 가능하다.
ㄴ. 다운증후군을 유발하는 염색체 이상 중에서 가장 일반적인 삼염색체성(trisomy)은 21번 염색체가 3개인 유형이다.
ㄷ. 저체중 출산, 조산 등의 생의학적 요인이 지적 기능과 적응행동의 결함을 야기할 때 정신지체의 원인이 된다.
ㄹ. 정신지체 학생은 일반 학생과 동일한 인지발달 단계를 거치나, 발달 속도가 느려 최상위 발달단계에 이르는 데 어려움이 있을 수 있다.
ㅁ. 정신지체 학생은 자신에 대한 기대수준이 낮음으로 인하여 타인에게 의존하고, 과제수행 결과 여부를 자신의 행동에 따른 결과로 받아들이는 경향이 있다.

① ㄱ, ㄴ, ㄷ ② ㄱ, ㄷ, ㅁ ③ ㄴ, ㄷ, ㄹ ④ ㄴ, ㄹ, ㅁ ⑤ ㄷ, ㄹ, ㅁ

18 2012학년도 유아 22번

다음은 각 유아의 음식 섭취 특성과 그에 따른 박 교사의 지도방법을 제시한 것이다. 각 유아의 장애 유형을 옳게 짝지은 것은? [1.75점]

유아	음식 섭취 특성	지도방법
인호	• 과도한 식욕을 보이므로 음식을 조절해주지 않으면 생명을 위협하는 비만이 발생할 수 있음 • 일반적으로 계속 음식을 요구하고, 충동적이고 고집이 센 편임	• 과도한 섭식으로 인한 행동 장애가 문제이므로 의사와 영양사의 자문을 받게 함
수진	• 입이 자극을 받으면 강직성 씹기 반사(tonic bite reflex)가 나타남 • 식사 시간이 길어지므로 좌절, 피로누적, 영양섭취의 문제를 초래할 수 있음 • 유아의 비정상적인 근육 긴장도와 제한된 신체적 활동으로 인해 변비가 생기기 쉬움	• 금속보다는 실리콘 재질의 숟가락을 사용하게 함 • 바른 자세로 앉아 씹기와 삼키기를 잘하도록 격려함 • 적절한 운동과 식이섬유 음식물을 섭취하게 함
진우	• 비전형적인 촉각, 미각, 후각을 갖기 때문에 음식물의 색, 생김새, 맛, 냄새 등에 따라 특정 음식에 대해 극단적인 반응을 보일 수 있음 • 특정 음식의 질감에 대한 구강 과민성을 가짐	• 유치원과 가정이 협력하여 유아가 좋아하는 음식만을 먹는 일이 없게 함

	인호	수진	진우
①	프래더-윌리 증후군	자폐성장애	뇌성마비
②	프래더-윌리 증후군	뇌성마비	자폐성장애
③	뇌성마비	프래더-윌리 증후군	자폐성장애
④	뇌성마비	자폐성장애	프래더-윌리 증후군
⑤	자폐성장애	뇌성마비	프래더-윌리 증후군

19 2019학년도 중등 A 11번 일부

(가)는 중도 지적장애 학생 M의 특성이다. 〈작성 방법〉에 따라 서술하시오. [1점]

(가) 학생 M의 특성

- 15번 염색체 쌍 가운데 어머니로부터 물려받은 염색체가 결손이 있음
- 발달 지연이 있으며, 경미한 운동장애를 보임
- 부적절한 웃음, 행복해하는 행동, 손을 흔드는 것 같은 독특한 행동을 종종 보임
- 수용언어 능력이 표현언어 능력보다 비교적 좋음
- 표현언어는 두 단어 연결의 초기 단계임

〈작성 방법〉

- (가) 학생 M의 특성에서 설명하고 있는 증후군의 명칭을 쓸 것

20 2011학년도 중등 15번

다음은 정신지체 학생을 지도하고 있는 중학교 통합학급 교사를 위해 특수학급 교사가 실시한 교내 연수 내용의 일부이다. 연수 내용 중 옳은 것만을 〈보기〉에서 모두 고른 것은? [2점]

〈보기〉

ㄱ. 중도 정신지체 학생이 관심을 끌기 위해 수업을 방해하는 행동을 보이면 주의를 주시기 바랍니다.
ㄴ. 프래더-윌리 증후군(Prader-Willi syndrome)을 지닌 학생은 과도한 식욕으로 비만이 될 수 있으므로 운동과 식사 조절에 관심을 가져주시기 바랍니다.
ㄷ. 학습된 무기력으로 과제를 쉽게 포기하는 경도 정신지체 학생을 위해 가능한 한 성공 경험을 많이 할 수 있도록 과제 난이도를 조절하고 학생을 격려해주시기 바랍니다.
ㄹ. 윌리엄스 증후군(Williams syndrome)을 지닌 학생은 시공간적 기술에 비해 언어에 심각한 문제가 있으므로 자연스러운 상황에서 바람직한 의사소통 모델을 모방할 수 있는 기회를 제공해주시기 바랍니다.
ㅁ. 정신지체는 염색체 이상, 외상성 뇌손상, 조산과 같이 출생 전 나타나는 생의학적 원인 외에도 출생 후에 사회적 · 행동적 요인의 영향을 받을 수 있으므로 아동 학대 및 가정 폭력, 가정 형편에 문제가 없는지 확인해주시기 바랍니다.

① ㄴ, ㄷ　② ㄷ, ㄹ　③ ㄱ, ㄴ, ㄷ　④ ㄱ, ㄹ, ㅁ　⑤ ㄴ, ㄷ, ㅁ

21 2012학년도 중등 16번

다음은 특수교사와 일반교사가 나눈 대화이다. ㉠~㉤ 중에서 옳은 내용만을 있는 대로 고른 것은? [2점]

일반교사: 정신지체는 지적 능력과 적응기술에서의 어려움을 동시에 가지고 있다고 하던데, 적응기술이 뭔가요?
특수교사: '미국 지적장애 및 발달장애 학회(AAIDD)'에 따르면, ㉠ '실제적 적응기술'은 '손해 보지 않기'와 같은 일상생활 활동에 필요한 기술을 의미해요. 그리고 ㉡ '사회적 적응기술'에는 '자존감'과 '대인관계'와 같은 기술이 포함되어 있어요.
일반교사: 그렇군요, 그런 제한점이 있을 수 있겠네요.
특수교사: 하지만, 정신지체 학생이 제한점만 가지고 있는 것은 아니에요. '미국 지적장애 및 발달장애 학회'에서는 여러 증후군을 지닌 사람들에게서 자주 나타나는 행동적 징후 중에 강점을 찾아 제시했어요.
일반교사: 그래요? 증후군에 따라 강점이 다른가요?
특수교사: 네. ㉢ 약체엑스 증후군(Fragile X syndrome)을 지닌 사람은 일반적으로 음성언어 기술보다는 시·공간적 기술에 강점이 있구요. 또, ㉣ 프래더-윌리 증후군(Prader-Willi syndrome)이 있는 사람은 대체로 시각적 처리와 퍼즐 해결에 강점이 있어요.
일반교사: 그럼, 다운증후군(Down syndrome)은요?
특수교사: ㉤ 다운증후군을 지닌 사람은 일반적으로 언어 또는 청각적 과제보다 시·공간적 과제를 더 잘 수행하는 강점이 있다고 해요.
일반교사: 그렇군요, 그런 강점을 잘 활용해서 지도하면 좋겠네요. 좋은 말씀 감사합니다.

① ㉠, ㉢ ② ㉠, ㉣ ③ ㉡, ㉢, ㉤ ④ ㉡, ㉣, ㉤ ⑤ ㉡, ㉢, ㉣, ㉤

22 2014학년도 중등 A (기입형) 8번

다음은 특수교육 지원센터 홈페이지 게시판에 올라온 ○○청소년수련원의 담당자가 질문한 내용에 대해 특수교사가 답변한 것이다. 괄호 안의 ㉠과 ㉡에 해당하는 말을 각각 쓰시오. [2점]

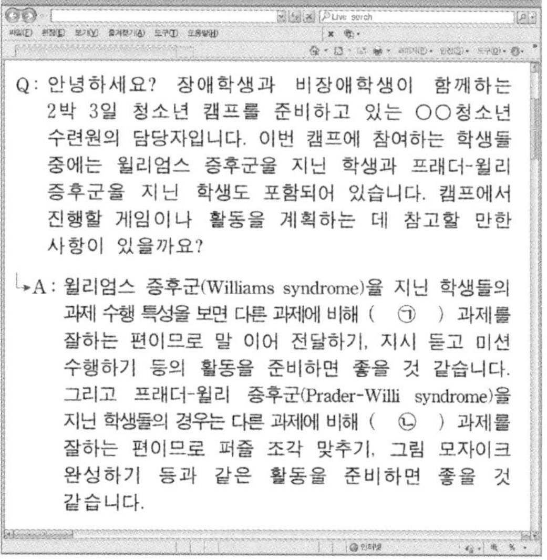
Q: 안녕하세요? 장애학생과 비장애학생이 함께하는 2박 3일 청소년 캠프를 준비하고 있는 ○○청소년수련원의 담당자입니다. 이번 캠프에 참여하는 학생들 중에는 윌리엄스 증후군을 지닌 학생과 프래더-윌리 증후군을 지닌 학생도 포함되어 있습니다. 캠프에서 진행할 게임이나 활동을 계획하는 데 참고할 만한 사항이 있을까요?

↳A: 윌리엄스 증후군(Williams syndrome)을 지닌 학생들의 과제 수행 특성을 보면 다른 과제에 비해 (㉠) 과제를 잘하는 편이므로 말 이어 전달하기, 지시 듣고 미션 수행하기 등의 활동을 준비하면 좋을 것 같습니다. 그리고 프래더-윌리 증후군(Prader-Willi syndrome)을 지닌 학생들의 경우는 다른 과제에 비해 (㉡) 과제를 잘하는 편이므로 퍼즐 조각 맞추기, 그림 모자이크 완성하기 등과 같은 활동을 준비하면 좋을 것 같습니다.

• ㉠: ______________________ • ㉡: ______________________

23 2017학년도 중등 A (기입형) 3번

다음은 일반교사가 특수교육 관련 연수를 받으며 필기한 내용이다. ㉠, ㉡에 들어갈 증후군의 명칭을 순서대로 쓰시오. [2점]

지적장애의 이해

- 지적장애: 지적 기능과 적응행동상의 어려움이 함께 존재하는 장애
- 지적장애 학생은 제한점도 있지만 강점도 동시에 갖고 있으므로 이를 잘 파악해서 지원하여야 함
- 미국 지적장애 및 발달장애 협회(AAIDD, 2010)에서 제시한 지적장애를 초래하는 증후군 및 행동표현형

증후군	행동표현형
㉠	• 시공간적 기술에 비해 더 나은 음성언어 기술을 가지고 있음 • 일상생활 기술과 자조 기술에서 상대적으로 강점을 보임 • 무관심, 과잉행동, 자폐성 행동과 빈번히 연관됨
프래더-윌리 증후군	• 시각적 처리와 퍼즐을 해결하는 데 강점을 가짐 • 손상된 포만감, 탐식행동, 비만 등이 있음 • 모든 연령대에 걸쳐 강박장애와 충동조절장애가 흔히 있음
㉡	• 언어나 청각적 과제보다 시공간적 과제 수행이 더 우수함 • 지능에 비해 적응기술이 뛰어남 • 명랑하고 사회적인 성격임 • 성인기에 우울증이 흔히 나타남

- ㉠: ______
- ㉡: ______

24 2016학년도 유아 B 7번 일부

다음은 통합학급 유아교사인 박 교사와 유아 특수교사인 최 교사의 대화이다. 물음에 답하시오.

박 교사: 선생님, 의논하고 싶은 일이 있어요. 승철이가 다른 또래에 비해 발달이 늦은 것 같아요. 알고 보니 어렸을 때 ㉠ 집안이 경제적으로 어려워서 2년간 부모님과 함께 생활하지 못했대요. 어떻게 도와줄 수 있을까요?
최 교사: 승철이가 검사는 받아보았대요?
박 교사: 사실 어머님은 승철이가 장애로 진단받을까봐 두려워하시는 것 같아요.
최 교사: 꼭 그렇지는 않아요. ㉡ 발달지체라는 분류도 있어요. 「장애인 등에 대한 특수교육법」의 특수교육대상자 선정 기준에서는 발달지체를 ㉢ '신체, 인지, 의사소통, 사회 · 정서, 적응행동 중 ㉣ 둘 이상의 발달이 또래에 비하여 현저하게 지체되어 ㉤ 특별한 교육적 조치가 필요한 5세 미만의 영아 및 아동'으로 규정합니다.
박 교사: 그렇군요. 부모님께 일단 검사를 의뢰해보도록 말씀드릴게요.
최 교사: 그런데 승철이 동생 민화는 ㉥ 출생 시 1.8kg의 저체중으로 태어났다고 알고 있어요. 나중에 발생할 수 있는 문제를 사전에 방지한다는 차원에서 승철이와 함께 검사해보도록 부모님께 안내하는 것은 어떨까요?

1) ㉠과 ㉥에 해당하는 장애 위험조건을 각각 쓰시오. [2점]

• ㉠: ____________________ • ㉥: ____________________

25 2019학년도 중등 A (기입형) 6번

다음은 지적장애 학생을 지도하는 신규 교사와 멘토 교사의 대화이다. 괄호 안의 ㉠에 해당하는 용어를 쓰고, ㉡에 나타난 학생 E의 증후군 명칭을 쓰시오. [2점]

멘토 교사: 선생님, 지난 학기에 전학 온 학생 D와 E는 잘 적응하고 있나요?
신규 교사: 학생 D는 주어진 과제를 성취하기 위해 필요한 행동을 성공적으로 해낼 수 있다는 믿음이 있고, 그러한 행동을 잘 수행한다면 원하는 성과를 이룰 것이라고 기대하고 있어요.
멘토 교사: 구체적이고 실제적인 자신의 과제수행능력을 믿고 있군요. (㉠)이/가 높은 학생인 것으로 보입니다. 학업 상황에서 친구들이 과제를 완수하는 것을 보면 자신도 그 과제를 완성할 수 있다고 생각하게 됩니다. 이러한 방법을 통해 (㉠)을/를 더욱 향상시키면 좋겠습니다.
신규 교사: 학생 E는 XXY형 염색체를 가진 성염색체 이상증후군이라고 해요. 남성호르몬 감소로 인해 여성형 체형으로 변해가고 있어 부모님께서 고민하더군요. 이 학생은 의사소통에 어려움이 있고, 사회성도 부족한 것 같아요. 활동량이 부족해서 운동 발달에도 영향을 주는 듯합니다.] ㉡
멘토 교사: 학생 E는 사회성 향상 프로그램뿐만 아니라, 운동발달을 위한 중재 프로그램도 개발 · 적용하는 것이 좋겠네요.

• ㉠: ____________________ • ㉡: ____________________

제2절 지적장애 특성

01 인지적 특성

1. 선택적 주의집중 결함

(1) 문제

선택적 주의집중이 어려운 편으로 주의집중 시간이 짧고 주의집중 이동이 어려우며, 주의집중 시 초점의 문제가 있을 수 있다.

(2) 선택적 주의집중 능력을 향상시키기 위한 전략

전략	방식
교사가 관련 자극을 식별해줌	• 학생으로 하여금 어떤 정보가 자신에게 중요한지 회상하거나 기억하게 함 • 목소리 억양 · 크기로 관련 정보를 강조함 • 학생에게 구두나 글로 관련 정보를 요약해줌(예 강의노트 주기, 칠판에 중요한 정보 적기) • 관련 정보를 식별해줌(예 형광펜으로 표시하기, 밑줄 긋기, 색깔로 코딩하기, 화살표 그리기)
집중 전략	• 외부의 방해 환경 자극을 제거함(예 개인 열람실 사용하기) • 방해가 되는 학업 정보를 제거함(예 활동지나 자료 위에 윈도우 상자 열어두기) • 학생에게 그들이 집중해야 하는 것이 무엇인지 주기적으로 물음 • 의미 있는 내용, 활기 있는 속도로 수업하여 학생이 수업에 계속 적극적으로 참여하게 함
관련 자극을 식별하도록 가르침	• 학생에게 교과서 속에 제공된 전략을 사용하도록 가르침(예 볼드체, 이탤릭체) • 구두로 제시한 자료에서 단서를 식별하도록 가르침(예 목록, 시리즈) • 학업 자료에서 방해 인자를 식별하도록 가르침

2. 기억

(1) 문제

단기기억의 문제가 있고, 시연 등의 전략을 자발적으로 사용하거나 이용하지 못한다.

(2) 기억 전략

전략	방식
묶기 전략	작은 정보를 몇 개의 큰 묶음으로 처리하는 전략 예 ㄱㅇㅅㄱㄷㅈㄴㅁㅎㅇㅁㅂ ⇨ 김영삼, 김대중, 노무현, 이명박
심상 전략	새로운 정보를 마음속에 그림으로 만드는 과정
정교화 전략	자신의 사전 경험에 근거하여 새로운 정보를 장기기억에 저장된 정보와 연결하는 부호화 전략 예 '국화는 가을에 피는 꽃이다'를 학습할 때, 가을에 생신이신 엄마를 위해 국화꽃을 선물했던 기억으로 '국화는 가을에 피는 꽃'을 기억하는 전략
조직화 전략	공통 범주, 유형을 기준으로 새로운 정보를 장기기억에 저장된 정보와 연결하는 부호화 전략 예 '국화는 가을에 피는 꽃이다.'를 학습할 때, 가을에 피는 다른 꽃들과 연결하여 기억하는 전략 (개요, 개념도 작성 등)

(3) 일반적인 기억력 증진법

과잉학습에 대한 기회 확대, 촉진 사용, 시각적 지원 제공 등이 있다.

02 정의적 특성

1. 동기와 실패에 대한 기대

① 동기는 행동을 유발 · 지시 · 유지하게 하는 내적 상태로, 지적장애 학생 중 학습 동기가 낮아 문제되는 경우가 있다.

② 학교에서 새로운 과제나 어려운 과제를 수행할 때 적극적으로 참여하지 않거나 학습문제에 흥미를 보이지 않는 경우가 있는데, 이는 실패에 대한 높은 예상과 연관된 '학습된 무기력'이 원인일 수 있다.

③ 학습된 무기력은 아무리 노력해도 성공할 수 없다고 믿는 것을 말한다.

2. 외부지향성

① 문제를 해결할 때 자신의 내적인 인지능력을 사용하기 전, 먼저 외부에서 단서를 찾으려는 특성을 말한다.

② 지적장애 학생은 해결해야 할 문제가 있는 경우 교사나 부모의 도움을 받아 해결하려는 모습을 종종 보인다.

3. 통제소

① 통제소는 성과의 원인 관계를 어디에 둘 것인지의 문제로, 한 사람이 자신의 긍정적 또는 부정적 행동의 결과를 어떻게 지각하는가를 의미한다.

㉠ 내적 통제소의 경향을 지닌 사람은 긍정적이든 부정적이든 사건의 결과를 자신의 행동 결과로 인식한다.

㉡ 외적 통제소의 경향을 지닌 사람은 모든 결과를 운명, 요행, 타인의 힘과 같은 외부 요인의 탓으로 돌린다.

② 지적장애 학생은 또래에 비해 외적으로 지향되는 편이며, 이로 인해 청소년기와 성인이 된 후 적응능력에 있어 어려움을 보인다.

③ 인지적 어려움, 기술전이와 일반화의 어려움 등의 여러 요인 탓에 새로운 환경에 덜 익숙하기 때문에 외적 통제소의 경향을 보일 수 있다.

26 2009학년도 초등 8번

〈보기〉는 특수학교 박 교사가 초등부 1학년 정신지체 학생 민성이에 대해 기록한 메모이다. 각 메모를 통하여 알 수 있는 민성이의 특성을 적절하게 제시한 것은? [1.4점]

〈보기〉

ㄱ. 가지고 놀던 장난감을 빼앗겨도 자기주장을 하지 못한다(10월 21일).
ㄴ. 만들기 활동에서 무엇을, 어떻게 만들어야 할지에 관한 계획, 실행, 평가의 전략을 사용하지 못한다(10월 24일).
ㄷ. 친구들과의 인사말 "안녕!"을 가르쳤더니 학교의 다른 선생님들께도 "안녕!"이라고 인사한다(10월 27일).
ㄹ. 과제를 주어도 하려는 의욕이 전혀 없다. 성취감을 맛본 경험이 거의 없던 것으로 보인다(10월 29일).

	ㄱ	ㄴ	ㄷ	ㄹ
①	과잉일반화	학습된 무기력	지속적 주의력 결함	초인지 결함
②	학습된 무기력	지속적 주의력 결함	자기결정력 부족	과잉일반화
③	자기결정력 부족	지속적 주의력 결함	과잉일반화	학습된 무기력
④	과잉일반화	초인지 결함	지속적 주의력 결함	자기결정력 부족
⑤	자기결정력 부족	초인지 결함	과잉일반화	학습된 무기력

27 2011학년도 중등 17번

다음은 정신지체 학생 A에 대한 관찰 내용이다. 학생 A를 위한 특수교사의 교수적 고려로 적절하지 않은 것은?

[2점]

- 학습한 내용을 일반화하는 데 어려움이 있음
- 과제 수행 시 집중하는 시간이 짧고, 선택적 주의집중이 어려움
- 학습 의지가 부족하고 수동적이며, 학습한 내용을 잘 기억하지 못함
- 정해진 일정은 잘 따르지만 갑작스러운 환경 변화에 민감하게 반응함

① 기억에 어려움이 있는 것을 고려하여 시연 전략을 사용한다.
② 과제와 관련된 적절한 자극과 부적절한 자극을 구별할 수 있도록 지도한다.
③ 과제 수행에 대한 자기점검과 자기강화를 통해 과제 참여도와 학습 동기를 높인다.
④ 여러 가지 색깔 단서를 사용하여 과제 수행에 대한 일반화를 높이고 흥미를 유도한다.
⑤ 과제를 단계별로 나누어 쉬운 내용을 먼저 지도하고, 과제의 난이도를 서서히 높인다.

28 2013학년도 중등 추시 A 5번 일부

(가)는 준호의 정보이고, (나)는 김 교사가 준호를 관찰한 자료와 이에 대한 분석을 토대로 구성한 교수적 지원방안이다. 물음에 답하시오.

(가) 준호의 정보

- 경도 정신지체를 가진 중학교 3학년 학생임
- 대부분이 1학년 학생으로 구성된 특수학급에 배치되어 있으며, 일부 교과는 통합학급에서 공부함
- 다문화 가정에서 성장하여 한국어 어휘가 부족함

(나) 준호에 대한 김 교사의 관찰, 분석, 지원방안

관찰내용		분석의견		지원방안
간단한 단어를 읽고 쓸 수 있으며 화폐 개념이 있음, 책임감이 낮고 학급 및 도서실에서의 규칙 따르기가 어려움	➜	개념적 적응행동에 비해 (㉠) 적응행동에 어려움이 있다.	➜	도서실 이용 규칙에 대해 지도하고, 도서 대출과 반납을 위해 도서실 이용 시 필요할 때마다 도움을 주는 (㉡) 지원을 제공한다.
관련 있는 중요한 자극에 집중하기 어려움, 단기간 내 사용할 수 있는 정보를 기억하는 데 어려움이 있음	➜	(㉢)와(과) 단기기억에 어려움이 있다.	➜	집중해야 할 중요한 단서를 강조하고, 정보를 조직화해주거나 시연 전략을 지도한다.
㉣ <u>특수학급에서는 수업 참여나 다른 학생들과의 의사소통에 무리가 없는 편임, 국내 표준화된 지능검사 결과 지능 지수가 2 표준편차 이하로 나타남</u>	➜	정신지체 정의의 적용에 필수적으로 전제되어야 할 가정 중 2가지가 제대로 반영되지 못한 점을 고려할 때, 관찰 및 검사 결과 해석에 주의가 요구된다.	➜	학생의 지원 요구 파악 및 지원방안을 구체화하기 위하여 필요하다면 추후 관찰 및 검사를 실시한다.

2) ㉢에 들어갈 말을 쓰시오. [1점]

- ㉢: ______________________

29 2019학년도 유아 B 2번 일부

다음은 5세 주의력결핍 과잉행동장애 유아 상희에 대해 통합학급 김 교사와 특수학급 박 교사가 나눈 대화의 일부이다. 물음에 답하시오.

김 교사: 선생님, 다음 달에 공개 수업을 하려고 하는데 좀 걱정이 됩니다. 상희가 교실에서 자기 자리에 앉지 않고 계속 돌아다니고, 또 ㉠ 선택적 주의력도 많이 부족합니다.
박 교사: 제 생각에는 먼저 상희에게 수업 시간에 지켜야 할 약속이나 규칙을 이해할 수 있도록 지도하는 것이 필요합니다.
김 교사: 그게 좋겠습니다. 그런데 상희를 자기 자리에 앉게 만드는 좋은 방법은 없을까요?
박 교사: 네, 그때는 이런 방법이 있는데요. 일단 ㉡ '자기 자리에 앉기'라는 목표 행동을 정하고, '책상 근처로 가기, 책상에 가기, 의자를 꺼내기, 의자에 앉기, 의자에 앉아서 의자를 당기기'로 행동을 세분화합니다. 이때 단계별 목표 행동을 성취했을 때마다 강화를 주는데, ㉢ 칭찬, 격려, 인정을 강화제로 사용하는 것도 좋겠습니다.
김 교사: 아, 그리고 상희가 활동 중에 자료를 던지는 공격적인 행동을 하는데 이에 대해서는 어떻게 할까요?
박 교사: 우선 상희의 행동을 ㉣ ABC 서술식 사건표집법이나 ㉤ 빈도 사건표집법으로 관찰해보는 것이 좋겠습니다.

1) ㉠의 의미를 쓰시오. [1점]

•

30 2015학년도 초등 A 4번 일부

(가)는 학습장애 학생 은수의 인지적 특성이다. 물음에 답하시오.

(가) 은수의 인지적 특성

• (㉠) 능력이 부족하여, 관련 없는 정보나 자극을 무시하고 중요한 정보에 주의를 기울이는 데 어려움이 있음
• (㉡) 능력이 부족하여, 과제 해결에 어떤 전략이 필요한지 잘 모르고, 하는 일에 대해 지속적으로 검토하지 못함

1) (가)의 ㉠과 ㉡에 들어갈 용어를 각각 쓰시오. [2점]

• ㉠:

• ㉡:

31 2013학년도 초등 추시 B 7번 일부

(가)는 학생의 특성이고, (나)는 2011 특수교육 교육과정 중 기본 교육과정 미술 초등 1~2학년 '다양한 재료 나라' 단원과 관련된 지도계획의 일부이다. 물음에 답하시오.

(가) 학생 특성

수업 중에 "하기 싫어요.", "어려워요.", "해도 잘 안돼요.", "잘 할 수 없어요.", "그만 할래요."라는 말을 자주 한다.

(나) 지도계획

단원명	9. 다양한 재료 나라	
제재	종이접기	
학습목표	㉠ <u>종이접기를 하며 놀이를 할 수 있다</u>.	
단계	교수 · 학습활동	유의점
도입	학습 문제 파악하기	부록 CD를 활용한다.
전개	종이접기 작품 제작과정의 설명과 시범 보이기	종이를 순서대로 접을 수 있도록 단계를 분석하여 순차적으로 지도한다.
	종이접기에 대한 이해 확인하기	관찰하면서 질문을 주고받거나 피드백을 준다.
	단계적인 종이접기 연습 지원하기	㉡ • 접는 선을 긋거나 미리 접은 자국을 내준다. • 학생이 종이접기의 각 단계를 완성하면 칭찬한다. • 학생의 수행 정도에 따라 과제를 수정하거나 재지도한다.
	도움 없이 종이접기 작품을 제작하도록 하기	도움을 최소화하고 필요 시 재지도를 한다.
정리	• 작품 감상하기 • 재료와 용구 정리하기	• ㉢ <u>서로의 작품을 감상하게 한다</u>. • 감상문이 들어간 작품집을 만들도록 한다.

2) (가)를 고려하여 ㉡과 같이 지도해야 하는 이유를 쓰시오. [2점]

• ______________________________

32 2016학년도 초등 A 4번 일부

다음은 ○○특수학교의 오 교사와 강 교사가 '정신지체의 원인과 예방을 위한 지원'에 대한 교사 연수에 참여한 후 나눈 대화의 일부이다. 물음에 답하시오.

> 강 교사: 그러네요. 그렇다면 ㉣ 아이들이 자전거를 탈 때 사고로 인해 뇌손상을 입지 않도록 안전모를 쓰게 하는 것은 3차적 예방이 되겠네요. 그리고 ㉤ 장애 학생의 건강상의 문제를 최소화하기 위해 의학적 접근을 하는 것도 3차적 예방이 되겠지요.
>
> 오 교사: 맞아요. 저는 이번 기회를 통해 무엇보다도 ㉥ 정신지체 학생들의 특성을 고려하여 교육을 잘 하는 것이 우리 교사들이 할 수 있는 중요한 예방이라고 생각하게 되었어요.
>
> …하략…

4) 다음은 ㉥을 실천하기 위해 오 교사가 정신지체 학생에게 [A]와 같은 쌍연합 학습 전략(매개 전략)을 사용하여 '꽃'이라는 낱말 읽기를 지도하는 장면이다. ① ⓐ와 ⓑ에 들어갈 오 교사의 말을 각각 쓰고, ② 오 교사가 이 전략을 사용하는 이유를 정신지체 학생의 일반적인 인지적 특성과 관련지어 쓰시오. [2점]

> 준비물
> - '나비' 그림과 낱말이 같이 제시된 카드 1장
> - '꽃' 낱말만 적힌 카드 1장
>
> 오 교사: (두 개의 카드를 동시에 보여주며)
> "(ⓐ)"
> (두 개의 카드를 뒤집어 놓았다가 다시 그중 '꽃' 낱말카드만을 보여주며)
> "(ⓑ)" [A]
>
> 학 생: (아직 낱말을 읽을 수는 없지만 ⓑ를 듣고) "꽃이요."
>
> 오 교사는 ⓑ의 말을 몇 번 더 반복하여 학생의 대답을 이끌어낸 후, 학생이 '꽃'이라는 낱말을 읽을 수 있는지 확인하는 질문을 한다.

- ①: ______________________________

- ②: ______________________________

33 2020학년도 유아 B 3번 일부

(가)는 통합학급 5세 반 특수교육 대상 유아들의 특성이고, (다)는 교사들의 평가회 장면이다. 물음에 답하시오.

(가) 유아 특성

민지	• 자신감이 부족함 • 지혜를 좋아하고 지혜의 행동을 모방함 • 워커를 이용하여 이동함
경민	• 1세 때 선천성 백내장 수술로 인공수정체를 삽입하였음 • 가까운 사물은 잘 보이지만 5m 이상 떨어진 사물은 흐릿하게 보임 • 눈이 쉽게 피로하며 안구건조증이 심함
정우	• 자발적으로 활동에 참여하려고 하지 않음 • 다른 사람과 눈맞춤은 하지 않지만 상대방의 말을 듣고 이해함 • 불편한 점이 있을 때 '아' 소리만 내며 아직 말을 못함

(다) 평가회 장면

송 교사: 꽃빛 1반 교실 배치가 좀 달라졌나요?
박 교사: ㉠ 민지를 고려해서 미리 충분한 공간을 확보하려고 교실 교구장 배치를 좀 바꿨어요.
최 교사: 저는 민지가 동물의 움직임을 표현하는 것을 보고 감동 받았어요. 작년에는 남에게 많이 의존하고 수동적인 태도를 보였어요.
박 교사: 민지가 전에는 ㉡ 실패의 경험이 누적되어 활동에 참여하는 것을 두려워하고, 끈기 있게 노력하거나 도전하려고 하지 않았어요. "나는 잘 걸을 수 없으니까 못해요. 못 할 거예요."라고 자주 말했어요. 그런데 지금은 민지가 시간이 걸리고 힘들어도 스스로 하려고 노력하고, 성공하는 기쁨을 가끔 맛보기도 해요.
최 교사: 박 선생님이 아이들에게 자유롭고 허용적인 분위기를 조성해주셔서 유아들이 모두 참여할 수 있었던 것 같아요.

…하략…

3) (다)의 ㉡에 해당하는 심리 상태를 쓰시오. [1점]

• ______________________________

03 학습 단계

1. 지적장애 학습의 4가지 단계

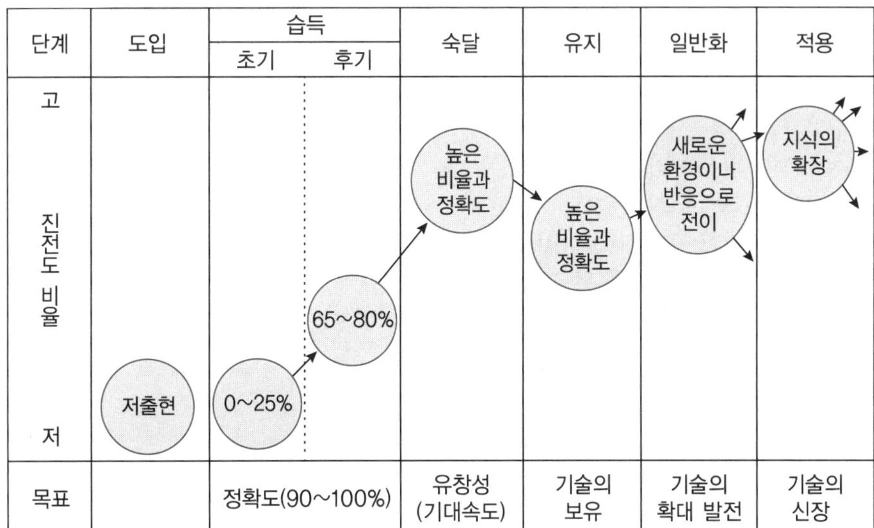

단계
도입
습득
초기
후기
숙달
유지
일반화
적용
고
진전도 비율
저
저출현
0~25%
65~80%
높은 비율과 정확도
높은 비율과 정확도
새로운 환경이나 반응으로 전이
지식의 확장
목표
정확도(90~100%)
유창성 (기대속도)
기술의 보유
기술의 확대 발전
기술의 신장

[그림 5-4] 단계에 따른 진전도 비율

(1) 습득

① 습득 단계의 학습자 수행은 0%의 정확도(과제를 어떻게 수행해야 하는가에 대한 지식이 전혀 없음)에서 90~100%의 정확도 범위 내에 위치한다.

② 이 단계의 교수목표는 학생이 목표기술을 정확하게 수행할 수 있게끔 돕는 것이다.

(2) 숙달

① 숙달 단계의 학습자는 기술을 거의 자동적인 수준으로 학습하는 것을 시도한다.

② 교수 목표는 학생이 과제를 정확하고 빠르게 완수하도록 돕는 것이다.

③ 이 단계에서 사용되는 기술은 습득 단계에 사용된 기술과 다르며, 학습자의 수행 속도를 높이는 데 초점을 둔다.

(3) 유지

① 학습자는 숙달 단계에서 높은 수준의 학습을 거친 후, 유지 단계에 진입한다.

② 이 단계의 교수목표는 높은 수준의 수행을 유지하는 것이다.

(4) 일반화

① 학습자는 기존에 배운 것과 다른 시간, 다른 상황에서 해당 기술을 수행한다.

② 일반화는 학생이 다른 환경에서 다른 사람들에게 기술을 유창하게 보여주는 것을 의미한다.

34 2009학년도 중등 10번

정신지체 학생에게 새로운 기술을 가르치기 위해 습득, 숙달, 일반화 전략을 사용하려고 한다. 〈보기〉에서 습득과 일반화를 촉진하는 방법끼리 바르게 묶인 것은? [2점]

〈보기〉

ㄱ. 다양한 환경을 제공한다.
ㄴ. 학습 활동 시 교사의 참여를 줄인다.
ㄷ. 과제에 대하여 학생의 반응 양식을 다양화한다.
ㄹ. 정확한 수행을 위해 피드백을 집중적으로 제공한다.
ㅁ. 오류를 줄이기 위해 다양한 촉진(prompting)을 제공한다.
ㅂ. 정해진 시간 내에 과제를 완성하도록 연습 기회를 늘린다.

	습득	일반화
①	ㄴ, ㄹ	ㄱ, ㅁ
②	ㄴ, ㅁ	ㄱ, ㅂ
③	ㄷ, ㄹ	ㄱ, ㄴ
④	ㄷ, ㅂ	ㄴ, ㅁ
⑤	ㄹ, ㅁ	ㄱ, ㄷ

35 2013학년도 중등 2번

발달장애 학생들은 학습한 내용을 일반화(generalization)하는 데 어려움이 있을 수 있다. 일반화에 대한 내용으로 옳지 <u>않은</u> 것은? [2점]

① 자기통제 기술을 지도하면 실생활에서의 독립 기능이 촉진될 수 있으므로 일반화에 도움이 된다.
② 교실 수업은 다양한 예시를 활용하되, 제시되는 자극이나 과제 매체는 단순화하는 것이 일반화에 효과적이다.
③ 수업시간에 일과표 작성하기를 배운 후, 집에 와서 가족일과표를 작성하는 것은 '자극일반화'에 해당한다.
④ 수업시간에 숟가락으로 밥 떠먹기를 배운 후, 숟가락으로 국을 떠먹는 것은 '반응일반화'에 해당한다.
⑤ 수업시간에 흰 강아지 그림카드를 보고 '개'를 배운 후, 개가 흰색인 경우에만 '개'라고 말하는 것은 '과소일반화'에 해당한다.

36 2013학년도 중등 추시 A 2번 일부

다음은 A특수학교(고등학교) 2학년 윤지가 창의적 체험활동 시간에 인터넷에서 직업을 검색하도록 박 교사가 구상 중인 계획안의 일부이다. 물음에 답하시오.

학습단계	교수 활동	지도상의 유의점
습득	인터넷에 직업을 검색하는 방법을 다음과 같이 지도한다. ① 바탕화면에 있는 인터넷 아이콘을 클릭하게 한다. ② 즐겨찾기에서 목록에 있는 원하는 검색 엔진을 클릭하게 한다. ③ 검색창에 직업명을 입력하게 한다. ④ 직업에서 하는 일을 찾아보게 한다. …이하 생략…	• 윤지가 관심 있어 하는 5가지 직업으로 직업 목록을 작성한다. • ㉢ 직업 검색 과정을 하위 단계로 나누어 순차적으로 지도한다.
(가)	윤지가 직업 검색하기를 빠르고 정확하게 수행하도록 ㉠ 간격시도 교수를 사용하여 지도한다.	• ㉣ 간격시도 교수 상황에서 윤지와 친구를 짝지은 후, 관찰 기록지를 주고 수행 결과에 대해 서로 점검하여 피드백을 제공하도록 한다.
유지	정기적으로 인터넷에 직업명을 검색할 수 있도록 한다.	
(나)	학교에서는 ㉡ 분산시도 교수를 사용하여 지도한 후, 윤지에게 복지관에서도 자신이 관심 있어 하는 직업명을 검색하도록 한다.	

1) (가)와 (나)에 해당하는 학습 단계의 명칭을 쓰시오. [1점]

• (가): ______________________ • (나): ______________________

2) ㉠과 ㉡에 대해 각각 설명하시오. [2점]

• ㉠: ______________________

• ㉡: ______________________

37 2015학년도 유아 A 2번 일부

다음은 발달지체 유아 지우에 대해 통합학급 김 교사와 특수학교 박 교사가 나눈 대화 내용이다. 물음에 답하시오.

김 교사: 선생님, 지우 때문에 의논드리고 싶은 일이 있어요. 오늘 ㉠ 친구들이 역할놀이 영역에서 집안 꾸미기를 하는데, 지우는 목적 없이 교실을 돌아다니기만 해요. 제가 놀이하는 모습을 보여주려고 해도 쳐다보지 않아요.

박 교사: 그렇다면 지우의 참여 행동을 구체적으로 점검해봐야 할 것 같아요. 참여 행동을 진단하려면 맥 윌리엄(R. McWilliam)의 이론에 따라 참여 수준과 함께 (㉡)와(과) (㉢)을(를) 살펴보는 게 좋겠어요.

김 교사: 네, 그래야 할 것 같아요. 또 지우는 한 활동이 끝나고 다른 활동으로 전이하는 것도 힘들어하는 것 같아요.

박 교사: ㉣ 지우에게 그림 일과표를 보여주세요. 활동을 마칠 때마다 그림카드를 떼어 다음 활동을 알 수 있으면 좋을 것 같아요.

김 교사: 아! 그러면 지우의 참여 행동에 도움이 될 수 있겠네요. 참여를 해야 비로소 학습이 시작되고, 그래야 학습한 내용을 습득할 수 있겠지요. 그 다음에 (㉤), 유지와 일반화가 이루어지므로 참여가 중요한 것 같아요.

4) ㉤에 들어갈 내용을 학습 단계에 근거하여 쓰시오. [1점]

• ______________________

38 2016학년도 중등 B 5번

다음은 일반 중학교 특수학급을 담당하는 특수교사 A가 작성한 수업 구상 일지이다. 〈작성 방법〉에 따라 순서대로 서술하시오. [4점]

2015년 OO월 OO일

▣ 영역: 측정

▣ 제재: 아날로그시계의 시각 읽기

▣ 학생의 현행 수준

- 시간의 전후 개념을 알고 있다.
- 디지털시계의 시각(시, 분)을 읽을 수 있다.
- 아날로그시계에 바늘과 눈금이 있음을 알고 있다.
- 시계 바늘이 움직이는 방향을 알고 있다.
- 시계 바늘이 다른 속도로 움직인다는 것을 알고 있다.
- 모형 시계의 돌림 장치를 돌릴 수 있다.

▣ 선수 학습에서 학생의 수행

9시 20분	6시 10분	12시 30분

▣ 수업 계획을 위해 해야 할 것

- ㉠ 학습 내용의 과제 분석
- 학습 활동의 고안
  (시각 읽기 방법 가르치기, 다양한 시각 읽기 연습하기, 시계 사전 만들기)
- 학습 활동에 따른 교재 · 교구 준비
- 학생이 학습 내용을 습득하고 난 뒤 ㉡ 숙달할 수 있도록 교수 · 학습방법을 보다 구체적으로 생각할 것

▣ ㉢ 수업 계획과 운영 시 고려할 점

1. 학생들이 모형 시계를 조작하며 시각 읽기 활동에 능동적으로 참여할 수 있게 한다.
2. 시각 읽기 연습은 실물 시계보다는 모형 시계와 준비된 학습지를 활용한다.
3. 학생들에게 적절한 차별화 교수를 할 수 있도록 자료를 다양화하고 교수 속도를 조절한다.
4. 수학에 대한 흥미를 유발할 수 있도록 학생이 좋아하는 '급식 시간의 시각 읽기'와 같이 학생의 경험을 활용한다.
5. 후속 학습으로 '하루 일과를 시간 순서대로 배열하기'를 계획한다.

〈작성 방법〉

- 교사 A가 밑줄 친 ㉠을 할 때 학생의 현행 수준을 고려하여 가장 먼저 가르쳐야 할 내용이 무엇인지 기술할 것
- 밑줄 친 ㉡에서 교사 A가 중점을 두어야 할 사항을 쓸 것
- '학생의 현행 수준'과 '수업 계획을 위해 해야 할 것'을 고려할 때, 밑줄 친 ㉢에서 잘못된 내용 2가지를 찾고, 각각 그 이유를 설명할 것

제3절 교육과정 및 교육방법

01 지적장애 학생 교육과정 구성을 위한 접근

1. 발달중심 교육과정

(1) 정의

발달중심 교육과정은 아동이 학습할 준비가 갖추어졌을 때, 각 발달단계의 대표적인 과제들을 가르치는 것으로 일반 교육과정에서 전통적으로 사용해온 방법이다.

(2) 특징

① 학생이 일정한 성숙 수준에 도달했을 때 특정 기능 · 개념을 가르침으로써 필요한 교육 경험을 하게 한다.
② 제공하는 과제는 학생의 정신연령에 해당하는 발달단계와 상응하는 과제여야 한다.
③ 지적장애 학생이 발달 속도는 느리지만 비장애 아동과 동일한 인지발달단계를 거쳐 진전한다고 가정하며, 정신연령이 같을 때 비장애 아동과 인지적 차이가 없다고 보는 관점에 따라 교육이 이루어진다.
④ 이 관점으로 보면 발달단계는 정신연령에 따라 결정되고, 각 발달단계에 상응하는 과제를 학생에게 제공해야 하므로 정신연령에 맞는 발달과제를 교육내용으로 선정한다.
⑤ 발달중심 교육과정에서는 발달의 정상성 · 규준성에 입각하여 미리 다음 단계의 발달을 표준적 교수목표와 내용으로 제시한다.
⑥ 교과를 주로 학문적인 기준보다 발달 영역을 기준으로 분류한다.
예 신체발달, 언어발달, 인지발달, 사회성 발달, 정서발달 등
⑦ 각 영역의 기술(skill)을 비장애 아동의 발달 순서와 동일하게 습득한다고 가정하며, 후속 기술을 습득하려면 선행 기술이 우선적으로 습득되어야 한다는 점을 기본 전제로 한다.

(3) 장단점

구분	내용
장점	• 체계적인 교수가 가능함 • 수업을 아주 작은 단계로 나누어 진행할 수 있음 • 학생의 학습을 조작 · 통제할 수 있음 • 기능의 영역 · 순서에 따라 명확한 계획을 수립할 수 있음 • 개별적인 발달 수준을 검증할 수 있음 • 학생에게 과도한 요구를 하지 않아도 됨 • 기초적인 기능을 학습하도록 함 • 특히 최중도 지적장애 아동 · 청소년의 교육에 적합함
단점	• 학습 속도가 느린 지적장애 학생의 경우, 이 교육과정에 전적으로 의존하는 것이 오히려 교육 발전을 저해하는 요소가 될 수 있음 • 발달의 규준성 · 정상성에 입각하여 발달 과제를 선정하고 목표로 제시하므로, 개인차가 큰 지적장애 학생의 독특한 발달을 저해할 소지가 있음 • 개인의 수행 가능성과 주변의 요구에 필요한 기술을 학습할 수 없어, 사회생활 자립이 어려워질 수 있음 • 생활연령과 정신연령 간의 차이가 많이 나는 지적장애 학생이 발달중심 교육과정에만 의존하면 성인이 되었을 때 실제로 필요한 기술과 관련이 없는 선행기술을 익히는 데 많은 시간을 소비하게 되어 현재와 미래 생활에 필요한 기술과 여러 중요한 능력을 개발 · 적용할 기회를 잃을 수 있고, 이로 인해 궁극적으로 사회 통합이 어려워질 수 있음

2. 기능중심 교육과정

(1) 정의

① 현재와 미래 생활에서 기능할 수 있는 생활 기술을 강조하는 교육과정이다.

② 기능적 생활 기술은 타인의 도움이 없으면 매우 곤란해지는 일상생활 기술이자 가정, 지역사회, 직업 환경에 자주 필요한 기술을 의미한다.

(2) 특징

① 이 교육과정에서는 학생이 미래에 겪을 성인으로서의 생활, 현재 환경, 미래의 환경에서 기능하도록 하는 것을 우선순위에 두고 교육 내용을 선정한다.

② 교육과정을 생활에 적합하고 유용한 여러 기능적 생활 기술으로 구성한다.

③ 기능적 기술은 주로 성인이 지역사회와 직업 환경에서 최대한 효과적 · 독립적 역할을 하는 데 필요한 기술을 의미한다.

④ 일상생활에 필요한 기술은 생태학적인 분석을 기반으로 선정해야 한다.

(3) 장단점

구분	내용
장점	• 학교의 학습 시간을 현재나 미래에 사용하지 않을 기술을 배우는 데 낭비하지 않고, 지적장애 아동의 학습 특징인 일반화의 어려움을 줄일 수 있음 • 학교가 선택한 교수목적과 지적장애 아동이 속한 환경에서 만족을 얻는 데 필요한 기술 간에 직접적 연관성이 있어, 귀중한 교수시간을 낭비하지 않을 수 있음 • 실제로 기술이 사용될 자연 환경에서 경험을 통해 배우므로 지적장애 아동의 학습 특징인 일반화의 어려움을 줄일 수 있음 • 학습한 기술을 즉시 사용할 수 있어 성취감을 경험하고 잘 잊지 않음 • 습득한 기술을 보유하려면 기술을 수행할 기회가 지속적으로 제공되어야 하는데, 기회가 매일 제공될 수 있음 예 돈의 사용, 대중교통 수단 이용, 라면을 끓이는 것 등 • 생활연령에 맞는 기술을 배워 오명을 줄일 수 있음 • 일반인과 자주 접촉하여 사회적 상호작용 기회가 많아짐
단점	• 학교에서 학생의 일상생활에 필요한 기술을 지도하면, 부모는 학교가 학생을 교수하지 않는다고 느끼는 경우가 많음 • 초등과정의 지적장애 학생 부모 다수가 학업적인 것을 원하는 경향이 있음 • 학생을 실생활에서 지도하기 때문에, 더 오명적일 수 있음 • 이동과 안전상의 문제, 교사 대 학생의 높은 비율, 비용, 시간적 문제 등도 해결해야 할 과제임 • 장애 학생의 실생활 참여를 중요시하지만 장애가 심한 학생은 참여 자체가 어려울 수 있음 • 근본적 문제는 사회생활에 필요하다는 이유로 지도하는 기능적 기술이 사회인으로 기능하는 데 충분한 조건이 되지 못할 수 있다는 점임 • 특정 환경에서 익힌 생활 기술을 다른 환경에서 일반화하기 어려울 수도 있음 • 기능중심의 교육과정에 참여하는 만큼 일반 교육 환경에 참여할 수 없음

02 교육과정 구성 및 운영을 위한 기본 전제

1. 연령에 적절한 교육과정

① 지적장애 학생의 교육과정은 생활연령에 적합한 내용으로 구성·적용해야 한다.
② 특히 중도 지적장애 학생은 일반 또래 학생을 위한 활동에도 참여할 필요가 있다.
③ 지적장애 학생의 개별화교육 프로그램을 수립할 때는 기능·연령에 적합한 기술을 고려하는 것이 중요하다.
④ 지역사회에서도 기술들이 요구되며, 일반 학생과 활동하거나 상호작용할 수도 있기 때문이다.
⑤ 기능적이고 연령에 적합한 행동은 자연적인 환경에서 더 쉽게 강화될 것이며, 결과적으로 학습된 여러 행동을 유지하기가 용이할 것이라고 본다.

2. 궁극적 기능성의 기준

① 궁극적 기능성은 중도 장애 학생을 위한 교육목표로, 해당 학생이 성인이 된 후 '최소제한환경'에서 일반인과 함께 지내며 자신의 잠재력을 최대한 발휘하여 기능하는 것을 의미한다.
② 사회적·직업적·가정적으로 통합된 성인 사회 환경에서 최대한 생산적·독립적으로 활동하려면 개인이 반드시 소유해야 하는 요소이다.
③ 학생이 몇 년 후에 성인이 되어 궁극적으로 일하게 될 환경으로서 '학생과 가족의 선호도', '생활연령의 적합성', '문화적 요소' 등을 고려해야 한다.

3. 최소위험가정 기준

① 결정적인 자료가 제공되지 않아 교사가 잘못된 결정을 하더라도, 학생에게는 최소한의 위험한 결과만 가져와야 한다는 가정을 전제로 결정을 내려야 한다는 개념이다.
② 한 아동을 교육하는 데 드는 비용이 향후 보호·관리에 필요한 비용보다 적거나, 교육을 통해 독립성이 향상되고 관리가 쉬워지거나 관리할 부분이 줄어드는 기술을 배운다면 실제로 비용적인 면에서 더 이득이 된다.
③ 지적장애 학생이 배우지 못한다고 증명된 기술이 없기 때문에, 결정적 증거가 없는 한 지적장애 정도가 아무리 심하더라도 최선의 시도를 하며 교육 가능성의 신념을 실현해야 한다.

4. 영수준의 추측

① 학급에서 배운 기술을 실제 사회생활에서 일반화하지 못할 수 있다는 전제를 기반으로, 배운 기술을 일반화할 수 있는지 여러 환경에서 시험해봐야 한다는 개념이다.
② 일반화가 되지 않는다면 기술이 사용될 실제 환경에서 가르쳐야 한다.
(예) 지역사회 중심 교수, 기능적 교육과정의 적용 등

5. 자기결정 증진

① 자기결정은 개인이 특정 방식으로 행동하는 원인이 바로 자기 자신에게 있음을 의미한다.
② 지적장애 학생이 청소년이 되면 자기결정의 중요성이 부각되는데, 그 이유는 학생이 어른이 되기 전에 가능한 한 가장 높은 수준의 자립성을 얻도록 해야 하기 때문이다.
③ 유익한 기술로는 선택하기, 의사결정, 문제해결 기술, 목표의 설정 및 달성, 독립성, 자기평가, 자기강화, 자기교수, 자기옹호와 리더십, 효능성과 성과기대에 대한 긍정적인 귀인, 자기인식, 자기지식 등이 있다.

39 2010학년도 중등 5번

다음은 고등학교 2학년 중도 지체장애 학생 A의 지도계획 수립을 위해 교사가 사용한 접근법이다. 교사가 사용한 접근법과 밑줄 친 부분에 대한 설명으로 옳은 것을 〈보기〉에서 모두 고른 것은? [2점]

> 교사는 기본 교육과정 사회과의 '소비생활' 단원을 이용하여, A의 전환교육 목표인 '지역사회 이용 및 참여'를 지도하려고 한다. 교사는 A가 사는 동네를 방문하여 상점들을 조사하였다. 다른 지역에도 흔히 있는 대형 할인점 한 곳을 선정한 교사는, 할인점 내의 물리적 환경에 따라 구매에 필요한 활동과 각 활동마다 요구되는 기술들을 조사하였다. 이후 교사는 <u>몇 가지 사항을 고려하여, 조사된 기술 중에서 A에게 우선적으로 지도할 기술을 선정하였다.</u>

〈보기〉

ㄱ. 상향식 접근으로 A의 현재 수행 수준을 기초로 하는 생태학적 목록 접근법이다.
ㄴ. 교육과정을 중심으로 독립생활으로의 전환 준비과정을 목표로 한 수행사정 접근법이다.
ㄷ. 구매활동 기술이지만 할인점 외의 다른 환경과 활동에서도 사용할 수 있는지를 고려한다.
ㄹ. A의 정신연령에 비추어 현재는 물론 졸업 후 독립생활을 위해서도 필요한 기술을 선정한다.
ㅁ. 운동성 제한으로 인한 활동 제약을 고려하되, 부분참여의 원리를 반영하여 활동에 의미 있게 참여할 수 있는 기술을 선정한다.

① ㄱ, ㄹ ② ㄷ, ㅁ ③ ㄱ, ㄷ, ㅁ ④ ㄴ, ㄷ, ㄹ ⑤ ㄴ, ㄷ, ㅁ

40 2011학년도 중등 5번

다음은 정신지체 특수학교에 재학 중인 중학생 A의 의사소통 특성을 기술한 것이다. 교사는 학생 A의 특성을 고려하여 국어과 교육목표 및 내용을 기능중심 언어교육에 초점을 두고자 한다. 교사가 교육 프로그램 작성 시 고려하여야 할 내용으로 옳은 것을 〈보기〉에서 고른 것은? [2점]

- 의사소통에 소극적이며 상황에 맞지 않게 발화하는 경향이 있음
- 상대방의 언어적 지시에 대한 기본적인 이해는 가능하나 자신의 의사를 말로 표현하는 데 어려움이 있음
- 교실에서 배운 언어를 일상생활에서 거의 적용하지 못하며, 낯선 사람과 의사소통 하는 데 어려움이 있음

〈보기〉

ㄱ. 발달연령을 기준으로 하여 언어 지도 내용을 구성하여야 한다.
ㄴ. 목표 어휘는 현재 생활 환경에서 필요로 하는 어휘 내에서 선정하여야 한다.
ㄷ. 의사소통 기술 훈련은 독립성과 잠재력을 키우는 방향으로 이루어져야 한다.
ㄹ. 통합교육 환경과 지역사회 환경 내의 요구를 고려한 언어 교수를 필수적으로 제공하여야 한다.
ㅁ. 생태학적 요인을 고려하여 의사소통 내용을 선정하고, 해당 내용의 교수를 위한 과제 분석이 선행되어야 한다.

① ㄱ, ㄴ, ㄹ ② ㄱ, ㄴ, ㅁ ③ ㄱ, ㄷ, ㄹ ④ ㄴ, ㄷ, ㅁ ⑤ ㄷ, ㄹ, ㅁ

41 2013학년도 중등 26번

중도 정신지체 학생을 지도하기 위해 교사가 사용한 교육과정적 접근이다. 기능적 접근에 대한 설명으로 옳은 것을 〈보기〉에서 고른 것은? [2점]

〈보기〉

ㄱ. 기능적 교육과정을 결정하기 위해 생태학적인 목록을 활용한다.
ㄴ. 학생의 생활연령을 고려하여 다양한 환경에서 가르칠 기술들을 선택한다.
ㄷ. 학생의 현재와 미래 환경을 바탕으로 기술을 가르치는 상향식 접근 방법이다.
ㄹ. 학생이 일정한 능력 수준을 갖추기 전에는 상위의 독립적 기술을 가르치지 않는다.
ㅁ. 기술을 습득하기 위해서는 좀 더 많은 시간을 필요로 하는데, 학습의 단계와 위계에 따라 영역별로 발달단계에 맞추어 학습해야 한다.

① ㄱ, ㄴ ② ㄱ, ㄹ ③ ㄴ, ㄷ ④ ㄷ, ㅁ ⑤ ㄹ, ㅁ

42 2021학년도 초등 A 5번 일부

(가)는 민지의 특성이고, (나)는 교육실습생과 지도교사의 대화이다. 물음에 답하시오.

(가) 민지의 특성

- 간단한 문장을 읽고 이해할 수 있다.
- 자신의 의사를 간단하게 표현할 수 있다.
- 학교에서 배운 것을 일상생활에 잘 적용하지 못한다.

(나) 교육실습생과 지도교사의 대화

교육실습생: 다음 국어시간에는 '바른 말 고운 말 사용하기' 수업을 역할 놀이로 진행한다고 들었어요. 선생님, 지적장애 학생을 교육할 때 어떤 점을 유의해야 할까요?

지 도 교 사: 교사는 ㉠ 결정적인 자료가 없는 한 학생을 수업활동에 배제하지 않고 교육적 지원을 계속해야 하고, 학교에서 배운 것이 학습 결과로 바로 나타난다고 생각하기보다 ㉡ 학생의 생활, 경험, 흥미등을 중심으로 현재 필요한 것이면서 미래의 가정과 직업, 지역사회, 여가활동 등에 활용될 수 있는 생활 기술들을 지도해야 합니다.

교육실습생: 네, 감사합니다.

… (중략) …

교육실습생: 민지의 의사소통 능력 증진을 위한 교수 전략을 추천해 주실 수 있을까요?

지 도 교 사: 일상의 의사소통 상황을 자연스럽게 구조화 하여 지속적인 반응적 상호작용을 통해 의사소통을 촉진하는 대화 중심의 교수법을 추천하고 싶습니다. [A]

… (중략) …

교육실습생: 이 수업에 자기결정 교수학습 모델을 적용할 수 있을까요?

지 도 교 사: 네, 가능합니다. ㉢ 자기결정 행동의 구성요소 중에서 '학생이 학습 문제를 해결하도록 학생 스스로 말해 가면서 실행하는 것'과 같은 요소를 중심으로 지도하면 좋겠네요. 이때 자기결정 교수학습 모델을 단계별로 적용하면 됩니다

교육실습생: 네, 감사합니다.

1) ① 발달장애 학생을 위한 교육과정을 결정 · 운영할 때 고려해야 할 교수 원리로 ㉠에 해당하는 가정(가설)을 쓰고, ② ㉡에 해당하는 교육과정의 유형을 쓰시오. [2점]

- ①: ______________________ • ②: ______________________

43 2013학년도 중등 추시 B 3번 일부

다음은 중학교 통합학급에서 참관 실습을 하고 있는 A 대학교 특수교육과 2학년 학생의 참관 후기와 김 교사의 피드백 일부이다. 물음에 답하시오.

통합학급 국어 시간에 은수의 학습 보조를 했다. 은수와 같은 중도 지적장애 학생이 왜 통합학급에서 공부하는지, 그리고 이 시간이 은수에게 무슨 의미가 있는지 의문이 들 때가 많다. 은수가 과연 무엇인가를 배울 수는 있는 것일까?

➡ 김 교사의 피드백: 중도 지적장애 학생들을 위해 ㉠ 확실한 자료나 근거가 없다면 혹시 잘못된 결정을 하더라도 학생의 미래에 가장 덜 위험한 결과를 가져오는 교수적 결정을 해야 해요. 학생의 잠재력을 전제하여 통합상황에서 또래와 함께 공부할 수 있는 기회를 제공하는 것이 중요합니다.

1) ㉠이 의미하는 용어를 쓰시오. [1점]

- ______________________

44 2014학년도 초등 B 5번 일부

(가)는 정신지체 특수학교 교사가 교육 실습 중인 예비교사와 나눈 대화이고, (나)는 예비교사가 실과과 '청소하기' 단원을 지도하기 위해 구상한 수업 계획안이다. 물음에 답하시오.

(가) 교사와 예비교사의 대화

> 교　　사: 선생님, 연구 수업을 위한 교과와 주제를 정하셨나요?
> 예비교사: 아직 못 정했어요. 하지만 학생들이 생활하는 데 꼭 필요한 기능적 기술을 가르치는 수업을 해보고 싶어요.
> 교　　사: 그렇군요. 그렇다면 학생들에게 필요한 기술이 무엇인지부터 파악해보세요.
> 예비교사: 네, 그래서 저는 (㉠)을(를) 사용해보려고 해요. ㉡ <u>각 학생의 주요 생활 영역에서 현재와 미래의 환경을 파악하고, 그 환경의 하위 환경에서 요구되는 활동을 하는 데 필요한 기술을 확인해보고 싶어서요.</u> 그런데 그렇게 확인한 다양한 기술 중 어떤 기술을 먼저 가르쳐야 할지는 잘 모르겠어요.
> 교　　사: 다양한 기술 중 '우선 가르쳐야 하는 기능적 기술'을 선정하는 기준이나 고려 사항이 있어요. 먼저 여러 생활 영역에 걸쳐서 중요하거나 유용한 기술인지 살펴봐야 되죠. 그 밖에 몇 가지 다른 기준도 있으니 꼭 살펴보세요.
> 예비교사: 네, 그렇게 하겠습니다. 수업 계획안을 구상한 후 다시 의논을 드리겠습니다. 감사합니다.

(나) 예비교사가 구상한 수업 계획안

- 교　　과: 실과
- 단 원 명: 청소하기
- 제　　재: 깨끗하게 청소하기
- 학습목표: 청소기로 바닥을 밀어 청소할 수 있다.
- 수업모형: 기능학습모형
- 수업절차
  1. 교사는 학생들에게 청소기의 기능과 사용 방법을 설명한다.
  2. 교사는 학생들에게 청소기로 청소하는 과정을 시범 보인다.
  3. ______________ ㉢ ______________
  4. 교사는 학생들이 배운 기술을 이용하여 깨끗이 청소했는지 평가한다.
  5. 교사는 학생들에게 '수업 시간에 배운 기술을 이용하여 청소하기'를 과제로 낸다.
- 평가계획

평가목적	평가방법
청소기 기능과 사용 방법을 아는지 확인한다.	구술평가, 수행평가
청소기를 사용하여 깨끗이 청소했는지 확인한다.	수행평가, 자기평가
가정에서 청소기로 깨끗이 청소할 수 있는지 확인한다.	관찰(부모의 평정기록)
유의점: 부모님께 가정에서의 청소기 사용에 대한 지도내용과 평가방법을 안내하고 협조를 요청한다.	

1) (가)에서 예비교사가 학생에게 필요한 기술을 확인하기 위해 언급한 ㉠의 명칭을 쓰시오. [1점]

- ______________________

2) (나)의 학습목표가 '우선 가르쳐야 할 기능적 기술'로 적절한 이유를 ㉡의 내용을 바탕으로 1가지 쓰시오(단, (가)에서 교사가 언급한 기준을 제외하고 작성할 것). [1점]

- ______________________

45 2017학년도 초등 A 2번 일부

(가)는 초등학교 5학년 지적장애 학생 희수에 대해 특수 교사와 일반 교사가 나눈 대화의 일부이고, (나)는 초등학교 6학년 지적장애 학생 민기에 대해 특수 교사와 어머니가 나눈 대화의 일부이다. 물음에 답하시오.

(가) 특수 교사와 일반 교사의 대화

특수 교사: 지난주에 우리가 계획했던 사회과 모둠학습에 희수가 잘 참여했는지 궁금해요.
일반 교사: 친구들과 모둠학습을 하는 것은 좋아했는데 자신의 의견이나 권리를 주장하지 못해서 피해를 보는 경우가 있었어요.
특수 교사: 희수가 아직은 자기옹호기술이 부족해서 그래요. 무엇보다 ㉠ 희수가 자신이 좋아하고 싫어하는 것을 아는 것이 중요해요. 그러면 모둠학습을 할 때 다른 학생들이 부당한 것을 요구해도 거절하거나 협상할 수 있을 거예요.

…중략…

특수 교사: 희수는 스스로 화장실 이용하기, 옷 입기 등의 일상생활 활동은 잘하는데, ㉡ 휴대전화 사용하기, 물건 사기 등과 같이 조금 더 복잡한 환경적 상호작용을 요구하는 일상생활 활동을 하는 데에는 어려움이 있어요.
일반 교사: 선생님, 희수에게 물건 사기와 같은 일상생활 활동은 어떻게 지도하면 좋을까요?
특수 교사: 직접 가게에 가서 물건을 사는 활동을 하는 것이 좋아요.
일반 교사: 한 번도 해보지 않은 일이라 희수가 잘 할 수 있을까요?
특수 교사: 그래서 저는 ㉢ 교실을 가게처럼 꾸며놓고 실제와 유사한 물건과 화폐를 이용하여 물건 사기 활동을 지도하고 있어요.

(나) 특수 교사와 어머니의 대화

특수 교사: 학교에서는 ㉣ 민기의 읽기능력 향상을 위해 책읽기 지도를 꾸준히 하고 있어요.
어 머 니: 저도 집에서 ㉤ 민기에게 유아용 동화책을 읽게 하고 있어요. 그런데 제가 잘하고 있는지 모르겠어요.

…중략…

특수 교사: 민기가 곧 중학교에 입학하니까 버스 이용하기를 가르치고 있어요.
어 머 니: 그런데 선생님, ㉥ 민기가 지금은 학교 통학 버스를 이용하고 있어서 아직은 배울 필요가 없을 것 같아요.

4) (나)의 ㉤과 ㉥이 적절하지 않은 이유를 지적장애 학생을 위한 교육과정 구성 시 고려해야 할 기본원리(전제)에 근거하여 각각 1가지씩 쓰시오. [2점]

• ㉤: ____________________

• ㉥: ____________________

46 2020학년도 중등 B 6번

(가)는 지적장애 학생 G의 학부모가 특수교사와 상담한 내용의 일부이고, (나)는 기본 교육과정 중학교 사회과 '마트에서 물건 구입하기'를 주제로 지역사회중심 교수에 기반하여 작성한 수업 지도계획의 일부이다. 〈작성 방법〉에 따라 서술하시오. [4점]

(가) 상담

학 부 모:	안녕하세요. 학생 G의 엄마입니다. 우리 아이와 같은 증후군의 아이들은 15번 염색체 이상의 원인인데, 가장 큰 특징은 과도한 식욕으로 인한 비만이라고 해요. 그래서 늘 우리 아이의 비만과 합병증이 염려됩니다. ┘ ㉠
특수교사:	가정에서도 식단 관리와 꾸준한 운동으로 체중 조절을 해주시면 좋겠어요. 학교에서도 학생 G를 위해 급식지도와 체육 활동에 신경 쓰겠습니다.
학 부 모:	네, 그리고 교과 공부도 중요하지만 학생 G과 성인기에 지역사회에서 살아가기 위해 필요한 실제적인 기술을 지도해주시면 좋겠어요.
특수교사:	알겠습니다. 학급에서 배운 기술을 지역사회 환경에 적용할 수 있도록 ㉡ '영수준 추측'과 '최소위험가정 기준'을 바탕으로 지역사회중심 교수를 하려고 합니다.

(나) 수업 지도계획

학습주제	마트에서 물건 구입하기
지역사회 모의 수업	• 과제 분석하기 필요한 물건 말하기 → 구입할 물건 정하기 → 메모하기 …중략… → 거스름 돈 확인하기 → 영수증과 구매 물건 비교하기 → 장바구니에 물건 담기 • 과제 분석에 따라 ㉢ 전진형 행동연쇄법으로 지도하기 • 교실에서 모의수업하기
(㉣)	• 학교 매점에서 과제 실행하기 – 학교 매점에서 판매하는 물건 알아보기 – 학교 매점에서 구입할 물건 정하기 – 학교 매점에서 물건 구입하기
지역사회중심 교수	• 마트에서 과제 실행하기

〈작성 방법〉

- (가)의 ㉠을 참고하여 학생 G의 증후군 명칭을 쓸 것
- (가)의 밑줄 친 ㉡의 의미를 서술하고, (나)의 괄호 안의 ㉣에 해당하는 용어를 쓸 것

03 지적장애 학생 교육방법

1. 경도 지적장애 학생을 위한 교육과정 운영

(1) 통합 배치된 지적장애 학생의 교육과정

① 해당 학교의 교육과정을 적용하되, 특수교육 교육과정을 고려하여 조정한다.

② 국가수준 공통 교육과정, 기본 교육과정에 명시된 교과 · 영역별 내용과 학년별 내용 중 대상 학생의 교육목표 달성에 필수적인 내용을 추출하고, 이를 수정 · 보완하여 체계화하는 재구성의 방법을 활용한다.

③ 교육 내용의 수정방법으로는 크게 내용 보완하기, 내용 단순화하기, 내용 변화시키기 등이 있으며, 대상 학생에 따라 개별화된 수정이 반드시 고려되어야 한다.

(2) 교수적 수정(교수적합화)

① 정의: 일반 교육과정에 참여하는 특수교육적 요구가 있는 학생의 수업 참여의 양과 질을 최적 수준으로 성취하고자 교수환경, 교수적 집단화, 교수방법(교수활동, 교수전략, 교수자료), 교수내용, 평가방법을 수정 · 보완하는 것을 의미한다.

② 유형 및 구체적 방안

유형	구체적 방안
교수환경의 수정	• **물리적 환경**: 조명, 소음, 교수자료의 위치, 접근성 • **사회적 환경**: 사회적 분위기, 소속감, 평등감, 존중감, 장애 이해 교육
교수집단의 수정	학생들의 교수적 집단 배열의 수정 예 대집단, 소집단, 협동학습, 또래교수, 일대일 교수, 자습 등
교수내용의 수정	• **교육과정 내용을 보충하거나 단순화, 변화시키는 방법** – 동일한 활동과 교수목표, 동일한 자료 – 동일한 활동의 쉬운 단계, 수정된 교수목표, 동일한 교수자료 – 동일한 활동, 수정된 교수목표와 자료 – 동일 주제, 다른 과제와 수정된 교수목표 – 수정된 주제와 활동
교수방법의 수정	• **교수활동의 수정**: 난이도, 양 • **교수전략의 수정**: 수업 형태, 교육공학, 행동강화 전략, 정보 제시 · 반응 양식 등 • **교수자료의 수정**: 대안적 교수자료
평가방법의 수정	시험 시간의 융통성, 시험 방법의 수정, 대안적 평가(교수 공동평가, IEP, 수행평가 등)

2. 중등도 · 중도 지적장애 학생을 위한 교육과정 운영

(1) 기능적 생활중심 교육과정

① 정의

㉠ 교육과정을 생활에 적합하고 유용한 기능적 생활 기술들로 구성한다.

㉡ 생활에 활용할 수 있는 기능을 위주로 가르치자는 취지에서 시작된 중등도 · 중도 지적장애 학생을 대상으로 하는 교육과정이다.

② 지적장애 학생의 기능적 교육과정 내용 구성

㉠ 교수목표의 우선순위 결정이 중요하며 교육활동은 우선순위를 전제로 해야 한다.

㉡ 교육과정은 기능성을 우선하여 구성 · 적용되어야 한다.

㉢ 선택하기 기술을 일상생활이나 학교 교육에서 가르쳐야 한다.

㉣ 의사소통 기술을 가르치는 것은 필수적인 교육활동이다.

㉤ 여가 기술을 가르치는 것은 궁극적으로 삶의 질을 향상시키기 위함이다.

③ 기능적 기술

㉠ 정의

ⓐ 아동의 삶에 의미 있으면서도 다양한 환경에서 즉시 사용 가능한 기술을 말한다.

ⓑ 자연스러운 환경인 가정 · 직업 · 지역사회에서 요구되며, 특히 중도장애 학생이 활동할 것으로 기대되는 환경에서 사용할 수 있는 기술을 의미한다.

㉡ 형식: 기술이 사용되는 모습, 즉 기술이 어떻게 보이는지에 대한 내용을 말한다.

㉢ 기능: 기술을 통해 얻는 성과물을 말한다.

➡ 지하철 타기, 버스 타기 등의 기술 형식을 통해 이동하기 기술을 가르칠 수 있다는 점으로 미루어 봤을 때, 다양한 기술의 형식을 가지고 하나의 기능 또는 유사한 여러 기능을 가르친다고 할 수 있다. 교사는 학생에게 필요한 기술의 기능을 결정한 다음, 기술의 기능이 연령에 적합한 형식으로 사용되도록 한다.

㉣ 기능의 우선순위화 결정

ⓐ 여러 자료 출처와 영역에 걸쳐 중요시되면서 나타나는 특정한 기술이 있는가?

ⓑ 이 기술이 아동의 가족에게 가치 있게 받아들여지는가?

ⓒ 이 기술은 덜 제한적이며 적정 연령에 적절한 환경에 접근할 기회를 바로 제공할 수 있는가?

ⓓ 이 기술은 다음 환경으로 전환하는 데 결정적으로 필요한가?

ⓔ 이 기술은 아동의 안전을 위해 결정적으로 필요한가?

㉤ 고려사항

ⓐ 사회적 타당도: 아동의 주변 사람이 해당 기술을 얼마나 중요하게 생각하는지의 정도를 의미한다.

구분	설명
사회적 비교	일반 또래가 자연스러운 환경에서 표적기술을 사용하는 것을 관찰함
주관적 평가	우선순위를 정하기 위해 전문가(부모, 교사 등 지역사회의 여러 사람)의 의견을 구함

ⓑ 경험적 타당도: 아동 자신의 건강, 생존, 독립에 얼마나 필요한 기술인지 고려하는 것을 말한다.

④ 생태학적 목록에 따른 내용 선정

㉠ 정의

ⓐ 생태학적 목록은 학생이 현재와 미래의 생활에서 기능을 발휘하는 데 필요한 개별 기술을 찾는 방법을 제공하는 가치 있는 조사표, 관찰지, 평가도구 등을 말한다.

ⓑ 생태학적 목록의 주요 교육과정 영역은 일반적으로 주요 생활영역인 가정, 지역사회, 여가활동, 교육적 · 직업적 환경으로 구분된다.

㉡ 특징

ⓐ 아동의 환경에서 기능적이고 연령에 적합한 기술의 지도를 강조하여 일반화의 어려움을 극복하고자 한다.

ⓑ 지역사회 중심의 교수를 강조하며, 지역사회 환경 안에서 비장애인과의 상호작용도 중요시한다.

ⓒ 선정된 기술은 또래 일반 아동이 수행하는 기술이므로, 장애 학생은 동일한 활동이라도 더 많은 참여 기회를 가져야 한다.

ⓓ 가족의 참여도를 높일 필요가 있다.

㉢ 생태학적 목록을 통한 교육과정 개발

단계	내용	설명
1단계	교육과정 영역 정하기	구체적인 기술을 가르치고 삽입할 상황, 맥락으로 사용될 교육과정 영역을 정함 예 주거, 지역사회, 여가생활, 교육적 또는 직업적 환경 등으로 구분하기
2단계	각 영역의 현재 환경과 미래 환경을 확인하기	현재의 주거 환경은 일반 아파트나 주택일 수 있지만, 미래 환경은 장애 지원을 받는 아파트, 그룹 홈, 시설 등으로 변경될 수 있음
3단계	하위 환경으로 나누기	학생에게 필요한 활동을 파악하기 위해 우선적으로 활동이 일어날 수 있는 환경을 자세하게 구분함 예 학생의 집은 거실, 부엌, 침실, 테라스 등으로 구분됨
4단계	하위 환경에서 벌어지는 활동을 결정하고 활동 목록 만들기	무엇이 가장 적절한 활동인지 결정하기 전에 다양한 변인을 고려해야 하며 학생의 생활 방식에 대한 정보가 제공되어야 함 예 식탁이나 조리대 앞 의자에서 식사, 거실 TV 앞에서 식사 등
5단계	각 활동에 필요한 기술 정하기	활동을 교수할 수 있는 단위 수준이나 과제 분석으로 나누는 것이 필요함 예 의사소통, 근육운동, 문제 해결력, 선택하기, 자기 관리와 같은 요소의 기술을 익힘

⑤ 장단점

구분	내용
장점	• 교수시간을 현재나 미래에 사용하지 않을 기술을 배우는 데 낭비하지 않음 • 기술이 사용될 자연 환경에서 경험을 배워 일반화의 어려움을 줄일 수 있음 • 배운 기술을 즉시 사용할 수 있어 성공감을 경험하며 잘 잊어버리지 않음 • 생활연령에 적절한 기술을 배워 오명을 줄이고, 일반인과 자주 접촉하여 사회적 상호작용 기회를 높임
단점	• 장애가 매우 심한 학생은 참여 자체가 매우 어려움 • 특정 환경에서 익힌 생활 기술이 다른 환경에서는 일반화하기 어려울 수 있음 • 기능중심 교육과정에 참여하는 만큼 일반 교육환경에 참여할 수 없음

(2) 지역사회 중심 교수(지역사회기반 교수, CBI)

① 의미

㉠ 생태학적 접근이자 지역사회 기능을 증진하기 위해 사용되는 교수적 접근으로, 기능적 생활중심 교육과정을 실현하려는 전략이다.

㉡ 장애 학생의 지역사회 통합을 기본 전제로 하고, 장애 학생이 지역사회의 다양한 환경에서 일어나는 활동에 참여하는 데 필요한 기술을 직접적으로 교수하는 것을 의미한다.

② 원리

㉠ 개별화를 바탕으로 이루어져야 한다.

㉡ 가정, 여가, 직장(학교), 지역사회로 구성되며, 가정과 학교, 지역사회의 상호 협조가 이루어져야 한다.

㉢ 다양한 지역사회의 요인으로부터 교수가 이루어져야 한다.

㉣ 교육은 교실을 벗어난 학생의 지역사회에서 함께 이루어진다.

㉤ 부분참여의 원리를 바탕으로 학생이 활동에서 배제되지 않도록 한다.

③ 지역사회 중심 교수의 종류

종류	설명
지역사회 중심 교수(CBI)	지역사회에서 직접 경험을 통하여 지도함
지역사회 참조 수업(CRI)	지역사회 참여 시 필요한 기술을 학교 내에서 간접적으로 연습함
지역사회 모의 수업(CS)	학교나 학급 내에서 실제와 유사한 모의체험을 하며 필요한 기술을 가르침

④ 지역사회 중심 교수방법의 적용 예시

기술	CBI	CRI	CS
옷 입기	• 지역사회로 가기 위해 코트 입기 • 지역사회 목적지에 도착했을 때 코트 벗기(적절한 때) • 백화점에서 옷 입어보기 • YMCA에서 수영이나 에어로빅에 참여하기 위해 옷 갈아입기	• 체육관에서 옷 갈아입기 • 등하교 시간에 코트 벗고 입기 • 점심 식사 후 셔츠 갈아입기 (입고 있던 옷이 더러운 경우) • 미술 시간에 작업복 입기	• 옷 입기 프로그램 시간에 교실에서 셔츠 입고 벗기를 다섯 번 시행하기 • 옷 입기 받침대 위에서 신발 끈 매기 • 인형 옷 단추 채우기
물건 구입하기	• 약국에서 물건 구입하기 • 볼링 게임 비용 지불하기 • 음식점에서 탄산수 사기 • 우체국에서 우표 구입하기	• 학교 식당에서 점심 사 먹기 • 자판기에서 음료수 사기 • 학교 농구 게임 티켓 구매하기 • 학교 마크가 있는 단추나 리본 사기	• 교실에서 돈 세기 예 "6달러 25센트를 선생님께 보여주세요." • 교내 식품점에서 물건 구입, 돈 지불하는 역할놀이 하기 • 동전 구별하기 예 5센트, 10센트, 25센트
의사소통 및 그림 이해하기	• 그림으로 된 식료품 목록을 보고 그 가게에서 물품 찾기 • 그림 메뉴를 사용하여 음식점에서 음식 주문하기 • 화장실 위치를 알기 위해 상점 점원에게 그림 제시하기	• 학교 점심식사 종류를 검토하고 원하는 음식 그림 선택하기 • 일련의 그림 종류를 보고 여가 활동 선택하기 • 학교에 있는 동안 그림 일정표 이용하기	• 다양한 음식 그림과 플라스틱 음식 복제 모형 짝짓기 • 교사가 구두로 "~을 내게 보여주세요."라고 요청하면 그림을 지시 · 판별하기

⑤ 지역사회 중심의 일반적인 교수 절차

㉠ 교수 장소와 목표 교수 기술의 결정

ⓐ 음식점, 가게, 백화점, 은행 등 실제로 기술을 사용할 지역사회의 환경과 그에 필요한 개별적인 목표는 부모를 포함한 교육팀에서 결정해야 한다. 지역사회 기술은 각 학생들이 현재 혹은 미래에 필요한 기술이기 때문에 각 학생에게 가장 기능적이고 그들의 생활연령에 맞는 기술들을 선정하는 것이 중요하다.

ⓑ Cipani와 Spooner(1994)는 '궁극적 기능의 기준, 다음 환경의 기준, 현재 환경의 기준, 기능성, 생활연령 적합성' 등을 교수 활동 선정 시 고려사항이라 하였다. 궁극적 기능의 기준은 장애 학생이 최대한 독립적이고 생산적으로 활동하기 위해 반드시 습득해야 할 요소를 말한다.

㉡ **교수할 관련 기술 결정**: 지역사회에서 특정한 과제를 수행하는 데 필요한 기술 이외에 언어 기술, 사회성 기술, 신체적 기술, 학업 기술 등과 관련된 기술을 교육목표로 정하고 교수 활동 속에 접목시켜서 교수한다.

㉢ 교수 계획 작성

ⓐ 선정된 활동과 기술을 습득하고 일반화시킬 수 있도록 교수 계획을 수립한다. 교수 계획을 세우는 첫 단계는 목표 과제의 과제 분석을 실시하는 것이다. 세부적인 과제 분석이 이루어진 후에는 환경 내에 존재하는 자연적인 단서를 파악한다. 즉, 과제의 각 단계를 수행하기 위해 학생이 주의를 기울여야 하는 자극이 무엇인지 판별하여 그 자극이 궁극적으로 행동의 통제자극이 되도록 한다. 그러나 대부분의 경우 처음에는 학생이 이러한 자연적인 단서만으로는 목표 행동을 하지 않으므로 교사가 촉진을 제공하게 된다. 따라서 어떤 촉진을 어떤 체계로 줄 것인가도 교수 계획에 포함되어야 한다. 어떤 촉진을 사용하든 궁극적으로는 환경 내의 자연적인 단서에 의해 학생이 행동해야 하며, 교사의 촉진에 의존하지 않도록 하는 것이 중요하다.

ⓑ 또한 환경 분석에 의해 작성된 과제 분석 단계 중 중도장애 학생이 학습하기가 어려운 경우에는 적절한 대안적 반응 방법을 고안할 수 있다. 인지적 · 신체적 장애로 인해 일반인과 똑같이 과제를 수행할 수 없을 때 과제를 어떻게 수행하는가에 대한 것보다는 과제를 수행하는 기능 자체에 중점을 두어 여러 가지 수정 방법을 활용하도록 한다. 이러한 경우에 사용하는 수정 방법은 개별화되어야 한다.

㉣ 기술의 일반화를 위한 계획

ⓐ 가능한 한 일반화될 수 있는 지역사회 기술을 배우는 것이 학생에게 바람직하다. 즉, 학습한 기술을 다른 지역사회 환경이나 다양한 상황에 적용할 수 있도록 하는 것이다. 중도장애 학생들은 구체적으로 일반화를 위한 계획을 세워 교수하지 않으면 학생에 의한 자발적인 일반화는 잘 일어나지 않는다.

ⓑ '일반화'란 학습할 때 있지 않던 자극하에서도 반응을 수행하는 것을 말하며, '자극 일반화, 반응 일반화, 유지'의 세 가지로 나누어 설명되기도 한다. 또한 자극의 종류에 따라 '환경 일반화, 사람 일반화, 과제 일반화'로 나뉠 수 있다.

ⓒ 일반화를 증진시키는 방법은 자연적인 결과 이용하기, 충분한 사례 지도하기가 있다. 자연적인 결과 이용하기는 학생이 자연적인 상황에서도 강화를 받을 수 있는 행동을 가르치는 것이다. 학생의 자연적인 환경을 관찰하여 그곳에서 강화를 받을 수 있는 행동을 선정하여 학생이 스스로 강화를 얻을 수 있도록 가르치는 방법이다. 충분한 사례 지도하기(teach enough examples) 방법은 학습에 사용할 사례 중 긍정적인 예와 부정적인 예 등 가능한 한 여러 상황을 포함하는 다양한 예를 교수하여 배우지 않은 새로운 자료, 사람, 환경에서도 수행할 수 있도록 하는 것이다.

㉤ 교수 실시

ⓐ 지역사회에서의 교수는 교실 내에서의 전통적인 수업과는 다른 주의사항이 요구된다.

ⓑ 지역사회 교수 시 주의사항

- 교사와 학생들 간의 상호작용이 가능한 한 지역사회 환경에서 자연스러운 것에 가까워야 하며, 교사의 교수를 위한 촉진은 가능한 한 빨리 제거하여 지역사회 내의 자연적인 단서에 의해 학생이 행동할 수 있어야 한다.
- 한 지역사회 환경에서 한꺼번에 함께 지도받는 학생의 수는 소수로 한다. 교육목표와 관련하여, 보다 자연스러운 모습으로 보이고, 필요 이상의 주의를 끌지 않기 위해서 한 번에 교수받는 학생은 2~3명 정도의 소수 집단이 효과적이다.
- 얼마나 자주 교수를 실시하는가에 있어서 기술을 조기에 배우는 단계에서는 적어도 주당 2~3회씩 실시하는 것이 바람직하며, 기술이 습득된 후에는 점차 빈도를 감소시켜서 일반적으로 그 지역사회 환경을 이용하는 빈도에 가깝도록 하되, 기술을 유지시킬 수 있도록 유의한다.
- 보조기기를 적절히 활용한다. 중도의 지체장애 학생이 수행하기에 너무 어렵거나 배우는 데 너무 시간이 오래 걸리는 기술이 있다면 적절한 보조기기를 이용하여 보다 독립적인 수행을 할 수 있도록 해준다. 쇼핑할 물건의 목록을 만들어 가는 것은 일반인도 많이 사용하는 보조방법의 한 예이다.

㉥ 교실 내의 수업

ⓐ 모의수업을 포함하여 다양한 교실 내의 수업을 통해 지역사회 중심 교수가 더욱 효과적인 학습이 될 수 있도록 도울 수 있다.

ⓑ 직접적인 연습 기회가 부족하거나 특별히 어려움을 보이는 기술에 대해서는 모의학습을 통해 집중적인 연습을 하는 것이 도움이 되며, 모의수업과 동시에 지역사회에서의 실제 교수가 진행되는 것이 효과적이다. 모의수업 외에도 지역사회 활동에 대한 역할놀이, 비디오를 이용한 모델링 학습도 효과가 있는 것으로 보고되고 있다.

⑥ 지역사회 중심 교수의 최선의 실제

㉠ 지역사회중심 교수는 '지적장애가 있는 중 · 고등학생이 지역사회에서 최대한 독립적으로 살아갈 수 있도록 지원하는 성과중심 교수'를 실시해야 한다.

㉡ 특수학교나 특수학급이 전일제 수업에서 점차 일반학급의 교육을 받는 통합교육 환경으로 변화하고 있기 때문에 지역사회 중심 교수도 일반학급 교육 맥락 안에서 제공되어야 한다.

㉢ 지역사회 중 · 고등학생을 위한 효과적인 지역사회 중심 교수를 위해 장애 학생이 살고 있는 지역사회, 학교, 가정과 같은 실제 환경에서 다양한 방법의 효과적인 교수전략을 사용해야 한다.

㉣ 교수전략으로는 생태학적 평가, 다양한 교수장소 이용, 동료지원 활용, 일반사례 교수, 시각적 단서 활용, 반응촉진법(최소촉진법, 시간지연법) 등이 있다.

⑦ 일반사례 교수법

㉠ 일반 상황에서 볼 수 있는 자극의 변형과 자극에 따른 다양한 반응 유형의 대표 사례를 체계적으로 선정하는 방법이다.

㉡ 즉, 어떠한 조건 · 상황에서도 목표행동을 할 수 있도록 여러 관련 자극과 반응 유형을 포함하는 대표적인 예를 충분히 이용하여 교수하는 방법이다.

㉢ 교수의 전 영역에 걸쳐 학습되어야 하는 행동기술의 일반화가 필요한 모든 자극과 반응의 다양성을 포함한 교수의 예를 선정하여 교수한다.

㉣ 이 교수법의 목표는 학습한 행동기술이 어떠한 상황이나 조건에서도 수행되도록 일반화하는 것이다.

㉤ 단계별 내용

단계	구분	내용
1단계	교수할 전체 영역 정의	• 교수를 진행할 전체 교수영역을 결정하는 것 • 교수영역은 학생이 배운 행동이 수행될 다양한 자극 상황을 포함한 환경을 의미함 • 교수영역을 정의하려면 학생의 목표행동이 기대되는 상황과 수용 가능한 목표행동의 형태가 무엇인지에 대한 정의도 함께 이루어져야 함
2단계	관련된 자극과 반응의 다양성 범위 조사	• 목표 행동에 대한 일반 사람의 유능한 수행과 관련 있는 일반적 반응 유형을 조사함 • 일반적인 반응이 일어나게 하는 자극 변수를 조사함 • 학생이 자극 변수에 어떻게 반응하는지를 서술함 • 예상되는 문제 상황, 오류, 예외 상황을 조사하는 작업이 요구됨
3단계	교수와 평가에 사용될 예시 선정	• 선정한 예는 교수 영역 내의 모든 관련 자극과 반응 변수를 포함하는 대표적인 예 중에서 최소한의 것이어야 함 • 긍정적인 예와 부정적인 예를 모두 포함하여 선택함
4단계	교수 사례의 계열화	• 교수될 사례의 순서를 정하는 것 • 예가 제시되는 순서는 학습할 행동기술이 최소한의 오류로 가장 빠르게 습득할 수 있게 계획해야 함
5단계	계획된 교수 사례 순서에 따른 교수	• 사례들을 계열화된 순서에 따라 교수하는 것 • 이 단계에서는 촉구, 소거, 용암법, 강화 등의 전략을 함께 교수해야 행동기술의 습득과 일반화에 효과가 있음
6단계	비교수 지역에서 훈련하지 않은 사례의 평가	• 마지막 단계는 교수한 기술이 일반화되는지 여부를 알아보기 위해 비교수 지역에서 훈련하지 않은 사례들로 평가하는 것 • 비교수 지역에서의 평가는 교수 전 영역의 자극 및 반응 다양성을 포함하는 새로운 예를 선택하여 평가해야 하며, 이는 새로운 예를 통하여 교수되지 않은 동일한 조건의 다른 예에서도 성취가 이루어져 일반화되었음을 확인하는 절차

ⓑ 일반사례 분석 예시

단계	자극	자극 변인	반응	반응 변인
1단계	입구 문	• 자동문 – 회전 • 자동문 – 미닫이 • 자동문 – 여닫이	가게로 들어가기	• 걸어 들어가기 • 문을 밀고(당기고) 들어가기
2단계	카트	• 카트 보관소 • 가게 내 카트	카트 가져오기	• 카트 앞줄에서 빼기 • 카트 뒷줄에서 빼기
3단계	쇼핑통로 (그림카드)	• 캔 식품 • 냉동식품	대상 물건이 있는 통로 둘러보기	• 넓은 통로 • 좁은 통로
4단계	그림카드 품목 선택	• 선반 위, 개방형 선반, 냉동 케이스 진열 • 선반 중간, 개방형, 폐쇄형 진열품, 폐쇄 냉동 식품 • 개방형 선반 바닥, 폐쇄 냉동 케이스, 개방형 냉동 케이스	물건 담기	• 선반 위에서 내리기 • 문을 열고 선반 위에서 내리기 • 중간 선반에서 내리기 • 문을 열고 중간 선반에서 내리기 • 선반 바닥에서 물건 담기 • 문을 열고 선반 바닥에서 물건 담기
5단계	계산하기	• 계산대 줄 서서 대기하기 • 카트 계산대로 붙이기	계산대로 가기	• 카트 계산대에 대기 • 줄 따라 나가기

47 2013학년도 중등 24번

교사가 중도 정신지체 학생을 지도하기 위해 지역사회중심 교수를 실시하려 한다. 옳은 것을 〈보기〉에서 고른 것은? [2점]

〈보기〉

ㄱ. 지역사회라는 의미 있는 자연적 맥락에서 기능적 기술을 가르치는 교수적 실제이다.
ㄴ. 장애 학생이 성인이 되었을 때 필요할 기술들을 습득할 수 있도록 현장학습이나 적응훈련 중심으로 비구조적인 교수를 계획한다.
ㄷ. 학교 안에서는 지역사회 중심 교수를 구현하기 위해 지역사회 참조 교수와 지역사회 시뮬레이션을 활용할 수 있다.
ㄹ. 지역사회 중심 교수의 효과를 극대화하기 위해서는 장애의 정도와 유형에 상관없이 지역사회에 접근할 수 있어야 하고, 특수학급의 수업 맥락에서 이루어져야 한다.
ㅁ. 지도방법 중에는 학습한 기술이 다양한 상황이나 조건에서도 사용될 수 있도록 하는 일반사례 교수법(general case instruction)이 있다.

① ㄱ, ㄴ, ㄷ　② ㄱ, ㄴ, ㅁ　③ ㄱ, ㄷ, ㅁ　④ ㄴ, ㄷ, ㄹ　⑤ ㄷ, ㄹ, ㅁ

48 2015학년도 중등 A (기입형) 3번

다음은 정신지체 학생 A와 B에게 마트 이용하기 기술의 일반화를 촉진하기 위한 지역사회 중심 교수전략이다. (가)와 (나)에 해당하는 지도 전략의 명칭을 순서대로 쓰시오. [2점]

(가) 학생 A가 이용할 것으로 예상되는 집 근처 마트를 조사하여 10곳을 정한다. 선정한 마트 10곳의 이용 방법을 모두 분석한 후, 이용 방법에 따라 범주화한다. 범주화된 유형에 대해 각각 과제 분석을 하고, 유형별로 마트를 1곳씩 정하여 지도한다. 교사는 학생 A가 학습한 것을 나머지 마트에서도 수행할 수 있는지 평가한다.
(나) 학생 B에게 학교 안에 있는 매점을 활용하여 지역사회 마트 이용하기 기술을 가르친다. 학교 매점에서 물건 고르기, 물건 가격 확인하기, 계산대 앞에서 줄서기, 돈 지불하기, 거스름돈 확인하기를 지도한다.

• (가): ______________________ • (나): ______________________

49 2009학년도 유아 35번

서 교사는 내년에 초등학교에 입학할 정신연령 2세인 발달지체 유아 유빈이를 대상으로 지역사회 중심 교수를 하고자 한다. 지역사회 중심 교수에 대한 설명으로 맞는 것을 〈보기〉에서 모두 고른 것은? [1.4점]

〈보기〉

ㄱ. 유아가 습득한 수행을 일반화할 수 있도록 계획한다.
ㄴ. 유아의 정신연령에 적합한 지역사회 적응 기술을 지도한다.
ㄷ. 주된 한 가지 기술을 지도하면서 관련 기술도 함께 지도한다.
ㄹ. 지역사회에서의 의미 있는 수행을 위해 실제 지역사회에서 지도한다.
ㅁ. 자연적인 방법으로 지도하여 습득이 잘 되지 않으면 최소 촉진법을 사용하여 지도한다.

① ㄱ, ㄴ ② ㄷ, ㅁ ③ ㄱ, ㄴ, ㄹ ④ ㄱ, ㄷ, ㄹ, ㅁ ⑤ ㄴ, ㄷ, ㄹ, ㅁ

50 2018학년도 중등 A 9번 일부

다음은 특수학교 박 교사와 이 교사가 자유학기 편성 · 운영과 관련하여 나눈 대화이다. 〈작성 방법〉에 따라 서술하시오. [2점]

박 교사: 이제 중학교 과정 중 한 학기는 자유학기로 운영한다고 하던데요?
이 교사: 예, 그래서 우리 학교는 다음 학기에 자유학기의 취지에 부합하도록 교과 및 창의적 체험활동을 편성하여 운영하려고 계획 중입니다.
박 교사: 그렇군요. 자유학기에는 지역사회와 연계해서 다양한 체험 중심의 활동을 운영해야 한다고 들었어요.
이 교사: 예, (㉠), 주제 선택 활동, 동아리 활동, 예술 · 체육 활동 등 다양한 체험 중심의 자유학기 활동을 운영해야 합니다.
박 교사: 그럼 자유학기에는 학생평가를 어떻게 해야 하나요?
이 교사: 자유학기에는 (㉡) 평가를 실시해야 합니다.
박 교사: 그렇군요.
이 교사: 그런데 자유학기에 지역사회와 연계한 다양한 체험 중심의 활동을 하려면 학생들에게 시내버스를 이용하는 방법도 지도하면 좋을 것 같아요.
박 교사: 맞아요. 시내버스 이용과 관련하여 우리 학급의 지적장애 학생 G는 교통카드 사용하기, 빈 자리 찾아 앉기, 하차 벨 누르기 등을 잘 못합니다. 적절한 방법이 없을까요?
이 교사: 그렇다면 다음과 같은 과정에 따라 지도하면 좋을 것 같아요. 먼저, ㉢ <u>교실을 버스 안처럼 꾸미고 교통카드 사용하기, 빈 자리 찾아 앉기, 하차 벨 누르기를 반복 훈련</u>하는 거예요. 그 다음으로 정차되어 있는 학교 버스를 이용하여 교통카드 사용하기, 빈 자리 찾아 앉기, 하차 벨 누르기를 지도하면 좋을 것 같군요. 그런 다음에 실제 시내버스를 이용하면서 지도하면 돼요.

〈작성 방법〉

- 밑줄 친 ㉢에 해당하는 교수법(교수적 접근)의 명칭을 쓰고, 이와 같은 교수법을 사용하는 이유를 1가지 쓸 것

51 2010학년도 초등 23번

〈보기〉는 2008년 개정 특수학교 기본 교육과정 사회과의 공동생활 영역을 지도하기 위해 송 교사가 수립한 교육계획의 일부이다. 송 교사가 계획하고 있는 지역사회 참조 수업(community-referenced instruction) 활동을 〈보기〉에서 고른 것은? [1.4점]

〈보기〉

ㄱ. 수영장 이용 기술을 지도하기 위해 학생들에게 학교 내 수영장을 이용하게 한다.
ㄴ. 우체국 이용 기술을 지도하기 위해 학생들에게 우체국을 방문하여 각자 편지를 부치게 한다.
ㄷ. 음식점 이용 기술을 지도하기 위해 학생들에게 학교 식당에서 메뉴판을 보고 음식을 주문하게 한다.
ㄹ. 은행 이용 기술을 지도하기 위해 학생들에게 은행을 방문하여 개별 예금통장을 개설해보게 한다.
ㅁ. 지하철 이용 기술을 지도하기 위해 학생들에게 교실 수업 중에 지하철 이용 장면을 담은 동영상을 보여준다.

① ㄱ, ㄷ ② ㄱ, ㄹ ③ ㄴ, ㄹ ④ ㄴ, ㅁ ⑤ ㄷ, ㄹ

52 2017학년도 초등 A 2번 일부

(가)는 초등학교 5학년 지적장애 학생 희수에 대해 특수 교사와 일반 교사가 나눈 대화의 일부이다. 물음에 답하시오.

(가) 특수 교사와 일반 교사의 대화

특수 교사: 지난주에 우리가 계획했던 사회과 모둠학습에 희수가 잘 참여했는지 궁금해요.
일반 교사: 친구들과 모둠학습을 하는 것은 좋아했는데 자신의 의견이나 권리를 주장하지 못해서 피해를 보는 경우가 있었어요.
특수 교사: 희수가 아직은 자기옹호기술이 부족해서 그래요. 무엇보다 ㉠ <u>희수가 자신이 좋아하고 싫어하는 것을 아는 것</u>이 중요해요. 그러면 모둠학습을 할 때 다른 학생들이 부당한 것을 요구해도 거절하거나 협상할 수 있을 거예요.

…중략…

특수 교사: 희수는 스스로 화장실 이용하기, 옷 입기 등의 일상생활 활동은 잘하는데, ㉡ <u>휴대전화 사용하기, 물건 사기 등과 같이 조금 더 복잡한 환경적 상호작용을 요구하는 일상생활 활동</u>을 하는 데에는 어려움이 있어요.
일반 교사: 선생님, 희수에게 물건 사기와 같은 일상생활 활동은 어떻게 지도하면 좋을까요?
특수 교사: 직접 가게에 가서 물건을 사는 활동을 하는 것이 좋아요.
일반 교사: 한번도 해보지 않은 일이라 희수가 잘 할 수 있을까요?
특수 교사: 그래서 저는 ㉢ <u>교실을 가게처럼 꾸며놓고 실제와 유사한 물건과 화폐를 이용하여 물건 사기 활동을 지도하고 있어요.</u>

2) (가)의 ㉢에 해당하는 교수 방법의 명칭을 쓰시오. [1점]

•

53 2021학년도 초등 B 5번 일부

(가)는 중도중복장애 학생 건우의 현재 담임 김 교사와 전년도 담임 이 교사가 나눈 대화이고, (나)는 김 교사가 작성한 수업 계획안의 일부이다. 물음에 답하시오.

(가) 김 교사와 이 교사의 대화

> 김 교사: 건우를 위한 실과 수업은 어떤 방향으로 지도하면 좋을까요?
> 이 교사: 건우에게 어릴 때부터 지역사회 기술을 직접 가르치는 것이 좋습니다. 이번 마트 이용하기 활동부터 계획해 보세요.
> 김 교사: 네, 좋아요. 그런데 요즘 ㉠ <u>코로나 19 때문에 밖에 나가기 어렵고, 그렇다고 학교에 마트가 있는 것도 아니에요</u>.
> 이 교사: 지난번 구입한 머리 착용 디스플레이(Head Mounted Display: HMD)를 활용하는 것이 좋을 것 같아요.
> 김 교사: 그 방법으로는 부족하지 않을까요?
> 이 교사: 맞아요. ㉡ <u>최대한 지역사회 기술 수행 환경과 유사 하도록 학습 환경을 구성해야 해요. 그리고 다양한 사례를 가르쳐 배우지 않은 환경에서도 수행할 수 있도록 계획해야 해요</u>.
>
> … (중략) …
>
> 김 교사: 건우가 실습수업에 잘 참여하지 않아서 걱정이에요.
> 이 교사: 초등학교 저학년 때부터 매번 실패를 경험하다보니 이제는 할 수 있는 것조차 하지 않으려 한답니다.
> 김 교사: 그렇다면 성공 경험을 주는 것이 필요하겠군요.
> 이 교사: 과제를 잘게 쪼갠 후, ㉢ <u>일의 순서와 절차</u>에 따라 수행하도록 지도하는 것이 도움이 될 겁니다.

(나) 교육실습생과 지도 교사의 대화

활동주제	쇼핑 카트에 물건 담기
단계	내용
활동 1	• 신체적 도움으로 연습하기 1. 교사는 힘을 주어 학생의 손을 잡고, 학생은 교사의 도움을 받아 카트에 물건을 담는다. ↓ 2. 교사는 힘을 주어 학생의 손목을 잡고, 학생은 교사의 도움을 받아 카트에 물건을 담는다. ↓ 3. 교사는 힘을 주어 학생의 팔꿈치를 잡고, 학생은 교사의 도움을 받아 카트에 물건을 담는다. ↓ 4. (㉣) [A]
활동 2	• 독립적으로 연습하기

1) (가)의 ㉠과 같은 상황에서 ① 김 교사가 학교에서 적용할 수 있는 지역사회 중심 교수의 유형을 쓰고, ② 다음의 지역사회 중심 교수 절차에서 ㉡이 의미하는 용어 ⓐ를 쓰시오. [2점]

> 교수 장소와 목표 기술 설정 → 교수할 기술 결정 → 교수 계획 작성 → 기술의 (ⓐ) 계획 → 교수 실시

• ①: ______________________

• ②: ______________________

54 2014학년도 초등 A 3번 일부

(나)는 정신지체 학생 진아를 위해 박 교사가 제안한 지도 내용이다. 물음에 답하시오.

(나) 박 교사가 제안한 (㉥)의 지도 내용

단계	지도 내용
교수목표 범위 정의하기	교사는 '진아가 지역사회에 있는 다양한 슈퍼마켓에서 물건을 살 수 있다.'를 교수 목표로 정한다.
일반적 과제분석 작성하기	교사는 슈퍼마켓에서 물건을 살 때 필요한 일반적인 단계를 과제 분석한 후, 지역사회에 있는 다양한 슈퍼마켓의 대표적인 형태가 되는 몇 곳을 선정하고, 자극과 반응 유형을 분석한다.
교수와 평가에 사용할 예 선택하기	교사는 자극과 반응 유형을 분석한 대표적인 형태의 슈퍼마켓 몇 곳 중 지역사회에서 가장 일반적인 유형인 A 슈퍼마켓을 우선 지도할 장소로 정하고, 이와 동일한 유형의 B 슈퍼마켓을 평가할 장소로 정한다.
교수하기	(㉦)
평가하기	(㉧)
자극과 반응 유형이 분석된 슈퍼마켓에서 반복하여 지도한다.	

3) (나)의 지도 내용을 참조하여 ㉥의 명칭을 쓰고, ㉦과 ㉧에 들어갈 지도 내용을 각각 쓰시오. [3점]

- ㉥: ____________________
- ㉦ 지도내용: ____________________
- ㉧ 지도내용: ____________________

55 2017학년도 중등 A 12번 일부

(가)는 고등학생 N의 특성이고, (나)는 특수교사가 N을 위해 작성한 지도계획이다. ㉢에 들어갈 용어를 쓰시오.

[1점]

(가) 학생 N의 특성

- 패스트푸드점에 가서 음식을 사 먹고 싶어 함
- 시각적 단서는 구분할 수 있으나 글자를 읽지 못함

(나) 지도계획

- 국어와 사회 수업 시간을 활용하여 N에게 '패스트푸드점 이용하기' 기술을 가르치고자 함

교과의 내용을 대신하여 (㉠) 및 진로와 직업교육, 현장실습 등으로 편성 · 운영할 수 있음

- 주변의 패스트푸드점 여러 곳을 선정하고, 일반사례 분석을 통해 다음과 같이 공통적으로 필요한 기술을 지도 내용으로 결정하여 지역사회 모의 교수를 실시할 것임

메뉴판에서 음식명 읽고 선택하기 → 음식 주문하기 → 음식값 계산하기 → 잔돈 받기 → 영수증 확인하기 → 음식 먹기

  ㉡ '메뉴판에서 음식명 읽고 선택하기'를 위해서 메뉴명과 사진을 붙인 메뉴판을 만들어 일견단어 교수법을 활용할 예정임
- 이후 지역사회 중심 교수를 실시하고 중재의 효과와 만족도에 대해 N의 또래와 부모에게 간단한 평정척도 형식의 질문지에 답하게 하여 (㉢)을/를 평가할 것임

- ㉢: ______________________

56 2019학년도 초등 A 1번 일부

다음은 ○○초등학교 연수자료 「통합교육 실행 안내서」의 일부이다. 물음에 답하시오.

통합교육 실행 안내서

○○초등학교

…중략…

3.4 중재 방법 선정 시 유의사항

3.4.1 (㉡) 고려하기

- 중재 목표가 사회적으로 얼마나 중요한가?
- 중재 과정은 사회적으로 수용 가능하고 합리적인가? [A]
- 중재 효과는 개인의 삶을 개선할 수 있는가?

…중략…

2) [A]를 고려하여 ㉡에 들어갈 말을 쓰시오. [1점]

- ㉡: ______________________

(3) 부분참여의 원리

① 정의

㉠ 부분참여의 원리는 본질적으로 모든 중도장애 학생이 최소한으로 제한된 다양한 학교 내외 환경과 활동에서 부분적으로라도 직접 기능할 수 있도록 하여 많은 기술을 습득할 수 있다는 긍정적인 단언이다.

㉡ 바움가르트(Baumgart) 등에 따르면, 부분참여 원리의 실행은 아동이 다른 사람들의 눈에 더욱 가치 있게 보이도록 하고 아동이 제외되거나 차별받는 것을 방지할 수 있다.

㉢ 부분참여 원리의 핵심은 일반 또래가 참여하는 활동에 함께 참여하기 위해 기술을 굳이 독립적으로 행해야 할 필요는 없다는 것이다.

㉣ 대신 다른 형식에 따라 기술의 기능을 수행할 수 있는 조정이 적용될 수 있다.

② 부분참여 원리의 오류 유형

유형	설명
수동적 참여	장애 학생을 자연스러운 환경에 배치하였으나 활동에 적극적으로 참여하는 것은 허락하지 않고 또래가 활동에 참여하는 것을 관찰할 기회만 제공하는 것 ㉮ 음악 수업에 참여하는 학생이 다른 학생들이 연주하는 동안 그냥 듣기만 하는 경우
근시안적 참여	교사가 교육과정의 관점 중 한 가지 또는 몇 가지만을 좁은 시야로 집중하고, 학생이 학습의 전반적인 기회로부터 이득을 보지 못하도록 하는 것 ㉮ 생필품 가게에 갔을 때 학생에게 물건들을 고르고 사는 기회를 주는 대신 손수레만을 밀게 한다거나, 음식을 준비하거나 식후에 정리를 하는 대신 간식을 준비할 때 깡통따개 사용 연습을 시키는 것 등
단편적 참여	학생이 몇몇 활동에 부정기적으로 참여하는 것 ㉮ 학생이 일반교육 사회과목 수업에 또래와 함께 일주일에 3일만 참여하고, 나머지 2일은 같은 시간에 분리된 상태로 진행하는 치료교육에 참여하기 위해 학급에서 데리고 나오는 경우
참여기회 상실	학생이 독립적으로 활동을 하는 데 너무 많은 시간과 노력을 기울이게 함으로써, 더 많은 활동에 참여할 기회를 상실하게 만드는 것 ㉮ 중 · 고등학교에서 학급 간 이동을 위해 휠체어를 스스로 천천히 밀어서 이동하는 학생은 각 수업의 일부를 놓칠 수 있음

57 2013학년도 유아 B 5번 일부

다음은 통합유치원의 신체운동 · 건강 영역 활동이다. 영철이는 만 5세 발달지체 유아이다. 물음에 알맞은 답을 하시오.

(가) 신체운동 · 건강 영역 활동

김 교사:	여러분, 오늘은 낙엽을 보기도 하고, 문지르기도 하고, 또 비비면서 소리를 들어보기도 할 거예요. 낙엽이 어떻게 생겼나요?
아 이 들:	예뻐요. 길어요. 동그래요.
김 교사:	네, 여러 가지 모양이 있죠? 그럼 이번에는 낙엽을 가지고 옆 친구의 손등에 살짝 문질러 보세요. 어때요?
지 수:	선생님, 간지러워요.
김 교사:	네, 그렇죠? 여러분, 이번엔 자기 귀 가까이에서 낙엽을 두 손으로 여러 번 세게 비벼 보세요. 어떤 소리가 들려요?
서 영:	선생님, 부스럭거리는 소리가 나요.
김 교사:	㉠ 자, 이번에는... 영철이도 한번 말해볼까요? 귀 가까이에서 낙엽을 두 손으로 비비면 어떤 소리가 들려요?
영 철:	(머뭇거리며, 작은 소리로) ... 소리 나요.
김 교사:	㉡ 네, 소리 나요. 낙엽에서 소리가 나지요?

(나) 야외 활동 후 영철 어머니와 김 교사의 대화 일부

어 머 니:	선생님, 우리 영철이는 또래에 비해 발달이 느린 것 같아서 걱정이에요. 그래서 영철이가 위축되고 자신감도 없어 보여서... 어떻게 해야 될지 모르겠어요.
김 교사:	네, 어머니, 걱정 많으시죠? ㉢ 유치원에서 영철이가 활동의 모든 면에 참여하는 것은 어려워요. 하지만 영철이가 할 수 있는 부분의 역할이나 과제를 주어 활동의 일부에라도 최대한 함께 할 수 있도록 하고 있어요. 그러니 어머니께서도 영철이를 ㉣ 따뜻하게 안아주고 자주 칭찬해주세요. 그러면 영철이의 자존감이 향상되고 자신을 긍정적 존재로 인식하는 데 도움이 될 거예요.

3) ㉢에 적용된 참여지원 전략을 쓰시오. [1점]

• ______________________________

58 2016학년도 유아 B 4번 일부

다음은 김 교사가 작성한 활동 계획안의 일부이다. 물음에 답하시오.

<table>
<tr><th>활동명</th><td>식빵 얼굴</td><th>활동형태</th><td>대 · 소집단 활동</td><th>활동유형</th><td>미술</td></tr>
<tr><th>대상 연령</th><td>4세</td><th>주제</th><td>나의 몸과 마음</td><th>소주제</th><td>감정알고 표현하기</td></tr>
<tr><th>활동목표</th><td colspan="5">• 얼굴 표정을 보고 어떤 감정인지 안다.
• 친구들과 협동하며, 도움이 필요할 때 도움을 주고받는다.
• 미술 재료를 이용하여 다양한 표정의 얼굴을 표현한다.</td></tr>
<tr><th colspan="3">활동방법</th><th colspan="3">발달지체 유아 효주를 위한 활동 지원</th></tr>
<tr><td colspan="3">• 얼굴 표정 가면을 이용하여 나의 감정에 대해 이야기 나눈다.
• 다양한 표정의 반 친구 사진을 보며, 친구의 감정에 대해 이야기 나눈다.</td><td colspan="3">…생략…</td></tr>
<tr><td colspan="3">• 활동방법을 소개한다.
– 식빵과 그리기 재료를 나눈다.
– 식빵에 초콜릿펜을 이용하여 얼굴 표정을 그린다.</td><td colspan="3">• 좋아하는 친구와 짝이 되어 협동 활동을 하도록 한다.
• 초콜릿펜 뚜껑을 열기 어려워할 경우, 도움을 요청하도록 한다.</td></tr>
<tr><td colspan="3">• 식빵에 다양한 표정의 얼굴을 그린다.
– 어떤 표정을 그렸니?
– 누구의 사진을 보고 표정을 그렸니?
• ㉡ '식빵 얼굴'을 들고 앞으로 나와 친구들에게 보여준다.</td><td colspan="3">• 상호작용을 촉진하기 위해 각각 다른 색깔의 초콜릿펜을 주고, 친구와 바꿔 쓰게 한다.
• ㉢ 얼굴 표정 전체를 그리기 어려워하는 경우, 얼굴 표정의 일부를 표현하게 한다.</td></tr>
<tr><td colspan="3">• 활동에 대해 평가한다.
– 무엇이 재미있었니?
– 어려운 점은 없었니?</td><td colspan="3">• 활동 후 성취감을 느끼도록 친구들과 서로 칭찬하는 말이나 몸짓을 주고받을 수 있게 한다.</td></tr>
<tr><th colspan="6">발달지체 유아 효주를 위한 행동 지원</th></tr>
<tr><td colspan="6">㉣ 현재 효주는 자신의 요구를 표현하기 위해 책상 두드리기 행동을 하는데, 이 행동은 다른 유아들이 활동에 집중하는 데 방해가 된다. 그러므로 효주가 바람직한 요청하기 행동을 습득하도록 책상 두드리기 행동에 대해서는 강화하지 않고, 손을 들어 요청할 경우에만 반응하고 강화한다.</td></tr>
</table>

3) ㉢에서 김 교사가 적용하고자 하는 교수방법은 무엇인지 쓰시오. [1점]

•

59 2016학년도 중등 A 9번

(가)는 학생 A에 대한 정보이고, (나)는 학생 A를 위해 예비 교사가 부분참여의 원리를 적용하여 작성한 활동 참여 계획이다. 사회적 관점에서 학생이 얻을 수 있는 부분참여의 이점을 쓰고, 학생 A의 활동목표를 고려하였을 때, ㉠~㉤ 중 부분참여의 원리가 잘못 적용된 것의 기호 3가지를 쓰고, 각각의 문제점을 설명하시오. [4점]

(가) 학생 A의 정보

- 뇌성마비(경직형 왼쪽 편마비)
- 첨족으로 스스로 걸을 수 있으나 핸드레일을 잡아야 함
- 왼쪽 어깨, 팔꿈치, 손목은 몸의 안쪽을 향해 구축과 변형이 있음
- 왼쪽 엄지손가락이 손바닥 쪽으로 굽어진(thumbin-palm)채 구축이 되어 변형됨
- 구어로 의사소통하는 데 어려움이 있어 음성 출력 의사소통기기를 사용함

(나) 활동 참여 계획

학생 A의 활동목표	학생 A의 현행 수행 수준	참여 촉진 방법
이야기를 읽고 내용을 파악하는 질문에 답할 수 있다.	이야기를 읽고 중요한 내용을 표현할 수 있음	㉠ 제재 글과 관련된 어휘 목록을 교사가 의사소통기기에 미리 구성해두고 활동에 참여하게 함
구입한 물건 값을 계산할 수 있다.	지폐와 동전의 구분은 가능하나 물건 값을 계산하기 어려워함	㉡ 다른 학생들이 물건 값을 계산하는 과제를 푸는 동안 바로 앞 시간에 마치지 못한 쓰기 과제를 완성하게 함
탈 만들기를 할 때 탈 틀에 종이죽을 붙일 수 있다.	왼손의 변형으로 인해 종이죽을 붙이는 데 어려움이 있음	㉢ 다른 학생이 탈 틀에 종이죽을 붙이는 동안 선생님이 학생 A의 것을 붙이고 학생 A에게 이를 지켜보게 함
조립 순서에 맞게 상자를 조립할 수 있다.	양손과 팔을 자유롭게 움직이기 어려워 접이선대로 상자를 접지 못함	㉣ 다른 학생들이 상자 조립을 완료할 때까지 학생 A가 다른 학생의 상자를 움직이지 않게 붙잡아 주도록 함
칫솔을 쥐고 이를 닦을 수 있다.	칫솔을 쥘 수 있지만 손목의 회전과 상하 움직임이 자유롭지 않음	㉤ 전동 칫솔을 사용하여 앞니는 학생 A가 닦게 하고 어금니는 교사가 닦아줌

- ____________________
- ____________________
- ____________________

60 2012학년도 중등 37번

다음은 중도 · 중복장애 학생 A의 통합학급 과학과 수업 참여 방법에 대해 교사들이 나눈 대화이다. ㉠~㉤ 중에서 옳은 것만을 있는 대로 고른 것은? [2점]

최 교사: 학생 A를 과학과 수업에 참여시키기 위해 '최소위험가정(least dangerous assumption)'의 기준을 적용할 수 있겠어요. 분명한 근거 없이 장애가 심하다고 통합 학급 수업에 따라가지 못할 것이라는 가정을 함부로 해서는 안된다는 것이죠.

강 교사: 수업 활동 중에 학생 A가 스스로 하기 어려운 활동도 있겠지만, ㉠ '부분참여의 원리'를 적용해서 친구들에게 모두 의존하지 않고 활동에 일정 수준 참여하게 한다면 활동을 통해 배우게 될 뿐만 아니라 자존감도 높아진다고 생각해요.

최 교사: ㉡ '부분참여의 원리'를 적용하는 것은 통합학급에서 학생 A의 이미지와 역량에 긍정적인 영향을 줄 수 있다는 점에서 '사회적 역할 가치화(social role valorization)'라는 개념을 실현하는 것으로 볼 수 있어요.

강 교사: ㉢ 과학 수업이 매주 3시간 있는데, 2시간은 수업에 참여하고 1시간은 치료 지원을 받게 하면, '부분참여의 원리'도 살리고 치료 지원과 학습 요구의 균형도 이룰 수 있습니다.

김 교사: 학생 A를 위한 교수 방법으로 ㉣ '최소개입촉진(least intrusive promptings)의 원리'에 따라 효과적인 교수법 중 가장 간단하고 사용하기 쉬운 것을 선택하도록 하지요.

강 교사: 학생 A의 운동장애를 감안한다면, 신체적 도움이 필요해요. ㉤ 학습 단계 초기에는 도움을 주지 않다가 필요할 때는 즉시 촉진을 제공할 수 있고, 과제 수행에 따라 점차 신체적인 안내를 늘려가는 점진적 안내(graduated guidance)가 좋겠어요.

① ㉠, ㉡ ② ㉢, ㉣ ③ ㉠, ㉡, ㉣
④ ㉠, ㉡, ㉣, ㉤ ⑤ ㉡, ㉢, ㉣, ㉤

61 2020학년도 유아 B 5번 일부

(가)는 5세 발달지체 유아들의 행동 특성이고, (다)는 활동계획안이다. 물음에 답하시오.

(가) 음악활동자료

민정	• 활동 시 교사의 말에 집중하는 시간이 짧음 • 대집단 활동 시 활동영역을 떠나 돌아다니는 경우가 많음
주하	• 음악활동은 좋아하나 활동 참여 시간이 짧음 • 일상생활에서 자주 사용하는 3음절의 단어(사람, 사물 이름)로 말함
소미	• 수줍음이 많고 활동 참여에 소극적임 • 수업 중 앉아 있는 시간이 짧음

(다) 활동계획안

활동목표	…생략…	
활동방법		자료(㉶) 및 유의점(㊐)
활동 1	'ㅇㅇㅇ 옆에 누가 있나요?' 노래를 듣는다. – 노래 전체 듣기 – 노랫말 알아보기	㉶ 'ㅇㅇㅇ 옆에 누가 있나요?' 노래 음원, 그림 악보 ㊐ ㉠ <u>민정, 주하, 소미가 일정 시간 동안 활동에 참여하면 각자 원하는 놀이를 하게 해준다.</u>
활동 2	다양한 방법으로 노래를 부른다. – 한 가지 소리(아아아~)로 불러 보기 – 친구 이름 넣어서 노래 해보기 – 유아들을 나누어 불러 보기 – 다 함께 불러 보기 …중략…	㊐ 민정이는 좋아하는 또래들과 어깨동무를 하고 노래 부르게 한다. ㊐ 주하는 ㅇㅇㅇ에만 친구 이름을 넣어 부르게 한다. ㊐ 바닥에 원형 스티커를 붙여놓고 자리를 이동하며 노래 부르게 한다.
활동 3	리듬악기를 연주해본다. – 리듬패턴 그림을 보며 리듬 알아보기 – 리듬에 맞추어 손뼉치기 – 리듬에 맞추어 리듬악기 연주하기 …하략…	㊐ 리듬 패턴은 그림악보로 제공한다. ㊐ 유아가 익숙하게 다룰 수 있는 리듬악기를 제공한다. ㊐ 소미가 친구들에게 리듬악기를 나누어주도록 한다.

3) (다)의 활동 2와 활동 3의 '자료 및 유의점' 중에서 부분참여의 원리를 적용한 내용을 찾아 쓰시오. [1점]

• ______________________________

62 2011학년도 초등 30번

최 교사는 2008년 개정 특수학교 기본교육과정 실과 가정생활 영역 '음식 만들기와 식사하기' 내용을 지도하기 위해 다음과 같이 '감자 샌드위치 만들기 활동' 단계를 분석하였다. 〈보기〉는 중도 정신지체 학생 희수가 혼자서 할 수 없는 단계에 대한 활동 참여 계획이다. 이 중 바움가르트(Baumgart) 등이 제시한 '부분참여의 원리'를 적절하게 적용한 내용을 모두 고른 것은? [1.4점]

감자 샌드위치 만들기 활동	희수의 수행 수준
1단계: 흐르는 물에 감자를 씻는다.	◎
2단계: 칼로 감자를 깎는다.	×
3단계: 냄비에 감자를 넣고 삶는다.	×
4단계: 식은 감자를 움푹한 그릇에 넣어 으깬다.	×
5단계: 으깬 감자에 치즈와 마요네즈를 넣는다.	◎
6단계: 5단계 재료에 잘게 썬 채소를 넣어 감자 샐러드를 만든다.	◎
7단계: 6단계에서 준비된 으깬 감자 샐러드를 식빵에 바른다.	×
8단계: 감자 샐러드를 바른 식빵 위에 식빵 한 장을 덮는다.	◎
9단계: 감자 샌드위치를 세모 모양으로 잘라 접시에 담는다.	×
◎: 혼자서 할 수 있음, ×: 혼자서 할 수 없음	

〈보기〉

ㄱ. 2단계에서는 다칠 위험이 있기 때문에 교사가 대신 해준다.
ㄴ. 3단계에서는 현재 할 수 있는 기술인 '냄비에 감자 넣기'를 하게 한다.
ㄷ. 4단계에서는 움푹한 그릇 대신 자동으로 으깨는 기구에 식은 감자를 넣어주고, 작동 버튼을 누르게 한다.
ㄹ. 7단계에서는 으깬 감자 샐러드를 식빵에 바르는 친구들의 활동을 관찰하게 한다.
ㅁ. 9단계에서는 감자 샌드위치를 자르지 않고 그대로 접시에 담게 한다.

① ㄱ, ㄹ ② ㄴ, ㄷ ③ ㄷ, ㅁ ④ ㄴ, ㄷ, ㄹ ⑤ ㄴ, ㄷ, ㅁ

학습장애 기출경향 및 학습TIP

'학습장애' 영역은 가장 많은 내용을 담고 있는 영역입니다. 공부를 하다가 지칠 수가 있는 영역이기도 합니다. 학습장애는 하위 유형을 어떤 기준을 나눈다는 것을 먼저 알아야 합니다. 학습장애 영역은 진단과 읽기, 쓰기, 수학의 도구적 교과와 내용교과를 공부하는 전략, 그 전략들을 가르치는 전략 교수로 나뉩니다. 가장 먼저 각각의 영역들을 구분하고, 읽기, 쓰기, 수학의 도구적 교과의 하위 유형들과 그에 따른 교수법으로 기초를 확실히 구분해 놓은 뒤, 다양하게 나오는 교수법들을 계속 덧붙여 나가는 것이 좋습니다. 특히 '읽기장애'의 내용이 많기 때문에 학습장애 진단모델을 함께 공부하지 않도록 계획을 세워두는 것이 좋습니다. 또한 최근 출제빈도가 높아진 '사회성' 부분도 학습장애에서 다루는 것이 좋긴 하나, 보통 맨 마지막에 공부하면서 주의집중 정도가 떨어지기 때문에 지적장애 쪽에서 다루는 것도 좋은 방법입니다.

제 6 장

학습장애

한눈에 보는 핵심 마인드맵 - 제6장 학습장애(1)

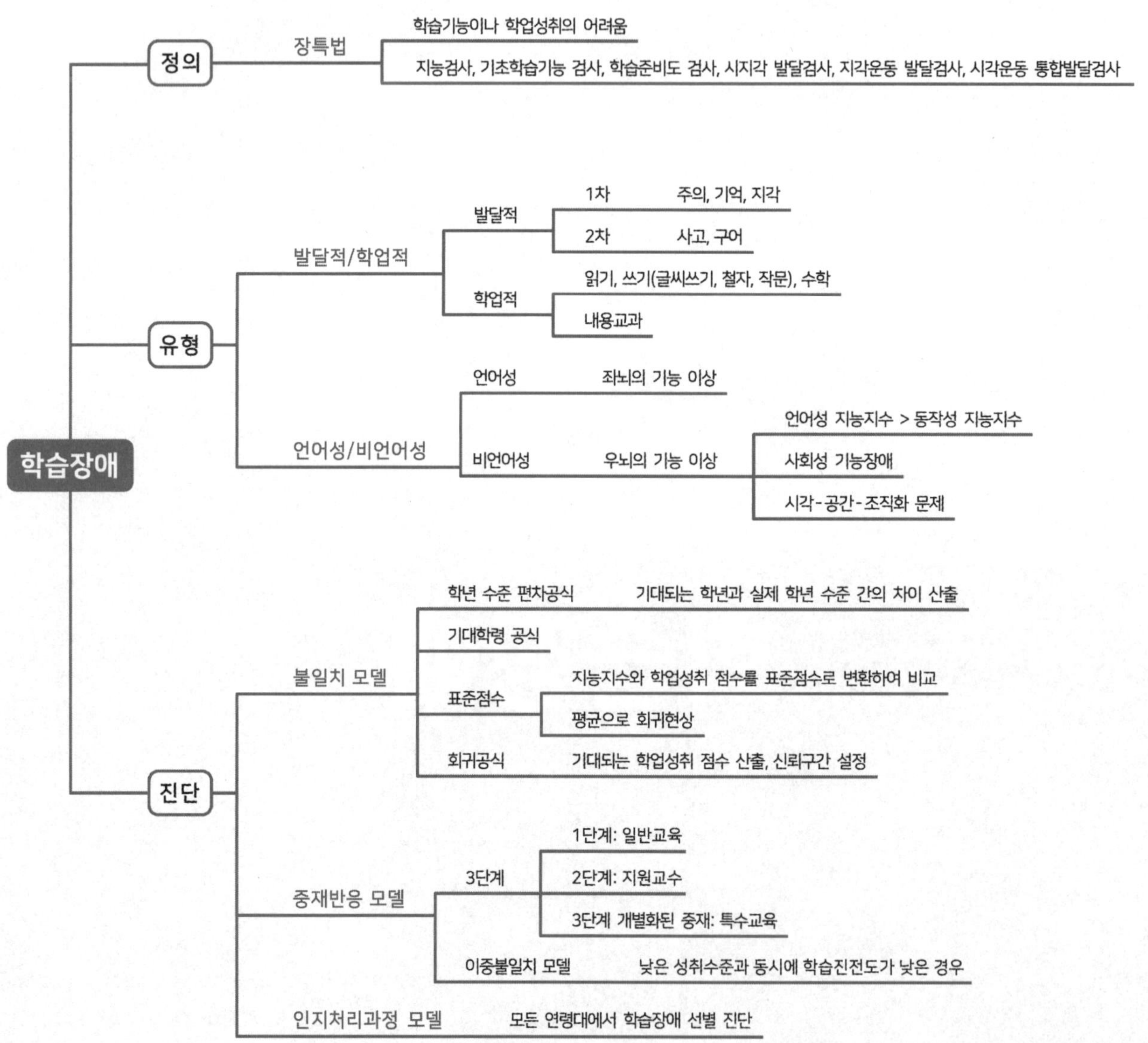

학습장애
정의
장특법
학습기능이나 학업성취의 어려움
지능검사, 기초학습기능 검사, 학습준비도 검사, 시지각 발달검사, 지각운동 발달검사, 시각운동 통합발달검사
유형
발달적/학업적
발달적
1차
주의, 기억, 지각
2차
사고, 구어
학업적
읽기, 쓰기(글씨쓰기, 철자, 작문), 수학
내용교과
언어성/비언어성
언어성
좌뇌의 기능 이상
비언어성
우뇌의 기능 이상
언어성 지능지수 > 동작성 지능지수
사회성 기능장애
시각-공간-조직화 문제
진단
불일치 모델
학년 수준 편차공식
기대되는 학년과 실제 학년 수준 간의 차이 산출
기대학령 공식
표준점수
지능지수와 학업성취 점수를 표준점수로 변환하여 비교
평균으로 회귀현상
회귀공식
기대되는 학업성취 점수 산출, 신뢰구간 설정
중재반응 모델
3단계
1단계: 일반교육
2단계: 지원교수
3단계 개별화된 중재: 특수교육
이중불일치 모델
낮은 성취수준과 동시에 학습진전도가 낮은 경우
인지처리과정 모델
모든 연령대에서 학습장애 선별 진단

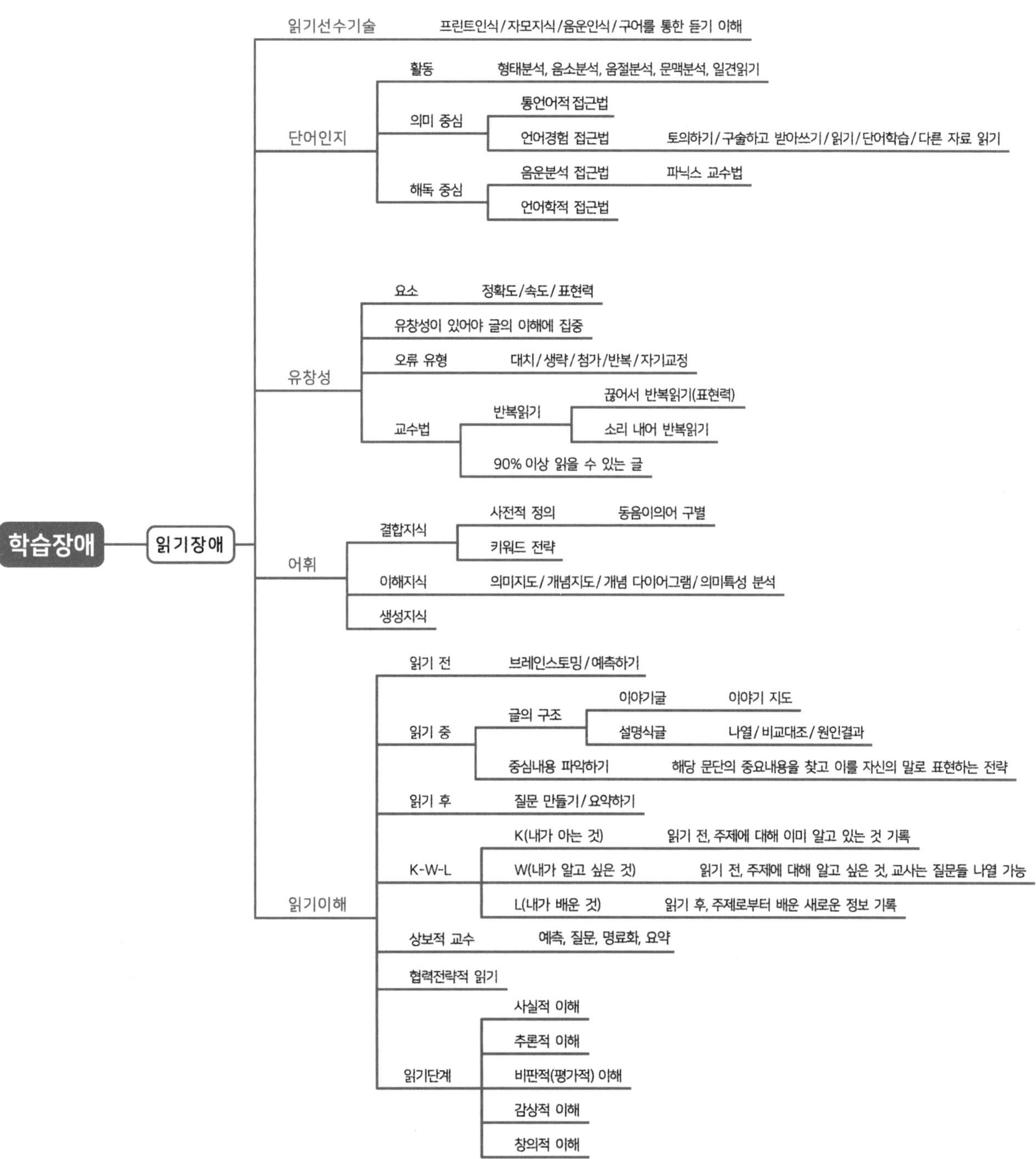
학습장애
읽기장애
읽기선수기술
프린트인식/자모지식/음운인식/구어를 통한 듣기 이해
단어인지
활동
형태분석, 음소분석, 음절분석, 문맥분석, 일견읽기
의미 중심
통언어적 접근법
언어경험 접근법
토의하기/구술하고 받아쓰기/읽기/단어학습/다른 자료 읽기
해독 중심
음운분석 접근법
파닉스 교수법
언어학적 접근법
유창성
요소
정확도/속도/표현력
유창성이 있어야 글의 이해에 집중
오류 유형
대치/생략/첨가/반복/자기교정
교수법
반복읽기
끊어서 반복읽기(표현력)
소리 내어 반복읽기
90% 이상 읽을 수 있는 글
어휘
결합지식
사전적 정의
동음이의어 구별
키워드 전략
이해지식
의미지도/개념지도/개념 다이어그램/의미특성 분석
생성지식
읽기이해
읽기 전
브레인스토밍/예측하기
읽기 중
글의 구조
이야기글
이야기 지도
설명식글
나열/비교대조/원인결과
중심내용 파악하기
해당 문단의 중요내용을 찾고 이를 자신의 말로 표현하는 전략
읽기 후
질문 만들기/요약하기
K-W-L
K(내가 아는 것)
읽기 전, 주제에 대해 이미 알고 있는 것 기록
W(내가 알고 싶은 것)
읽기 전, 주제에 대해 알고 싶은 것, 교사는 질문들 나열 가능
L(내가 배운 것)
읽기 후, 주제로부터 배운 새로운 정보 기록
상보적 교수
예측, 질문, 명료화, 요약
협력전략적 읽기
읽기단계
사실적 이해
추론적 이해
비판적(평가적) 이해
감상적 이해
창의적 이해

한눈에 보는 핵심 마인드맵 - 제6장 학습장애(2)

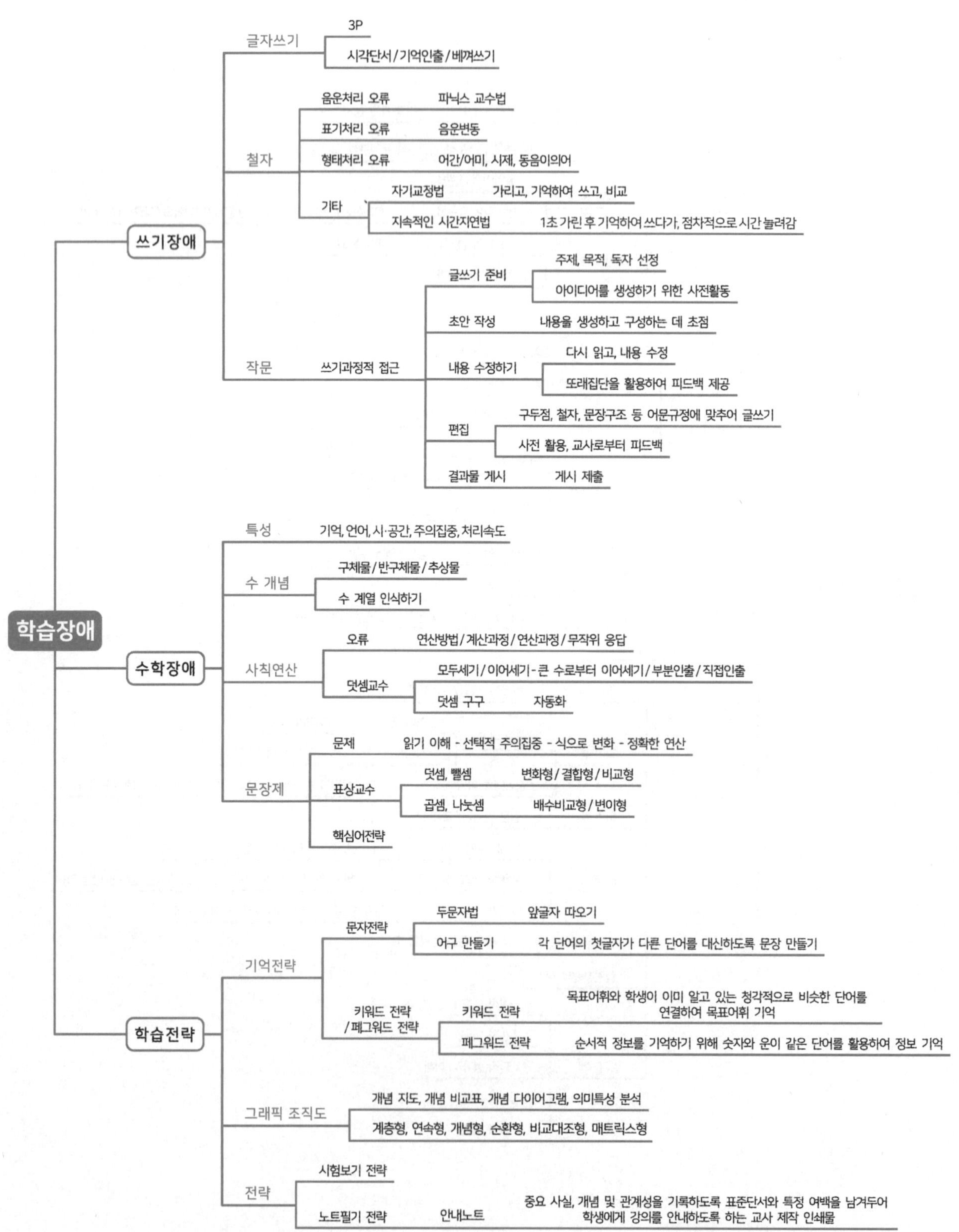

학습장애
쓰기장애
글자쓰기
3P
시각단서 / 기억인출 / 베껴쓰기
철자
음운처리 오류
파닉스 교수법
표기처리 오류
음운변동
형태처리 오류
어간/어미, 시제, 동음이의어
기타
자기교정법
가리고, 기억하여 쓰고, 비교
지속적인 시간지연법
1초 가린 후 기억하여 쓰다가, 점차적으로 시간 늘려감
작문
쓰기과정적 접근
글쓰기 준비
주제, 목적, 독자 선정
아이디어를 생성하기 위한 사전활동
초안 작성
내용을 생성하고 구성하는 데 초점
내용 수정하기
다시 읽고, 내용 수정
또래집단을 활용하여 피드백 제공
편집
구두점, 철자, 문장구조 등 어문규정에 맞추어 글쓰기
사전 활용, 교사로부터 피드백
결과물 게시
게시 제출
수학장애
특성
기억, 언어, 시·공간, 주의집중, 처리속도
수 개념
구체물 / 반구체물 / 추상물
수 계열 인식하기
사칙연산
오류
연산방법 / 계산과정 / 연산과정 / 무작위 응답
덧셈교수
모두세기 / 이어세기 - 큰 수로부터 이어세기 / 부분인출 / 직접인출
덧셈 구구
자동화
문장제
문제
읽기 이해 - 선택적 주의집중 - 식으로 변화 - 정확한 연산
표상교수
덧셈, 뺄셈
변화형 / 결합형 / 비교형
곱셈, 나눗셈
배수비교형 / 변이형
핵심어전략
학습전략
기억전략
문자전략
두문자법
앞글자 따오기
어구 만들기
각 단어의 첫글자가 다른 단어를 대신하도록 문장 만들기
키워드 전략 / 페그워드 전략
키워드 전략
목표어휘와 학생이 이미 알고 있는 청각적으로 비슷한 단어를 연결하여 목표어휘 기억
페그워드 전략
순서적 정보를 기억하기 위해 숫자와 운이 같은 단어를 활용하여 정보 기억
그래픽 조직도
개념 지도, 개념 비교표, 개념 다이어그램, 의미특성 분석
계층형, 연속형, 개념형, 순환형, 비교대조형, 매트릭스형
전략
시험보기 전략
노트필기 전략
안내노트
중요 사실, 개념 및 관계성을 기록하도록 표준단서와 특정 여백을 남겨두어 학생에게 강의를 안내하도록 하는 교사 제작 인쇄물

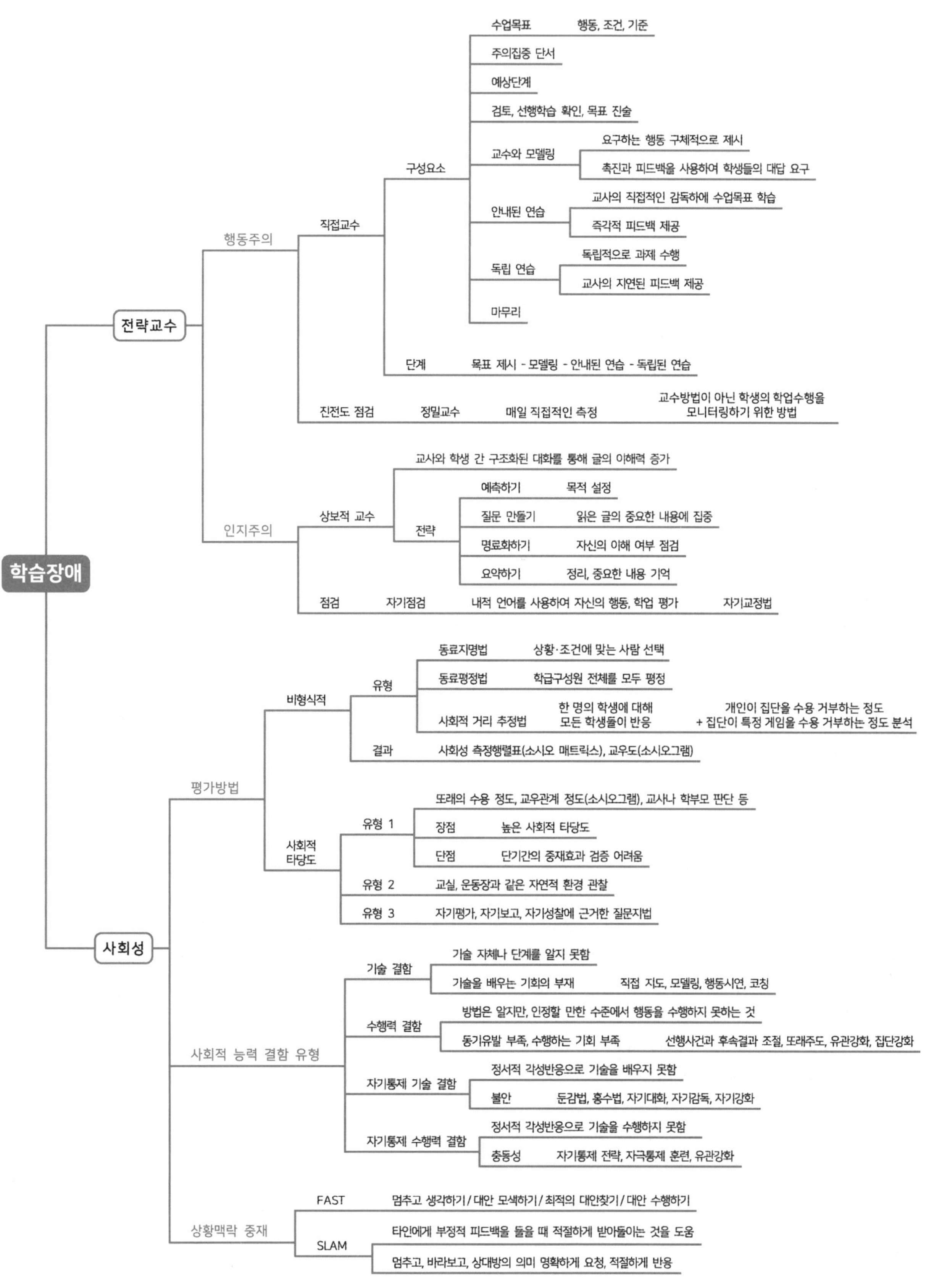
학습장애
전략교수
행동주의
직접교수
구성요소
수업목표
행동, 조건, 기준
주의집중 단서
예상단계
검토, 선행학습 확인, 목표 진술
교수와 모델링
요구하는 행동 구체적으로 제시
촉진과 피드백을 사용하여 학생들의 대답 요구
안내된 연습
교사의 직접적인 감독하에 수업목표 학습
즉각적 피드백 제공
독립 연습
독립적으로 과제 수행
교사의 지연된 피드백 제공
마무리
단계
목표 제시 - 모델링 - 안내된 연습 - 독립된 연습
진전도 점검
정밀교수
매일 직접적인 측정
교수방법이 아닌 학생의 학업수행을
모니터링하기 위한 방법
인지주의
상보적 교수
교사와 학생 간 구조화된 대화를 통해 글의 이해력 증가
전략
예측하기
목적 설정
질문 만들기
읽은 글의 중요한 내용에 집중
명료화하기
자신의 이해 여부 점검
요약하기
정리, 중요한 내용 기억
점검
자기점검
내적 언어를 사용하여 자신의 행동, 학업 평가
자기교정법
사회성
평가방법
비형식적
유형
동료지명법
상황·조건에 맞는 사람 선택
동료평정법
학급구성원 전체를 모두 평정
사회적 거리 추정법
한 명의 학생에 대해
모든 학생들이 반응
개인이 집단을 수용 거부하는 정도
+ 집단이 특정 게임을 수용 거부하는 정도 분석
결과
사회성 측정행렬표(소시오 매트릭스), 교우도(소시오그램)
사회적
타당도
유형 1
또래의 수용 정도, 교우관계 정도(소시오그램), 교사나 학부모 판단 등
장점
높은 사회적 타당도
단점
단기간의 중재효과 검증 어려움
유형 2
교실, 운동장과 같은 자연적 환경 관찰
유형 3
자기평가, 자기보고, 자기성찰에 근거한 질문지법
사회적 능력 결함 유형
기술 결함
기술 자체나 단계를 알지 못함
기술을 배우는 기회의 부재
직접 지도, 모델링, 행동시연, 코칭
수행력 결함
방법은 알지만, 인정할 만한 수준에서 행동을 수행하지 못하는 것
동기유발 부족, 수행하는 기회 부족
선행사건과 후속결과 조절, 또래주도, 유관강화, 집단강화
자기통제 기술 결함
정서적 각성반응으로 기술을 배우지 못함
불안
둔감법, 홍수법, 자기대화, 자기감독, 자기강화
자기통제 수행력 결함
정서적 각성반응으로 기술을 수행하지 못함
충동성
자기통제 전략, 자극통제 훈련, 유관강화
상황맥락 중재
FAST
멈추고 생각하기 / 대안 모색하기 / 최적의 대안찾기 / 대안 수행하기
SLAM
타인에게 부정적 피드백을 들을 때 적절하게 받아들이는 것을 도움
멈추고, 바라보고, 상대방의 의미 명확하게 요청, 적절하게 반응

제1절 학습장애 개관

01 학습장애

1. 정의

(1) 「장애인 등에 대한 특수교육법」에 따른 정의

① 용어: 학습장애

② 내용: '개인의 내적 요인으로 인해 듣기, 말하기, 주의집중, 지각, 기억, 문제해결 등의 학습 기능이나 읽기, 쓰기, 수학 등 학업 성취 영역에서 현저하게 어려움을 보이는 자'로 정의한다.

(2) 미국 학습장애 공동협의회(NJCLD)에 따른 정의

① 학습장애는 듣기, 말하기, 쓰기, 추론하기, 수학적 능력의 습득과 이용에 곤란을 나타내는 이질적인 장애집단을 말하는 일반적인 용어이다.

② 개인의 내적인 요인과 중추신경계 기능 장애가 원인으로 추정되며 일생에 걸쳐 나타날 수 있다.

③ 자기조절 행동, 사회적 지각, 사회적 상호작용의 문제는 학습장애와 함께 일어날 수 있으나 이 문제만으로 학습장애가 구성되진 않는다.

④ 학습장애가 다른 학습조건이나 외적인 영향을 받을 수는 있지만 이 조건 · 영향의 직접적인 결과는 아니라고 본다.

(3) 미국 장애인 교육법(IDEA)의 정의

① **일반적 규정:** 특정 학습장애라는 용어는 언어, 즉 구어나 문어로 표현된 언어를 이해 · 사용하는 것과 관련된 한 가지 이상의 기본적인 심리적 과정의 장애를 의미하는 것으로 듣기, 생각하기, 말하기, 읽기, 철자 쓰기, 수학 계산 등에 있어 불완전한 능력으로 나타날 수 있다.

② **포함된 장애:** 지각장애, 뇌손상, 미세 뇌기능 이상, 난독증, 발달적 실어증 등과 같은 상태를 포함한다.

③ **포함되지 않는 장애:** 시각장애, 청각장애, 운동장애, 지적장애, 정서장애나 환경적 · 문화적 · 경제적 불이익이 초래한 결과가 일차적으로 작용하여 발생하는 학습 문제는 포함하지 않는다.

(4) 학습장애 정의의 주요 구성요소

구성요소	설명
내적 원인 (기본 심리처리, 중추신경계 기능 결함, 내적 원인 등)	• IDEA는 학습장애의 원인이 기본 심리처리 장애라고 명시함 • 기본 심리처리 장애는 기억, 청각적 지각, 시각적 지각, 구어, 사고 등의 인지적 기능과 관련됨 • NJCLD는 기본 심리처리 장애를 학습장애의 정의에 포함하지 않으며 학습장애의 원인을 중추신경계의 기능 장애로 추정함 • 위의 두 정의를 비롯한 국내의 여러 정의는 학습장애가 외부 요인이 아닌 개인의 내적인 문제로 인해 발생한다고 명시함
학습장애의 이질성, 대표적인 문제 영역	장애인 등에 대한 특수교육법과 한국 특수교육학회는 기억, 주의, 지각 등의 학습장애를 유발하는 인지적 기능을 학습장애의 주요 문제 영역으로 봄
배제 조항	미국 IDEA 학습장애 정의와 NJCLD의 정의의 차이점은 다른 장애 · 외적 요인과의 중복 가능성을 명시했느냐 하지 않았느냐 정도이며, 학습상 어려움의 직접적 원인이 다른 장애 · 외적 요인인 경우, 학습장애로 인정하지 않는다는 점은 일치함
일생에 걸쳐 일어날 수 있는 장애	학습장애가 학령기에 제한된 장애가 아닌 일생에 걸쳐 일어날 수 있는 장애임을 명시함
진단준거	불일치 준거, 중재반응 준거 등의 진단준거를 제시할 수 있음

02 학습부진, 학습지진, 학습장애 아동

1. 구분

(1) 학습부진

① 정상 지능으로 신경계에 이상은 없으나 정서 문제나 사회·환경적 원인 때문에 학업 성취도가 떨어지는 아동이다.

② 문제의 환경 요인이 제거되거나 치료적 개입으로 교정하면 정상적인 학습능력과 성취도를 보인다.

(2) 학습지진

① 선천적으로 지적능력이 결핍되어 학습능력이 떨어지는 아동이다.

② 일반 아동집단의 하위 15~20%에 해당하며 경도 지적장애 아동과 비슷한 학습 문제를 보이지만 정도가 가볍다.

(3) 학습장애

① 정상 이상의 지능을 가지며 정서, 사회·환경적 문제 등의 원인이 없어도 학업 성취도가 떨어지는 아동이다.

② 대부분이 신경학적 기능 장애로 인해 유발된다고 추정한다.

01 2010학년도 중등 18번

「장애인 등에 대한 특수교육법 시행령」의 '학습장애를 지닌 특수교육 대상자 선정 기준'에 따른 학습장애 학생의 특성과 가장 거리가 먼 것은? [2점]

① 자릿값에 따라 숫자를 배열하는 데 어려움이 있다.

② 음소를 듣고 구별하거나 조작하는 데 어려움이 있다.

③ 상황에 적절한 사회적 기술을 사용하는 데 어려움이 있다.

④ 주의가 쉽게 산만해지고 주의를 지속하는 데 어려움이 있다.

⑤ 수학 알고리즘의 단계를 잊어버리거나 새로운 정보를 기억하는 데 어려움이 있다.

03 학습장애 유형

1. Kirk와 Chalfant가 제안한 학습장애 하위 유형

(1) 발달적 학습장애

① 1차 장애: 주의집중장애, 기억장애, 지각장애

② 2차 장애: 사고장애, 구어장애

(2) 학업적 학습장애

읽기장애, 글씨쓰기장애, 철자 · 작문장애, 수학장애 등을 포함한다.

2. 미국 장애인교육법 및 현행 문헌에서 제안하는 학습장애 하위 유형

(1) 읽기장애

① 단어인지: 개별 단어를 정확하게 읽고 의미를 이해하는 것을 어려워한다.

② 읽기유창성: 글을 빠르고 정확하게 읽는 것을 어려워한다.

③ 읽기이해: 글을 읽고 내용을 파악하는 것을 어려워한다.

(2) 쓰기장애

① 철자: 단어를 쓸 때 낱자(특히, 받침)를 빠뜨리거나 맞춤법이 틀리게 쓰는 특성을 보인다.

② 작문: 쓰기 표현과 쓰기과정(계획, 초안 작성, 수정 · 편집)에 따른 작문 활동이 어렵다.

(3) 수학장애

① 연산: 기본적인 수 개념과 연산을 어려워한다.

② 문제해결: 스스로 문제를 분석하는 적절한 방법(예 구체물, 그림, 거꾸로 풀기, 식, 표 등의 활용)을 선택하고 해결하는 데 어려움이 있다.

(4) 구어장애

① 듣기장애: 음소 수준(예 말소리 구별과 음소 조작의 어려움), 어휘 수준(예 어휘력 부족), 문장 수준(예 질문이나 지시 이해가 어려움), 의사소통 수준(예 상대방의 화용적인 단서 파악이 어려움)의 듣기 문제를 모두 포함한다.

② 말하기장애: 단어 수준(예 단어 선택 · 산출 · 발음 포함), 어휘 수준(예 어휘력 부족), 문장 수준(예 구문 발달의 어려움, 문법적 표현 등), 의사소통 수준(예 정보 전달의 양 · 질 · 유창성이 부족)의 말하기 문제를 모두 포함한다.

(5) 사고장애

① 실행적 기능(executive functioning)인 주의 · 통제 능력, 작업기억, 전환 능력, 계획 능력, 정보처리 능력 등에 결함이 있다.

② 인지 전략(congnitive strategies)을 사용하는 능력이 부족하다.

③ 자기조절(self-regulation) 능력 부분에 결함이 있다.

3. 기타

(1) 언어성 학습장애

① 원인은 좌반구의 기능 장애이며, 언어 능력에 심각한 문제를 가진다.

② 말하기, 듣기, 읽기, 쓰기의 네 가지 언어 양식은 상호 연관적인 특성을 가진다.

③ 하나의 언어 양식에 문제가 생기면 다른 언어 양식의 습득도 방해 받을 수 있다.

(2) 비언어성 학습장애

① 특성

㉠ 뇌의 우반구 체계 결함이 원인이며, 언어성 학습장애와 대조적인 특성을 가진다.

㉡ 일반적으로 언어성 지능지수보다 동작성 지능지수가 유일하게 더 낮게 나타난다.

② 하위 유형

㉠ **운동기능장애**: 조정 · 균형 문제, 글을 쓸 때 겪는 운동 문제 등을 말한다.

㉡ **시각-공간-조직화 기능장애**: 심상의 부족, 빈약한 시각 기억, 잘못된 공간 지각, 집행 기능(정보 습득, 정보 해석, 정보를 기반으로 결정하는 능력) 등의 어려움을 가진다.

㉢ **사회성 기능장애**: 비언어적 의사소통을 이해하는 능력이 부족하고 전환이나 새로운 상황에 대한 적응 문제가 있으며 사회적 판단 · 사회적 상호작용 능력에 결함이 있다.

㉣ **감각기능장애**: 시각, 청각, 촉각, 미각, 후각 중 특정 감각의 민감성이 나타난다.

③ 행동 특성의 예

㉠ 총체적으로 접근하지 않고 세부적인 사항에 주목한다.

㉡ 퍼즐 등의 비언어적 과제를 제대로 수행하지 못한다.

㉢ 문제해결 능력이 떨어지며 추상적인 개념을 잘 이해하지 못한다.

㉣ 그림, 만화 등의 비언어적 정보를 쉽게 이해하지 못한다.

㉤ 타인의 목소리, 몸짓, 표정과 같은 사회적 단서를 놓치거나 잘못 이해한다.

02 2011학년도 중등 9번

비언어성 학습장애(nonverbal learning disabilities) 학생의 특성과 교수방안으로 적절하지 않은 것은?

[2점]

① 불안, 우울 등의 감정 문제가 나타날 수 있으므로 정기적으로 관찰하고 상담한다.

② 적절한 대인관계를 형성하는 데 어려움이 있으므로 사회적 기술을 명시적으로 가르친다.

③ 전체와 부분의 공간적 개념을 이해하는 데 어려움이 있으므로 학습하기 전에 선행 조직자를 제공한다.

④ 제한된 어휘와 불완전한 문장으로 말하므로 제스처나 표정 같은 시각적인 표현을 함께 사용하도록 지도한다.

⑤ 논리적이고 복합적인 정보의 처리에 어려움이 있으므로 학습 자료를 논리적인 순서로 세분화하여 제시한다.

제2절 교육적 사정

01 학습장애 진단 및 평가

1. 불일치 모델의 유형

(1) 학년수준편차 공식

① 정의: 기대되는 학년수준과 실제 학년수준 간의 차이를 산출하여 불일치 정도를 파악한다.

② 결과: 이 공식을 사용해 학습장애를 진단하려면 기대되는 학년수준과 실제 학년수준 간에 현저한 차이가 나야 하며, 이때 현저한 차이는 두 점수 간 격차가 1~2학년 이상임을 의미한다.

③ 장단점

㉠ 장점: 계산이 편리하여 학습장애 진단에 쉽게 사용할 수 있다.

㉡ 단점

ⓐ 학생의 지능과 상관없이 생활연령만을 근거로 하여 기대되는 학년수준을 산출하기 때문에, 지능이 낮은(IQ 70~90) 학생이 학습장애로 과잉 판별되는 사례가 있다.

ⓑ 학년수준의 개념이 모호한데다 학년규준·연령규준 점수를 등간척도처럼 사용한다는 문제점도 있다.

ⓒ 각 검사도구의 학년규준 점수나 연령규준 점수의 의미가 달라 학년규준·연령규준 점수를 사용할 경우 측정 문제가 생길 수 있다.

(2) 기대학령 공식

① 정의: 학생의 생활연령, 지능, 재학 연수 등을 고려하는 불일치 공식이다.

② 문제점

㉠ 기대되는 학년수준을 계산할 때 지능, 재학연수 등을 고려하여 학년수준편차 공식의 문제점을 보완하고자 했으나 근본적으로 비슷한 통계적 문제가 발생한다.

㉡ 학년규준·연령규준 점수를 등간척도나 비율척도처럼 사용한다는 점도 문제에 해당한다.

㉢ 초등학교 저학년(특히 1 ~ 2학년)과 중학교 이상의 학생에 적용하는 경우 신뢰성이 떨어진다.

(3) 표준점수비교 공식

① 정의: 지능 지수와 학업성취 점수를 평균 100, 표준편차 15인 표준점수로 변환하여 비교한다.

② 결과: 두 점수의 차이가 약 1~2 표준편차일 때 현저한 불일치를 보인다고 평가한다.

③ 문제점

㉠ 다른 공식처럼 '평균으로의 회귀현상' 문제를 가진다.

➡ 평균으로의 회귀현상은 두 측정값이 완전히 상관이 아닐 때 나타나는 현상이다.

㉡ 이 현상으로 인해 지능이 높은 학생을 과잉 판별하거나 지능이 상대적으로 낮은 학생은 과소 판별하는 문제가 발생할 수 있다.

(4) 회귀 공식

① 정의: 두 측정값의 상관관계와 지능을 기준으로 '기대되는 학업성취 점수'를 산출하고, 측정 표준오차를 고려하여 '기대되는 학업성취 점수'의 신뢰구간을 설정한다.

② 장단점

㉠ 장점: 전체 지능지수 범위에 걸쳐 학습장애 학생을 비교적 균등하게 판별하는 방식으로 평가된다.

㉡ 단점: 통계적인 복잡성 때문에 학교 현장에서 적용하는 것이 어렵다.

(5) 불일치 모델의 문제점

① 지능은 학생이 가진 잠재능력의 척도가 아니다.
② 불일치 점수의 신뢰성 문제와 더불어 불일치 공식, 판단기준에 따라 학습장애 적격성 여부가 다르게 나타날 수 있다는 문제점을 가진다.
③ 불일치 모델이 학습장애와 학습부진을 차별화하는 방식의 타당성에 의문을 가질 수 있다.
④ 학교 교육 이전의 경험을 통제할 수 없어, 내적인 원인으로 인한 학습 어려움과 교육경험의 부족으로 인한 학습 어려움을 차별화하기가 어렵다.
⑤ 진단 과정에서 학생의 교육적 요구 · 특성 파악이 낮은 비중을 차지하고, 진단 결과가 교수 계획에 주는 시사점도 부족하다.
⑥ 표준화 검사도구의 심리 측정적 특성상 만 9세 전에는 학습장애 진단이 어려워 조기 중재가 쉽지 않다.

2. 중재반응 모델

(1) 개념

① 여러 단계의 중재를 실시하여 중재에 대한 반응을 기준으로 학습장애 학생을 조기 선별한다.
② '교육환경에서 제공되는 다양한 교육적 중재에 대한 아동의 반응을 연속적인 과정으로 평가하여 학습장애를 진단하는 모델'이다.
③ 이 모델은 효과적인 교육적 중재를 제공하였으나 중재에 반응하는 정도가 또래의 다른 학생보다 현저하게 낮은 경우를 학습장애로 진단한다.

(2) 3단계 모델

구분	1단계: 일반교육	2단계: 지원 교수	3단계: 개별화 중재(특수교육)
대상	모든 학생	1단계 교육에 반응하지 않은 학생, 전체 학생의 약 20% 정도	2단계 교육에 반응하지 않은 학생, 전체 학생의 약 5%
프로그램	일반 교육 프로그램에 과학적으로 검증된 요소를 반영	• 체계적 · 과학적으로 검증된 교육 프로그램으로 1단계 교육 보충 지원 • 연습 기회와 지원의 확대, 선수 개념과 기술의 교수 등 효과적인 교수전략 활용 • 지속적인 성취도 모니터링	• 집중적 · 과학적으로 검증된 교육 프로그램으로 개별화된 교육 요구 충족 • 효과적인 교수전략을 활용한 집중 교수 실시(집중적 · 개별화된 중재) • 지속적인 성취도 모니터링
집단 구성	다양한 집단 구성을 활용함 예 대집단, 소집단, 협동 학습, 또래 교수 등	교사 1명당 학생 4~6명의 소집단	교사 1명당 학생 3명 이하의 소집단
시간	일반 교육과정 중 배정된 시간	• 1단계 교육을 받은 후 주 3회, 회기당 30분 • 1시간씩 추가 교수	• 매일 1시간씩 추가 교수 • 주 3회, 회기당 2시간씩 추가 교수
담당자	일반교사	학교에서 지정한 자 (특수교육 교사)	학교에서 지정한 자 (특수교육 교사)
평가	전체 학생을 대상으로 학습장애 위험군을 선별하는 평가를 연 2회 실시	적어도 2주에 1회 학생의 성취 진전도 모니터링	적어도 2주에 1회 학생의 성취 진전도 모니터링

(3) 이중불일치 모형

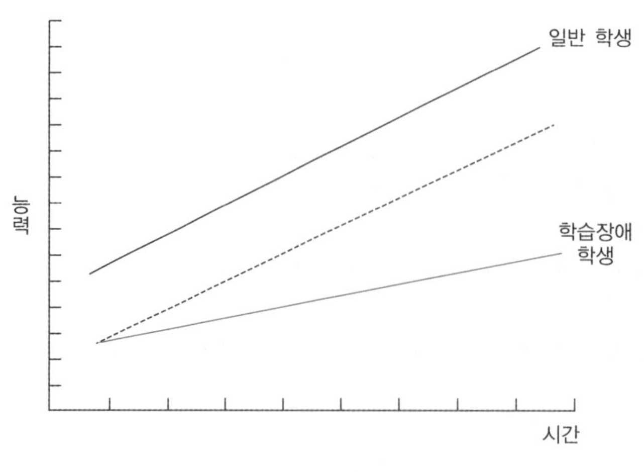

[그림 6-1] 이중불일치 현상

① Fuchs 등은 중재반응 모델에 있어, 중재에 반응하는 정도를 볼 때 수행수준뿐만 아니라 발달속도도 고려할 수 있는 '이중불일치'를 제안하였다.

② 학생이 중재에 반응하는 정도를 판단할 때, 같은 반 학생보다 낮은 성취수준을 보이고 학습 진전도도 낮은 경우를 학습장애로 진단함으로써 학습의 수행수준과 발달속도를 모두 고려할 수 있다.

③ [그림 6-1]은 일반 학생의 발달선과 학습장애 학생의 발달선으로, 두 선 사이에 위치한 점선은 일반 학생의 발달선과 평행한 선으로 일반 학생보다 수행수준이 낮지만 발달률은 동일한 가상의 선이다.

④ 일반 학생과 학습장애 학생은 시작점부터 차이를 보이며 시간이 지날수록 일반 학생에 비해 학습장애 학생의 수행수준과 발달률이 모두 떨어진다.

⑤ 학습장애 학생이 이중불일치 문제를 가진다는 것은 '초기 수행수준'과 '발달률'이 모두 일반 학생과 차이가 있음을 의미한다.

(4) 장점

① 불일치 모델과는 달리 진단 자체보다 교육을 강조하여 최대한 빠르게 학습장애 위험군인 학생을 선별, 교육적 지원을 함으로써 학생의 학업성취도를 극대화할 수 있다.

② 외적 요인에 의한 학습부진과 내적 요인에 의한 학습장애의 변별이 가능하다.

③ 결함이 나타나기 전인 학생의 장애 위험이 포착되는 시점부터 추적하기 때문에 결과적으로는 조기에 학습장애를 판별할 수 있다.

④ 잘못 판별하는 오류의 가능성을 줄일 수 있다.

(5) 문제점

① 타당화된 중재 방법과 특정 방법에 대한 합의를 도출하기가 어렵다.

② 전통적으로 중추신경계 결함에 따른 심리과정상의 기능 결함이 학습장애의 1차적 원인으로 지목되지만 이에 대한 어떠한 근거도 제시하지 못한다.

③ 학습장애의 조기 진단을 목표로 하여 고등부 이상의 성인 준비기 학생에게는 적용하기가 어렵다.

④ 현 시점에 중재반응 모델으로 학습장애를 진단하는 것은 한계가 있다.

⑤ 읽기를 제외한 학업 영역(예 쓰기, 수학)은 과학적으로 검증된 교수 프로그램의 연구가 아직 부족하기 때문이다.

⑥ 학업 영역별 학습문제(예 읽기장애, 수학장애, 쓰기장애 등)가 이질적인 학습장애 학생에 대한 다양한 평가·교수를 어떻게 체계적으로 적용할 것인지의 문제점이 지적된다.

⑦ 학습장애 위험군 학생에 대한 예방 모델의 기능을 하고 절차를 명확하게 제시하나 실제 학습장애 학생을 진단하는 형식 절차는 명확하게 제시하지 못한다.

3. 인지처리과정 결함

(1) 개념

① 인지처리과정 변인, 해당 교과 기본 학습기능의 수행 정도를 이용하여, 개인 또는 개인 간의 여러 기능 수행 정도의 차이와 해당 교과 학업성취 차이 간의 상관관계를 확인하는 방법이다.

② 학습장애 학생은 인지처리과정 결함을 가지므로 학습장애 진단 과정에서 인지처리 능력도 평가해야 한다.

③ 중재에 대한 반응 여부는 중재 이전에 실시한 사전평가 점수로 예측이 가능하므로, 학습장애를 진단하려면 '형식적이고 포괄적인 평가'를 실시하여 학업성취 · 인지처리 능력을 파악하는 것이 중요하다.

(2) 장점

① '학습장애란 ○○이다.'라고 규정하고, 직접 측정하는 적극적 접근방법이다.

② 모든 연령대의 학습장애 여부를 선별 · 진단할 수 있고, 중재 프로그램 기획에도 도움을 줄 수 있다.

(3) 단점

① 아직 이론적 · 실제적으로 충분한 근거가 확립되지 않았다.

② 수학 학습장애에 결정적으로 영향을 미치는 것이 인지처리 과정이 맞는지, 맞다면 영향력은 어느 정도인지, 이 능력의 결함이 어떤 형태로 수학 교과 학습부진과 관련되는지 등의 의문에 대해 명확한 설명을 할 수 없다.

03 2012학년도 초등 10번

다음은 지혜의 학습장애 여부를 진단하는 방법에 대해 두 교사가 나눈 대화 내용이다. 최 교사가 제시한 진단 모형에 대해 가장 적절하게 설명한 것은? [1.4점]

> • 김 교사: 지혜는 다른 교과목에는 문제가 없는데, 읽기에 어려움을 보여요. 또래들보다 2년 정도 낮은 수행수준을 보이는데 학습장애가 아닐까요?
>
> • 최 교사: 최근에는 학습장애를 진단할 때 대안적인 진단 모형을 사용해요. 효과가 검증된 읽기 교수방법으로 지도했는데도 불구하고, 지혜가 그림과 같은 양상을 나타내면 학습장애로 판단한답니다.

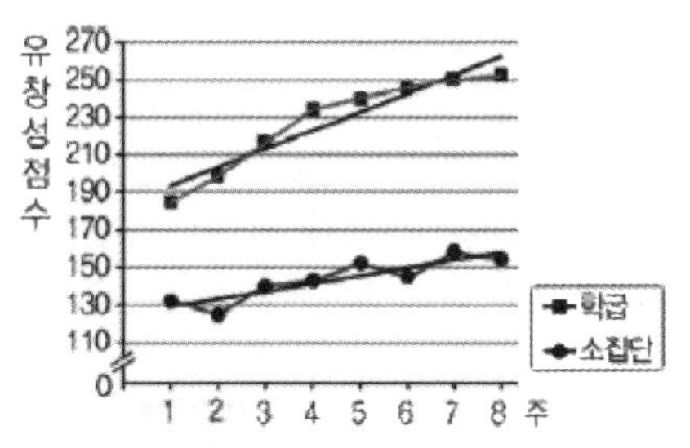

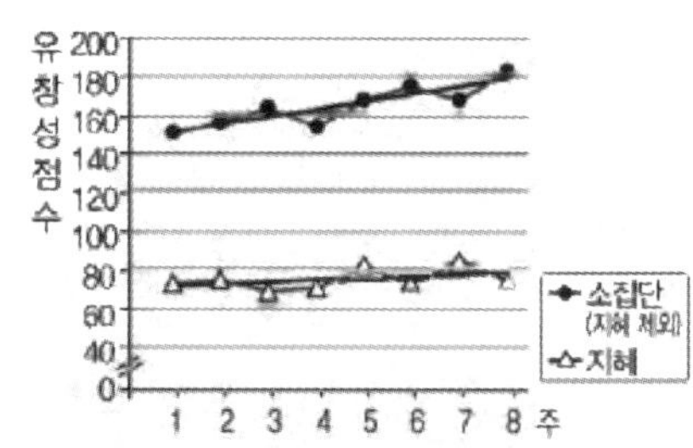

① 지혜에게 기대하는 학업 성취수준과 실제 학업 성취수준 사이에 차이가 발생하면 학습장애로 진단한다.

② 지혜가 또래 집단에 비해 수행수준이 낮고 진전도가 느린 현상을 모두 보이면 학습장애로 진단한다.

③ 지혜의 지능지수에 기초하여 설정된 기대수준 범위에 실제 성취수준이 포함되어 있지 않으면 학습장애로 진단한다.

④ 지혜의 인지적 처리과정 특성을 분석하여 학업성취의 문제가 지혜의 심리처리 과정에 의한 것으로 확인되면 학습장애로 진단한다.

⑤ 지혜의 잠재능력 점수와 성취수준 점수를 표준점수로 바꾼 후, 그 차이가 1~2 표준편차 이상으로 나타나면 학습장애로 진단한다.

04 2021학년도 중등 B 2번

다음은 학습장애 학생의 진단 · 평가에 대해 김 교사와 교육 실습생이 나눈 대화의 일부이다. 밑줄 친 ㉠~㉦ 중 틀린 곳 2가지를 찾아 바르게 고쳐 쓰시오. [2점]

> 김 교 사: 선생님, 학습장애 진단 · 평가 모델에 대해 이야기 해볼까요?
> 교육 실습생: ㉠ 불일치 모델은 학기 초에 모든 학생들을 대상으로 성취도를 평가하고, 효과가 검증된 교수법을 적용한 뒤 학생의 성취 정도에 진전을 보이지 않거나, 또래들에 비해 성취 정도가 심각하게 낮게 나타나는 경우를 학습장애로 규정하는 것으로 기억하지만 확실하진 않아요.
> 김 교 사: 그렇군요. 학습장애를 진단하기 위해서는 어떤 표준화 검사 도구를 사용해야 하나요?
> 교육 실습생: 「장애인 등에 대한 특수교육법 시행규칙」 제2조에서는 학습장애 학생의 선별검사나 진단 · 평가를 할 때 ㉡ 지능검사, ㉢ 적응행동검사, ㉣ 학습준비도검사, ㉤ 시지각발달검사, ㉥ 지각운동발달검사, ㉦ 시각운동통합발달검사를 실시하도록 규정되어 있었던 것 같아요.

• ①: ____________________

• ②: ____________________

05 2009학년도 중등 38번

일반교사인 정 교사는 학습부진을 보이는 A가 혹시 학습장애일까 염려되어 특수교사인 김 교사에게 학습장애인지 판단해달라고 요청하였다. 김 교사는 학습장애 의뢰 여부를 결정하기 위해 '중재반응 모델(RTI; Responsiveness To Intervention model)'을 활용하기로 했다. '중재반응 모델'과 관련된 내용으로 적절한 것을 〈보기〉에서 모두 고른 것은? [2점]

〈보기〉

ㄱ. A가 보이는 인지결함 문제를 측정하여 그 기술을 향상시키는 방법을 활용한다.
ㄴ. 중재에 대한 변화를 판단하기 위해 진전도를 모니터하는 평가 방법을 활용한다.
ㄷ. 연구에 기반을 두었으며 과학적으로 검증된 학습전략이나 중재를 도출하여 사용한다.
ㄹ. 문제해결접근방법을 사용하여 조기에 판별이 가능해 판별을 위해 학생이 '실패를 기다리는' 일을 감소시킬 수 있다.
ㅁ. 학습 잠재력을 측정할 수 있는 지능검사를 통해 지능지수를 파악하고 같은 학년 수준의 학업 능력에서 얼마나 벗어나 있는지 확인한다.

① ㄱ, ㄴ ② ㄱ, ㄷ, ㄹ ③ ㄱ, ㄹ, ㅁ ④ ㄴ, ㄷ, ㄹ ⑤ ㄱ, ㄷ, ㄹ, ㅁ

06 2020학년도 초등 B 3번 일부

(가)는 특수학급의 교육실습생이 작성한 성찰일지의 일부이고, (나)는 지도 교사의 피드백을 받아 작성한 2015 개정 수학과 교육과정 1~2학년군 '짝수와 홀수' 수업 계획의 일부이다. 물음에 답하시오.

(가) 성찰일지

> 일자: 2019년 ○월 ○일
>
> 오늘 지도 선생님께서 일반학급 학생인 지수가 특수교육 대상자로 선정되면 특수학급에서 공부하게 될 수도 있다고 하셨다. 담임 선생님과 지도 선생님은 지수의 지속적인 학습 어려움 때문에 특수교육 대상자 선정을 위한 진단 · 평가 의뢰를 고민 중이시다. 함께 실습 중인 교육실습생들과 학습장애를 지닌 특수교육 대상자 진단 · 평가와 선정 · 배치에 대해 이야기해본 결과, 다시 한번 정확히 확인해야 할 사항이 몇 가지 발견되었다.
>
> 첫째, ㉠ 진단 · 평가 과정에서 부모 등 보호자의 의견 진술 기회가 보장되어야 한다는 점
>
> 둘째, ㉡ 지적능력이 정상이면 학습장애를 지닌 특수교육대상자로 선정될 수 없다는 점
>
> 셋째, ㉢ 학업성취 평가에서 낮은 점수를 받은 경우, 다른 장애 때문에 나타난 결과임이 밝혀져도 학습장애를 지닌 특수교육 대상자로 선정될 수 있다는 점
>
> 넷째, ㉣ 특수교육 대상자 또는 그 보호자는 특수교육지원센터의 특수교육 대상자 선정 및 배치 결과에 대해 이의가 있을 경우, 그 결과에 대해 이의신청을 할 수 있다는 점
>
> …중략…
>
> [A] 다음 주에는 수학과 '짝수와 홀수' 차시의 공개수업이 있다. 지도 선생님께서 주신 피드백을 반영하여 지수의 특성을 고려한 수업 계획을 세워봐야겠다. 지수의 담임선생님께서 관찰하신 바에 따르면, 학급의 모든 학생을 대상으로 하는 첫 번째 단계에서 지수는 ㉤ 그림이나 표시, 숫자를 활용하는 사고가 어려워 반응이 도달 기준점에 미치지 못했다고 한다. 다음 단계에서는 지수의 특성을 고려한 소집단 활동을 통해 전략적인 방법을 적용하면서 진전도를 지속적으로 살펴봐야 할 것 같다.

(나) 수업 계획

도입	동기 유발 및 학습목표 확인
	⬇
전개	• ㉥ 짝수와 홀수 범례 제시 및 범례 분류하기
	• 짝수와 홀수 각각의 공통 성질 추상화하기
	• 짝수와 홀수 정의하기
	• 짝수와 홀수 익히고 적용하기
	⬇
정리	오늘 학습한 내용 검토 및 차시 예고

2) (가)의 ① [A]에 해당하는 진단 모델을 쓰고, ② 학습장애 적격성 판별 측면에서 이 모델의 장점을 1가지 쓰시오. [2점]

• ①: ______

• ②: ______

07 2012학년도 초등 12번

특수학급 박 교사는 일반학급 최 교사와 협력하여 연산 영역에 어려움을 겪던 학생 3명의 문제를 해결하고자 중재를 하였다. 아래는 두 교사가 교육과정 중심 평가를 통해 중재 반응을 수집한 데이터이다. 중재반응 모형에 근거할 때, 아래 데이터에 대한 해석으로 가장 적절한 것은? [1.4점]

데이터 수집 시기	세 학생의 목표 점수	학급 평균점수	반응(성취) 점수		
			서현지	김민수	강은지
1주	2	8	1	1	1
3주	4	9	3	3	4
5주	6	10	4	6	6
6주	7	10	3	8	7
7주	8	11	5	9	8
8주	9	12	5	11	9
10주	10	14	6	12	10

① 현지의 어려움은 단기기억력의 결함에 기인하므로 기억술을 가르친다.
② 세 명 모두 성취 점수가 향상하고 있으므로 현재의 증거기반 교수방법을 유지한다.
③ 위 데이터를 종합적으로 판단해보면, 현지를 수학 연산 학습장애로 판별할 수 있다.
④ 은지의 반응 점수를 목표 · 학급평균 점수와 비교하면 '이중불일치'를 확인할 수 있다.
⑤ 민수의 개인목표를 재설정하고 현재보다 조금 더 높은 수준의 문제해결 활동을 간헐적으로 제공한다.

08 2019학년도 초등 B 3번 일부

(나)는 읽기에 어려움이 있는 학생 성호의 담임교사인 김 교사와 특수교사인 박 교사의 대화이고 (다)는 김 교사가 9주 동안 실시한 교육과정중심측정(CBM) 결과이다. 물음에 답하시오.

(나) 대화 내용

김 교사: 다음 주 국어 시간에는 '문장을 소리 내어 읽기' 수업을 할 예정입니다. 읽기 영역 중 유창성에 초점을 맞추려고 합니다.
박 교사: 네, 읽기유창성은 성호뿐만 아니라 저학년의 다른 학생들에게도 매우 중요하죠.
김 교사: 문장을 소리 내어 읽어 보는 단계에서 여러 가지 활동을 해보려고 하는데, 성호와 함께 할 수 있는 읽기 전략을 추천해주실 수 있나요?
박 교사: 네, 저는 반복읽기 전략이 효과적이라고 생각합니다.
김 교사: 그렇다면 ㉡ 학급에서 반복읽기 전략을 효과적으로 사용하고자 할 때 고려해야 할 사항을 알려주셨으면 합니다.

…중략…

김 교사: 전략을 사용한 후에 읽기 능력은 어떻게 평가해야 하나요?
박 교사: 중재반응 모형에서 사용되는 교육과정중심측정으로 평가하면 될 것 같습니다.
김 교사: 읽기 능력을 교육과정중심측정으로 평가해야 하는 이유는 무엇인가요?
박 교사: 교육과정중심측정은 ㉢ 동형 검사지를 사용하기 때문입니다.
김 교사: 아, 그렇군요. 선생님께서 말씀하신 교육과정중심측정을 사용하여 반복읽기 전략의 효과를 9주 동안 평가해보겠습니다.

…9주 후…

김 교사: 평가결과가 나왔는데, 한번 봐주시겠어요? 성호가 하위 10%에 속해 있네요.

(다) 교육과정중심측정 결과(중재반응 모형 1단계)

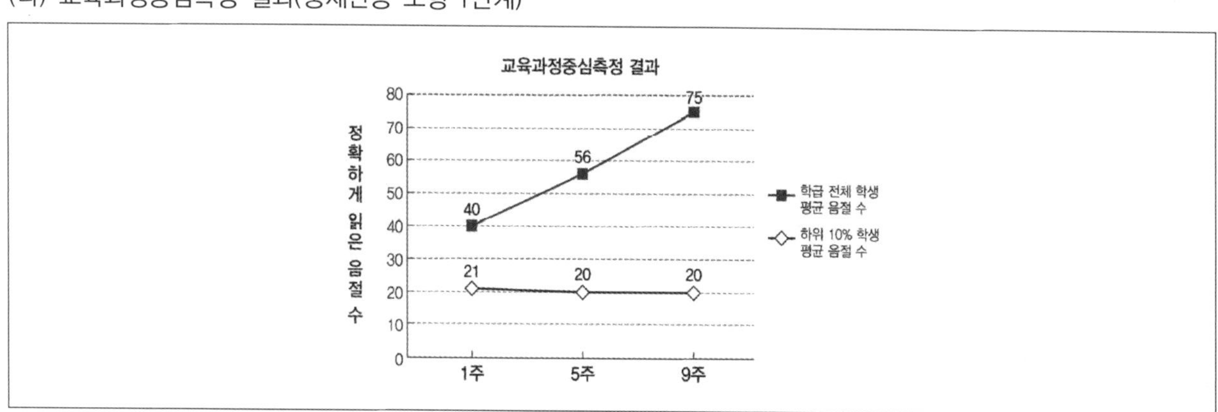

4) 다음은 중재반응 모형 1단계의 기본 가정에 근거하여 (다) 그래프를 해석한 결과이다. ⓐ와 ⓑ에 들어갈 말을 각각 쓰시오. [2점]

- 김 교사의 학급에서는 반복읽기 전략을 지속적으로 사용할 수 있다. 그 이유는 (ⓐ).
- 9주 동안 하위 10% 학생의 평균 음절 수는 증가하지 않았다. 그 이유는 (ⓑ).

- ⓐ: ______
- ⓑ: ______

09 2013학년도 중등 31번

다음은 학생들의 '인지처리과정' 변인들에 대한 검사 결과의 일부를 T점수로 환산한 것이다. 이 결과에 대한 두 교사의 대화 ㉠~㉣ 중 옳은 것만을 있는 대로 고른 것은? [2.5점]

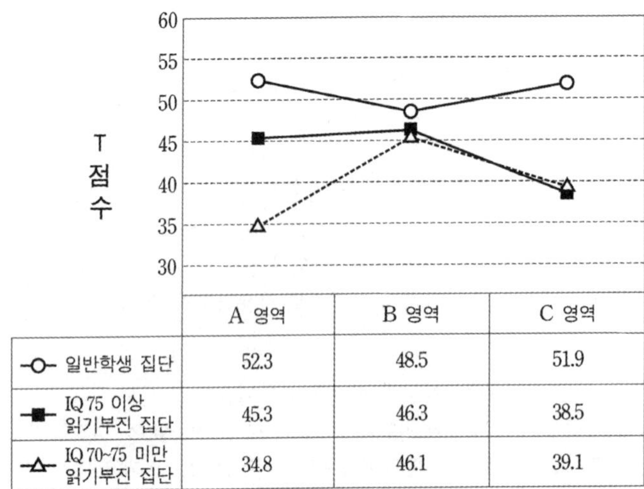

	A 영역	B 영역	C 영역
-○- 일반학생 집단	52.3	48.5	51.9
-■- IQ 75 이상 읽기부진 집단	45.3	46.3	38.5
-△- IQ 70~75 미만 읽기부진 집단	34.8	46.1	39.1

김 교사: 우리 학급에는 읽기 학습장애로 의심되는 학생들이 있어서 인지처리과정 변인들에 대한 검사를 실시하여 보았어요.

이 교사: 결과를 보니 ㉠ 일반 학생들의 T점수는 A, B, C 영역 모두에서 평균 이상이고, ㉡ IQ 70 이상 75 미만 읽기부진 학생들의 A 영역 결과는 하위 2퍼센타일에 해당합니다.

김 교사: 그리고 ㉢ C 영역은 읽기 학습에 영향을 미치는 인지처리과정 변인 중의 하나로 보입니다.

이 교사: 만약 읽기 학습과 관련된 인지처리과정 변인들이 명확히 밝혀진다면 ㉣ 중등과정에서 읽기 학습장애 선별을 위해 읽기 중재에 대한 반응 결과를 계속 기다릴 필요는 없겠네요.

① ㉠, ㉡　② ㉠, ㉢　③ ㉡, ㉢　④ ㉢, ㉣　⑤ ㉡, ㉢, ㉣

10 2021학년도 초등 B 2번

(가)는 수학 학습에 어려움이 있는 초등학교 2학년 영호의 검사 결과이고, (나)는 일반 교사와 특수 교사가 나눈 대화이며, (다)는 일반 교사가 실시한 교육과정중심측정(Curriculum Based Measuremunt: CBM)결과이다. 물음에 답하시오. [5점]

(가) 검사 결과

- K-WISC-V 검사 결과: 지능지수 107
- KINISE-BAAT(국립특수교육원 기초학력검사) 수학 검사 결과: 학력지수 77

(나) 대화 내용

특수 교사: 영호의 검사 결과를 검토해보니 한 가지 문제점이 예상되네요. 수학 검사에서 받은 77점은 영호의 실제 수행수준보다 낮은 것 같아요.
일반 교사: 왜 그렇게 생각하시죠?
특수 교사: 두 검사 점수 간의 상관계수는 1이 아니기 때문에 지능점수가 (㉠) 이상이더라도 학업점수는 낮게 추정될 수 있어요. 이러한 문제 때문에 두 점수 간의 불일치된 (㉡) 점수를 이용하는 능력-성취 불일치모형에서는 영호를 학습장애로 과잉진단할 수 있어요.
일반 교사: 학습장애가 아닐 수 있는 영호를 학습장애로 진단하는 것은 큰 문제네요.
특수 교사: 네, 그렇죠.
일반 교사: 다른 대안은 없을까요?
특수 교사: 다단계 중재반응모형이 대안이 될 수 있어요. 이 모형에서는 ㉢ <u>교육과정중심측정</u>을 사용하여 학생의 반응을 지속적으로 점검해요. 이러한 검사 결과를 고려하면 과잉진단의 문제점을 어느 정도 예방할 수 있어요.

(다) 교육과정중심측정(CBM) 결과

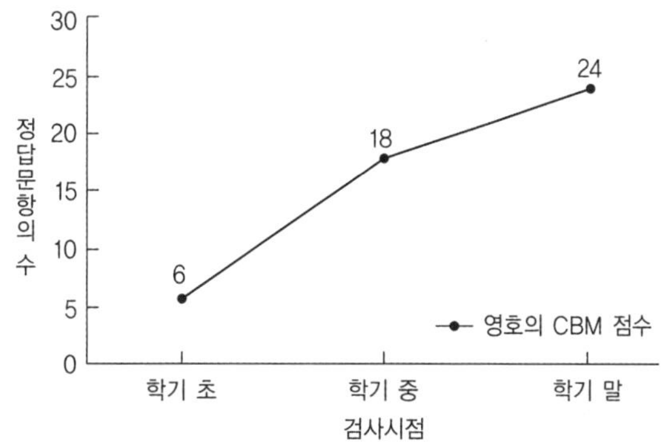

1) ① (나)의 ㉠과 ㉡에 해당되는 단어를 쓰시오. [2점]

- ㉠: ____________________ • ㉡: ____________________

2) (나)의 ㉢을 장기교육목표 성취도 평가 방법으로 사용하는 이유를 쓰시오. [1점]

- ____________________

3) 중재반응모형 1단계에서 영호의 중재반응 수준을 평가할 때, ① (다)의 그래프에서 필요한 정보를 1가지 쓰고, ② 중재반응을 평가하는 방법을 1가지 쓰시오. [2점]

- ①: ____________________
- ②: ____________________

제3절 읽기장애

01 읽기장애

1. 개관

① 성공적인 읽기에 필요한 지식 · 기술은 크게 '읽기 선수 기술, 단어인지, 읽기유창성, 어휘, 읽기이해'로 구분된다.

② 읽기 접근방법

유형	내용
상향식	문자를 정확하게 해독한 다음, 음성언어 이해 능력을 이용하여 의미를 파악함
하향식	개별 단어나 단어의 일부분에 의존하지 않고 과거의 경험, 언어, 세상에 대한 배경지식을 가지고 읽기 과정에서 나타나는 의미를 가정 · 추측함
혼합식	• 읽기를 잘하는 사람은 텍스트의 의미를 추측 · 구성하는 데 배경지식과 경험을 사용함 • 낯선 단어와 만나면 독자는 상향식 전략을 적용함 • 배경지식과 해독 기술은 상호작용함

2. 읽기 영역별 특성

영역	특성
읽기습관	• 긴장된 행동을 하고 불안정함 • 책을 읽을 때 자신이 읽던 부분을 기억하지 못함 • 머리를 휙 돌림 • 자료를 가까이 끌어당김
단어재인	• 단어를 빠트림 • 단어를 끼워 넣음 • 단어를 대치함 • 단어의 문자를 반전함 • 단어의 발음을 잘못함 • 단어의 순서를 바꿔 읽음 • 발음할 수 없는 단어를 접하면 5초간 주저함 • 느리고 일관성 없게 읽음
이해	• 기본적인 사실을 상기할 수 없음 • 이야기의 줄거리나 주제를 상기할 수 없음
어법	• 단어를 사고 단위로 묶지 않고 마디 단위로 읽음 • 회화 어조보다 고조된 높은 목소리로 읽음

11 2010학년도 초등 18번

다음은 박 교사가 2008년 개정 특수학교 기본 교육과정 국어과 읽기 영역을 세 학생에게 지도하기 위한 교수활동이다. 각 학생과 교수활동을 통해 달성하고자 하는 목표를 바르게 연결한 것은? [1.4점]

학생	교수활동
민수	• 날씨에 관한 문장을 읽고 해당하는 그림을 찾게 한다. • 꽃의 모양 변화를 시간의 흐름에 따라 쓴 세 개의 문장을 읽게 하고, 그림 순서를 찾게 한다.
은지	• 몇 개의 학용품을 제시하고, '지'로 시작하는 것을 찾게 한다. • '자'와 '추'를 만들 수 있는 네 개의 낱자 카드를 제시하고, '자'를 만들어보게 한다.
주혜	• 신발장에서 자신의 이름표를 읽고 신발을 찾게 한다. • 교실 상황에서 지켜야 할 규칙에 들어 있는 '조용히'를 지적하고 읽게 한다.

	민수	은지	주혜
①	음운인식	단어재인	단어재인
②	음운인식	음운인식	읽기이해
③	읽기이해	단어재인	음운인식
④	읽기이해	음운인식	단어재인
⑤	단어재인	음운인식	음운인식

12 2009학년도 초등 38번

다음은 글을 이해하는 과정에 대한 두 교사의 대화이다. 각 교사의 관점에 따른 읽기 지도방법을 〈보기〉에서 모두 골라 바르게 연결한 것은? [1.4점]

김 교사: 글의 의미는 글 자체에서 나오는 것입니다. 글을 정확히 알아야 의미를 제대로 이해할 수 있지요. 그래서 글을 구성하는 언어 단위 하나 하나의 의미를 확실히 이해하도록 가르치는 것이 중요합니다.

박 교사: 글의 의미는 오히려 독자의 기대나 경험의 영향을 많이 받는 것이 아닌가 합니다. 기대나 경험에 따라서 의미가 달라지기도 하고 이해 정도가 쉬워지거나 어려워지기도 합니다. 그러니까 기대나 경험을 잘 형성할 수 있도록 하는 것이 중요합니다.

〈보기〉

㉠ 글을 읽다가 모르는 단어가 나오면, 사전을 찾아가며 읽게 하였다.
㉡ 글의 앞 문단을 읽고, 뒤에 이어질 문단의 내용을 예측해보게 하였다.
㉢ 글을 읽는 목적을 생각하게 하고, 읽는 목적에 맞추어 글에서 알고 싶은 내용을 질문 형식으로 써보게 하였다.
㉣ 단어의 뜻을 확인한 후 문장의 뜻을 이해하게 하고, 문장의 뜻을 명확히 이해한 다음 문단의 요지를 파악하게 하였다.

	김 교사	박 교사
①	㉠	㉡, ㉢, ㉣
②	㉠, ㉣	㉡, ㉢
③	㉡, ㉢	㉠, ㉣
④	㉢, ㉣	㉠, ㉡
⑤	㉠, ㉡, ㉣	㉢

3. 읽기장애 전통적 교수법

(1) Fernald 읽기 교수법(V-A-K-T)

구분	내용
특징	• 시각 · 청각 · 촉각 · 운동 감각을 모두 사용할 수 있게 구성함 • 학습 동기를 중요시함 (유의미한 학습 활동 강조) • 음운분석방법이 아닌 단어 자체로 학습이 이루어지도록 구성함
단계	• 1단계: 학생이 불러주는 이야기를 교사가 적음, 이야기에 포함된 단어 중 학습하고 싶은 단어를 학생이 선택함, 선택한 단어를 교사가 단어장에 가급적 크고 바르게 씀, 학생이 단어를 쓰면서 소리 내어 읽음, 단어를 보지 않고도 쓸 수 있을 때까지 이 과정을 반복함 • 2단계: 낯선 단어를 단순히 보고 말하기를 요구하며 1단계를 반복함 • 3단계: 학생이 흥미 가지는 읽기 자료를 선택하여 2단계를 반복함 • 4단계: 낯선 단어의 의미를 문맥과 이전에 학습한 단어를 중심으로 추론함

(2) Grillingham 읽기 교수법

구분	내용
특징	• Orton의 주장에 근거하여 음운분석적 방법으로 치료함 ➡ Orton-Grillingham 접근 • 문자와 음소의 대응관계에 관한 지식을 다감각적 방법을 사용하여 획득함 • 학습 동기를 거의 고려하지 않음
단계	• 1단계: 문자에 대한 지식, 문자와 음소의 대응관계를 학습함, [ㅂ]을 소개하고자 해당 문자가 들어간 단어 [바나나]를 함께 제시함, 자음 · 모음 학습이 같이 이루어지지만 연습 카드는 각각 다른 색을 사용함, 10개의 문자를 학습함 • 2단계: 학습한 문자를 가지고 음운혼성 활동으로 단어 만들기 활동, 배운 단어가 적힌 단어카드를 보면서 쓰고 단어를 구성하는 문자를 구두로 말함 • 3단계: 앞서 작성한 단어카드를 이용하여 문장 또는 이야기를 작성함

(3) Hegge-Kirk-Kirk 읽기 교수법

구분	내용
특징	• 교정적 읽기 훈련 프로그램 • 많은 연습 기회를 통해 문자와 음소의 대응관계를 파악함
단계	• 1단계: 자음과 모음에 해당하는 모든 음소를 아동이 알도록 교수-학습, 교사는 칠판에 자 · 모음을 쓰고 각각 어떤 소리를 가지는지 말해줌, 칠판을 지운 후 방금 본 문자를 적고 음소를 말해보게 함, 문자와 음소의 관계를 확실히 습득할 때까지 반복함 • 2단계: 학습한 문자로 구성된 단어를 중심으로 하는 활동, 음소를 말한 후 이 음소들을 결합하여 전체 단어를 말하게 함 • 3단계: 학습한 단어를 중심으로 문장이나 이야기 읽기

(4) 신경학적 각인 읽기 교수법

구분	내용
특징	• 학생의 읽기유창성을 향상시키기 위해 적용할 수 있는 방법 • 별도로 준비 · 개발된 읽기 자료를 요구하지 않음 • 포함된 단어를 성공적으로 인식할 수 있는 수준의 자료를 중심으로 이루어짐 • 교사와 학생이 함께 주어진 자료를 가능한 한 빨리 읽는 연습을 할 수 있게 구성함 ➡ 자신과 타인 목소리를 함께 들으면 유창성 관련 읽기 기능을 효과적으로 학습할 수 있음
단계	• 1단계: 교사가 학생보다 큰 목소리, 약간 더 빠른 속도로 읽어나감 • 2단계: 학생이 점차 읽기유창성을 획득하면 주도적 역할을 하도록 함 • 3단계: 교사와 학생이 주도적인 역할을 번갈아 수행함 ➡ 주도적인 역할을 수행하는 사람이 읽고 있는 부분을 손가락으로 가리킴

13 2011학년도 중등 30번

다음은 학습장애 학생을 위한 읽기 교수 · 학습방법에 대한 설명이다. (가)~(다)에 해당하는 교수 · 학습방법을 바르게 제시한 것은? [2점]

(가) 음독 문제로 단어를 잘못 읽는 학습장애 학생에게 도움이 된다. 이 방법은 음소와 문자 간의 대응관계를 단순화하여 구성한 교수 · 학습활동으로, 학생에게 많은 연습의 기회를 제공하여 숙달하게 한다.

(나) 읽기유창성 문제를 가진 학습장애 학생에게 도움이 된다. 교사와 학생은 함께 읽기 자료를 가능한 한 빠르고 정확하게 읽어 나간다. 초기에는 교사가 더 큰 목소리로 더 빠르게 읽어나가지만 점차 학생이 주도적으로 읽는다.

(다) 독해 문제를 가진 학습장애 학생이 설명문으로 된 글을 읽을 때 도움이 된다. 이 방법은 먼저 본문을 훑어보고 질문을 한 뒤 질문의 답을 찾기 위해 본문을 읽고, 찾은 답을 되새기고 다시 검토하는 방법을 사용한다.

	(가)	(나)	(다)
①	Fernald 읽기 교수법	절차적 촉진	SQ3R 기법
②	절차적 촉진	신경학적 각인 교수법	RIDER 기법
③	Hegge-Kirk-Kirk 접근법	신경학적 각인 교수법	SQ3R 기법
④	Fernald 읽기 교수법	정교화 전략	SQ3R 기법
⑤	Hegge-Kirk-Kirk 접근법	정교화 전략	RIDER 기법

4. 읽기장애 하위 유형별 교수법

(1) 읽기 선수 기술

① 정의: 향후 읽기 능력에 영향을 미치는 기술을 말한다.

② 유형 및 교수법

유형	교수법
프린트 인식	• 아동이 문자 언어가 어떻게 사용되는지 이해하는 능력을 의미함 • 프린트 기능에 대한 인식은 문어가 메시지 · 의미를 전달한다는 점을 이해하는 능력을 말함 **• 프린트 인식 교수법** - 프린트 기능 · 관례 가르치기 예 왼쪽에서 오른쪽으로 읽는다는 것 - 책 읽어주기 - 프린트를 자주 접할 수 있는 주위 환경 마련하기 - 프린트를 활용하는 놀이하기 - 구어와 문어 간의 관련성을 이해하도록 돕기 - 프린트의 기능 강화하기 - 프린트의 관례 강화하기 - 책 읽기를 하며 프린트 관례에 대한 질문하기
자모 지식	• 자음자와 모음자의 이름과 소리에 대한 지식 • 자음자와 모음자의 이름과 소리를 빠르고 정확하게 인출하는 능력 **• 자모 지식 교수법** - 개별 자모의 이름 가르치기 - 개별 자모의 소리 가르치기 - 자모 관련 책, 자모 블록 등을 자주 접할 수 있는 환경 조성하기 - 개별 자모의 이름과 소리를 가르칠 때, 음운 인식 활동과 결합하기
음운 인식	• 말소리를 식별하는 능력 • 같은 소리로 시작되는 단어와 다른 소리로 시작되는 단어를 인식하는 능력 • 단어를 구성하는 음소를 셀 수 있는 능력 • 단어를 구성하는 소리들을 합성 · 분절 · 조작하는 능력 **• 음운 인식 교수법** - 아동의 발달수준에 적합한 음운 인식 교수 실시하기 - 음소 분절 · 음소 합성 활동하기 - 활동 시 구체물 활용하기 - 낱자-소리 대응관계를 결합한 음운 인식 교수 실시하기 - 소집단 교수 실시하기 - 교사가 먼저 음소 인식 과제에 대한 시범 보이기 - 학생에게 연습 기회 제공하기
구어를 통한 듣기 이해	• 아동에게 책을 읽어주는 활동은 조기 읽기 발달에 매우 중요한 영향을 미침 • 아동에게 책을 읽어주는 것과 향후 읽기 발달 간에 관련성이 있음이 나타남 • 글을 읽어주며 활발하게 상호작용하는 것이 중요함 **• 구어를 통한 듣기 이해 교수법** - 그림에 관한 이야기 나누기 - 적절한 속도로 글 읽어주기 - 글의 내용 질문하기 - 아동의 답을 반복 · 확장시키기 - 일과를 통해 아동의 읽기 능력 발달을 위한 비계 제공하기

③ 음운인식 단위 및 과제 유형

음운인식 하위 기술		예시 과제
음절 (syllable)	변별 (sound matching)	앞의 종이에 그림들이 있어요. (사자, 두부, 버섯, 고추 그림을 각각 손으로 짚으면서) 이 그림은 '사자, 두부, 버섯, 고추'예요. ○○가 /두/로 시작하는 그림을 찾으세요. [답: 두부]
	분리 (isolation)	• 선생님을 따라 하세요. /고추/. (학생이 '고추'라고 따라 한다.) /고추/에서 첫소리가 무엇이죠? [답: 고] • 선생님을 따라 하세요. /다리미/. (학생이 '다리미'라고 따라 한다.) /다리미/에서 가운뎃소리가 무엇이죠? [답: 리]
	합성 (blending)	• 선생님이 단어를 따로따로 나눠서 말할 거예요. 그러면, ○○가 듣고, 합쳐서 말하는 거예요. /사-자/. [답: 사자] • 선생님이 단어를 따로따로 나눠서 말할 거예요. 그러면 ○○가 듣고, 합쳐서 말하는 거예요. /지-우-개/. [답: 지우개]
	분절 (segmenting)	• 선생님을 따라 하세요. /두부/. (학생이 '두부'라고 따라 한다.) 이번에는 ○○가 /두부/를 따로따로 나눠서 말해주세요. [답: 두-부] • 선생님을 따라 하세요. /고양이/. (학생이 '고양이'라고 따라 한다.) 이번에는 ○○가 /고양이/를 따로따로 나눠서 말해주세요. [답: 고-양-이]
	탈락 (deletion)	• 선생님을 따라 하세요. /고추/. (학생이 '고추'라고 따라 한다.) 이번에는 /고/를 빼고 말해보세요. [답: 추] • 선생님을 따라 하세요. /자전거/. (학생이 '자전거'라고 따라 한다.) 이번에는 /거/를 빼고 말해보세요. [답: 자전]
	대치 (substitution)	• 선생님을 따라 하세요. /공부/. (학생이 '공부'라고 따라 한다.) 이번에는 /부/를 /기/로 바꾸어 말해보세요. [답: 공기] • 선생님을 따라 하세요. /무지개/. (학생이 '무지개'라고 따라 한다.) 이번에는 /지/를 /니/로 바꾸어 말해보세요. [답: 무니개]
초성-각운 (onset-rime)	변별 (sound matching)	앞의 종이에 그림들이 있어요. ('달, 눈, 집, 밤' 그림을 각각 손으로 짚으면서) 이 그림은 '달, 눈, 집, 밤'이에요. ○○가 /알/로 끝나는 그림을 찾으세요. [답: 달]
	합성 (blending)	선생님이 단어를 따로따로 나눠서 말할 거예요. 그러면 ○○가 듣고, 합쳐서 말하는 거예요. /프-울/. [답: 풀]
	분절 (segmenting)	선생님을 따라 하세요. /발/. (학생이 '발'이라고 따라 한다.) 이번에는 ○○가 /발/을 따로따로 나눠서 말해주세요. [답: 브-알]

음운인식 하위 기술		예시 과제
음절체-종성 (body-coda)	변별 (sound matching)	앞에 있는 종이에 그림들이 있어요. ('달, 눈, 집, 밤' 그림을 각각 손으로 짚으면서) 이 그림은 '달, 눈, 집, 밤'이에요. ○○가 /누/로 시작하는 그림을 찾으세요. [답: 눈]
	합성 (blending)	선생님이 단어를 따로따로 나눠서 말할 거예요. 그러면,○○가 듣고, 합쳐서 말하는 거예요. /기-음/. [답: 김]
	분절 (segmenting)	선생님을 따라 하세요. /잠/. (학생이 '잠'이라고 따라 한다.) 이번에는 ○○가 /잠/을 따로따로 나눠서 말해주세요. [답: 자-음]
음소 (phoneme)	변별 (sound matching)	앞에 있는 종이에 그림들이 있어요. ('도, 레, 미, 파' 그림을 각각 손으로 짚으면서) 이 그림은 '도, 레, 미, 파'예요. ○○가 /드/로 시작하는 그림을 찾으세요. [답: 도]
	분리 (isolation)	• 선생님을 따라 하세요. /게/. (학생이 '게'라고 따라 한다.) /게/에 서 첫소리가 무엇이죠? [답: ㄱ] • 선생님을 따라 하세요. /형/. (학생이 '형'이라고 따라 한다.) /형/에서 끝소리가 무엇이죠? [답: 응]
	합성 (blending)	• 선생님이 단어를 따로따로 나눠서 말할 거예요. 그러면 ○○가 듣고, 합쳐서 말하는 거예요. /그-애/. [답: 개] • 선생님이 단어를 따로따로 나눠서 말할 거예요. 그러면 ○○가 듣고, 합쳐서 말하는 거예요. /드-아-을/. [답: 달]
	분절 (segmenting)	• 선생님을 따라 하세요. /구/. (학생이 '구'라고 따라 한다.) 이번에는 ○○가 /구/를 따로따로 나눠서 말해주세요. [답: 그-우] • 선생님을 따라 하세요. /돈/. (학생이 '돈'이라고 따라 한다.) 이번에는 ○○가 /돈/을 따로따로 나눠서 말해주세요. [답: 드-오-온]
	탈락 (deletion)	• 선생님을 따라 하세요. /새/. (학생이 '새'라고 따라한다.) 이번에는 /스/를 빼고 말해보세요. [답: 애] • 선생님을 따라 하세요. /귤/. (학생이 '귤'이라고 따라 한다.) 이번에는 /을/을 빼고 말해보세요. [답: 규]
	대치 (substitution)	• 선생님을 따라 하세요. /나/. (학생이 '나'라고 따라 한다.) 이번에는 /아/를 /이/로 바꾸어 말해보세요. [답: 니] • 선생님을 따라 하세요. /별/. (학생이 '별'이라고 따라 한다.) 이번에는 /을/을 /응/으로 바꾸어 말해보세요. [답: 병]

14 2014학년도 초등 A 4번 일부

(가)는 읽기장애 학생 민호와 영주의 읽기 특성이고, (나)는 특수학급 김 교사가 민호와 영주에게 실시한 읽기지도 내용이다. 물음에 답하시오.

(가) 민호와 영주의 읽기 특성

민호	• '노래방'이라는 간판을 보고 자신에게 친숙한 단어인 '놀이방'이라고 읽음 • '학교'라는 단어는 읽지만 '학'과 '교'라는 글자를 따로 읽지는 못함
영주	• 적절한 속도로 글을 읽을 수 있음 • 자신의 학년보다 현저하게 낮은 읽기 수준을 보임

(나) 읽기지도 내용

대상	지도 유형	읽기지도 과제와 교사 발문의 예
민호	음운 인식 지도	• (㉠): '사과', '구름', '바다'에서 '구'로 시작하는 단어는 무엇인가요? • 음절 탈락: '가방'에서 '가'를 빼면 무엇이 남을까요? • 음소 합성: (㉡)
영주	(㉢)	• 질문하기: 방금 읽은 글에 등장한 주인공의 이름은 무엇인가요? • 관련 지식 자극하기: 오늘은 '동물원에서 생긴 일'을 읽을 거예요. 먼저 동물원에서 경험한 내용을 이야기해볼까요? • (㉣): 방금 읽은 글의 장면을 눈을 감고 머릿속으로 그려보세요.

1) (나)의 ㉠에 알맞은 음운 인식 지도 과제를 쓰고, ㉡에 적합한 교사 발문의 예를 쓰시오. [2점]

• ㉠: ______________________

• ㉡: ______________________

15 2018학년도 유아 A 4번 일부

(가)는 유치원 통합학급 김 교사의 이야기 나누기 활동 장면의 일부이다. 물음에 답하시오.

(가) 이야기 나누기 활동 장면

김 교사: 자, 오늘은 이 책을 가지고 말놀이를 할 거예요.
유아 A: ㉠ (책 표지의 글자를 손으로 가리키며) 제목이 무엇이에요?
김 교사: (손가락으로 제목을 짚으며) '동물 이야기'라고 쓰여 있어요.
유아 B: 재미있을 것 같아요.
김 교사: 여기에 호랑이가 있어요. 선생님을 따라해볼까요? ('호. 랑. 이'하면서 손뼉을 세 번 친다. 짝! 짝! 짝!)
유아들: (교사를 따라 '호.랑.이'하면서 손뼉을 세 번 친다. 짝! 짝! 짝!)
김 교사: 곰도 있네요. 그럼, ㉡ 곰에서 /ㅁ/를 빼고 말하면 어떻게 될까요?
유아 C: '고'요.
김 교사: 잘했어요. 여기 강아지가 공을 가지고 놀고 있어요. ㉢ '공'에 /ㄱ/대신 /ㅋ/을 넣으면 어떻게 될까요?
유아 D: ㉣ '꽁'이요, '꽁'.

2) 밑줄 친 ㉡과 ㉢에 해당하는 음운 인식 과제 유형을 각각 쓰시오. [2점]

• ㉡: ______________________ • ㉢: ______________________

(2) 단어인지

① 정의: 단어를 빠르게 소리 내어 읽고 의미를 파악하는 능력을 의미한다.

② 구성

유형	내용
형태분석	문자의 시각적 특징 · 단서에 근거하여 단어를 인식하는 것
음소분석	단어를 구성하는 문자소와 음소의 대응관계를 분석함으로써 단어를 인지하는 것
음절분석	단어를 구성하는 각 음절의 소리를 분석적으로 지각함으로써 전체 단어를 인지하는 것
문맥분석	주위의 다른 단어 · 의미에 의존하여 모르는 단어를 해독하는 것
일견읽기	단어에 대한 의식적인 음소나 음절 분석을 실시하지 않고 즉시 단어를 인지하는 것

③ 단어인지 능력 향상을 위한 교수법 A

㉠ 해독중심 프로그램

구분	내용
음운 분석 접근	• **개념**: 음소 분석 · 결합 기능 등은 문자해독 기술 향상을 위한 중요한 활동 • **접근법** – **종합적 방법**: 각 문자에 대응하는 음소 지식 획득 후 학습한 음가를 결합하여 단어 해독 예 '가' = '그 – 으' + '아 –'라는 음운 분석 · 결합으로 해독함 – **분석적 방법**: 단어를 구성하는 통합된 문자의 음가를 학습함 예 'ㄱ'의 음가 '그'를 가르치기 위해 '가방'을 예로 활용 • **특징** – 음운 분석적 기능 수행력이 낮음 예 '바람'과 '강둑'을 단서로 제시하고 난 후에 '바둑'이라는 단어를 제시했을 때, 단서 단어를 활용해 과제 단어를 적절하게 해독하는 것을 어려워함 – 낯선 단어의 일부분만 해독하고 나머지는 추측하는 오류가 많이 발생함 예 '천재지변'을 '천재소년'으로 잘못 추측하는 경우
언어학적 접근	• 개념 – 의사소통을 중심으로 한 문자 해독 읽기 활동을 강조하고 단어 자체를 문자 해독 단위로 설정, 철자나 발음이 유사한 단어들로 구성하며 각 낱자의 음은 따로 알려주지 않음 – 반복 제시되는 동일한 음운과 구별되는 음운을 비교하며 각 음운 부분의 소리를 쉽게 파악함 예 '수리', '구리', '무리', '부리' 등 • 장점 – 문자와 음소의 대응관계를 간접적으로 교육할 수 있음 – 읽기가 기록된 구어를 의미화하는 과정임을 인식하게 함 • 단점 – 어휘 선정이 제한적임 – 읽기이해력 향상에 큰 도움을 주지 못함

ⓛ 의미중심 프로그램

구분	내용

통언어적 접근	• 문자 해독에 필요한 구체적 기능은 읽기 활동 과정에서 자연적으로 습득된다고 봄
	• 일상적 언어경험 · 기능과 구별되는 인위적인 음운 분석 · 결합 기능의 교육은 불필요하다고 가정함
	• 교육 자료는 읽기 기능이 아닌 주제를 중심으로 구성되며, 읽기 활동은 말하기 · 듣기 · 쓰기 등의 다른 언어 활동과 연계 · 구성됨
	• **교육방법**: 반복적인 노출을 통해 단어의 시각적 형태를 기억하고, 이 형태에 음 · 의미를 연관짓는 일견단어 교수방법을 사용함
	• **장점**
	  – 읽기와 쓰기 활동이 통합되어 읽기 · 쓰기 활동의 연계가 강조됨
	  – 학생의 흥미와 관심을 유발하고자 기능 중심의 인위적 자료가 아닌 문학작품처럼 보다 흥미 있는 읽기자료를 사용함

언어경험 접근	• 읽기 활동과 다른 언어 활동을 통합한 프로그램을 구성하고, 아동의 학습 동기를 유발하여 적극적인 학습 참여를 유도함
	• **읽기 자료**: 학생이 경험한 이야기를 말하면 교사가 이를 기록 · 편집하여 사용함
	• **장점**
	  – 읽기 프로그램에 말하기 · 듣기 · 쓰기 활동을 통합하여 아동이 자신의 언어 활동, 환경과의 접촉, 일상적 생활 경험에 더 민감해지게 함
	  – 자신의 경험을 바탕으로 한 읽기 자료를 사용하여 학습 동기가 상승함
	  – 논리적인 이야기 전개, 여러 사상에 대한 통합적 사고 등을 하며 언어와 함께 사고력도 발달함
	• **단점**
	  – 계열성을 가진 구체적 읽기 기능(예 음운 분석, 음운 결합, 단어 형성 등)의 체계적인 교육을 제공하지 않음
	  – 읽기 활동을 아동의 경험과 어휘력에 의존하는 데 반해, 새로운 어휘를 개발할 구체적인 프로그램은 존재하지 않음
	• **단계**
	  – **1단계(토의하기)**: 교사와 학생은 받아쓰기를 위한 주제를 토의하며 관찰과 생각을 교환하고, 이를 통해 구어 능력이 발달함
	  – **2단계(구술하고 받아쓰기)**: 학생은 기초 읽기 재료로 구성 · 기록할 수 있는 교사에게 설명이나 이야기 방식으로 구술함
	  – **3단계(읽기)**: 학생은 이야기가 친숙해질 때까지 반복하여 읽음(필요 시 교사가 도움 제공)
	  – **4단계(단어 학습)**: 개별화된 이야기 단어를 학습하며, 다른 읽기 능력은 교사가 고안한 활동과 관련된 이야기로써 증진함
	  – **5단계(다른 자료 읽기)**: 학생은 자신의 경험을 받아쓰기 한 이야기를 읽는 것에서 다른 사람의 이야기를 읽는 것으로 이동하며, 이 과정을 통해 능력과 자신감이 발달함

④ 단어인지 능력 향상을 위한 교수법 B

㉠ 파닉스 교수법

ⓐ 정의: 음운 인식과 낱자(군)-소리의 대응관계를 활용하여 단어를 읽도록 하는 읽기 교수법이다.

ⓑ 분류

구분	내용
합성 파닉스	부분-전체 접근법을 적용하여 단어를 구성하는 각각의 낱자를 소리로 바꾼 후 이 소리를 결합하여 단어를 읽도록 하는 단어인지 교수법 예 교사: (칠판에 '나'라는 단어를 쓴 다음) 선생님이 이 단어를 읽어볼게요. (단어를 구성하고 있는 낱자 'ㄴ', 'ㅏ'의 소리를 각각 따로 발음한다. /ㄴ/, /ㅏ/ ➡ (소리를 순서대로 합쳐서 발음한다.) /ㄴ…ㅏ/ → /나/
분석 파닉스	전체-부분 접근법을 적용하여 각 낱자에 대응하는 소리를 따로 가르치지 않고 단어 내에서 낱자-소리의 대응관계를 파악하도록 하는 단어인지 교수법 예 교사는 학생이 이전에 학습한 단어 중 같은 소리를 포함한 단어들(바위, 바지, 바다 등)을 제시한 후 학생이 이 단어가 모두 /ㅂ/이라는 소리로 시작되고 /ㅂ/이라는 소리는 'ㅂ'이라고 쓴다는 점을 파악할 수 있게 지도함
유추 파닉스	학생이 아는 단어의 전체나 부분을 활용하여 새로운 단어를 읽도록 하는 단어인지 교수법
임베디드 파닉스	• 글을 읽는 과정에 파닉스 교수를 삽입하여 단어를 읽도록 가르치는 단어인지 교수법 • 보통 총체적 언어 프로그램의 일부로 활용됨 • '글'이라는 맥락 안에서 글의 의미를 파악하는 데 도움을 주는 방법 중 하나로 파닉스 교수의 요소를 포함함 • 해당 글에 포함된 단어를 중심으로 가르치는 낱자(군) - 소리가 선택됨

㉡ 음운 변동이 적용되는 단어의 교수

ⓐ 낱자(군)-소리의 대응관계를 정확히 소리 나는 대로 표기하는 단어인지 능력이 일정 수준에 도달하면, 음운 변동이 일어나는 단어에 대한 교수를 실시한다.

ⓑ 단계별 교수

- 1단계: 음운 변동 규칙이 적용되는 단어를 그림과 함께 소개한다.
- 2단계: 음운 변동 규칙을 가르친다.
- 3단계: 학생이 음운 변동 규칙이 적용되는 원리를 연습한다.
- 4단계: 학생이 음운 변동 규칙이 일어나는 단어와 일어나지 않는 단어를 분류한다.
- 5단계: 매 회기에 배운 글자 · 단어와 이전 시간에 배운 글자 · 단어를 쓰고 반복적으로 읽는 연습 기회를 제공한다.

㉢ 총체적 언어 · 통언어적 교수(whole language instruction)

ⓐ 읽기 능력이 자연적으로 습득된다는 철학에 기반을 둔 교수법이다.

ⓑ 단어를 '의미 있는(meaningful)' 읽기 활동을 통해 가르치는 것을 강조한다.

ⓒ 총체적 언어 교수는 학생이 의미 있는 단어를 선택하고 이를 반복적으로 접할 기회를 제공하여 단어의 시각적 형태 · 발음 · 의미를 연결할 수 있도록 지도한다.

ⓓ 학생에게 의미 있는 단어를 선택하여 가르치기 때문에 단어인지 교수를 할 때, 낱자(군)의 난이도와 순서는 특별히 고려하여 지도하지 않는다.

ⓔ 아동이 다양한 문학작품을 접하는 것을 강조하기 때문에 아동이 읽는 문학작품 내에서 단어를 선택하게 하고 이를 가르친다.

ⓕ 총체적 언어 교수 시 임베디드 파닉스를 활용하여 단어를 가르치는 경우가 많다.

16 2009학년도 초등 15번

다음은 장 교사가 2008년 개정 특수학교 기본 교육과정 국어과에 기초하여 낱말읽기를 지도하는 과정의 일부분이다. 장 교사가 사용한 교수방법과 관련이 없는 것은? [1.4점]

> 장 교사: 오늘은 지난 시간에 배운 자음과 모음을 결합시켜 글자를 만들어보아요.
> (노란색 'ㄴ' 카드와 빨간색 'ㅏ' 카드를 들고) 'ㄴ'과 'ㅏ'를 합치면 어떻게 읽을까요?
> 학　생: '나'요.
> 장 교사: 잘했어요.
> (노란색 'ㅁ' 카드와 빨간색 'ㅜ' 카드를 들고) 자, 이번에는 'ㅁ'과 'ㅜ'를 합치면 어떻게 읽을까요?
> 학　생: '무'요.

① 구조화된 교수자료를 사용한다.
② 음소의 분석 및 결합 기능을 가르친다.
③ 문자 해독과 관련된 개별 기능을 가르친다.
④ 상향식 접근을 적용하여 문자를 습득시킨다.
⑤ 의미중심 접근을 통해 문자 해독 기능을 습득시킨다.

17 2019학년도 초등 B 3번 일부

(가)는 읽기에 어려움이 있는 학생 성호의 담임교사가 작성한 2015 개정 국어과 교육과정의 1~2학년 읽기 영역 교수·학습 과정안의 일부이다. 물음에 답하시오.

(가) 교수·학습 과정안

단원	생각을 나타내요.	
학습목표	문장을 소리 내어 읽을 수 있다.	
단계	교수·학습 활동	자료(자) 및 유의점(유)
도입	• 동기 유발하기 – 핵심 단어가 포함된 문장을 듣고 연상되는 단어 말하기	자 핵심 단어와 관련된 실물 사진
전개	• 이야기를 읽고 내용 파악하기 • 문장을 소리 내어 읽기 – 여러 가지 방법으로 문장을 소리 내어 읽기	유 음운 변동이 없는 단어·문장을 주로 평가하며 음운 변동을 다루더라도 연음 현상이나 (㉠) 위주로 다룬다. • 연음 현상의 예: 국어 • (㉠)의 예: 학교
정리	• 학습 정리 및 평가하기	

1) (가)의 ㉠에 공통으로 들어갈 말을 쓰시오. [1점]

•

18 2010학년도 초등 36번

〈보기〉는 학습장애 학생에게 2008년 개정 특수학교 국민공통 기본 교육과정 영어과에 근거하여 영어 단어를 가르치기 위한 교사의 계획이다. 의미중심 접근법을 적용한 활동을 〈보기〉에서 모두 고른 것은? [1.4점]

〈보기〉

ㄱ. 학생에게 알파벳 문자 a, n, t와 음소의 대응관계를 가르친 후 ant를 어떻게 발음하는지 가르치려고 한다.

ㄴ. 학생의 흥미를 유발할 수 있도록 이솝 이야기에 나오는 cow, egg, fox, pig, red 등의 단어를 사용하여 영어 단어의 읽기와 쓰기를 통합하려고 한다.

ㄷ. 영어 단어 자체를 문자 해독의 단위로 설정하고, 문자 해독 기능을 가르치기 위해 사용되는 단어들을 철자나 발음이 유사한 book, cook, look과 bat, cat, hat으로 구성하려고 한다.

ㄹ. 학생으로 하여금 자신의 경험을 그림으로 그리게 한 후, 학생이 표현한 것 중 학생의 학습수준에 적절한 영어 단어인 sun, cloud, tree, sky, house 등으로 읽기와 쓰기 자료를 구성하려고 한다.

① ㄴ ② ㄱ, ㄷ ③ ㄴ, ㄹ ④ ㄱ, ㄷ, ㄹ ⑤ ㄴ, ㄷ, ㄹ

19 2010학년도 유아 29번

〈보기〉는 발달지체 유아 숙희의 의사소통 능력을 향상시키기 위해 김 교사가 활용한 다양한 언어 활동이다. 〈보기〉에서 '총체적 언어 교수법'에 근거한 활동을 모두 고른 것은? [1.4점]

〈보기〉

ㄱ. 좋아하는 노래를 반복해서 들려주고 부르도록 하였다.

ㄴ. 낱말카드를 주고 '다'로 시작하는 단어를 찾도록 하였다.

ㄷ. 팜플릿, 광고지 등을 이용하여 간단한 단어를 읽도록 하였다.

ㄹ. 녹음 동화를 듣고 생각나는 단어의 음운을 결합하도록 하였다.

ㅁ. 또래가 읽어주는 간단한 이야기를 듣고 지시에 따라 그림 문장을 완성하도록 하였다.

① ㄱ, ㄴ ② ㄴ, ㄷ ③ ㄱ, ㄷ, ㅁ ④ ㄴ, ㄹ, ㅁ ⑤ ㄷ, ㄹ, ㅁ

20 2010학년도 중등 25번

다음의 대화를 읽고 최 교사가 제안한 청각장애 학생을 위한 읽기지도 방법의 특징을 〈보기〉에서 고른 것은? [2점]

> 김 교사: 다음 주에 지도할 국어 수업 주제는 '방송국을 다녀와서'인데, 교과서 지문의 내용이 너무 어려워서 청각장애 학생들에게는 적합하지 않는 것 같아요. 수업을 어떻게 해야 할지 고민입니다.
> 최 교사: 그러면 이렇게 하는 게 어때요? 학생들과 방송국을 직접 다녀온 후 국어 수업시간에 학생들에게 발표하도록 하세요. 선생님이 그 내용을 칠판에 받아적고, 적은 글을 읽어준 후 학생에게 적은 글을 읽게 합니다. 그리고 적은 글을 활용하여 학생들과 함께 다양한 읽기 활동을 하면 됩니다.

〈보기〉

ㄱ. 읽기 교육과정 내용이 구조화되고 위계적이다.
ㄴ. 학생의 경험을 바탕으로 읽기를 지도하는 방법이다.
ㄷ. 구어(혹은 수어)와 문어 간의 관계를 이해하게 한다.
ㄹ. 학생의 경험을 개별 읽기지도의 소재로 종종 활용한다.
ㅁ. 읽기지도 방법 중 부호(해독) 강조법으로 읽기 능력 향상에 효과가 있다.

① ㄱ, ㄴ, ㄷ ② ㄱ, ㄴ, ㄹ ③ ㄱ, ㄹ, ㅁ ④ ㄴ, ㄷ, ㄹ ⑤ ㄷ, ㄹ, ㅁ

21 2011학년도 초등 20번

박 교사는 학습장애 학생 성호에게 2008년 개정 특수학교 기본 교육과정 교과서 국어 '2. 들로 산으로' 단원을 지도하기 위해 놀이공원 현장체험학습 경험을 이용하여 언어경험 접근법으로 수업을 하려고 한다. 박 교사가 진행한 수업 절차를 바른 순서대로 나열한 것은? [1.4점]

단원	들로 산으로
제재	3. 경험한 일의 차례를 생각하며 문장 읽기
교수 · 학습 자료	• 멀티미디어 학습자료 • 낱말 카드 및 그림 카드 • 현장체험학습 장면이 담긴 사진이나 동영상 자료

ㄱ. 성호가 놀이공원에서 한 일을 이야기한 내용 그대로 받아 적는다.
ㄴ. 성호가 생소하거나 어려운 낱말, 혹은 배우고 싶은 낱말을 선택하게 하여 낱말 카드로 만들어 지도한다.
ㄷ. 성호가 자신이 이야기한 내용의 글을 능숙하게 읽게 되면, 다른 학생의 이야기를 읽도록 지도한다.
ㄹ. 성호가 놀이공원에서 한 일을 자유롭게 말하게 하며, 필요한 경우 현장체험학습 사진이나 동영상 자료를 보여준다.
ㅁ. 성호가 자신이 이야기한 내용의 글에 친숙해질 때까지 여러 번 읽도록 지도한다.

① ㄱ-ㄹ-ㅁ-ㄴ-ㄷ ② ㄱ-ㄹ-ㅁ-ㄷ-ㄴ ③ ㄷ-ㅁ-ㄴ-ㄱ-ㄹ
④ ㄹ-ㄱ-ㅁ-ㄴ-ㄷ ⑤ ㄹ-ㄱ-ㅁ-ㄷ-ㄴ

22 2017학년도 중등 A 12번 일부

(가)는 고등학생 N의 특성이고, (나)는 특수교사가 N을 위해 작성한 지도계획이다. (나)의 ㉠에 들어갈 말을 쓰시오. ㉡에서 사용할 '일견단어(sight words) 교수법'이 무엇인지 설명하고, 이 교수법이 '메뉴판에서 음식명 읽고 선택하기' 활동에 적합한 이유를 1가지 제시하시오. [4점]

(가) 학생 N의 특성

- 패스트푸드점에 가서 음식을 사먹고 싶어 함
- 시각적 단서는 구분할 수 있으나 글자를 읽지 못함

(나) 지도 계획

- 국어와 사회 수업시간을 활용하여 N에게 '패스트푸드점 이용하기' 기술을 가르치고자 함

  교과의 내용을 대신하여 (㉠) 및 진로와 직업교육, 현장실습 등으로 편성 · 운영할 수 있음

- 주변의 패스트푸드점 여러 곳을 선정하고, 일반사례 분석을 통해 다음과 같이 공통적으로 필요한 기술을 지도 내용으로 결정하여 지역사회 모의교수를 실시할 것임

  메뉴판에서 음식명 읽고 선택하기 → 음식 주문하기 → 음식값 계산하기 → 잔돈 받기 → 영수증 확인하기 → 음식 먹기

  ㉡ '메뉴판에서 음식명 읽고 선택하기'를 위해서 메뉴명과 사진을 붙인 메뉴판을 만들어 일견단어 교수법을 활용할 예정임

- 이후 지역사회 중심 교수를 실시하고 중재의 효과와 만족도에 대해 N의 또래와 부모에게 간단한 평정척도 형식의 질문지에 답하게 하여 (㉢)을/를 평가할 것임

- ㉠: ______
- ㉡: ______
- 이유: ______

(3) 유창성

① 정의: 정확도(accuracy), 속도(speed), 표현력(prosody)의 세 가지 특성을 포함한 개념이다.

② 오류 유형

㉠ 대치: 제시된 어절을 다른 의미 단어로 대치하는 경우, 제시된 어절을 무의미 단어로 대치하는 경우, 제시된 어절의 어미·조사 등 형식 형태소를 다른 형식 형태소로 대치한 경우 등을 말한다.

ⓐ 의미 대치: 어머니가 그만 견디다 못해 청개구리를 내쫓았지.
➡ 어머니가 그만 견디다 못해 청개구리를 쫓아냈지.

ⓑ 무의미 대치: 아무리 어린 신랑이지만 너무 졸라댔다.
➡ 아무른 어린 신랑이지만 너무 졸라댔다.

ⓒ 형식 형태소 대치: 하루는 배고픈 여우가 산길을 어슬렁거리고 있었어.
➡ 하루는 배고픈 여우는 산길을 어슬렁거리고 있었어.

㉡ 생략: 제시된 어절 전체가 생략된 경우, 제시된 어절에서 어미, 조사 등 형식 형태소가 생략된 경우를 말한다.

ⓐ 전체 어절 생략: 죽지 않고 살려는 욕심은 같았나 봅니다.
➡ (　　) 않고 살려는 욕심은 같았나 봅니다.

ⓑ 형식 형태소 생략: 옛날에 시골 마을에 똥을 빨리 누는 사람이 살았대.
➡ 옛날 시골 마을에 똥을 빨리 누는 사람이 살았대.

㉢ 첨가: 새로운 단어·어절이 첨가된 경우나 어미, 조사 등 형식 형태소가 첨가된 경우를 말한다.

ⓐ 전체 어절 첨가: 산속에서 자라는 익모초 말이에요.
➡ 산속에서 잘 자라는 익모초 말이에요.

ⓑ 형식 형태소 첨가: 사또, 죄송하지만 잠깐 똥을 싸고 오겠습니다.
➡ 사또는, 죄송하지만 잠깐 똥을 싸고 오겠습니다.

㉣ 반복: 제시된 어절 전체를 반복, 첫음절을 반복, 일부를 반복하는 경우 등이 있다.

ⓐ 전체 어절 반복: 옛날에 시골 마을에 똥을 빨리 누는 사람이 살았대.
➡ 옛날에 시골 시골 마을에 똥을 빨리 누는 사람이 살았대.

ⓑ 첫음절 반복: 하루는 배고픈 여우가 산길을 어슬렁거리고 있었어.
➡ 하 하루는 배고픈 여우가 산길을 어슬렁거리고 있었어.

ⓒ 부분어절 반복: 캬, 정말이로구나.
➡ 캬, 정말 정말이로구나.

㉤ 자기교정: 오류를 보인 후 스스로 교정하여 정반응하는 경우가 있다.
예 캬, 정말이로구나. ➡ 캬, 장멀 정말이로구나.

③ 교수법

㉠ 효과적인 교수법

ⓐ 같은 글을 소리 내어 반복하여 읽는 것은 읽기유창성과 읽기이해 능력 향상에 효과적이다.

㉡ 읽기유창성 교수 시 고려사항

ⓐ 학생이 읽기유창성 교수에 필요한 기본적 읽기 기술(적절한 단어인지 능력)을 가지면 실시한다.

ⓑ 학생의 읽기 수준에 적절한 글을 선택한다.

ⓒ 적절한 글은 학생이 글에 포함된 단어의 90% 이상을 정확하게 읽는 것을 의미한다.

㉢ 효과적인 읽기유창성 교수의 일반적 특성

ⓐ 소리 내어 글을 읽는 것을 시범 보인 다음, 학생에게 같은 글을 소리 내어 읽도록 한다.

ⓑ 학생이 글을 읽을 때 오류를 보이면 체계적인 오류 교정 절차를 적용하여 교정한다.

ⓒ 동일한 글을 세 번 이상 소리 내어 반복하여 읽게 하고, 이를 일주일에 3회 이상 실시한다.

ⓓ 학생이 글에 포함된 단어의 약 90% 이상을 정확하게 읽을 수 있는 글을 선택한다.

㉣ 유창성 교수 유형

ⓐ 짝과 함께 반복 읽기: 읽기유창성이 좋은 또래 친구와 짝을 이뤄 소리 내어 반복 읽기를 하는 교수법이다.

ⓑ 끊어서 반복 읽기: 끊어 읽기는 글을 구성하는 문장을 의미가 통하는 구·절 단위로 끊어 제시하는 방법으로, 읽기유창성 요소 중 표현력(prosody)의 향상에 효과적이다.

23 2012학년도 중등 18번

다음은 두 명의 특수교사가 학습장애 학생 A의 읽기유창성 특성과 지도방법에 대해 나눈 대화이다. ㉠~㉤ 중에서 옳은 내용만을 있는 대로 고른 것은? [2.5점]

김 교사: 학생 A는 글을 읽을 때 ㉠ '줄기가'를 '줄기를'이라고 읽는 것과 같은 삽입 오류를 가장 많이 보여요. 그리고 ㉡ '그날 밤에는 바람이 세게 불었습니다.'를 읽을 때 '바람이'를 '밤이'라고 읽는 것과 같은 대치 오류도 많이 나타나요. 최 교사: 그럼 ㉢ 읽기유창성 지도를 할 때 학생 A가 잘못 읽은 어절에 대해 교정적 피드백을 해주는 것이 중요해요. 김 교사: 또 학생 A는 글을 읽을 때 한 단어나 어절씩 또박또박 끊어 읽어서, 읽는 속도가 많이 느려요. 최 교사: ㉣ 읽기유창성을 향상시키기 위해서는 동일한 읽기 자료를 반복하여 소리 내어 읽도록 하는 것이 좋아요. 김 교사: 읽기유창성 지도를 할 때는 어떤 읽기 자료를 선택하는 것이 좋은가요? 최 교사: 가능하면 ㉤ 학생 A가 읽기 어려워하는 단어나 어절이 많이 포함된 짧은 읽기 자료를 선택해서 지도해야 새롭고 어려운 단어나 어절을 더 정확하고 빠르게 읽을 수 있게 돼요.

① ㉠, ㉤　　② ㉡, ㉤　　③ ㉢, ㉣　　④ ㉠, ㉢, ㉣　　⑤ ㉡, ㉢, ㉣

24 2013학년도 초등 A 4번 일부

다음의 (가)는 반복읽기(repeated reading) 전략에 대한 설명이다. 물음에 답하시오.

(가) 반복읽기 전략

㉠ 반복읽기 전략을 통해 글 읽기 속도를 증진시킬 수 있다. ㉡ 반복읽기 전략의 주목적은 단어재인 능력을 향상시키기 위한 것이다. ㉢ 반복읽기 전략을 통해 해독(decoding) 활동에 더욱 집중할 수 있게 된다. ㉣ 반복읽기를 지도할 때 잘못 읽은 단어가 있다면 교사는 즉시 피드백을 제공하여 교정한다.

1) (가)의 ㉠~㉣ 중 틀린 것 2개를 찾아 기호를 쓰고, 그 이유를 각각 쓰시오. [2점]

- ①: ______________________
- ②: ______________________

25 2018학년도 중등 B 6번

(가)는 학습장애 학생 J의 읽기 특성이고, (나)는 김 교사와 정 교사의 대화이며, (다)는 정 교사의 지도방안이다. 〈작성 방법〉에 따라 서술하시오. [5점]

(가) 학생 J의 읽기 특성

- 글을 읽을 때 알고 있는 단어가 나와도 주저하면서 느리게 읽는 모습을 보임
- 글을 빠르게 읽을 때 음운 변동이 일어나는 단어들을 자주 틀리게 읽거나 대치 오류를 보임
- ㉠ ┌ 특정 단어나 문장을 강조하며 글을 읽는 데 어려움이 있음
- ㉠ └ 어법이나 의미를 고려하며 글을 읽는 데 어려움이 있음
- 글을 읽을 때 주위에서 소리가 나면 소리가 나는 방향으로 고개를 자주 돌리고 주의가 산만해짐

(나) 김 교사와 정 교사의 대화

정 교사: 선생님, 학생 J가 '읽기유창성'에 문제가 있다고 하는데, 이 문제가 발생하는 이유는 무엇인가요?
김 교사: 여러 가지 이유가 있는데, 대표적으로 ㉡ <u>단어를 빠르게 소리내어 읽고 그 의미를 파악하는 능력</u>에 어려움이 있기 때문입니다.
정 교사: 읽기유창성이 중요한 이유는 무엇인가요?
김 교사: ㉢ <u>읽기유창성에 문제가 있는 경우 읽기이해에 부정적인 영향</u>을 주기 때문입니다.
정 교사: 그렇군요. 그럼 저는 학생 J를 어떻게 지도하는 것이 좋을까요? 제가 몇 가지 찾아보았는데, 적절한지 봐주세요.

(다) 정 교사의 지도 방안

㉣ 의미가 통하는 구나 절 단위로 끊어 읽기를 지도한다.
㉤ 읽기 연습을 할 때마다 새로운 읽기 자료를 사용한다.
㉥ 학생이 소리 내어 읽기를 할 때 오류가 있으면 즉각적으로 수정한다.
㉦ 읽기 연습을 위하여 음성파일을 이용할 경우 배경 효과음이 있는 것을 사용한다.

〈작성 방법〉

- 읽기유창성의 구성 요소 중 ㉠에 해당하는 것을 쓸 것
- 밑줄 친 ㉡에 해당하는 용어를 쓸 것
- 밑줄 친 ㉢의 이유를 1가지 서술할 것
- 학생 J의 특성에 근거하여 ㉣~㉦ 중 적절하지 <u>않은</u> 것 2가지의 기호를 적고, 그 이유를 각각 1가지 서술할 것

26 2019학년도 초등 B 3번 일부

(나)는 읽기에 어려움이 있는 학생 성호의 담임교사인 김 교사와 특수교사인 박 교사의 대화이다. 물음에 답하시오.

(나) 대화 내용

김 교사: 다음 주 국어 시간에는 '문장을 소리 내어 읽기' 수업을 할 예정입니다. 읽기 영역 중 유창성에 초점을 맞추려고 합니다.
박 교사: 네, 읽기유창성은 성호뿐만 아니라 저학년의 다른 학생들에게도 매우 중요하죠.
김 교사: 문장을 소리 내어 읽어보는 단계에서 여러 가지 활동을 해보려고 하는데, 성호와 함께 할 수 있는 읽기 전략을 추천해주실 수 있나요?
박 교사: 네, 저는 반복읽기 전략이 효과적이라고 생각합니다.
김 교사: 그렇다면 ㉡ 학급에서 반복읽기 전략을 효과적으로 사용하고자 할 때 고려해야 할 사항을 알려주셨으면 합니다.

…중략…

김 교사: 전략을 사용한 후에 읽기 능력은 어떻게 평가해야 하나요?
박 교사: 중재반응모형에서 사용되는 교육과정중심측정으로 평가하면 될 것 같습니다.
김 교사: 읽기 능력을 교육과정중심측정으로 평가해야 하는 이유는 무엇인가요?
박 교사: 교육과정중심측정은 ㉢ 동형 검사지를 사용하기 때문입니다.
김 교사: 선생님께서 말씀하신 교육과정중심측정을 사용하여 반복읽기 전략의 효과를 9주 동안 평가해보겠습니다.

…9주 후…

김 교사: 평가 결과가 나왔는데, 한번 봐주시겠어요? 성호가 하위 10%에 속해 있네요.

2) 다음은 (나)의 ㉡에 관한 내용이다. 적절하지 않은 것 2가지를 찾아 ①과 ②에 각각 기호를 쓰고 바르게 고쳐 쓰시오. [2점]

ⓐ 유창하게 글을 읽는 시범을 제공한다.
ⓑ 주로 학생 혼자서 반복하여 읽게 한다.
ⓒ 음독보다는 묵독 읽기 연습을 충분히 제공한다.
ⓓ 학생들에게는 교수 수준에 적합한 지문을 사용한다.
ⓔ 체계적인 오류 교정 절차를 제공해야 효과적이다.

• ①: ______

• ②: ______

27 2021학년도 중등 A 9번

(가)는 OO중학교 통합학급에 재학 중인 학습장애 학생 E의 특성이고, (나)는 학생 E를 위한 읽기 지도 계획이다. 〈작성 방법〉에 따라 서술하시오. [4점]

(가) 학생 E의 특성

- ㉠ 문자를 보고 말소리와 연결하여 의미를 이해하는 능력이 부족함
- 일견단어(sight words)의 수가 부족함
- 문장을 읽을 때 모르는 단어를 종종 빼 먹음

(나) 읽기 지도 계획

- (㉡) 전략 사용: 오디오북 지원 읽기, 학생-성인 짝지어 읽기, 파트너 읽기, 역할극 하기
- 직접교수 모형을 활용한 오디오북 지원 읽기

순서	활동
㉢	교사는 오디오북에서 나오는 소리를 듣게 한다.
안내된 연습	(㉣)
독립된 연습	학생 스스로 오디오북에서 나온 단어나 문장을 자연스럽게 읽게 한다.
마무리	학습 내용을 요약 · 검토하고 이를 이전에 학습한 내용과 통합하여 수업을 마무리 한다.

〈작성 방법〉

- (가)의 밑줄 친 ㉠에 해당하는 용어를 쓸 것
- (나)의 괄호 안의 ㉡에 해당하는 읽기 지도 전략의 명칭을 쓸 것

(4) 어휘

① 정의

㉠ 어휘(vocabulary)는 단어(word)와 구별되는 개념으로, 단어가 모여 이루어진 집합을 의미한다.

㉡ 어휘 지식은 단일 단어에 대한 지식뿐만 아니라 문맥 속 단어의 의미 추론, 단어 사이의 연관성 이해 · 활용 (예 문맥에 맞는 단어의 사용)을 포함한다.

② 어휘 지식의 수준

결합지식 (associative knowledge or verbal-association level) 목표 어휘와 정의 연결, 단일 맥락에서의 어휘 의미 이해

이해지식 (comprehension knowledge or partial-concept level) 목표 어휘를 관련 어휘들과 연결지어 범주화, 목표 어휘의 다양한 의미 이해

생성지식 (generative knowledge or full-concept level) 여러 상황에 어휘 적용, 비슷한 어휘 간의 구분, 다양한 어휘 범주 이해

[그림 6-2] 어휘 지식의 수준

③ 어휘 교수법

㉠ 직접교수법과 간접교수법

ⓐ **직접교수법:** 교사가 목표 어휘를 직접적으로 가르치는 것을 의미한다.

ⓑ **간접교수법:** 다양한 어휘를 접할 기회를 마련해주어 학생이 어휘를 간접적으로 획득할 수 있도록 하는 것을 의미한다.

예 다양한 장르의 책을 다독(wide reading)하는 방법, 우연 교수(incidental teaching) 방법 등

㉡ 어휘 지식 수준에 따른 교수법

ⓐ 결합 지식

구분	내용
사전적 정의	교사는 학생이 목표 어휘의 사전적 의미를 찾고 해당 어휘로 문장을 만들게 하고 이를 간단히 평가하는 형식으로 수업을 구성할 수 있음
키워드 기억 전략	• 목표 어휘와 학생이 이미 아는 키워드를 연결하여 목표 어휘를 가르치는 방법 • '키워드'는 학생이 이미 아는 단어 중 목표 어휘와 청각적으로 유사한 어휘를 말함
컴퓨터 보조 전략	어려운 어휘의 정의를 제공하거나 쉬운 어휘로 바꿔주는 방법을 적용함

ⓑ 이해 지식

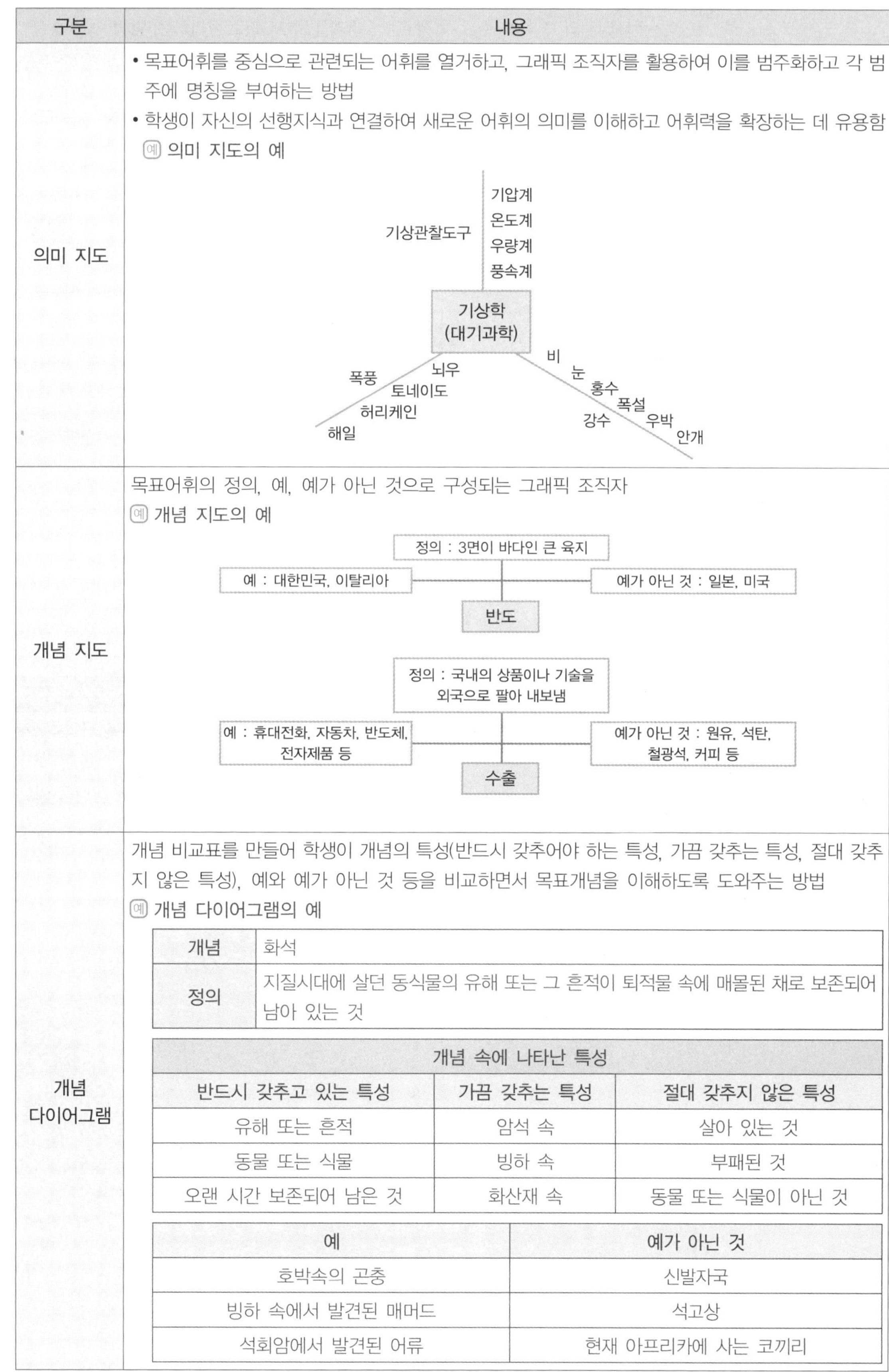

구분	내용
의미 지도	• 목표어휘를 중심으로 관련되는 어휘를 열거하고, 그래픽 조직자를 활용하여 이를 범주화하고 각 범주에 명칭을 부여하는 방법 • 학생이 자신의 선행지식과 연결하여 새로운 어휘의 의미를 이해하고 어휘력을 확장하는 데 유용함 ㉠ 의미 지도의 예 기상학(대기과학) 기상관찰도구: 기압계, 온도계, 우량계, 풍속계 폭풍, 뇌우, 토네이도, 허리케인, 해일 비, 눈, 홍수, 폭설, 강수, 우박, 안개
개념 지도	목표어휘의 정의, 예, 예가 아닌 것으로 구성되는 그래픽 조직자 ㉠ 개념 지도의 예 반도 — 정의 : 3면이 바다인 큰 육지 / 예 : 대한민국, 이탈리아 / 예가 아닌 것 : 일본, 미국 수출 — 정의 : 국내의 상품이나 기술을 외국으로 팔아 내보냄 / 예 : 휴대전화, 자동차, 반도체, 전자제품 등 / 예가 아닌 것 : 원유, 석탄, 철광석, 커피 등
개념 다이어그램	개념 비교표를 만들어 학생이 개념의 특성(반드시 갖추어야 하는 특성, 가끔 갖추는 특성, 절대 갖추지 않은 특성), 예와 예가 아닌 것 등을 비교하면서 목표개념을 이해하도록 도와주는 방법 ㉠ 개념 다이어그램의 예

개념	화석
정의	지질시대에 살던 동식물의 유해 또는 그 흔적이 퇴적물 속에 매몰된 채로 보존되어 남아 있는 것

개념 속에 나타난 특성		
반드시 갖추고 있는 특성	가끔 갖추는 특성	절대 갖추지 않은 특성
유해 또는 흔적	암석 속	살아 있는 것
동물 또는 식물	빙하 속	부패된 것
오랜 시간 보존되어 남은 것	화산재 속	동물 또는 식물이 아닌 것

예	예가 아닌 것
호박속의 곤충	신발자국
빙하 속에서 발견된 매머드	석고상
석회암에서 발견된 어류	현재 아프리카에 사는 코끼리

<table>
<tr><th>구분</th><th>내용</th></tr>
<tr><td>의미 특성 분석</td><td>• 목표어휘와 어휘의 주요 특성 간의 관계를 격자표로 정리하는 방법
• 학생들은 각 어휘가 각 특성과 관련이 있는지(+표시) 없는지(−표시)를 파악함으로써 목표어휘를 폭넓게 이해할 수 있음
• 목표어휘를 관련 어휘 및 학습자의 선행지식과 연결하여 학습자의 어휘 이해도를 확장하는 것을 목표로 함
예 의미 특성 분석을 활용한 예
<table>
<tr><th>목표개념 / 주요 특성</th><th>속력</th><th>속도</th></tr>
<tr><td>물체의 빠르기</td><td>+</td><td>+</td></tr>
<tr><td>크기</td><td>+</td><td>+</td></tr>
<tr><td>방향성</td><td>−</td><td>+</td></tr>
<tr><td>스칼라량</td><td>+</td><td>−</td></tr>
<tr><td>벡터량</td><td>−</td><td>+</td></tr>
<tr><td>시간분의 거리</td><td>+</td><td>+</td></tr>
<tr><td>시간분의 변위</td><td>−</td><td>+</td></tr>
</table>
</td></tr>
<tr><td>기타 어휘 확장 교수법</td><td>• 어휘 관련시키기 활동: 이미 학습한 어휘의 의미를 강화 · 확장하는 방법으로 유의어, 반의어, 유추어휘를 찾는 형식으로 구성됨
• 질문-이유-예 활동: 해당 어휘를 사용한 이유를 이야기하고 해당 어휘와 관련된 자신의 경험을 예로 들어 이야기하는 활동</td></tr>
</table>

ⓒ 생성 지식

구분	내용
빈번한, 풍부한, 확장하는 어휘 교수	목표어휘와 관련 어휘의 관계, 다양한 맥락에서의 의미 등을 파악함으로써 점차적으로 어휘의 '소유권'을 가지게 하는 것을 목적으로 함
다양한 장르의 책을 다독	• **문맥 분석 전략**: 모르는 어휘가 포함된 문장을 읽거나 앞뒤 문장을 읽으며 어휘의 뜻을 유추하도록 돕는 것을 의미함 • **단어형태 분석 전략**: 단어를 구성하는 형태소를 파악하게 하여 모르는 어휘의 뜻을 파악하는 것을 도움

28 2017학년도 초등 B 3번 일부

(가)는 학습장애 학생 준수의 특성이고, (나)는 2009 개정 사회과 교육과정(교육과학기술부 고시 제2012-14호) 3~4학년 '나는 미래에 어떤 일을 하면 좋을지 생각해봅시다.'를 지도하기 위해 특수 교사와 일반 교사가 협의하여 작성한 교수 · 학습 과정안이다. 물음에 답하시오.

(가) 학습장애 학생 준수의 특성

- 단어와 정의를 연결할 수 있음
- 어휘의 의미를 깊이 이해하는 데 어려움이 있음
- 수업 내용을 요약하는 데 어려움이 있음
- 글자를 쓰는 데 많은 노력이 필요함

(나) 교수 · 학습 과정안

단원	경제 생활과 바람직한 선택	차시	11~12/20
제재	나는 미래에 어떤 일을 하면 좋을지 생각해봅시다.		
학습목표	미래에 자신이 하고 싶은 일을 결정하고 행동 계획을 세울 수 있다.		
㉠ 단계	학생 활동	자료(㉶) 및 유의점(㊜)	
A	• 각 직업의 장 · 단점 분석하기 • 갖고 싶은 직업을 평가하여 점수를 매기고 순서 결정하기	㉶ 평가 기준표	
B	• 직업 선택 시 고려할 조건을 찾아서 평가 기준 만들기 • 사실적 기준과 가치 기준을 골고루 포함하기	㊜ 중요하다고 생각하는 기준에 가중치를 부여하게 한다. ㊜ ㉡ 과제분담 협동학습(Jigsaw Ⅱ)을 실시한다.	
C	• 주변에서 볼 수 있는 직업에 대해 자유롭게 이야기하기 • 장래 직업을 고민하는 학생의 영상 시청하기	㉶ ㉢ 안내노트, 그래픽 조직자, 동영상 자료 ㊜ ㉣ 의미지도 전략을 활용하여 미래 직업에 대해 알아본다.	
D	• 갖고 싶은 직업과 이유 발표하기 • 대안에 대한 브레인스토밍 후 후보 결정하기	㉶ 직업 분류표	
E	• 갖고 싶은 직업 결정하기 • 행동 계획 수립하기	㊜ 의사결정의 목적은 행동을 실천하는 데 있음을 알게 한다.	

4) 다음은 (나)의 ㉣을 활용하여 작성한 것이다. 이 전략이 준수의 어휘 지식의 질적 향상에 적합한 이유 1가지를 (가)에 근거하여 쓰시오. [1점]

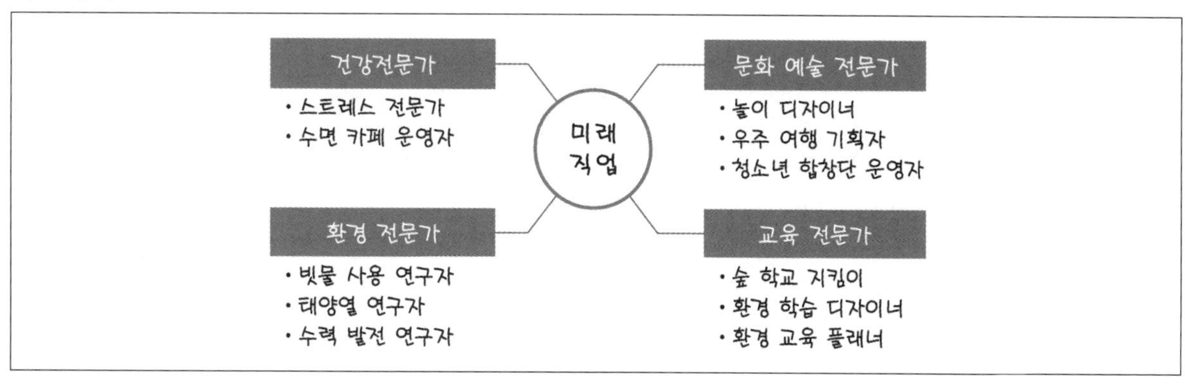

•

(5) 읽기이해

① **정의**: 자신의 선행지식과 글에 제시된 정보를 연결하며 의미를 형성해가는 과정을 의미한다.

② **읽기 활동을 통한 내용 이해**

㉠ **단어이해**: 읽기 자료의 전체 내용을 이해하는 데 중요한 기초로 내용 기억에도 중요한 역할을 수행한다.

㉡ **내용에 대한 문자적 이해(사실적 이해)**: 읽기 자료에 적힌 내용을 있는 그대로 의미화하는 능력이다.

㉢ **추론적 이해**: 읽기 자료에 명시된 정보를 있는 그대로 받아들이지 않고 개인적 경험 · 지식 · 직관을 이용하여 가설화하는 능력이다.

㉣ **평가적 이해**: 독자의 지식 · 경험 · 직관을 이용하여 가설화하는 능력이다.

㉤ **감상적 이해**: 읽기 활동 자체로 심미적 만족을 얻는 상태이며 성경과 같은 경전 읽기를 통해 삶의 모습이나 진리를 발견해가는 과정이다.

참고 독해의 종류

- **문자적 독해(사실적 독해)**: 저자가 말한 것을 이해하는 것이다.
- **추론적 독해**: 직접적으로 기술되지는 않았지만 저자가 의도한 바를 추론하는 것이다.
- **비평적 독해(비판적 독해)**: 글이 사실인지 혹은 견해인지, 픽션인지 혹은 논픽션인지, 가능한 것인지 혹은 불가능한 것인지를 결정하기 위해 저자의 글을 비평하는 것이다.
- **창의적 독해**: 이야기 속에 자신이 들어가거나 이야기의 결말 뒤에 무슨 일이 일어날지 예측함으로써 작가의 취지를 창의적으로 확장하는 것이다.

③ **학습장애 학생의 읽기이해 특성**

㉠ 자신이 읽은 글의 내용을 기억하는 데 어려움을 겪는다.

㉡ 중심내용과 세부내용을 파악하고 불필요한 정보를 무시하는 것을 어려워한다.

㉢ 글을 전략적으로 읽고 이해하거나 읽은 글의 내용을 바탕으로 추론하는 것을 어려워한다.

㉣ 읽기이해 점검을 잘 수행하지 못한다.

④ **교수법**

㉠ **읽기 전 전략**: 선행지식을 활성화하는 전략이다.

전략	설명
브레인스토밍	• 선행지식 생성하기 ➡ 선행지식 조직하기 ➡ 선행지식 정교화하기 • 학생이 앞으로 읽을 글의 제목을 보고 제목에 대해 이미 아는 것을 자유롭게 말하면 교사는 이를 그래픽 조직자 등의 형식을 사용하여 시각적으로 조직함 • 학생이 다 말하고 난 후에 교사는 학생과 함께 학생이 말한 내용을 비슷한 내용끼리 분류함 • 정교화 단계에서는 학생이 정리된 내용을 보고 추가할 내용이 있는지 확인하고 필요한 경우 새로운 내용을 추가함
예측하기	글을 읽기 전 제목 · 소제목 · 그림 등을 훑어보고 앞으로 읽을 글의 내용을 예측하는 활동

㉡ **읽기 중 전략**: 글의 구조 교수, 중심내용 파악, 읽기이해 점검 전략, 협동학습, 그래픽 조직자 활용 등이 있다.

전략	설명
글 구조에 대한 교수	• **이야기 글** – 인물, 배경, 발단 사건, 문제, 사건, 결말 등을 포함하는 '이야기 문법'의 형태가 대표적임 – **이야기 지도**: 이야기 문법을 가르치는 방법 중 하나로, 글의 중요한 내용을 시각적으로 기록하게 함으로써 학생이 글의 내용을 파악하는 데 도움을 줌 – **이야기 문법**: 학생들에게 이야기의 기초적인 구성요소를 가르친 후 작문 계획 단계의 한 부분으로 개요를 사용하는 것을 말하며, '절차적 촉진'이라고도 하는데 그 이유는 이 전략이 쓰기 절차를 촉진하기 때문임

전략	설명
글 구조에 대한 교수	• 설명글의 비교-대조 구조에 대한 교수 요소 - 단서 단어에 대한 교수 - 어휘 교수 - 문단을 읽으면서 내용 분석하기 - 비교-대조 구조에 대한 이해를 돕는 그래픽 조직자 사용하기 - 비교-대조 질문하기 - 요약하기
중심내용 파악하기	문단에서 중요한 내용을 찾고 이를 자신의 말로 표현하는 전략

핵심 플러스 - 설명식 글의 구조 파악에 근거한 이해 촉진 교수전략

• 나열형

여러 가지의 중요 사실을 동등한 수준으로 제시하고 이를 설명하는 형식이다. 일반적으로 이 유형의 설명식 글은 전체 글의 주제, 주요 개념과 이 개념의 설명에 포함되는 세부 개념으로 구성된다. 학습자가 도식을 이용하여 구성요소들을 파악하면서 글을 읽으면 글의 이해와 기억이 촉진될 수 있다.

예 나열형 설명식 글의 구조 파악을 돕기 위해 사용될 수 있는 내용 조직자

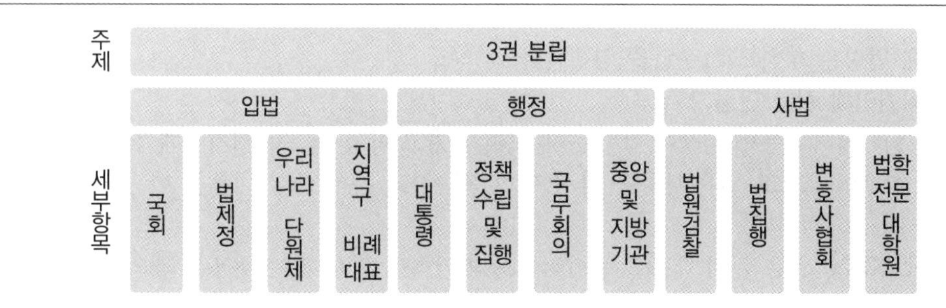

• 비교대조형

일반적으로 둘 이상의 사건 · 현상 · 사물을 비교하는 형식으로 구성되며, 비교 대상 간의 차이점과 공통점을 파악하는 것이 중요하다.

예 비교대조형 설명식 글의 구조 파악을 돕기 위해 사용될 수 있는 내용 조직자

주제	사과와 오렌지의 비교		
비교대상	사과		오렌지
주요개념	차이점	공통점	차이점
종(種)		과일	
모양		동그랗다	
색깔	연두색, 빨간색		주황색
맛		시거나 달다	

• 원인결과형

현상이나 사건이 촉발되게 한 원인과 그로 인해 발생한 결과를 설명하는 형식이다. 각 결과를 확인하고 결과와 관련된 여러 원인 요인을 파악하는 것이 글을 이해하는 데 있어 중요하다.

예 원인결과형 설명식 글의 구조 파악을 돕기 위해 사용될 수 있는 내용 조직자

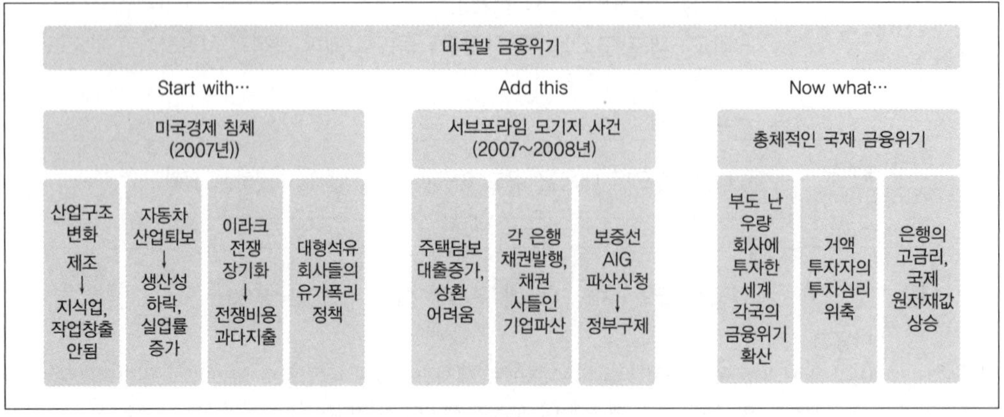

ⓒ 읽기 후 전략: 글 전체의 내용을 종합하는 것이 목적이다.

ⓐ 읽기이해 질문에 답하기: 교사는 읽은 글의 내용에 관한 질문을 만들어 학생에게 제시하고, 학생은 질문에 답하는 형식으로 수업을 진행한다.

ⓑ 읽기이해 질문 만들기

• 읽기이해 질문에 학생이 답하는 데 그치지 않고 학생 스스로 읽기이해 질문을 만드는 전략을 제안한다.

• 학생이 스스로 읽은 내용을 다시 한번 복습하고 특히 중심 내용을 한 번 더 살피도록 하면 기억하는 데 효과적이다.

ⓒ 요약하기: 읽은 글의 내용을 종합적으로 파악하여 필요 없는 내용은 제외하고 중요한 내용을 중심으로 정리하는 것을 돕는다.

ⓓ K-W-L 전략

ⓐ 앞으로 읽을 글의 선행지식을 활성화하고 읽은 내용의 요약을 돕는다.

ⓑ 구성요소

Know (이미 알고 있는 것)	Want (배우고 싶은 것)	Learned (글을 읽고 배운 것)
What I Know	What I Want To Know	What I Learned

ⓔ 상보적 교수

ⓐ 교사와 학생이 글에 관해 구조화된 대화를 나눔으로써 학생의 읽기이해력을 향상하는 것이 목적이다.

ⓑ 4가지 전략은 순서대로 한 번만 사용하고 끝내지 않고 문단별(또는 한두 문단별)로 순환하여 사용한다.

• 예측하기: 글을 읽는 목적을 설정하는 데 도움을 준다.

• 질문 만들기: 학생이 읽은 글의 중요한 내용에 집중하도록 돕는다.

• 명료화하기: 학생이 자신의 글에 대한 이해 여부를 점검하도록 돕는다.

• 요약하기: 학생이 읽은 글의 내용을 정리하고 중요한 내용을 기억하는 것을 돕는다.

ⓗ 협력 전략적 읽기(CSR): 상보적 교수와 효과적인 교수-학습이론의 특징을 결합하여 개발한 읽기이해 교수방법이다.

ⓐ 읽기 전 전략 - 사전검토(preview)

• 글의 주제에 대한 학생의 선행지식을 활성화하고 읽기에 관한 흥미·관심을 높이기 위한 브레인스토밍 전략과 예측하기 전략으로 구성된다.

예 제목, 소제목, 그림 등을 훑어보며 읽을 내용 예측하기

ⓑ 읽기 중 전략 – 읽기이해 점검(click and clunk), 중심내용 파악하기 전략(get the gist)

- **읽기이해 점검:** 글의 내용을 이해하고 있는지의 여부를 파악하고 글의 내용을 이해하지 못한 경우 다시 읽기, 문맥의 뜻을 파악하기 위해 이해가 어려운 문장의 앞 문장과 뒷 문장을 읽어보기, 단어 형태 분석하기(접두사, 접미사, 어간 · 어미 등), 사전 찾기, 친구나 교사와 이야기 나누기 등을 한다.
- **중심 내용 파악하기:** 이 문단은 '무엇'에 관한 내용인가?, 이 문단에서 '무엇'에 관한 가장 중요한 내용은 무엇인가?, 10어절 이하로 표현하기 등의 활동으로 중심 내용을 파악한다.

ⓒ 읽기 후 전략 – 마무리(wrap-up)

- 읽은 내용을 요약하고 공고히 하는 것이 목적이며 질문 만들기, 읽은 내용 요약하기로 구성된다.
  예 바로 거기 유형, 생각하고 찾기 유형, 작가와 나 유형 등의 질문 만들기

29 2019학년도 중등 B 1번

다음은 윤 교사가 ○○고등학교 특수학급에서 읽기이해에 어려움을 보이는 읽기학습장애 학생 Y와 E에게 제공할 수업활동지 작성계획 및 예시이다. 〈작성 방법〉에 따라 서술하시오. [4점]

(가) 학생 Y

수업활동지 작성계획	지문 예시
어려운 단어를 제시하고 ㉠ <u>국어사전을 활용하여 사전적 정의를 직접 찾아보는 활동</u>으로 구성함	최근 일어난 대형 참사는 결국 **<u>인재</u>**라 할 수 있다. ◦ 사전에서 뜻을 찾아 적어봅시다. • 인재:

(나) 학생 E

수업활동지 작성계획	지문 예시
학생 E가 글을 읽은 후, 질문하기 전략을 사용하여 읽기이해 수준을 확인할 수 있는 질문을 만들어보고, 질문에 답할 수 있도록 구성함 – 학생 스스로 (㉡) 질문 만들기 – 교사가 제시한 ㉢ <u>추론적 이해 질문</u>에 답하기 – 교사가 제시한 평가적 이해 질문에 대해 함께 이야기하기	존시는 나뭇잎이 다 떨어지면 자기도 죽을 것이라 생각했다. 며칠이 지나도 하나 남은 나뭇잎은 그대로 있었다. ㉣ <u>사실 이 나뭇잎은 베먼 할아버지가 존시를 위해 그린 그림이었다.</u> – '마지막 잎새'의 내용 일부 – 〈 ㉡의 예시 〉 존시는 무엇이 다 떨어지면 자기도 죽을 것이라 생각했나요? 〈 ㉢의 예시 〉 ________________ …하략…

〈작성 방법〉

- 학생 Y의 어휘 지도를 위해 밑줄 친 ㉠을 할 때, 유념해서 지도할 내용을 이유 1가지와 함께 서술할 것
- 〈㉡의 예시〉를 보고, 괄호 안의 ㉡에 해당하는 질문 유형을 쓸 것
- 밑줄 친 ㉣을 바탕으로, 〈㉢의 예시〉에 해당하는 추론적 이해 질문의 예 1가지를 서술할 것

30 2010학년도 중등 17번

읽기이해에 어려움이 있는 학습장애 학생에게 다음과 같은 글을 지도할 때 적절한 교수전략으로 가장 거리가 먼 것은? [2점]

> 음성 언어와 문자 언어
>
> 음성 언어와 문자 언어의 특성을 이해하기 위해서는 일단 음성과 문자의 속성에 주목해야 한다. 음성은 소리이기 때문에 청각에 의존한다. 또한, 소리이기 때문에 말하고 듣는 그 순간 그 장소에만 존재하고 곧바로 사라진다. 반면에 문자는 기록이기 때문에 시각(視覺)에 의존하고, 오랜 기간 동안 보존이 가능(可能)하며, 그 기록을 가지고 다른 곳으로 이동할 수도 있다. 음성 언어는 소리의 속성 때문에 말하는 이와 듣는 이가 대면한 상태에서 사용된다.
>
> …중략…
>
> 이에 비해 문자 언어는 상대방이 없는 상태에서 충분한 시간을 가지고 사용하게 된다.
>
> …하략…
>
> – 국민 공통 기본 교육과정 중학교 국어 1-1 –

① 읽을 내용과 관련하여 학생들이 이미 알고 있는 배경지식을 활성화시킨다.
② 읽기 전 활동으로 제목 등을 훑어보게 하여 읽을 내용을 짐작하도록 한다.
③ 글의 구조(text structure)에 대한 지도를 하여 글의 중요한 내용을 파악하도록 한다.
④ 중심내용과 이를 뒷받침하는 세부내용을 확인하여 문단의 중요한 내용을 파악하도록 한다.
⑤ 사실과 의견을 구분할 수 있는 그래픽 조직자(graphic organizer)를 사용하여 글의 내용을 시각적으로 조직할 수 있도록 한다.

31 2013학년도 중등 34번

다음은 읽기 학습장애 학생 A에 대한 평가 결과이다. A에게 적합한 읽기이해 지도방법으로 옳은 것을 〈보기〉에서 고른 것은? [2점]

> • 비교대조 형식의 글에 대한 이해가 부족함
> • 글과 관련된 사전지식 활성화에 어려움이 있음
> • 글을 읽고 주제를 파악하는 데 어려움이 있음

〈보기〉

ㄱ. 본문을 읽기 전에 제목을 읽고 글의 내용을 예측하도록 지도한다.
ㄴ. 단서를 활용하여 글에서 중심내용을 찾고 이를 자신의 말로 표현하도록 지도한다.
ㄷ. 일견단어 접근법과 같은 해독 중심 프로그램을 활용하여 단어의 의미 형성을 유도한다.
ㄹ. 주어진 글과 관련된 개념들을 중심으로 '개념 지도(concept map)'를 작성하도록 지도한다.
ㅁ. 비교대조 형식의 글을 지도할 때 아래와 같은 그래픽 조직자들을 활용하여 지도한다.

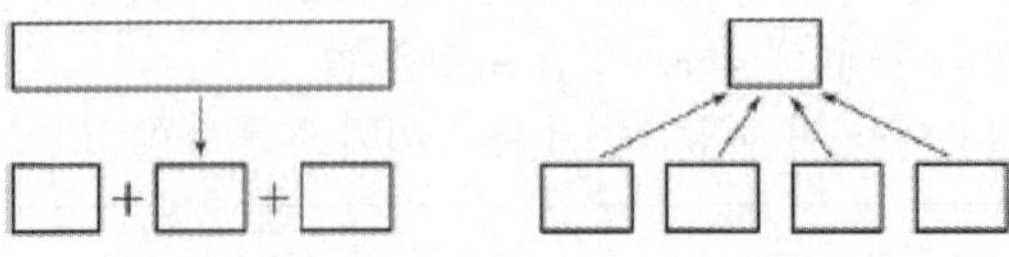

① ㄱ, ㄴ, ㄹ ② ㄱ, ㄷ, ㄹ ③ ㄱ, ㄷ, ㅁ ④ ㄴ, ㄷ, ㅁ ⑤ ㄴ, ㄹ, ㅁ

32 2014학년도 초등 A 4번 일부

(가)는 읽기장애 학생 민호와 영주의 읽기 특성이고, (나)는 특수학급 김 교사가 민호와 영주에게 실시한 읽기지도 내용이다. 물음에 답하시오.

(가) 민호와 영주의 읽기 특성

민호	• '노래방'이라는 간판을 보고 자신에게 친숙한 단어인 '놀이방'이라고 읽음 • '학교'라는 단어는 읽지만 '학'과 '교'라는 글자를 따로 읽지는 못함
영주	• 적절한 속도로 글을 읽을 수 있음 • 자신의 학년보다 현저하게 낮은 읽기 수준을 보임

(나) 읽기지도 내용

대상	지도 유형	읽기지도 과제와 교사 발문의 예
민호	음운 인식 지도	• (㉠): '사과', '구름', '바다'에서 '구'로 시작하는 단어는 무엇인가요? • 음절 탈락: '가방'에서 '가'를 빼면 무엇이 남을까요? • 음소 합성: (㉡)
영주	(㉢)	• 질문하기: 방금 읽은 글에 등장한 주인공의 이름은 무엇인가요? • 관련 지식 자극하기: 오늘은 '동물원에서 생긴 일'을 읽을 거예요. 먼저 동물원에서 경험한 내용을 이야기해볼까요? • (㉣): 방금 읽은 글의 장면을 눈을 감고 머릿속으로 그려보세요.

2) (나)의 ㉢에 알맞은 지도 유형을 쓰시오. [1점]

• ______________________

3) (나)의 ㉣에 알맞은 지도 과제를 쓰시오. [1점]

• ______________________

33 2014학년도 중등 A (기입형) 14번

(가)는 학습장애 학생 A의 낱말 읽기 평가 결과이고, (나)는 학생 A가 글을 소리 내어 읽을 때 보인 오류를 표시한 것이며, (다)는 학생 A가 참여하는 수업 장면 일부이다. 학생 A가 어려움을 보이는 읽기 하위 영역 2가지를 쓰시오. [2점]

(가) 학생 A의 낱말 읽기 평가 결과

문항	학생 반응
1. 묻어 [무더]	무더
2. 환자 [환자]	환자
3. 투숙하다 [투수카다]	투수카다

점수: 19점(만점 20점)

* [ ]안은 정발음을 의미함.

(나) 학생 A가 보인 오류

감기는 주로 ~~접촉에~~(SC 접총에) 의해 감염되는데, 여기에는 크게 두 가지 ~~방식이~~(방법이) 있다. ~~그중~~(그층에) 하나는 환자의 콧물이나 기침에 섞인 바이러스가 환자의 ~~손을~~(SC손에) 통해 ~~문고리같이~~(문고리같은) 여러 사람이 ~~접촉하는~~(SC접총하는) 물건에 묻어 있다가 다른 사람이 이를 손으로 만진 ~~뒤~~(뒤에) 눈이나 입, 코로 ~~옮기게 되면서~~(옮기면서) 감염되는 방식이다. 이런 방식으로 감염이 이루어질 수 있는 것은 바이러스가 인체 ~~밖에서도~~(SC밖으로) 오랫동안 ~~생존할~~(생활할) 수 있기 때문이다.

…(하략)…

* SC: 자기 교정(Self-Correction)을 의미함.
* 중학교 1학년 국어 교과서에 실린 지문의 일부임.

(다) 수업장면

교 사: 이 문단의 중심 내용은 무엇인가요?
학생 A: …….
교 사: 선생님과 함께 중심 내용을 파악해 봐요. 우선, 이 문단은 무엇에 대한 내용인가요?
학생 A: 감기요.
교 사: 그래요. 이 문단은 감기에 대한 내용이에요. 그러면, 감기에 대해 무엇을 얘기하고 있나요?
학생 A: …….

…(하략)…

•

34 2015학년도 초등 B 1번 일부

다음은 특수학급 박 교사와 통합학급 임 교사의 대화 내용이다. 물음에 답하시오.

박 교사: 민우는 글을 유창하게 읽지 못하고 읽기이해 능력도 매우 떨어져요. 그래서 국어 시험을 보면 낮은 점수를 받지요.
임 교사: 제가 국어 시간에 읽기 활동을 할 때 협동학습의 한 유형인 ㉠ 모둠성취분담모형(Student Teams Achievement Division, STAD)을 적용하려고 해요. 그런데 민우는 모둠활동에서 초반에는 관심을 보이지만, 이내 싫증을 내곤 해요. 그래서 끝까지 참여하는 데 어려움이 있어서 조금 걱정이 돼요.
박 교사: 민우에게는 모둠성취분담모형(STAD)과 함께 또래교수의 한 유형인 (㉡)을/를 적용해보면 어떨까요? (㉡)은/는 ㉢ 파트너 읽기, 단락(문단) 줄이기, 예측 릴레이 단계로 진행되는데, 읽기 능력 향상에 도움이 될 거예요.

3) 민우가 ㉢ 단계에서 읽기이해 능력 향상을 위해 수행해야 하는 세부 활동을 1가지 쓰시오. [1점]

•

35 2015학년도 중등 B 3번

다음은 학습장애 학생 A의 학습 특성과 통합학급에서 공통 교육과정 중학교 1학년 과학 교과, '물질의 세 가지 상태' 단원을 지도하기 위한 계획안 일부이다. ① (가)의 활동 1, 2, 3을 지도하기 위한 전략 ㉠, ㉡, ㉢ 중 부적절하게 사용한 것을 찾고, 그 이유를 설명하시오. (나)의 활동 1을 지도하기 위해 학생 A에게는 K-W-L 기법을 적용하려고 한다. ② 밑줄 친 ㉣의 단계별 지도내용을 교사가 제시한 읽기 자료에 근거하여 순서대로 쓰시오. [5점]

• 학습장애 학생 A의 학습 특성: 글을 읽을 수는 있으나, 그 내용을 요약 · 정리하는 데 어려움이 있다.

(가) 교수 · 학습 계획안

제재	1. 고체, 액체, 기체의 성질	
지도목표	물질을 상태에 따라 분류할 수 있다. 물질의 세 가지 상태에 대한 특징을 이해할 수 있다.	
지도 내용 및 교수전략	활동 1: 물질을 고체, 액체, 기체로 구분하기	㉠ 매트릭스를 이용하여 다양한 물질을 고체, 액체, 기체로 범주화하여 분류함
	활동 2: 고체, 액체, 기체의 공통점과 차이점 찾기	㉡ 벤 다이어그램을 활용하여 고체, 액체, 기체의 공통점과 차이점을 찾음
	활동 3: 고체, 액체, 기체 사이의 상태 변화를 이해하기	㉢ 의미특성 분석표를 사용하여 고체, 액체, 기체 사이의 순환적 변화를 이해함

(나) 교수 · 학습 계획안

제재	2. 모습을 바꾸는 물질	
지도목표	융해, 용해, 기화, 액화의 뜻을 설명할 수 있다.	
지도 내용 및 교수전략	활동 1: 물질의 상태 변화(융해, 용해)에 관한 글을 읽고 이해하기	㉣ K-W-L 기법을 사용하여 융해와 용해에 대해 이해함
	읽기 자료 융해는 고체 물질이 액체로 변하는 상태 변화이다. 용해는 고체나 액체 또는 기체가 액체에 녹아 들어가는 현상이다. 용해는 용매(녹이는 물질)와 용질(녹는 물질) 사이의 인력으로 인하여 일어난다. …하략…	

• ①: ____________________

• ②: ____________________

제4절 쓰기장애

01 글씨 쓰기

1. 개념

(1) 개관

① 쓰기의 하위 요소로 손으로 글자를 쓰는 능력을 말한다.

② 글씨 쓰기 능력은 소근육 운동 기술보다 표기처리 능력(낱자 · 글자의 형태 인식)의 영향을 많이 받는 것으로 알려져 있다.

(2) 특성

① **속도**: 글씨를 지나칠 정도로 느리게 쓴다.

② **크기**: 글자 크기가 크거나 일정하지 않다.

③ **형태**: 글자의 형태가 이상하다.

2. 교수법

구분	설명
3P (Posture, Pencil grip, Position of the paper)	• 교사는 학생이 바른 자세, 올바르게 연필 쥐는 법, 올바른 종이의 위치를 이해하는지 확인함 - 글씨를 잘 알아볼 수 있게 쓰도록 지도함 - 글씨를 유창하게 쓸 수 있게 지도함
시각단서 + 기억 인출 교수법	• **시각 단서 교수법**: 글자의 필순과 진행방향을 화살표 · 번호로 표시한 학습지를 사용하여 글씨 쓰는 방법을 시각적으로 보여주며 교수하는 방법 • **기억 인출 교수법**: 글자를 주의 깊게 살펴보라고 지시한 다음, 가림판으로 글자를 가리고 글자를 기억하여 쓰게 하는 방법
베껴 쓰기	• 전통적인 글씨 쓰기 교수법 • 교사가 먼저 글씨 쓰는 것을 시범 보인 다음, 학생이 같은 글자를 베껴 쓰게 함 • 글씨 쓰기의 유창성을 높일 목적으로 사용함

02 철자

1. 개관

① 한글 맞춤법은 소리대로 적되 어법에 맞게 쓰는 것을 원칙으로 한다.

② 한글은 낱자와 소리의 일대일 대응이 원칙이지만 하나의 뜻을 가진 글자의 형태가 상황에 따라 다르게 발음되는 경우가 많아, '소리대로'만 표기하면 뜻을 파악하기 어렵다.

2. 철자 오류 유형

유형	내용
음운처리 오류	• 낱자-소리 대응관계를 제대로 적용하지 못하는 오류 • 소리 나는 대로 표기되는 단어를 쓸 때, 소리가 다른 단어로 잘못 씀 예 예쁜 → 여쁜
표기처리 오류	• 소리 나는 대로 표기되지 않는 단어를 정확하게 쓰지 못하는 오류 • 소리 나는 대로 표기되지 않는 단어(음운 변동이 적용되는 단어)를 철자로 쓸 때, 소리만으로는 올바른 표기를 할 수 없고 낱자·글자의 형태 인식(표기처리) 능력이 요구됨 - 같은 소리가 나는 다른 낱자로 대치하는 오류(예 부엌 → 부억) - 전체 단어를 소리 나는 대로 표기하는 오류(예 깊이 → 기피) - 단어 일부를 소리 나는 대로 표기하는 오류(예 만약 → 만냑) - 발음상 구분이 되지 않는 글자로 표기하는 오류(예 외국 → 왜국)
형태처리 오류	• 형태소에 대한 인식이 부족한 경우에 나타나는 오류 - 어간과 어미의 경계를 구분하지 못하는 오류(예 앉아서 → 안자서) - 시제의 선어말어미를 제대로 인식하지 못하는 오류(예 빛난다 → 빛났다) - 어미를 변환하는 오류(예 죽음 → 죽은) - 동음이의어를 혼동하는 오류(예 반듯이 → 반드시)

3. 교수법

유형	내용
음운처리 오류	낱자-소리 대응관계를 활용한 파닉스 교수법이 사용됨
표기처리 오류	음운 변동 규칙에 따른 철자 교수법, 문장 속에서 사용된 의미 파악
형태처리 오류	어간-어미, 시제, 동음이의어를 고려한 철자 교수법, 문장 속에서 사용된 의미 파악
기타 철자 교수법	• **자기교정법(가리고, 기억하여 쓰고, 비교하기)**: 학생이 스스로 쓴 단어와 정답을 비교하고 잘못 쓴 단어를 확인·수정한 후 단어를 바르게 베껴 쓰는 방법 • **지속적인 시간지연법**: 처음에는 단어를 가리고 1초 후 단어를 기억하여 쓰다가, 점차 시간을 늘려 단어를 기억하고 쓰게 함 • **목표 단어 반복 쓰기**: 목표 단어를 반복적으로 베껴 쓰는 방법

03 작문하기

1. 개념

(1) 정의

글쓴이가 쓰고자 하는 바를 글로 표현하는 것으로, 쓰기 교수의 궁극적인 목표는 작문 능력을 향상하는 것이다.

2. 작문 교수법

(1) 쓰기 과정의 명시적 전략 교수

① 단계

단계	구분	내용
1단계	계획하기	• 글감 선택하기 • 쓰기의 목적 고려하기 • 독자 선택하기 • 생각을 생성 · 조직하기
2단계	초안 작성	문법, 철자보다는 내용을 생성 · 조직하면서 글을 작성하는 데 초점 맞추기
3단계	내용 수정	• 내용을 중심으로 수정하기 • 초고를 다시 읽고 보충하고 다른 내용으로 변경하고 필요 없는 부분을 삭제하고 내용을 옮기는 등의 수정하기 • **또래 교수를 사용한 수정 전략**: 서로의 글을 읽고 잘 쓴 부분 하나와 개선이 필요한 부분 둘을(이해가 안 되는 부분, 내용 보완이 필요한 부분)을 골라 수정하기
4단계	쓰기의 기계적 측면 교정	• 쓰기의 기계적인 측면(예 철자, 구두점, 문장 구성 등)을 중점적으로 교정하기 • **또래 교수를 사용한 편집하기 전략**: 서로의 글을 읽고, 철자 · 구두점 · 완전한 문장인지의 여부, 문단의 들여쓰기 여부 등을 표시하여 교정하기
5단계	발표하기	• 쓰기 결과물을 게시 또는 제출하기(학급 신문이나 학교 문집 활용) • 적절한 기회를 마련하여 자기가 쓴 글을 다른 학생에게 읽어주거나 학급 게시판 올리기

② 교사의 역할

㉠ 교사가 먼저 모델링(시범)을 제공하고 지속적으로 구체적인 단서를 준다.

㉡ 협동적인 작업으로 구성하고 학생이 주도적으로 점검 · 수정을 할 수 있게 훈련한다.

(2) 자기조절 전략 교수

① 작문 과정에 있어 '자기조절'의 역할을 강조하는 학습 전략이다.

② 방법

방법	설명
논의하라	교사는 전략을 명시적으로 소개하고 전략의 목적 · 장점도 제시함
시범을 보여라	교사는 전략을 어떻게 사용하는지 정확하게 시범을 보임
외우게 하라	학생은 기억 전략을 사용하여 전략 사용의 단계를 외움
지원하라	교사는 학생이 전략 사용 단계에 따라 전략을 적용하는 데 필요한 지원을 함
독립적으로 사용하게 하라	학생은 궁극적으로 교사의 지원 없이 전략을 독립적으로 사용함

(3) 글의 구조에 대한 교수

① 장르별 글의 구조를 명시적 · 체계적으로 가르치는 교수를 말한다.

② 글의 구조에 대한 교수는 쓰기 과정에 대한 교수와 결합하여 사용하는 경우가 많다.

③ 방법

㉠ 이야기 글: 이야기 문법을 명시적으로 교수한다.

㉡ 설명글: 비교-대조, 열거, 예시, 서술, 원인-결과 등 각 구조의 구성요소를 명시적으로 교수한다.

㉢ 논설문: 주장, 근거, 예시, 결론을 중심으로 제공하면 좋다.

36 2018학년도 중등 A 7번

(가)는 학습장애 학생 C가 쓴 글이고, (나)는 학생 C를 위한 쓰기 지도 과정 중 '가리고 베껴 쓰기' 단계의 일부이다. ① (가)에 나타난 쓰기 오류의 명칭을 쓰고, ② ㉠에서 특수교사가 적용한 기법의 명칭을 쓰시오. [2점]

(가) 학생 C가 쓴 글

> 우리 집 마당에 감나무가 있습니다. 나무에 가미 주렁주렁 매달려 있습니다. 할머니가 가믈 두 개 따서 나와 친구에게 주었습니다. 친구와 두리서 마싰게 가믈 머겄습니다.

(나) 학생 C를 위한 쓰기 지도 과정

> ㅇ 오류를 수정하기 위하여 틀린 단어를 하나씩 쓰는 연습을 다음과 같이 실시함
>
> ㉠
> - 단어를 보여주고 가림판으로 단어를 가림
> - 단어를 가린 후 5초 동안 기다리면서 학생 C가 단어를 기억해서 쓰도록 함
> - 학생이 단어를 기억해서 올바르게 쓰면 칭찬을 해주고, 다음 단어를 학습하도록 함
> - 만약 틀린 경우에는 틀린 부분에 대한 교정적 피드백을 제공한 후, 다시 단어를 보여주고 가림판으로 단어를 가림, 5초 동안 기다리면서 학생 C가 단어를 기억해서 쓰도록 함

• ①: ______________ • ②: ______________

37 2015학년도 중등 A 10번 일부

다음은 새로 부임한 최 교사가 박 교사에게 학습장애 학생 A와 B에 대하여 자문을 구하는 대화 내용이다. (나)에서 박 교사가 학생 B를 위해 제시한 방법이 무엇인지 쓰시오. [2점]

(나) 대화 내용

> 최 교사: 선생님, B는 철자를 쓰는 데 어려움이 있어요. '깊이'를 '기피'라던가 '쌓다'를 '싸타'처럼 소리 나는 대로 쓰는 경향이 있어요. 이런 경우에는 어떻게 지도해야 하나요?
>
> 박 교사: B의 학습 특성은 어떠한가요?
>
> 최 교사: B는 스스로 참여하는 학습 과제에 흥미를 느낍니다.
>
> 박 교사: 그렇다면 B의 학습 특성상 학생이 주도적으로 학습할 수 있는 방법이 좋을 것 같아요. 초인지 전략 중 자기점검과 자기교수법을 변형시킨, 철자법을 스스로 확인하는 방법을 쓰면 좋겠어요. B가 '깊이'를 '기피'로 잘못 썼다면 정답을 보여주고 자신이 쓴 답과 정답을 비교하고, 이를 확인하고, 수정한 후, 올바른 단어를 베껴 쓰게 하세요. 이러한 과정을 여러 번 반복하면 정확한 철자 쓰기에 도움을 줄 수 있을 것 같아요.

• ______________

38 2009학년도 초등 17번

다음은 정신지체학교 초등부 5학년 학생 민지의 일기 내용이다. 민지의 일기에 대한 오 교사의 바른 분석을 〈보기〉에서 모두 고른 것은? [1.4점]

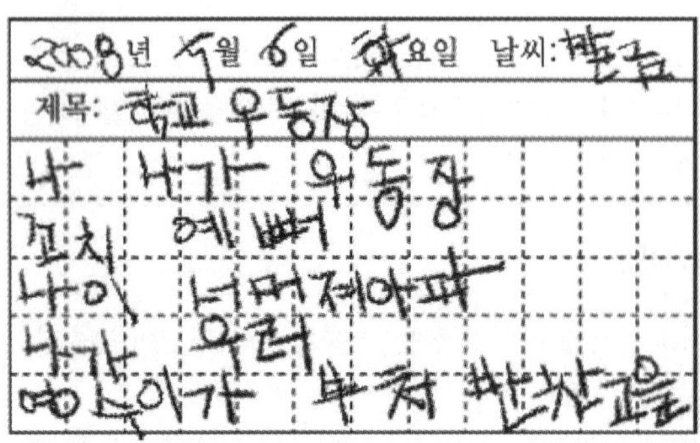

〈보기〉

㉠ 의미 있는 문장을 구성할 수 있다.
㉡ 문장을 어순에 맞게 구성할 수 있다.
㉢ 의존 형태소를 바르게 사용할 수 있다.
㉣ 낱말 소리와 표기가 다를 수 있음을 가르칠 필요가 있다.

① ㉠, ㉡　② ㉠, ㉣　③ ㉡, ㉢　④ ㉠, ㉢, ㉣　⑤ ㉡, ㉢, ㉣

39 2010학년도 중등 16번

다음은 학습장애 학생 A의 쓰기 특성을 요약한 내용이다. A의 특성에 적절한 쓰기 지도방법을 〈보기〉에서 모두 고른 것은? [2점]

글쓰기 시간에 무엇에 대하여 쓸 것인지를 생각하는 데 오랜 시간이 걸리며, 글씨를 쓰는 속도가 느려 주어진 시간 내에 글을 쓰는 데 어려움이 있다. 또한 소리 나는 대로 표기되는 낱말을 쓸 때에는 어려움이 없지만, 음운 변동이 일어나는 낱말을 쓸 때에는 철자의 오류가 많다. 특히 대부분의 문장이 단순하고 글의 내용도 제한적이다.

〈보기〉

ㄱ. 글쓰기 연습을 할 수 있는 시간과 다양한 기회를 제공한다.
ㄴ. 낱자-음소의 대응 관계에 초점을 두어 철자 교수를 실시한다.
ㄷ. 초안을 쓸 때 철자 지도를 강조하여 철자 오류를 줄이도록 한다.
ㄹ. 초안 작성 단계에서, 학생의 관심 등을 고려하여 다양한 주제를 제공한다.
ㅁ. 수정 · 편집 단계에서, 초안의 내용을 보충하고 맞춤법 등의 오류를 교정하도록 지도한다.

① ㄱ, ㅁ　② ㄴ, ㄷ　③ ㄱ, ㄴ, ㅁ　④ ㄱ, ㄹ, ㅁ　⑤ ㄴ, ㄷ, ㄹ

40 2011학년도 초등 19번

홍 교사는 2008년 개정 특수학교 기본 교육과정 교과서 국어 3. '정다운 대화' 단원에서 '일기 쓰기' 학습 활동을 다음의 내용으로 실시한 후, 중복장애 학생 영수의 쓰기를 평가하였다. 영수의 일기에 대한 평가와 지도내용 중 바른 것을 〈보기〉에서 모두 고르면? [1.4점]

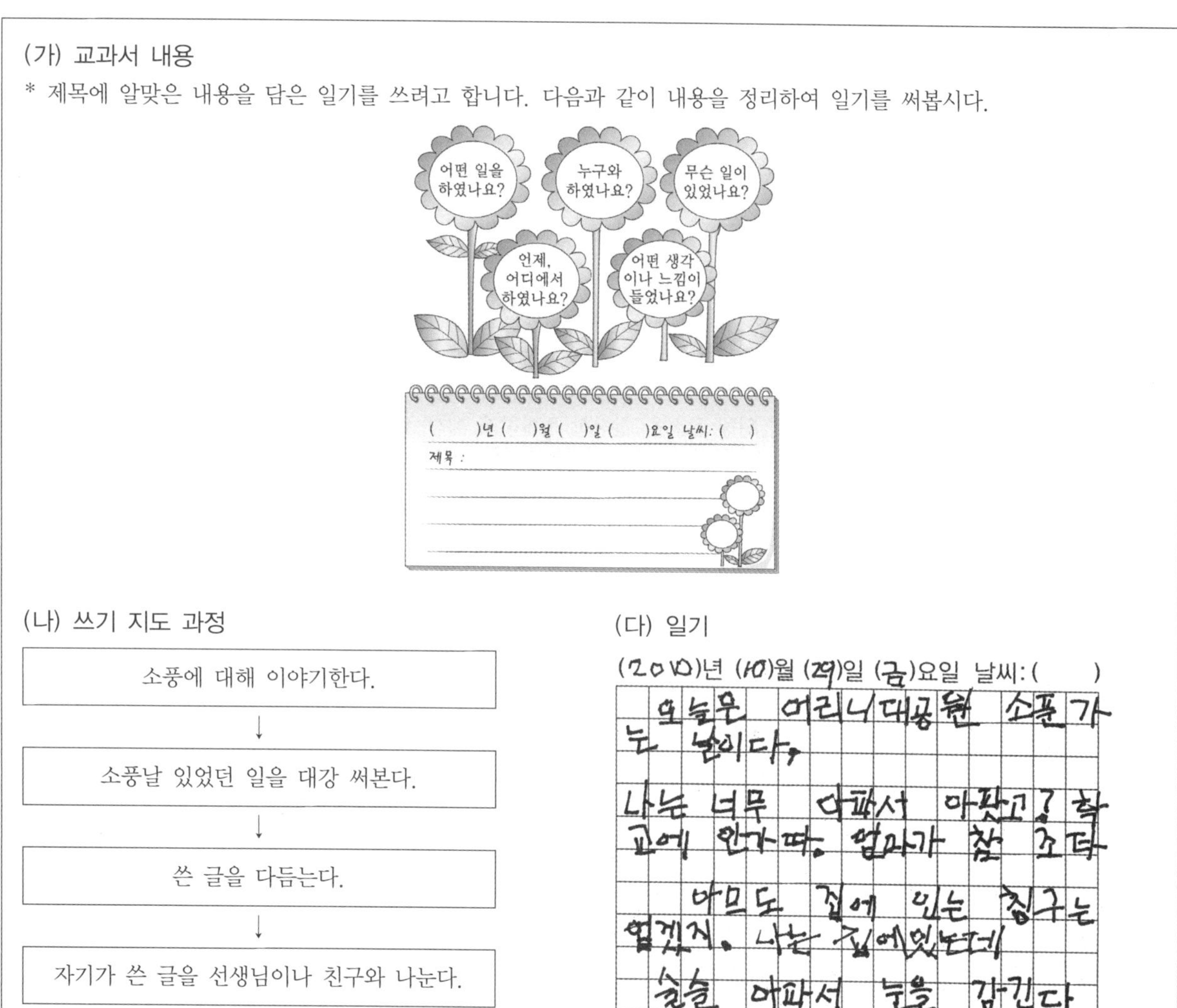
(가) 교과서 내용
* 제목에 알맞은 내용을 담은 일기를 쓰려고 합니다. 다음과 같이 내용을 정리하여 일기를 써봅시다.
어떤 일을 하였나요?
누구와 하였나요?
무슨 일이 있었나요?
언제, 어디에서 하였나요?
어떤 생각이나 느낌이 들었나요?
( )년 ( )월 ( )일 ( )요일 날씨: ( )
제목 :
(나) 쓰기 지도 과정
소풍에 대해 이야기한다.
소풍날 있었던 일을 대강 써본다.
쓴 글을 다듬는다.
자기가 쓴 글을 선생님이나 친구와 나눈다.
(다) 일기
(2010)년 (10)월 (29)일 (금)요일 날씨: ( )
오늘은 어리니대공원 소푼가는 날이다,
나는 너무 아파서 아팟고 ? 학교에 안가ㅆ다. 엄마가 참 조다
아므도 집에 있는 칭구는 업겠지. 나는 집에있는데
술술 아파서 눈을 감긴다

〈보기〉

ㄱ. 문장 부호의 사용에는 오류를 보이지 않는다.
ㄴ. 단문 3개와 1개의 중문으로 된 일기로 쓰기 과정에 어려움을 보이지 않는다.
ㄷ. 영수의 일기에서는 '소리 나는 대로' 쓴 정음법적 전략을 사용한 철자 오류가 많다.
ㄹ. 날짜, 요일, 장소, 하루 일과 중 있었던 일, 중요한 일을 생각하여 내용을 구성하였다.
ㅁ. 영수가 일기에서 보이는 오류를 중재하기 위해서는 페그워드(pegword) 전략으로 지도한다.

① ㄱ, ㄴ ② ㄷ, ㄹ ③ ㄱ, ㄹ, ㅁ ④ ㄴ, ㄷ, ㄹ ⑤ ㄷ, ㄹ, ㅁ

41 2012학년도 중등 19번

다음은 특수교사가 학습장애 학생 A의 쓰기 능력을 평가하기 위해 수집한 자료이다. 〈자료 1〉은 주어진 문장을 3분 내에 가능한 한 빠르고 반듯하게 여러 번 써보도록 하여 얻은 것이다. 〈자료 2〉는 '가을'이라는 주제에 대해 15분 동안 글을 쓰도록 하여 얻은 것이다. 학생 A의 쓰기 능력을 향상시키기 위해 고려해야 하는 것만을 〈보기〉에서 있는 대로 고른 것은? [2점]

〈자료 1〉

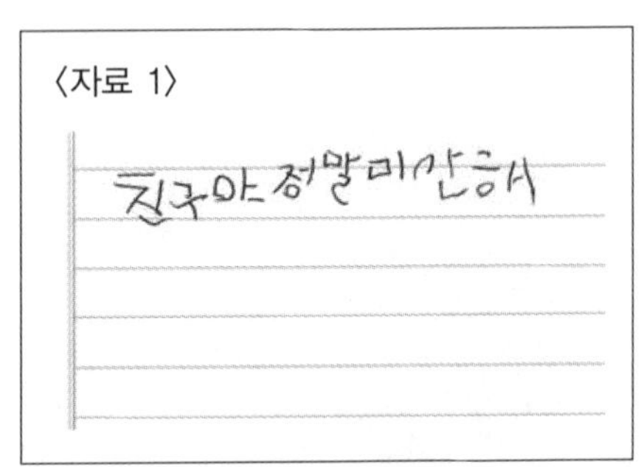

〈자료 2〉

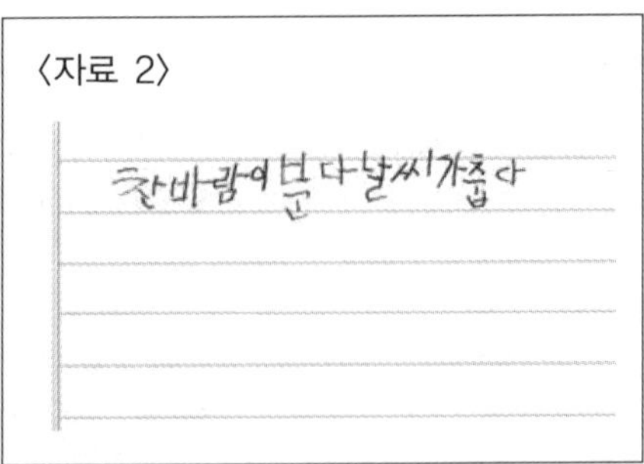

〈보기〉

ㄱ. 학생의 쓰기 유창성을 향상시키기 위해 문장을 천천히 정확하게 베껴 쓰도록 지도한다.
ㄴ. 학생이 글씨를 쓸 때, 글씨 쓰는 자세, 연필 잡는 법, 책상 위의 종이 위치를 점검한다.
ㄷ. 학생이 스스로 혹은 또래와 함께 체크리스트를 활용하여 문법적 오류를 점검하도록 한다.
ㄹ. 문장 지도를 할 때, 두 문장을 연결 어미로 결합하여 하나의 문장으로 만들 수 있도록 지도한다.
ㅁ. 작문 지도를 할 때, 도식 조직자를 활용하여 주제에 대해 아이디어를 생성하고 조직하도록 지도한다.

① ㄱ, ㄴ, ㄹ ② ㄱ, ㄷ, ㅁ ③ ㄴ, ㄷ, ㄹ
④ ㄱ, ㄴ, ㄷ, ㅁ ⑤ ㄴ, ㄷ, ㄹ, ㅁ

42 2013학년도 중등 35번

쓰기 학습장애 학생에게 쓰기 과정적 접근을 통해 작문을 지도할 때 (가)~(마) 중 글쓰기의 단계별 교수 · 학습활동이 옳은 것을 고른 것은? [2점]

글쓰기 단계	교수 · 학습활동
(가) 글쓰기 전 단계	글쓰기 주제와 유형(예: 보고서, 시, 대본)을 선택하게 한다.
(나) 초고 작성 단계	내용 생성의 효율성과 어문규정에 대한 이해도를 높이기 위해 문법과 철자에 초점을 맞추어 글을 작성하게 한다.
(다) 수정 단계	글의 내용을 향상시킬 수 있도록 또래집단으로부터 내용의 첨삭에 대한 피드백을 받게 한다.
(라) 편집 단계	학생이 주도적으로 내용을 표현할 수 있도록 교사의 피드백을 제한하고 사전을 주로 이용하게 한다.
(마) 쓰기 결과물 게시 단계	완성된 쓰기 결과물을 다양한 방법으로 다른 학생들과 공유하게 한다.

① (가), (나), (마) ② (가), (다), (마) ③ (가), (라), (마)
④ (나), (다), (라) ⑤ (나), (다), (마)

43 2011학년도 중등 29번

다음은 학습장애 학생 A가 '컴퓨터 게임 중독'을 주제로 작성한 글이다. 학생 A의 쓰기 특성에 적합한 교수방법으로 가장 적절한 것은? [2점]

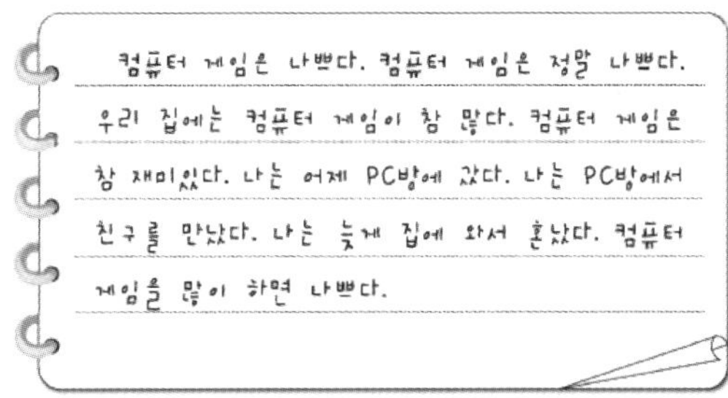
컴퓨터 게임은 나쁘다. 컴퓨터 게임은 정말 나쁘다. 우리 집에는 컴퓨터 게임이 참 많다. 컴퓨터 게임은 참 재미있다. 나는 어제 PC방에 갔다. 나는 PC방에서 친구를 만났다. 나는 늦게 집에 와서 혼났다. 컴퓨터 게임을 많이 하면 나쁘다.

① 정밀교수(precision teaching)
② 도식 조직자(graphic organizer)
③ 페그워드 방법(pegword method)
④ 심상화 기법(visualization method)
⑤ 빈칸 채우기 과정(cloze procedure)

44 2014학년도 중등 A 6번

다음 (가)는 30분 동안 실시한 작문 평가에서 학습장애 학생 A가 'TV와 신문의 공통점과 차이점'에 대해 쓴 글의 전체이며, (나)는 학생 A를 위해 계획한 쓰기 과정적 접근법에 대한 내용이다. (나)의 밑줄 친 ㉠에 들어갈 내용 2가지를 (가)에 나타난 특성과 관련지어 쓰고, ㉡을 할 때 필요한 철자 교수법을 (가)에 나타난 철자 오류 특성과 관련지어 쓰시오. [4점]

(가) 학생 A가 쓴 글

우리 집에는 TV가 없다. 나는 TV가 좋다. 신문은 종이로 만든다. 나는 신문이 멀로 안 좋고, TV가 더 좋다. 왜야하면 TV에서는 여능이 나온다. 스포즈 신문은 좋다. 왜야하면 귀즈가 있다.

* 학생 A가 표현하고자 한 글
우리 집에는 TV가 없다. 나는 TV가 좋다. 신문은 종이로 만든다. 나는 신문이 별로 안 좋고, TV가 더 좋다. 왜냐하면 TV에서는 예능이 나온다. 스포츠 신문은 좋다. 왜냐하면 퀴즈가 있다.

(나) 학생 A를 위한 쓰기 과정적 접근법

단계	교수계획
계획하기	㉠ ______________________
초안 작성하기	철자나 문법보다는 내용을 쓰는 데 초점을 맞추어 지도한다.
내용 수정하기	쓴 글의 내용을 읽고, 내용 보충이 필요한 부분, 내용 변경이 필요한 부분, 내용 삭제가 필요한 부분, 내용 이동이 필요한 부분 등을 수정하도록 지도한다.
편집하기	㉡ <u>철자에 초점을 맞추어 지도</u>한다.
게시하기	쓴 글을 학급 친구들 앞에서 발표하게 한다.

- ㉠: ______________________
- ㉡: ______________________

제5절 수학장애

01 수학 수행에 영향을 미치는 일반적 어려움

1. 수학 학습문제

학습문제	수학 관련 수행
시지각	• 전경-배경 - 수업 활동지에서 풀어야 할 자리를 찾지 못하고 한 페이지에 제시된 문제를 다 풀지 못함 - 여러 자리의 수를 읽기 어려워함 • 변별 - 수(예 6과 9, 2와 5, 17과 71), 동전, 연산사고, 시침 · 분침을 구분하지 못함 • 공간 - 모양이나 문제를 베껴 쓰는 것을 어려워함 - 종이 위에 직선을 그리거나 수직선을 사용하는 것을 어려워함 - 전-후 개념을 혼동함(예 시간이나 수 세기를 어려워함) - 위-아래(예 덧셈), 왼쪽-오른쪽(재구성), 수 정렬과 관련된 계산을 어려워함 - 소수점 위치를 잘못 놓음 - 패턴이나 묶음으로 사물을 분류하는 것을 어려워함 - 음수와 양수를 (방향적으로) 혼동함
청지각	• 구어로 연습하거나 문장제 문제 푸는 것을 어려워함 • 차례대로 수 세기, 숫자와 문제 받아쓰기, 수 패턴을 학습하는 것을 어려워함
운동	• 읽기 어려울 정도로 부정확하고 느리게 숫자를 씀 • 작은 공간에 숫자 쓰기를 어려워함(숫자를 너무 크게 씀)
기억	• 단기 - 수 사실이나 새로운 정보를 유지하지 못함 - 연산 과정 단계를 빠트림 - 기호의 의미를 기억하지 못함 • 장기 - 수학적 사실을 장기간에 걸쳐 천천히 숙달함 - 수업 내용과 복잡한 시험지를 제대로 복습하지 못함 - 연산 과정의 단계를 빠트림 • 순차 - 시간 말하기를 어려워함 - 다단계 계산 문제 단계를 모두 수행하지 못하고, 다단계 문장제 문제를 풀기 어려워함
주의	• 연산과 문장제 문제의 단계에 지속적으로 집중하지 못함 • 결정적인 수업 단계(예 교사 모델링)에 꾸준하게 주의를 기울이지 못함
언어	• 수용 - 수학 용어와 의미를 연결하지 못함(예 빼기, 가수, 피제수, 재구성, 피승수, 자릿값) - 다중 의미를 지닌 단어의 연결하기 어려워함 • 표현 - 수학 용어를 사용하지 못하거나 구어로 수학 문제를 푸는 것이 어려움 - 문장제 문제나 알고리즘을 풀이하는 단계를 말로 잘 표현하지 못함

학습문제	수학 관련 수행
읽기	수학 문장제 문제 내 어휘를 이해하지 못함
인지적 · 추상적 추론	• 언어 · 수학 정보를 수학식과 알고리즘으로 전환하기 어려워함 • 문장제 문제를 풀기 어려워함 • 크기와 양을 비교하거나 수학 기호를 이해하는 것을 어려워함 • 수학적 개념 · 연산의 추상적인 수준을 이해하지 못함
초인지	• 계산, 문장제 문제를 풀 때 적절한 전략을 인지 · 선택하지 못함 • 문장제 문제나 다단계 계산 문제의 문제해결 과정을 모니터링하기 어려워함 • 다른 상황에 전략을 일반화하지 못함
사회적 · 정서적 요인	• 충동적 - 계산 시 부주의한 실수를 저지르고, 문제를 다시 살펴보거나 들을 때 자주 답을 바꿈 - 구어로 연습할 때 부정확하고 빨리 반응함 - 문제의 세부 내용에 집중하지 못함 • 단기 집중, 주의 산만 - 할당된 시간에 작업을 완수하지 못함 - 다단계 계산을 어려워함 - 문제를 끝내지 않고 다음 문제로 넘어가거나 과제 이탈 행동을 함 • 수동적이고 학습화된 무기력 - 계산 문제, 문장제 문제를 빠뜨림 - 관심이 없거나 전략이 부족함 • 자기 존중감 - 자신감이 부족하고 쉽게 포기함 • 불안 - 시험을 치는 동안 문제를 풀지 못할 정도로 긴장함 - 불안감을 줄이고자 수학을 회피함

02 수학 하위 영역별 특성 및 교수법

1. 수 개념

(1) 구체적 학습에서 추상적 학습으로의 진행

① **구체적 수준:** 학생은 수 문제를 해결하는 과정에서 블록, 주사위, 구슬, 막대 등의 실제 자료를 직접 만지고 움직이고 조작할 수 있다.

② **반구체적 수준:** 구체적 수준의 기술을 습득하면 반구체적 · 표상적인 수준의 교수를 진행하고, 학생은 이 수준에서 수학 문제를 해결할 때 그림이나 개수 표시를 활용한다.

③ **추상적 수준:** 이 수준의 학생은 수학 문제를 해결할 때 반구체적 그림이나 표시 없이 숫자만을 사용한다.

2. 사칙연산

(1) 수학적 오류에 대한 분석

① 교사는 수학 학습에 어려움을 겪는 학생의 오류 유형을 발견하고 이 오류를 바로 잡아주는 방향으로 지도하는 수업을 구성해야 한다.

② 오류 유형

유형	설명
자릿값	• 자릿값은 수에서 한 숫자가 가지는 위치에 특별한 중요성을 표시하는 수 체계의 측면임 • 이 오류를 범하는 학생은 자릿값, 재묶음, 가져오기, 빌려오기 등의 개념을 이해하지 못해 다음 예와 같은 오류를 보일 수 있음 예 $\begin{array}{r} 75 \\ -27 \\ \hline 58 \end{array}$, $\begin{array}{r} 63 \\ +18 \\ \hline 71 \end{array}$
계산 사실	기본적인 사칙연산(더하기 · 빼기 · 곱하기 · 나누기)에 오류를 보이는 학생은 많은 연습 · 훈련이 필요함 예 $\begin{array}{r} 6 \\ \times 8 \\ \hline 46 \end{array}$, $\begin{array}{r} 9 \\ \times 7 \\ \hline 62 \end{array}$
잘못된 과정 사용	몇몇 학생은 잘못된 계산 과정을 사용하여 오류를 보임 예 $\begin{array}{r} 6 \\ \times 2 \\ \hline 8 \end{array}$, $\begin{array}{r} 15 \\ -3 \\ \hline 18 \end{array}$
왼쪽에서 오른쪽으로 계산	몇몇 학생은 계산 방향을 반대로 하여 왼쪽에서 오른쪽으로 계산함 예 $\begin{array}{r} 35 \\ +81 \\ \hline 17 \end{array}$, $\begin{array}{r} 56 \\ +71 \\ \hline 28 \end{array}$

(2) 교수법

① 덧셈

㉠ 덧셈 기술의 학습 단계

단계	방법
모두 세기	• 두 수를 더할 때, 각 수를 1부터 센 다음(예 4+3을 계산할 때 '1, 2, 3, 4 + 1, 2, 3'), 이들을 합쳐서 다시 셈(1, 2, 3, 4, 5, 6, 7…) • 이 시기에는 일반적으로 손가락이나 사물을 사용하여 수 세기를 함
이어 세기	• 두 수를 더할 때, 한 숫자에서 시작하여 더해지는 만큼 나머지 수를 셈 예 4 + 3을 계산할 때 4 − 5, 6, 7 • 초기에 두 수의 크기와 상관없이 앞의 수를 기준으로 뒤의 수를 세는 방법을 사용하다가, 점차 발달하면서 두 수 중 큰 수를 변별하고 큰 수를 기준으로 나머지 수를 세는 방법을 사용함 예 2 + 4 계산, 4 − 5, 6을 사용 • 초반에는 손가락이나 사물을 사용하여 수 세기를 하다가 점차 언어적으로 수 세기를 함
부분 인출	직접 인출 단계 전에 나타나는 과도기적 단계로 학생이 직접 인출 가능한 덧셈식에 추가적으로 필요한 계산을 더하여 셈하는 방법 예 6 + 7 계산, 6 + 6=12라는 정보를 장기기억에서 인출한 후, 6 + 7이 1만큼 크니 1을 더하여 13이라는 답을 인출함
직접 인출	두 수의 합을 계산 과정을 거치지 않고 장기기억에서 바로 인출하여 답하는 것

㉡ 효율적인 덧셈 전략

전략	설명
큰 가수를 기준으로 이어 세기	• 큰 가수를 기준으로 이어 세기를 하려면 선행지식과 기술이 필요함 – 덧셈식의 순서와 상관없이 효율적인 순서로 연산을 할 수 있다는 점을 알아야 함 – 두 수 중 큰 수를 변별할 수 있어야 함 – 1이 아닌 숫자부터 시작하여 셀 수 있어야 함 ➡ 이 중에서 '두 수 중 큰 수를 변별할 수 있어야 함'을 인식하는 것은 큰 수를 기준으로 이어 세기를 하는 데 가장 중요하기 때문에, 교사는 두 수 중 어떤 수가 더 큰 수인지 변별하는 연습을 학생이 충분히 하게 해야 함
부분 인출 및 직접 인출	기본 셈을 빠르고 정확하게 할 부분 인출과 직접 인출로 기본 셈을 하게 도와주어야 함
덧셈구구 교수 단계	• 1단계: 학생이 덧셈구구의 기본 개념을 이해하도록 가르침 • 2단계: 사칙연산 구구표를 이용하여 다양한 덧셈구구의 관련성을 이해하도록 도와줌 • 3단계: 학습한 사칙연산 구구를 자동화할 수 있도록 반복·누적하여 연습할 기회를 제공함
두 자릿수 이상의 덧셈 교수	• 받아 올리는 수는 고정적인 위치에 적도록 지도하는 것이 좋음 • 받아 올림을 해야 하는 계산식의 답안란에 네모로 표시하고, 각 네모에는 하나의 숫자만 들어가야 한다는 점을 강조함 • 형광펜이나 세로 줄로 표시 또는 도움을 주거나 격자 표시가 된 종이를 사용하기도 함

② 곱셈(곱셈구구 교수)

㉠ 이 교수의 궁극적인 목적은 학생이 계산과정을 거치지 않고 바로 장기기억에서 답을 인출하는 것이다.

㉡ 곱셈의 개념, 식, 배수의 개념 등을 이해하게 한 다음 충분한 연습을 하며 곱셈구구의 기본 셈을 빠르고 정확하게 할 수 있도록 한다.

3. 문장제 문제

(1) 개념

① 문장으로 표현된 수학 문제를 말하며, 문장제 문제해결에 어려움이 있는 경우 문제해결 수학 학습장애로 본다.

② 개인차가 다양한 편이며 연산 수학 학습장애의 경우 작동기억·처리속도·주의집중 행동에 문제를 보이는 반면 문제해결 수학 학습장애 학생은 언어능력에 상당한 문제가 있다.

(2) 문장제 문제해결에 필요한 능력

① 문제를 읽고 이해할 수 있어야 한다.

② 문제해결에 적합한 수학 식을 세울 수 있어야 한다.

③ 문제해결에 적합한 식을 세운 다음 해당 식을 오류 없이 연산할 수 있어야 한다.

(3) 교수법

① 핵심어 전략

㉠ 일반적으로 문장제 문제에 많이 등장하는 단어에 적절한 연산을 연계시켜 문제를 해결하는 방법이다.

예 '적게', '각각', '남은 것' 등은 주로 뺄셈을 활용하고, '모두'는 덧셈을 활용하는 전략

㉡ 학생이 문제의 전체 맥락을 파악하는 대신 특정 단어에만 지나치게 주의집중하는 경우 과잉일반화를 초래하여 오답을 내릴 가능성이 있다.

② **전략 교수**: 문제해결 절차의 명시적인 교수로 인지 전략, 자기조절 전략 등의 초인지 전략 교수를 포함한다.

③ **표상 교수**: 제시된 문제 상황을 그림이나 도식으로 나타내어 문제해결을 시도하는 방법이다.

참고 학습장애 표상 교수의 문장제 문제

<table>
<tr><th>덧셈과 뺄셈이 적용되는 문장제 문제의 유형</th><th>곱셈과 나눗셈이 적용되는 문장제 문제의 유형</th></tr>
<tr><td>**변화형(change)**: 어떤 대상의 수가 변화하는 형태의 문제로 시작, 변화량, 결과의 관계를 파악해야 하는 문제
예 경미네 집에서는 빵을 235개 만들어서 196개 팔았습니다. 남은 빵은 몇 개입니까?
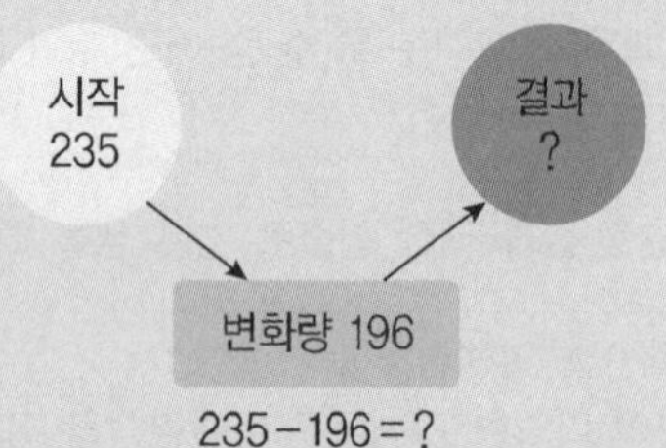
</td><td>**배수비교형(Multipicative comparison)**: 목적 대상을 비교 대상의 배수 값과 관련지어야 하는 문제로, 목적 대상, 비교 대상, 대상과의 비교 관계를 파악해야 하는 문제
예 큰 못의 무게는 27.6g이고, 작은 못의 무게는 5.2g입니다. 큰 못의 무게는 작은 못 무게의 약 몇 배입니까? (반올림하여 소수 둘째자리까지 구하시오.)
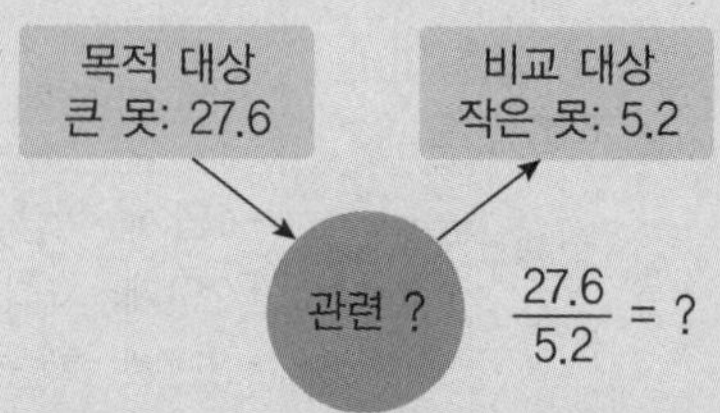

$\frac{27.6}{5.2} = ?$</td></tr>
<tr><td>**결합형(combine)**: 대상 간의 관계가 상위/하위 관계 형태의 문제로, 상위 개념, 하위 개념 1, 하위 개념 2의 관계를 파악해야 하는 문제
예 경화네 아파트 단지에 사는 사람은 모두 5,346명인데, 그중에서 남자가 2,758명입니다. 경화네 아파트 단지에 사는 여자는 몇 명입니까?
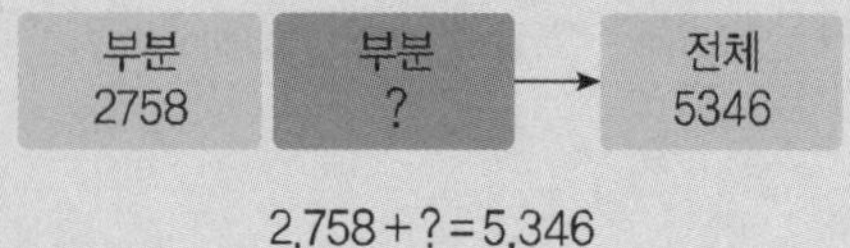

2,758 + ? = 5,346</td><td>**변이형(vary)**: 두 대상 간의 관계가 인과관계로 진술되어 있고, 둘 사이 인과관계 값 중 하나를 파악해야 하는 문제
예 터널을 하루에 4.7m씩 뚫는다면, 터널 178.6m를 뚫는 데에는 며칠이 걸립니까?
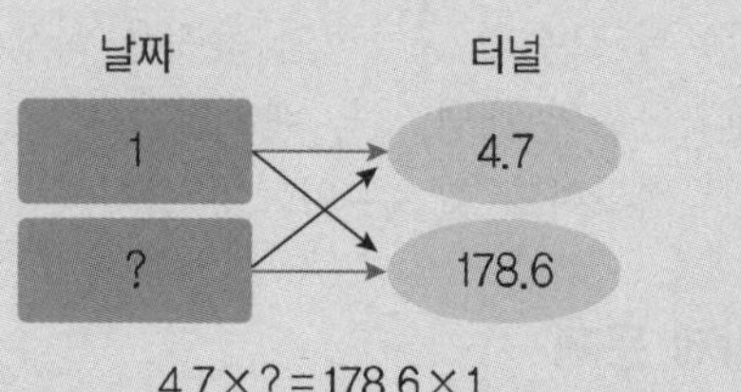

4.7 × ? = 178.6 × 1</td></tr>
<tr><td>**비교형(compare)**: 대상 간의 차이를 비교하는 형태의 문제로, 비교 대상 1, 비교 대상 2, 두 대상의 차이 관계를 파악해야 하는 문제
예 훈이네 농장에서는 포도를 1,345kg 땄고, 현이네 농장에서는 976kg을 땄습니다. 훈이네는 현이네보다 포도를 몇 kg 더 땄습니까?
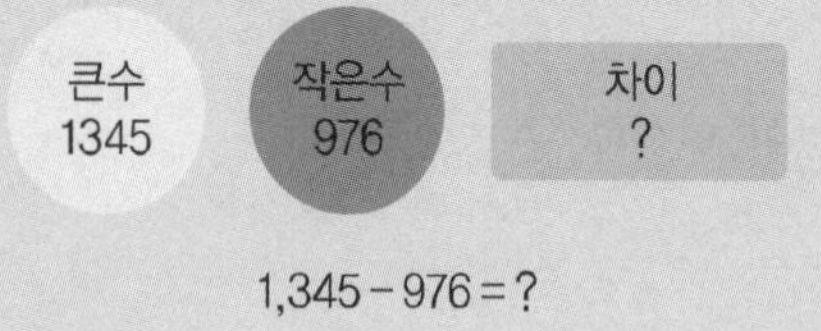

1,345 - 976 = ?</td><td></td></tr>
</table>

45 2009학년도 중등 11번

정신지체 학생 A가 덧셈한 방법은 명시적 교수법(explicit instruction)의 어느 수준인가? [2점]

A는 '받아 올림이 없는 한 자리 수 더하기 한 자리 수' 덧셈을 할 때 아래와 같이 숫자 위에 그 수만큼의 동그라미를 그리고 그 수를 세어 계산하였다.

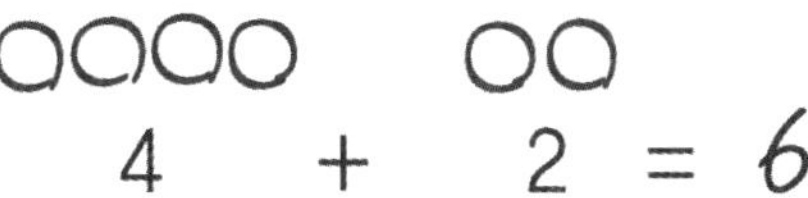

① 구체물 수준　② 추상적 수준　③ 활동적 수준　④ 상징적 수준　⑤ 반구체물 수준

46 2009학년도 중등 23번

학습장애 학생 A는 기본 연산을 할 수는 있으나 유창성이 부족하다. 이 학생의 연산 능력을 향상시키기 위하여 지도해야 할 수학적 유창성의 구성요소로 옳은 것을 〈보기〉에서 모두 고른 것은? [2점]

〈보기〉

ㄱ. 속도　ㄴ. 추론　ㄷ. 정확성　ㄹ. 일반화 능력　ㅁ. 문제해결 능력

① ㄱ, ㄷ　② ㄱ, ㅁ　③ ㄱ, ㄴ, ㄹ　④ ㄴ, ㄹ, ㅁ　⑤ ㄷ ,ㄹ, ㅁ

47 2019학년도 중등 A (기입형) 7번

다음은 권 교사가 고등학교 1학년 수학 학습장애 학생 G와 학생 H의 문제풀이 과정과 결과를 보고 분석한 내용이다. 괄호 안의 ㉠, ㉡에 해당하는 용어를 순서대로 쓰시오. [2점]

(가) 학생 G

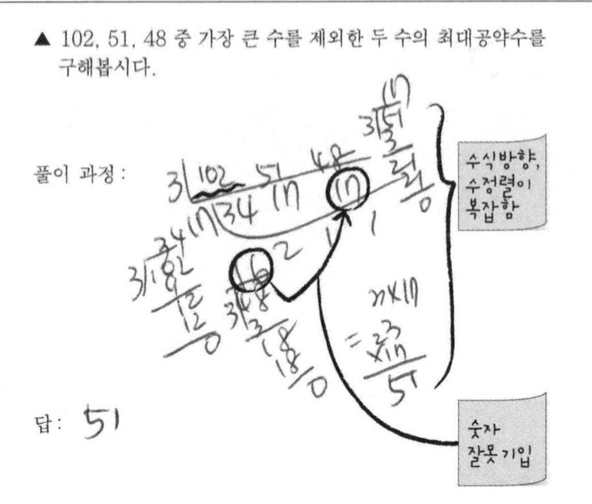

▲ 102, 51, 48 중 가장 큰 수를 제외한 두 수의 최대공약수를 구해봅시다.
풀이 과정 :
수식방향, 수정렬이 복잡함
숫자 잘못기입
답: 51

- 중요한 정보를 선택하지 못하는 '선택적 주의집중력'의 부족을 보임
- 수식 방향과 수 정렬이 복잡하고, 수를 혼돈하여 기입하며, 문제를 푸는 위치를 자주 잃어버리는 등 (㉠)에 어려움을 보임

(나) 학생 H

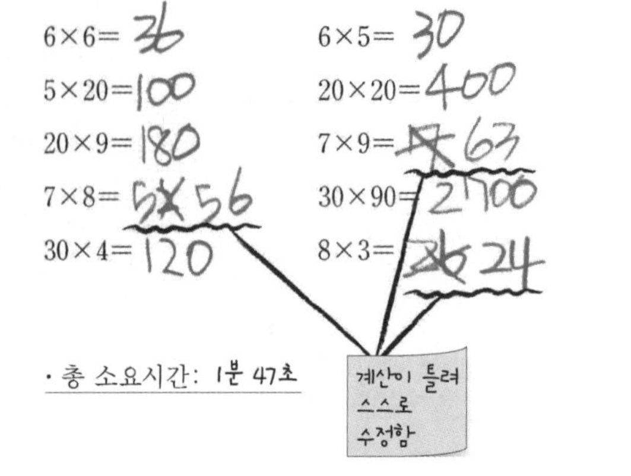

- 문제를 집중하여 풀었으나 시간이 오래 걸림
- 곱셈구구를 할 수 있음에도 (㉡)이/가 부족하여, 기본 셈의 유창성에 영향을 줄 수 있으므로 반복 · 누적된 연습 기회를 제공할 필요가 있음
- 작업 기억을 효율적으로 사용하지 못하는 이유일 수도 있으므로 추가 검사가 필요해보임

• ㉠: ______________________ • ㉡: ______________________

48 2009학년도 초등 43번

다음은 세 학생이 소수의 덧셈 과정에서 범한 오류이다. 이에 대한 설명이나 대처방안으로 옳지 <u>않은</u> 것은? [1.4점]

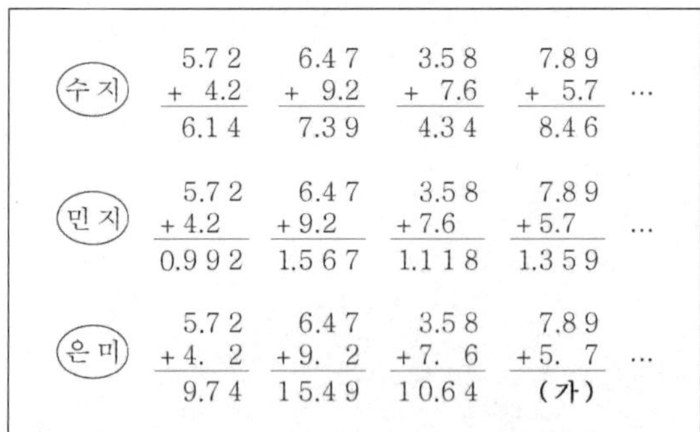

학생					
수지	5.7 2 + 4.2 6.1 4	6.4 7 + 9.2 7.3 9	3.5 8 + 7.6 4.3 4	7.8 9 + 5.7 8.4 6	…
민지	5.7 2 + 4.2 0.9 9 2	6.4 7 + 9.2 1.5 6 7	3.5 8 + 7.6 1.1 1 8	7.8 9 + 5.7 1.3 5 9	…
은미	5.7 2 + 4. 2 9.7 4	6.4 7 + 9. 2 1 5.4 9	3.5 8 + 7. 6 1 0.6 4	7.8 9 + 5. 7 (가)	…

① 수지는 받아 올림이 있는 (세 자리 수) + (두 자리 수)를 계산할 수 없다.
② 수지는 자연수의 덧셈과 같은 방법으로, 더하는 수와 더해지는 수의 오른쪽 끝을 맞추어 덧셈을 하였다.
③ 민지는 자릿값이 같은 수끼리 더한 후, 소수의 곱셈과 같은 방법으로 소수점을 찍었다.
④ 민지에게 계산 결과를 어림해보게 하는 것은 자신의 계산이 틀렸음을 알게 하는 효과적인 방법이다.
⑤ 은미가 자신의 방식대로 계산을 계속한다면, (가)에는 12.96으로 답했을 것이다.

49 2011학년도 초등 25번

다음은 학습장애 학생들이 수학 시험에서 보인 오류이다. 오류 형태의 분석과 그에 따른 지도방법이 적절한 것을 모두 고른 것은? [1.4점]

구분	오류	오류 분석	지도방법
ㄱ	$\begin{array}{r}77\\+19\\\hline 816\end{array}$ $\begin{array}{r}88\\+39\\\hline 1117\end{array}$	자릿수를 고려하지 않고 답을 기입함	• 수 모형(낱개 모형, 십 모형, 백 모형)을 이용하여 낱개가 10개가 되면 십 모형 1개로 십 모형이 10개가 되면 백 모형 1개로 교환하게 하여 자릿수 개념을 확인시킨다. • 그림과 같은 틀을 주어 일의 자리부터 더하여 첫째 줄의 네모 칸에 기입하고, 십의 자리를 더하여 다음 줄의 네모 칸에 기입한 후 합을 구하게 한다. 이때 네모 칸 속에는 숫자를 하나씩만 쓰도록 한다. $\begin{array}{r}88\\+39\\\hline □□\\□□□\\\hline □□□\end{array}$
ㄴ	$\begin{array}{r}26\\+3\\\hline 11\end{array}$ $\begin{array}{r}56\\+2\\\hline 13\end{array}$	단순한 연산 오류임	• 그림과 같이 구체물을 이용해서 두 집합으로 가르고, 두 집합을 다시 하나의 집합으로 모으는 활동을 하게 한다. 9 • 수직선을 이용하여 주어진 수 만큼 앞으로 가거나 뒤로 가는 활동을 하게 한다. • 또 다른 그림을 보고 수식을 만들어 계산하는 연습을 시킨다.
ㄷ	$\begin{array}{r}32\\-19\\\hline 27\end{array}$ $\begin{array}{r}45\\-17\\\hline 32\end{array}$	받아내림을 하지 않고 큰 수에서 작은 수를 뺌	• 수 모형(낱개 모형, 십 모형)을 이용해서 윗자리의 숫자인 피감수를 제시하게 하고, 아랫자리의 숫자인 감수만큼 제거하도록 한다. 이때 일의 자리부터 감수를 제거하도록 하고, 피감수의 낱개 모형 수가 부족하면 십 모형 1개를 낱개 모형 10개로 교환하여 제거하도록 한다.
ㄹ	$\frac{1}{3}$ $\frac{2}{4}$	분수를 바르게 이해하지 못함	• 색칠하지 않은 부분이 색칠한 부분의 몇 배인지 물어본 후에, 크기가 같은 색종이를 $\frac{1}{3}$과 $\frac{2}{4}$만큼 잘라서 서로 포개어 보도록 한다.

① ㄱ, ㄷ ② ㄴ, ㄷ ③ ㄱ, ㄴ, ㄹ ④ ㄱ, ㄷ, ㄹ ⑤ ㄴ, ㄷ, ㄹ

50 2013학년도 중등 36번

다음은 수학 학습장애 학생 A, B, C의 연산 결과에 대해 두 교사가 나눈 대화이다. ㉠~㉤ 중 옳은 것만을 있는 대로 고른 것은? [2점]

학생 A	학생 B	학생 C
$\begin{array}{r} 83 \\ +\ 68 \\ \hline 141 \end{array}$ $\quad$ $\begin{array}{r} 66 \\ +\ 29 \\ \hline 85 \end{array}$	$\begin{array}{r} 34 \\ \times\ 6 \\ \hline 184 \end{array}$ $\quad$ $\begin{array}{r} 27 \\ \times\ 5 \\ \hline 105 \end{array}$	$\begin{array}{r} 62 \\ -\ 47 \\ \hline 25 \end{array}$ $\quad$ $\begin{array}{r} 35 \\ -\ \ 7 \\ \hline 38 \end{array}$

김 교사: 우리 학급의 학생 A, B, C는 연산 오류를 보이고 있어요.
이 교사: ㉠ A는 전형적인 자릿값 오류를 보입니다.
김 교사: 자릿값은 어떤 방법으로 가르치나요?
이 교사: ㉡ 자릿값을 지도할 때는 덧셈구구표를 보고 수들의 공통점을 파악하도록 하는 것이 효과적입니다. 그리고 또 ㉢ B는 곱셈을 실행한 후 받아올린 수를 더하지 않는 오류를 보입니다. ㉣ 이를 지도하기 위해서는 시각적 표상 교수를 활용하여 '수 계열 인식하기'와 같은 수 감각 증진에 노력해야 합니다.
김 교사: C는 받아내림을 한 후 십의 자리에서 뺄셈을 틀리게 하고 있어요. 따라서 ㉤ 받아내림을 지도할 때 일의 자리에 있는 값은 '10'이 늘어나고, 십의 자리에 있는 값은 '1'이 줄어드는 것에 대한 시각적 단서를 제공할 필요가 있어요.

① ㉡, ㉢ ② ㉢, ㉤ ③ ㉠, ㉡, ㉣ ④ ㉠, ㉢, ㉣ ⑤ ㉡, ㉢, ㉤

51 2014학년도 중등 A (기입형) 7번

다음의 (가)는 특수교육 대상 학생 A의 덧셈 특성이고, (나)는 학생 A가 덧셈 풀이 과정에서 사용한 덧셈 전략을 특수교사가 관찰한 내용이다. 학생 A가 보다 효율적으로 덧셈을 할 수 있도록 특수교사가 가르칠 수 있는 덧셈 전략을 〈조건〉에 맞게 쓰시오. [2점]

(가) 학생 A의 덧셈 특성

- 세 자리 수의 덧셈 문제를 풀 수는 있으나, 문제를 푸는 데 시간이 오래 걸림
- 주어진 시간 내에 문제를 풀려고 할 때, 오답 비율이 높아짐

(나) 학생 A의 덧셈 풀이 과정 관찰 내용

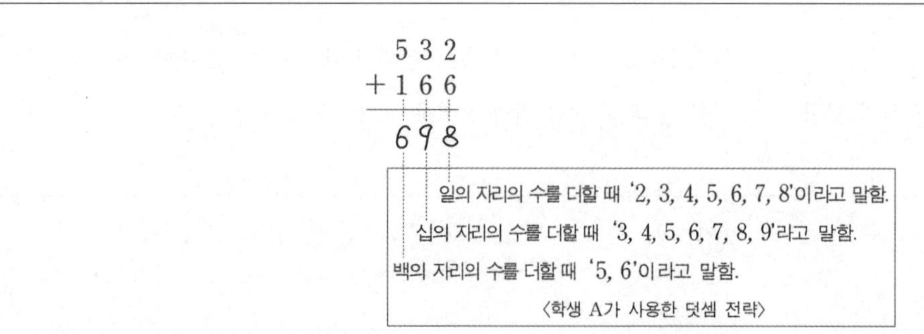

〈학생 A가 사용한 덧셈 전략〉

〈조건〉

부분 인출이나 자동 인출 전략은 제외하고 답할 것

•

52 2016학년도 초등 A 5번 일부

(가)는 초등학교 3학년 학습장애 학생 준서의 특성이고, (나)와 (다)는 '2009 개정 수학과 교육과정' 3~4학년군 '시간과 길이' 단원 중 시간의 덧셈과 뺄셈을 계산하는 차시에서 사용된 학습지와 형성평가지의 일부이다. 물음에 답하시오.

(가) 준서의 특성

- 글을 읽고 이해할 수 있음
- 시 · 공간 지각에 어려움이 없음
- 수업 중 주의집중에 문제가 없음
- 일의 자리와 십의 자리에 대한 자릿값 개념이 있음

(나) 학습지

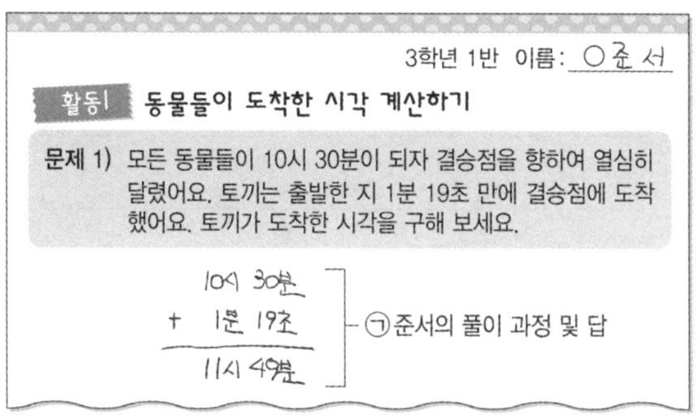

(다) 형성평가지

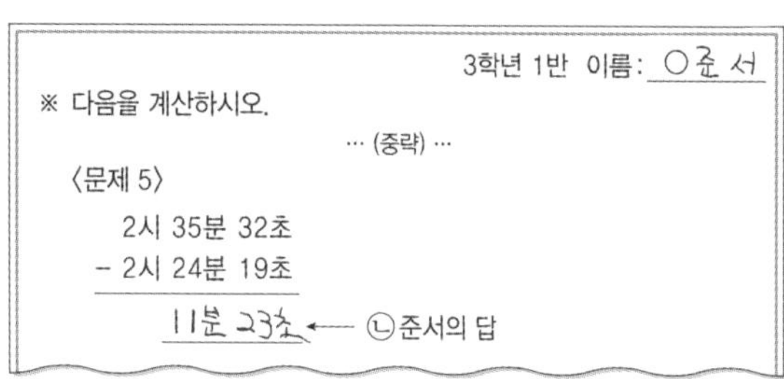

2) 준서는 (나)의 ㉠과 (다)의 ㉡과 같은 오류를 지속적으로 보인다. 각각에 나타난 오류가 무엇인지 (가)에 제시된 준서의 특성을 고려하여 쓰시오. [2점]

- ㉠: ______________________
- ㉡: ______________________

3) (다)의 ㉡과 같은 오류를 바로잡기 위해 사용할 수 있는 시각적 촉진 방법을 (가)에 제시된 준서의 특성을 고려하여 1가지 쓰시오. [1점]

- ______________________

53 2017학년도 중등 B 5번 일부

(가)는 학생 A가 수학 문장제 문제를 푼 것이다. A의 문제 풀이 과정에서 나타난 오류 2가지를 쓰시오. [1점]

(가) A의 수학 문장제 문제 풀이

〈문제〉
진수가 다니는 학교에는 남학생 424명, 여학생 365명, 교사가 42명 있다. 영희가 다니는 학교에는 교사가 66명이고, 학생 수는 진수네 학교 여학생 수의 3배이다. 영희네 학교의 교사 수와 학생 수를 합하면 모두 몇 명인가?

〈학생 A의 문제 풀이〉
66+424×3
=490×3
=1,470
답: 1,470명

- ①: ____________________
- ②: ____________________

54 2012학년도 중등 17번

다음은 학습장애 학생 A가 수학 문장제 문제를 푼 것이다. 학생 A를 위한 지도방법으로 적절한 것만을 〈보기〉에서 있는 대로 고른 것은? [2점]

〈문제〉
영희네 학교에는 모두 824명의 학생들이 있다. 그리고 38명의 선생님이 계신다. 학생들 중 445명은 여학생이고, 나머지는 남학생이다. 영희네 학교에는 몇 명의 남학생이 있는가?

학생 A의 답:
$$\begin{array}{r} 824 \\ -\ 38 \\ \hline 814 \end{array}$$

〈보기〉

ㄱ. 연산 처리 과정에서 오류를 나타내므로 받아내림 절차를 지도한다.
ㄴ. 연산 오류를 줄이기 위해 '큰 수부터 이어 세기' 전략을 지도한다.
ㄷ. 문제 해결에 필요한 정보와 불필요한 정보를 구별할 수 있도록 지도한다.
ㄹ. 문제에 주어진 정보를 이용하여 문제가 '비교 유형'임을 파악하도록 지도한다.
ㅁ. 문제에 주어진 정보를 분석하여 문제를 해결하는 데 필요한 그림이나 도식으로 나타내도록 지도한다.

① ㄱ, ㄷ, ㅁ
② ㄴ, ㄷ, ㄹ
③ ㄱ, ㄴ, ㄷ, ㅁ
④ ㄱ, ㄴ, ㄹ, ㅁ
⑤ ㄱ, ㄷ, ㄹ, ㅁ

55 2013학년도 초등 추시 B 1번

다음은 2학년 진호를 가르치는 통합학급 교사와 특수교사의 수학 교과협의회 대화 내용의 일부이다. 물음에 답하시오.

통합학급 교사:	진호가 많이 달라졌어요. 얼마 전에는 두 자리 수의 범위에서 덧셈 문제를 많이 틀려서 힘들어하더니 요즘은 곧잘 하네요. 연습을 많이 시킨 보람이 있는 것 같아요. 그런데 어제는 낱말의 뜻을 모르는 것도 아니고 풀이 시간도 충분했는데, 한 자리 수끼리의 덧셈으로 이루어진 문장제 문제를 풀 때 틀린 답을 말하는 거예요.
특 수 교 사:	어떤 문제였는데요?
통합학급 교사:	㉠ "연못에 오리 4마리와 거위 3마리가 있습니다. 오리 2마리가 연못으로 들어왔습니다. 오리가 모두 몇 마리인지 알아보세요."였는데, 답을 9마리라고 하더라고요.
특 수 교 사:	그래요. 진호가 연산에 비해 문장제를 어려워해요. 수식으로 제시되면 계산을 잘하는데, 사례가 들어간 문장제 문제로 바뀌면 오답이 많아요.
통합학급 교사:	그래서 문제를 이해시키기 위해서 ㉡ CSA 순서를 생각해서 오리와 거위 모형을 가지고 함께 풀이를 했더니 수식을 만들어내더라고요.
특 수 교 사:	좋은 방법이네요. 그것 외에도 ㉢ 문장제 문제 유형을 알고 도식을 활용하여 풀이하는 방법도 있어요. 앞으로 진호에게는 기초적인 연산도 중요하지만 ㉣ 수학적 문제 해결력에도 초점을 맞추어 가르쳐야 할 것 같아요.

1) ㉠에서 진호가 보인 오류를 분석하여 그 내용을 쓰시오. [2점]

•

2) CSA 순서에 따라 지도할 때, ㉡ 다음에 이루어지는 교수활동의 특징을 쓰시오. [1점]

•

3) 다음은 ㉢의 한 유형이다. 그 유형을 쓰시오. [1점]

노란 장미가 6송이 있습니다. 빨간 장미는 노란 장미보다 3송이 더 많습니다. 빨간 장미는 몇 송이가 있는지 알아봅시다.

•

56 2021학년도 중등 B 5번

(가)는 OO중학교 특수학급에 재학 중인 학습장애 학생을 위한 수학과 수업 계획이고, (나)는 교육과정 중심 측정(Curriculum-based Measurement: CBM) 절차의 일부이다. 〈작성 방법〉에 따라 서술하시오. [4점]

(가) 수업계획

- 학습 주제: 문장제 문제의 식과 답 구하기

• 문장제 문제

현수는 사탕 주머니 **4개**를 가지고 있습니다.
주머니에는 사탕이 **3개씩** 들어 있습니다. ㉠
현수가 갖고 있는 사탕은 **모두 몇 개**입니까?

- 활동 1: 구체물을 이용하여 나눠 담고 계산하기
- 활동 2: 반구체물을 이용하여 계산하기
- 활동 3: ㉡ 추상적 표현을 이용하여 계산하기
- 정리 및 평가

(나) 교육과정 중심 측정 절차

순서	내용	유의점
1	측정할 기술 확인	검사지 제작 시 문항의 내용, 유형, 문항 난이도를 유사하게 (㉢) 검사를 제작함
2	검사지 제작	
3	검사 실시 횟수 결정	
4	기초선 점수 결정	
5	목표선 설정	
…(하략)…		

〈작성 방법〉

- (가)의 ㉠에서 밑줄 친 요소를 활용한 수업 지도 전략을 쓰고, (가)의 ㉠과 같은 전략을 과잉일반화하였을 경우 학생이 범할 수 있는 수학적 오류를 1가지 서술할 것
- (가)의 밑줄 친 ㉡에 해당하는 활동의 예를 1가지 쓸 것[단, (가)의 ㉠에 근거할 것]
- (나)의 괄호 안의 ㉢에 해당하는 용어를 쓸 것

제6절 내용 강화법

01 안내노트

1. 정의

① 교과과정 내용을 조직 · 강화하여 학습장애 학생과 일반학급 또래 학생들이 수업에 적극적으로 참여하는 방법을 제공한다.

② 중요 사실 · 개념 · 관계성을 기록할 수 있게 표준 단서와 특정 부분에 여백을 남겨 학생에게 강의를 안내하게 하는 교사 제작 인쇄물이다.

02 기억전략

1. 문자전략

① 머리글자(두문자법): 각 단어의 앞 글자를 따와 글자를 만드는 것이다.

예 태정태세문단세

② 어구 만들기(이합법): 각 단어의 첫 글자가 다른 단어를 대신하도록 문장을 만드는 방법이다.

예 활석, 방해석, 장석 → '활로 방어하는 장군이다'

2. 핵심어 전략

① 친숙한 정보를 새롭고 친숙하지 않은 단어와 연결하는 전략이다.

② 목표 어휘를 학생이 이미 아는 키워드와 연결하여 가르치는 방법이다.

③ 키워드는 학생이 이미 알고 있는 단어 중 목표 어휘와 발음이 유사한 어휘를 사용한다.

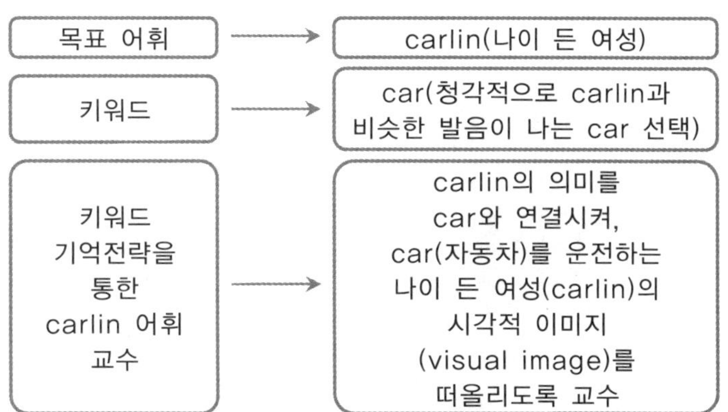

[그림 6-3] 핵심어 전략 예시

3. 말뚝어 방법

정보에 순차적으로 번호를 매길 때 숫자에 대한 운율적 단어들을 사용하는 방법이다.

03 그래픽 조직도

1. 개념

① 그래픽을 이용하여 서로 연결된 내용이나 정보가 포함된 언어를 시·공간적 형태로 배열한다.
② 도해 조직자, 구조화된 개관, 시각적 조직자, 의미 지도라고도 부른다.
③ 개념 또는 주제의 중요한 부분들을 특정 양식으로 배열하여 정보를 구조화하는 시각적 표현이다.
④ 개념과 사실을 시각적으로 제시하고 정보가 서로 연관된 모습을 시각적으로 보여준다.
⑤ 효과적인 그래픽 조직도는 중요한 정보만을 담고 논리적인 구조를 가지며 개념 간의 관련성을 보여준다.
⑥ 학생이 시·공간적 표현 방법을 활용하여 교재의 내용을 조직적으로 파악하고 이해하도록 돕는다.

2. 유형

유형	도식의 형태 예시	활용 가능한 내용의 예시
계층형		• 동식물의 종 분류 • 정부 조직도
연속형		• 역사적 사건의 발발·촉발 요인 • 문제해결 과정
개념형		• 이야기 속 인물관계 • 과학의 관련 개념 연결
순환형		• 물질 순환 • 먹이사슬
비교·대조형		• 책과 영화의 유사성과 차이점 비교 • 원인류와 영장류의 특징 비교
매트릭스형		• 과학 실험 결과의 기록 • 역사적 사건의 영향력 기술

04 학습전략: 과제를 학습하는 개인 접근방식

1. 시험전략

(1) 일반적 시험전략

① 학업적 준비: 학생이 언제, 무엇을 공부해야 하는지를 설명한다.

② 물리적 준비: 시험 치기 전 건강하고 적절하게 음식을 섭취하고 밤에 충분히 휴식을 취해야 함을 의미한다.

③ 태도 개선: 시험을 치는 것에 대해 건강하고 긍정적이고 확신에 찬 태도를 가져야 한다.

④ 불안 감소

㉠ 다양한 시험 형식을 경험하게 한다.

㉡ 시험 치는 기술을 알려준다.

㉢ 시험을 시행하는 동안 평가적인 언급은 자제한다.

㉣ 학생이 작업에 임하고 개인적인 시간을 현명하게 사용할 수 있도록 과제 수행 행동의 자기점검법을 가르친다.

㉤ 긴장을 푸는 데 자기점검 절차를 사용하게 한다.

⑤ 동기 개선

㉠ 노력에 대한 외적 강화를 제공하는 것이다.

㉡ 적절한 귀인을 가르치고 격려하여 성공 또는 실패가 학생의 통제 밖에 있는 외부적인 힘에 기인하지 않고 개인의 노력에 기인한다고 믿게 한다.

㉢ 학생이 스스로 통제하는 전략을 사용하도록 격려함으로써 시험을 성공적으로 치르는 것을 돕는다.

(2) 특정 시험전략

① 시험 준비할 때와 시험 치르는 동안의 시험 전략

<table>
<tr><th>시간</th><th colspan="2">전략</th></tr>
<tr><td>시험준비</td><td colspan="2">• FORCE
- Find out(시험에서 다루게 될 것과 질문의 유형이 무엇인지 찾아낸다)
- Organize(공부에 필요한 모든 자료를 수집함으로써 정리한다)
- Review the material(자료를 복습한다)
- Concentrate and make a cue sheet(집중하고 큐시트를 만든다)
- Early exam(예행시험: 반복하거나 짝이 질문하게 함으로써 연습한다)</td></tr>
<tr><td>시험치는 동안</td><td>• DETER
- Directions, read them(지시사항을 읽는다)
- Examine the test(시험지를 살펴본다)
- Time, check it(시간을 점검한다)
- Easy ones first(쉬운 것을 먼저 한다)
- Review my work(나의 답안을 검토한다)
• SCORER
- Schedule time(시간을 계획한다)
- Clue words, look for(단서를 주는 단어를 찾는다)
- Omit difficult questions(어려운 질문은 넘어간다)
- Read carefully(주의 깊게 읽는다)
- Estimate answers(정답을 추정한다)
- Review your work(자신의 답안을 검토한다)</td><td>• PIRATES
- Prepare to succeed(성공하도록 준비한다)
- Inspect the instruction(지시사항을 점검한다)
- Read, remember, reduce
(질문을 읽고, 정보를 기억하고, 줄인다)
- Answer or abandon(질문에 답하거나 포기한다)
- Turn back(다시 돌아간다)
- Estimate(답을 추정한다)
- Survey(답을 제대로 하였는지 훑어본다)
• SNOW
- Study the question(질문을 숙독한다)
- Note important points(중요한 점을 메모한다)
- Organize important information before writing
(쓰기 전에 중요한 정보를 조직화한다)
- Write directly to the point of the question
(질문의 요지에 따라 쓴다)</td></tr>
</table>

57 2018학년도 중등 A 13번 일부

(나)는 지적장애 특수학교 고등학교 과정의 진로와 직업 수업 운영을 위한 진로와 직업 수업계획의 일부이다. 〈작성 방법〉에 따라 서술하시오. [4점]

(나) 진로와 직업 수업계획

영역		진로 준비
단원		지역사회 대인 서비스
제재		카페에서 대인 서비스하기
주요 학습활동	1차시	• 카페에서의 대인 서비스에 필요한 문장 학습하기 〈학습할 문장〉 • 안녕하세요? • 무엇을 주문하시겠습니까? • 여기 주문하신 ㅇㅇ입니다. • 고맙습니다. 위의 4가지 문장을 연습하기 위해 ㉢ <u>**'안무여고'**라고 알려주고 암기하게 함</u>
	2~3차시	• 카페에서 대인 서비스를 위한 ㉣ <u>역할극</u>하기 카페에서 주문받고 서빙하는 상황 설정하기 ↓ (㉤) ↓ 작성한 대본 연습하기 ↓ 카페에서 주문받고 서빙하는 장면 실연하기 ↓ 카페에서 대인 서비스 역할극에 대해 평가하기

〈작성 방법〉

• 밑줄 친 ㉢에 해당하는 기억전략의 명칭을 쓸 것

58 2013학년도 중등 추시 B 6번 일부

(가)는 A 중학교 2학년에 재학 중인 학습장애 학생들의 대화 중 일부이고, (나)는 박 교사가 진주와 상담한 후 A 대학교 이 교수로부터 자문 받은 내용의 일부이다. 물음에 답하시오.

(가) 학생들의 대화

민지: 수영아! 나 시험 엉망이었어. ㉠ 나는 공부에 재능이 없나봐.
수영: 나도 시험 잘 못 봤어. ㉡ 시험 공부를 열심히 안 했기 때문에 그런 것 같아.
진주: 이번 시험은 너무 어렵지 않았니? ㉢ 선생님이 문제를 너무 어렵게 냈기 때문에 시험을 잘 못 본 것 같아. 다음에는 쉬운 문제가 나왔으면 좋겠어.

…중략…

민지: 진주야, 중학교에 올라오니 공부하는 것이 더 힘든 것 같아. 초등학교 때보다 과목도 많고, 암기해야 할 것도 많아서 무척 힘들어.
진주: 나는 순서대로 암기해야 하는 것을 기억하기 어렵더라. 나중에 박 선생님을 찾아가서 어떻게 공부해야 하는지 여쭤봐야겠어.

(나) 박 교사와 이 교수의 대화

박 교사: 교수님, 우리 반에 학습장애 학생이 있는데, 이 학생은 특정한 어휘나 정보를 잘 기억하지 못합니다. 이런 학생에게 도움이 될 만한 좋은 방법이 있을까요?
이 교수: 네, 학습장애 학생 중에는 기억 전략을 잘 활용하지 못하여 특정 어휘나 정보를 기억하기가 어려운 학생이 있습니다. 이런 학생들에게 효과적으로 활용할 수 있는 기억 전략 중 ㉣ 핵심어법(keyword method)과 ㉤ 페그워드법(pegword method)이 있지요.

2) ㉣과 ㉤의 기억법을 설명하고, 두 기억법 간의 차이점을 1가지만 쓰시오. [2점]

• ㉣: ____________________ • ㉤: ____________________

• 차이점: ____________________

59 2010학년도 중등 8번

학습장애 학생에게 과학과 '지각의 물질' 단원을 지도하기 위한 학습전략과 그 설명으로 옳은 것을 〈보기〉에서 모두 고른 것은? [2점]

〈보기〉

ㄱ. 심상화(visualization): 조암 광물(석영, 장석, 흑운모 등)의 생김새를 종이에 그리도록 하여 조암 광물의 종류를 기억하도록 도와준다.
ㄴ. 단원 구성도(unit organizer): 단원의 주요 개념과 활동 등을 시각적으로 제시하여 학생들이 단원에 대한 중요한 정보를 기억하도록 도와준다.
ㄷ. 핵심어 전략(keyword method): '활로 방어한 장군이다.'라는 문장을 만들어 광물(활석, 방해석, 장석)의 상대적인 굳기 순서를 기억하도록 도와준다.
ㄹ. 안내 노트(guided notes): 교사는 '지각의 구성 물질'에 대한 주요 개념과 사실 등을 여백으로 남긴 유인물을 제작하여 학생들이 복습할 때 사용하도록 한다.
ㅁ. 개념 다이어그램 (concept diagram): 조암광물에서 '항상 나타나는 특징', '가끔 나타나는 특징', '전혀 나타나지 않는 특징', '예와 예가 아닌 것' 등을 시각적으로 조직화하여 조암광물의 주요 특징에 집중하도록 도와준다.

① ㄱ, ㄷ ② ㄴ, ㅁ ③ ㄱ, ㄷ, ㄹ ④ ㄴ, ㄷ, ㅁ ⑤ ㄴ, ㄹ, ㅁ

60 2010학년도 초등 28번

2008년 개정 특수학교 기본 교육과정에 근거하여, 박 교사는 읽기이해에 어려움을 겪고 있는 영수에게 다음과 같이 완성된 그래픽 조직도(graphic organizer)를 사용하여 '여러 가지 동물의 먹이'를 지도하고자 한다. 이 방법에 대한 설명으로 적절한 것을 〈보기〉에서 고른 것은? [1.4점]

〈보기〉

ㄱ. 논리적 구조에 따라 개념과 개념 간의 관련성을 보여준다.
ㄴ. 내용의 복잡한 관계를 시각적으로 표현하여 정보를 쉽게 이해하게 한다.
ㄷ. 행동주의 이론에 근거한 교수전략으로서 교수자료와 교수절차를 순서화한다.
ㄹ. 과잉학습을 통하여 학습이 이루어질 수 있도록 빠른 속도로 수업을 진행하게 한다.
ㅁ. 과제분석을 통하여 교수내용을 기능적으로 분석하고 즉각적인 교정적 피드백을 제공한다.

① ㄱ, ㄴ ② ㄱ, ㄷ ③ ㄴ, ㄹ ④ ㄷ, ㄹ ⑤ ㄹ, ㅁ

61 2012학년도 초등 19번

정신지체 특수학교 박 교사는 기본 교육과정 국어과 '경험한 내용을 글로 쓰기'를 주제로 그래픽 조직자(graphic organizer)를 활용하여 다음과 같이 지도하였다. 이에 대한 설명으로 적절하지 <u>않은</u> 것은? [1.4점]

<table>
<tr><td>학습목표</td><td>자신이 경험한 내용을 글로 쓸 수 있다.</td></tr>
<tr><td>학습내용</td><td>가을 운동회 날 경험한 내용을 이야기하고 글로 써보기</td></tr>
<tr><td>지도방법</td><td>• 교사와 학습자는 함께 아래의 조직자를 만들어간다.
<table>
<tr><td>주요 개념</td><td>학교의 가을 행사-운동회</td></tr>
<tr><td>환경: 어디?/언제?</td><td>샛별학교/
2011년 10월 21일(금)</td></tr>
<tr><td>주요 인물: 이름?/특성?/역할?</td><td>세호/달리기를 잘함/
우리 반 이어달리기 선수</td></tr>
<tr><td>주요 사건
(해결 방법)</td><td>달리다가 넘어짐
(울지 않고 일어나서 곧장 달려 우승)</td></tr>
<tr><td>주요 어휘</td><td>우승, 주자 등</td></tr>
</table></td></tr>
</table>

① 위의 지도방법은 주요 어휘 등 학습 내용을 기억하게 하는 데 도움이 된다.
② 지도과정에서 구어와 위의 조직자를 모두 사용함으로써 학생의 능동적인 참여를 유도한다.
③ 가을 운동회에 관한 글과 사진을 함께 보여주고, 여러 가지 어휘나 개념, 정보를 구조화하여 제시할 수 있다.
④ 본 지도방법은 선행자극, 학생반응, 귀결사건의 구성을 중요한 원리로 한 교수전략을 적용하고자 한 것이다.
⑤ 가을 운동회와 관련된 중요한 정보(예: 장소-샛별학교 운동장)를 선택하도록 하고, 관계가 없는 정보(예: 활동-등교하기)를 생략하도록 유도한다.

62 2014학년도 중등 A (기입형) 5번

다음은 특수교육 대상 학생 A가 통합된 중학교 1학년 사회 수업 시간에 일반교사가 특수교사의 자문을 받아 계획한 수업을 실시하고 있는 장면이다. 이 장면에서 사용되고 있는 그래픽 조직자(graphic organizer)의 명칭을 쓰시오. [2점]

교수 · 학습 활동 장면	
교사	학생
◎ 경도와 위도의 개념 알아보기	
○ 경도와 위도가 '지구 표면의 주소'라는 특성을 지니고 있는지 묻고, 그래픽 조직자에 '+' 또는 '−'를 표시하도록 한다.	○ 경도에 '+', 위도에 '+'를 표시한다.
○ 경도와 위도가 '세로로 그어진 줄'이라는 특성을 지니고 있는지 묻고, 그래픽 조직자에 '+' 또는 '−'를 표시하도록 한다.	○ 경도에 '+', 위도에 '−'를 표시한다.
○ 경도와 위도가 '가로로 그어진 줄'이라는 특성을 지니고 있는지 묻고, 그래픽 조직자에 '+' 또는 '−'를 표시하도록 한다.	○ 경도에 '−', 위도에 '+'를 표시한다.

•

63 2017학년도 초등 B 3번 일부

(가)는 학습장애 학생 준수의 특성이고, (나)는 2009 개정 사회과 교육과정(교육과학기술부 고시 제2012-14호) 3~4학년 '나는 미래에 어떤 일을 하면 좋을지 생각해봅시다.'를 지도하기 위해 특수 교사와 일반 교사가 협의하여 작성한 교수 · 학습 과정안이다. 물음에 답하시오.

(가) 준수의 특성

- 단어와 정의를 연결할 수 있음
- 어휘의 의미를 깊이 이해하는 데 어려움이 있음
- 수업 내용을 요약하는 데 어려움이 있음
- 글자를 쓰는 데 많은 노력이 필요함

(나) 교수 · 학습 과정안

단원	경제생활과 바람직한 선택	차시	11~12/20
제재	나는 미래에 어떤 일을 하면 좋을지 생각해봅시다.		
학습목표	미래에 자신이 하고 싶은 일을 결정하고 행동계획을 세울 수 있다.		
㉠ 단계	학생 활동	자료(㉶) 및 유의점(㉾)	
A	• 각 직업의 장 · 단점 분석하기 • 갖고 싶은 직업을 평가하여 점수를 매기고 순서 결정하기	㉶ 평가기준표	
B	• 직업 선택 시 고려할 조건을 찾아서 평가기준 만들기 • 사실적 기준과 가치 기준을 골고루 포함하기	㉾ 중요하다고 생각하는 기준에 가중치를 부여하게 한다. ㉾ ㉡ 과제분담 협동학습(Jigsaw Ⅱ)을 실시한다.	
C	• 주변에서 볼 수 있는 직업에 대해 자유롭게 이야기하기 • 장래 직업을 고민하는 학생의 영상 시청하기	㉶ ㉢ 안내 노트, 그래픽 조직자, 동영상 자료 ㉾ ㉣ 의미 지도 전략을 활용하여 미래 직업에 대해 알아본다.	
D	• 갖고 싶은 직업과 이유 발표하기 • 대안에 대한 브레인스토밍 후 후보 결정하기	㉶ 직업분류표	
E	• 갖고 싶은 직업 결정하기 • 행동계획 수립하기	㉾ 의사결정의 목적은 행동을 실천하는 데 있음을 알게 한다.	

3) (나)의 ㉢을 사용할 때 기대할 수 있는 효과 2가지를 (가)에 근거하여 쓰시오. [2점]

• ①: ____________________

• ②: ____________________

64 2016학년도 중등 A 11번

(가)는 중간고사 직후 학습장애 중학생 A에 대해 통합학급 교사와 특수교사가 나눈 대화이다. ① (가)에서 학생 A의 문제를 해결하기 위한 학습전략의 명칭을 쓰고, ② 이 학습전략을 학생 A에게 가르칠 때 적용할 수 있는 기술 1가지를 제시하시오. [4점]

(가) 통합학급 교사와 특수교사의 대화

> 통합학급 교사: 어제 시험 감독을 하는데 A를 보고 답답해서 혼났어요. A가 수업 시간에 혼자서도 답을 척척 맞힌 것들이 시험 문제로 많이 나왔는데, 막상 시험 시간에는 손도 못 대고 있더라고요. 한 시간 내내 끙끙거리며 잘 모르는 문제만 풀고 있는 것 같았어요.
> 특 수 교 사: 맞아요. 사실 A가 모르는 것도 아닌데 시험 점수가 너무 낮아서 부모님도 걱정이 많으세요.
> 통합학급 교사: 앞으로 시험 볼 일이 많은데 매번 이럴까 걱정이에요. 도와줄 방법이 없을까요?

• ①: ____________________

• ②: ____________________

65 2017학년도 중등 B 5번 일부

학생 A가 수학 문장제 문제를 풀었다. (나)는 A가 문제를 해결하도록 도와주는 전략교수 'Solve It' 프로그램의 인지전략 단계와 자기조절 전략 중 자기교시의 예를 나타낸 것이다. (나)의 ㉠에 해당하는 단계의 명칭을 쓰고, ㉡에 해당하는 자기교시의 예를 1가지 제시하시오. [2점]

(나) 'Solve It' 프로그램의 단계와 자기조절 전략 중 자기교시의 예

인지 전략 단계	자기조절 전략 중 자기교시의 예
1단계: 문제를 이해하기 위한 읽기	"문제를 읽어보자. 이해하지 못하면 다시 읽어야지."
2단계: 문제를 자신의 단어로 고쳐 말하기	"중요한 정보에 밑줄을 그어보자. 문제를 나의 말로 다시 말해보자."
3단계: 문제를 그림이나 표로 시각화하기	"그림이나 표로 만들어보자."
4단계: (㉠)	(㉡)
5단계: 답을 예측해보기	"어림수를 찾아 머릿속으로 문제를 풀고 그 값을 써보자."
6단계: 계산하기	"정확한 순서에 따라 계산해야지."
7단계: 모든 과정이 정확한지 점검하기	"계산한 것을 점검하자."

*자기조절 전략 중 자기질문, 자기점검은 생략하였음

• ㉠: ____________________

• ㉡: ____________________

제7절 교수방법

01 행동주의적 접근 활용 교사 주도 교수방법

1. 직접교수

(1) 개념

① 학습장애 학생에게는 일반적으로 교수 · 학습 목표를 명확하게 진술해주어야 하고 적당한 학습 분량을 확실하게 학습할 수 있도록 충분한 시범과 연습 기회를 제공해야 한다.

② 직접교수는 이러한 학생의 특성에 효과적으로 적용할 수 있는 교수방법으로 제시되고 있다.

③ 직접교수 프로그램의 지도 원리는 '교사가 가르칠 수 있는 것을 학생이 학습할 수 있고, 학생들이 학습할 수 없다면 교사가 가르치지 않는다.'라는 것이다.

(2) 구성요소

구성요소	내용
수업 목표	• 교사 주도적 수업은 학생의 기대되는 결과를 제시해야 함 • 수업 목표는 관찰 가능하고 측정 가능한 행동, 행동이 발생할 조건, 수용 가능한 행동 수행을 위한 기준의 세 가지 요소를 포함해야 함 예 '교사가 철자 쓰기 목록의 단어를 읽어주면(행동발생조건) 수민이는 10개의 단어 철자를 100% 정확하게(성취기준) 쓸 것이다(행동).'라는 수업목표를 세우는 것
주의집중 단서	• 수업 시작 전, 교사는 주의집중 단서를 이용하여 학생의 관심을 유도해야 함 • 학생은 수업내용과 교사의 설명을 보고 듣고 집중하는 상황에 참여해야 함 • 교사는 지도하는 내용과 학생의 능력 · 경험 · 주의집중 행동 등에 근거하여 주의집중 단서를 선택함
예상 단계	• 성공적인 수업은 예상 단계(anticipatory set)로부터 시작됨 • 예상 단계에서 학생의 사전지식을 연결하고 새로운 수업을 촉진할 기억과 연습을 유발함 • 학생은 이후의 학습에 집중할 수 있음
검토, 선행학습 확인, 목표 진술	• 교사는 이전에 학습한 자료를 복습, 사전에 필요한 요소를 확인하고 새로운 학습 목적을 제시 · 유도함 • 세 구성요소는 상황에 따라 다른 순서로 진행될 수 있고 유사 · 중복될 수 있음 • 목표 진술은 수업 개요를 제공하여 학생이 수업시간에 무엇을 배울지 예상할 수 있는 '생각의 틀'을 제공함
교수 · 모델링	• 교수 목표가 요구하는 행동을 구체적으로 제시함 • 모델링은 행동주의적 모델링과 인지주의적 모델링을 포함함 – 행동주의적 모델링은 기술의 실제 시연을 의미함 – 인지주의적 모델링은 시범을 보인 사람의 사고과정을 학생이 이해하도록 돕는 자기대화를 포함함 • 자기대화를 제공할 때, 교사는 학생이 과제를 수행하는 과정에서 생각한 것을 명확히 이야기함 • 교사는 이로써 과제와 함께 과제 완수에 사용된 전략도 보여줄 수 있음 • 교사는 필요할 때 촉진과 피드백을 사용하여 학생들의 대답을 요구함
안내된 연습	• 안내된 연습은 해당 기술을 교사와 학생이 함께 연습하는 전략 • 교사가 행동으로 시범을 보이면(예 해당 수업의 행동목표) 학생은 직접적인 감독하에 수업목표를 학습할 기회를 가짐 • 교사는 질문하고, 연습 부족으로 발생하는 실수를 확인하고 오류를 정하며 필요한 경우 재교수하는 방식으로 학생을 지원함
독립 연습	• 학생의 독립적인 과제 수행이 기대되며 교사의 피드백이 안내된 연습 단계에서만큼 빠르게 제공되지 않음 • 전통적 교수에서는 독립 연습이 숙제 형태로 제시되기도 함 • 독립 연습은 학생이 안내된 연습에서 높은 성공률(90~100%)을 보이기 전까지 실시하면 안 됨

구성요소	내용
마무리	• 교사는 학습 내용을 요약 · 검토하고 이를 이전에 학습한 내용 · 경험과 통합하며 수업을 마무리함 • 교사가 시간의 흐름을 잃거나 수업 마무리에 필요한 시간을 잘못 판단하여 마무리 시간 제공에 실패할 수 있으므로 타이머 등을 활용하여 시간을 확보해야 함

2. 정밀교수

① 특정한 교수방법이 아니라 학생의 학업 수행을 면밀히 모니터링하기 위한 방법이다.
② 교사는 일과 평가를 통해 이루어지는 정밀교수를 적용하여 교수기법의 성공 · 실패를 기록 · 문서화할 수 있다.
③ 학생의 진보를 촉진하여 일정 수준의 교육적 향상을 기대할 수 있다.
④ 정밀교수는 교수전략보다 교수적 모니터링 기법으로 여겨야 한다.

02 인지주의적 접근 활용 학생 주도 교수방법

1. 상보적 교수

(1) 개념

학생-학생, 학생-교사 간의 구조화된 대화 속에서 서로 도움을 주고받으면서 자신의 이해 과정을 점검 · 통제하고 이를 통해 글에 대한 이해력을 증가시킨다.

(2) 교수전략

전략	내용
예측하기	• 글을 읽는 목적 설정에 도움을 줌 • 글을 읽기 전에 전반적으로 훑어봄으로써 앞으로 읽을 내용을 예측하게 함 • 글을 읽는 중간에는 지금까지 읽은 내용을 바탕으로 앞으로 전개될 내용을 예측하게 함
질문 만들기	• 학생이 자신이 읽은 글의 중요한 내용에 집중할 수 있도록 함 • 학생이 단락을 읽을 때 그 단락의 중요한 내용을 반영한 질문을 만들도록 함
명료화하기	• 학생이 스스로 이해 여부를 점검하도록 돕는 전략 • 모르는 단어나 이해하지 못한 내용이 있는지를 점검하고, 이해하지 못한 부분을 명료화한 후에 다음 문단 읽기로 넘어가야 함
요약하기	읽은 글의 내용을 정리하고 중요한 내용을 기억하는 것을 돕는 전략

(3) 상보적 교수를 활용한 기법(POSSE)

① P(Predict): 배경지식을 바탕으로 글의 내용을 예측한다.
② O(Organize): 글의 구조를 통해 얻을 수 있는 예상된 생각을 조직한다.
③ S(Search): 글의 구조에서 주요 내용을 찾아본다.
④ S(Summarize): 주요 내용과 주제를 요약한다.
⑤ E(Evaluate): 이해 정도를 평가한다.

2. 자기점검 전략

(1) 개념

학생이 내적 언어를 사용하여 정기적으로 자신의 행동이나 학업적 진보를 확인하는 평가 전략이다(특정 교수방법 ×).

(2) 학업 과제에서의 자기점검 활용 - 자기교정법

자신이 쓴 단어와 정답을 비교하여 자신이 잘못 철자한 단어를 확인 · 수정한 후, 올바른 단어를 베껴 쓰는 방법이다.

66 2009학년도 초등 6번

다음은 학습장애 학생을 위한 교수방법에 관한 두 교사의 대화이다. 교사들의 입장에 부합하는 교수방법에 대한 바른 설명을 〈보기〉에서 모두 고른 것은? [1.4점]

> 이 교사: 학생에게 개념을 지도할 때에는 내용을 논리적으로 계열화해야 해요. 과제 위계에 따라 설명하면서 구체적인 시범을 보이는 것이 효과적이지요. 그리고 학습 초기에 학생의 사전지식을 꼭 확인할 필요가 있지요.
> 김 교사: 네, 그렇지요. 교사는 학생의 반응을 지속적으로 점검하고, 즉각적인 피드백을 주어야 해요. 교사가 주도하는 수업에서 학생들은 다양한 연습을 통해 습득한 기능을 자동화할 수 있는 것이지요.

〈보기〉

ㄱ. 학습의 통제가 교사에서 학생으로 점차 전이된다.
ㄴ. 교사는 언어적 상호작용을 통해 학습 내용을 지도한다.
ㄷ. 교사는 학생의 인지적 능력보다 상위 수준의 질문을 한다.
ㄹ. 학생들은 교사 행동을 관찰함으로써 사고나 기능을 배울 수 있다.
ㅁ. 질문에 대한 학생의 정반응이 증가하면 교사는 언어적 암시를 증가시킨다.

① ㄱ, ㄴ ② ㄱ, ㄴ, ㄹ ③ ㄱ, ㄹ, ㅁ ④ ㄴ, ㄷ, ㄹ ⑤ ㄴ, ㄷ, ㄹ, ㅁ

67 2011학년도 초등 13번

다음은 특수학급을 담당하고 있는 김 교사와 최 교사가 학습장애 학생 교육에 대하여 나눈 대화이다. 이 대화에서 최 교사가 말하고 있는 관점에서 주장하는 학생 지도 내용으로 적절한 설명을 〈보기〉에서 고른 것은? [1.4점]

> 최 교사: 김 선생님, 저는 특수학급에서 학습장애 학생을 지도할 때에는 이론적 관점이 중요하다고 생각해요.
> 김 교사: 그러면 선생님께서는 어떠한 관점을 가지고 계시나요?
> 최 교사: 저는 학습이 경험의 결과로 나타나는 관찰 가능한 행동의 변화라고 생각해요. 그리고 자극과 반응의 관계를 중요하게 생각한답니다. 그러므로 학습 활동의 선행조건이나 결과를 조작함으로써 학습장애 학생의 학업 성취를 향상시킬 수 있다고 봐요.
> 김 교사: 그렇다면 학습장애 학생의 학습 문제는 왜 발생한다고 생각하세요?
> 최 교사: 그 이유는 교사에 의해서 제공되는 교수 자극이 부적절하기 때문이라고 생각해요. 그러니까 학생이 배워야 하는 과제를 어떻게 제공하느냐가 관건이겠지요.

〈보기〉

ㄱ. 반복된 연습과 강화를 제공하여 학업 성취를 향상시킨다.
ㄴ. 학습 과제를 세분화하고, 학생의 학습활동에 대한 피드백을 제공한다.
ㄷ. 실생활과 관련된 과제와 경험을 활용하여 정보를 능동적으로 구성할 수 있도록 지도한다.
ㄹ. 후속자극의 변화가 어떻게 학생의 학습 행동에 영향을 미치는지 체계적인 분석을 수행한다.
ㅁ. 학습전략을 개발 · 응용할 수 있는 방법 혹은 학습 내용을 잘 기억할 수 있는 방법을 지도한다.

① ㄱ, ㄴ, ㄹ ② ㄱ, ㄷ, ㅁ ③ ㄴ, ㄷ, ㄹ ④ ㄴ, ㄹ, ㅁ ⑤ ㄷ, ㄹ, ㅁ

68 2009학년도 초등 18번

〈보기〉는 김 교사가 정신지체 학생 경수에게 읽기 지도를 할 때 적용하려고 하는 전략이다. 각각의 전략에 부합하는 활동을 모두 고른 것은? [1.4점]

〈보기〉

ㄱ. 기능적 읽기: 경수가 위인전을 반복해서 읽도록 한다.
ㄴ. 선행조직자: 경수에게 글을 읽기 전에 글의 개요와 그에 관련된 질문을 준다.
ㄷ. 줄 따라가기: 경수가 읽는 도중에 줄을 놓치지 않도록 문장에 선을 그어준다.
ㄹ. 정밀교수: 김 교사가 직접 읽으면서 구두점을 따라 쉬어 읽는 방법이나 모르는 단어가 나왔을 때 사전을 찾는 방법을 보여준다.

① ㄱ, ㄴ ② ㄴ, ㄷ ③ ㄷ, ㄹ ④ ㄱ, ㄴ, ㄷ ⑤ ㄴ, ㄷ, ㄹ

69 2012학년도 중등 11번

다음은 특수학교 김 교사가 중학교 1학년 1반 학생들에게 '잎 모양 본뜨기'를 지도하기 위해 '직접교수'를 적용한 수업의 일부이다. '직접교수'의 단계별 교수 · 학습 활동의 예로 적절한 것만을 있는 대로 고른 것은? [2점]

단계	교수 · 학습 활동의 예
학습목표 제시	(가) 교사가 객관적 용어로 진술된 학습 목표를 제시하고, 학생들이 학습 목표를 따라 읽는다. • 학습 목표: 잎 모양 본뜨는 방법을 안다.
교사 시범	(나) 교사가 학생들에게 '잎 모양 본뜨기'에 대해 시범을 보이며, "잎 모양을 본 뜰 때는 다음과 같이 합니다. 먼저, 본을 뜰 나뭇잎 위에 화선지를 올려놓습니다."라고 말한다. 그런 다음 교사가 잎 모양 본뜨기의 나머지 순서를 차례대로 시범을 보인다.
안내된 연습	(다) 교사가 학생들에게 잎 모양 본뜨는 연습을 하도록 지시한다. 다른 학생들이 연습하는 동안 교사가 과제에 어려움을 보이는 학생 A에게 가서 "처음에는 무엇을 해야 하지요?"라고 질문한다. 학생 A가 답을 하지 못하자, 교사가 "잘 생각해서 해보아요."라고 말하고 안내된 연습을 종료한다.
독립적 연습	(라) 교사가 학생들에게 "자, 그럼 이제부터 여러 분들이 각자 잎 모양 본뜨기 연습을 해보도록 해요."라고 말한다. 학생들이 연습하는 동안 교사가 교실을 돌아다니며 학생들이 잎 모양 본뜨기를 제대로 수행하는지를 점검한다.

① (가), (나) ② (가), (다) ③ (나), (라) ④ (가), (다), (라) ⑤ (나), (다), (라)

70 2020학년도 중등 B 2번

다음은 학습장애 학생 B의 쓰기에 대하여 특수교사와 일반교사가 나눈 대화의 일부이다. 밑줄 친 ㉠에 해당하는 용어와 ㉡에 해당하는 교수법을 순서대로 쓰시오. [2점]

> 일반교사: 선생님, 수업 시간에 학생 B가 필기하는 모습과 필기한 내용을 살펴보니 글씨 쓰기에 어려움이 있어 보여요. 그래서 글씨 쓰기 지도를 계획하고 있는데, 어디에 중점을 두어야 할까요?
>
> 특수교사: 먼저 글씨를 바르고 정확하게 쓰는 것에 중점을 두고 글자 크기, 글자 및 단어 사이의 간격, 줄 맞춰 쓰기 등이 올바른지 확인하시면 좋겠어요. 그 다음에 ㉠ <u>글씨를 잘 알아볼 수 있게 쓰는 것뿐 아니라 빠르게 쓸 수 있는 것</u>도 목표로 해주세요. 정해진 시간 동안 얼마나 많은 글자를 쓸 수 있는지를 확인하면 좋겠네요.
>
> 일반교사: 네, 그럼 어떤 교수방법으로 지도하는 게 좋을까요?
>
> 특수교사: 글씨 쓰기 과정에 대한 과제 분석을 실시하고, 그 절차에 따라 먼저 시범을 보여주세요. 그리고 학생 B가 글씨 쓰기를 연습할 때 나타나는 실수를 확인해주세요. 이후 잘못된 부분을 수정해주시면서 안내된 연습을 하도록 해주세요. 그 다음으로 선생님의 지도를 점진적으로 줄이시고, 나중에는 독립적으로 글씨를 쓸 수 있도록 해주세요. ㉡

- ㉠: __________
- ㉡: __________

71 2016학년도 중등 A 11번 일부

(나)는 특수교사가 통합학급 교사의 요구에 따라 직접교수법을 적용하여 작성한 교수 활동 계획의 일부이다. (나)의 밑줄 친 ㉠~㉤ 중에서 잘못된 내용의 기호 2가지를 쓰고, 그 이유를 각각 설명하시오. [4점]

(나) 교수활동 계획

교수활동	지도상의 유의점
• 이전 시간에 배운 내용을 점검한다. • 수업 목표를 진술한다.	• 수업의 개요를 함께 제공한다.
• 선다형 문항을 풀이하는 전략을 설명한다. - 문제에서 단서(예: 틀린)를 확인한다. - 확실한 오답을 먼저 찾는다. …하략… • 전략을 촉진하면서 전략을 사용하여 문제 푸는 방법을 시범 보인다.	• 소리 내어 생각 말하기(think-aloud) 기법을 활용하여 어떻게 전략을 사용하는지 시범 보인다. • ㉠ 전략 사용의 이유와 핵심 요소를 제시하고 전략 사용 방법을 직접 보임으로써 설명을 끝낸다.
• 학생이 배운 대로 전략을 연습해볼 수 있도록 과제를 제시하고, 교사는 전략 사용을 촉진한다.	• ㉡ 학생 모두가 전략을 수행해 볼 수 있는 기회를 충분히 제공한다. • ㉢ 연습 과제에서 학생이 전략을 잘못 사용했을 때 즉시 같은 문제를 다시 제공한다. • ㉣ 실제보다 쉬운 연습 과제부터 전략을 연습하도록 하여 자신감을 심어준다.
• 전략을 다시 확인하고 주어진 시간 동안 독립적으로 전략 사용을 연습하게 한다.	• ㉤ 교실을 돌아다니며 어려움을 보이는 학생에게 도움을 제공한다.

• ①: ______________________________

• ②: ______________________________

72 2015학년도 중등 A (기입형) 10번 일부

다음은 새로 부임한 최 교사가 박 교사에게 학습장애 학생 A에 대하여 자문을 구하는 대화 내용이다. 박 교사가 학생 A를 위해 제시한 방법이 무엇인지 쓰시오. [2점]

최 교사: 선생님, A가 문장의 주어와 서술어를 찾는 것에 많은 오류를 보입니다. 이러한 오류를 줄여주기 위해 A의 수행을 어떻게 점검하면 좋을까요?

박 교사: 교육과정중심 사정(CBA) 중 한 가지 방법을 소개해 드릴게요. 이 방법은 현재 A에게 필요한 구체적인 학습 목표에 근거하여 교수결정을 하게 되니 선생님께서도 쉽게 사용하실 것 같아요. 일단 선생님이 20개 문장을 학습지로 만들어서 A에게 제공하고, 주어와 서술어에 정확하게 밑줄 치게 해보세요. 3분 후 학습지를 채점해서 정답과 오답의 수를 표로 작성하여 A에게 보여주세요. 이러한 방식으로 매일 측정된 결과의 변화를 A에게 보여주세요. 그러면 A도 그래프와 표로 자신의 진전을 확인할 수 있어서 학습 목표를 달성하는 데 도움이 될 것 같아요.

• ______________________________

73 2021학년도 중등 A 9번 일부

(가)는 OO중학교 통합학급에 재학 중인 학습장애 학생 E의 특성이고, (나)는 학생 E를 위한 읽기 지도 계획이다. 〈작성 방법〉에 따라 서술하시오. [4점]

(가) 학생 E의 특성

- ㉠ 문자를 보고 말소리와 연결하여 의미를 이해하는 능력이 부족함
- 일견단어(sight words)의 수가 부족함
- 문장을 읽을 때 모르는 단어를 종종 빼 먹음

(나) 읽기 지도 계획

- (㉡) 전략 사용: 오디오북 지원 읽기, 학생-성인 짝지어 읽기, 파트너 읽기, 역할극 하기
- 직접교수 모형을 활용한 오디오북 지원 읽기

순서	활동
㉢	교사는 오디오북에서 나오는 소리를 듣게 한다.
안내된 연습	(㉣)
독립된 연습	학생 스스로 오디오북에서 나온 단어나 문장을 자연스럽게 읽게 한다.
마무리	학습 내용을 요약, 검토하고 이를 이전에 학습한 내용과 통합하여 수업을 마무리 한다.

〈작성 방법〉

- (나)의 ㉢에 해당하는 명칭을 쓰고, 괄호 안의 ㉣에 해당하는 교사의 활동을 1가지 서술할 것

74 2009학년도 중등 40번

다음에 사용된 교수방법으로 옳은 것은? [2점]

> 김 교사는 학생들에게 자기 주도적으로 학습하는 능력을 길러주기 위하여 '충성스런 진돗개' 단원을 다음과 같이 지도하였다. 먼저 학생들에게 교재에 있는 그림과 목차를 보면서 자신이 생각하는 것을 말해보도록 하고, 학습 과제에 대한 질의 · 응답 과정을 거쳤다. 그 다음 학생들에게 한 단락을 읽고, 요약 및 토론하여 잘못된 내용을 어떻게 수정하고, 평가하는지 명시적으로 보여주었다. 이후 학생들을 세 모둠으로 나누고, 각 모둠에 학습장애학생을 한 명씩 포함시켰다. 그리고 학생들 스스로 질문, 요약, 명료화, 수정 · 평가하는 과정을 거쳐 토론을 주도하도록 안내하고, 점진적으로 모든 책임을 학생들이 맡아서 진행할 수 있도록 지도하였다.

① 정착 교수법(anchored instruction)
② 호혜적 교수법(reciprocal teaching)
③ 과정중심 교수법(process-based instruction)
④ 전략중재 교수법(strategies intervention model)
⑤ 통합전략 교수법(integrative strategy instruction)

75 2015학년도 중등 A (기입형) 5번

김 교사는 경도장애 학생 A가 통합된 학급의 사회 교과 시간에 〈보기〉와 같은 수업을 하였다. ① 〈보기〉에서 김 교사가 사용한 교수방법과 ② ( ) 안에 들어갈 용어를 쓰시오. [2점]

〈보기〉

> 김 교사는 학생들과 함께 질문하고 토론하면서 교사 주도로 수업을 하다가, 점진적으로 학생들이 학습에 대한 주도권을 갖도록 하였다. 김 교사는 수업 시간에 학생들과 함께 다음과 같은 방법으로 교수 · 학습 활동을 하였다.
>
> • 예측하기
> – 학생들은 글의 제목을 보고 글의 내용을 예측한다.
>
> • 질문 만들기
> – 학생들은 자신이 읽은 글에서 중요한 내용을 파악하기 위해 질문을 만든다.
> – 학생들은 교사의 입장에서 학생들에게 물어보고 싶은 내용을 질문으로 만든다.
>
> • (   )
> – 학생들은 본문에 있는 어려운 단어의 뜻을 알아보기 위해 글을 다시 읽는다.
> – 학생들은 이해하지 못한 문맥의 뜻을 파악하기 위해 본문의 내용을 점검한다.
>
> • 요약하기
> – 학생들은 주요 내용을 서로 질문하고 대답한다.
> – 학생들은 자신들이 답한 내용을 모아서 요약한다.

• ①: ______________________ • ②: ______________________

76 2017학년도 초등 B 2번 일부

(가)는 지체장애 특수학교에서 제작한 '학생 유형별 교육지원 사례 자료집'에 수록된 Q&A의 일부이다. 물음에 답하시오.

(가)

Q. 불수의 운동형 뇌성마비 학생 A는 노트 필기가 어려워 쓰기 대체방법으로 컴퓨터를 이용하고 있는데, 불수의적 움직임으로 인해 어려움이 많습니다. 이러한 어려움을 해결해줄 수 있는 보조공학기기나 프로그램을 알고 싶습니다.
A. 학생 A처럼 직접 선택 방식으로 글자를 입력하는 경우에는, 키가드와 버튼형 마우스 같은 컴퓨터 보조기기나 ㉠ 단어예측 프로그램이 도움이 됩니다.
Q. 학생 A가 읽기이해에 어려움이 있어 상보적 교수를 적용하여 읽기지도를 하려고 하는데, 상보적 교수 중 명료화하기 전략이 무엇인지 궁금합니다.
A. ㉡ 상보적 교수의 명료화하기 전략은 사전 찾기를 포함하여 학생이 글을 읽다가 어려운 단어가 있을 때 단어의 의미를 파악할 수 있도록 도와주거나, 글의 내용을 이해하도록 도와줍니다.

2) 다음의 [읽기 자료]에 밑줄 친 단어 중에서 1개를 선택하여 (가)의 ㉡을 적용한 예 1가지를 쓰시오. [2점]

안전띠는 우리의 안전을 위해 몸을 좌석에 붙들어 매는 띠입니다. 학교 버스를 타고 소풍을 갈 때 버스에서 안전띠를 착용해야 합니다. 내릴 때까지 안전띠를 풀지 말아야 합니다.
※ 학생이 어려워하는 단어: 안전띠, 착용

• ______________________________

제8절 사회성

01 사회성 개념 및 구성요소

1. 사회성

(1) **개념**

주어진 상황에서 특정인이 사회적 과제를 얼마나 성공적으로 해결할 수 있는지에 대한 종합적 · 전반적 평가이다.

(2) **구성요소**

구성요소	내용
사회적 기술	• 사회적 관계를 성공적으로 수행하기 위해 사용하는 구체적인 행동으로, 직접 관찰 가능한 행동 • 개인이 특정한 사회적 과제를 성공적으로 능숙하게 해결하기 위해 사용되는 구체적인 행위 • 사회 또는 의사소통 기술으로도 불림 • 언어 · 인지 · 정서 · 운동 능력이 통합적으로 구성됨
사회적 인지	• 대인관계에 영향을 미치는 관련 정보를 수집하고 이해하며 적절한 판단을 내리는 능력 • 상대방의 목소리 억양, 얼굴 표정, 몸짓, 구사하는 용어나 단어, 시선 등을 통해 상대방이 현재 어떤 생각을 하고 있고, 어떤 감정 상태에 있으며 무엇을 원하는지를 파악하는 것과 관련된 요소
사회적 능력	• 주어진 상황에서 장애 학생이 사회적 장면에 필요한 사회적 관계를 얼마나 성공적으로 수행했는지에 대한 종합적이고 전반적인 평가로, 적절한 대인관계 형성 능력의 전반을 말함 • 행동의 사회적 효과성에 대해 중요한 사회적 관계자인 부모 · 교사 · 친구들이 내리는 종합적 · 전반적인 판단
종합	• 사회 인지는 사회적 정보를 파악하는 능력 • 사회적 기술이 구체적인 상황에서 발휘되는 적절한 사회적 반응 능력 • 사회적 능력은 사회 문제를 사회적으로 용인되는 방향으로 해결하는 능력

2. 사회적 능력 위계모형

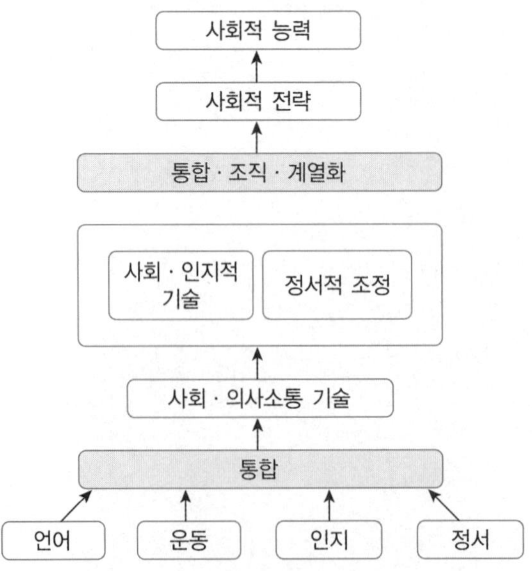

[그림 6-4] 사회적 능력 위계모형

① 사회적 능력의 위계에서 상위 능력은 하위 능력의 영향을 받는다.

② 두 가지 능력 수준

구분	내용
사회 · 의사소통 기술	• 가장 중요한 핵심적 요소로, 언어 · 인지 · 정서 · 운동 능력의 하위 영역들이 포함됨 • 각각의 하위 능력들이 통합되어 나타난 사회 · 의사소통 기술은 사회적 맥락 내에 존재하는 사회적 과제, 즉 대인 간 문제를 해결하는 데 사용됨
사회적 전략	• 사회 · 의사소통 기술들이 통합 · 조직 · 계열화되어 후속적으로 나타나는 능력 • 또래관계에서의 사회적 능력에 지대한 영향을 미치는데, 사회적 과제를 수행할 때 인지적 능력은 중요하며, 인지적 능력은 사회 · 인지적 기술과 정서적 조절을 포함함

02 사회성 평가방법

1. 타당도에 따른 측정방법

(1) 유형 1 측정

① 사회기관(학교, 법정, 정신건강 기관들)이나 중요한 타인들(부모, 교사, 또래)이 중요하게 생각하는 사회적 행위를 중심으로 측정한다.

② 여기에는 또래의 수용 정도, 교우관계 정도, 교사나 학부모 판단, 학교 출석기록이나 훈육조치 사항, 학교 정학 등과 같은 실제적인 자료가 포함된다. 중요한 타인들로부터 정보를 활용하는 경우에는 여러 가지 방법을 사용할 수 있다.

예 부모나 교사들에게서는 구조화된 면접이나 비형식적 면접을 통해 아동의 사회적 기술에 관한 정보를 다양하게 입수할 수 있다. 또래들로부터는 가장 좋아하거나 싫어하는 친구를 적어 내도록 하는 교우관계도(sociogram)를 통해 아동의 사회적 기술 관련 정보를 입수할 수 있다.

③ 장점: 사회적 타당도가 높다. 현재 아동이 소속해 있는 기관의 기록이나 중요 타인들을 대상으로 한 것이기 때문에 아동의 사회적 기술 정보를 가장 직접적으로 타당하게 얻을 수 있다.

④ 단점: 단기간의 중재효과를 검증하기에는 너무 둔감하다. 사회적 행위에 얼마나 변화가 있어야 사회적 타인들이 이를 인정할 것인가 하는 문제인데, 대개는 아주 눈에 띄는 변화가 있어야만 타인들이 이를 알아챌 수 있기 때문이다.

(2) 유형 2 측정

① 사회적인 타당성을 갖고 있지 않지만 유형 2 측정과 경험적인 관계가 있다.

② 교실, 운동장, 가정 같은 자연적인 상황에서 사회적 행위를 관찰하는 것이다.

③ 이러한 측정은 사회적 기술 훈련 프로그램 연구에서 많이 사용되며, 특히 개별 실험사례 연구에서 많이 사용된다.

(3) 유형 3 측정

① 사회적 타당도가 가장 약한 측정으로, 행동적 역할 수행 검사, 사회적 문제해결 측정, 사회적 인지 측정 등이 이에 속한다.

② 이러한 측정들은 약간의 안면타당도는 있을지 모르지만 앞의 두 측정 유형과는 거의 관계가 없다. 또한 사회적 행동을 제대로 예측하지도 못한다.

③ 대표적으로는 자기평가나 자기보고 혹은 자기성찰에 근거한 질문지법을 들 수 있다. 사회적 타당도가 가장 낮지만 현실적으로 가장 많이 이용되고 있는 방법이다.

2. 비형식적 사회성 평가방법

(1) 사회성 측정법의 종류

① 추인법

㉠ 어떤 특성을 표현한 진술문을 주고 그 진술문의 설명에 가장 잘 일치된다고 생각되는 사람의 이름을 적도록 하는 방법이다.

㉡ 비교적 짧은 시간에 실시할 수 있으며, 기록된 이름의 빈도만을 계산하면 되기 때문에 편리하다.

㉢ 단점: 집단 내에서 소외되어 있는 구성원에 대한 정보를 얻기 어렵다.

예

> Q. 2학년 3반 학생들 중에서 다음 진술문에 가장 잘 해당된다고 생각하는 사람의 이름을 쓰시오. 하나의 진술문에 여러 사람의 이름을 적어도 되며, 같은 사람의 이름을 여러 번 적어도 됩니다.
> 1. 다른 친구들의 이야기를 열심히 듣는 학생:
> 2. 이야기를 유창하게 하는 학생:
> 3. 다른 사람의 이야기를 요약하는 학생:
> 4. 재밌게 이야기를 하는 학생:
> 5. 다른 친구가 어려울 때 기꺼이 돕는 학생:

② 동료평정법

㉠ 학생들로 하여금 다른 학생을 평정하도록 함으로써 교사가 직접 평가하기 어려운 행동 특성에 대한 정보를 얻을 수 있는 방법이다.

㉡ 예컨대 학생들의 준법성이나 책임감과 같은 특성은 교사보다는 동료 학생들이 더 정확하게 평가할 수 있다.

㉢ 학급 구성원 전체의 이름이 적혀 있는 명단을 제시한 후 한 사람도 빠뜨리지 않고 학급 개개인을 모두 평정하게 하는 방법이다.

예

분류	매우 함께 놀고 싶다 (5점)	함께 놀고 싶다 (4점)	잘 모르겠다 (3점)	함께 놀고 싶지 않다 (2점)	전혀 함께 놀고 싶지 않다 (1점)
김영희	○				
이아람			○		
박영철				○	

③ 또래지명법

㉠ 추인법과 아주 유사하지만 질문 양식에 있어서 약간의 차이가 있다.

㉡ 어떤 상황, 조건 또는 특성을 제시하고 그 상황이나 조건에 맞는 사람을 선택해서 이름을 적게 하는 방법이다.

㉢ 선택의 준거가 되는 상황 또는 조건을 분명히 해야 하고 선택할 수 있는 인원과 순위도 밝히도록 하는 것이 바람직하다.

예

> Q. 우리 반의 학생들 중에서 생일잔치에 초대하고 싶은 친구, 같이 공부하고 싶은 친구, 도시락을 같이 먹고 싶은 친구의 이름을 괄호 속에 적으시오.
> 1. 생일잔치에 초대하고 싶은 친구:
> 2. 같이 공부하고 싶은 친구:
> 3. 도시락을 같이 나눠 먹고 싶은 친구:

④ **사회적 거리 추정법**: 일련의 문항을 제시하고 특정 한 명의 학생에 대해 모든 학생들에게 반응하도록 함으로써 특정 개인이 집단을 수용-거부하는 정도는 물론 집단이 특정 개인을 수용-거부하는 정도를 분석할 수 있는 방법이다.

예

우리 반에 있는 학생들에 대한 여러분의 생각을 묻고자 합니다. 먼저 김기쁨 군에 대한 여러분 각자의 생각은 어떠한지요? 다음과 같은 다섯 가지 경우 김기쁨 군에 대한 자신의 생각을 '예', 또는 '아니오'에 ✔표 하시오.		
1.	그의 가장 친한 친구가 되고 싶다. ···········	예 / 아니오
2.	가장 친한 친구는 아니지만 우리 집단에 가입시키고 싶다. ···········	예 / 아니오
3.	가끔 같이 있고 싶지만 오랫동안 같이 지내고 싶지는 않다. ···········	예 / 아니오
4.	그가 우리 반에 있어도 상관없지만 친하게 지내고 싶지는 않다. ···········	예 / 아니오
5.	그가 우리 반에 없었으면 좋겠다. ···········	예 / 아니오

(2) 사회성 측정 결과의 분석방법

구분	개념	예시
사회성 측정행렬표 (sociomeric matrix)	• 각 질문마다 각 학생이 선택되어진 횟수와 순위를 행렬표에서 표시하여 사회성을 분석하는 방법 • 이를 통해 아동의 사회적 수용도(피선택 수가 많을수록 사회적 수용이 높음), 사회적 적응성(피배척 수가 많을수록 낮음), 교우관례의 적극성 등을 나타낼 수 있음	소시오메트릭스 0 0 1 1 1 0 0 1 0 1 0 1 1 0 0 0
교우도 (사회도, sociogram)	• 사회적 측정결과를 그림으로 나타냄으로써 교우관계를 파악할 수 있도록 함 • 한 집단 학생들을 상호 선택이나 배척을 모두 하나의 도형 안에 그릴 수도 있고, 그 중에서 특기할 만한 학생들의 관계를 따로 떼어서 별도의 그림으로 그릴 수도 있음	Q1 Q2 Q3 Q4 Q5 Q6 Q7 Q8 매력 → 상호 매력 무관심 상호 무관심 반감 상호 반감

03 사회적 능력 결함

1. 유형

분류	획득 결함	수행력 결함
정서적 각성반응의 부재	기술 결함	수행력 결함
정서적 각성반응의 존재	자기통제 기술 결함	자기통제 수행력 결함

(1) 기술 결함

① 적응적이거나 사회적인 방법으로 행동하는 데 필수적인 사회적 능력이 없거나 위계적인 행동 수행에 필요한 중요한 단계를 모르는 것이다.

② 기술 결함은 반두라의 습득 결함, 학습 결함과 유사한데, 예를 들면 지적장애 아동이 또래와 협력하거나 인사를 건네거나 독립적으로 이동하는 방법을 알지 못하는 것이다.

③ 기술 결함을 결정하는 데 사용되는 지표는 과거에 수행한 기술과 기술에 대한 지식이다.

④ 아동이 행동 수행방법을 전혀 알지 못하거나 행동 수행을 하지 않는다면 기술 결함이 있을 수 있다.

⑤ 기본 학습 과정에서의 심한 결함, 기술을 배우는 기회의 부재가 원인이 될 수 있다.

⑥ 사회적 기술 획득 결함을 중재할 때 직접지도, 모델링, 행동시연, 코칭 등의 기법을 이용하면 효과적이다.

(2) 수행력 결함

① 주어진 행동을 수행하는 방법은 알지만 인정할 만한 수준의 행동을 수행하지 못하는 것이다.

② 수행력 결함은 동기 유발 부족과 관련이 있고 행동을 수행하는 기회 부족이 원인일 수 있다.

③ 아동이 학급상황에서 행동을 수행하지 못하지만 학급 밖에서 행동을 수행할 수 있는 경우가 이에 속한다.

④ 과거에 행동을 수행하는 것이 관찰된 경우도 수행력 결함으로 볼 수 있다.

⑤ 선행사건과 후속결과를 조절하면 개선될 수 있으며 또래주도, 유관강화, 집단강화를 중재방법으로 사용한다.

(3) 자기통제 기술 결함

① 특정 유형의 정서적 각성반응이 기술의 습득을 방해하여 특정 기술을 배우지 못하는 것으로, 학습을 방해하는 대표적인 정서적 각성반응으로는 불안을 들 수 있다.

② 불안은 학습과정을 방해하거나 장벽이 되기 때문에 아동이 사회적 능력을 학습하지 못하게 할 수 있다.

③ 사회적으로 불안한 아동은 친구를 피하거나 위축된 행동을 보이는데, 이는 불안을 줄이기 위해 사회적 상황을 회피하고 부정적으로 강화된 사회적 위축행동이 나타나는 것으로 볼 수 있다.

④ 불안으로 인하여 사회적 기술을 획득하지 못할 때, 불안을 줄이기 위한 둔감법이나 홍수법과 더불어 자기 대화, 자기감독, 자기강화 등을 함께 사용한다.

(4) 자기통제 수행력 결함

① 아동의 사회적 기술 목록에 특정 기술이 있지만 정서적 각성반응과 선행 · 후속결과 통제 문제 때문에 기술을 수행하지 못하는 경우를 말한다.

② 아동은 기술을 수행하는 방법을 알지만 부적절하고 일관성 없이 사용한다.

③ 충동성이 그 예로, 충동성이나 부적합하게 반응하는 경향은 정서적 각성반응으로 고려할 수 있다.

④ 충동적인 아동은 또래나 교사와 적절하게 상호작용하는 방법을 알고 있지만 부적절한 행동을 초래하는 반응 양식인 충동성 때문에 일관성이 없다.

⑤ 이러한 아동의 지도 시 부적절한 행동을 억제하는 자기통제 전략, 변별 기술을 지도하는 자극통제 훈련, 적절한 사회적 행동을 증대하는 유관강화 등을 이용한다.

04 사회성 지도방법

1. 사회적 기술 프로그램

(1) 스킬스트리밍 프로그램

① 목적: 부적절한 사회적 행동을 하는 학생에게 긍정적인 사회적 기술을 교수 · 연습시킬 목적으로 개발되었다.

② 특성

㉠ 중요한 사회적 기술을 교수 내용으로 선정하여 각 기술을 과제분석을 통해 하위 단계로 나누어 제시한다.

㉡ 시범, 역할극 등을 통한 충분한 연습의 기회를 제공한다.

㉢ 학생은 목표 행동을 연습하는 과정에서 교사와 친구의 피드백을 받고, 실제 상황에서의 일반화를 강조한다.

③ 교수 절차: 사회적 기술 정의하기, 사회적 기술 시범 보이기, 사회적 기술의 필요성 알게 하기, 역할놀이 배역 선택하기, 역할놀이 구성하기, 역할놀이 수행하기, 역할놀이 수행에 대한 피드백 제공하기, 사회적 기술에 대한 숙제 내주기 등이 있다.

2. 상황 맥락 중재

(1) 상황 맥락 중재 프로그램의 특성

학교, 가정, 또래관계 등의 상황 맥락 안에서 필요한 사회적 기술을 선택하고, 선택된 상황 맥락에서 사회적 기술을 가르칠 것을 강조한다.

(2) 상황 맥락 중재 전략

① FAST 전략(대인관계 문제 해결 중재)

㉠ 목적: 문제 상황에서 반응하기 전에 학생이 문제를 주의 깊게 생각하고 대안을 모색하여 각 대안의 결과를 예측함으로써 최선의 대안을 선택할 수 있도록 한다.

㉡ 전략: 'Freeze and think(멈추고 생각하기)', 'Alternatives(대안 모색하기)', 'Solution evaluation(최적의 대안 찾기)', 'Try it!(대안 수행하기)'이 있다.

② SLAM 전략(대인관계 문제 해결 중재)

㉠ 목적: 타인에게 부정적인 피드백을 들을 때 적절하게 받아들이는 것을 돕는다.

㉡ 전략

ⓐ Stop whatever you are doing. (지금 하고 있는 일을 멈추어라.)

ⓑ Look the person in the eye. (상대방의 눈을 바라보라.)

ⓒ Ask the person a question to clarify what he or she means.
(상대방이 말한 것이 어떤 의미인지 명확하게 말해 줄 것을 요청하라.)

ⓓ Make an appropriate response to the person. (상대방에게 적절한 반응을 하라.)

77 2009학년도 중등 34번

통합학급에서 학습장애 학생의 사회적 기술 및 능력을 평가하는 방법의 특징에 대한 적절한 설명을 〈보기〉에서 모두 고른 것은? [2점]

〈보기〉

ㄱ. 자유반응형 질문지를 사용한 자기 보고법은 시행이 쉽고 통계적 분석이 가능하며 신뢰도와 사회적 타당도가 높다.
ㄴ. 평정척도형 질문지는 장애 학생이 보이는 사회적 기술 특성의 정도와 수준을 평가할 수 있으며 다른 학생의 기술 수준과도 비교 평가할 수 있다.
ㄷ. 관찰기법은 사회적 장면에서 장애 학생의 사회적 행동을 유추하여 판단할 수 있으며 사회적 기술 문제의 진단과 해결책을 안내할 수 있다.
ㄹ. 사회적 거리 추정법은 학급 학생들의 장애 학생에 대한 수용과 배척의 정도를 분석할 수 있어서 학급에서의 사회적 역동성을 효과적으로 파악할 수 있다.
ㅁ. 지명도 측정법은 학급 내에서 장애 학생의 교우관계를 신뢰롭게 파악할 수 있고, 사회적 기술훈련 적용 후 사회성 변화의 효과를 빠른 시간 내에 검증할 수 있다.

① ㄱ, ㄴ ② ㄱ, ㅁ ③ ㄴ, ㄷ, ㄹ ④ ㄴ, ㄷ, ㅁ ⑤ ㄱ, ㄷ, ㄹ, ㅁ

78 2012학년도 중등 8번

장애 학생을 위한 사회성 증진 프로그램을 수립할 때 고려해야 하는 사회적 기술(social skills), 사회적 능력(social competence), 사회인지(socio-cognition)의 개념을 설명한 것으로 옳은 것만을 〈보기〉에서 있는 대로 고른 것은? [2점]

〈보기〉

ㄱ. 사회적 기술은 특정한 사회적 과제를 해결하기 위해 사용하는 구체적이고 관찰 가능한 행동으로, 특히 장애 학생에게는 사회적 타당성이 있는 사회적 기술을 가르칠 필요가 있다.
ㄴ. 사회적 능력은 특정 개인의 행동에 대해 상대방이 판단하는 효과성 및 수용 정도와 관련이 있으므로, 사회적 능력의 신장을 위해 장애 학생에게 또래와 함께하는 풍부한 사회적 경험을 제공하는 것이 필요하다.
ㄷ. 사회인지는 사회적 단서를 통해 상대방의 생각과 감정 상태 등을 이해하고 적절한 판단을 내리는 것과 관련이 있으므로 비언어적인 사회적 단서를 이해하는 데 어려움이 있는 장애 학생에게 사회인지 훈련이 필요하다.
ㄹ. 인지, 언어, 정서, 운동 능력 등이 통합적으로 작용하는 사회적 기술의 특성은 장애 학생이 사회적 기술을 습득하는 데 어려움을 겪는 이유를 설명해줄 수 있다.
ㅁ. 위계적 차원에서 사회적 기술은 사회적 능력과 사회인지의 상위 개념이므로 장애 학생을 위한 사회성 증진 프로그램의 최종 목표는 사회적 기술의 신장으로 설정하는 것이 바람직하다.

① ㄱ, ㄴ, ㄷ ② ㄱ, ㄷ, ㄹ ③ ㄴ, ㄹ, ㅁ
④ ㄱ, ㄴ, ㄷ, ㄹ ⑤ ㄴ, ㄷ, ㄹ, ㅁ

79 2016학년도 중등 A 14번

다음은 자폐성장애 학생의 사회적 상호작용 증진을 위한 두 교사의 대화이다. 밑줄 친 ㉠과 ㉡에서 나타난 준철이와 민경이의 사회적 기술 결함을 순서대로 쓰고, 해당 결함이 나타나게 된 이유를 각각 1가지 쓰시오. [4점]

> 김 교사: 자폐성장애 학생의 사회성 지도를 효과적으로 하기 위해서는 먼저 학생이 가진 어려움이 무엇인지 파악해서 그에 따른 적절한 중재를 선택해야 해요.
> 정 교사: 그럼요. 어제 선생님 반 준철이가 급식 줄에 끼어들어서 소란스러웠어요.
> 김 교사: 네, 준철이는 ㉠ 차례 지키기를 어떻게 해야 하는지 몰라요. 식당에서 밥을 먹으려면 줄을 서야 하는데도 그냥 앞으로 나가기도 하고 끼어들기도 해요.
> 정 교사: 아, 그랬군요. 민경이는 ㉡ 1:1 교수에서 잘 모르면 도와달라고 하는데, 소집단 활동에서는 소리를 질러요. 잘 모를 때는 어떻게 해야 하는지 알면서도 안 해요.
> 김 교사: 우리 학생들이 사회적 기술을 가지고 있다고 해도 여전히 또래 관계에 어려움이 있으니 좀 더 신경 써서 지도해야 겠어요.

- ㉠: ______
- ㉡: ______

80 2015학년도 중등 A (기입형) 8번

학습장애 학생 A의 교실 내 사회적 관계망을 알아보기 위해 김 교사는 (가)와 같은 방법을 실시하고, 특수 교사의 자문을 받아 사회성 기술을 (나)와 같이 가르쳤다. (가)에서 사용한 방법의 명칭을 쓰고, (나)에서 사용한 전략을 쓰시오. [2점]

> (가) 김 교사는 학습장애 학생 A가 친구들로부터 어떻게 인식되고 있는지를 알아보기 위하여 반 학생들에게 같은 반에서 옆에 앉고 싶은 친구와 좋아하는 친구 세 명을 각각 적게 하고, 옆에 앉기 싫은 친구와 싫어하는 친구 세 명도 각각 적게 하였다.
> (나) (가)의 결과와 학생들과의 면담을 통해 학생 A의 충동적 행동을 중재할 필요성을 확인하였다. 김 교사는 사회성 기술을 가르치는 인지 전략 중 상황 맥락 중재를 활용하기로 하였다. 문제가 생기면 충동적으로 반응하지 말고 일단 행동을 멈추고 생각하고, 문제 해결을 위해 무엇을 할 수 있는지 다양한 대안을 모색하며, 어떤 것이 최적의 해결방안일지 선택을 한 후, 수행해보도록 하는 4단계 방법으로 지도하였다.

- (가): ______ • (나): ______

81 2021학년도 유아 A 5번 일부

(가)는 통합학급 박 교사와 최 교사, 유아 특수교사 김 교사가 지적 장애 유아 은미와 민수의 행동에 대해 협의한 내용의 일부다. 물음에 답하시오.

(가)

[3월 23일]

김 교사: 은미와 민수가 통합학급에서 또래들과 잘 어울리고 있는지 궁금해요.

박 교사: 은미는 혼자 있는 걸 좋아하고 자기표현이 거의 없어요. 그래서인지 친구들도 은미와 놀이를 안하려고 해요. 오늘은 우리 반 현지가 자기 장난감을 은미가 가져갔다고 하는데 은미가 아무 말도 하지 않아서 오해를 받았어요. 나중에 찾아보니 현지 사물함에 있었어요.

김 교사: 은미가 많이 속상해 했겠네요. ㉠ <u>은미가 자신에게 억울한 상황을 자신의 입장에서 분명하게 이야기할 수 있도록 지도해야겠어요</u>. 최 선생님, 민수는 어떤가요?

최 교사: 민수가 활동 중에 갑자기 자리를 이탈해서 아이들이 놀라는 경우가 많아요. 그래서 친구들이 민수 옆에 앉지 않으려고 해요. 민수의 이런 행동은 이야기 나누기 활동에서 많이 나타나는 것 같아요.

김 교사: 선생님들의 말씀을 듣고 보니, 은미와 민수가 속해 있는 통합학급 유아들을 대상으로 ㉡ <u>또래지명법</u>부터 해봐야겠다는 생각이 들어요.

박 교사: 네, 좋은 생각이네요.

최 교사: 그런데 김 선생님, 요즘 민수가 자리이탈 행동을 더 많이 하는 것 같아서 걱정이 되네요.

김 교사: 그러면 제가 민수의 행동을 관찰해 보고 다음 주에 다시 협의하는 건 어떨까요?

최 교사: 네, 그렇게 하는 것이 좋겠어요.

[4월 3일]

최 교사: 선생님, 지난주에 민수의 행동을 관찰하기 위해 이야기 나누기 활동을 촬영하셨잖아요. 결과가 궁금해요.

김 교사: 네, ㉢ <u>민수의 자리이탈 행동의 원인이 선생님의 관심을 얻기 위한 것으로 확인되었어요</u>.

최 교사: 그렇군요. 그러면 민수의 자리이탈 행동을 줄이려면 어떻게 해야 할까요?

김 교사: ㉣ <u>자리이탈을 하지 않고도 원하는 강화를 받을 수 있게 하여 문제 행동의 동기를 제거할 수 있는 전략</u>을 적용해 보는 것도 좋을 것 같아요.

2) (가)에 나타난 통합학급 유아들의 행동에 근거하여 ① ㉡의 목적 1가지와 ② ㉡에서 사용할 질문을 1가지 쓰시오. [2점]

- ①: ______
- ②: ______

82 2018학년도 중등 A 13번 일부

(나)는 지적장애 특수학교 고등학교 과정의 진로와 직업 수업운영을 위한 진로와 직업 수업 계획의 일부이다. 〈작성 방법〉에 따라 서술하시오. [4점]

(나) 진로와 직업 수업 계획

영역		진로 준비		
단원		지역사회 대인 서비스	제재	카페에서 대인 서비스 하기
주요 학습활동	1차시	• 카페에서의 대인 서비스에 필요한 문장 학습하기 〈학습할 문장〉 • 안녕하세요? • 무엇을 주문하시겠습니까? • 여기 주문하신 ○○입니다. • 고맙습니다. 위의 4가지 문장을 연습하기 위해 ㉢ <u>'**안무여고**'라고 알려주고 암기하게 함</u>		
	2~3차시	• 카페에서 대인 서비스를 위한 ㉣ <u>역할극</u>하기 카페에서 주문받고 서빙하는 상황 설정하기 ↓ (㉤) ↓ 작성한 대본 연습하기 ↓ 카페에서 주문받고 서빙하는 장면 실연하기 ↓ 카페에서 대인 서비스 역할극에 대해 평가하기		

〈작성 방법〉

- 밑줄 친 ㉣의 장점을 1가지 서술할 것
- ㉤에 들어갈 내용을 1가지 서술할 것

83 2019학년도 중등 A 12번

다음은 손 교사가 경도장애 학생 N의 사회성 기술을 지도하기 위해 작성한 계획의 일부이다. 〈작성 방법〉에 따라 서술하시오. [4점]

〈학생 N의 사회성 기술 지도 계획〉

◦ 목적: 사회성 기술(social skills)을 바탕으로, (㉠)을/를 기르고, 사회성(sociality)을 형성하고자 함
※ (㉠)은/는 사회성 기술을 사용하여 사회적 과제를 성공적으로 해결하고 유지할 수 있는 종합적인 역량임

◦ 목표행동: 공공장소에서 질서 지키기
- 이해: 수업 시간에 관련 상황 제시 및 지도
- 적용: 실제 상황에 적용
- 평가: 학생 N의 (㉠)이/가 타인(들)에 의해 적절하다고 판단되는지에 초점을 둠

◦ 중재 및 평가

• 상황 맥락 중재 적용: 'FAST 전략'을 적용하여 단계별로 지도함

〈상황 맥락 1〉
체육 시간에 강당에 모여 매트 위에서 구르기 활동을 하기 위해 줄을 서야 하는데, 상황 속 등장인물이 순서대로 줄을 서지 않고 화를 내고 있음

단계	지도할 활동 내용
1	무엇이 문제인지 생각해보기
2	화내는 것 외에 할 수 있는 여러 가지 대안들 말하기
3	(㉡)
4	직접 수행해 보기

…중략…

• 상황 맥락 중재의 효과 평가
- 표준화 검사: 한국판 적응행동검사(K-SIB-R) 실시
- (㉢)

〈작성 방법〉

• 괄호 안의 ㉠에 해당하는 내용을 쓸 것
• 괄호 안의 ㉡에 해당하는 단계의 구체적인 활동 내용을 서술할 것
• 괄호 안의 ㉢에 들어갈 사회적 타당도를 높일 수 있는 평가 방법 2가지를 서술할 것(단, 2가지의 평가 방법은 각각 다른 정보 제공자와 평가 형태를 포함하여 서술할 것)

정서 · 행동장애 기출경향 및 학습TIP

'정서 · 행동장애' 영역은 이론적 모델과 DSM-5에서 말하는 유형으로 나뉜다고 할 수 있는 영역입니다. '이론적 모델'의 경우 서답형으로 바뀌면서 '인지주의 모델'에 대한 출제 빈도가 굉장히 높습니다. 'DSM-5 하위 유형' 중에는 품행장애 쪽이 빈도가 높긴 하나, 다양한 하위 유형을 구분할 수 있도록 DSM-5 진단기준을 충분히 숙지하는 것이 좋습니다. 다른 영역과 다르게 'CBCL 6-18'이라는 검사도구의 출제빈도가 높은 편이므로, 검사도구를 특수교육평가에서만 보지 말고, 정서 · 행동장애를 공부하면서 함께 보는 것이 좋습니다.

제 7 장

정서 · 행동장애

한눈에 보는 핵심 마인드맵 - 제7장 정서·행동장애

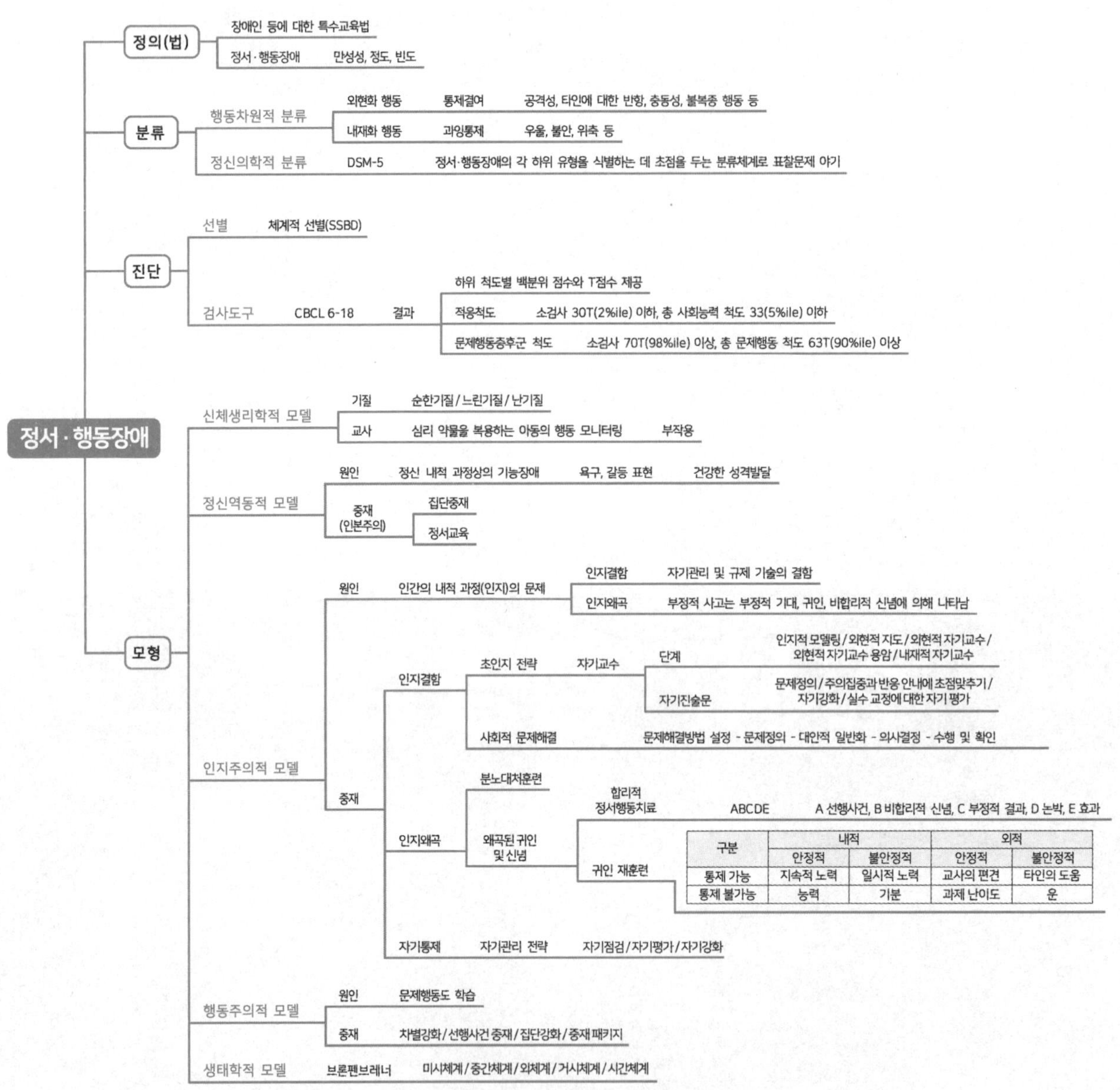

구분	내적		외적	
	안정적	불안정적	안정적	불안정적
통제 가능	지속적 노력	일시적 노력	교사의 편견	타인의 도움
통제 불가능	능력	기분	과제 난이도	운

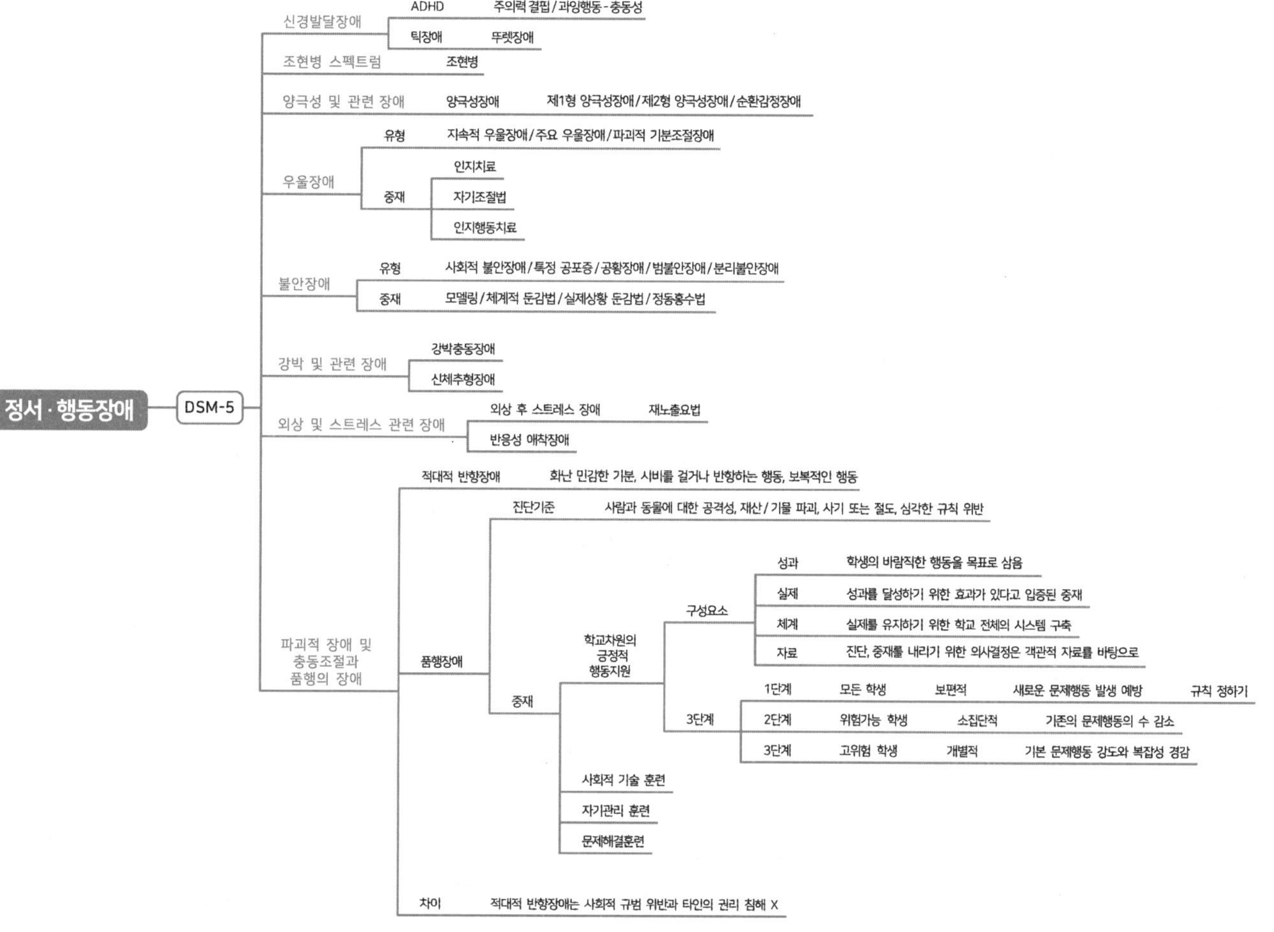
정서·행동장애
DSM-5
신경발달장애
ADHD
주의력 결핍 / 과잉행동 - 충동성
틱장애
뚜렛장애
조현병 스펙트럼
조현병
양극성 및 관련 장애
양극성장애
제1형 양극성장애 / 제2형 양극성장애 / 순환감정장애
우울장애
유형
지속적 우울장애 / 주요 우울장애 / 파괴적 기분조절장애
중재
인지치료
자기조절법
인지행동치료
불안장애
유형
사회적 불안장애 / 특정 공포증 / 공황장애 / 범불안장애 / 분리불안장애
중재
모델링 / 체계적 둔감법 / 실제상황 둔감법 / 정동홍수법
강박 및 관련 장애
강박충동장애
신체추형장애
외상 및 스트레스 관련 장애
외상 후 스트레스 장애
재노출요법
반응성 애착장애
파괴적 장애 및 충동조절과 품행의 장애
적대적 반항장애
화난 민감한 기분, 시비를 걸거나 반항하는 행동, 보복적인 행동
품행장애
진단기준
사람과 동물에 대한 공격성, 재산 / 기물 파괴, 사기 또는 절도, 심각한 규칙 위반
중재
학교차원의 긍정적 행동지원
구성요소
성과
학생의 바람직한 행동을 목표로 삼음
실제
성과를 달성하기 위한 효과가 있다고 입증된 중재
체계
실제를 유지하기 위한 학교 전체의 시스템 구축
자료
진단, 중재를 내리기 위한 의사결정은 객관적 자료를 바탕으로
3단계
1단계
모든 학생
보편적
새로운 문제행동 발생 예방
규칙 정하기
2단계
위험가능 학생
소집단적
기존의 문제행동의 수 감소
3단계
고위험 학생
개별적
기본 문제행동 강도와 복잡성 경감
사회적 기술 훈련
자기관리 훈련
문제해결훈련
차이
적대적 반항장애는 사회적 규범 위반과 타인의 권리 침해 X

제 1 절 정서 · 행동장애 개관

01 정의

1. 「장애인 등에 대한 특수교육법」에 따른 정의

① 용어: 정서 · 행동장애

② 내용

> 장기간에 걸쳐 다음 각 목의 어느 하나에 해당하여, 특별한 교육적 조치가 필요한 사람
> 가. 지적 · 감각적 · 건강상의 이유로 설명할 수 없는 학습상의 어려움을 지닌 사람
> 나. 또래나 교사와의 대인관계에 어려움이 있어 학습에 어려움을 겪는 사람
> 다. 일반적인 상황에서 부적절한 행동이나 감정을 나타내어 학습에 어려움이 있는 사람
> 라. 전반적인 불행감이나 우울증을 나타내어 학습에 어려움이 있는 사람
> 마. 학교나 개인 문제에 관련된 신체적인 통증이나 공포를 나타내어 학습에 어려움이 있는 사람

2. 미국 장애인교육법(IDEA)의 정의

① 용어: 정서장애

② 내용

> 1. 장기간에 걸쳐 아동의 교육적 성취에 불리한 영향을 미칠 정도로 다음 특성 중 한 가지 이상을 보이는 상태를 의미한다.
> 가. 지적 · 감각적 또는 건강상의 요인으로 설명될 수 없는 학습의 어려움을 지님
> 나. 또래 및 교사들과 만족스러운 관계를 형성하거나 유지하는 능력의 결함을 지님
> 다. 일반적인 상황에서 부적절한 행동이나 감정을 나타냄
> 라. 일반적으로 전반적인 불행감이나 우울한 느낌을 보임
> 마. 개인 또는 학교 문제와 관련하여 신체적 통증이나 심한 공포감을 나타냄
> 2. 정신분열증을 포함하며, 정서장애로 판명되지 않은 사회적 부적응을 보이는 아동에게는 적용되지 않는다.

01 2009학년도 중등 6번

「장애인 등에 대한 특수교육법 시행령」의 정서 · 행동장애를 지닌 특수교육 대상자 선정기준을 〈보기〉에서 고른 것은? [2점]

〈보기〉

> 장기간에 걸쳐 다음 각 목의 어느 하나에 해당하여, 특별한 교육적 조치가 필요한 사람
> ㄱ. 또래나 교사와의 대인관계에 어려움이 있어 학습에 어려움을 겪는 사람
> ㄴ. 지적 · 감각적 · 건강상의 이유로 설명할 수 없는 학습상의 어려움을 지닌 사람
> ㄷ. 인지능력에 비하여 언어 수용 및 표현 능력이 낮아 학습에 어려움이 있는 사람
> ㄹ. 사회적 상호작용과 의사소통에 결함이 있어 학교생활 적응에 어려움이 있는 사람
> ㅁ. 일반적인 상황에서 부적절한 행동이나 감정을 나타내어 학습에 어려움이 있는 사람
> ㅂ. 학교나 개인 문제에 관련된 신체적인 통증이나 공포를 나타내어 학습에 어려움이 있는 사람

① ㄱ, ㄴ, ㅁ, ㅂ ② ㄱ, ㄷ, ㄹ, ㅂ ③ ㄱ, ㄹ, ㅁ, ㅂ
④ ㄴ, ㄷ, ㄹ, ㅁ ⑤ ㄷ, ㄹ, ㅁ, ㅂ

02 분류

1. 질적 분류

① 개념: 정신 내면의 주관성에 따른 임상 관찰에 의존하는 경우를 말한다.

② DSM-5 진단기준

범주	설명
신경발달장애	• 신경발달의 문제로 인해 야기되는 장애로 지적장애, 의사소통장애, 자폐스펙트럼장애, 특정 학습장애, 주의력결핍 과잉행동장애, 운동장애를 포함함 - **주의력결핍 과잉행동장애**: 12세 이전에 기능이나 발달에 지장을 주는 부주의, 과잉행동-충동성의 지속적 패턴이 두 가지 이상의 측면에서 나타남 - **틱장애**: 운동장애의 하위 유형으로, 반복적으로 갑작스럽고 빠르게 나타나는 근육의 움직임(운동틱), 소리(음성틱), 뚜렛장애, 만성 틱장애, 일과성 틱장애 등을 포함함
정신분열 스펙트럼 및 기타 정신증적 장애	망상, 환각, 앞뒤가 맞지 않는 언어, 긴장증적 행동을 보이거나(양성 증상) 정서적 표현 상실, 사고·언어의 생산성 감소, 목적 지향적 행동의 부재(음성 증상)를 나타내는 정신장애
양극성 및 관련 장애	우울증과 조증이 번갈아가며 나타나는 장애로, 양극성장애와 기분순환 장애를 포함함
우울장애	• 우울하고 슬픈 기분이 지속되는 장애로 주요 우울장애, 분열적 기분조절장애, 기분부전증, 월경 전 불쾌장애를 포함함 - **우울장애**: 지속되는 우울감, 일상 활동에 대한 흥미 저하, 식사·수면 문제, 무가치감, 과도한 죄책감, 반복되는 죽음에 대한 생각이 나타남 - **분열적 기분조절장애**: 발달수준에 맞지 않는 분노 발작이 말·행동으로 평균 주 3회 이상 표출되는 증상이 1년 이상 지속됨
불안장애	• 특정 대상이나 상황, 이전에 경험한 사건, 일상에 관련된 근심 등으로 인해 고통스러울 정도의 불안을 경험하는 상태로 분리불안장애, 선택적 함묵증, 특정 공포증, 사회공포증, 공황장애를 포함함 - **분리불안장애**: 집 또는 애착 대상으로부터 분리되는 것에 대해 발달적으로 부적절하고 과도한 공포나 불안이 있음 - **선택적 함묵증**: 정상적인 대화를 할 수 있으면서도 특정 사람에게나 특정 집단에게만 말을 하고 그 외 상황에서는 말을 하지 않음 - **특정 공포증**: 높은 곳, 동물, 주사 맞기 등 특정 대상이나 상황에 대해 현저한 공포나 불안이 있음 - **사회공포증**: 타인의 주목을 받을 만한 사회적 상황에서 심한 공포나 불안감을 느끼거나 부정적 평가를 받을 행동이나 불안 증상을 보일까봐 두려워하여 사회적 상황을 회피하려고 하거나 심한 공포와 불안을 가진 채 견디어냄
강박 및 관련 장애	강박적인 생각과 이를 해소하기 위한 강박 행동을 특징으로 하는 장애로, 강박장애, 신체변형장애, 저장장애, 발모광, 피부 뜯기 장애를 포함함
외상 및 스트레스 요인 관련 장애	외상이나 재난에 노출된 결과로 무쾌감증, 불쾌감, 분노, 공격성 등의 정서적 어려움을 경험하는 상태로 반응성 애착장애, 탈억제형 사회관여 장애, 외상 후 스트레스 장애, 급성 스트레스 장애, 적응 장애를 포함함
섭식 및 급식 장애	음식의 섭취와 관련하여 어려움을 보이는 상태로 이식증, 반추장애, 신경성 식욕상실증, 신경성 식욕항진증을 포함함
배설장애	유뇨증과 유분증을 포함함
파괴적 장애 및 충동조절과 품행의 장애	타인의 권리를 침해하고 사회적으로 심각한 갈등을 야기하거나 권위를 가진 인물에게 반항하는 상태로 반항성 장애, 간헐성 폭발장애, 품행장애, 반사회적 성격장애, 방화광, 도벽을 포함함

2. 양적 분류

범주	설명
품행장애	• 그 정도가 매우 심한 공격적 행동을 표출함 • 품행장애 아동은 또래에게 인기가 없고 또래 아동을 죄책감 없이 고의적으로 괴롭히며, 사회화되지 않은 공격적 행동은 신체적 · 언어적 공격성으로 특징지어짐
사회화된 공격성	품행장애 아동과 다르게 또래에게 인기가 있고 비행 하위문화의 규준과 규칙을 준수함
주의력 결함, 미성숙	• 학습장애 범주에 속하는 아동이 경험하는 문제와 비슷한 문제를 가짐 • 주의력 결함 아동은 인지적 또는 통합 문제로 인해 충동통제와 좌절, 사고과정에서의 문제를 경험함
불안 · 위축	• 전형적으로 자기 의식적이고 과잉반응을 보이며 종종 사회 기술에 결함을 가짐 • 환상에 빠지고 사회적으로 고립되며 우울감과 공포를 느끼고 정상 활동에 잘 참여하지 못하며 신체적 고통을 호소함
정신증적 행동	• 자신과 현실에 대한 태도가 전반적으로 손상되어 있음 • 대개 손상이 일상생활을 방해하고 관찰자가 이해할 수 없을 정도로 심각함
과잉행동	• 전형적으로 불안정하고 예측할 수 없으며 주의가 산만하고 충동적, 성급하고 파괴적인 행동을 보임 • 품행장애 아동으로 진전될 수 있는 주요 요인으로 간주되기도 함

3. 교육적 분류(= 범주적 분류, 경험적 분류)

범주	설명
내면화 장애	• 내면으로 정서를 지향하여 갈등을 유발하고 자기 상해를 일으키는 것으로, 기분장애와 불안장애가 속함 • 내재화 요인은 '과잉통제'라고도 부르며 우울, 위축, 불안 등과 같이 개인의 정서 · 행동상의 어려움이 외적으로 표출되기보다는 내면적인 어려움을 야기함 • 내재화 문제를 가진 학생은 가시적인 문제행동을 일으키지 않는 경우가 많기 때문에 다수의 학생이 함께 공부하는 학교 상황에서는 교사의 주목을 받지 못할 가능성이 높으며, 적절한 중재와 지원을 받지 못하는 가운데 내재화 문제가 더욱 심각해질 가능성이 큼
외현화 장애	• 정서를 외부로 지향하는 반사회적 행동으로 인해 타인에게 손상을 일으키거나 대인관계에 결함을 가져오며, 주의력결핍 과잉행동장애와 품행장애 등이 속함 • '통제결여'라고도 부르며, 개인의 정서 · 행동상의 어려움이 공격성이나 반항행동 등의 형태로 타인이나 환경을 향해 표출되는 상태

02 2013학년도 중등 33번

정서 · 행동장애의 진단 · 분류체계와 관련된 설명 중 옳은 것만을 〈보기〉에서 있는 대로 고른 것은? [1.4점]

〈보기〉

ㄱ. 행동적 · 차원적 분류체계는 문제행동의 유형을 두 가지 차원으로 범주화하는데, 그중 하나는 외현화 문제행동의 범주로 과잉통제 행동이라고도 하며, 반항, 불복종, 불안 등이 포함된다.
ㄴ. 행동적 · 차원적 분류체계의 내재화 문제행동 범주에는 사회적 위축, 우울과 같이 개인의 정서 · 행동적 어려움을 야기하는 문제가 포함된다.
ㄷ. 정서 · 행동장애가 학습장애 등과 같이 다른 장애와 함께 나타나거나, 정서 · 행동장애의 하위 유형인 품행장애와 우울장애 등이 함께 나타나는 경우, 이를 장애의 공존(comorbidity) 또는 동시발생이라고 한다.
ㄹ. 정신장애진단통계편람(DSM-IV-TR)과 같은 의학적 분류체계는 정서 · 행동장애의 각 하위 유형을 식별하는 데 초점을 두는 분류체계로 특수교육 대상 학생에 대한 표찰(labeling) 문제를 줄일 수 있다.

① ㄱ, ㄴ ② ㄴ, ㄷ ③ ㄱ, ㄴ, ㄷ ④ ㄱ, ㄷ, ㄹ ⑤ ㄴ, ㄷ, ㄹ

03 2017학년도 초등 B 1번 일부

(가)는 특수 교사가 일반 교사에게 정서 · 행동 문제를 가진 학생에 대해 자문한 내용이다. 물음에 답하시오.

(가) 지문 내용

일반 교사: 우리 반에 또래와 다르게 문제행동을 자주 보이는 학생이 있어요. 이 학생이 혹시 정서 · 행동장애가 있는 것은 아닌지 궁금합니다.
특수 교사: 정서 · 행동장애 학생으로 진단하기 위해서는 문제행동 발생 빈도나 강도가 높은 심각성, (㉠), 교육적 성취 어려움을 종합적으로 고려해요.
일반 교사: 그렇군요. 정서 · 행동장애로 진단 받지는 않았지만 지금 문제행동을 보이는 학생이나 앞으로 보일 가능성이 있는 학생도 도움을 받을 수 있으면 좋겠어요.
특수 교사: 그래서 학교의 모든 학생에게 질 높은 학습 환경을, 문제행동 위험성이 있는 학생에게는 소집단 중재를, 지속적으로 문제행동을 보이는 학생에게는 개별화된 중재를 제공하는 (㉡)을/를 갖추는 것이 필요합니다.

1) (가)의 ① ㉠에 들어갈 말을 문제행동 양상(차원) 측면에서 쓰고, ② ㉡에 들어갈 말을 쓰시오. [2점]

• ①: ______ • ②: ______

04 2018학년도 초등 A 2번 일부

(가)는 정서 · 행동장애 학생 정우의 행동 특성이다. 물음에 답하시오.

(가) 정우의 행동 특성

• 친구들을 자주 때리고 친구들에게 물건을 집어던짐
• 교사의 지시에 대해 소리 지르고 거친 말을 하며 저항함
• 수업 시작종이 울려도 제자리에 앉지 않고 교실을 돌아다님

1) (가)는 정서 · 행동장애를 이분하는 교육적 분류 중 어느 유형에 해당하는지 쓰시오. [1점]

• ______

제2절 이론적 모델

01 신체생리학적 모델

1. 정의 및 기본적 관점

(1) 정의

① 행동장애 아동은 기질적 · 환경적 영향으로 인해 다음과 같은 특성을 만성적으로 나타내는 아동을 말한다.

② 특성

㉠ 인지적 · 감각운동적 · 신체적 발달에 상응하는 학습을 하지 못한다.

㉡ 적절한 사회적 관계를 형성 · 유지하지 못한다.

㉢ 일상생활 환경에 적절하게 반응하지 못한다.

㉣ 과잉행동, 충동적 행동부터 우울, 위축에 이르는 행동까지 과다하게 나타난다.

(2) 기본적 관점

① 신체생리학적 모델은 기본적으로 문제 · 병리가 개인의 내적인 측면에 존재한다고 가정하는 의료적 모델이다.

② 이 모델을 지지하는 사람들은 장애를 생물학적 요인이 환경적 요인에 의해 발현된 결과 또는 여러 생물학적 결함이 복합적으로 나타난 것이라고 가정한다.

③ 생리적 · 생물학적 · 비정상적으로 초래된 장애는 의료적 조치를 취하면 완화 · 치료될 수 있다고 본다.

2. 원인

① 관점: 주요 원인이 기질적 요인과 관련이 있다고 본다.

② 기질적 요인

기질	내용
순한 기질	섭식 · 수면 등이 규칙적이고 상황 변화에 잘 적응하며 새로운 자극에 적극적으로 접근함
긍정적 반응이 느린 기질	새로운 자극과 상황 변화에 느리지만 결과적으로는 긍정적으로 적응함
난 기질	• 부정적인 기분을 가지고 자극에 강하게 반응하며 새로운 상황에 잘 적응하지 못함 • 사회적 · 심리적 장애와 연관한다고 추정되는 기질

3. 평가절차

가족력 조사, 신경학적 평가, DNA 검사, 기능적 행동분석의 평가절차를 실시한다.

4. 중재 – 약물치료

(1) 약물치료

① 아동 · 청소년의 다양한 정서 · 행동장애를 중재하는 데 사용되며, 약물이 사고과정 · 기분 · 행동에 영향을 미치기 때문에 심리 약물치료라고 불린다.

② 부모의 태도 · 만족도가 매우 중요하므로 의료 전문가 · 상담가는 약물치료에 대해 부모와 충분히 논의해야 한다.

(2) 교사의 역할

① 심리 약물을 복용하는 아동의 행동을 꾸준히 모니터링하고 지속적으로 가족, 의료 전문가와 약물의 효과 및 부작용에 대한 의견을 교환한다.

② 약물치료는 아동의 부적응행동을 감소시킬 뿐이며 이로써 아동이 학업 · 생활 기술을 습득하는 것은 아니므로, 아동의 교육적 요구에 따라 사회성 기술, 자기통제 기술 등을 교수한다.

02 정신역동적 모델

1. 정의 및 기본적 관점

(1) 정의

정서 · 행동장애 아동은 사회적 규제나 인습에 적응하지 못하고 효율적으로 기능하는 것이 어려워 안전 · 정서 · 수용 · 자아존중감 등의 일상적 요구를 해결할 수 없어 갈등 · 불안 · 죄의식에 사로잡힌다.

(2) 기본적 관점

① 정신역동적 모델은 정신 내적 기능의 정상 · 비정상적 발달과 개인의 욕구에 초점을 둔다.
② 정신분석학자들은 갈등, 불안, 죄의식 등이 성격 발달과 밀접한 관련이 있으며 정서 · 행동 문제는 해결되지 못한 갈등, 방어기제에의 과도한 의존, 성격 구조의 심각한 일탈 등의 정신 내적 장애가 가시적으로 드러난 것으로 본다.
③ 이 모델에서는 개인의 무의식적 충동, 욕구, 불안, 죄의식, 갈등 등을 주로 평가한다.

2. 원인

무의식적 충돌과 의식적 욕구 간의 갈등, 개인적 가치와 사회적 가치 간의 갈등, 방어기제의 과도한 사용, 생물학적(심리성적) 또는 대인관계(심리사회적) 발달상의 위기 해소 실패 등이 있다.

3. 평가절차

투사적 기법(로르샤흐 검사, 아동용 주제통각검사 등), 인물화 검사, 문장완성 검사, 자기보고식 평정척도를 사용하여 평가를 실시한다.

4. 중재

(1) 심리치료

① 이 모델에 근거하여 보편적으로 사용하는 중재 방법은 정신분석적 심리치료이다.
② 치료 목표는 내담자가 내면에 존재하는 무의식적인 내용을 인정하는 능력을 향상하는 것이다.
③ 내담자의 부정적인 증상을 줄이고 적응적 · 친사회적인 기능을 향상시키기 위해 고안된 방법으로, 정해진 치료 계획에 따라 치료자와 내담자 간의 상호작용 · 상담 · 활동을 진행한다.

(2) 인본 중재

① 집단 중재: 목표는 교사와 학생이 문제 행동을 일으키는 갈등의 원인을 공개적으로 다루는 것이다.
② 학생의 행동을 강화 · 벌을 이용하여 외부적으로 통제하지 않고, 학생이 스스로의 행동에 대한 의견을 표현하고 자기통제 기술 · 전략을 습득함으로써 행동의 내부적 통제를 할 수 있게 돕는다.
③ 정서교육: 인간은 진, 선, 미, 성을 추구하는 감정을 지니는데 이 감정은 노여움, 미움, 두려움 등의 부정적 감정과는 달리 이성이 유지되는 고상한 정서이며, 이 감정을 발달하는 교육을 '정서교육'이라고 한다.

03 생태학적 모델

1. 정의 및 기본적 관점

(1) 정의

① 학생이 다른 사람과 상호작용하는 환경 속에서 지속적 · 일관적으로 부적절한 행동을 보이는 경우를 정서 · 행동장애로 정의한다.

② 정서 · 행동장애가 학생 주변 사람들의 기대나 판단에 따라 달라질 수 있고 상황에 따라서도 다르게 판단될 수 있다고 본다.

(2) 기본적 관점

① 학생의 개인 특성뿐 아니라 행동과 환경 간의 상호작용이 일탈행동의 발생 · 지속에 영향을 미친다고 본다.

② 즉, 환경과 학생의 본유적 특성 간의 부조화로 인해 장애가 발생한다고 판단한다.

③ 중재로 대상 학생과 환경을 함께 수정하여 상호 조화를 이루는 것을 목표로 한다.

④ 장기적으로 학생이 속한 환경에서 기능적인 사회 구성원의 역할을 할 수 있도록 중재 내용 · 과정을 확장한다.

2. 브론펜브레너(Bronfenbrenner)의 생태학적 체계

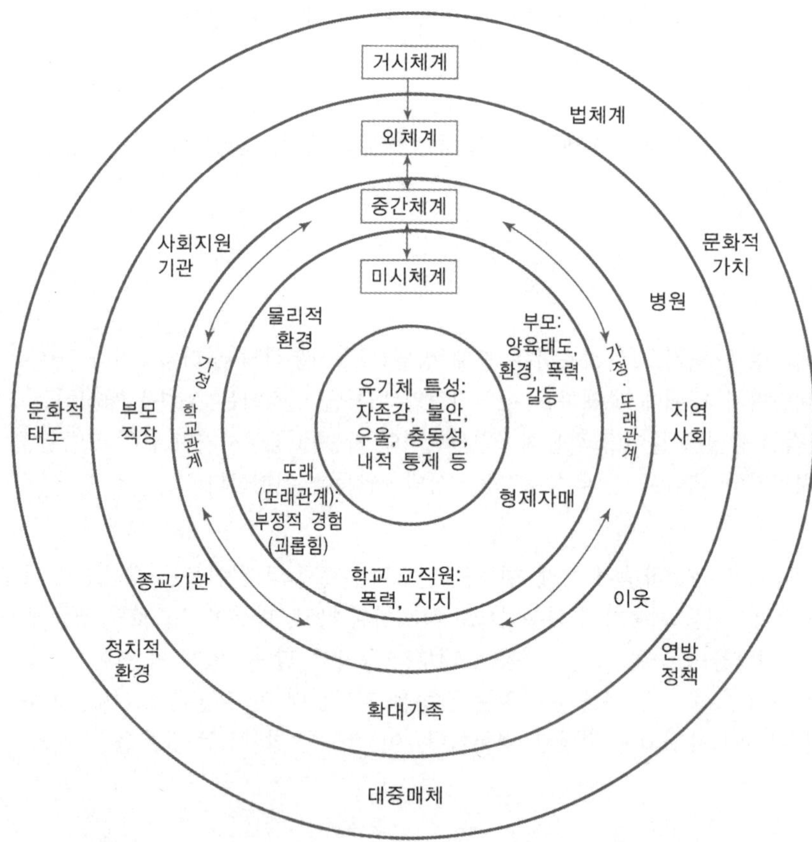

[그림 7-1] 브론펜브레너의 생태학적 체계

(1) 정의 및 예시

체계	정의
미시체계	물리적 · 사회적 환경에서 개인이 직접 경험하는 활동, 역할 · 관계 예 가정, 놀이터, 학교 등에서 사람들과 면대면으로 마주하여 상호작용하는 상황
중간체계	• 개인이 참여하는 환경 간의 상호작용을 의미함 • 개인이 직접적으로 상호작용을 하는 미시체계 간의 상호작용 예 학생의 부모와 교사 간의 상호작용, 가정과 또래 간의 상호작용
외체계	개인이 직접적으로 참여하지는 않지만 개인이 속한 환경에서 영향을 주고받는 상황 예 부모의 직장, 지역사회 기관, 교회, 병원, 친척 등
거시체계	문화적 가치 및 태도, 정치적 환경, 대중매체, 법과 같이 하위 체계에서 일관되게 나타나는 것 예 문화적 가치 및 태도가 보다 수용적인 나라, 총기 소지에 제한을 두는 나라에서는 아동 · 청소년의 정서 · 행동 문제가 적게 나타날 수 있음
시간체계	• 개인에게 영향을 미치는 환경의 시기와 상호작용의 시기는 개인 발달에 중요한 변수가 됨 • 즉, 환경 변화를 경험하는 시기가 아동의 발달에 중요한 영향을 미침 • 시간적 차원을 의미하며, 생태학적 평가 · 중재 시 시간체계를 포함한 모든 생태체계를 고려해야 함 예 동생의 출생이 모아애착의 중요 시기인 2세경인 경우와 부모로부터의 독립을 연습하는 시기인 15세인 경우는 발달에 서로 다른 영향을 끼침

3. 평가절차

교실 · 교수욕구 분석, 행동평정프로파일(BRP-2), 생태학적 사정도구를 사용한다.

4. 중재

(1) 가족 중재

① 교사는 가족 구성원을 학생의 교육 동반자로 인식하고 가족, 특히 부모에 대해 긍정적 관점을 유지한다.

② 그 동안 많은 사람이 학생의 정서 · 행동장애를 부모의 탓으로 돌리고 부모를 문제해결 지원의 잠재적 원천이 아닌 지원 대상자로 여겼으나 학생의 문제해결에 있어 부모의 긍정적 역할 · 관점은 무엇보다 중요하다.

③ 부모는 지원 제공자가 될 수 있으며 다만 지원자로서의 기술 훈련이 필요하다.

(2) 학교 중심의 생태학적 프로그램

① 학교 환경은 사회성 발달에 있어 매우 중요하며 교사가 직접적으로 통제할 수 있는 환경이다.

② 개별 학생의 직접적 중재와 함께 학교 체계의 중재를 함으로써 개인과 환경 간의 관계 향상과 발전된 사회적 · 학문적 적응을 이끌어낼 수 있다.

③ Re-ED 프로젝트: 학생이 기능을 수행하는 모든 환경에서의 일관성을 기르는 것을 목표로 하며, 일생의 모든 환경의 중재를 제공하려는 포괄적인 접근방법이다.

④ 긍정적 행동지원(PBS)

㉠ 문제행동은 특정 환경 사건 · 조건 간의 상호작용 과정에서 나타나며 해당 상황에서 원하는 성과를 얻으려는 기능과 관련이 있다.

㉡ 학생을 위한 예방 교육과정과 적절한 사회적 기술의 직접적인 교수를 강조한다.

㉢ 교사는 정서 · 행동장애 학생의 학업 기술 획득을 위한 효과적인 교수를 실시하고 문제행동 발생을 예방하며 자기조절 능력을 향상시키는 전략을 제공한다.

05 2010학년도 중등 19번

정서 · 행동장애 학생의 문제행동에 대한 특수교사의 지도내용을 바르게 설명한 것을 〈보기〉에서 모두 고른 것은? [2점]

〈보기〉

ㄱ. 문제행동의 원인을 정신 내적 과정상의 기능장애에 의한 것으로 보고, 자기점검 및 행동형성 절차를 적용하여 학생의 행동 변화를 이끌어낸다.

ㄴ. 문제행동의 원인을 잘못된 학습에 의한 것으로 보고 문제행동과 관련된 환경적 변인을 파악하고, 이를 조작하여 학생의 행동 변화를 이끌어낸다.

ㄷ. 문제행동은 개인의 기질 등에 기인하나 이러한 문제가 환경적 요인으로 발현될 수 있다고 보고, 문제행동을 직접 중재하기보다는 의사 등 관련 전문가에게 의뢰한다.

ㄹ. 문제행동이 사고, 감정, 행동 간 상호작용에 의해 발생하는 것으로 보고 학생이 자신의 욕구와 갈등을 표현할 수 있도록 환경을 지원하여 건강한 성격발달이 이루어지게 한다.

① ㄱ, ㄷ ② ㄴ, ㄷ ③ ㄴ, ㄹ ④ ㄱ, ㄴ, ㄹ ⑤ ㄱ, ㄷ, ㄹ

06 2012학년도 중등 23번

(가)~(마)의 정서 · 행동장애 학생들의 사례에 나타난 이론적 모델과 중재 방법으로 옳은 것은? [2점]

(가) 학생 A는 학교에서 과잉행동과 충동성을 보였다. 이에 교사는 부모에게 병원에서 진단을 받도록 권유하였다. 학생 A는 병원에서 약물을 처방받아 복용하고 있다. 약물처방 후의 학생 행동에 대하여 교사는 주의를 기울였다.

(나) 학생 B는 인근 작업장에서 일하고나서부터 감정 기복이 심하고, 친구들에게 자주 분노를 표출하였다. 이에 교사는 작업장, 가정, 학교의 환경을 조사하고, 일어날 수 있는 사건에 대한 체크리스트를 만들었다.

(다) 학생 C는 무단결석을 빈번히 하고, 친구들과 자주 싸운다. 이에 교사는 학생에게 자신이 처한 상황에서의 문제를 파악해 기록하게 한 후, 문제를 해결할 수 있는 여러 방법과 결과에 대해 생각해보도록 하였다. 그리고 자신이 선택하여 실행한 방법과 결과를 기록하도록 지도하였다.

(라) 학생 D는 여러 사람 앞에서 소리 내어 책을 읽는 것을 두려워하여, 그런 상황을 자주 회피한다. 이에 교사는 두려움 유발 자극을 낮은 단계부터 높은 단계로 서서히 직면하도록 하는 이완훈련을 통해 두려움을 극복하도록 지도하였다.

(마) 학생 E는 경쟁적 학습과 스트레스 등으로 인해 스스로 좌절하고 친구들과 어울리지 못한다. 이에 교사는 타인 위로하기, 감정 공유하기 등의 집단 프로그램을 통해 소외당하거나 우울해하는 학생 E가 자존감을 회복할 수 있도록 지도하였다.

① (가)는 신체생리학적 모델을 근거로 교사가 학교에서 약물요법을 실행한 것이다.
② (나)는 생태학적 모델을 근거로 교사가 분노통제 훈련을 실행한 것이다.
③ (다)는 심리역동적 모델을 근거로 합리적 정서치료의 절차를 적용한 것이다.
④ (라)는 행동주의 모델을 근거로 체계적 둔감화 절차를 적용한 것이다.
⑤ (마)는 인지 모델을 근거로 자기교수 절차를 적용한 것이다.

07 2013학년도 중등 추시 A 6번 일부

다음은 정서 · 행동 문제가 있는 영수와 은지의 행동 특성을 기술한 것이다. 물음에 답하시오.

영수의 행동 특성	영수는 잠시도 가만히 있지 못하여 발을 꼼지락거린다. 때로는 멍하니 딴 생각을 하다가 교사가 주의를 주면 바른 자세를 취한다. 그리고 친구를 때리고 괴롭히는 행동이 잦아 ㉠ 자기교수 훈련을 실시했더니 때리는 행동이 조금씩 줄어들었다. 그러나 친구들의 놀이를 방해하는 행동은 여전히 심하다. 특히, 과제를 수행할 때 실수를 자주 범한다. 소아정신과 의사는 영수의 이런 특성이 ㉡ 기질과 관련이 있을 수 있다고 했다.
은지의 행동 특성	은지는 2년 전 자신을 키워준 할머니가 돌아가신 후부터 수업 시간마다 눈을 깜빡이거나 코를 찡그리고 쉬는 시간에는 코를 킁킁거려서 친구들로부터 "조용히 해"라는 소리를 많이 듣는다. 한동안 ㉢ 자신의 물건에 집착하는 행동을 보여서 심리극을 실시한 결과 집착 행동이 많이 줄어들었다. 그러나 학습에 대한 흥미는 점점 떨어지고 있다. 소아정신과 의사는 은지의 행동이 내과적 질환에 의한 것은 아니라고 했다.

2) 토마스(A. Thomas)와 체스(S. Chess)가 분류한 ㉡의 3가지 유형을 쓰시오. [1점]

• ________, ________, ________

3) 정서 · 행동장애 학생에게 적용 가능한 개념적 지도모델 중 ㉢에 해당하는 모델을 쓰시오. [1점]

• ________

08 2013학년도 유아 추시 A 5번 일부

다음은 김 교사가 담당하고 있는 특수학급 유아들과 가족의 사례이다. 물음에 답하시오.

진수네 가족: 진수의 부모는 진수가 24개월이 되었을 때 문제가 있음을 감지하고 여러 군데의 병원을 찾아다니다 2세 6개월에 자폐성장애 진단을 받았다. 그 후 여러 클리닉을 다니며 치료하려는 노력을 기울였으나 최근 부모로서 무능함을 토로하며 크게 낙담하고 우울해한다.

민희네 가족: 농인인 민희 부모는 민희도 농인 것을 알고 가족의 주요 의사소통 방법인 수화를 민희에게 가르쳤다. 또한 민희가 농 사회의 일원으로서 정체성을 형성하고 소속감을 가지고 살아갈 수 있도록 노력하였다. 민희가 4세가 되었을 때 인공와우 수술을 하자는 제안이 있었다. 아빠는 이를 반대하였으나 엄마는 수술받기를 원해 현재 논의 중이다.

영호네 가족: 영호는 생후 19개월에 사고로 중증의 장애를 갖게 되었다. 영호는 처음에 주위에서 일어나는 일에 전혀 반응이 없었다. 영호가 24개월이 되었을 때, 영호 어머니는 지역사회 초등학교의 사회봉사 프로그램과 연계하여 '영호에게 책 읽어주기 자원봉사 프로그램'을 만들었다. 그 후 매주 3일간 초등학교에서 자원봉사 학생이 영호네 집에 와서 영호에게 책을 읽어주고 있다. 영호는 현재 4세 2개월이고 책 읽어주기 자원봉사자인 민수가 영호의 손을 책 위에 올려주고 만지도록 하면 웃으며 좋아한다. 그 후에도 ㉠ 영호의 어머니는 영호의 발달을 촉진하기 위해 스스로 프로그램을 개발하고 지역사회 자원을 활용하고 있다.

4) 다음 문장을 완성하시오. [1점]

> 영호의 사례를 접한 다른 가족들은 적극적인 교류를 통해 정보를 주고 받으며 자녀의 성장과 발달을 위해 노력하게 되었다. 이러한 가족 간의 관계는 브론펜브레너(U. Bronfenbrenner)의 생태학적 모델의 (　　)체계에 해당한다.

• ________

09 2021학년도 유아 A 3번 일부

(가)는 유아 특수교사 박 교사와 최 교사, 통합학급 김 교사가 5세 발달지체 유아 지호에 대해 나눈 대화이다. 물음에 답하시오.

(가) 대화

[9월 7일] 김 교사: 신입 원아 지호가 일과 중에 갑자기 울음을 터뜨리는 일이 많은데 기질상의 문제일까요? 박 교사: 글쎄요. 지호가 울기 전과 후에 어떤 일이 있었는지 자세히 살펴봐야 할 것 같아요. 최 교사: 지호를 둘러싼 사회적 맥락과의 상호작용도 중요한 것 같아요. 지호가 다녔던 기관은 소규모이고 굉장히 허용적인 곳이었다니, 지호에게 요구하는 것이 크게 달라진 것이죠. 지호뿐만 아니라 ㉠ 지호 어머니도 새 선생님들과 관계를 맺고 소통하는 것이 큰 부담이시래요. 이런 점도 영향이 있겠지요? [A] 박 교사: 네, 다양한 관점을 통합하여 봐야 할 것 같습니다. 다음 회의 때까지 울음 행동 자료를 직접 관찰 방법으로 수집해 볼게요. [9월 14일] 김 교사: 박 선생님, 지호의 울음 행동이 주로 어떤 시간에 발생하던가요? 박 교사: 어느 시간에 많이 발생하는지, 또 혹시 발생하지 않는 시간은 있는지 시간대별로 알아본 결과 큰 책 읽기 시간에 울음 행동이 가장 많이 발생하고, 실외 활동 시간에 가장 적었어요. [B] 최 교사: 큰 책 읽기 시간에는 아마도 유아들이 붙어 앉다보니 신체적 접촉이 생겨서 그러는 것 같아요. 김 교사: 지호가 좋아하는 박 선생님이 앞에서 책 읽어주시느라 지호와 멀어지게 되는 것도 이유인 것 같아요. 박 교사: 그럼, 두 가지 이유 중 어떤 것이 맞는지 가설로 설정하여 검증해 봐야겠어요.

1) [A]와 같이 유아의 정서 · 행동문제를 바라보는 모델에 근거하여, ㉠에 해당하는 체계가 무엇인지 쓰시오. [1점]

• ㉠: ______________________

10 2017학년도 중등 B 2번

다음은 정서 · 행동장애 학생 A에 대해 교사들이 나눈 대화 내용이다. ① 김 교사와 박 교사가 A의 행동을 바라보는 정서 · 행동장애의 이론적 관점을 순서대로 쓰시오. 그리고 ② 최 교사가 A에게 적용하고자 하는 차별강화 기법을 쓰고, 이 기법의 장점을 1가지 제시하시오. [5점]

〈김 교사〉

김 교사

A는 생후 13개월 즈음 위탁 가정에 맡겨져, 4살 때 지금의 가정으로 입양되어 성장했다고 합니다. A는 영아기 때 정서적 박탈을 경험하면서 불안정한 심리와 정서를 갖게 되었고, 유아기 때 안정애착이 형성되지 않아서 수업 시간에 이상한 소리를 내며 주변 사람들의 주의를 끌려고 한 것 같습니다.

〈박 교사〉

A가 영유아기에 자신이 한 행동에 적절한 반응을 받지 못한 것 같아요. 잘 지내고 있을 때보다 부적절한 행동을 했을 때 선생님에게 관심을 더 받는다는 것을 알고, 지금의 부적절한 행동이 계속 유지되고 있는 것 같습니다.

박 교사

〈최 교사〉

최 교사

두 분의 말씀 잘 들었습니다. 이제부터 교사의 주의를 끌기 위해 A가 소리를 내면 반응해주기보다 손을 들도록 가르치고 손 드는 행동에 반응을 해줘야겠어요.

- ①: ______
- ②: ______

04 인지주의 모델

1. 정의 및 기본적 관점

(1) 정의

① 정서 · 행동은 경험한 사건에 대한 해석의 결과이므로 임상적인 개선 또한 사고의 변화에 따라 결정된다.
② 인지주의 심리학자들은 행동에 영향을 주는 개인의 사고, 신념, 기대, 태도에 주목한다.
③ 인지장애 과정이 심리적 장애를 유발하기 때문에 인지의 변화를 통해 장애행동이 개선 · 치유될 수 있다고 본다.

(2) 기본적 관점

① 행동은 외적 사상과 사상에 대한 개인의 해석 방법에 의해 결정되며, 개인의 사고, 감정, 행동 간에는 상호작용적인 관계가 존재한다.
② 정서 · 행동에 대한 외적 사상의 영향은 인정하지만 인간의 내적 과정이 장애의 근본적 원인이라고 가정한다는 점이 정신역동적 모델이나 신체생리적 모델과 유사하다.
③ 그러나 주요 관심사가 개인의 지각 · 사고라는 점에서 차이를 보이며, 외적 사상이 단일 요인으로 정서 · 행동장애를 유발하는 것이 아니라 외적 사상에 대한 개인의 신념과 왜곡된 사고가 스스로 불행 · 두려움의 정서를 만든다고 본다.
④ 자신에 대한 부정적 시각, 삶에 있어 이겨낼 수 없는 장애물, 미래에 대한 절망감 등을 떨쳐 내지 못하는 부적절한 인지 · 사고가 부적절한 감정 · 행동을 유발한다는 것이다.

2. 원인

① **인지왜곡**: 정서 · 행동장애는 왜곡된 인지처리 과정으로 인해 발생한다.
예 우울, 불안
② **인지결함**: 필요한 인지처리 과정의 부재가 원인이다.
예 충동성, 공격성

3. 평가절차

자기 보고식 질문지법, 사고 목록 기록법, 소리내어 생각하기 기법, 면담을 사용한다.

4. 중재

(1) 모델링

① 모델링을 사용한 인지 중재로 비디오와 역할극이 있는데, 이 중 비디오 모델링은 비디오를 통해 대리처벌이나 대리강화를 받는 방법이다.
② 모델링은 일반적인 교수 실행과 인지 중재의 중요한 부분으로 사용할 수 있다.
③ 사회적 문제나 개인적 문제를 해결하기 위한 자기교수, 인지적 문제해결, 대인적인 지각, 귀인, 신념의 지도와 같은 특수한 인지적인 중재와 함께 사용할 수 있다.

(2) 인지결함 중재

① 인지결함으로 발생하는 문제행동을 지도하기 위해서는 문제행동과 동등한 기능을 가진 대안적인 행동을 지도하거나 기술 습득을 통해 적응 행동을 증진시켜야 한다.

② 인지전략

㉠ 초인지 전략

ⓐ 과제 수행에 사용한 전략의 모든 과정을 인지 · 조절하는 전략을 말한다.

ⓑ 초인지 전략 훈련인 자기교수는 과제 수행에 필요한 의사결정과 행동 실행 지침을 스스로 말하게 하는 방법이다.

ⓒ 자기교수

구분	내용
개념	• 수행할 행동의 순서를 스스로 말하면서 실행하게 하는 것 • 자신의 생각 · 행동을 언어화하는 것(소리 내어 생각하기)
진술문	• **문제의 정의**: '문제가 무엇이지?', '내가 할 것이 무엇이지?' • **주의집중과 행동의 지시**: '어떻게 해야 하지?', '내 계획이 무엇이지?' • **자기강화**: '난 잘 하고 있나?', '난 계획대로 하고 있나?' • **자기평가와 오류 수정**: '어떻게 끝낼 수 있었지?', '내가 문제를 해결한 방법이 무엇이지?'
단계	• **1단계(인지적 모방)**: 교사가 소리 내어 혼잣말을 하면서 과제를 수행하고 아동은 이를 관찰함 • **2단계(외적 모방)**: 아동은 교사의 지시에 따라 교사가 말하는 자기교수 내용을 그대로 소리 내어 따라 말하면서 교사가 수행한 것과 동일한 과제를 수행함(관찰 내용을 그대로 따라 함) • **3단계(외적 자기안내)**: 아동 혼자 큰 소리를 내어 교사가 한 것과 동일한 자기교수를 하며 과제를 수행함(2단계를 교사의 모델 없이 스스로 함) • **4단계(외적 자기안내 제거)**: 아동은 자기교수를 속삭이며 과제를 수행함(3단계를 속으로 중얼거림) • **5단계(내적 자기교수)**: 아동은 자신에게 내적 언어로 수행을 안내하면서 과제를 수행함

㉡ 자기조절: 인지 과정을 스스로 조절하는 것으로 인지 전략을 효율적으로 선택 · 관리하고, 목표에 도달하기 위해 학습하는 동안 학습활동을 점검 · 재지시하는 방법이다.

③ 사회적 문제해결

단계	방법	내용
1단계	문제해결 방법 설정	교사는 정서적 · 행동적 문제에 대해 희망적인 해결 방법을 설정하고 학생이 스스로 사회적 문제해결을 할 수 있다고 믿게 해야 함
2단계	문제 정의	교사는 학생이 문제 상황의 내외적인 부분을 검토하고 문제의 내외적 측면에 집중하게 함
3단계	대안적인 일반화	학생이 문제 정의 단계에 설정한 변화를 달성하도록 대안적인 해결 방법을 모색하게 함
4단계	의사결정	교사는 각 대안적인 방법의 결과와 실현 가능성을 고려하여 학생을 지도함
5단계	수행 · 확인	학생은 선택한 해결 방법을 시도한 후 문제 상황, 문제해결 시도, 문제해결 과정에서 느낀 감정 · 사고 · 성과 등의 정보를 기록함

(3) 인지왜곡 중재

① 왜곡된 정보처리의 수정

㉠ 사회적 정보를 부정확하게 또는 선택적으로 인식하고 이를 부정적으로 생각하는 경우가 많다.

㉡ 목표는 강한 정서적 각성 · 공격행동을 야기하는 사회적 지각이 오류임을 깨닫게 하는 것이다.

㉢ 중재 방법으로는 목표 설정, 자기대화, 분노 개념, 분노에 대한 대안 행동, 사회적 조망 수용, 분노 대처 실행의 활성화를 이용한다.

② **왜곡된 귀인 · 신념 수정:** 왜곡된 귀인과 신념은 불안장애와 우울증의 주요 요인으로 작용한다.

㉠ 귀인 재훈련

ⓐ 귀인은 일상에서 경험하는 사건의 원인에 대해 학생이 생각하는 신념으로, 수행이 성공 · 실패한 원인이 어느 곳에 있는지를 설명한다.

ⓑ 귀인 분류

통제성 \ 안정성 \ 소재성	내적		외적	
	안정적	불안정적	안정적	불안정적
통제 가능	지속적 노력	일시적 노력	교사의 편견	타인의 도움
통제 불가능	능력	기분	과제 난이도	운

ⓒ 일반적으로 실패를 내적 · 안정적 요인에 귀인하는 학생은 무력감에 사로잡히거나 우울에 민감하다.

ⓓ 무력감을 느끼거나 우울 증상이 있는 학생을 위한 귀인 재훈련 프로그램에서는 학생이 성공의 원인을 내적 · 안정적 원인인 자신의 능력으로 돌리고, 실패의 원인을 내적이지만 불안정한 원인인 노력으로 돌리게 해야 한다.

㉡ 합리적 정서치료

ⓐ 목표는 학생의 비합리적 신념을 합리적 신념으로 바꾸는 것으로, 이때 합리적 신념은 상황의 변화에 유연하고 논리적이고 상황의 현실과 일치하며 목표를 성취하려는 사람에게 도움이 된다.

ⓑ 인간의 정서와 인지가 연계된다고 보며, 사고의 대부분은 감정이 원인이고 학생의 문제행동은 상황에 대한 학생의 비합리적인 신념 때문인 것으로 가정한다.

ⓒ 학생의 신념을 비합리적인 것에서 합리적인 것으로 전환하는 인지 재구조화를 목표한다.

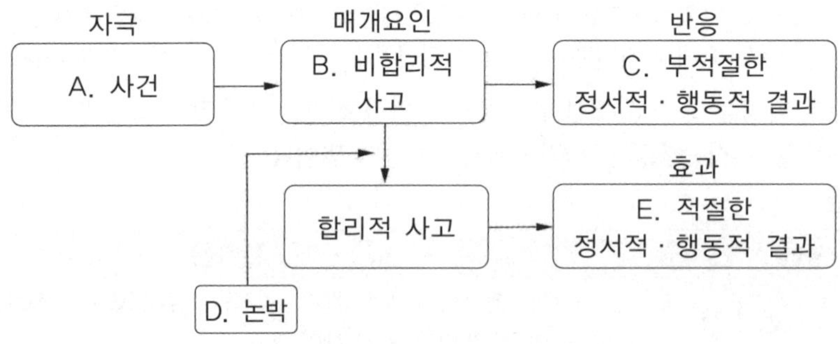

[그림 7-2] 합리적 정서치료 모형

ⓓ ABCDE 모형

- A(Activating event, 반응을 일으키는 사건)는 사건 · 상황 · 환경 · 개인의 태도를 말하며, C(Consequence, 정서적 · 행동적 결과)는 개인의 반응이나 정서적 · 행동적 결과로 이 반응은 적절할 수도 부적절할 수도 있다. 이 모형은 A가 C를 초래한다고 보지 않고, 개인의 A에 대한 믿음인 사고 B(Belief)가 C의 정서적 · 행동적 반응을 초래한다고 본다.
- 인간의 정서반응이나 장애를 일으키는 비합리적인 생각을 바꾸는 방법을 제시하는 것이 합리적 정서치료의 핵심이며, 이 방법은 바로 D(Dispute)로 표현되는 논박이다. 특별히 D는 내담자가 자신의 비합리적인 생각을 고치는 데 적용될 수 있는 과학적 방법이다. 즉, 논리를 가르침으로써 비현실적이고 검증할 수 없는 자기 파괴적인 가설을 포기하게 한다.
- Ellis는 성공적인 상담은 비합리적 사고를 계속적으로 논박하여 어느 정도로 재교육에 성공하는지가 좌우한다고 강조한다.
- 논박에 성공하면 내담자의 적절한 정서와 적응적 행동을 일으키는 효과 E(Effect)가 나타난다.

05 행동주의 모델

1. 정의 및 기본적 관점

(1) 정의

정서 · 행동장애는 부적응적 행동으로 구성되며, 이 행동은 학습된 것으로 다른 모든 행동처럼 발전 · 유지되어 왔다.

(2) 기본적 관점

① 인간의 모든 행동, 즉 장애행동이나 정상행동 모두가 학습된 것이라고 보고 장애행동과 정상행동의 차이를 행동의 빈도 · 강도 · 사회적 적응성으로 설명한다.

② 특정 행동이 더 적게, 더 약하게, 더 적응적으로 나타났다면 장애행동으로 불리지 않았을 것이며, 이들이 본질적으로 일탈된 것이 아니라 사회적인 기대에서 일정 수준 벗어나 있을 뿐이라고 주장한다.

③ 두 가지 가정

㉠ 행동은 관찰 · 분석 · 측정될 수 있는 반응이나 행위로 나눌 수 있다.

㉡ 행동은 강화와 벌로 통제할 수 있으므로, 학습으로 수정할 수 있다.

④ 특징

㉠ 부적응 행동을 포함한 모든 행동은 학습된 것이므로 잘못 학습된 행동을 제거하거나 새로운 학습을 통해 바람직한 다른 행동으로 대체할 수 있다.

㉡ 행동의 유발 · 유지는 주로 환경에 의해 결정된다고 보기 때문에 특정 행동이 일어나는 특정한 환경과 특정 행동 발생 직전 · 직후에 일어난 사건을 강조하며, 자연현상처럼 행동도 예측 · 통제 가능하다고 본다.

㉢ 개인의 정신 내적인 힘 · 요인보다 관찰 가능한 행동을 강조한다.

2. 원인

수동적(고전적) 조건화, 조작적 조건화, 사회적 학습(관찰학습)을 원인으로 본다.

3. 평가절차

검목표(체크리스트), 행동평정척도, 행동기록법, 기능적 행동평가가 있다.

4. 중재

(1) 응용행동분석

① 측정

㉠ 1단계: 수정하고자 하는 행동을 관찰 가능하도록 객관적이고 명확하게 조작적으로 정의한다.

㉡ 2단계: 목표행동에 맞는 측정 방법을 선택한다.

㉢ 3단계: 측정의 신뢰도를 구하는 과정으로, 관찰자 간 신뢰도를 구하기 위해 기초선과 중재 기간에 독립적인 두 관찰자가 목표행동을 기록 · 측정한다.

㉣ 4단계: 사회적 타당성을 고려한다.

② 실험적 평가: 응용행동분석에서는 중재하고자 하는 목표행동을 정의하고, 기초선 단계와 중재 후에 목표행동을 측정 · 비교함으로써 행동 변화를 확인하고 중재의 효과가 중재에 따른 것임을 검증하고자 다양한 실험설계를 사용한다.

③ 목표행동 증가시키기: 학생이 바람직한 행동을 할 때 보상으로 정적 강화 자극을 제공한다.

④ 목표행동 감소시키기

㉠ 소거는 학생이 문제행동을 보이더라도 철저하게 관심을 보이지 않는 방법으로, 문제행동 발생 후 강화제를 제거하는 것이다.

㉡ 벌은 목표행동 발생 후 육체적 고통을 주거나 긍정적인 강화 자극을 제거해 행동 감소를 유도하는 방법이다.

㉢ 차별강화

구분	내용
타행동 차별강화	문제행동이 발생하지 않을 때 강화물을 유관성 있게 제공함
저빈도 차별강화	문제행동의 비율이 기준치 이하로 감소했을 때 강화물을 제공함
대체행동 차별강화	바람직한 행동의 빈도를 증가, 바람직하지 않은 행동의 빈도는 감소시키기 위해 사용함
상반행동 차별강화	대체행동을 문제행동과 상반되게 하여 두 행동이 동시에 일어날 수 없게 함

⑤ **선행사건 통제**: 문제행동의 원인인 선행사건을 통제하여 문제행동을 예방하고 바람직한 행동을 지원한다.

⑥ 자기관리

구분	내용
목표설정	학생이 스스로 수행할 목표를 설정함
자기점검	자신의 행동을 관찰 · 기록함
자기평가	자신의 수행을 기준에 근거하여 사정함
자기교수	행동을 시작 · 안내 · 억제하기 위해 언어적 단서를 사용함
자기강화	싫어하는 과제를 수행할 수 있게 동기 유발을 하거나 잘한 일에 대한 강화를 스스로 제공함

⑦ 집단강화

㉠ 집단으로 강화를 제공하는 것으로, '집단의 유관성'이라고도 한다.

㉡ 목적

ⓐ 집단 내 모든 학생을 대상으로 하며, 하나 이상의 목표행동을 향상시키고자 한다.

ⓑ 일부 유형의 경우, 집단 구성원이 공동 목표 달성을 위한 작업을 하므로 집단 응집력 · 협력을 촉진할 수도 있다.

(2) 중재패키지

① **토큰경제**: 상징 강화 체계인 토큰경제에서 중요한 점은 학생이 토큰을 다양한 강화물과 바꿀 수 있어야 하며 각 강화물을 구입하는 데 얼마의 토큰이 필요한지 이해해야 한다는 점이다.

② **행동계약**: 유관계약이라고 하며, 목표행동의 수행과 강화물 교환에 관한 내용을 교사와 학생이 서면으로 계약하는 것을 말한다.

③ 사회적 기술 훈련

㉠ 학생의 사회적 상호작용, 사회적 수용, 학교 · 일상생활 적응 등을 개선하는 데 중점을 두고 지도한다.

㉡ 적절한 사회적 상호작용에 필요한 특정 기술을 체계적으로 지도하는 것으로 새로운 기술을 효과적으로 학습할 수 있게 계획한다.

11 2009학년도 초등 29번

〈보기〉는 황 교사가 정신지체 학생 현우에게 두 자리 수 덧셈을 지도하기 위해 적용한 전략이다. 황 교사가 적용한 교수법의 실행 절차를 바르게 나열한 것은? [1.4점]

〈보기〉

ㄱ. 현우가 과제의 각 단계를 속으로 생각하며 수행하도록 하였다.
ㄴ. 현우가 과제의 각 단계를 큰 소리로 말하며 수행하도록 하였다.
ㄷ. 현우가 과제의 각 단계를 혼잣말로 중얼거리며 수행하도록 하였다.
ㄹ. 황 교사가 과제의 각 단계를 큰 소리로 말하며 수행하는 시범을 보였다.
ㅁ. 황 교사가 과제의 각 단계를 수행하면서 현우에게는 각 단계를 큰 소리로 말하도록 하였다.

① ㄱ → ㄴ → ㅁ → ㄷ → ㄹ
② ㄷ → ㄱ → ㄹ → ㅁ → ㄴ
③ ㄷ → ㄹ → ㅁ → ㄴ → ㄱ
④ ㄹ → ㄴ → ㅁ → ㄱ → ㄷ
⑤ ㄹ → ㅁ → ㄴ → ㄷ → ㄱ

12 2009학년도 초등 34번

김 교사는 2008년 개정 특수학교 기본교육과정 실과의 '청소하기'를 지도하기 위한 과제분석표를 작성하여 정신지체 학생 진수가 스스로 청소를 할 수 있도록 하였다. 진수가 사용한 (가)와 (나)의 전략은? [1.4점]

순서	할 일	확인
1	청소에 알맞은 옷차림과 청소용구 준비하기	○
2	창문 열기	○
3	의자를 책상 위에 올리고 뒤쪽으로 밀기	○
4	앞쪽부터 비로 바닥 쓸기	○
5	책상을 다시 앞쪽으로 밀기	○
6	뒤쪽부터 비로 바닥 쓸기	○
7	책상을 제자리로 갖다 놓기	○
8	의자 내려놓기	○
9	청소용구 제자리에 놓기	×

진수는 순서에 따라 청소를 하고 (가) 각각의 순서에 제시된 일을 끝낼 때마다 확인란에 ○표를 하였다. 진수는 청소가 끝난 후에 확인란의 ○표를 세어 (나) 자기가 세운 목표 8개를 달성하였으므로, 청소를 시작하기 전에 정한 대로 컴퓨터 게임을 하였다.

	(가)	(나)
①	자기점검	자기교수
②	자기점검	자기강화
③	자기교수	자기점검
④	자기강화	자기점검
⑤	자기교수	자기강화

다음은 정서 · 행동 문제를 이해하기 위한 이론적 관점이 적용된 사례이다. (가), (나)에 사용된 전략 명칭을 순서대로 쓰시오. [2점]

• (가): ______________________ • (나): ______________________

14 2013학년도 중등 추시 A 6번 일부

다음은 정서 · 행동 문제가 있는 영수와 은지의 행동 특성을 기술한 것이다. 물음에 답하시오.

영수의 행동 특성	영수는 잠시도 가만히 있지 못하여 발을 꼼지락거린다. 때로는 멍하니 딴 생각을 하다가 교사가 주의를 주면 바른 자세를 취한다. 그리고 친구를 때리고 괴롭히는 행동이 잦아 ㉠ 자기교수 훈련을 실시했더니 때리는 행동이 조금씩 줄어들었다. 그러나 친구들의 놀이를 방해하는 행동은 여전히 심하다. 특히, 과제를 수행할 때 실수를 자주 범한다. 소아정신과 의사는 영수의 이런 특성이 ㉡ 기질과 관련이 있을 수 있다고 했다.
은지의 행동 특성	은지는 2년 전 자신을 키워준 할머니가 돌아가신 후부터 수업 시간마다 눈을 깜빡이거나 코를 찡그리고 쉬는 시간에는 코를 킁킁거려서 친구들로부터 "조용히 해."라는 소리를 많이 듣는다. 한동안 ㉢ 자신의 물건에 집착하는 행동을 보여서 심리극을 실시한 결과 집착 행동이 많이 줄어들었다. 그러나 학습에 대한 흥미는 점점 떨어지고 있다. 소아정신과 의사는 은지의 행동이 내과적 질환에 의한 것은 아니라고 했다.

1) **다음은 ㉠의 단계별 교수 · 학습활동이다. ①과 ②에 들어갈 알맞은 활동을 쓰시오.** [2점]

단계	교수 · 학습활동
1단계: 인지적 모델링	교사: ① ______ 학생: 이를 관찰한다.
2단계: 외현적 외부 지도	학생: 교사의 지시에 따라 ①에서 교사가 보여준 것을 그대로 한다. 교사: 학생이 과제를 수행하는 동안 큰 소리로 자기교수의 내용을 말한다.
3단계: 외현적 자기교수	학생: 큰 소리로 자기교수의 내용을 말하면서 교사가 보여준 것을 그대로 한다. 교사: 이를 관찰하고 피드백을 제공한다.
4단계: 자기교수 용암	학생: ② ______ 교사: 이를 관찰하고 피드백을 제시한다.
5단계: 내재적 자기교수	학생: 자기교수의 내용을 속으로 말하며 그대로 행동한다.

- ①: ______
- ②: ______

15 2015학년도 초등 B 6번 일부

(가)는 정서 · 행동장애 학생 지우의 특성이고, (나)는 통합학급 교사와 특수학급 교사가 지우의 수업 참여 증진을 위해 협의하여 지도한 자기교수 전략이다. 물음에 답하시오.

(가) 지우의 특성

- 대부분의 시간에 위축되어 있고 다른 친구들과 상호작용을 하지 않음
- 자기표현을 하지 않고 수업 활동에 참여하지 않음
- 음악 시간에 따라 부르기를 할 때에 소리를 내지 않고 창밖만 응시함

(나) 자기교수 전략

자기교수 단계와 자기진술문의 예시
–(㉠): "나는 지금 무엇을 해야 하지?"
– 계획: "이제 어떻게 하지?"
– 자기평가: "어떻게 했지?"
– 자기강화: "잘했어."

(나) 상황 간 중다기초선설계 그래프

자기교수 전략을 가르치기 위한 교수 활동
1단계: 인지적 모델링
2단계: 외현적 자기교수 안내
3단계: ㉡ 외현적 자기교수
4단계: 자기교수 용암
5단계: 내재적 자기교수

1) (나)의 ㉠ 단계의 명칭을 쓰시오. [1점]

- ㉠: ______________________________

2) 다음은 (나)의 ㉡에 해당되는 활동이다. 괄호에 들어갈 교사의 활동을 쓰시오. [1점]

지우가 큰 소리로 자기교수를 말하면서 과제를 수행한다. 그리고 교사는 ( ).

- ______________________________

16 2018학년도 유아 A 3번 일부

(가)는 5세 지적장애 유아 민수의 특성이고, (나)는 민수를 위한 책 정리 지도방법이다. 물음에 답하시오.

(가) 민수의 특성

- 2~3개 단어를 이용해서 자신의 요구나 의사를 말로 표현할 수 있음
- 동물 그림을 보고 이름을 말할 수 있음
- 책 읽는 것은 좋아하지만 책을 제자리에 정리하지 못함

(나) 책 정리 지도방법

단계	활동 내용
인지적 모델링	교사가 큰 소리로 "책을 꽂아요."라고 말하면서 책을 제자리에 꽂는다.
외현적 지도	교사가 큰 소리로 "책을 꽂아요."라고 말을 하고, 민수는 교사의 말을 큰 소리로 따라하면서 책을 제자리에 꽂는다.
외현적 자기지도	( )
외현적 자기지도의 감소	민수가 점점 작은 목소리로 "책을 꽂아요."라고 말하고, 책을 제자리에 꽂는다.
내재적 자기지도	마음속으로 '책을 꽂아요.'를 생각하며 책을 제자리에 꽂는다.

1) (가)에 근거하여 ① (나)에서 민수에게 적용한 지도방법의 명칭과, ② ( )에 들어갈 활동 내용을 쓰시오. [2점]

- ①: ____________________
- ②: ____________________

17 2020학년도 중등 B 1번 일부

(나)는 정서 · 행동장애 학생 A에 대한 교사들의 대화이다. 괄호 안의 ㉠에 해당하는 용어를 쓰시오. [2점]

(나) 대화

통합학급 교사: 학생 A의 어려움을 줄여줄 수 있는 방안에는 어떠한 것이 있나요?

특 수 교 사: 네, 선생님, 다양한 중재 방법이 있습니다. 그중 하나는 인지적 모델을 바탕으로 하는 (㉠)입니다. 이 중재 방법에서는 정서 · 행동장애 학생이 보이는 부정적 정서반응과 행동의 원인을 비합리적 신념이라고 봅니다. 그래서 학생 A의 비합리적 신념을 논박하면, 비합리적 신념이 합리적 신념으로 변화하여 바람직한 정서를 보이고 적절한 행동을 하게 된다고 봅니다.

- ㉠: ____________________

18 2014학년도 초등 B 1번 일부

(가)는 정서 · 행동장애 학생 영희의 특성이고, (나)는 통합학급 김 교사가 사회과 '사회 변화와 우리 생활' 단원을 지도하기 위해 작성한 교수 · 학습 과정안이다. 물음에 답하시오.

(가) 영희의 특성

- 외국인 어머니에게서 태어난 다문화 가정의 자녀임
- 친구들이 자신을 자꾸 쳐다보는 상황에 대해 '자신이 너무 이상하게 생겼기 때문'이라고 생각하여 친구들 눈에 띄지 않게 항상 혼자 다님
- 영희의 행동을 이해하지 못하는 친구들로부터 놀림과 따돌림을 당함

(나) 교수 · 학습 과정안

단원명	사회 변화와 우리 생활
제재	사회의 다양성과 소수자의 권리
학습 목표	서로의 차이를 이해하고 존중하는 태도를 기르고 실천한다.
단계	교수 · 학습활동
(생략)	• 따돌림 동영상 자료를 보고 상황에 대한 심각성 인식, 관심과 공감 갖기 • 친구 간의 갈등 경험에 대해 이야기 나누기
㉠	• 소집단별로 따돌림의 원인을 다양한 측면에서 토론하기 • 토론 내용을 기초로 '서로의 차이를 이해하지 못하기 때문에 따돌림 문제가 나타난다.'라는 (㉡)하기
정보 수집	• 따돌림의 대처 방안에 대한 다양한 자료 조사하기 • 수집된 자료를 토대로 따돌림의 이유와 대처 방안 찾기
대안 제시	• 다양한 측면에서 따돌림에 대한 대처 방안 생각해보기 • 작성한 평가 기준에 따라 각 대처 방안을 평가한 후 최선책 선택하기
검증	• 최선책을 실천하기 위한 계획 세우기 • 단기적 방안과 장기적 방안을 정리 · 보고하기

1) 김 교사는 영희에게 엘리스(A. Ellis)의 합리적 정서 · 행동치료(REBT) 전략을 사용하여 지도 방안을 수립하였다. 다음의 ①에 들어갈 내용을 쓰고, ②~④에 들어갈 내용을 각각 쓰시오. [2점]

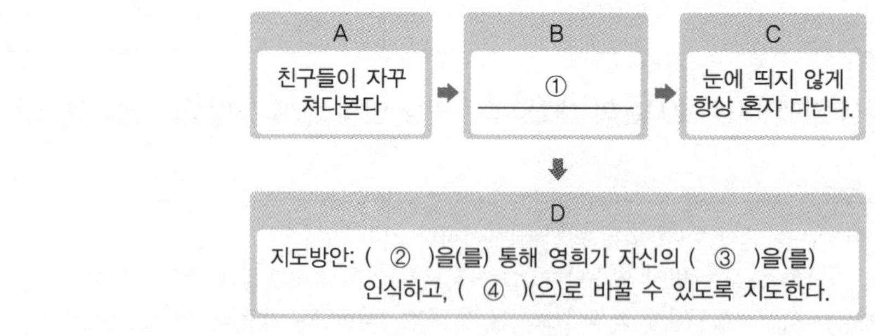

• ①: ____________________

• ②: ____________ • ③: ____________ • ④: ____________

19 2014학년도 유아 B 2번 일부

통합유치원에 다니는 은수는 5세로 정서 · 행동 문제를 보이고 있다. (가)는 은수의 행동 특성이고, (나)는 활동계획안의 일부이다. 물음에 답하시오.

(가) 은수의 행동 특성

- 작은 실수에도 안절부절 못하면서 울어버림
- 놀이 활동 시 주의를 기울이지 않고 규칙을 잘 따르지 않음

(나) 활동계획안

활동명	친구야, 함께 공놀이하자		
활동목표	• 공놀이에 적극적으로 참여한다. • 공을 다양한 방법으로 전달한다. • 서로 협동하며 함께 하는 즐거움을 느낀다.	누리과정 관련요소	• 신체운동 · 건강: ___㉠___ • 사회관계: 다른 사람과 더불어 생활하기 – 친구와 사이좋게 지내기
활동자료	고무공		
활동방법	• 공을 탐색하고 공을 전달하는 다양한 방법에 대해 이야기를 나눈다. – 4~5명이 같은 방향을 바라보고 한 줄로 서서 머리 위로 공을 전달한다. – 공을 전달받은 마지막 사람은 줄의 제일 앞으로 뛰어가 다시 머리 위로 공을 전달한다. – 처음 섰던 줄 순서가 될 때까지 계속한다. …중략…		
행동 관찰내용	• ㉡ 은수가 차례를 기다리지 못하고 친구를 밀어버림 • 은수는 머리 위로 공을 전달하다 갑자기 ㉢ 공을 떨어뜨리자 "나는 바보야."라고 울며 공놀이를 하지 않겠다고 함		

3) 다음은 (나)의 ㉢에 나타난 은수의 행동을 엘리스(A.Ellis)의 합리적 정서 · 행동치료 이론에 근거해 ABC로 작성한 것이다. ①과 ②에 해당하는 내용을 각각 쓰시오. [2점]

A (활성화 사건)	B (①)	C (결과)
공을 떨어뜨렸다.	나는 바보다.	울면서 공놀이에 참여하지 않는다.
	괜찮아, 누구나 실수로 공을 떨어뜨릴 수 있어.	②

• ①: ______________________

• ②: ______________________

20 2010학년도 초등 4번, 2010학년도 유아 4번

특수학급 강 교사와 학습장애 학생 영규의 대화이다. 영규의 말에 나타난 귀인과 그 특성이 바르게 연결된 것은? [1.4점]

강 교사: 지난 시간에 했던 단어카드 놀이 재미있었니?
영 규: (머뭇거린다.)
강 교사: 단어카드에서 나온 단어를 기억할 수 있니? 한번 말해보렴.
영 규: 기억이 잘 안 나요. ㉠ 저는 잘할 수 있는 게 전혀 없어요.
강 교사: 그렇게 생각하니? 너도 얼마든지 잘할 수 있어.
영 규: 하지만 ㉡ 선생님은 질문을 할 때마다 제가 모르는 것만 물어보세요.
강 교사: 영규는 선생님이 좀 쉬운 것을 물어봤으면 좋겠다고 생각하는구나.
영 규: 예. 그리고 ㉢ 저는 단어카드 놀이가 어려워서 하기 싫어요.
강 교사: 단어카드 놀이가 어렵니?
영 규: 예. 그래도 ㉣ 공부를 잘하는 은혜에게 도움을 받으면 할 수 있을 것 같기도 해요.
강 교사: 은혜의 도움을 받는 것도 좋지만, 네가 스스로 열심히 해야 한다고 생각하지 않니?
영 규: (머리를 긁적이며) 그럴 것 같아요. ㉤ 그럼 앞으로는 열심히 해볼게요.

구분	영규의 말	귀인	특성		
			안정성	원인의 소재	통제성
①	㉠	노력	불안정	내적	통제 불가능
②	㉡	행운	불안정	외적	통제 가능
③	㉢	과제	안정	외적	통제 불가능
④	㉣	타인	안정	외적	통제 가능
⑤	㉤	능력	불안정	내적	통제 불가능

21 2012학년도 초등 11번, 2012학년도 유아 7번

다음은 일반학급 김 교사가 자신의 학급에 통합되어 있는 민지에 대해 특수학급 교사에게 한 이야기이다. 김 교사의 이야기를 근거로 할 때, 민지가 보이는 DSM-IV 분류상의 장애 유형(㉠)과 귀인 유형(㉡~㉣)을 바르게 제시한 것은? [1.4점]

㉠ 민지는 평소 학급 활동에 매우 소극적이고 수업에 잘 집중하지 못합니다. 사소한 일에도 부적절한 죄책감을 가지고 있으며, 또래들과 잘 어울리지 못하는 아이입니다. 민지 어머니도 민지가 지난 달 초부터는 매사 흥미를 잃고 피곤하다고 하면서 별로 먹지도 않고 과민해져서 걱정이 많으시더군요. 제가 보기에는 충분히 해낼 수 있는 과제에 대해서도 자신을 스스로 낮게 평가하고 과제를 회피하는 것 같습니다. 어제는 수업 중에 친구들과 게임을 하였는데, ㉡ 자기가 게임에서 진 것은 자신의 무능함 때문이라고 말하더군요. 또한 ㉢ 자기는 언제나 시험을 잘 치지 못하고, ㉣ 학급의 모든 활동에서 다른 친구들에게 뒤처지고 잘하지 못한다고 하더군요.

구분	장애 유형	귀인 유형		
	㉠	㉡	㉢	㉣
①	우울장애	내적	안정적	전체적
②	우울장애	외적	불안정적	전체적
③	범불안장애	내적	안정적	특정적
④	범불안장애	외적	불안정적	특정적
⑤	강박장애	내적	불안정적	전체적

22 2013학년도 중등 추시 B 6번 일부

(가)는 A 중학교 2학년에 재학 중인 학습장애 학생들의 대화 중 일부이다. 물음에 답하시오.

(가) 학생들의 대화

민지: 수영아! 나 시험 엉망이었어. ㉠ 나는 공부에 재능이 없나 봐.
수영: 나도 시험 잘 못 봤어. ㉡ 시험 공부를 열심히 안 했기 때문에 그런 것 같아.
진주: 이번 시험은 너무 어렵지 않았니? ㉢ 선생님이 문제를 너무 어렵게 냈기 때문에 시험을 잘 못 본 것 같아. 다음에는 쉬운 문제가 나왔으면 좋겠어.

…중략…

민지: 진주야, 중학교에 올라오니 공부하는 것이 더 힘든 것 같아. 초등학교 때보다 과목도 많고, 암기해야 할 것도 많아서 무척 힘들어.
진주: 나는 순서대로 암기해야 하는 것을 기억하기 어렵더라. 나중에 박 선생님을 찾아가서 어떻게 공부해야 하는지 여쭤봐야겠어.

1) 민지, 수영, 진주는 시험 결과를 각각 ㉠, ㉡, ㉢과 같이 귀인하였다. 와이너(Weiner)의 귀인 이론에 근거하여 ①~③에 알맞은 말을 쓰시오. [3점]

학생	귀인	통제 소재	안정성
민지	①	학습자 내부	안정(바꿀 수 없음)
수영	노력	학습자 내부	②
진주	과제 난이도	③	안정(바꿀 수 없음)

• ①: ______________ • ②: ______________ • ③: ______________

23 2017학년도 유아 A 4번

다음은 정서 · 행동 문제를 가진 5세 유아 영우에 대해 방과후과정 교사인 민 교사, 통합학급 교사인 박 교사, 유아 특수교사인 강 교사가 나눈 대화이다. 물음에 답하시오. [4점]

> 민 교사: 자유놀이 시간에 영우가 색칠하기를 하고 있었어요. 그런데 색칠하던 크레파스가 부러지자 옆에 있던 민영이에게 "야, 네가 방해해서 크레파스가 부러졌잖아."하고 화를 내면서 들고 있던 크레파스를 교실 바닥에 내동댕이쳤어요. 영우는 자신의 실수로 크레파스가 부러진 것을 민영이 탓으로 돌리며 화를 낸 거죠.
>
> 박 교사: 우리 반에서도 자신이 실수할 때면 항상 다른 친구들이 방해했기 때문이라며 화를 내고 물건을 던졌어요. 영우의 이런 행동을 지도하기 위해 ㉠ <u>영우가 물건을 던질 때마다 달력에 스스로 표시</u>하도록 가르치려고 하는데, 이 방법이 영우에게 도움이 될까요?
>
> 강 교사: 박 선생님께서 선택한 중재 방법은 영우의 귀인 성향으로 보아 ㉡ <u>영우에게 바로 적용하기 어려울 것으로 보여요.</u> 영우의 행동은 누적된 실패 경험에서 비롯된 것일 수 있어요. 그러므로 성공 경험을 통해 ㉢ <u>영우의 귀인 성향을 바꿀 수 있도록 지도하는 것</u>이 우선되어야 해요.

1) ㉠에 해당하는 자기관리 기술을 쓰시오. [1점]

• ______________________________

2) 위 대화에서 나타난 ① 영우의 귀인 성향을 쓰고, 이에 근거하여 ② 강 교사가 ㉡과 같이 판단한 이유를 쓰시오. [2점]

• ①: ______________________________

• ②: ______________________________

3) 강 교사의 대화를 근거로 ㉢에 해당하는 인지적 중재 기법을 쓰시오. [1점]

• ______________________________

제3절 정서 · 행동장애 유형

01 신경발달 장애

1. 주의력결핍 과잉행동장애(ADHD)

(1) DSM-5 진단기준

| DSM-5 ADHD 진단기준 |

A. (1) 그리고/또는 (2)와 같은 특징을 가진 부주의 그리고/또는 과잉행동-충동성의 지속적인 패턴의 기능이나 발달을 저해한다.

1. **부주의**: 다음 증상 중 여섯 가지(또는 그 이상)가 발달 수준에 적합하지 않고, 사회적 활동과 학업적/작업적 활동에 직접적으로 부정적인 영향을 미칠 정도로 적어도 6개월 동안 지속된다.

   주의: 증상이 과제나 교수를 이해하는 데 있어 단지 적대적 행동, 반항, 적개심, 또는 실패를 표현하는 것이 아니다. 청소년과 성인(17세 이상)에게는 적어도 다섯 가지 증상이 요구된다.

   a. 흔히 세부적인 면에 대해 면밀한 주의를 기울이지 못하거나, 학업, 직업, 또는 다른 활동에서 부주의한 실수를 저지른다.
      (예) 세부적인 것을 간과하거나 놓침, 일을 정확하게 하지 못함

   b. 흔히 일 또는 놀이를 할 때 지속적인 주의집중에 어려움이 있다.
      (예) 수업, 대화, 또는 긴 문장을 읽을 때 지속적으로 집중하기 어려움

   c. 흔히 다른 사람이 직접적으로 말을 할 때 경청하지 않는 것처럼 보인다.
      (예) 분명한 주의산만이 없음에도 생각이 다른 데 있는 것 같음

   d. 흔히 지시를 따르지 못하고 학업, 잡일, 또는 직장에서의 임무를 수행하지 못한다.
      (예) 과제를 시작하지만 빨리 집중력을 잃고, 쉽게 곁길로 빠짐

   e. 흔히 과업과 활동조직에 어려움이 있다.
      (예) 순차적 과제 수행의 어려움, 물건과 소유물 정돈의 어려움, 지저분하고 조직적이지 못한 작업, 시간관리 미숙, 마감 시간을 맞추지 못함

   f. 흔히 지속적인 정신적 노력을 요하는 과업에의 참여를 피하고, 싫어하고, 저항한다.
      (예) 학업 또는 숙제, 청소년과 성인은 보고서 준비, 서식 완성, 긴 논문 검토 등

   g. 흔히 과제나 활동에 필요한 물건을 분실한다.
      (예) 학교 준비물, 연필, 책, 도구, 지갑, 열쇠, 서류, 안경, 휴대폰 등

   h. 흔히 외부 자극에 의해 쉽게 산만해진다.(청소년과 성인에게는 관련 없는 생각이 포함된다.)

   i. 흔히 일상 활동에서 잘 잊어버린다.
      (예) 잡일하기, 심부름하기, 청소년과 성인은 전화 회답하기, 청구서 납부하기, 약속 지키기

2. **과잉행동 및 충동성**: 다음 증상들 중 여섯 가지(또는 그 이상)가 발달 수준에 적합하지 않고, 사회적 활동과 학업적/작업적 활동에 직접적으로 부정적인 영향을 미칠 정도로 적어도 6개월 동안 지속된다.

   주의: 증상이 과제나 교수를 이해하는 데 있어 단지 적대적 행동, 반항, 적개심, 또는 실패를 표현하는 것이 아니다. 청소년과 성인(17세 이상)에게는 적어도 다섯 가지 증상이 요구된다.

   a. 흔히 손발을 가만히 두지 못하거나 의자에 앉아서도 몸을 움직거린다.

   b. 흔히 앉아 있도록 기대되는 교실이나 기타 상황에서 자리를 뜬다.
      (예) 교실, 사무실이나 작업장, 또는 자리에 있어야 할 다른 상황에서 자리를 이탈함

   c. 흔히 부적절한 상황에서 지나치게 뛰어다니거나 기어오른다.
      주의: 청소년이나 성인에게는 주관적 안절부절못함으로 제한될 수 있다.

   d. 흔히 여가활동에 조용히 참여하거나 놀지 못한다.

   e. 흔히 끊임없이 움직이거나 마치 자동차에 쫓기는 것처럼 행동한다.
      (예) 식당, 회의장과 같은 곳에서 시간이 오래 지나면 편안히 있지 못함, 지루하여 가만히 있지 못하거나 지속하기 어렵다는 것을 다른 사람들이 느낌

   f. 흔히 지나치게 수다스럽게 말한다.

g. 흔히 질문이 채 끝나기 전에 성급하게 대답한다.
   예 다른 사람의 말에 끼어들어 자기가 마무리함, 대화에서 차례를 기다리지 못함
h. 흔히 차례를 기다리지 못한다.
   예 줄 서서 기다리는 동안
i. 흔히 다른 사람의 활동을 방해하고 간섭한다.
   예 대화, 게임, 또는 활동에 참견함, 요청이나 허락 없이 다른 사람의 물건을 사용함, 청소년이나 성인의 경우 다른 사람이 하는 일에 간섭하거나 떠맡음

B. 몇몇 부주의 또는 과잉행동-충동 증상이 만 12세 이전에 나타난다.
C. 몇몇 부주의 또는 과잉행동-충동 증상이 두 가지 이상의 장면에서 나타난다.
   예 가정, 학교 또는 직장에서 친구 또는 친척들과 함께 다른 활동을 할 때
D. 증상이 사회, 학업, 또는 직업 기능에 방해를 받거나 질적으로 감소하는 명백한 증거가 있다.
E. 증상이 조현병(schizophrenia) 또는 기타 정신증 장애의 경과 중에만 발생하지 않으며, 다른 정신장애에 의해 더 잘 설명되지 않는다.
   예 기분장애, 불안장애, 해리장애, 성격장애, 물질중독, 위축 등
   ➡ 다음 중 하나를 명시할 것
   - 314.01(F90.2) **복합형**: 지난 6개월 동안 진단기준 A1(부주의)과 진단기준 A2(과잉행동-충동성)를 모두 충족한다.
   - 314.00(F90.0) **주의력결핍 우세형**: 지난 6개월 동안 진단기준 A1(부주의)은 충족하지만 A2(과잉행동-충동성)는 만족하지 않는다.
   - 314.01(F90.1) **과잉행동-충동 우세형**: 지난 6개월 동안 진단기준 A2(과잉행동-충동성)는 충족하지만 A1(부주의)은 충족하지 않는다.

(2) 중재 방법

① 아동이 집중할 수 있도록 강화한다.
② 과제하기, 조용히 하기, 자기 자리에 앉아 있기, 과제 마치기 등의 규칙을 정하고 종종 반복하며 규칙을 따르는 아동에게 반드시 강화한다.
③ 과제에 집중하면 강화하고, 강화의 시간 간격을 점차 늘린다.
④ 환경의 구조화를 통해 산만하게 하는 자극을 줄인다.
⑤ 큰 과제를 작은 과제로 세분화한다.
⑥ 적절한 모델 역할을 할 아동과 직접적으로 함께 일할 수 있는 동료나 가정에서의 교사를 선정한다.
⑦ 이해의 가능성을 증가시킬 수 있는 다양한 방법으로 지시한다.

(3) DSM-IV-TR과 차이점

① 주의점을 추가하여 감별 진단의 명료성을 높였다.
② 후기 청소년이나 성인(17세 이상)의 경우 부주의, 과잉행동-충동성에 해당하는 증상 중 다섯 가지만 충족하면 진단이 가능하다.
③ 특정 부주의, 과잉행동-충동성 증상이 12세 이전에 나타나야 하는 것으로 기준 연령이 조정되었다. (DSM-IV-TR: 만 7세 이전)

2. 틱장애

(1) 종류

구분	내용
단순한 운동 틱	눈 깜박거림, 찌푸리는 얼굴, 어깨 으쓱거림 등
음성 틱	코골기, 컹컹 대기, 헛기침 등
복잡한 음성 틱	애매한 단어 소리치기, 반향어, 자신의 말 마지막 구 반복하기 등

(2) 진단기준

① **일과성 틱장애:** 한 가지 이상의 운동 틱이나 음성 틱이 나타나며, 지속 기간이 1년 이내의 경과를 보이는 경우이다.

❙ DSM-5 일과성 틱장애 진단기준 ❙

A. 한 개 혹은 여러 개의 운동 혹은 음성 틱이 나타난다.
B. 틱은 자주 길어지거나 약해질 수 있지만, 틱이 처음 시작된 지 1년 이하의 기간 동안 지속된다.
C. 이런 증상들이 18세 전에 나타난다.
D. 이런 장애는 어떤 물질(예 코카인)의 생리적 효과나 또 다른 의학적 상태(예 헌팅톤병, 바이러스 후 뇌질환)에 기인하지 않아야 한다.
E. 뚜렛장애나 만성 혹은 음성 틱장애 기준에 충족시키지 않아야 한다.

❙ ICD-10 ❙

틱장애의 일반적인 기준을 만족하는데, 지속 기간이 12개월을 초과하지 않는다. 모든 틱장애 중 가장 흔한 형태의 틱이며, 4~5세 사이에서 가장 흔히 나타난다. '눈 깜빡거림' '얼굴 찡그림' '머리 흔들어 댐'이 가장 흔히 발견되는 틱의 형태다. 한 번의 에피소드로 끝나기도 하고, 재발이 반복되기도 한다.

② **만성운동 또는 음성 틱장애:** 틱 증상이 1년 이상 지속되는데 근육 틱 또는 음성 틱 중 어느 한 가지만 나타나는 경우이며, 발병 연령은 18세 이전이어야 하고 뚜렛장애의 진단기준을 만족시키면 이 진단을 내려서는 안 된다.

❙ DSM-5 만성운동 또는 음성 틱장애 진단기준 ❙

A. 한 개 혹은 여러 개의 운동 혹은 음성 틱이 이 질병이 있을 동안에 지속되지만, 운동 및 음성 모두 있는 것은 아니다.
B. 틱은 자주 길어지거나 약해질 수 있지만, 틱이 처음 시작된 후 1년 이상 지속된다.
C. 이런 증상이 18세 전에 나타난다.
D. 이런 장애는 어떤 물질([예 코카인)의 생리적 효과나 또 다른 의학적 상태(예 헌팅톤병, 바이러스 후 뇌질환)에 기인하지 않아야 한다.
E. 뚜렛장애 기준은 충족시키지 않아야 한다.
➡ 세부 유형: 단일 운동 틱 수반형, 단일 음성 틱 수반형

❙ ICD-10 ❙

틱장애의 일반적인 기준을 만족시키는데, 운동 틱 또는 음성 틱 중 한 가지 종류만 나타난다. 틱의 지속 기간은 최소한 1년 이상이다. 대개는 다발성 틱의 형태로 나타난다. 팔, 다리나 몸 등을 침범한 경우는 얼굴에만 생긴 틱보다 예후가 나쁘다.

③ **뚜렛장애:** 뚜렛장애는 만성적이며 다중적이고 복잡한 운동 · 음성 틱이다.

| DSM-5 뚜렛장애 진단기준 |

A. 반드시 그렇지 않지만, 여러 개의 운동 및 하나 이상의 음성 틱 모두가 이 질병이 있는 기간에 잠시 동안 나타난다.
B. 틱은 자주 길어지거나 약해질 수 있지만, 틱이 처음 시작된 후 1년 이상 지속된다.
C. 이런 증상이 18세 전에 나타난다.
D. 이런 장애는 어떤 물질(예 코카인)의 생리적 효과나 또 다른 의학적 상태(예 헌팅톤병, 바이러스 후 뇌질환)에 기인하지 않아야 한다.

| ICD-10 |

다발성의 근육 틱과 한 가지의 또는 그 이상의 음성 틱이 나타난다. 그러나 이 두 종류의 틱이 반드시 동시에 존재할 필요는 없다. 대개 소아기 또는 청소년기에 발병한다. 소아기 발병인 경우에는 청소년기가 되면 증상이 악화되는 경향이 있으며, 전체적인 경과는 성인기까지 지속되는 경우가 많다. 음성 틱이 나타나기 전에 근육 틱이 선행되는 경우가 많다.

(3) 중재 방법

① 정신치료
㉠ 1차 목적은 당사자에게 틱이 비자발적인 것이며 대부분이 주요 유전적 요인, 즉 뇌 기저핵에 있는 분명한 신경발달적 장애 표현이라는 생각을 가지게 하는 것이다.
㉡ 이 사실이 아동과 가족에게 상당한 스트레스를 줄 수 있지만 틱은 무의식적 갈등, 가족 역기능의 표현이 아님을 강조한다.

② 환경조작과 2차적 문제관리
㉠ 아동이 틱장애를 더 잘 관리할 수 있도록 환경을 변화할 때에는 미리 얻은 정보를 이용한다.
㉡ 틱 빈도와 관련이 있는 선행사건과 후속결과를 제거 · 수정해준다.
㉢ 아동이 이완할 수 있고 통제 시도를 할 수 있는 기간인 학교에서 쉬는 시간, 등하교 시간 등의 일일 전환기 이후에 비교적 고립되고 조용한 시간을 정해준다.
㉣ 학교에서 아동이 시험을 볼 때 별도로 앉게 하는데, 특히 음성 틱이 있는 경우에 그렇게 해야 한다.

③ 습관반전
㉠ **틱 알기 훈련:** 아동이 틱의 본질, 빈도와 이에 영향을 미치는 선행사건과 후속결과를 잘 알도록 교육함으로써 아동은 틱을 이해하고 통제하겠다는 동기를 가지며, 틱이 발생하기 전의 경고 사인을 일찍 알아차리게 된다.
㉡ **경쟁반응 훈련:** 틱이 발생한 2분 동안 또는 틱이 발생하려는 경고 사인이 있는 2분 동안 경쟁반응을 하도록 훈련하는 것으로, 틱 환경과 관련 있는 것과 같은 크기의 근육긴장을 만드는 것이다.
예 눈 깜박거림의 경쟁반응은 눈을 크게 뜨기, 어깨를 으쓱하는 것의 경쟁반응은 같은 크기의 어깨 긴장하기, 발모벽의 경우 경쟁반응은 눈을 꼭 감기 등
㉢ **이완 훈련:** 아동이 스트레스 상황에 자각 수준을 낮추도록 하여 틱 발생 빈도를 줄인다.
㉣ **후속사건중심 중재법:** 불편한 습관을 살펴보는 것에서 시작하여 틱을 줄이면 얻는 이점을 모두 적고, 이 카드를 언제나 가지고 다니면서 자주 살펴보게 하고 중재 프로그램을 따르면 이득이 됨을 상기한다.

④ **상황 역실행:** 아동의 집과 학교 환경에서 틱이 발생할 때마다 스스로 30초 동안 틱을 하게 한다.

⑤ 약물치료
㉠ 뚜렛장애는 약물에 현저한 반응을 보이므로, 의사에게 사정하여 적절한 처방을 받게 한다.
㉡ 할리페리돌은 가장 많이 사용되는 약물로, 낮은 용량으로도 임상적 효과를 보인다고 보고된다.
㉢ 그 외에도 피모자이드, 리스페리돈, 클로니딘 등이 사용된다.

24 2013학년도 중등 30번

정신장애 진단 및 통계편람(DSM-IV-TR)에 근거한 주의력결핍 과잉행동장애(ADHD) 관련 내용으로 옳은 것은? [1.5점]

① 손상을 초래하는 과잉행동·충동·부주의 증상이 만 3세 이전에 나타난다.
② 부주의에는 흔히 질문이 채 끝나기도 전에 성급하게 대답하는 증상이 포함된다.
③ 충동성에는 흔히 다른 사람이 직접적으로 말을 할 때 경청하지 않는 것처럼 보이는 증상이 포함된다.
④ 과잉행동에는 흔히 손발을 가만히 두지 못하거나 의자에 앉아서도 몸을 움직이는 증상이 포함된다.
⑤ 주의력결핍 과잉행동장애 복합형은 부주의와 충동성에 관한 증상 중 다섯 가지가 2개월 동안 부적응적이고 발달수준에 적합하지 않은 정도로 지속되는 경우이다.

25 2010학년도 초등 9번, 2010학년도 유아 9번

다음은 정신장애 진단 및 통계편람(DSM-IV-TR)에 따라 주의력결핍 과잉행동장애 하위 유형 중 하나로 진단된 나래의 행동 관찰 기록이다. 이에 비추어 나래에게 나타나는 장애 유형의 특성과 이를 개선하기 위한 교수전략을 가장 적절하게 짝지은 것은? [1.4점]

〈행동 관찰〉

- 이름: 이나래
- 관찰자: 교사 박민수
- 관찰기간: 2009년 3월 9일 ~ 10월 15일
- 관찰내용
  - 수업시간에 이유 없이 자리를 뜬다.
  - 다른 사람의 활동을 방해하고 간섭한다.
  - 여가활동에 조용히 참여하거나 놀지 못한다.
  - 선생님의 질문이 끝나기 전에 성급하게 대답한다.
  - 점심시간에 식당에서 자기 차례를 기다리지 못한다.
  - 책상에 앉아 있을 때 손이나 발을 가만히 있지 못하고 계속 움직인다.
- 관찰자 의견: 학교 생활에서 위와 같은 행동이 자주 나타난다.

	특성		교수전략
①	능력 결여	-	인지적 능력을 증진시키기 위하여 행동계약 전략을 사용한다.
②	동기 결여	-	주어진 과제에 집중하는 시간을 증가시키기 위하여 모델링 전략을 사용한다.
③	억제력 결여	-	행동의 지침이 될 규칙을 마음 속으로 생각해보도록 자기대화 전략을 사용한다.
④	작업기억 결여	-	단기기억 능력을 증진시키기 위하여 자기교수 전략을 사용한다.
⑤	자기조절력 결여	-	자신이 스스로 행동을 통제하도록 주기적 전략을 사용한다.

26 2012학년도 초등 34번

선미는 부주의하고 과잉행동적이며 충동성이 있는 경도 정신지체 학생이다. 선미를 기본교육과정 미술과 '셀로판지로 물고기 만들기' 활동에 참여시키려고 할 때, 유의점으로 적절하지 <u>않은</u> 것은? [1.4점]

〈준비물〉
신문지, 테이프, 셀로판지, 끈, 눈 모양 스티커

〈활동 과정〉

1. 신문지를 구겨서 둥글게 뭉치기
⇩
2. 신문지 뭉치를 테이프로 감아 공 만들기
⇩
3. 셀로판지로 신문지 공 감싸기
⇩
4. 끈으로 묶어 꼬리 만들기
⇩
5. 눈 모양 스티커를 붙여서 완성하기

① 만들기 활동을 잘하는 차분한 또래를 옆에 두어 모델로 삼게 한다.
② 물고기 만들기 활동과정을 언어적 설명과 함께 그림으로 제시해준다.
③ 교사는 학생과 가까운 거리를 유지하며 과제에 집중하도록 지도한다.
④ 활동과정을 나누어 한 단계를 완성할 때마다 정적 강화를 하고 다음 단계로 이동한다.
⑤ 수업을 시작할 때, 필요한 만들기 재료들을 동시에 제공함으로써 자유롭게 만들도록 한다.

27 2018학년도 중등 A 11번 일부

(가)는 주의력결핍 과잉행동장애 학생 H에 대해 특수교사와 통합학급 교사가 나눈 대화이다. 〈작성 방법〉에 따라 서술하시오. [2점]

(가) 특수교사와 통합학급 교사의 대화

통합학급 교사: 「정신장애진단 및 통계편람 제5판(DSM-5)」의 주의력결핍 과잉행동장애 진단준거가 바뀌었다면서요?
특 수 교 사: 예, 「정신장애진단 및 통계편람 제4판 개정판(DSM-Ⅳ-TR)」에 비해 DSM-5는 ㉠ <u>몇 가지 변화</u>가 있습니다.

…중략…

통합학급 교사: 학생 H가 통합학급에서 수업 중에 자리이탈 행동을 종종 보입니다. 이에 대한 적절한 지원방법이 없을까요?
특 수 교 사: 예, 학생 H의 문제행동에 대한 긍정적 행동지원을 할 수 있습니다. 이를 위해 먼저 학생 H의 문제행동을 관찰하는 것이 필요합니다. 이때 (나)와 같은 관찰기록 방법을 사용할 수 있습니다.
통합학급 교사: 그렇다면 (나)의 관찰기록 결과만 살펴보면 될까요?
특 수 교 사: 아니요. ㉡ <u>(나)의 관찰기록 결과를 분석한 다음 다른 방식으로 직접관찰을 할 필요가 있습니다.</u>

〈작성 방법〉

- 밑줄 친 ㉠에 해당하는 내용을 2가지 쓸 것

28 2013학년도 중등 추시 A 6번 일부

다음은 정서 · 행동 문제가 있는 영수와 은지의 행동 특성을 기술한 것이다. 물음에 답하시오.

영수의 행동 특성	영수는 잠시도 가만히 있지 못하여 발을 꼼지락거린다. 때로는 멍하니 딴 생각을 하다가 교사가 주의를 주면 바른 자세를 취한다. 그리고 친구를 때리고 괴롭히는 행동이 잦아 ㉠ 자기교수 훈련을 실시했더니 때리는 행동이 조금씩 줄어들었다. 그러나 친구들의 놀이를 방해하는 행동은 여전히 심하다. 특히, 과제를 수행할 때 실수를 자주 범한다. 소아정신과 의사는 영수의 이런 특성이 ㉡ 기질과 관련이 있을 수 있다고 했다.
은지의 행동 특성	은지는 2년 전 자신을 키워준 할머니가 돌아가신 후부터 수업 시간마다 눈을 깜빡이거나 코를 찡그리고 쉬는 시간에는 코를 킁킁거려서 친구들로부터 "조용히 해"라는 소리를 많이 듣는다. 한동안 ㉢ 자신의 물건에 집착하는 행동을 보여서 심리극을 실시한 결과 집착 행동이 많이 줄어들었다. 그러나 학습에 대한 흥미는 점점 떨어지고 있다. 소아정신과 의사는 은지의 행동이 내과적 질환에 의한 것은 아니라고 했다.

4) DSM-Ⅳ-TR(2000)의 장애 진단기준에 의하면 은지의 행동 특성은 어떤 장애에 해당하는지 쓰시오. [2점]

• ______________________________

29 2015학년도 중등 A (기입형) 9번

다음은 학생 A와 B에게 나타나는 행동 특성으로, 이 행동들은 약물이나 기타 일반적인 의학적 문제로 발생하는 것은 아니다. 정신장애진단 및 통계편람(DSM-IV-TR)의 진단준거에 근거하여 학생 A와 B의 장애 진단명을 순서대로 쓰시오. [2점]

• 학생 A의 행동 특성
지난 1년 4개월 동안 콧바람 불기 행동과 "시끄러." 하는 고함지르기 행동이 본인의 의지와 상관없이 나타나고 있다. 이러한 행동들은 버스를 탈 때에나 영화를 관람할 때에도 나타난다. 그래서 학생 A는 여러 사람이 있는 장소에 가기 싫어하고, 다른 사람에 의해 관찰되는 상황에 대해 두려움을 나타내고 있다. 또한 친구들로부터 자주 놀림을 받기도 하였고, 수 차례 무단결석을 하였다. 이로 인해 학업에 어려움을 겪고 있으며, 우울, 자기 비하 등의 정서적 문제를 보이고 있다.

• 학생 B의 행동 특성
다른 사람과 대화를 할 때나 혼자 있을 때, 본인의 의지와 상관없이 거의 매일 어깨 움츠리기 행동과 반복적 발 구르기 행동이 작년 1월부터 10월까지 10개월간 나타났고, 작년 11월 한 달 동안 이 행동들이 나타나지 않다가 작년 12월부터 올해 2월까지 3개월간 다시 나타났다. 올해 3월부터 이전 행동들이 나타나지 않았으나, 다른 행동인 킁킁거리기 행동과 상대방이 마지막으로 말한 단어를 반복하는 행동이 9개월째 나타나고 있다. 이로 인해 사회적 대인관계에 고통을 호소하고 있다.

• ______________________, ______________________

02 불안장애 및 기초신체기능 장애

1. 불안장애

(1) 분리불안장애(SAD; Separation Anxiety Disorder)

분리불안장애의 중요한 특성은 부모나 특정 애착대상, 또는 집으로부터의 분리에 대해 나이에 적절하지 않게 지속적으로 과도한 불안을 느끼며 비현실적인 걱정을 하는 것이다. 진단기준 여덟 가지 중 최소한 세 가지 특성이 아동과 청소년은 4주 이상 지속해서 나타나야 하며, 성인의 경우에는 6개월 이상 나타나야 한다.

| DSM-5의 분리불안장애 진단기준 |

A. 집이나 애착대상으로부터의 분리에 대해 발달적으로 부적절하게 과도한 불안을 느끼는 것으로 다음 여덟 가지 특성 중 세 가지 이상을 나타내야 한다.
  1. 집이나 주요 애착대상으로부터 분리되거나 분리를 예측할 때 극도의 불안을 반복적으로 나타낸다.
  2. 주요 애착대상을 잃거나 주요 애착대상이 해를 입을 거라는 걱정을 과도하게 지속적으로 한다.
  3. 곧 다가올 사건이 주요 애착대상으로부터 분리를 초래할 것이라는 걱정을 과도하게 지속적으로 한다.
  4. 분리불안 때문에 학교나 다른 곳에 가기를 지속적으로 꺼려하거나 거부한다.
  5. 집에 혼자 있거나 주요 애착대상 없이 집이나 다른 환경에 있는 것을 꺼려하며, 그에 대해 지속적으로 과도하게 두려움을 느낀다.
  6. 주요 애착대상 없이 잠을 자거나 집 이외의 장소에서 잠을 자는 것을 지속적으로 꺼려하거나 거부한다.
  7. 주요 애착대상으로부터 분리되는 악몽을 반복해서 꾼다.
  8. 주요 애착대상으로부터 분리되거나 분리를 예측하는 경우 신체적 증상(예 두통, 복통, 구역질, 구토 등)을 반복해서 나타낸다.

B. 두려움, 불안, 또는 회피가 아동이나 청소년은 최소한 4주 이상, 성인은 6개월 이상 지속되어야 한다.

C. 이 장애가 사회적, 학업적, 직업적 및 다른 중요한 기능 영역에 임상적으로 중요한 손상 또는 결함을 초래한다.

D. 이러한 증상들이 자폐스펙트럼장애의 집 떠나기를 거부하는 저항, 정신장애의 분리에 대한 망상이나 환각, 광장 공포증의 신뢰하는 사람을 동반하지 않는 외출 거부, 범불안장애의 건강에 대한 염려, 질병 불안장애의 질병에 대한 걱정 등 다른 정신장애로 더 잘 설명되지 않는다.

(2) 선택적 함구증

① 선택적 함구증 아동은 집에서나 다른 장면에서는 큰 소리로 자주 이야기하지만 사회적 상황에서는 이야기를 하지 못한다. 흔히 사회불안장애가 동반되며, 선택적 함구증이 극복되더라도 사회 공포증 증상이 남을 수 있다. 환경적으로는 부모의 억제와 과잉보호적이고 지시적인 태도가 원인으로 작용할 수 있다.

② 선택적 함구증의 필수 증상은 다른 상황에서는 말을 잘함에도 불구하고 말을 해야 하는 특정한 사회적 상황(예 학교, 놀이 친구와 함께 있을 때)에서는 말을 하지 않는 것이다. 이 문제가 교육 혹은 직업 성취나 사회적 의사소통을 저해하며, 적어도 1개월 이상 지속되고 입학 후 초기 1개월(많은 아동이 말하기 어려워하고 부끄러워하는 기간)에만 국한되지 않아야 한다.

| DSM-5의 선택적 함구증 진단기준 |

A. 다른 상황에서는 말을 할 수 있음에도 불구하고 말을 해야 하는 특정 사회적 상황(예 학교)에서 일관되게 말을 하지 않는다.

B. 장애가 학습이나 직업상의 성취 혹은 사회적 소통을 방해한다.

C. 이러한 증상이 최소 1개월 이상 지속된다(학교생활의 첫 1개월에만 국한되지 않는 경우).

D. 사회적 상황에서 필요한 말에 대한 지식이 부족하거나, 언어가 익숙하지 않은 것으로 인해 말을 하지 않는 것이 아니다.

E. 장애가 의사소통장애(예 아동기 발병 유창성장애)로 다 잘 설명되지 않고, 자폐스펙트럼장애, 조현병 또는 다른 정신병적 장애의 경과 중에만 발생되지는 않는다.

(3) 특정 공포증

특정 공포증은 특정 상황이나 사물에 대해 만성적으로 심한 두려움을 느끼며 주요 생활기능에 결함을 초래하는 것이다. 특정 공포증으로 진단되기 위해서는 아동이나 청소년이 증상들이 6개월 이상 지속적으로 나타나 학업기능, 사회적 기능 등의 주요 생활기능에 부정적인 결함을 초래해야 한다.

❙ DSM-5의 특정 공포증 진단기준 ❙

A. 특정 사물이나 상황(예 비행기 여행, 동물, 주사)이 존재하거나 예상될 때 상황에 맞지 않을 만큼의 심한 두려움이나 불안을 지속적으로 나타낸다.
  주의: 아동의 경우 울거나, 심술부리거나, 성인에게 달라붙는 반응을 보일 수도 있다.
B. 공포의 대상인 사물이나 상황에 노출될 때마다 거의 매번 즉각적으로 두려움이나 불안을 나타낸다.
C. 특정 공포증을 가지고 있는 사람은 공포 대상인 사물이나 상황을 회피하거나 또는 과도한 불안과 두려움을 느끼면서도 견딘다.
D. 두려움이나 불안은 공포 대상인 특정 사물이나 상황이 야기하는 실제적인 위험이나 사회 · 문화적 상황에 맞지 않을 정도로 심하게 나타난다.
E. 두려움, 불안, 또는 회피가 최소한 6개월 이상 지속된다.
F. 두려움, 불안, 또는 회피가 사회적, 학업적, 직업적 및 다른 중요한 기능 영역에 임상적으로 중요한 손상 또는 결함을 초래한다.
G. 이러한 두려움, 불안, 또는 회피 증상들은 공황장애와 연관된 두려움, 불안, 또는 회피, 광장공포증의 무능력 상태, 강박-충동장애와 연관된 사물이나 상황, 분리불안장애의 애착대상으로부터의 분리, 외상 후 스트레스 장애의 외상성 사건의 회상, 사회적 불안장애의 사회적 상황 등의 다른 정신장애에 의해 더 잘 설명되지 않는다.

(4) 사회적 불안장애(= 사회불안장애, 사회공포증)

① 사회적 불안장애는 사회적 상황에서 자신이 당황스럽고 수치스럽게 행동할 것에 대한 강한 두려움을 지속적으로 나타내는 것이 특징이며, '사회적 공포증'이라고도 한다. 사회적 불안장애를 가지고 있는 아동이나 청소년들은 사람들 앞에서 말하거나 글씨를 쓰거나 글을 읽는 것, 대화를 시작하고 유지하는 것, 권위적 인물 앞에서 이야기하는 것 및 사회적 상호작용을 해야 하는 상황에 대해 두려움을 느낀다.

② 사회적 불안장애로 진단되기 위해서는 진단기준에 부합하는 증상들이 6개월 이상 지속되어야 하며, 이러한 증상들이 아동이나 청소년의 학업기능이나 사회적 기능에 심각한 결함을 초래하여야 한다.

❙ DSM-5의 사회적 불안장애 진단기준 ❙

A. 사회적 상황(예 대화 또는 친숙하지 않은 사람과의 만남), 관찰되는 상황(예 먹거나 마시는 것), 다른 사람 앞에서의 수행(예 발표) 등 타인으로부터 세심하게 관찰당할 가능성이 있는 한 가지 이상의 사회적 상황에 대해 현저한 두려움이나 불안을 나타낸다.
  주의: 아동의 경우, 사회적 불안장애로 진단받기 위해서는 성인과의 상호작용뿐만 아니라, 또래와의 상호작용에서도 불안 반응을 나타내야 한다.
B. 자신이 불안 증상을 보임으로써 부정적인 평가(예 굴욕을 당하거나 당황스럽게 되거나 거절당하거나 다른 사람을 기분 상하게 하는 등)를 받게 될 것을 두려워한다.
C. 두려워하는 사회적 상황에 노출되면 거의 예외 없이 두려움이나 불안한 반응을 일으킨다.
  주의: 아동의 경우, 낯선 사람과의 사회적 상황에 노출될 때 울거나, 심술을 내거나, 몸을 움직이지 못하거나 위축되거나 말을 못하는 것으로 두려움이나 불안이 나타날 수도 있다.
D. 두려워하는 사회적 상황을 회피하거나, 또는 심한 불안이나 두려움을 느끼면서도 인내한다.
E. 두려움이나 불안은 사회적 상황이 야기하는 실제적인 위협이나 사회문화적 상황에 맞지 않을 정도로 심하게 나타난다.
F. 두려움, 불안, 또는 회피가 최소한 6개월 이상 지속된다.
G. 두려움, 불안, 또는 회피가 사회적, 학업적, 직업적 및 다른 중요한 기능 영역에 임상적으로 중요한 손상 또는 결함을 초래한다.
H. 이 증상들은 약물이나 다른 의학적 상태의 생리적인 효과에 기인한 것이 아니다.
I. 이러한 두려움, 불안, 또는 회피 증상은 공황장애, 신체변형장애 또는 자폐스펙트럼장애 등의 다른 정신장애에 의해 더 잘 설명되지 않는다.
J. 다른 의학적 상태(예 파킨슨병, 비만, 화상이나 상해에 의한 손상)가 있는 경우 두려움, 불안, 또는 회피가 이러한 의학적 상태와 관련된 것이 아니어야 사회적 불안장애로 진단할 수 있다.

(5) 공황장애

① 공황발작

공황발작은 강도 높은 두려움과 공포가 갑자기 발작적으로 나타나 10분 이내에 없어지므로 그 자체가 장애는 아니지만, 여러 유형의 불안장애와 관련하여 나타난다. 공황발작으로 진단되기 위해서는 진단기준 열세 가지 중 네 가지 이상의 특성을 나타내야 한다.

❙ DSM-5의 공황발작 진단기준 ❙

주의: 다음 증상들은 공황발작을 규명하기 위해 제시되기는 하지만, 공황발작은 정신장애가 아니므로 분류될 수 없다. 공황발작은 불안장애의 어떤 하위 유형에서도 발생할 수 있으며, 다른 정신장애(우울장애, 외상 후 스트레스 장애, 약물사용 장애)의 증상으로 나타날 수도 있다. 공황발작이 다른 장애와 공존하여 발생할 경우에 진단명에 명시하여야 한다(예 공황발작을 동반하는 외상 후 스트레스 장애). 그러나 공황장애의 경우에 진단기준에 공황발작이 포함되므로 진단명에 명시할 필요가 없다. 몇 분 내에 두려움이나 불쾌감이 급증하여 절정에 달하는 동안에 다음 증상 중 네 가지 이상이 나타난다.

주의: 두려움이나 불쾌감의 급증은 차분한 상태에서 나타날 수도 있고 걱정하는 상태에서 나타날 수도 있다.

1. 심장박동 수가 빨라지고 심장이 두근거린다.
2. 땀이 많이 난다.
3. 몸이 심하게 떨린다.
4. 숨이 가빠지고 숨을 못 쉴 것 같은 느낌이 든다.
5. 질식할 것 같은 느낌이 든다.
6. 가슴에 통증이 있거나 압박감이 있다.
7. 구토증이 나고 배 속이 불편하다.
8. 어지럽거나 기절할 것 같은 느낌이 든다.
9. 오한이 오거나 몸에서 열이 오른다.
10. 마비된 것 같거나 따끔거리는 느낌이 드는 등 지각에 이상이 있다.
11. 비현실감이나 이인증(자신으로부터 분리된 느낌)이 나타난다.
12. 통제력을 잃어버리거나 미쳐버릴지도 모른다는 두려움이 있다.
13. 죽어가고 있다는 두려움이 엄습한다.

주의: 귀 울림, 목의 통증, 두통, 통제할 수 없는 비명, 또는 울음 등의 증상들이 나타날 수도 있다. 그러나 이러한 증상들을 네 가지 진단기준의 한 가지로 간주해서는 안 된다.

② 공황장애

㉠ 공황장애는 갑작스러운 불안발작과 함께 두통, 현기증, 발한, 오한, 손발 저림 등과 같은 증세가 복합적으로 나타나는 것이다. 또한 공황발작을 예기치 못하게 반복적으로 경험함으로써 공황발작이 재발할 것에 대해 불안해하는 것도 포함한다.

㉡ 따라서 공황장애로 행동이나 생활 패턴이 심각하게 변하는 광장공포증(agoraphobia)이 수반될 수도 있다. 즉, 공황발작이 일어날 수 있는 상황이나 환경(예 엘리베이터, 영화관, 사람들이 밀접한 백화점 등)을 피하게 되고, 자신의 활동 폭을 제한하게 되며, 심한 공황장애를 가지고 있는 청소년은 집 밖에 나가려고 하지 않을 수도 있다. 공황장애로 진단되기 위해서는 진단기준 열세 가지 중 네 가지 이상의 특성을 나타내야 한다.

❙ DSM-5의 공황장애 진단기준 ❙

A. 예기치 않은 공황발작이 반복된다. 몇 분 내에 두려움이나 불쾌감이 급등하여 절정에 달하는 동안에 다음 증상들 중 네 가지 이상이 나타난다.

주의: 두려움이나 불쾌감의 급등은 차분한 상태에서 나타날 수도 있고 걱정하는 상태에서 나타날 수도 있다.

1. 심장박동 수가 빨라지고 심장이 두근거린다.
2. 땀이 많이 난다.
3. 몸이 심하게 떨린다.
4. 숨이 가빠지고 숨을 못 쉴 것 같은 느낌이 든다.
5. 질식할 것 같은 느낌이 든다.

6. 가슴에 통증이 있거나 압박감이 있다.
7. 구토증이 나고 배 속이 불편하다.
8. 어지럽거나 기절할 것 같은 느낌이 든다.
9. 오한이 오거나 몸에서 열이 오른다.
10. 마비된 것 같거나 따끔거리는 느낌이 드는 등 지각에 이상이 있다.
11. 비현실감이나 이인증(자신으로부터 분리된 느낌)이 나타난다.
12. 통제력을 잃어버리거나 미쳐 버릴지도 모른다는 두려움이 있다.
13. 죽어 가고 있다는 두려움이 엄습한다.

주의: 귀 울림, 목의 통증, 두통, 통제할 수 없는 비명, 또는 울음 등의 증상들이 나타날 수도 있다. 그러나 이러한 증상들을 네 가지 진단기준의 한 가지로 간주해서는 안 된다.

B. 최소한 한 번 이상의 공황발작 후 한 달 이상 다음 두 가지 중 한 가지 또는 둘 다 발생한다.
1. 공황발작과 결과(예 통제력 상실, 심장마비, 정신 이상)에 대해 지속적으로 걱정하고 염려한다.
2. 공황발작과 관련하여 심각한 부적응적인 행동의 변화가 있다.
   예 공황발작을 피하기 위하여 운동이나 친숙하지 않는 상황을 회피하는 행동

C. 이 증상들은 약물이나 다른 의학적 상태의 생리적인 효과에 기인한 것이 아니다.

D. 이 증상들은 사회적 불안장애처럼 두려운 사회적 상황, 특정 공포증처럼 공포를 유발하는 물건이나 상황, 강박-충동장애의 강박, 분리불안장애의 애착대상으로부터의 분리, 외상 후 스트레스 장애의 외상성 사건의 회상 등의 다른 정신장애에 의해 더 잘 설명되지 않는다.

(6) 광장공포증(agoraphobia)

① 광장공포증의 필수 증상은 즉각적으로 피하기 어려운 (또는 곤란한) 장소나 상황에 처해 있다는 불안 또는 공황발작이나 공황과 유사한 증상(예 갑작스러운 현기증이나 설사에 대한 두려움)이 일어났을 때 도움받기 어려운 장소나 상황에 처해 있다는 불안을 들 수 있다. 이런 불안은 혼자 외출하기, 집 안에 혼자 있기, 군중 속에 있기, 자동차/버스/비행기로 여행하기, 다리 위에 있기, 엘리베이터 타기 등의 여러 상황을 회피하게 만든다. 그리고 이런 두려운 상황을 피하려 하기 때문에 개인의 생활에 심각한 지장을 가져온다.

② 광장공포증을 사회공포증이나 특정 공포증, 심한 분리불안장애와 변별·진단하는 것은 대단히 어렵다. 그 이유는 이런 장애들이 어떤 특수한 상황에 대한 회피를 특징으로 하고 있기 때문이다.

| DSM-5의 광장공포증 진단기준 |

A. 다음 5가지 상황 중 2가지 이상의 경우에서 극심한 공포와 불안을 느낀다.
1. 대중교통을 이용하는 것 예 자동차, 버스, 기차, 배, 비행기
2 열린 공간에 있는 것 예 주차장, 시장, 다리
3. 밀폐된 공간에 있는 것 예 상점, 공연장; 영화관
4. 줄을 서 있거나 군중 속에 있는 것
5. 집 밖에 혼자 있는 것

B. 공황 유사 증상이나 무중력하거나 당혹스럽게 만드는 다른 증상(예 노인의 낙상에 대한 공포, 실금에 대한 공포)이 발생했을 때 도움을 받기 어렵거나 그 상황에서 벗어나기 어려울 것이라는 생각 때문에 그런 상황을 두려워하고 피한다.

C. 광장공포증 상황은 거의 대부분 공포와 불안을 야기한다.

D. 광장공포증 상황을 피하거나. 동반자를 필요로 하거나, 극도의 공포의 불안 속에서 견딘다.

E. 광장공포증 상황과 그것의 사회·문화적 배경을 고려할 때 실제로 주어지는 위험에 비해 공포와 불안의 정도가 극심하다.

F. 공포, 불안, 회피 반응은 전형적으로 6개월 이상 지속된다.

G. 공포, 불안, 회피가 사회적, 직업적 또는 다른 중요한 기능 영역에서 임상적으로 현저한 고통이나 손상을 초래한다.

H. 만약 다른 의학적 상태(예 염증성 장 질환, 파킨슨병)가 동반된다면 공포, 불안, 회피 반응이 명백히 과도해야만 한다.

I. 공포. 불안, 회피가 다른 정신질환으로 더 잘 설명되지 않는다. 예를 들어. 증상이 특정 공포중의 상황 유형에 국한되어서는 안 된다. 사회불안장애에서처럼 사회적 상황에서만 나타나서는 안 된다. 강박장애에서처럼 강박 사고에만 연관되거나, 신체 외형장애에서 처럼 신체 외형의 손상이나 훼손에만 연관되거나, 외상 후 스트레스 장애에서처럼 외상 사건을 기억하게 할 만한 사건에만 국한되거나, 분리불안장애에서처럼 분리에 대한 공포에만 국한되어서는 안 된다.

주의: 광장공포중은 공황장애 유무와 관계없이 진단된다. 만약 공황장애와 광장공포증의 진단기준을 모두 만족한다면 2가지 진단이 모두 내려져야 한다.

(7) 범불안장애(GAD; Generalized Anxiety Disorder)

① 범불안장애는 특정 사물이나 상황에 초점이 맞추어지지 않은 불안으로서 통제할 수 없는 만성적 과도 불안을 의미한다. 진단기준 여섯 가지 중 세 가지 이상의 특성을 나타내야 한다. 아동이나 청소년은 최소한 한 가지 특성을 6개월 이상 지속해서 나타내야 하며, 이러한 특성들로 말미암아 중요한 생활기능에 결함을 초래하여야 한다.

② 범불안장애를 가지고 있는 아동은 두통이나 복통을 자주 호소하고, 스스로에게 비현실적인 목표를 설정하는 경향이 있으며, 불안할 때마다 나타나는 신경성 습관(예 손톱을 물어뜯는 것)이 있고, 학업 성취나 또래관계는 물론 자연재해나 가정의 경제형편 등에 대해서 걱정하며 불안해하기도 한다.

| DSM-5의 범불안장애 진단기준 |

A. 최소한 6개월 이상의 기간 동안 몇 개의 사건이나 활동에 대해 과도하게 불안해하며 걱정한다.
 예 학교 수행평가

B. 자신이 걱정하는 것을 통제할 수 없다.

C. 불안이나 걱정은 다음 여섯 가지 중 세 가지(아동의 경우 한 가지) 이상이 최소한 6개월 동안 나타난다.
 1. 안절부절못하거나 벼랑 끝에 서 있는 느낌이 든다.
 2. 쉽게 피곤해진다.
 3. 집중하기 어렵다.
 4. 과민하다.
 5. 근육이 긴장되어 있다.
 6. 수면장애가 있다.

D. 불안, 걱정 또는 신체적 증상들이 사회적, 학업적, 직업적 및 다른 중요한 기능 영역에 임상적으로 중요한 손상 또는 결함을 초래한다.

E. 이 증상들은 약물이나 다른 의학적 상태의 생리적인 효과에 기인한 것이 아니다.

F. 이 증상들은 공황장애의 공황발작에 대한 불안과 염려, 사회적 불안장애의 부정적 평가, 강박-충동장애의 강박, 분리불안장애의 애착대상으로부터의 분리, 외상 후 스트레스 장애의 외상성 사건의 회상, 거식증의 체중 증가에 대한 염려, 신체증상장애의 신체적 고통 호소, 신체변형장애의 자각된 외모 결함, 질병 불안장애의 심각한 질병에 대한 걱정, 또는 정신분열이나 망상장애의 망상적 신념 등 다른 정신장애로 더 잘 설명되지 않는다.

2. 불안장애 중재

(1) 행동수정

구분	내용
이완훈련	• 공포와 불안 문제를 구성하는 자율적 각성의 경험을 감소시키는 전략으로, 특정한 이완행동에 참여하는 개인은 자율적 각성에 반대되는 신체적 반응을 하게 됨 • 근육의 긴장, 빠른 심장박동, 차가운 손, 빠른 호흡 등 자율적 각성이 되는 신체 반응 대신, 근육의 긴장을 감소시키고 심장박동과 호흡을 느리게 하며 손을 따뜻하게 하며, 이러한 신체적 반응을 경험한 사람들은 불안 감소를 보고하게 됨 • **가장 많이 알려진 4가지 이완훈련**: 점진적 근육이완, 횡경막 호흡, 주의집중 연습, 행동이완 훈련
체계적 둔감법	• 공포를 야기하는 자극을 상상하면서 공포를 이완에 이용하는 것으로, 치료자가 불안을 야기하는 장면을 점진적으로 묘사하는 것을 상상하면서 이완하는 것을 학습하여 공포 반응을 감소시킬 수 있음 예 **체계적 둔감법을 이용한 거미공포증 치료** 내담자는 자신을 이완하고 치료자가 거미가 25피트 떨어져 있는 장면을 묘사하는 것을 듣는다. 이 장면을 듣고 나서 이완이 유지되면 치료자는 거미가 20피트 떨어져 있는 장면을 묘사한다. 내담자가 계속 이완을 유지한다면 치료자는 거미가 점점 더 가까이 있는 것으로 묘사할 것이다. 내담자에게 중요한 것은 공포를 야기하는 자극을 상상하면서도 이완 반응을 유지하는 것이다. • 절차 – 내담자는 이완기술을 학습함 – 두 번째 단계에서는 치료자와 내담자는 공포를 야기하는 자극의 위계를 만듦 – 세 번째 단계에서는 내담자는 치료자가 위계에 따라 장면을 묘사하는 동안 이완기술을 연습하며, 내담자가 위계에 따른 모든 장면을 상상하는 동안 이완 반응을 유지할 수 있게 되면 체계적 둔감법을 마침
실제상황 둔감법	• 내담자가 실제 공포를 야기하는 자극에 점진적으로 접근하거나 점진적으로 노출된다는 점을 제외하고는 체계적 둔감법과 유사하며, '접촉 둔감법'으로도 불림 • 실제상황 둔감법 절차를 사용하기 위해서 내담자는 우선 이완 반응을 학습해야 하며, 다음으로 내담자와 치료자는 공포를 야기하는 자극을 수반하는 상황의 위계를 만듦 • 실제상황 둔감법에서는 내담자가 위계의 각 장면을 상상하는 것이 아니라 공포 반응을 대체하는 반응으로서 이완을 유지하면서 각 위계 상황을 직접 경험하도록 함
홍수법	• 개인이 오랫동안 충분한 강도로 공포자극에 노출되는 절차로, 내담자는 공포자극이 있을 때보다 높아진 불안을 경험하지만, 시간이 지나면서 소거 저항의 과정을 통해 불안 수준이 감소함 예 개에 대한 공포가 있는 사람은 (치료자와 함께) 방에 앉아 오랫동안 개와 함께 있게 된다. 조건자극(개, 공포자극)과 무조건 자극(물리거나 놀라게 되는 것) 없이 존재하기 때문에 오랫동안(2시간) 극복할 수 있고, 조건자극은 더 이상 조건반응(불안)을 야기하지 않게 된다. • 내담자가 최초로 공포 자극에 노출되면 공포로 인해 매우 불안해지기 때문에 홍수법 절차가 진행되는 상황에서 회피할 수 있고 공포가 더 악화될 수 있으므로 전문가에 의해서만 수행되어야 함
모델링 (modeling)	• 특히 아동의 공포에 있어 성공적인 치료법 • 모델링 절차에서 아동은 다른 사람이 공포자극에 접근하거나 공포활동에 참여하는 것을 관찰한 후에 유사한 행동을 더욱 쉽게 수행할 수 있게 됨 • 공포를 가진 사람은 살아 있는 모델을 관찰하거나 영화 또는 비디오 모델을 볼 수 있는데, 영화나 비디오 모델링은 아이들이 수술이나 다른 의학적 치료, 치과 치료에 대한 공포를 극복하는 데 널리 사용되어 옴

(2) 인지행동치료

① 불안해하는 아동의 생각, 신념, 지각을 변화시키기 위한 방법으로, 아동의 비적응적 인지구조를 변화시키면 불안해하거나 회피하는 행동도 변화할 것이라는 전제하에 사용되고 있다.

② 아동의 불안장애를 치료하기 위한 인지행동치료법에는 인지적 자기관리법, 스스로 말하기 방법, 유쾌한 상상 등이 포함된다. 이는 아동에게 자신의 신념이나 인지를 스스로 관리하도록 하고, 모델링과 시연 및 사회적 강화를 통해 아동에게 스스로 긍정적인 이야기를 하도록 가르친다.

③ 아동에게 사고의 형태에 대한 인식과 사고의 여러 대안적인 방법들을 제공함으로써 전형적으로 정적 강화와 이완과 같은 다른 행동치료 절차와 노출법을 결합하여 사용하고 있다.

④ 인지행동치료의 종류

종류	내용
인지적 재구조화	아동이나 청소년의 불안 또는 공포가 비현실적 · 비합리적인 인지적 왜곡에 근거한 것이므로, 아동으로 하여금 현실적 · 합리적인 사고를 할 수 있도록 돕는 것
자기통제 기술	병리적인 불안이나 두려움을 가지고 있는 아동으로 하여금 스스로 자기점검법, 자기강화법, 자기교수법, 긍정적 자기 말, 거울기법, 문제해결 기술, 사회성 기술 등을 적용하여 불안이나 두려움을 감소시키도록 하는 것

(3) 가족중재

불안장애는 부모의 불안과 가정불화가 있는 가족관계에서 일어나기 쉽다. 가족 프로그램에는 부모에게 아동을 다루는 법, 불안을 다루는 법, 의사소통 및 문제해결 기술 등을 훈련시키는 것이 포함된다.

(4) 약물치료

아동기와 청소년기 불안장애를 치료하기 위해 삼환계 항우울제, 선택적 세로토닌 재흡수 억제제, 항불안제가 사용되고 있으나, 아동이나 청소년을 대상으로 한 약물치료의 효과와 부작용에 대한 연구는 미흡한 실정이다.

3. 외상 및 스트레스 관련 장애

(1) 외상 후 스트레스 장애

① 외상 후 스트레스 장애는 한 번 경험한 또는 반복된 치명적인 사건을 재경험하며(reexperiencing) 지속적으로 강한 불안 증상을 나타내는 것이다. 치명적인 사건이란 인간의 정상적인 경험의 범주에서 벗어난 것들로서 신체 폭력, 지진이나 해일 등 자연재해 경험, 사랑하는 사람의 갑작스러운 죽음, 성폭력, 전쟁 및 테러로 희생되는 장면의 목격 등을 포함한다.

② 외상 후 스트레스 장애의 주요한 특성은 충격적 사건에 대한 회상과 악몽 등을 재경험하며, 충격적 사건과 관련된 장소나 대상을 회피하고 충격적 사건에 대한 각성상태가 지나치게 높다는 것이다.

▎DSM-5의 외상 후 스트레스 장애 진단기준(성인, 청소년, 6세 초과 아동)▎

A. 다음 중 한 가지 이상의 죽음, 심각한 상해, 또는 성폭행에 실제 노출되었거나 위협을 당한 적이 있다.

1. 외상성 사건을 직접 경험한 경우
2. 다른 사람에게 일어난 외상성 사건을 목격한 경우
3. 가까운 가족이나 친구에게 외상성 사건이 일어난 것을 알게 된 경우, 가까운 가족이나 친구에게 일어난 실제 죽음이나 죽음에 대한 위협을 알게 된 경우
4. 외상성 사건의 혐오적인 세부사항에 반복적이거나 극단적인 노출을 경험하는 경우

   예 죽은 사람의 시체를 처리하는 최초의 대처자, 아동학대의 세부사항에 반복적으로 노출되는 경찰

   주의: 진단기준 A4는 전자 매체, 텔레비전, 영화, 또는 사진 등에 대한 노출을 의미하지는 않는다.

B. 외상성 사건이 발생한 이후에 외상성 사건과 관련된 다음 중 한 가지 이상의 증상이 나타난다.

1. 외상성 사건에 대한 반복적이고 무의식적이며 집요하게 떠오르는 고통스러운 회상
   주의: 6세 초과 아동은 외상성 사건과 관련된 주제의 놀이를 반복할 수도 있다.
2. 외상성 사건의 내용과 정서에 대한 반복적이고 괴로운 꿈
   주의: 아동의 경우, 내용이 인지되지 않는 무서운 꿈을 꾼다.
3. 마치 외상성 사건이 재발하는 것 같은 행동이나 느낌을 가지게 되는 분열적 반응(예 갑자기 너무 생생하게 떠오르는 회상)이 연속체상에서 나타나는데, 가장 극심한 경우에는 현실에 대한 자각을 상실함
   주의: 아동의 경우, 외상성 사건의 특유한 재연이 놀이를 통해 재경험된다.
4. 외상성 사건과 유사하거나 상징적인 내적 또는 외적 단서에 노출되었을 때 심각한 심리적 고통
5. 외상성 사건과 유사하거나 상징적인 내적 또는 외적 단서에 노출되었을 때 심각한 현저한 생리적 반응

C. 외상성 사건의 발생 후 다음 중 한 가지 이상 외상성 사건과 관련된 자극을 지속적으로 회피한다.

1. 외상성 사건과 밀접하게 관련된 고통스러운 기억, 생각 또는 느낌을 회피하거나 회피하려고 노력
2. 외상성 사건과 밀접하게 고통스러운 기억, 생각, 느낌을 상기시키는 외부적인 자극(예 사람, 장소, 대화, 활동, 사물, 상황)을 회피하거나 회피하려고 노력

D. 외상성 사건이 발생한 후, 사건과 인지와 기분이 부정적으로 변화되기 시작하거나 악화되며 다음 중 두 가지 이상이 나타난다.

1. 뇌손상, 알코올, 약물 등의 요인에 기인한 것이 아니고 분열성 기억상실에 기인하여 외상성 사건의 중요한 축을 기억하지 못함
2. 자신과 타인 및 세상에 대한 부정적인 생각과 기대가 과장되어 지속됨
   예 "내가 나빠.", "아무도 믿을 수 없어.", "세상은 정말 위험해.", "몸의 신경계가 영원히 망가졌어."
3. 외상성 사건의 원인이나 결과에 대해 왜곡된 인지를 지속적으로 가지게 됨으로써 자기 자신이나 타인을 비난
4. 지속적인 부정적 감정 상태
   예 두려움, 공포, 분노, 죄책감, 또는 수치심
5. 중요한 활동에 대한 흥미와 참여가 현저히 감소
6. 사람들로부터 멀어지고 소외된 느낌
7. 긍정적 정서를 지속적으로 경험할 수 없음
   예 행복, 만족, 사랑을 경험하지 못함

E. 외상성 사건의 발생 후 사건과 관련된 각성 반응이 현저하게 변화되며, 다음 증상 중 두 가지 이상이 나타난다.

1. 사람이나 사물에 대한 언어적 · 신체적 공격성이 (자극이 전혀 없거나 거의 없어도) 과민한 행동이나 분노 폭발로 표출
2. 난폭하거나 자기 파괴적 행동
3. 지나친 경계
4. 과장된 놀람 반응
5. 집중의 어려움
6. 수면장애
   예 잠들기 어렵거나 지속적으로 자기 어렵거나 숙면하기 어려움

F. 진단기준 B, C, D, E의 증상이 최소한 1개월 이상 지속되어야 한다.

G. 이러한 증상들이 사회적, 학업적, 직업적 및 다른 중요한 기능 영역에 임상적으로 중요한 손상 또는 결함을 초래한다.

H. 이 증상들은 약물(예 투약, 알코올)이나 다른 의학적 상태의 생리적인 효과에 기인한 것이 아니다.

참고 **외상 후 스트레스 장애 중재 – 재노출요법**

중재자와 함께 안전 · 지원적인 환경에서 아동에게 정신적 충격을 일으킨 사건을 재검토 · 재생한다.

예 집에 불이 나서 가족과 집을 잃은 경험으로 외상 후 스트레스 장애의 증상을 보이는 아동을 불이 났던 상황에 재노출하여 재검토하며 아동이 자신의 생각 · 감정을 표현하고 주어진 상황에 바람직하게 대처하며 스트레스를 관리할 수 있도록 도움

(2) 반응성 애착장애(reactive attachment disorder)

반응성 애착장애는 유아기 또는 초기 아동기에 발달적으로 부적절한 애착행동 양상을 나타내는 것으로, 반응성 애착장애 아동은 위안, 지원, 보호, 돌봄과 배려를 얻기 위해 애착대상에게 거의 가지 않는다.

| DSM-5의 반응성 애착장애 진단기준 |

A. 성인 양육자에 대해 정신적으로 억제되고 위축된 행동을 일관성 있는 양상으로 보이며 다음 두 가지로 나타난다.
  1. 괴로울 때도 거의 위안을 구하지 않음
  2. 괴로울 때 제공되는 위안에 거의 반응하지 않음

B. 지속적인 사회적 및 정서적 장애를 다음 중 두 가지 이상에서 나타난다.
  1. 다른 사람에 대한 최소의 사회적 및 정서적 반응
  2. 제한된 긍정적 정서
  3. 성인 양육자와 비위협적인 상호작용을 할 때에도 나타나는 설명할 수 없는 과민함, 슬픔 또는 두려움의 삽화

C. 아동이 다음 중 한 가지 이상의 극단적으로 불충분한 양육 양상을 경험하였다.
  1. 성인 양육자에 의해 제공되어야 하는 위안, 자극, 사랑 등 기본적인 정서적 필요가 지속적으로 제공되지 않는 사회적 방치 또는 사회적 박탈
  2. 주 양육자가 반복으로 교체됨으로써 안정적인 애착관계를 형성할 기회 제한
     ㉄ 대리 부모의 빈번한 교체
  3. 선택적 애착관계를 형성할 기회가 극도로 제한적인 비정상적 양육 환경
     ㉄ 아동 대 양육자 비율이 높은 시설

D. 진단기준 C에 제시된 바와 같이 적절한 돌봄과 배려를 받지 못한 채 양육되어 진단기준 A에 제시된 행동 양상을 보인다.

E. 진단기준이 자폐스펙트럼장애에 부합하지 않는다.

F. 이 증상들이 만 5세 이전에 나타난다.

G. 아동의 발달연령이 9개월 이상이어야 한다.

4. 강박-충동 및 관련 장애

강박은 비합리적인 생각을 반복하는 것이고, 충동은 특정 의식이나 행동을 반복하는 것이다.

(1) 강박-충동장애

| DSM-5의 강박-충동장애 진단기준 |

A. 강박, 충동, 또는 둘 다 나타난다.

  강박은 다음 두 가지 증상에 의해 정의된다.
  1. 대부분의 사람에게 불안이나 고통을 일으킬 만한 생각, 충동, 또는 영상을 지속적으로 반복하여 경험
  2. 본인 스스로 강박적인 생각, 충동, 또는 영상을 무시하고 억누르려고 하거나 다른 생각이나 행동으로 중화시키려고 시도

  충동은 다음 두 가지 증상에 의해 정의된다.
  1. 강박 또는 규칙을 철저하게 지켜야 한다는 생각으로 인해 수행되는 반복적인 행동(㉄ 손 씻기, 순서적 배열하기, 점검하기) 또는 정신적 활동(㉄ 기도하기, 수 세기, 조용히 단어 반복하기)
  2. 이러한 행동이나 정신적 활동은 불안이나 고통을 예방하거나 감소시키기 위해서 또는 두려운 사건이나 상황을 예방하기 위해 수행되지만, 현실에서 이러한 행동이나 정신적 활동은 예방하려는 사건이나 상황과는 무관
     주의: 아동의 경우에 자신의 행동과 정신적 활동의 목적을 말하지 못할 수도 있다.

B. 강박 또는 충동은 시간 소모적이며(㉄ 하루에 한 시간 이상 소요), 사회적, 학업적, 직업적 및 다른 중요한 기능 영역에 임상적으로 중요한 손상 또는 결함을 초래한다.

C. 강박-충동 증상들은 약물(㉄ 투약, 알코올)이나 다른 의학적 상태의 생리적인 효과에 기인한 것이 아니다.

D. 이러한 강박 또는 충동 증상들은 범불안장애, 신체추형장애, 저장 강박장애, 모발 뽑기장애, 피부 벗기기 장애, 섭식장애, 질병불안장애, 중독장애, 품행장애, 주요 우울장애, 망상장애, 정신분열 스펙트럼장애, 또는 자폐스펙트럼장애 등의 다른 정신장애에 의해 더 잘 설명되지 않는다.

(2) 신체추형장애

| DSM-5의 신체추형장애 진단기준 |

A. 다른 사람들이 관찰할 수 없거나 대수롭지 않은 자신의 외모에서 한 가지 이상의 결함에 집착한다.
B. 장애가 진행되는 어떤 시점에 자신의 외모에 대한 걱정 때문에 반복적 행동(예 계속 거울보기, 지나치게 머리 빗기, 피부 벗기기, 지속적으로 재확인하기) 또는 정신적 활동(예 자신의 외모와 다른 사람의 외모 비교하기)을 한다.
C. 이러한 외모에 대한 집착은 사회적, 학업적, 직업적 및 다른 중요한 기능 영역에 임상적으로 중요한 손상 또는 결함을 초래한다.
D. 이러한 외모에 대한 집착은 섭식장애를 가지고 있는 사람의 피하지방이나 체중에 대한 염려로는 설명될 수 없다.

5. 기초신체기능 장애

(1) 회피적 · 제한적 음식섭취장애와 섭식장애

① 이식증: 먹을 수 없는 종이, 머리카락, 벌레, 먼지, 지우개, 크레용, 모래, 페인트 등을 먹는다.
② 반추장애: 소화된 음식을 의도적으로 입으로 역류시켜 토해버리거나 다시 씹는다.
③ 거식증

| DSM-5의 거식증 진단기준 |

A. 필요한 에너지 섭취를 제한하여 나이, 성별, 발달적 궤도 및 신체적 건강에 근거할 때 심각할 정도로 저체중이다.
B. 심각할 정도로 저체중임에도 불구하고 체중이 증가하고 살이 찌는 것에 대해 강한 두려움을 가지고 있거나 체중 증가를 막기 위한 지속적인 행동을 한다.
C. 체중과 몸매에 대한 자기평가가 비현실적이며, 저체중의 심각성을 인지하지 못한다.

④ 폭식증

| DSM-5의 폭식증 진단기준 |

A. 폭식의 증상이 반복적으로 재현된다. 이때의 폭식은 다음 두 가지에 의해 정의된다.
  1. 보통의 사람이 유사한 상황에서 유사한 시간 동안 먹는 것보다 훨씬 많은 양의 음식을 일정 시간(예 2시간 내) 동안 섭취
  2. 폭식 삽화가 발생하는 동안 음식 섭취 통제력 상실(예 음식 섭취를 멈출 수 없고 섭취하는 음식의 양을 조절할 수 없다.)
B. 체중 증가를 방지하기 위해 자기유도 구토, 설사제와 이뇨제 등의 약물남용, 금식, 과도한 운동 등 부적절한 보상 행동을 반복한다.
C. 폭식과 부적절한 보상 행동이 3개월 동안 일주일에 최소 한 번 이상씩 발생한다.
D. 자기평가는 몸매와 체중의 영향을 과도하게 받는다.
E. 이 증상들이 거식증 삽화가 발생하는 기간에만 발생하는 것은 아니다.

(2) 배변장애

① 유뇨증: 옷이나 침구에 소변을 반복하여 배설한다.
② 유분증: 최소 삼 개월 동안 한 달에 최소한 한 번씩 옷 등의 부적절한 곳에 대변을 보는 것으로, 아동은 만 4세 이상이어야 진단이 가능하다.

(3) 수면장애

① 잠들기 문제: 아동 · 청소년이 잠자리에 들기를 거부하거나 잠에 들어도 오래 자지 못하거나 밤에 깰 경우 다시 자는 데 어려움을 나타낸다.
② 수면 각성장애: 야경증, 수면 중 보행(몽유병), 악몽을 포함한다.

03 우울장애와 양극성장애

1. 우울장애

(1) 주요 우울장애(major depressive disorder)

① 주요 우울장애의 핵심 증상은 체중 변화와 자살 사고를 제외하고 우울 기분이 하루 중 대부분, 거의 매일 존재한다는 것이다.

② 우울 기분 또는 거의 모든 활동에서의 흥미나 즐거움의 상실이 적어도 2주 동안 지속되는 증상이 필수적으로 나타난다.

| DSM-5의 주요 우울장애 진단기준 |

A. 다음 증상 가운데 다섯 가지 이상의 증상이 연속 2주 기간 동안 지속되며, 이러한 상태가 이전 기능으로부터의 변화를 나타내는 경우로, 증상 가운데 적어도 하나는 우울 기분이거나, 흥미나 즐거움의 상실이어야 한다.

주의: 분명히 다른 의학적 상태에 기인한 증상은 포함하지 않는다.

1. 거의 매일 하루의 대부분에 걸쳐 지속되는 우울한 기분이 주관적인 보고(예 슬프거나 공허하게 느낌)나 객관적인 관찰(예 울 것처럼 보임)에서 드러함
   주의: 소아와 청소년의 경우는 초조하거나 과민한 기분으로 나타나기도 한다.
2. 모든 또는 거의 모든 일상 활동에 대한 흥미나 즐거움이 하루의 대부분 또는 거의 매일같이 뚜렷하게 저하되어 있을 경우(주관적인 설명이나 타인에 의한 관찰에서 드러남)
3. 체중 조절을 하고 있지 않은 상태(예 1개월 동안 체중 5% 이상의 변화)에서 의미 있는 체중 감소나 체중 증가, 거의 매일 나타나는 식욕 감소나 증가가 있을 때
   주의: 소아의 경우 체중 증가가 기대치에 미달되는 경우 주의할 것
4. 거의 매일 나타나는 불면이나 과다 수면
5. 거의 매일 나타나는 정신 운동성 초조나 지체(주관적인 좌불안석 또는 처진 느낌이 타인에 의해서도 관찰 가능함)
6. 거의 매일 피로나 활력 상실
7. 거의 매일 무가치감 또는 과도하거나 부적절한 죄책감을 느낌(망상적일 수도 있으며, 단순히 병이 있다는 데 대한 자책이나 죄책감이 아님)
8. 거의 매일 나타나는 사고력이나 집중력의 감소, 또는 우유부단함(주관적인 호소나 관찰에서 확인 가능)
9. 반복되는 죽음에 대한 생각(단지 죽음에 대한 두려움뿐만 아니라), 특정한 계획 없이 반복되는 자살 생각 또는 자살 기도나 자살 수행에 대한 특정 계획

B. 이러한 증상이 사회적, 직업적 및 다른 중요한 기능 영역에서 임상적으로 심각한 고통이나 손상을 초래한다.

C. 우울증 삽화가 어떤 약물이나 다른 의학적 상태의 생리적 효과에 기인하지 않는다.

주의: 진단기준 A~C가 주요 우울증 삽화를 나타낸다.

주의: 중대한 상실(예 가족의 사망, 재정적 파산, 자연재해, 심각한 질병이나 장애)에 대한 반응은 우울증 삽화의 진단기준 A에 기술된 강력한 슬픔, 상실에 대한 반추증, 불면증, 식욕부진, 체중 감소 등을 포함한다. 이러한 증상들을 보이는 것을 이해할 수 있고 상실에 대해 적절하다고 간주되지만, 중대한 상실에 대한 이러한 증상들과 주요 우울증 삽화가 동시에 존재할 경우에 주의를 요한다. 이 경우에 개인사와 상실에 대한 고통의 표현에 대한 문화적 규준에 근거하여 임상적인 판단을 내려야 한다.

D. 주요 우울증 삽화는 분열정동장애(schizoaffective disorder), 정신분열증(schizophrenia), 정신분열형 장애(schizophreniform disorder), 망상장애, 또는 다른 정신분열 스펙트럼과 정신장애에 의해 더 잘 설명되지 않는다.

E. 조증 삽화나 경조증 삽화가 없었다.

주의: 만약 조증이나 경조증 같은 삽화 모두가 약물이나 다른 의학적 상태의 생리적 효과에 기인한 경우는 제외한다.

(2) **파괴적 기분조절장애(disruptive mood dysregulation disorder)**

① 파괴적 기분조절부전장애는 주로 10세 이전에 시작되며, 6세 이전이나 18세 이후에는 진단될 수 없다.

② 이 장애의 주요 특성은 잦은 분노발작으로, 전형적으로 좌절에 대한 반응으로 폭언이나 사물, 자신, 타인에 대한 공격 형태로 나타난다.

❙ DSM-5의 파괴적 기분조절장애 진단기준 ❙

A. 상황이나 화낼 이유에 대해 심한 울화 폭발이 부적절한 강도 또는 기간 동안 언어적으로(예 언어적 분노) 그리고/또는 행동적으로(예 사람이나 사물에 대한 신체적 공격) 반복해서 나타낸다.
B. 울화 폭발이 발달단계와 일관성이 없다.
C. 울화 폭발이 일주일에 평균 세 번 이상 나타난다.
D. 울화 폭발이 나타나지 않는 기간의 기분도 거의 매일, 하루 종일 지속적으로 짜증을 내거나 화가 나 있으며, 그러한 기분이 부모, 교사, 또래에 의해 관찰될 수 있다.
E. 진단기준 A~D가 12개월 이상 지속되었으며, 진단기준 A~D의 증상 없이 3개월 이상 지속된 기간이 없다.
F. 진단기준 A와 D가 가정, 학교, 또래와 있는 상황 중 최소한 두 가지 상황에서 나타나며, 이 중 한 가지 이상의 상황에서 심하게 나타난다.
G. 만 6세 이전이나 18세 이후에 첫 번째 진단을 받아서는 안 된다.
H. 진단기준 A~E가 만 10세 이전에 나타난다.
I. 조증 삽화나 경조증 삽화의 진단기준(기간 제외)에 맞는 기간이 하루 이상 지속되지 않는다.
주의: 행복한 일이 있거나 기대하는 상황에서 일어나는 발달적으로 적절한 기분 상승을 조증 삽화나 경조증 삽화로 간주해서는 안 된다.
J. 진단기준에 맞는 행동이 주요 우울장애 삽화 기간에만 일어나는 것이 아니며, 자폐스펙트럼장애, 외상 후 스트레스 장애, 분리불안장애, 지속적 우울장애 등의 다른 정신장애에 의해 더 잘 설명되지 않는다.
주의: 파괴적 기분조절장애의 진단이 적대적 반항장애, 간헐적 폭발성 장애의 진단과 공존할 수 없으나, 주요 우울장애, 주의집중결핍 과잉행동장애, 품행장애, 약물사용장애 등의 진단기준과는 공존할 수 있다. 파괴적 기분조절장애와 적대적 반항장애의 진단기준을 둘 다 충족하는 사람은 파괴적 기분조절장애로 진단되어야 한다. 조증 삽화나 경도 조증 삽화를 경험한 사람은 파괴적 기분조절장애로 진단되어서는 안 된다.
K. 진단기준에 제시된 증상이 약물이나 다른 의학적 또는 신경학적 상태의 생리학적 효과에 기인한 경우는 제외한다.

(3) **지속적 우울장애(기분저하증; persistent depressive disorder, dysthymia)**

① 지속성 우울장애는 아동의 경우 적어도 1년 동안 우울한 기분이 없는 날보다 있는 날이 더 많고, 하루 종일 우울한 기분이 지속된다.

② 이 장애는 DSM-5 진단기준에 따른 만성 주요 우울장애와 기분부전장애를 통합한 것이다.

❙ DSM-5의 지속적 우울장애 진단기준 ❙

지속적 우울장애는 DSM-5의 만성적 주요 우울장애와 기분부전장애를 통합한 것이다.
A. 본인의 주관적 설명이나 다른 사람의 관찰에 따르면, 최소한 2년 동안 우울한 기분이 하루의 대부분에 걸쳐 지속된다.
주의: 아동이나 청소년의 경우, 최소한 1년 동안 짜증을 내는 것으로 나타날 수도 있다.
B. 우울할 때 다음 여섯 가지 중 두 가지 이상의 증상을 나타낸다.

1. 식욕 저하 또는 과식	2. 불면증 또는 수면 과다	3. 활기 저하와 피곤
4. 낮은 자존감	5. 집중력과 의사결정 능력 저하	6. 절망감

C. 우울장애를 나타낸 2년(아동과 청소년은 1년) 동안 한번에 2개월 이상 진단기준 A와 B의 증상을 나타내지 않는 기간이 없다.
D. 주요 우울장애의 진단기준이 2년 동안 지속적으로 나타난다.
E. 조증이나 경조증 삽화가 나타난 적이 없으며, 순환성 기질장애(cyclothmic disorder)의 진단기준에 부합하지 않는다.
F. 이러한 증상들은 분열정동장애(schizoaffecive disorder), 정신분열증(schizophrenia), 정신분열형 장애(schizophreniform disorder), 망상장애, 또는 다른 정신분열 스펙트럼과 정신장애에 의해 더 잘 설명되지 않는다.
G. 이러한 증상들이 어떤 약물이나 다른 의학적 상태(예 갑상선 기능 저하증)의 생리적 효과에 기인하지 않는다.
H. 이러한 증상들이 사회적, 직업적 및 다른 중요한 기능 영역에서 임상적으로 심각한 고통이나 손상을 초래한다.

2. 양극성장애

(1) 제1형 양극성장애(bipolar I disorder)

한 번 이상의 조증 삽화가 있고, 보통 우울증 삽화가 동반된다. 즉, 조증이 반복적으로 나타나거나 조증과 우울증이 교대로 나타나는 기분장애이다. 주된 증상은 팽창된 자존감과 과대성향, 수면욕구의 감소, 평소보다 말이 많고 말을 많이 하려는 경향성, 사고의 비약이나 사고가 분주하다는 주관적 경험, 산만함 등이 있다.

* 제1형 양극성장애를 진단하기 위해서는 조증 삽화에 대한 다음의 진단기준을 충족시켜야 한다. 조중 삽화는 경조증이나 주요우울 삽화에 선행하거나 뒤따를 수 있다.

| DSM-5의 조증 삽화 진단기준 |

A. 비정상적으로 고조되거나 과대하거나 과민한 기분과 비정상적으로 증가된 목표 지향적 활동이나 에너지가 최소 일주일 이상 거의 매일, 하루종일 지속되는 기간이 분명하다(입원이 필요한 정도의 증상이 나타날 경우에는 기간에 상관없음).

B. 기분장애와 증가된 에너지와 활동이 나타나는 기간 동안 다음 증상들 중 세 가지(기분이 과민한 상태인 경우에는 네 가지)가 심각할 정도로 나타나며, 평상시의 행동과는 눈에 띄게 다른 행동이 나타난다.

1. 고조된 자존감과 과장
2. 수면에 대한 욕구 감소
   ㉠ 3시간의 수면으로 충분한 휴식을 취했다고 느낌
3. 평소보다 말을 많이 하거나 계속 말을 해야 할 것 같은 압박감
4. 사고의 비약 또는 사고가 연달아 일어나는 주관적인 경험
5. 보고되거나 관찰된 주의산만
   ㉠ 중요하지 않거나 관계없는 외적 자극에 너무 쉽게 주의를 기울임
6. 목표 지향적 활동의 증가(직장이나 학교에서의 사회적 활동 또는 성적인 활동) 또는 정신운동성 초조
   ㉠ 목적 없는 활동
7. 고통스러운 결과를 초래할 가능성이 높은 활동에 지나치게 몰두함
   ㉠ 흥청망청 물건 사기, 무분별한 성행위, 어리석은 사업 투자

C. 사회적 또는 직업적 기능에 현저한 손상을 초래하거나 자신이나 타인에게 해를 입히는 것을 방지하기 위해 입원을 시켜야 할 만큼 기분장애가 충분히 심각하거나 정신증적 양상이 동반된다.

D. 이러한 삽화가 어떤 약물(㉠ 약물남용, 투약, 기타 치료)이나 다른 의학적 상태의 생리적 효과에 기인하지 않는다.

주의: 조증 삽화로 진단되기 위해서는 진단기준 A ~ D를 충족해야 하며, 양극성 1 장애로 진단되기 위해서는 최소한 한 번 이상의 조증 삽화가 있어야 한다.

| DSM-5의 경조증 삽화 진단기준 |

A. 비정상적으로 고조되거나 과대하거나 과민한 기분과 비정상적으로 증가된 활동이나 에너지가 최소한 4일 연속 거의 매일, 하루종일 지속되는 기간이 분명하다.

B. 기분장애와 증가된 에너지와 활동이 나타나는 기간 동안 다음 증상들 중 세 가지(기분이 과민한 상태인 경우에는 네 가지)가 심각할 정도로 나타나며, 평상시의 행동과는 눈에 띄게 다른 행동이 나타난다.

1. 고조된 자존감과 과장
2. 수면에 대한 욕구 감소
   ㉠ 3시간의 수면으로 충분한 휴식을 취했다고 느낌
3. 평소보다 말을 많이 하거나 계속 말을 해야 할 것 같은 압박감
4. 사고의 비약 또는 사고가 연달아 일어나는 주관적인 경험
5. 보고되거나 관찰된 주의산만
   ㉠ 중요하지 않거나 관계없는 외적 자극에 너무 쉽게 주의를 기울임
6. 목표 지향적 활동의 증가(직장이나 학교에서의 사회적 활동 또는 성적인 활동) 또는 정신운동성 초조
   ㉠ 목적 없는 활동
7. 고통스러운 결과를 초래할 가능성이 높은 활동에 지나치게 몰두함
   ㉠ 흥청망청 물건 사기, 무분별한 성행위, 또는 어리석은 사업 투자

C. 삽화는 증상이 없을 때의 개인의 특성과는 명백히 다른 기능 변화를 동반한다.
D. 기분의 장애와 기능의 변화가 타인들에 의해 관찰될 수 있다.
E. 삽화가 사회적, 직업적 기능에 현저한 장애를 일으키거나 입원이 필요할 정도로 심각하지 않고 정신증적 양상도 동반되지 않는다.
F. 이러한 삽화가 어떤 약물(예 약물남용, 투약, 기타 치료)이나 다른 의학적 상태의 생리적 효과에 기인하지 않는다.
주의: 경조증 삽화로 진단되기 위해서는 진단기준 A ~ F를 충족해야 한다. 경조증 삽화는 양극성 1 장애에서도 나타나지만, 양극성 1 장애의 진단기준은 아니다.

(2) 제2형 양극성장애(bipolar II disorder)

1회 이상의 주요 우울 삽화와 1회 이상의 경조증 삽화가 있는 것이 특징이다. 주요 우울 삽화는 최소 2주 이상 지속되어야 하고, 경조증 삽화는 최소 4일 동안 지속되어야 한다.

(3) 순환감정장애(cyclothyrrdc disorder)

① 다수의 경조증 기간과 우울증 기간이 적어도 2년 동안(아동 · 청소년 경우 1년) 있어야 한다. 경조증 증상과 우울증 증상은 경조증 삽화와 우울증 삽화의 기준을 완전히 충족하기에는 빈도, 심도, 광범위성, 기간이 불충분하다.

② 오랜 기간 우울증과 경조증을 나타내지만 주요 우울장애나 양극성장애의 조증 삽화와 같이 심한 상태는 나타내지 않는 것이 주 증상으로, 경미한 형태의 조증 증상과 우울 증상이 번갈아 나타나는 만성적인 기분장애다.

▎DSM-5의 순환감정장애 진단기준▕

A. 최소 2년 동안(아동 · 청소년의 경우 1년) 다수의 경조증 기간(경조증 삽화의 진단기준을 충족하지 않는)과 우울증 기간(주요우울 삽화의 진단기준을 충족하지 않는)이 있어야 한다.
B. 2년 이상(아동 · 청소년의 경우 1년) 경조증 기간과 우울중 기간이 정반 이상 차지해야 하고, 증상이 없는 기간이 2개월 이상 지속되어서는 안 된다.
C. 주요우울 삽화, 조증 십화 또는 경조증 삽화가 존재하지 않는다.
D. 진단기준 A의 증상이 조현정동장애, 조현병(조현양상장애 망상장애) 등으로 설명되지 않는다.
E. 증상이 물질(예 남용약물, 치료약물)의 생리적 효과나 다른 의학적 상태(예 갑상선기능항진증)로 인한 것이 아니어야 한다.
F. 증상이 사회, 직업 또는 다른 중요한 기능에서 임상적으로 현저한 고통이나 손상을 초래한다.

3. 기분장애 중재 방법

(1) 우울 치료

치료법	주요 내용
행동치료	• 주된 치료 목표는 정적 강화를 이끌어내는 행동을 증가시키고 환경으로부터의 벌을 줄이는 것임 • 사회적 능력과 대인관계 기술을 가르치고 불안관리 훈련과 이완훈련을 실시함
인지치료	• 1차 목표는 자신의 비관적 · 부정적인 사고, 억압적인 신념과 편견, 실패 시 자신을 비난하고 성공 시 자신을 인정하지 않는 귀인 양식을 깨닫도록 하는 것임 • 억압적인 사고 패턴을 인식하면, 아동은 부정적 · 비관적 관점을 긍정적 · 낙천적 관점으로 바꾸는 법을 배움
자기조절법	• 주된 목표는 자신의 장기목표에 맞게 행동을 조직화하는 법을 학습하는 것임 • 자신의 생각과 기분을 스스로 모니터링하고 단기보다 장기목표를 중시하며 적응적인 귀인 양식과 현실적인 자기평가 기준을 가지도록 하고 자기강화의 증가와 자기처벌의 감소를 강조함
인지행동치료(CBT)	• 심리 · 사회적인 중재의 가장 일반적인 형태로 행동적, 인지적, 자기조절법 등의 요소를 통합한 접근법 • 귀인 양식의 재훈련을 통해 비관적인 신념을 바꾸고자 함
대인관계치료	• 우울을 지속시키는 가족 간의 상호 교류를 탐구함 • 우울장애 학생의 개인 치료에 가족 치료 회기를 보충적으로 실시하여 자신의 부정적인 인지 양식과 우울이 다른 사람에게 어떤 영향을 미치는지를 이해하고 가족, 동료와의 즐거운 활동을 증가하게 격려함
지지적 치료	• 우울장애 학생이 다른 사람과 연합하고, 지지받는 것을 느끼도록 안전하고 지지적인 환경을 제공함 • 해당 학생의 자존감을 높이고 우울 증상을 줄이고자 함
약물치료	항우울제, MAOIs 억제제, 플루옥시틴과 설트랄린 등의 새로운 선택적 세로토닉 억제제(SSRIs)를 사용하여 기분장애와 우울장애의 다른 증상을 치료함

(2) 양극성장애의 치료

양극성장애는 가족들의 질병에 대한 교육, 리튬과 같은 약물치료, 청소년의 증상과 심리사회적인 손상을 강조하는 심리치료적인 중재와 심리 · 사회적 결함과 관련된 다중 모형적 치료 계획이 필요하다.

(3) 학교 중심의 중재

① 상담, 문제해결, 인성교육, 인지적 재구조화, 이완훈련, 사회성 기술 훈련 등이 포함된다.

② 포괄적인 방법으로 행동, 인지, 정서의 구성요소와 부모교육 · 가족 치료를 통합한 다차원적 치료법이 필요하다.

③ 다차원적 치료법에는 인지적 재구조화, 문제해결 자기교수 훈련, 사회성 기술 훈련, 이완훈련, 즐거운 활동 계획, 분노 대처, 감정 탐색, 게임 등의 전략이 포함된다.

30 2011학년도 초등 11번

다음의 영기와 인수는 공통된 장애가 있다. 정신장애진단 및 통계편람 제4판(DSM-IV-TR)에 제시된 이 장애의 진단준거에 해당하는 것은? [1.4점]

- 영기는 어느 날 집 앞에서 심한 교통사고를 당한 후, 지금까지 자동차를 보면 몹시 초조해하고 집 앞 도로를 혼자 다니지 못한다. 또한 혼자서 장난감 자동차 충돌을 재연하며 논다.
- 인수는 엄마와 함께 지하철을 타고 가다 화재로 심한 화상을 입은 후, 밤에 잠을 이루지 못하고 자주 악몽을 꾼다. 또한 텔레비전에서 불이 나오는 장면만 보면 심하게 울면서 안절부절못하며 엄마에게 안긴다.

① 손 씻기와 같은 반복적인 행동이 적어도 하루에 한 시간 이상 나타난다.
② 여러 사건이나 활동에 대한 과도한 불안이나 걱정이 적어도 6개월 이상, 최소한 한 번에 며칠 이상 일어난다.
③ 말을 해야 하는 특정한 사회적 상황에서 말을 할 수 있음에도 불구하고 1개월 이상 지속적으로 말을 하지 않는다.
④ 외상과 관련된 사건의 재경험, 사건과 관련된 자극의 회피, 일반적인 반응의 마비, 각성 상태의 증가가 1개월 이상 지속적으로 나타난다.
⑤ 애착이 형성된 사람으로부터 분리되는 것에 대해 부적절하고 과다하게 반응하며, 이러한 반응은 4주 이상 지속되고 18세 이전에 나타난다.

31 2012학년도 중등 24번

다음은 「정신장애진단 및 통계편람」을 근거로 하여 제시한 정서·행동장애 유형의 주요 특성 중 일부이다. (가)~(다)에 해당하는 장애 유형이 바르게 짝지어진 것은? [2점]

(가) 여러 사건이나 활동에 대한 지나친 불안 또는 걱정(염려스런 예견)이 적어도 6개월 동안, 최소한 한 번에 며칠 이상 발생한다. 걱정을 조절하는 것이 어렵다는 것을 스스로 인식한다. 안절부절못함, 쉽게 피로해짐, 집중 곤란, 쉽게 화를 냄, 과민 기분, 근육 긴장, 수면 문제 등과 같은 부수적 증상이 세 가지 이상 동반한다.
(나) 비합리적인 생각을 반복하거나 특정 의식 또는 행동을 반복한다. 이러한 소모적이고 심각한 사고 또는 행동이 과하거나 불합리하다는 것을 스스로 인식한다. 흔히 오염에 대한 생각, 반복적 의심 등과 더불어 반복적인 손 씻기, 정돈하기 등의 행동을 한다.
(다) 적어도 2년 동안 하루의 대부분이 우울하고, 우울하지 않은 날보다 우울한 날이 더 많다. 아동과 청소년은 최소한 1년 이상 과민한 상태를 보이기도 한다. 식욕 부진 또는 과식, 불면 또는 수면 과다, 기력 저하 또는 피로감, 자존감 저하, 절망감 등과 같은 부수적 증상을 2개 이상 동반한다.

	(가)	(나)	(다)
①	외상 후 스트레스 장애	기분부전장애	양극성장애
②	외상 후 스트레스 장애	강박장애	주요 우울장애
③	범불안장애	강박장애	기분부전장애
④	공황장애	분리불안장애	기분부전장애
⑤	범불안장애	공황장애	주요 우울장애

32 2020학년도 중등 B 1번 일부

(가)의 학생 A의 특성에 해당하는 장애 명칭을 '정신장애진단 및 통계편람 제5판(DSM-5)' 진단기준에 근거하여 쓰시오. [2점]

(가) 학생 A의 특성

- 최근 7개월간 학교와 가정에서 과도한 불안을 보인 날이 그렇지 않은 날보다 더 많음
- 자신의 걱정을 스스로 통제하는 것이 어렵다고 호소함
- 과제에 집중하기 힘들어하고 근육의 긴장을 보이며 쉽게 피곤해함
- 학교, 가정 등 일상생활에서 불안이나 걱정 때문에 고통을 받고 있음
- 특정 물질의 생리적 영향이나 다른 의학적 상태 때문에 나타난 증상이 아님
- 이 장애는 다른 정신장애에 의해 더 잘 설명되지 않음

• ______________________________

33 2010학년도 중등 21번

다음 사례와 같이 우울증이 있는 정서 · 행동장애 학생에 대한 지도방법으로 가장 거리가 <u>먼</u> 것은? [2점]

- 대상: 중학교 2학년 특수교육 대상자
- 관찰 및 상담 내용

  일반교사에 의하면, 학생은 평소 우유부단함을 보이고 꾸중을 듣거나 일이 자기 뜻대로 되지 않으면 잘 울며, 자주 죽고 싶다고 말하기도 한다. 친구들과 함께 있을 때에도 대부분 혼자서 무관심하게 시간을 보내고, 수업 시간에 과제를 완수하지 못하거나 종종 실패하기도 한다. 1학기에 실시한 중간고사와 기말고사에서 성적이 부진했다. 부모에 의하면, 밤에 쉽게 잠들지 못하고 만성적 피로감을 호소한다고 한다. 학생의 성격검사 결과, 자신에 대해 지나친 죄책감을 지니고 있는 것으로 나타났으며, 현재 의사의 처방에 따라 약물 치료를 받고 있다.

① 이완훈련으로 충동 조절을 할 수 있도록 지도한다.
② 멘토를 지정해 사회적 관계를 확대하고 교우관계의 범위를 넓혀가도록 지도한다.
③ 부정적인 자동적 사고에 대한 신념을 논박하고 왜곡된 사고를 재구조화할 수 있도록 지도한다.
④ 일반교사, 상담교사, 부모 등과 팀을 이루어 다양한 인지적 접근방법으로 학생의 문제를 지도한다.
⑤ 정동홍수법을 사용하여 주어진 과제를 완수하게 하고 단기간에 학업 성취도를 높일 수 있도록 지도한다.

34 2018학년도 중등 A 6번

다음은 학생 B가 보이는 행동 특성에 대해 특수교사와 방과 후 교사가 나눈 대화이다. 밑줄 친 ㉠과 ㉡에 해당하는 중재 방법을 순서대로 쓰시오. [2점]

특 수 교 사: 안녕하세요? 학생 B는 방과 후 활동 시간에 잘 참여하고 있습니까?
방과 후 교사: 예, 잘 참여하고 있습니다. 그런데 그리기 활동 후 감상 시간에 본인의 작품을 발표하는 순서가 되면 극도의 불안감을 나타내면서 손을 벌벌 떨거나 안절부절못하는 행동을 보입니다. 그러다 갑자기 화를 내고 심한 경우 소리 내며 우는 행동까지 이어집니다. 학생 B의 불안감을 줄이기 위해 어떻게 하면 좋을까요?
특 수 교 사: 예, 여러 가지 방법이 있는데 그중에서 두 가지 정도가 학생 B에게 적절할 것 같습니다. 첫 번째는 ㉠ 이완기술을 습득하고 유지하면서 짝, 모둠, 학급 전체로 점차 대상을 확대하여 발표를 해보도록 하는 방법입니다. 두 번째는 ㉡ '발표 성공 사례' 영상을 보고 영상 속 주인공의 발표 행동을 따라하는 절차를 반복하는 방법이 있습니다.

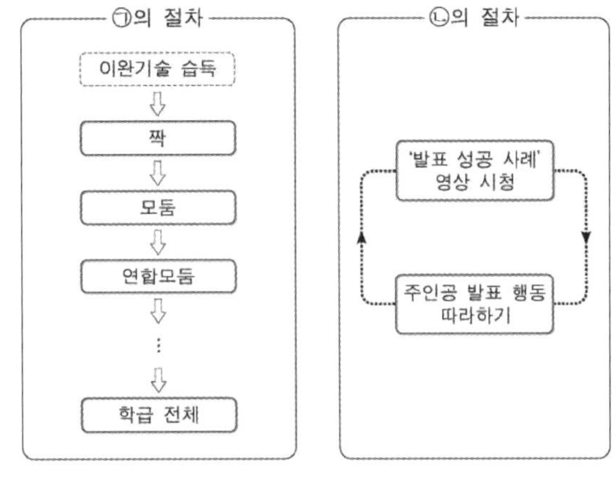

• ㉠: ______________________ • ㉡: ______________________

정서·행동장애 제7장 해커스임용 설지민 특수교육학 영역별 이론 + 기출문제 2

35 2019학년도 유아 A 5번 일부

원기는 손을 흔드는 상동 행동을 하는 5세 발달지체 유아이다. 다음은 현장체험학습을 다녀온 후에 통합학급 김 교사와 특수 학급 박 교사가 평가회에서 나눈 대화의 일부이다. 물음에 답하시오.

박 교사: 김 선생님, 지난 현장체험학습 때 원기에게 일어난 일 기억하시죠?
김 교사: 물론이죠. 다른 아이들이 원기가 손을 반복적으로 흔드는 행동을 쳐다보며 흉내내고 놀렸잖아요. 그때 아이들이 원기를 도와주었고, 박 선생님과 제가 칭찬을 많이 해주었죠.
박 교사: 그랬죠. 그래서 평소에 우리 아이들이 장애에 대해 올바른 태도를 가질 수 있도록 사전 교육 · 활동이 꼭 필요합니다.
김 교사: 네. 저도 박 선생님의 생각에 동의해요. 그리고 장애가 있는 친구들에 대한 태도에서 ㉠ <u>대상과 관련된 정보나 지식 · 신념</u> 등이 부족 또는 왜곡되면 장애가 있는 친구에 대한 태도에 매우 부정적인 영향을 미치기도 한대요.

…중략…

김 교사: 아이들은 교사의 말이나 행동을 그대로 따라 하는 것 같아요. 지난번 현장체험학습 때 놀림을 받은 원기에게 아이들이 다가가 안아주거나 토닥거려주고, 함께 손을 잡고 다녔죠. ㉡ <u>평소 박 선생님과 제가 원기에게 하던 행동을 아이들이 자세히 본 것</u> 같아요. 교사의 행동이 아이들에게 참 중요하다는 것을 다시 알았어요.
박 교사: 네. 그리고 아이들끼리도 서로 영향을 주고받는 것 같아요. ㉢ <u>지난번 현장체험학습 때 제가 원기를 도와주었던 친구들을 칭찬해줬더니, 그 모습을 보고 몇몇 유아들은 원기를 도와주는 행동을 따라하는 것</u> 같아요.

…중략…

김 교사: 참, 선생님. 원기가 혼자 화장실에 가는 것을 좀 불안해해요. 꼭 저와 같이 가려고 하고 화장실 문도 못 닫게 하네요. 이때는 어떻게 하면 좋을까요?
박 교사: 저는 원기의 불안감을 줄여주는 것이 무엇보다 중요하다고 봐요. 불안감을 줄여주는 방법에는 여러 가지가 있는데, 그중에 ㉣ <u>체계적 둔감법</u>과 ㉤ <u>실제상황 둔감법</u>이 생각나네요.

…하략…

3) ㉣과 ㉤의 장점을 각각 1가지 쓰시오. [2점]

• ㉣: ______________________ • ㉤: ______________________

36 2019학년도 중등 A (기입형) 8번

다음은 ○○중학교 건강장애 학생 K의 보호자와 송 교사가 나눈 대화이다. 밑줄 친 ㉠에 해당하는 인지행동중재 방법의 명칭을 쓰고, 괄호 안의 ㉡에 해당하는 내용을 1가지 쓰시오. [2점]

보호자: 선생님, 학생 K가 퇴원 후 학교에 복귀하게 되었는데, 학습 결손도 걱정이지만 오랜만에 학교에 가서 그런지 불안과 긴장이 심해지는 것 같아요.
송교사: 개별적인 지원방법을 고민해봐야겠군요. 먼저 학업 지원 측면에서 학습 결손 보충과 평가 조정 등을 고려하겠습니다. 불안과 긴장에 대해서는 ㉠ <u>깊고 느린 호흡, 심상(mental image) 등을 통해 근육의 긴장을 감소시키는 방법</u>을 고려해보면 좋겠네요.
보호자: 학생 K가 병원에서 처방받은 약을 복용해야 하는데, 건강관리 측면에서는 어떠한 지원이 가능한가요?
송교사: 개별화교육지원팀에서 약물 투여 담당자 지정을 포함하여 건강관리에 관한 제반 사항을 논의하고 결정할 것입니다. 교사들은 학생 K가 정해진 시간에 약을 복용하는지 확인할 것이고, 약물 복용에 따른 (㉡)을/를 관찰하겠습니다. 그리고 혹시 있을지 모르는 응급상황 대처 요령을 숙지할 것입니다.

• ㉠: ______________________ • ㉡: ______________________

04 외현화 장애

1. 적대적 반항장애(oppositional defiant disorder)

적대적 반항장애는 뚜렷하게 반항적이고 불복종적이고 도발적인 행동을 보이지만, 규칙을 어기거나 혹은 타인의 권리를 침해하는 반사회적 행동이나 공격적 행동이 두드러지지 않는 특징을 갖는다. 일부 학자들은 이를 품행장애와 질적으로 다른 장애가 아니라 품행장애의 가벼운 형태로 간주하기도 한다.

❙ DSM-5의 적대적 반항장애 진단기준 ❙

A. 화난 민감한 기분, 시비를 걸거나 반항하는 행동, 보복적인 행동이 최소 6개월간 지속되고, 형제가 아닌 다른 사람 1인 이상과의 상호작용에서 다음 항목 중 적어도 네 가지 증후를 보인다.

화난 민감한 기분

1. 자주 화를 낸다.
2. 자주 다른 사람에 의해 쉽게 기분이 상하거나 신경질을 부린다(짜증을 냄).
3. 자주 화를 내고 쉽게 화를 낸다.

시비를 걸거나 반항하는 행동

4. 권위적인 사람 또는 성인과 자주 말싸움(논쟁)을 한다.
5. 권위적인 사람의 요구에 응하거나 규칙 따르기를 거절 또는 무시하는 행동을 자주 보인다.
6. 의도적으로 다른 사람을 자주 괴롭힌다.
7. 자신의 실수나 비행을 다른 사람의 탓으로 자주 돌린다.

보복적인 행동

8. 지난 6개월간 두 차례 이상 다른 사람에게 악의에 차 있거나 보복적인 행동을 한 적이 있다.

비고: 행동의 지속성과 빈도에 따라 장애의 증후적인 행동과 정상적인 제한 내에서의 행동을 구별해야 한다. 5세 이하의 아동을 대상으로 적용할 때에는 최소한 6개월 동안 일상생활의 대부분 시간에 행동이 나타나지 않을 경우 진단을 내리지 않는다. 5세 이상의 경우, 최소한 6개월 동안 일주일에 적어도 한 차례 나타나야 준거에 부합하는 것이다. 이러한 빈도 준거는 증후를 판별하는 데 적용할 수 있는 최소한의 빈도 수준으로, 행동의 빈도와 강도는 개인의 발달수준, 성별, 문화별로 수용될 수 있는 기준이 다름을 감안해야 한다.

8-1. 행동의 장애가 개인의 사회적 맥락(예 가정, 또래집단, 직장동료)에서 개인 또는 다른 사람에게 고통을 주는 것과 관련이 있거나, 사회적 · 학업적 · 직업적 또는 다른 중요한 기능수행 영역에 부정적인 영향을 미친다.

8-2. 행동이 정신병적 장애, 물질사용장애, 우울장애, 양극성장애에 의해 주로 나타나는 것이 아니다. 또한 준거는 파괴적 기분조절장애(disruptive mood dysregulation disorder)의 진단기준에 부합하지 않는다.

장애 정도

- **경도**: 증후가 한 상황에서만 나타난다.
  예 가정에서, 학교에서, 일터에서, 또는 또래와의 관계에서
- **중등도**: 일부 증후가 최소 두 가지 상황에서 나타난다.
- **중도**: 일부 증후가 세 가지 이상의 상황에서 나타난다.

2. 품행장애

품행장애는 문제행동이나 적대적 행동 등의 다양한 양상을 보이며, 필수적 요인은 최소한 6개월 동안 사회적 규범이나 연령에 적합한 규준에 위배되는 활동 또는 타인의 권리를 침해하는 행동패턴의 지속과 반복에 있다.

❙ DSM-5의 품행장애 진단기준 ❙

A. 연령에 적합한 주된 사회적 규범 및 규칙 또한 다른 사람의 권리를 위반하는 행동을 반복적이고 지속적으로 보이며, 아래의 항목 중에서 세 가지 이상을 12개월 동안 보이고 그중에서 적어도 한 항목을 6개월 동안 지속적으로 보인다.

사람과 동물에 대한 공격성

1. 다른 사람을 괴롭히거나 위협하거나 협박한다.
2. 신체적 싸움을 먼저 시도한다.
3. 다른 사람에게 심각한 신체적 손상을 입힐 수 있는 무기(예 방망이, 벽돌, 깨진 병, 칼, 총 등)를 사용한다.
4. 사람에 대해 신체적으로 잔인한 행동을 한다.
5. 동물에 대해 신체적으로 잔인한 행동을 한다.
6. 강도, 약탈 등과 같이 피해자가 있는 상황에서 강탈을 한다.
7. 성적인 행동을 강요한다.

재산 또는 기물 파괴

8. 심각한 손상을 입히고자 의도적으로 방화를 한다.
9. 다른 사람의 재산을 방화 이외의 방법으로 의도적으로 파괴한다.

사기 또는 절도

10. 다른 사람의 집, 건물, 차에 무단으로 침입한다.
11. 사물이나 호의를 얻기 위해 또는 의무를 회피하기 위해 자주 거짓말을 한다.
12. 피해자가 없는 상황에서 물건을 훔친다.

심각한 규칙 위반

13. 부모의 금지에도 불구하고 자주 밤 늦게까지 집에 들어오지 않는다. 이러한 행동이 13세 이전부터 시작되었다.
14. 부모와 함께 사는 동안에 적어도 두 번 이상 밤 늦게까지 들어오지 않고 가출한다(또는 장기간 집에 돌아오지 않는 가출을 1회 이상 한다).
15. 학교에 자주 무단결석을 하며 이러한 행동이 13세 이전부터 시작되었다.

B. 행동의 장애가 사회적 · 학업적 · 직업적 기능수행에 임상적으로 심각한 장애를 초래한다.

C. 18세 이상의 경우, 반사회적 인격장애(antisocial personality disorder)의 준거에 부합하지 않아야 한다.

3. 적대적 반항장애와 품행장애의 차이점

① 적대적 반항장애를 품행장애의 발달적 전조라고 보기도 한다.

② 부정적 · 반항적인 행동이 극단적인 형태로 지속적으로 빈번하게 나타나면서도 사회적 규범을 위반하지 않고 타인의 기본 권리를 침해하지 않는 경우 적대적 반항행동으로 간주한다.

③ 적대적 반항장애는 사회적 규범 위반과 타인의 권리 침해를 보이지 않으므로 품행장애에 비해서는 심각하지 않은 장애로 간주된다.

4. 품행장애 교육

(1) 방법

① 가능한 한 이른 시기에 중재를 한다.
② 행동적 위험 요인과 강점(보호 요인)을 파악하여 중재에 활용한다.
③ 가족 구성원이 중재 파트너로 참여한다.
④ 반사회적 행동에 효과적인 중재의 특성에 중점을 둔다.

(2) 부모 훈련

① **정의**: 환경적 요인인 부모와의 관계 문제로 품행장애가 나타나는 경우가 많으므로 이때의 중재는 아동과 부모를 대상으로 이루어져야 한다.
② **목표**: 부모가 중재의 직접적인 대상이 되며 아동의 행동을 지도하는 기술의 획득 · 적용을 목표로 한다.

참고 효과적인 부모 훈련 프로그램의 특징

- 부모에게 아동과의 상호작용 방법을 지도한다.
- 문제행동을 판별 · 정의 · 관찰하는 방법을 지도한다.
- 사회적 강화, 토큰 강화, 타임아웃 등 사회 학습의 원리와 절차를 지도한다.
- 부모에게 획득한 기법을 연습할 기회를 제공한다.
- 부모가 적용하는 강화 프로그램이 학교에서의 행동 지도 프로그램에 통합될 수 있도록 한다.
- 교사는 학교 내 행동 지도의 결과를 부모에게 정기적으로 알려준다.

(3) 기능적 가족 중재(FFT; Functional Family Therapy)

① 정의 및 개요
㉠ 의사소통 기술 증진을 통해 가족 구성원의 인식 · 기대 · 태도 · 정서적 반응을 수정함으로써 가족 기능의 향상을 도모한다.
㉡ 아동 후기 또는 청소년기 자녀의 가족을 위해 개발되었으며 모든 가족 구성원이 치료 회기 동안 참여한다.
㉢ 대상 아동의 행동 상습성 감소와 중재에 참여한 형제의 비행 예방에 효과적이며, 중재 효과도 다른 중재보다 장기간 유지된다.

② **목표**: 1차적인 목적은 가족 구성원 간 의사소통을 향상 · 최적화하는 것이다.

③ 지도 방법
㉠ 중재자는 지속적인 문제해결 토론과정에서 가족이 필요로 하는 의사소통 기술의 시범을 보이고, 구성원이 기술을 획득할 수 있도록 행동을 형성하며, 구성원들이 연습할 수 있는 기회를 제공하고 바람직한 변화에 대한 정적 강화를 제공하면서 지도한다.
㉡ 지도 내용
ⓐ 가족 구성원은 자신의 생각과 느낌을 정확하고 분명하게 전달한다.
ⓑ 문제 해결책을 효과적으로 조정한다.
ⓒ 자녀를 위한 일관된 가정환경을 제공하기 위해 행동 기법을 활용한다.

(4) 다중체계 중재(MST; Multi Systemic Treatment)

① **개요**: 청소년과 가족을 위해 개발된 것이지만 대가족, 핵가족, 또래, 교사, 이웃, 지역사회 관련인 등 아동의 생활과 연관된 모든 사람이 참여할 수 있다.

② **목적**

㉠ 자녀의 문제점에 중점을 두고 이를 다루는 데 필요한 기술과 자료를 부모에게 제공한다.

㉡ 아동의 품행장애 행동을 유지시키는 가족, 학교, 또래, 지역사회 등의 체계를 중심으로 수정한다.

③ **중재 과정**

중재자가 대상자의 집을 방문하여 첫 만남을 갖는다.

가족 구성원들이 계획을 실행하는 동안 중재자는 아동의 학교 교사와 또래 등 관련인을 만나 추가적인 문제가 있는지 살펴보고 문제해결에 활용할 방안을 모색한다.

기본적인 요구가 판별되면 중재자는 부모 훈련, 아동의 문제해결 기술 훈련, 지역사회 및 학교 기반 중재 등 적절한 심리적 중재를 적용한다.

중재 기간 중 가족 구성원들이 함께 만나는 시간을 정기적으로 갖는다.

중재자는 각 체계 내, 체계 간의 적절한 중재를 개발하고 각 체계 내에서 아동의 행동을 지속적으로 사정 · 점검한다.

[그림 7-3] 중재 과정

(5) 학교 중심 프로그램 – 학교 차원의 긍정적 행동지원

① 학교 중심 프로그램은 품행장애 발생 전의 예방적 접근이다.

② Walker, Ramsey, Gresham(2004)은 예방의 차원을 크게 세 차원으로 분류한다.

㉠ **1차원 예방**: 반사회적 행동을 예방하는 것으로 모든 학생을 대상으로 한다.

㉡ **2차원 예방**: 이미 나타난 반사회적 행동을 조기에 판별하여 중재 · 개선한다.

㉢ **3차원 예방**: 변화 가능성이 낮은 만성적인 반사회적 행동의 부정적 효과를 조정 · 저하하는 것으로 집중적이고 개별화된 중재를 적용한다.

㉣ **대상 및 전략**

차원	대상	전략
1차원 예방	전체 학급	• 발달적으로 적절한 프로그램을 제공함 • 학생과 치료적 관계를 형성함 • 학급 관리 체계를 조정함 • 학생과 힘 겨루기를 피함
2차원 예방	고위험 아동 및 집단	• 기능적 행동 평가와 유인 자극 분석 • 갈등 해결 및 분노조절 기술 지도에 인지적 행동관리 기법을 사용함 • 괴롭힘 감소 프로그램을 실행함
3차원 예방	만성적 품행장애 아동	• 개별 학생에게 멘토를 제공함 • 부모 훈련 · 지원을 실시 • 품행 문제가 발생하면 이를 보고하게 함 • 집중적인 치료를 제공함

③ 주요 요소

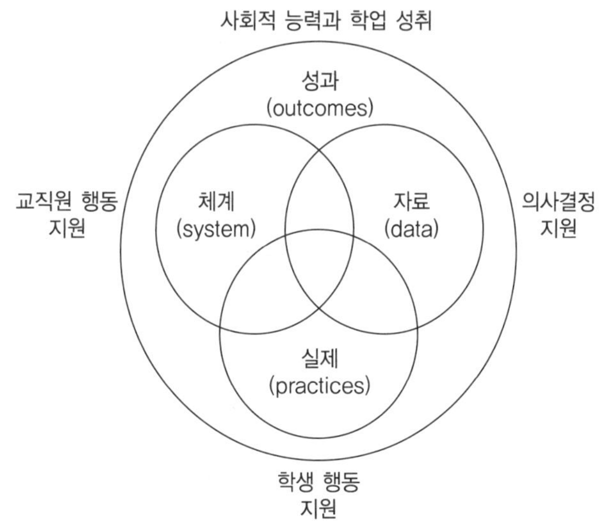

[그림 7-4] 학교 차원의 긍정적 행동지원의 네 가지 주요 요소

요소	내용
성과	• 학생의 성과에 중점을 두는 것을 의미함 • 학교는 사회 생활에 필요한 학업 기술과 사회적 기술을 배우는 안전한 환경으로 여겨짐 • 학교 차원의 긍정적 행동지원 체계의 근본적인 목적은 성과 성취에 필요한 행동지원을 제공하는 것임
실제	• 연구 결과로 입증된 실제를 사용하는 것을 말함 • 실제는 교사가 학생의 행동을 형성하고 행동에 영향을 주고자 사용하는 것으로, 학급 및 행동 관리를 위한 다양한 노력을 의미함
체계	• 효과적인 실제를 유지하는 데 필요한 체계를 강조함 • 정책, 직원 배치 유형, 예산, 팀 조직, 행정가의 지도력, 경영 과정, 직원 훈련, 학교 내 성인들의 행동에 영향을 주는 행동 계획이 포함되며, 효과적인 실제를 지속적으로 사용하려면 체계가 반드시 필요함
자료	• 의사결정을 위한 자료를 적극적으로 수집 · 사용함 • 학교에서 아동의 학업 성취, 사회적 능력, 안전 관련 자료를 수집함

핵심 플러스 - 1차 예방 단계의 특징

- 학교의 교직원이 학교 차원의 기대행동을 선택하고, 긍정적인 용어로 기술하고 직접 가르치기
- 학생이 기대행동을 사용 · 숙달하도록 일관성 있게 강화하며 바람직한 행동을 지원하기
- 문제행동에 교육적으로 반응하기
- 문제행동 발생 후에 일관성 있는 반응을 체계적으로 사용하기

핵심 플러스 - 규칙을 만들기 위한 원칙

- 긍정적인 용어로 규칙을 기술하기
- 다양한 상황을 고려한 규칙 만들기
- 학생들에게 규칙 가르치기
- 규칙 실시에 있어 일관성 지키기
- 최소한의 규칙 수를 유지하기
- 규칙이 연령에 적합한지 확인하기
- 규칙에 따른 행동의 예를 만들기

(6) 지역사회 기반 프로그램

① 비행 및 반사회적 행동을 보이는 학생을 별도의 수용시설이 아닌 학생의 지역사회 기반 프로그램에 참여시킴으로써 수용시설에서의 다른 비행행동 학습을 예방하고 지역사회 적응력을 높일 수 있다.

② 프로그램의 종류

구분	내용
가족교수 모델 (TFM; Teaching Family Model)	• 가정과 유사한 거주 형태에서 훈련된 교사 역할의 부모가 비행 청소년과 함께 살며 학생에게 적절한 행동을 중재함 • 교사 역할의 부모는 대상자의 부모에게도 자신이 수행하는 중재 절차를 훈련시켜 청소년이 가정에 돌아가도 중재의 효과가 유지·전이되도록 도움
치료적 위탁 보호 (TFC; Treatment Foster Care)	위탁 부모가 1~2명의 청소년과 함께 가정 주거형태에서 생활하면서 이들의 행동을 체계적인 행동 중재 프로그램에 따라 관리함

(7) 인지행동 중재

① 학생이 스스로의 행동을 점검·평가하며 관리하고 특정 인지적 단계에 따라 자극에 반응하도록 교수한다.

② 교사는 강화 등의 행동원리를 사용하여 인지적 전략을 지도한다.

③ 기본 가정

㉠ 행동은 사고·신념과 같은 인지적 사상에 따라 수정되고, 인지적 사상의 변화는 행동의 변화를 가져온다.

㉡ 모든 사람은 학습에 능동적인 참여자가 된다.

④ 유형

㉠ 분노조절 훈련

ⓐ 학생이 자기교수를 통해 분노와 공격행동을 자제·조절하도록 지도한다.

ⓑ 훈련 단계

단계	내용
인지 준비	학생은 분노 각성과 분노의 결정요인, 분노를 유발하는 상황 판별, 분노의 긍정적·부정적 기능, 대처 전략인 분노조절 기법을 학습함
기술 습득	• 학생은 인지·행동 대처 기술을 학습함 • 분노를 인식하고 대안적인 대처 전략을 배우며, 이 단계에서 자기교수 훈련이 강조됨
적응 훈련	학생은 역할놀이와 숙제로 기술을 연습함

㉡ 문제해결 훈련

ⓐ 갈등, 선택, 문제 상황에 직면했을 때 효과적으로 대처하고 해결하는 능력을 지도하는 것이다.

ⓑ 훈련 단계

단계	구분	예시
1단계	문제해결 훈련의 중요성 설명	• 교사는 문제해결 방법의 학습이 왜 중요한지 설명함 • 학생은 문제해결 기술을 학습하는 이유를 이해, 최선을 다하기로 다짐함
2단계	효과적인 문제해결 단계 지도	교사는 학생에게 문제해결 절차를 설명함
3단계	문제해결 기술을 시범함	교사는 문제해결 전략을 사용할 수 있는 상황과 구체적인 전략을 설명하고, 보조원 또는 또래 학생과 함께 문제해결 절차의 시범을 보임
4단계	문제해결 전략을 사용하는 역할놀이 기회 제공	• 교사는 생활에서 접할 수 있는 문제해결 전략 적용 상황을 준비하여, 학생이 문제해결 기술을 보일 수 있는 역할놀이에 참여할 수 있도록 함 • 교사는 학생들의 역할놀이에 대한 피드백을 제공함
5단계	문제해결 숙제를 제공	학생에게 실생활에서 문제해결 절차를 연습하는 숙제를 줌
6단계	피드백과 강화 제공	학생이 사용한 문제해결 절차의 피드백과 적절한 강화를 제공함

㉢ 자기관리 훈련: 학생이 자신의 행동을 관리하도록 가르치는 것으로, 주로 자기점검, 자기평가, 자기강화가 사용된다.

ⓐ 자기점검

- 스스로 행동의 양 · 질을 측정하여 기록하는 것으로 '자기기록(self-recording)'이라고도 한다.
- 단계

단계	구분	내용
1단계	표적행동 선정하기	• 교사의 수업, 해당 학생이나 다른 학생의 학습, 해당 학생의 사회적 발달을 방해하는 행동을 선정함 • 짝 규칙에 근거하여 적절한 짝 표적행동도 선정한 다음 표적행동의 기초선 자료를 수집함
2단계	자기점검 교수에 대한 합리적 근거 제공하기	• 학생에게 자신의 행동을 점검하는 방법을 배우는 것이 왜 중요한지 설명함 • 학생은 자신의 행동이 왜 부적응적이고 바뀌어야 하는지를 반드시 이해해야 함
3단계	표적행동에 대한 조작적 정의 내리기	• 표적행동의 발생에 대해 학생과 교사 모두 동의하도록 표적행동을 정의함 • 학생은 자신이 점검할 행동이 무엇인지를 정확히 알아야 함
4단계	표적목표 설정하기	• 학생과 함께 합리적인 표적목표를 설정함 • 학생은 자신의 진전을 기대되는 기준에 대비하여 평가할 수 있어야 하고, 학생이 성공함에 따라 표적목표의 난이도가 높아져야 함
5단계	자기점검 체계를 개발하고 가르치기	• 자기점검 체계를 개발하고 학생에게 사용법을 가르치며 학생은 이 과정에 참여함 • 과제를 구성요소로 나누고, 각 단계를 가르치고 모델링함 • 학생의 자기점검이 정확한지 확인하고 싶다면 대조 전략을 사용함 예 임의적 학생-교사 대조
6단계	표적행동을 점검하고 학생의 진전 평가하기	표적행동을 점검함과 더불어, 교사가 피드백을 제공하고 진전을 점검할 수 있도록 학생과 교사가 평가 회의를 자주 실시함
7단계	학생을 강화하기	학생이 표적목표에 성공적으로 도달하면 학생을 강화함
8단계	자기점검 체계를 용암시키기	학생의 행동이 요구되는 수준에 도달하면 자기점검 체계를 점차 줄임 예 자기점검 주기 간의 간격 넓히기, 자기점검 사용의 빈도 줄이기

ⓑ 자기평가

- 자신의 행동이 특정 기준에 맞는지를 결정하고자 사전에 선정된 준거와 자신의 행동을 비교하는 것이다.
- 학생은 자신의 행동이 특정한 기준을 충족하는 수행인지의 여부를 결정하기 위해 미리 설정된 준거에 자신의 행동을 비교한다.
- 단계

단계	구분	내용
1단계	학생이 자기점검하기	• 학생이 정확하게 자신의 행동을 점검하도록 가르침 • 이는 학생의 자기평가를 위한 선행조건임
2단계	표적행동 선정하기	• 교사의 수업, 해당 학생이나 다른 학생의 학습, 해당 학생의 사회적 발달을 방해하는 하나의 행동을 선정함 • 적절한 짝 규칙에 근거하여 부적응적 행동과 함께 적절한 짝 표적행동을 선정하고 표적행동에 대한 기초선 자료를 수집함
3단계	자기평가 교수에 대한 합리적 근거 제공하기	• 학생에게 자신의 행동을 점거하고 평가하는 방법을 배우는 것이 왜 중요한지에 대해 설명함 • 학생은 자신의 행동이 왜 부적응적이고 바뀌어야 하는지를 반드시 이해해야 함
4단계	표적목표 설정하기	• 학생과 함께 합리적인 표적목표를 설정하고, 학생은 자신의 진전을 기대되는 기준에 대비하여 평가할 수 있어야 함 • 학생이 성공함에 따라 표적목표의 난이도가 높아져야 함
5단계	자기평가 체계를 개발 · 교수하기	• 교사는 자기평가 체계를 개발하고 학생에게 교수하며 학생은 이 과정에 참여함 • 과제를 구성요소로 나누어 각 단계를 가르치고 모델링함 • 학생의 자기평가가 정확한지 확인하고자 한다면 대조 전략을 사용함 예 임의적 학생－교사 대조
6단계	표적행동을 점검하고 학생의 진전 평가하기	표적행동을 점검함과 더불어, 교사가 피드백을 제공하고 진전을 점검할 수 있게 학생과 교사가 평가 회의를 자주 실시함
7단계	학생을 강화하기	학생이 표적목표에 성공적으로 도달하면 강화함
8단계	자기평가 체계를 용암시키기	학생의 행동이 요구되는 수준에 도달하면 자기평가 체계를 점차 줄임

ⓒ 자기강화

- 정해진 목표에 도달했을 때 자신에게 스스로 선택한 강화물을 제공하는 것이다.
- 단계

단계	구분	내용
1단계	학생이 자기점검과 자기평가하기	• 학생이 정확하게 자신의 행동을 점검 · 평가하도록 가르침 • 이 단계는 학생의 자기강화를 위한 선행조건임
2단계	표적행동 선정하기	• 교사의 수업, 해당 학생이나 다른 학생의 학습, 해당 학생의 사회적 발달을 방해하는 하나의 행동을 선정함 • 적절한 짝 규칙에 근거하여 부적응적 행동과 함께 적절한 짝 표적행동을 선정함 • 표적행동에 대한 기초선 자료를 수집함
3단계	강화물 선정하기	• 사용할 강화물을 선정하고 교사가 시행하는 강화물을 결정하는 것과 동일한 절차에 따름 예 선호 목록, 강화물 메뉴 • 강화물은 학생을 위해 늘 준비되어 있어야 함
4단계	수반성 결정하기	학생이 자기강화 실시 전 얼마나 자주 표적행동을 하는지를 결정함

단계	구분	내용
5단계	자기강화 체계를 개발 · 교수하기	• 교사는 자기강화 체계를 개발하고 학생에게 교수하며 학생은 이 과정에 참여함 • 과제를 구성요소로 나누어 각 단계를 가르치고 모델링함 • 학생의 자기평가가 정확한지 확인하고자 한다면 대조 전략을 사용함 예 임의적 학생 – 교사 대조
6단계	표적행동을 점검하고 학생의 진전 평가하기	• 표적행동과 자기강화를 점검하고, 학생은 자신이 표적행동의 목표를 충족했을 때만 자기강화를 함 • 교사가 피드백을 제공하고 진전을 점검할 수 있게 학생과 교사가 평가 회의를 자주 실시함
7단계	자기강화 체계를 용암시키기	학생의 행동이 요구되는 수준에 도달하면 자기강화 체계를 점차 줄임

㉣ 자기교수: 과잉 · 충동행동을 보이는 품행장애 학생은 내적 언어와 언어조절 능력의 결함 때문에 자신의 행동을 조절하기 위해 자신에게 말하는 방법을 사용하지 않는다.

㉤ 대안반응 훈련

ⓐ 바람직하지 않은 반응을 보일 기회를 차단하는 대안적 반응을 지도하는 것이다.

ⓑ 이완훈련

- 이완훈련은 대안반응 훈련 유형 중 하나이다.
- 갈등 · 스트레스 상황에서 자신의 근육을 점진적으로 이완시키는 것으로 이는 방해 · 공격행동을 감소시키고 사회적 기술과 학업 수행을 향상시킨다.

㉥ 귀인 재훈련: 긍정적 귀인을 가진 학생은 성공이 자신의 노력과 능력에 따른 것이며 실패는 노력이 부족했기 때문이라고 여긴다고 보고 부정적 귀인을 긍정적 귀인으로 대체해 과제 수행의 지속성을 높이고자 한다.

(8) 사회적 기술 훈련

① 개요

㉠ 품행장애 학생은 부정적인 사회적 기술과 심각한 사회적 능력의 결함을 보인다.

㉡ 사회 · 행동적 어려움은 교육, 심리사회, 직업 영역에서의 장단기 적응 문제를 유발할 수 있으므로 사회적 기술 훈련이 이루어져야 한다.

② 목적

㉠ 사회적 발달을 향상시키며 문제행동을 줄이는 구체적인 사회적 기술의 획득을 증진시킨다.

㉡ 기술 수행을 향상시켜 문제행동을 감소 또는 제거한다.

㉢ 사회적 기술의 일반화 · 유지를 이루는 것이다.

③ 이론적 관점에 따른 사회적 기술 훈련 프로그램의 구성요소

이론적 관점	사회적 기술 훈련의 구성요소
사회학습 이론	시범, 코칭
조작적 학습 이론	정적 강화의 사용
인지적 이론	인지적 문제해결 스크립트, 해결 기술 지도
공통 요인	• 사회적 환경에서 성공적으로 기능을 수행할 수 있는 구체적인 대인관계 기술을 지도함 • 최근에는 보다 통합적인 접근을 강조함 • 대부분의 훈련이 시범, 역할놀이, 코칭, 피드백, 일반화 전략의 교수적 요소를 포함함

37 2009학년도 중등 18번

중학생 A가 보이는 행동 특성에 가장 부합하는 장애는? [1.5점]

> 2008년 1월부터 현재까지 A는 의도적으로 부모나 교사가 화낼 일을 자주해왔다. 부모나 교사가 주의를 줄 때마다 그들과 말다툼을 하거나 성질을 부리면서 화를 낸다. 또한 자신이 실수를 하거나 나쁜 행동을 하고도 다른 친구 때문이라고 그 친구들을 비난하는 일이 잦다.

① 틱장애(tic disorder)
② 품행장애(conduct disorder)
③ 뚜렛장애(Tourette disorder)
④ 반항성장애(oppositional defiant disorder)
⑤ 주의력결핍 과잉행동장애(attention deficit hyperactivity disorder)

38 2011학년도 중등 20번

학생 A(중1, 13세)는 2년 전부터 다음과 같은 행동 문제가 심화되었다. 학생 A의 행동에 대한 설명으로 옳은 것만을 〈보기〉에서 모두 고른 것은? [2점]

- 친구의 농담이나 장난을 적대적으로 해석하여 친구와 자주 다툰다.
- 행위의 결과에 대한 고려 없이 자주 타인의 물건을 훔치고 거짓말을 한다.
- 부모와 교사에게 매우 반항적이며, 최근 1년 동안 가출이 잦고 학교에 무단결석하는 일이 빈번해졌다.
- 부모의 금지에도 불구하고 자주 밤 늦게까지 거리를 돌아다니며, 주차된 자동차의 유리를 부수고 다닌다.
- 자신의 학업성적이 반에서 최하위권에 머무는 것을 공부 잘하는 급우 탓으로 돌리며 신체적 싸움을 건다.

〈보기〉

ㄱ. 학생 A의 행동은 DSM-IV-TR의 진단 준거에 따르면 적대적 반항장애이다.
ㄴ. 학생 A의 대인관계 기술은 여러 행동중재 기법을 종합적으로 적용하는 사회적 기술 훈련(SST)을 통해 향상될 수 있다.
ㄷ. 학생 A가 보이는 행동의 원인으로 신경생리적 요인, 뇌 기능 관련 요인, 기질과 같은 생물학적 요인을 배제할 수 없다.
ㄹ. 학생 A가 보이는 공격행동의 외적 변인을 통제하는 데 인지처리과정의 문제를 다루는 인지행동적 중재가 적합하다.

① ㄱ, ㄴ ② ㄴ, ㄷ ③ ㄷ, ㄹ ④ ㄱ, ㄴ, ㄹ ⑤ ㄱ, ㄷ, ㄹ

39 2012학년도 중등 21번

품행장애에 대한 설명으로 적절한 것만을 〈보기〉에서 있는 대로 고른 것은? [1.5점]

〈보기〉

ㄱ. 적대적 반항장애의 전조가 되는 외현화 장애이다.
ㄴ. 만 18세 이전은 아동기 품행장애로 구분되며, 성인의 경우에는 반사회적 성격장애의 기준에 부합하여야 한다.
ㄷ. 교사의 차별 대우, 폭력, 무관심으로 인한 적개심, 낮은 학업 성취, 일탈 또래와의 상호작용 경험 등이 품행장애의 발현에 영향을 미칠 수 있다.
ㄹ. 사람과 사물에 대한 공격성, 재산 파괴, 사기 또는 절도 등의 행동이 품행장애의 진단준거에 포함되나, 방화와 심각한 규칙 위반 행동은 제외된다.
ㅁ. 부모의 부정적 양육 태도, 가정 내 학대 등이 품행장애의 원인이 될 수 있으므로 가족 내의 긍정적 요인을 증가시키는 것도 품행장애 예방의 한 가지 방법이다.

① ㄱ, ㄴ ② ㄷ, ㅁ ③ ㄱ, ㄷ, ㄹ ④ ㄴ, ㄹ, ㅁ ⑤ ㄱ, ㄷ, ㄹ, ㅁ

40 2019학년도 초등 A 4번 일부

(가)는 정서 · 행동장애 학생 민규의 특성이다. 물음에 답하시오.

(가) 민규의 특성

- 자주 무단결석을 함
- 주차된 차에 흠집을 내고 달아남
- 자주 밤 늦게까지 집에 들어오지 않고 동네를 배회함
- 남의 물건을 함부로 가져간 후, 거짓말을 함
- 반려동물을 발로 차고 집어던지는 등 잔인한 행동을 함
- 위와 같은 행동이 12개월 이상 지속되고 있음

1) ① (가) 민규의 특성에 해당하는 장애 명칭을 DSM-5 진단기준을 근거로 쓰고, ② 민규의 행동 원인을 반두라(A. Bandura)의 사회학습 관점에 근거하여 쓰시오. [2점]

- ①: ______
- ②: ______

41 2013학년도 초등 B 3번 일부

다음의 (가)는 통합학급에 입급된 정서 · 행동장애 학생 은수의 특성이다. 물음에 답하시오.

(가) 은수의 특성

- 무단결석을 자주 한다.
- 친구로부터 따돌림을 당한다.
- 교사의 요구를 자주 무시한다.
- 친구들의 학용품이나 학급 물품을 부순다.
- 수업시간에 5분 이상 자기 자리에 앉아 있지 못한다.

1) (가)에서 DSM-IV-TR에 따른 품행장애의 주된 진단기준에 해당하는 특성 2가지를 찾아 쓰시오. [2점]

- ______________________
- ______________________

42 2016학년도 초등 B 2번 일부

(가)는 정서 · 행동장애로 진단받은 영우에 대해 통합학급 김 교사와 특수학급 최 교사가 나눈 대화의 일부이다. 물음에 답하시오.

(가) 대화 내용

김 교사: 영우는 품행장애로 발전할 수 있는 적대적 반항장애가 있다고 하셨는데, 이 둘은 어떻게 다른가요?
최 교사: DSM-IV-TR이나 DSM-5의 진단 기준으로 볼 때, 적대적 반항장애는 품행장애의 주된 특성인 (㉠)와/과 (㉡)이/가 없거나 두드러지지 않는다는 점이 달라요. 그래서 적대적 반항장애를 품행장애의 아형으로 보기도 하고 발달 전조로 보기도 해요.

…중략…

최 교사: 제가 지난번에 말씀드린 대로 ㉢ 학급 규칙을 정해서 적용해 보셨나요?
김 교사: 네, 그렇게 했는데도 ㉣ 지시를 거부하는 영우의 행동은 여전히 자주 발생하고 있어요.

…하략…

1) (가)의 ㉠과 ㉡에 해당하는 내용을 각각 쓰시오. [2점]

- ㉠: ______________________
- ㉡: ______________________

2) (가)의 ㉢이 학급 차원의 '긍정적 행동 지원 3단계 예방 모델' 중 ① 어디에 쓰이는지 쓰고, ② 그렇게 판단한 이유를 해당 모델의 개념적 특성과 관련하여 쓰시오. [2점]

- ①: ______________________
- ②: ______________________

43 2020학년도 초등 A 3번 일부

(가)는 정서 · 행동장애 학생 성우의 사회과 수업 참여 방안에 대해 특수교사와 일반교사가 나눈 대화이다. 물음에 답하시오.

(가) 대화 내용

일반교사: 성우는 교실에서 자주 화를 내고 주변 친구를 귀찮게 합니다. 제가 잘못된 행동을 지적해도 자꾸 남의 탓으로 돌려요. 그리고 교사가 어떤 일을 시켰을 때 무시하거나 거부하기도 합니다. 이 모든 문제행동이 7개월 넘게 지속되고 있어요. [A]
성우가 품행장애인지 궁금합니다.

특수교사: 제 생각에는 ㉠ 품행장애가 아닙니다. 관찰된 행동만으로 판단하는 것은 어렵지만, '아동 · 청소년 행동 평가 척도(CBCL 6-18)' 검사 결과를 참고하면 좋겠어요.

…중략…

일반교사: 성우는 성적도 낮은 편이라 모둠활동을 할 때 환영받지 못하는 경우가 많아서 사회과 수업에 협동학습을 적용하려고 해요. 그런데 협동학습에서도 ㉡ 능력이 뛰어난 학생이 모둠활동에 지나치게 개입하여 주도하려는 현상이 나타날 수 있어요.

특수교사: 맞습니다. 교사는 그러한 현상을 방지하기 위해서 ㉢ 과제 부여 방법이나 ㉣ 보상 제공 방법을 면밀하게 고려해 보아야 하지요.

일반교사: 그렇군요. 집단활동에서 성우의 학습 수행을 평가할 수 있는 방법은 무엇인가요?

특수교사: 관찰이나 면접을 활용하여 성우의 ㉤ 공감 능력, 친사회적 행동 실천 능력의 변화를 평가하면 좋을 것 같습니다.

…하략…

1) (가)의 [A]를 참고하여 ㉠의 이유를 DSM-5에 근거하여 1가지 쓰시오. [1점]

• ____________________

44 2013학년도 중등 32번

반사회적 행동을 하는 학생에 대한 학교 차원의 긍정적 행동지원에 관한 설명 중 옳은 것은? [2점]

① 교사는 집단 따돌림이 발생한 것을 알았더라도, 즉각적으로 개입하지 않는다.

② 반사회적 문제행동에 대한 3차적 예방 조치로 학교는 발생한 반사회적 행동을 조기에 판별 · 중재하거나 개선하는 노력을 해야 한다.

③ 문제행동의 공격성 수준을 낮출 수 있도록 학교 분위기를 긍정적으로 조성하기 위하여 교직원에게 학생들의 모든 행동을 수용하도록 교육한다.

④ 행동 문제가 발생되지 않도록 하는 1차적 예방 조치로, 반사회적 행동의 개선 가능성이 높은 학생들을 대상으로 집중적인 행동 지도를 시행한다.

⑤ 학교가 미리 설정한 행동 규칙을 위반한 경우에는 지속적으로 일관성 있게 제재를 가하되, 적대적이고 신체적인 제재나 가해는 하지 않는 것이 효과적이다.

45 2020학년도 유아 A 7번 일부

(가)는 ○○유치원의 1차 교직원협의회 내용이고, (나)는 2차 교직원협의회 내용이다. 물음에 답하시오.

(가) 1차 교직원협의회 내용

양 원장: 요즘 우리 유치원의 유아들이 차례 지키기를 잘 하지 않는 것 같아요. 차례 지키기를 하도록 가르칠 수 있는 방법이 없을까요?

신 교사: 네. 그렇지 않아도 유아들이 차례를 지키지 않는 행동을 자주 보이는 것 같아 ㉠ 3단계로 구성된 유치원 차원의 긍정적 행동지원을 해보자고 건의하려 했어요.

김 교사: 유치원 차원의 긍정적 행동지원은 모든 유아에게 규칙을 잘 지킬 수 있도록 보편적 중재를 제공하는 것이 우선이에요.

민 교사: 구체적으로 어떻게 하면 될까요?

김 교사: 우리 유치원에서 지켜야 할 약속을 정하는 거예요. 원장 선생님께서 말씀한 '차례 지키기'가 해당되겠죠.

임 교사: 지켜야 할 약속을 몇 가지 더 정해도 좋겠네요.

김 교사: 네, 맞아요. 우리 유치원 모든 유아에게 차례 지키기를 하자고 약속하고, 차례 지키는 행동을 구체적으로 가르쳐요. 예를 들어, 차례 지키기를 해야 하는 공간에 발자국 스티커 같은 단서를 제공해서 차례를 잘 지킬 수 있도록 해요.

신 교사: 유아들이 차례를 잘 지켰을 때 강화를 해주어요. 이때 모든 교직원이 차례를 지킨 유아를 보면 칭찬을 해주는 거예요. 부모님도 함께 해야 해요.

김 교사: 전체 유아들의 차례 지키기 행동의 변화를 유치원 차원의 긍정적 행동지원 실시 전후로 비교하여 그 다음 단계를 결정해요.

…중략…

신 교사: 여전히 차례 지키기가 안 되는 유아들은 소집단으로 릴레이 게임을 연습시켜요. 예를 들면 '말 전하기', '줄서서 공 전달하기', '이어달리기' 등의 활동으로 차례 지키기를 연습하게 할 수 있어요.

…하략…

(나) 2차 교직원협의회 내용

민 교사: 유치원 차원의 긍정적 행동지원 2차 협의회를 시작하겠습니다.

…중략…

양 원장: 유치원 차원의 긍정적 행동지원을 실시하려면 특수교육 대상 유아를 고려한 계획이 필요하지 않나요? 유아별 개별화 교육지원팀이 있잖아요. 팀 간의 협력도 필요할 것 같고……. 팀 협력도 여러 가지 방법이 있지 않나요?

신 교사: 보라의 ㉡ 개별화교육지원팀의 구성원들은 진단과 중재를 각각 하지만 팀 협의회 때 만나서 필요한 정보를 공유해요. 보라가 다니는 복지관의 언어재활사는 팀 협의회 때 보라의 진단 결과와 중재 방법을 알려줄 수 있어요. 유치원 차원의 긍정적 행동지원과 관련해서는 언어재활사에게 차례 지키기 연습을 할 기회가 있으면 복지관에서도 할 수 있도록 협조를 부탁드리면 좋겠어요.

이 원감: 건하의 ㉢ 개별화교육지원팀은 함께 교육 진단을 하고, 그 진단을 바탕으로 유아 특수교사와 통합학급 교사가 교육을 계획한 후 실행하고 평가하는 전 과정에서 함께 협력해요. 두 선생님은 물리치료사에게 알맞은 자세잡기 배워서 건하에게 적용할 수 있어요.

…하략…

1) ㉠을 실시할 때, ① 1단계의 중재 대상과 ② 2단계의 중재방법을 (가)에서 찾아 쓰시오. [2점]

• ①: ____________________

• ②: ____________________

46 2012학년도 중등 26번

다음은 수업 중 수업과 관련 없는 질문을 자주하는 학생 A가 통합된 학급에 게시하고자 김 교사가 개발 중인 규칙과 절차의 초안이다. 이에 대한 설명으로 옳은 것만을 〈보기〉에서 있는 대로 고른 것은? [2점]

〈우리 반 규칙〉
- 아침 7시 30분까지 등교하여 30분간 독서시간을 갖는다.
- 독서시간에는 떠들지 않는다.
- 수업 시작 전에 준비를 철저히 한다.
- 수업 중에는 선생님 허락을 받고 질문한다(푯말 참조).

〈푯말〉

〈우리 반 '수업 시작 준비' 행동 절차〉
1) 수업 시작 벨이 울리기 전에 교실에 들어온다.
2) 선생님이 들어오시기 전에 학습 준비물을 확인한다.
3) 사물함에서 준비물을 꺼내 제자리에 앉는다.
4) 선생님이 들어오시면 모두가 함께 인사한다.

〈보기〉

ㄱ. 연상 자료를 활용하기 위한 행동 절차를 개발하였다.
ㄴ. 연상 자료는 학급 전체 학생들의 규칙 준수를 촉진하기 위한 것이다.
ㄷ. 모든 규칙이 교사가 학생들에게 기대하는 행동으로 명확하게 진술되어 있다.
ㄹ. 개발 중인 규칙 및 절차 단계 수가 학생들의 발달단계, 연령, 교사의 요구 등에 부합하는지를 고려하여야 한다.

① ㄱ, ㄹ　② ㄴ, ㄹ　③ ㄷ, ㄹ　④ ㄱ, ㄴ, ㄷ　⑤ ㄴ, ㄷ, ㄹ

47 2014학년도 중등 B (논술형) 2번

다음의 (가)는 학교 차원의 긍정적 행동지원(PBS; Positive Behavior Support)의 4가지 구성 요소를 나타내는 그림이고, (나)는 ㅇㅇ학교가 실행하고 있는 PBS의 3차적 예방 내용이며, (다)는 ㅇㅇ학교에 재학 중인 정서·행동장애 학생 A의 행동 특성 및 위기관리 계획의 일부이다. (가)의 ㉠~㉣ 중 (나)에 잘못 반영된 것 2가지를 찾아 쓰고, 그 이유를 (가)와 (나)에 근거하여 각각 쓰시오. 그리고 '위기관리 계획'을 수립하는 일반적인 목적을 설명한 후, (다)의 밑줄 친 ㉤의 잘못된 점을 지적하고 바르게 수정하시오. [10점]

(가) 긍정적 행동지원의 구성요소

학교 차원의 PBS 4가지 구성 요소
(Sugai & Hoomer, 2002)

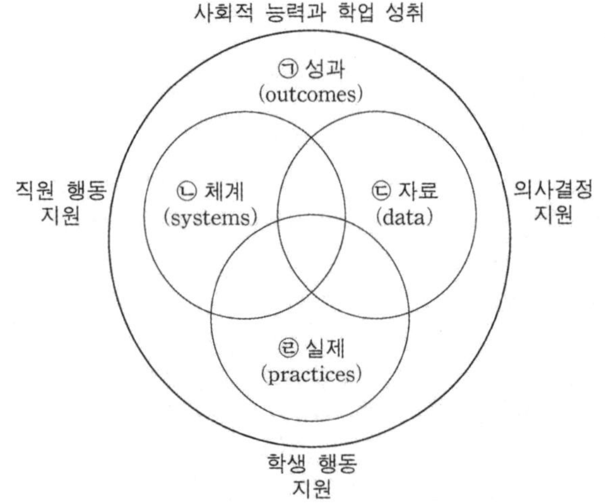

(나) PBS의 3차적 예방 내용

ㅇㅇ학교가 실행하고 있는 3차적 예방 내용
• 긍정적 행동지원팀의 지원을 통해 심각한 문제행동을 지닌 개별 학생의 사회적 능력과 학업 성취에 대한 성과를 강조한다. • 교사의 지도 경험을 바탕으로 심각한 문제행동이 여전히 지속되고 있다고 생각되는 개별 학생을 중재 대상으로 선정한다. • 심각한 문제행동을 지닌 개별 학생에게 교사의 개인적 경험에 비추어 효과가 있었던 중재를 실시한다.

(다) A의 행동 특성 및 위기관리 계획

학생 A의 행동 특성 및 위기관리 계획
〈행동 특성〉 • 화를 참지 못한다. • 친구와 싸울 때 위험한 물건을 사용한다. • 신체적 공격을 통해 친구들에게 싸움을 건다. • 다른 사람을 위협하고 협박한다. • 화가 나면 학교에 있는 기물을 파손한다. 〈위기관리 계획〉 • 위험한 물건을 미리 치운다. • 위기상황 및 대처 결과를 기록에 남긴다. • ㉤ 교사는 교실에서 학생 A의 문제행동에 대해 집중적으로 대처하고, 위기상황이 종료될 때까지 다른 학생들은 교실에서 자습하게 한다. …하략…

제4절 교육적 사정

01 정서 · 행동장애 진단 및 평가

1. 아동 · 청소년 행동평가척도(CBCL 6-18)

(1) 개념

연령대와 평가자를 다양화한 행동평가체계(ASEBA) 중 아동 · 청소년을 대상으로 하는 부모보고형 행동평가척도를 말한다.

(2) 목적

6~18세 아동 · 청소년의 행동 평가를 목적으로 한다.

(3) 구성

① 120문항을 3점 리커트 척도로 응답한다.

② 리커트 척도 항목

하위척도	평가내용	비고
불안 · 우울	정서적으로 우울하고 지나치게 걱정이 많거나 불안한 정도	내재화 척도
위축 · 우울	수줍음이 많고 혼자 있기 좋아하며 소극적인 태도	
신체증상	특정한 의학적 원인이 없는 신체 증상을 호소하는 정도	
사회적 미성숙	나이에 비해 어리게 행동하거나 성인에게 의지하는 성향 등 미성숙하고 비사교적인 면	
사고문제	강박적 사고와 행동, 환청이나 환시와 같은 비현실적이고 기이한 사고와 행동의 정도	
주의집중 문제	산만한 정도와 과잉행동의 정도	
규칙위반 (행동일탈)	거짓말, 가출, 도벽 등 행동 일탈의 정도	외현화 척도
공격행동	공격적 성형과 싸움, 반항행동의 정도	
기타문제	위에 제시된 요인 외의 다양한 부적응 행동	

(4) 방법

부모가 평정하여 실시한다.

(5) 결과

① 원점수, 백분위 표준점수를 자동으로 계산한다.

② 하위 척도별로 막대 그래프 형태로 비교 가능하다.

③ 하위 척도

㉠ 임상범위: 표준점수 70(백분위 98) 이상

㉡ 준임상범위: 65(백분위 93) 이상 70(백분위 98) 미만

④ 내재화 척도, 외현화 척도, 문제행동 총점

㉠ 임상범위: 표준점수 64(백분위 92) 이상

㉡ 준임상범위: 60(백분위 84) 이상 64 미만

48 2009학년도 초등 11번, 2009학년도 유아 11번

다음은 정서 · 행동 문제를 보이는 11세 은비에 대한 부모가 작성한 아동 · 청소년 행동평가척도(K-CBCL) 검사 결과 프로파일의 일부이다. 이 프로파일에 대한 해석으로 적절하지 않은 것은? [2점]

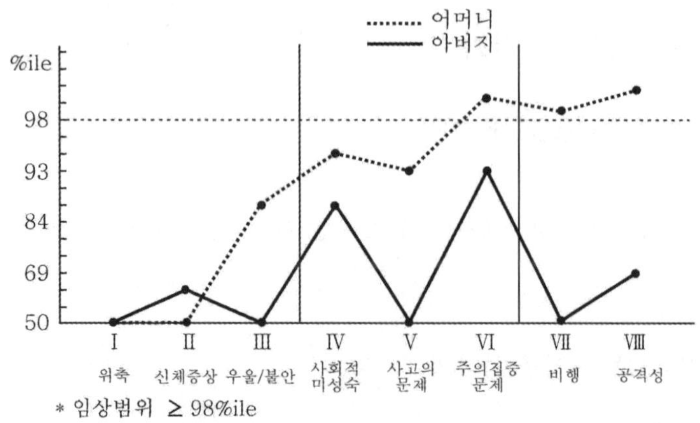

① 아버지와 어머니 반응의 차이는 두 정보 제공자의 관점의 차이로도 볼 수 있다.
② 전반적으로 아버지보다 어머니가 은비의 행동을 더 우려하고 있는 것으로 보인다.
③ 어머니가 작성한 프로파일에 의하면 은비는 3개의 척도에서 임상범위 내에 있다.
④ 어머니가 작성한 프로파일에 의하면 은비는 외현화 문제보다 내재화 문제를 더 많이 나타내는 것으로 보인다.
⑤ 은비의 정서 · 행동 문제에 대한 판단을 내리려면 다른 검사들로 더 많은 정보를 수집할 필요가 있어 보인다.

49 2020학년도 초등 A 3번 일부

(나)는 '아동 · 청소년 행동평가척도(Child Behavior Checklist)' 문제행동증후군 하위 척도와 설명이다. 물음에 답하시오.

(나) 'CBCL6-18' 문제행동증후군 하위 척도와 설명

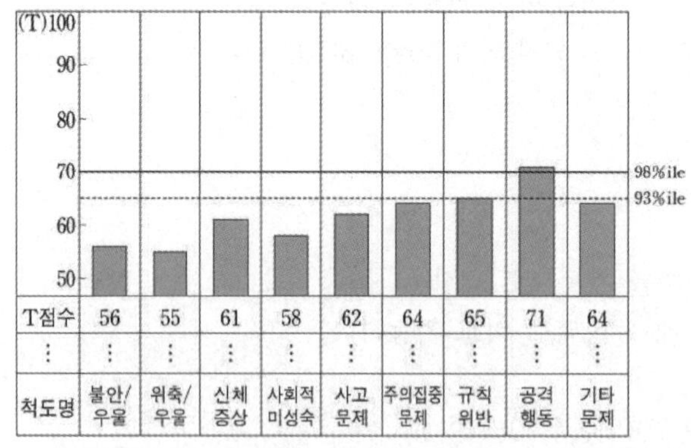

T점수	56	55	61	58	62	64	65	71	64
⋮	⋮	⋮	⋮	⋮	⋮	⋮	⋮	⋮	⋮
척도명	불안/우울	위축/우울	신체증상	사회적 미성숙	사고문제	주의집중 문제	규칙위반	공격행동	기타문제

〈설명〉

ⓑ 70은 T점수를 의미하고 98%ile에 해당됨
ⓢ 93%ile은 표준편차(SD)를 활용하면 +1SD에 해당됨
ⓞ '불안/우울', '위축/우울', '신체증상' 척도는 내재화 요인에 해당됨
ⓙ '신체증상' 척도는 특정한 의학적 원인으로 인해 두통, 복통, 구토 등과 같은 신체증상을 호소하는 정도를 반영함
ⓒ 막대 그래프가 점선 위로 올라오면 '준임상' 범위이며, 실선 위로 올라오면 '임상' 범위라고 볼 수 있음

4) (나)의 ⓑ~ⓒ 중 적절하지 않은 내용 2가지를 골라 기호를 쓰고 바르게 고쳐 쓰시오. [2점]

NOTE

자폐성장애 기출경향 및 학습TIP

'자폐성장애' 영역은 다른 영역에 비해 신생 장애 영역이기도 하며, 최근에 나온 책의 영향으로 내용의 깊이가 다소 깊어진 영역이기도 합니다. 'DSM-5 진단기준'이 자폐아동의 특성을 고스란히 담고 있기 때문에, 진단기준에 대한 충분한 이해와 암기가 동시에 필요합니다. 또한 자폐아동의 특성에 맞는 '교수법'들을 연결하여 공부를 해두는 것이 좋습니다. 그중 중심반응 훈련, 상황이야기, PECS, TEACCH에 대한 출제 빈도가 높으니 다른 부분보다 더 집중적으로 학습하고 구체적인 내용까지 알아두는 것이 좋습니다.

해커스임용 설지민 특수교육학
영역별 이론 + 기출문제 2

제 8 장

자폐성장애

한눈에 보는 핵심 마인드맵 - 제8장 자폐성장애

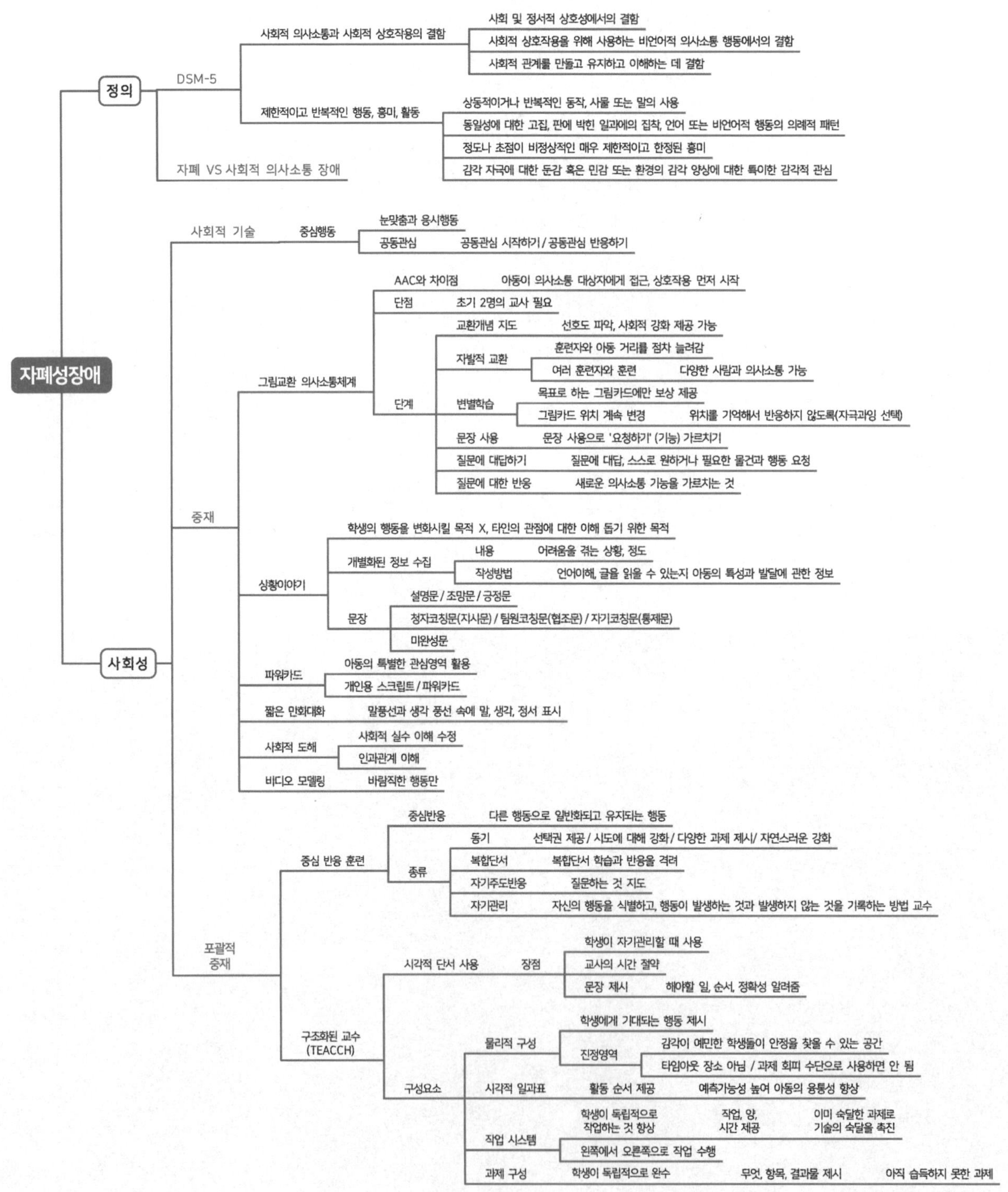

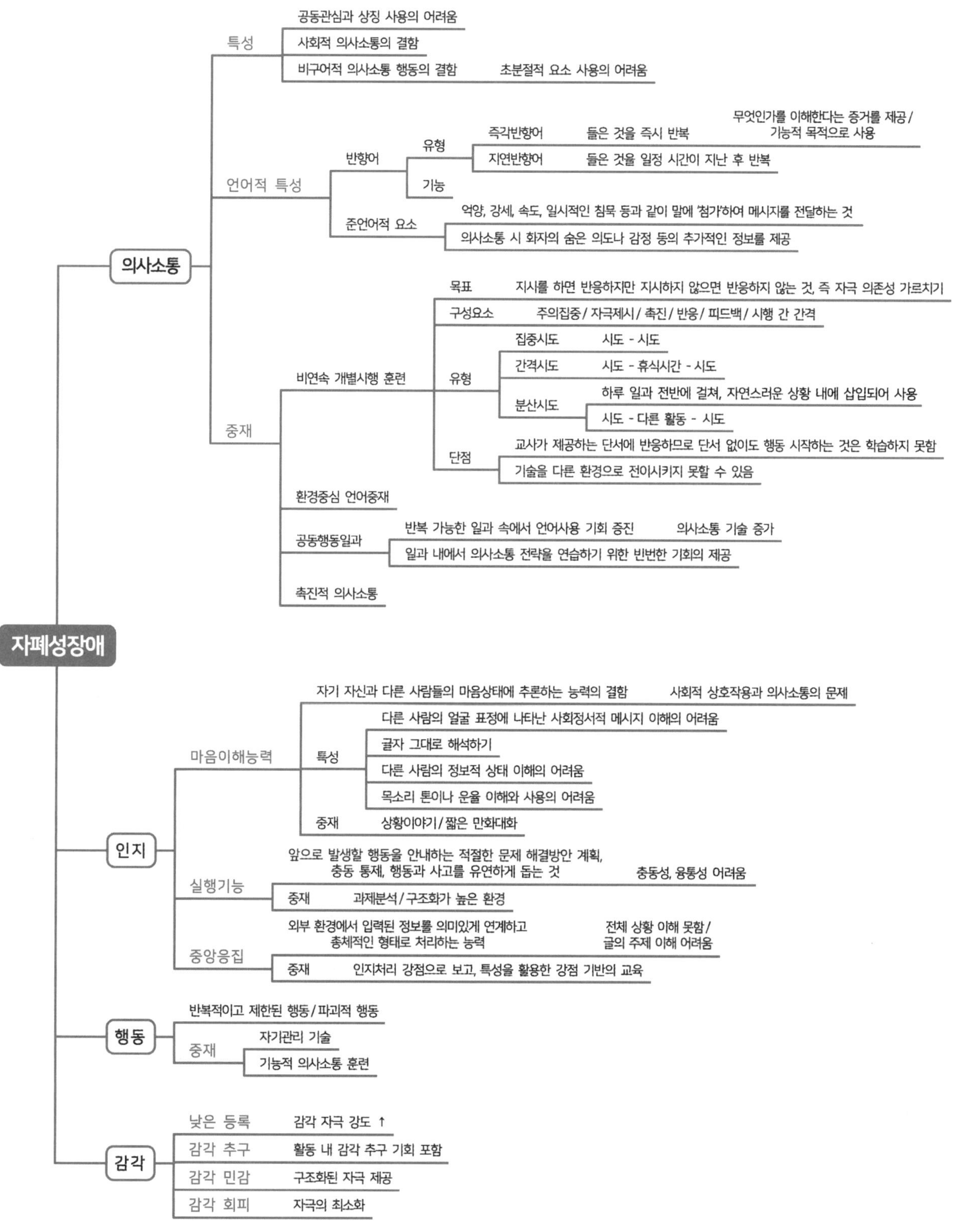
자폐성장애
의사소통
특성
공동관심과 상징 사용의 어려움
사회적 의사소통의 결함
비구어적 의사소통 행동의 결함
초분절적 요소 사용의 어려움
언어적 특성
반향어
유형
즉각반향어
들은 것을 즉시 반복
무엇인가를 이해한다는 증거를 제공/
기능적 목적으로 사용
지연반향어
들은 것을 일정 시간이 지난 후 반복
기능
준언어적 요소
억양, 강세, 속도, 일시적인 침묵 등과 같이 말에 '첨가'하여 메시지를 전달하는 것
의사소통 시 화자의 숨은 의도나 감정 등의 추가적인 정보를 제공
중재
비연속 개별시행 훈련
목표
지시를 하면 반응하지만 지시하지 않으면 반응하지 않는 것, 즉 자극 의존성 가르치기
구성요소
주의집중/자극제시/촉진/반응/피드백/시행 간 간격
유형
집중시도
시도 - 시도
간격시도
시도 - 휴식시간 - 시도
분산시도
하루 일과 전반에 걸쳐, 자연스러운 상황 내에 삽입되어 사용
시도 - 다른 활동 - 시도
단점
교사가 제공하는 단서에 반응하므로 단서 없이도 행동 시작하는 것은 학습하지 못함
기술을 다른 환경으로 전이시키지 못할 수 있음
환경중심 언어중재
공동행동일과
반복 가능한 일과 속에서 언어사용 기회 증진
의사소통 기술 증가
일과 내에서 의사소통 전략을 연습하기 위한 빈번한 기회의 제공
촉진적 의사소통
인지
마음이해능력
자기 자신과 다른 사람들의 마음상태에 추론하는 능력의 결함
사회적 상호작용과 의사소통의 문제
특성
다른 사람의 얼굴 표정에 나타난 사회정서적 메시지 이해의 어려움
글자 그대로 해석하기
다른 사람의 정보적 상태 이해의 어려움
목소리 톤이나 운율 이해와 사용의 어려움
중재
상황이야기/짧은 만화대화
실행기능
앞으로 발생할 행동을 안내하는 적절한 문제 해결방안 계획,
충동 통제, 행동과 사고를 유연하게 돕는 것
충동성, 융통성 어려움
중재
과제분석/구조화가 높은 환경
중앙응집
외부 환경에서 입력된 정보를 의미있게 연계하고
총체적인 형태로 처리하는 능력
전체 상황 이해 못함/
글의 주제 이해 어려움
중재
인지처리 강점으로 보고, 특성을 활용한 강점 기반의 교육
행동
반복적이고 제한된 행동/파괴적 행동
중재
자기관리 기술
기능적 의사소통 훈련
감각
낮은 등록
감각 자극 강도 ↑
감각 추구
활동 내 감각 추구 기회 포함
감각 민감
구조화된 자극 제공
감각 회피
자극의 최소화

제1절 자폐성장애 개관

01 정의

1. 「장애인 등에 대한 특수교육법」에 따른 정의

① 용어: 자폐성장애

② 내용: '사회적 상호작용과 의사소통에 결함이 있고, 제한적이고 반복적인 관심과 활동을 보임으로써 교육적 성취 및 일상생활 적응에 도움이 필요한 사람'을 말한다.

2. DSM-5의 진단기준

DSM-5의 자폐성장애 진단기준

A. 다양한 맥락에서 사회적 의사소통과 사회적 상호작용의 지속적인 결함을 보이며, 이는 다음의 세 가지 모두가 현재 또는 이전부터 지속적으로 나타난다(항목별로 제시된 예는 이해를 돕기 위한 설명이지 반드시 확인되어야 하는 예는 아니며 다양한 범위를 보임).

1. 사회 및 정서적 상호성에서의 결함
   ㉠ 비정상적인 사회적 접근과 주고받는 일반적인 대화의 실패, 관심, 정서, 애정 등을 다른 사람과 공유하는 데 제한, 사회적 상호작용을 시작 및 반응하는 데 어려움 등
2. 사회적 상호작용을 위해 사용하는 비언어적 의사소통 행동에서의 결함
   ㉠ 언어 및 비언어적 의사소통을 통합적으로 사용하는 데 어려움, 눈맞춤과 몸짓과 같은 비언어적 행동에서의 비정상성, 몸짓의 이해 및 사용의 결함, 안면표정과 비언어적 의사소통에서의 전반적인 결함 등
3. 사회적 관계를 만들고 유지하고 이해하는 데 결함
   ㉠ 다양한 사회적 맥락에 맞게 행동하는 데 어려워 상상놀이를 공유하거나 친구를 만들기 어려움, 또래에 대한 관심이 없음 등

B. 제한적이고 반복적인 행동, 흥미, 활동을 보이며, 이는 다음 중 적어도 두 가지가 현재 또는 이전부터 지속적으로 나타난다.

1. 상동적이거나 반복적인 동작, 사물 또는 말의 사용
   ㉠ 단순한 상동적인 동작, 장난감을 길게 줄 세우기, 사물 흔들기, 반향어 사용, 특이한 어구의 사용 등
2. 동일성에 대한 고집, 판에 박힌 일과에의 집착, 언어 또는 비언어적 행동의 의례적(예배의식과 같은) 패턴
   ㉠ 작은 변화에도 과도하게 불안해함, 전이의 어려움, 경직된 사고 패턴, 판에 박힌 인사하기 일과, 매일 동일한 일과 또는 동일한 음식 섭취에 대한 요구 등
3. 정도나 초점이 비정상적인 매우 제한적이고 한정된 흥미
   ㉠ 특이한 사물에 대한 강한 집착이나 몰두, 과도하게 한정된 흥미에의 몰두 등
4. 감각 자극에 대한 둔감 혹은 민감 반응 또는 환경의 감각 양상에 대한 특이한 감각적 관심
   ㉠ 고통 또는 온도에 대한 분명한 무감각, 특정 소리나 감각에 대한 혐오적 반응, 과도하게 냄새를 맡거나 과도하게 사물을 만짐, 빛이나 움직임에 대한 시각적 강한 흥미 등

C. 증후가 초기 발달 시기에 나타나야만 한다(그러나 발달 시기별 사회적 요구가 제한된 능력을 초과할 때까지는 증후가 충분히 나타나지 않을 수도 있고, 이후의 발달 시기에 학습된 전략으로 인해 증후가 가려져서 나타나지 않을 수도 있음).

D. 증후가 사회적, 직업적 또는 현재 기능 수행의 다른 중요한 영역에서 임상적으로 유의미한 결함을 유발한다.
이러한 어려움이 지적장애로 보다 더 설명이 되어서는 안 된다. 지적장애와 자폐스펙트럼장애는 자주 공존한다. 자폐스펙트럼장애와 지적장애로 동시에 진단이 되려면 사회적 의사소통이 일반적인 면에서 기대되는 수준보다 낮아야만 한다.

01 2013학년도 유아 B 4번 일부

다음은 통합유치원에 재원 중인 만 5세 자폐성장애 유아 민지에 관한 내용이다. 물음에 답하시오.

(가) 민지의 특성

- 시각적 정보처리 능력이 뛰어난 편이다.
- 좋아하지 않는 활동에 잘 참여하지 않는다.
- 다양하게 바뀌는 자료에 대해 과민하게 반응한다.
- ㉠ 장난감 자동차 바퀴를 돌리는 행동을 계속 반복한다.
- 다른 사람과 대화를 시작하거나 유지하는 데 어려움을 보인다.

(다) 민지 지원 방안

① 다양한 자료를 제시하여 각 활동에 적극적으로 참여할 수 있도록 지원한다.
② 활동에 사용할 자료를 자유선택활동 시간에 미리 제시하여 관심을 가지게 한다.
③ 전체적인 활동 순서를 그림이나 사진으로 제시하여 각 활동의 순서를 쉽게 이해하도록 지원한다.
④ 자유선택활동 시간에 여러 가지 물건 굴리기 활동을 민지가 좋아하는 도서 활동 영역에서 해보도록 한다.
⑤ 비선호 활동을 수행하기 전에 선호하는 활동을 먼저 수행하도록 하여, 비선호 활동에 보다 잘 참여할 수 있도록 한다.

1) 다음 괄호 안에 들어갈 말을 쓰시오. [1점]

(가)의 ㉠에 나타난 민지의 행동은 '정신장애진단 및 통계편람(DSM-Ⅳ-TR)'에 제시된 자폐성장애의 진단기준 3가지 중 (   )에 해당한다.

- ______________________________

3) (다)에서 민지의 지원 방안으로 적절하지 않은 것 2가지를 ①~⑤에서 찾아 기호를 적고, 그 이유를 각각 쓰시오. [2점]

- 기호: __________, 이유: ____________________
- 기호: __________, 이유: ____________________

02 2014학년도 유아 A 4번 일부

보라는 특수학교 유치부에 다니는 4세의 자폐성장애 여아이며, (가)는 보라의 행동 특성이다. 물음에 답하시오.

(가) 보라의 행동 특성

- 교실이나 화장실에 있는 ㉠ 전등 스위치만 보면 계속 반복적으로 누른다.
- ㉡ 타인의 말을 반복한다.
- 용변 후 물을 내려야 한다는 것을 모른다.
- 용변 후 손을 제대로 씻지 않고 나온다.
- 배변 실수를 자주 한다.

1) 현행 '「장애인 등에 대한 특수교육법 시행령」 [별표] 특수교육 대상자 선정기준(제10조 관련) 6. 자폐성장애를 지닌 특수교육 대상자'에 제시된 내용에서 (가)의 ㉠ 행동이 해당되는 내용을 쓰시오. [1점]

- ____________________

03 2017학년도 유아 A 2번 일부

다음은 유아 특수교사인 김 교사와 유아교사인 최 교사 간 협력적 자문 내용의 일부이다. 물음에 답하시오.

최 교사: 선생님, 지난 회의에서 자폐성장애의 주요 특성은 '사회적 의사소통 및 사회적 상호작용에서의 어려움'과 '제한된 반복 행동, 흥미, 활동'을 보이는 것이라고 하셨지요? 이와 관련해서 민수를 조금 더 잘 이해하고 싶은데 어떻게 하면 좋을까요?

김 교사: 민수를 잘 이해하시려면 민수의 사회적 의사소통 특성을 아는 것이 중요해요. 그리고 '제한된 반복 행동, 흥미, 활동'을 이해하는 것도 필요한데, 여기에는 상동행동, 동일성에 대한 고집과 그 외에 ㉠ 다른 특성들이 더 있어요.

최 교사: 그리고 활동 시간에 민수를 잘 지도할 수 있는 구체적인 방법을 알고 싶어요. 예를 들어, 교실에서 ㉡ 민수가 원하는 것을 요구할 수 있도록 가르치기 위해 제가 할 수 있는 일에는 무엇이 있을까요?

김 교사: 요구하기를 지도하기 위한 방법에는 여러 가지가 있는데요, 저는 요즘 민수에게 (㉢)을/를 적용하고 있어요. 이 방법은 핵심 영역에서의 지도가 다른 기술들을 배우는 데 도움을 주어 의사소통 능력과 사회적 상호작용을 촉진하는 데 효과적입니다. 이 방법에서는 주로 (㉣), 복합 단서에 반응하기, 자기관리, ㉤ 자기시도를 핵심 영역으로 제시하고 있습니다. 민수에게 이를 적용한 결과, 핵심 영역에서 배운 기술을 통해 다른 영역의 기술을 수월하게 익혀가는 것을 볼 수 있었어요.

1) DSM-5의 자폐스펙트럼장애(자폐성장애) 진단기준에 근거하여 ㉠에 해당하는 특성 2가지를 쓰시오. [2점]

- ①: ____________________
- ②: ____________________

04 2017학년도 중등 A (기입형) 7번

다음은 「정신장애진단 및 통계편람 제5판(DSM-5)」의 자폐스펙트럼장애(자폐성장애) 진단기준과 관련하여 일반교사와 특수교사가 나눈 대화의 일부이다. ㉠에 들어갈 내용을 쓰고, ㉡에 해당하는 예를 1가지 쓰시오. [2점]

> 일반교사: 최근에 자폐스펙트럼장애의 진단기준이 새롭게 제시되었다면서요?
> 특수교사: 네, DSM-5에 의하면, 자폐스펙트럼장애의 대표적인 특징에는 2가지가 있습니다. 첫째, 다양한 분야에 걸쳐 사회적 의사소통 및 사회적 상호작용의 지속적인 결함이 현재 또는 과거력상 나타나야 합니다. 둘째, 제한적이고 반복적인 행동, 흥미, 활동이 현재 또는 과거력상 나타나야 합니다.
> 일반교사: 네, 그렇군요. 첫 번째 특징인 사회적 의사소통 및 사회적 상호작용의 지속적 결함에는 어떤 것들이 있나요?
> 특수교사: 여기에는 3가지 하위 특징이 있습니다. 첫째, (㉠)의 결함을 보입니다. 예를 들어, 사회적 상호작용의 시작 및 반응에서 실패하는 것을 말합니다. 둘째, ㉡ 사회적 상호작용을 위한 비언어적 의사소통 행동의 결함입니다. 셋째, 관계 발전, 유지 및 관계에 대한 이해의 결함을 보입니다. 예를 들면, 상상 놀이를 공유하거나 친구를 사귀는 것이 어렵습니다.
>
> …하략…

• ㉠: ______________________

• ㉡: ______________________

05 2018학년도 중등 A 5번 일부

다음은 자폐스펙트럼장애와 관련하여 오 교수와 예비 특수교사가 나눈 대화의 일부이다. ㉡에 들어갈 내용을 쓰시오. [2점]

만약, 사회적 의사소통에서 현저한 결함을 가지고 있지만 자폐스펙트럼장애의 다른 진단 준거를 충족하지 않는 경우에는 어떤 장애로 평가해야 하나요?

예, 「정신장애의 진단 및 통계 편람 제5판(DSM-5)」에서는 (㉡)(으)로 평가합니다.

• ㉡: ______________________

02 자폐성장애 원인: 인지이론

1. 마음이론의 결함

① 자기 자신과 다른 사람의 마음 상태를 추론하는 능력, 즉 다른 사람의 마음을 읽는 능력을 말한다.

② 마음이론은 점진적으로 발달하는데, 3~4세 아동은 다른 사람의 마음 상태에 대한 이해가 어느 정도 가능하고 6세 무렵의 아동은 다른 사람이 또 다른 사람의 생각을 어떻게 생각하는지도 이해할 수 있게 된다.

③ 자폐스펙트럼장애에서는 마음이론의 결함, '마음맹'이라는 인지적 결함으로 사회적 상호작용과 의사소통에 문제가 나타나기도 한다.

2. 실행기능의 결함

① 실행기능은 두뇌의 전두엽이 조정하는 것으로 보이는 일련의 기능으로, 계획, 충동 통제, 행동 · 사고의 유연성, 조직화된 탐색 등을 포함한다.

② 자폐스펙트럼장애에서는 실행기능의 결함, 즉 '실행기능 장애'라는 인지적 결함이 나타나기도 한다.

③ 특히 행동과 사고의 유연성 결함으로 행동이 유연하지 못하고 환경 내 작은 변화에도 많은 어려움을 겪는다.

④ 실행기능의 결함은 전두엽 손상이나 주의력결핍 과잉행동장애인 경우에도 나타난다고 알려져 있다.

⑤ 실행기능 결함의 종류

구분	내용
계획능력의 결함	**계획능력**: 행동을 계획하고 지속적으로 감독 · 재평가하는 일련의 과정
인지적 융통성의 결함	• **인지적 융통성**: 환경적 변화에 따라 자신의 행동을 조절하고 변화시키는 능력 • 자폐성장애의 보속성, 상동증적 행동은 인지적 융통성의 결함으로 설명할 수 있음
억제능력의 결함	**억제**: 목표 달성을 위해 행동적 과정, 욕구, 충동을 의식적 · 무의식적으로 억누르는 능력
작업기억의 결함	• 언어 · 의사소통 능력의 결함은 자폐성장애의 핵심 특징이며, 지능이 높은 고기능 자폐성장애 아동에게서도 나타남 • 비언어적 · 공간적 작업기억의 손상이 동반되고 자기 자신과 관련된 일화 기억에서도 선택적 결함을 보인다는 연구 결과가 나타남

3. 중앙응집기능의 결함

① 중앙응집기능은 세부적인 정보를 엮어서 전체적인 의미를 이끌어내는 능력을 말한다.

② 자폐스펙트럼장애에서는 중앙응집의 결함, 빈약한 중앙응집이라는 인지적 결함 때문에 전체보다 특정 부분에 집중하는 경향이 나타난다.

06 2013학년도 유아 추시 B 5번 일부

다음은 만 5세 초록반 김 교사의 '무지개 물고기' 활동계획안의 일부이다. 물음에 답하시오.

<table>
<tr><td>활동명</td><td>동화 '무지개 물고기' 듣고 표현하기</td></tr>
<tr><td>활동목표</td><td>ㅇ 동화를 듣고 창의적으로 표현해 본다.
ㅇ 극놀이에 참여하여 창의적인 표현 과정을 즐긴다.</td></tr>
<tr><td>활동자료</td><td>'무지개 물고기' 동화책, 동극 대본, 동극 배경 음악, 동극용 소품</td></tr>
<tr><td colspan="2">활동방법</td></tr>
<tr><td colspan="2">1. 동화 '무지가 물고기'를 듣는다.
2. 동화를 회상하며 '무지개 물고기'가 되어본다.
• '무지개 물고기'는 어떤 모습일까?
• ㉠ <u>선생님을 따라 이렇게 '무지개 물고기'가 되어 보자</u>.
3. 동화의 줄거리를 말해 본다.
4. 극놀이를 위해 준비해야 할 것들에 대해 유아들과 이야기 나눈다.
• 무대는 어디에, 어떻게 꾸밀까?
• 역할은 어떻게 정할까?
• ㉡ <u>'무지개 물고기'는 누가 해볼까?</u>
5. ㉢ <u>극놀이를 한다</u>.
</td></tr>
</table>

2) 다음은 ㉡에 대한 유아들의 행동을 기술한 것이다.

> 승기와 수지는 서로 자신이 '무지개 물고기'의 역할을 하고 싶어 한다. 승기는 "내가요, 내가 할래요."라고 말한다. 교사가 수지에게 "괜찮니?"라고 묻자, 수지는 싫은 표정을 짓고 있다. 승기는 "수지는 다른 거 하면 돼요. 그냥 내가 할래요."라고 말한다.

위 사례에서 승기의 행동은 다른 사람의 관점, 생각, 감정을 추론하고 이해할 수 있는 (①)의 결핍으로 볼 수 있다. ①에 해당하는 용어를 쓰시오. [1점]

• ______________________________

07 2020학년도 중등 A 5번 일부

(가)는 자폐성장애 학생 D의 특성이다. 〈작성 방법〉에 따라 서술하시오. [1점]

(가) 학생 D의 특성

- 친구의 얼굴 표정이나 눈빛을 보고 감정을 이해하는 데 어려움을 보임 ┐
- 친구가 싫어할 수 있는 이야기를 지나치게 솔직하게 말함 ⓐ
- 친구의 관심과는 관계없이 자신이 좋아하는 주제와 관련된 이야기를 계속함 ┘
- 가수 E를 매우 좋아하여 가수 E가 출연하는 프로그램은 거의 모두 시청하고 있음

〈작성 방법〉

- (가)의 ⓐ와 같은 행동 양상이 나타나는 이유를 자폐성장애의 인지적 특성과 관련지어 1가지 쓸 것

08 2018학년도 초등 A 4번 일부

(가)는 자폐성장애 학생 지호의 특성이고 (나)는 최 교사가 2015 개정 특수교육 교육과정 중 기본 교육과정 과학과 3~4학년 '지구와 우주' 영역을 주제로 작성한 교수 · 학습 과정안의 일부이다. 물음에 답하시오.

(가) 지호의 특성

• 모방이 가능함	• 낮과 밤을 구분할 수 있음	• 동적 시각자료에 대한 주의집중이 양호함

(나) 교수 · 학습 과정안

영역	일반화된 지식
지구와 우주	지구와 달의 운동은 생활에 영향을 준다.

단계	활동	자료 및 유의점
탐색 및 문제 파악	• ㉠ <u>실험실에서 지켜야 할 일반적인 규칙</u> 상기하기 • 낮과 밤의 모습 살펴보기 • 낮과 밤이 생기는 까닭 예측하기	㉡ <u>실험실 수업 규칙 영상</u>
가설 설정	• 가설 수립하기 [수립한 가설: (㉢)]	다양한 의견을 수렴하고 교사 안내로 가설 수립
실험 설계	• 실험 과정 미리 안내하기 • 실험 설계하기 - 같게 할 조건과 다르게 할 조건 알아보기	모형 실험 영상, 지구의, 손전등
실험	• 지구의를 돌리며 모형 실험하기	
가설 검증	• 실험 결과에 따라 가설 검증하기 • ㉣ <u>지구 자전 놀이로 알게 된 내용 정리하기</u>	대형 지구의, 손전등
적용	(㉤)	가설 검증 결과와 연결 지을 수 있도록 지도

4) 다음은 (나)의 밑줄 친 ㉣의 지도 장면이다. 지호가 밑줄 친 ⓐ와 같은 오반응을 보인 이유를 자폐성장애의 결함 특성과 관련하여 쓰시오. [1점]

최 교사: (실험실의 조명을 어둡게 한다.) 지호, 민희, 승우 모두 실험 결과를 잘 이해하고 있군요. 이제 지구 자전 놀이로 실험 내용을 정리해봅시다.
(학생들을 [그림 자료]와 같이 배치한다.)
지호가 바라보는 지구는 지금 낮과 밤 중 어느 쪽일까요?
지　호: 낮이요.
최 교사: 잘했어요. 지호야, 그렇다면 민희가 바라보는 지구는 지금 낮과 밤 중 어느 쪽일까요?
지　호: ⓐ <u>낮이요</u>.

[그림 자료]

• ______

09 2010학년도 중등 26번

다음은 자폐성장애의 특징을 설명한 것이다. (가)와 (나)에 해당하는 특징으로 옳은 것은? [2점]

> (가) 스스로 계획하는 데 어려움이 있고, 억제력이 부족하여 하고 싶은 일을 충동적으로 하므로 부적절한 행동을 하게 된다. 또한 생각과 행동의 융통성이 부족하여 학습한 내용을 일반화하는 데 어려움이 있다.
> (나) 정보처리 방식이 상향식이어서 임의로 주변 환경에 의미를 부여하기 때문에 의미 있는 환경을 받아들이는 데 어려움을 겪는다. 따라서 사소하거나 중요하지 않은 일에 사로잡히게 된다.

	(가)	(나)
①	실행기능 결함	중앙응집 결함
②	마음읽기 결함	실행기능 결함
③	중앙응집 결함	감각적 정보처리 결함
④	마음읽기 결함	중앙응집 결함
⑤	실행기능 결함	선택적 주의집중 결함

10 2018학년도 중등 A 5번 일부

자폐스펙트럼장애와 관련하여 오 교수와 예비 특수교사가 나눈 대화의 ㉠에 공통으로 들어갈 내용을 쓰시오. [1점]

교수님, 제가 교육봉사활동을 하였던 학교의 자폐스펙트럼장애 학생 중에서 특정 주제에만 몰두하고, 자신이 좋아하는 활동을 그만두려고 하지 않으며, 사소한 변화에 대해 지나치게 민감하게 반응하는 학생이 있었습니다.

예, 그것은 자폐스펙트럼장애의 인지적 특성 중 (㉠)(으)로 볼 수 있습니다. (㉠)이/가 있는 학생은 계획을 세우고, 충동을 조절하며, 사고와 행동의 유연성과 체계적으로 환경을 탐색하는 것 등에서 문제를 보입니다.

11 2020학년도 초등 A 4번 일부

(가)는 초등학교 6학년 자폐성장애 학생 민호의 특성이다. 물음에 답하시오.

(가) 민호의 특성

> • 물건 사기와 같은 일상생활의 문제를 해결하기 위해 스스로 계획하고 수행하는 데 어려움이 있음
> • 점심시간과 같이 일상적으로 반복되던 시간에 작은 변화가 생기면 유연하게 대처하기보다 우는 행동을 보임 [A]
> • 수업시간 중 과자를 먹고 싶을 때 충동적으로 과자를 요구하거나 자리이탈 행동을 자주 보임
> • 다른 사람의 감정과 사고를 파악하는 데 어려움이 있음
> • 시각적 자극으로 이루어진 교수 자료에 관심을 보이며, 지폐의 구분과 사용에 어려움이 있음

1) (가)의 [A]와 같은 행동 양상이 나타나는 이유를 자폐성장애의 인지적 특성과 관련지어 쓰시오. [1점]

12 2015학년도 유아 A 5번 일부

영수는 ○○ 유치원 5세 반에 다니고 있다. (가)는 담임교사인 박 교사의 관찰 메모이다. 물음에 답하시오.

(가) 박 교사의 관찰 메모

관찰대상: 영수	관찰일: 4월 2일	관찰장면: 자유선택활동
다른 아이들은 아래 그림을 보고 '5'와 '가방'이라고 말했는데, ㉠ 영수는 '3'과 '꽃'이라고 대답했다.		
333333333 333333333 3333 3333 3333 33333333 333333333 3333 3333 333333333 33333333		
아이들이 퍼즐놀이를 하면서 항상 ㉡ 높낮이 변화 없이 같은 톤으로 말하는 영수를 보고, "선생님, 영수는 말하는 게 똑같아요." 라고 했다.		

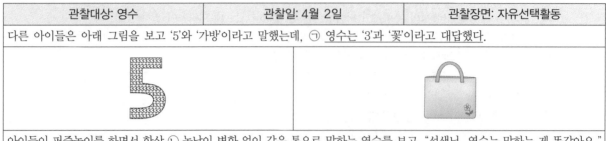

1) 자폐성장애 유아에게 나타나는 ㉠과 같은 인지적 결함은 무엇인지 쓰시오. [1점]

•

13 2020학년도 유아 A 1번 일부

(가)는 5세 자폐범주성장애 민호와 진우의 특성이다. 물음에 답하시오.

(가) 민호와 진우의 특성

	특성
민호	• 주위 사람들에게 친밀감을 보이지 않고 상호작용을 하지 않음 • 구어적 의사소통을 거의 하지 않음 • 그림과 사진 등의 자료에 관심을 보이기 시작함
진우	• ㉠ 사물의 전체가 아니라 부분에 집중함. 예를 들면 코끼리 그림을 보면 전체적인 코끼리 그림을 보는 것이 아니라, 코끼리의 꼬리나 발과 같은 작은 부분에만 집중하여 그림이 코끼리인지 아는 것에 결함이 있음 • 동화책의 재미있는 부분만 큰 소리로 읽음 • 자신의 기분을 표현하기 어려워하고 다른 사람의 감정을 이해하지 못함 • 또래들과 어울리지 못함

1) (가)의 ㉠에서 진우가 결함을 보이는 인지적 특성을 무엇이라고 하는지 쓰시오. [1점]

•

03 자폐성장애 특성

1. 행동적 특성

① 일상생활을 방해하는 반복적 · 상동적 · 의례적인 행동을 보인다.

예 비닐처럼 부스럭거리는 사물을 계속 만지기, 지속적으로 바퀴를 돌리기, 몸을 앞뒤로 계속 흔들기, 날개짓하기, 손가락 펄럭이기, 텔레비전에서 나오는 대사를 반복해서 말하기 등의 행동

② 물건을 용도와 무관하게 특이한 방식으로 사용하며 과도한 집착을 보인다.

예 화장실 변기의 물을 반복해서 내리거나 장난감을 일렬로 늘어놓는 것

③ 학생마다 행동의 유형 · 정도는 다르지만 특정 물건 · 행동에 집착하는 형태로 나타나서 타인의 눈에 쉽게 띈다.

2. 사회적 특성

① 타인과 상호작용을 잘 하려면 상대방의 마음을 이해하고 감정이입을 할 수 있으며, 언어의 미묘한 어감과 비언어적 단서(예 몸짓, 시선, 자세, 옷차림, 행동 등)를 알아차릴 수 있어야 하나, 이러한 능력이 부족하여 이를 활용해 타인과 상호작용하거나 상대의 반응을 해석하는 데도 어려움을 겪는다.

② 자폐성장애 학생과 친숙한 성인이라도 학생의 행동 의미와 의사소통 의도를 파악하기가 어렵다.

③ 공동 주의집중이 부족하여 타인과의 눈맞춤, 얼굴에 관심을 두지 않으며 반갑게 웃으며 안아주려는 부모에게도 반응을 보이지 않는다.

3. 기타 특성

① 감각 과민성, 인지발달, 자해행동을 보이기도 하며, 촉각 · 미각 · 후각 · 시각 · 청각 등의 감각에 과민하거나 과소하게 반응할 수 있다.

② 심한 지적장애부터 우수한 능력까지 다양한 인지능력을 보인다.

③ 자신의 머리를 벽에 박거나 손등을 물어뜯는 등의 자해행동을 하기도 한다.

4. 언어적 특성

(1) 언어영역 특성

언어영역	내용
의미론적 측면	• 어휘의 의미가 매우 제한적임 • 과잉축소 · 과잉확대 현상이 잦음 • 추상적인 단어 습득이나 관형어구의 이해가 어려움
구문론적 측면	• 전보식 문장을 사용함 • 기능어, 문장의 시제 사용이 어려움 • 문장이 단순하고 짧으며 문법적 오류가 많음
화용론적 측면	• 존칭과 인칭대명사의 사용이 어려움 • 상대방의 생각이나 관점을 이해하지 못함 • 대화에서 주고받기가 이루어지지 않으며 질문에 대해서만 반응하는 수동적 대화 태도를 보임 • 대화 주제를 유지하기 어렵고 대화를 자발적으로 시작하지 않음
준언어적 측면	• 억양이 단조로워 평서문과 의문문의 억양 차이가 없음 • 리듬과 강세가 없음 • 말에서 쉼이 문맥에 따라 적절하게 이루어지지 않음

(2) 반향어

① 즉각 반향어

유형	기능	예시
언어적 이해가 전혀 없이 비상호적으로 나타나는 반향어	비초점	시선이나 동작이 사람 · 사물을 향하지 않고 발화 후에도 의도를 나타내는 증거가 보이지 않음
언어적 이해는 전혀 없지만 상호적으로 나타나는 반향어	주고받기 반응	시선이나 동작이 사람 · 사물을 향하고 있으나, 주고받는 순환적 반응이나 이해를 동반하지 않음
언어적 이해는 있지만 비상호적으로 나타나는 반향어	연습	행동을 일으키기 전에 생긴 반향어로 직후의 동작이나 의도가 추측됨
	자기규제	동작을 행하는 중에 자기가 행해야 할 동작에 대해 반향어로 말함
언어적 이해가 이루어지고 상호적으로 나타나는 반향어	기술	시선이나 동작이 사람 · 사물을 향하고 사물의 명칭을 반향어로 말함
	긍정 대답	반향어로 긍정을 표현하는 것으로 직전 · 직후의 동작으로 그 의도가 표현됨
	요구	필요한 물건을 얻거나 하고 싶은 행동을 하고자 반향어를 말하는 것으로, 허락하면 원하는 사물을 가져가거나 하고 싶은 행동을 함

② 지연 반향어

기능	예시
비목적적 기능	아무 목적이 없으며 자기자극적임
상황 연상	물체나 사람 또는 행동에 의해서만 초래됨
연습	언어적 형식을 갖춘 문장을 연습하듯이 반복하며, 대개 낮고 작은 소리로 연습하는 경향이 있음
자기지시적	대개 활동을 하기 전이나 활동을 하면서 반향어를 하는데, 연습에서처럼 다소 작은 소리로 하며 자신의 행동을 통제하는 인지적인 기능을 가진 것으로 보임
비상호적 명명	행동 · 사물을 명명한다는 점이 상호적인 명명과 유사하지만, 이 경우 스스로에게 말하는 것처럼 보이며 의사소통 의도가 보이지 않음
순서 지키기	교대로 말하는 상황에서 자신의 구어 순서를 채우는 기능을 하지만 의사소통의 의도는 관찰되지 않음
발화 완성	상대방이 시작한 일상적인 말에 반응하여 발화를 완성하는 기능을 나타냄
상호적 명명	대개 제스처를 동반하여 활동이나 사물을 명명함
정보 제공	상대방에게 새로운 정보를 제공함
부르기	주의를 끌거나 상호작용을 유지하려는 기능으로, 상대방이 쳐다보지 않으면 계속 부르는 경우가 많음
수긍	상대방의 말을 수긍하는 기능으로 대개 바로 전에 말한 것을 행동으로 옮김
요구	원하는 물건을 얻으려 요구하는 기능으로, 물건을 바라보면서 말하고 얻을 때까지 계속함
저항	다른 사람의 행동에 저항하는 기능을 가지므로 다른 사람의 행동을 저지하는 결과를 가져올 수 있음
지시적	다른 사람의 행동을 지시하고 통제하는 기능

14 2012학년도 초등 13번

다음은 일반학급 교사와 정호 어머니가 정호에 대해 특수학급 교사에게 제공한 정보이다. 〈보기〉에서 특수학급 교사가 이 정보에 근거하여 파악한 정호의 특성과 교육적 조치로 적절한 것을 고르면? [1.4점]

〈관찰 일지〉

학생명	김정호	학년반	1학년 3반
관찰기간	2011. 3. ~ 2011. 7.	담당교사	이세명
관찰 내용 요약			
• 스스로 간단한 문장 표현은 가능하나, 질문에 간혹 엉뚱한 말을 하거나 특정 구나 말을 반복하여 의사소통이 곤란함 • 익숙한 몇몇 친구의 접촉은 거부하지 않으나, 놀이를 할 때 언어적 상호작용을 잘 못하며, 혼자 원 그리는 놀이에 몰두함 • 간단한 지시나 수업 내용은 수행 가능하나, 최근 짜증을 잘 내고 산만하며 과잉행동성이 증가함 ♧행복초등학교♧			

선생님께

정호의 상태에 대해 간단히 적어 보내드립니다.

- 출생: 정상분만
- 1~2세: 간단한 말을 하였으나 점차 의미 있는 말이 줄고, 가족들과 사람들에게 관심이 없어지고 시선을 회피함
- 현재: 말을 의미없이 즉각 따라하는 것이 늘고, 일일학습지 지도 시 자주 자리에서 일어나며, 억지로 앉히려고 하면 괴성을 지르고 짜증을 자주 내어 걱정됨

잘 부탁드립니다!

2011. 9. 5.

정호 엄마 드림

〈보기〉

㉠ 학생의 주요 문제는 인지적 어려움이므로 과민감성 줄이기를 목표로 정하여 지도해나가도록 한다.
㉡ 의미 없는 말이나 엉뚱한 말을 하므로 정확한 문법의 문장을 따라 말할 수 있도록 큰 소리로 반복 지도한다.
㉢ 관심이나 성취 등을 타인과 자발적으로 나누는 데 어려움이 있으므로 사회적 또는 정서적 상호성을 신장시킨다.
㉣ 언어의 형태에 비해 언어의 내용과 사용 측면에 어려움이 두드러진 학생이므로 심층적인 언어평가를 받도록 안내한다.
㉤ 언어행동 문제가 있으므로 반향어와 의도적 구어 반복 구별하기 등의 적절한 언어 중재로 부적절한 언어행동을 개선한다.

① ㉠, ㉡, ㉢　② ㉠, ㉢, ㉤　③ ㉡, ㉢, ㉣　④ ㉡, ㉣, ㉤　⑤ ㉢, ㉣, ㉤

15 2012학년도 초등 14번

다음은 자폐성장애 학생의 일반적인 특성과 이에 따른 교수전략을 설명한 것이다. 적절한 교수전략이 아닌 것은? [1.4점]

	일반적인 특성	교수전략
①	상동적이고 반복적인 동작을 한다.	의미 없어 보이는 상동행동이라도 행동의 기능이나 원인이 무엇인지 먼저 파악하여 접근한다.
②	시각적인 정보처리에 강점을 보인다.	복잡한 내용을 설명할 때는 마인드맵(mind-map)을 활용한다.
③	정해진 순서나 규칙에 집착하거나 변화에 매우 민감하다.	갑작스러운 일에도 잘 적응하도록 자주 예기치 않은 상황을 만들어준다.
④	사회적 관습이나 규칙에 대해 이해하는 데 어려움을 보인다.	사회적인 상황이나 문제를 설명해주는 간단한 상황 이야기(social stories)를 활용한다.
⑤	제한된 범위의 관심영역에 지나치게 집중하거나 특별한 흥미를 보이는 행동을 한다.	학생이 보이는 특별한 흥미를 강점으로 이해하고 이를 동기로 활용할 수 있는 교수방법을 찾아본다.

16 2015학년도 초등 B 4번 일부

(가)는 특수학교 김 교사가 색 블록 조립하기를 좋아하는 자폐성장애 학생 준수에게 '2011 개정 특수교육 교육과정' 중 기본 교육과정 수학과 3~4학년군 '지폐' 단원에서 '지폐 변별하기'를 지도한 단계이다. 물음에 답하시오.

(가) '지폐 변별하기' 지도 단계

단계	교수 · 학습활동
주의집중	교사는 준수가 해야 할 과제 수만큼의 작은 색 블록이 든 투명 컵을 흔들며 준수의 이름을 부른다.
㉠	교사는 1,000원과 5,000원 지폐를 준수의 책상 위에 놓는다. 이때 ㉡ 교사는 1,000원 지폐를 준수 가까이에 놓는다. 교사는 준수에게 "천 원을 짚어 보세요."라고 말한다.
학생 반응	준수가 1,000원 지폐를 짚는다.
피드백	교사는 색 블록 한 개를 꺼내, 준수가 볼 수는 있으나 손이 닿지 않는 책상 위의 일정 위치에 놓는다. (오반응 시 교정적 피드백 제공)
시행 간 간격	교사는 책상 위 지폐를 제거하고 준수의 반응을 기록한다.

※ 투명 컵이 다 비워지면, 교사는 3분 짜리 모래시계를 돌려놓는다. 준수는 3분 간 색 블록을 조립한다.

2) (가)에서 김 교사가 준수에게 색 블록을 사용하여 강화를 한 것은 자폐성장애의 어떤 특성을 활용한 것인지 쓰시오. [1점]

• ______________________________

17 2012학년도 초등 25번

다음은 수학 시간에 문장으로 된 문제해결에 어려움을 보이는 아스퍼거장애(증후군) 학생과 일반학급 교사의 대화이다. 이 학생의 특성과 그에 따른 지도 방법으로 옳은 것을 〈보기〉에서 모두 고르면? [1.4점]

교사: 민규야 2133 더하기 4217은 뭐지?
민규: (바로 대답하며) 6350이지요.
교사: 그렇지. 정말 빠르구나. (문장으로 된 문제를 보여주며) 이 문제를 소리 내어 읽어 보겠니?
민규: 영화관에 사람들이 영화를 보러 왔습니다. 금요일에 영화를 보러 온 사람은 2133명, 토요일에 영화를 보러 온 사람은 4217명입니다. 금요일과 토요일에 영화를 보러 온 사람은 모두 몇 명입니까?
교사: 잘 읽었어. 어떻게 풀면 될까?
민규: 모르겠어요.
교사: 먼저, 금요일에 온 사람이 몇 명이었지?
민규: 2011년 11월 4일 금요일인가요? 2011년 11월 11일 금요일인가요?
교사: 그건 이 문제를 푸는 데 꼭 알아야 하는 것은 아니잖니?

〈보기〉

㉠ 민규는 기계적 암기력이 부족하기 때문에 문장으로 된 연산 문제를 푸는 데 기본적인 어려움이 있다.
㉡ 중요하지 않은 정보에 집중하는 민규의 특성을 고려하여 문제의 핵심어를 진하게 표시하여 제시한다.
㉢ 문장으로 된 문제의 해결 능력을 향상시키기 위하여 학생이 문제 유형에 맞는 도식을 사용하도록 가르친다.
㉣ 풀이과정에서 연산의 기본 원리를 잘못 파악하고 있으므로 직접교수를 이용해 덧셈의 기본 원리를 먼저 이해하도록 한다.
㉤ 아스퍼거장애(증후군) 학생이 보이는 전형적인 '생각의 원리(theory of mind)' 상의 결함을 보여주는 예이므로 시간지연 전략을 사용할 수 있다.

① ㉠, ㉡　② ㉡, ㉢　③ ㉢, ㉣　④ ㉠, ㉡, ㉤　⑤ ㉢, ㉣, ㉤

18 2010학년도 초등 19번

다음은 장 교사가 자폐성장애 학생 동수와 국어 수업 시간에 나눈 대화이다. 장 교사가 말하기 지도를 위해 동수의 의사소통 특징을 바르게 분석한 것을 〈보기〉에서 고른 것은? [1.4점]

장 교사: 이번에는 순서대로 해보자.
동　수: 내가도 집에 있어.
장 교사: 동수가 하겠다고?
동　수: (단음조의 억양으로) 내가도 집에 있어.
장 교사: (학생이 알아듣기 어려울 정도로 작게 말하며) 동수가 해야지.
동　수: (아무런 반응 없이 대답이 없다.)
장 교사: 이제 누가 할 차례지?
동　수: 선생님이가 있어.

〈보기〉

㉠ 명료화 요구하기가 가능하다.
㉡ 대명사를 사용하여 말하고 있다.
㉢ 비언어적 의사소통 수단을 사용한다.
㉣ 말 차례 지키기(turn-taking)가 가능하다.
㉤ 주격 조사를 정확하게 사용하며 말하고 있다.

① ㉠, ㉡　② ㉠, ㉢　③ ㉡, ㉣　④ ㉢, ㉤　⑤ ㉣, ㉤

19 2013학년도 유아 추시 B 8번 일부

준이는 통합유치원에 다니는 만 5세 자폐성장애 유아이다. 물음에 답하시오.

(가) 준이의 행동 특성

- 단체 활동에서 차례를 기다리는 것을 어려워한다.
- 친구가 인사를 하면 눈을 피하면서 ㉠ <u>반향어 형태의 말</u>만 하고 지나간다.
- 친구가 제안하는 경우 놀이에 참여하나 자발적으로 친구에게 놀이를 제안하거나 시작행동을 보이지는 않는다.

2) 다음은 ㉠에 나타난 준이의 특성에 비추어 교사가 고려해야 할 점이다. 적절하지 <u>않은</u> 내용 1가지를 찾아 번호를 쓰고 바르게 고쳐 쓰시오. [2점]

① 자폐성장애 아동의 반향어는 언어 발달을 저해하므로 소거해야 한다.
② 자폐성장애 아동이 여러 단어로 구성된 반향어를 사용하더라도 그 표현은 하나의 단위로 인식할 수 있다.
③ 반향어를 환경 내의 행위나 사물에 연결시켜 반향어와 환경적인 요소들 사이의 관계를 강조하도록 해야 한다.
④ 반향어는 주로 아동이 자신이 들은 언어를 분할하지 못할 때와 이해력이 제한되었을 때 발생하므로, 교사는 아동의 정보처리 능력에 적합한 언어를 사용한다.

• ______

20 2014학년도 유아 A 4번 일부

보라는 특수학교 유치부에 다니는 4세의 자폐성장애 여아이다. (가)는 보라의 행동 특성이고, (나)는 보라를 지원하기 위한 활동 계획안이다. 물음에 답하시오.

(가) 보라의 행동 특성

- 교실이나 화장실에 있는 ㉠ 전등 스위치만 보면 계속 반복적으로 누른다.
- ㉡ 타인의 말을 반복한다.
- 용변 후 물을 내려야 한다는 것을 모른다.
- 용변 후 손을 제대로 씻지 않고 나온다.
- 배변 실수를 자주 한다.

2) 다음은 (가)의 ㉡과 관련하여 교사가 관찰한 내용이다. ①에서 나타난 자폐성장애의 의사소통 특성을 쓰고, 보라의 말이 의도하는 의사소통 기능을 쓰시오. [2점]

오전 자유선택활동이 끝나고 정리 정돈하는 시간이 되자 보라는 교사를 화장실 쪽으로 끌면서 ① 며칠 전 들었던 "화장실 갈래?"라는 말을 반복하였다. 교사는 "화장실에 가고 싶어요."라고 말한 후 화장실로 데리고 갔더니 용변을 보았다.

- ①: ______
- 의사소통 기술: ______

21 2018학년도 중등 B 2번 일부

(가)는 자폐스펙트럼장애 학생 D에 대한 특수 교사와 통합학급 교사의 대화이다. 〈작성 방법〉에 따라 답하시오. [1점]

(가) 특수 교사와 통합학급 교사의 대화

통합학급 교사: 선생님, 우리 반에 있는 학생 D가 ㉠ 광고에 나오는 단어나 문장을 일정한 시간이 지난 뒤에 다시 말할 때가 자주 있어요.

…중략…

통합학급 교사: 그리고 학생 D가 수업시간 중에 갑자기 일어서는 행동을 자주 보여요. 적절한 중재 방법이 없을까요?

〈작성 방법〉

- 밑줄 친 ㉠에 해당하는 반향어의 유형을 쓸 것

- ㉠: ______

22 2020학년도 유아 A 8번 일부

다음은 통합학급 5세반 황 교사와 유아 특수교사 정 교사의 대화이다. 물음에 답하시오.

> 황 교사: 선생님, 영주는 ㉠ 말의 흐름이 자연스럽지 않고, 말 리듬이 특이해서 무슨 말을 하는지 이해하기가 힘들어요. 특정 음절을 반복, 연장하고, 말이 막히기도 해요. 반면, 선미는 말을 할 때 ㉡ 부자연스러운 고음과 쥐어짜는 듯한 거칠고 거센소리를 내요.
>
> …중략…
>
> 황 교사: 지수의 경우는 점심시간에 제가 지수에게 "계란 줄까?"라고 물어봤는데, ㉢ 지수가 로봇처럼 단조로운 음으로 바로 "계란줄까, 계란줄까, 계란줄까."라고 했어요. 또 "연필 줄래?"라고 했더니 연필은 주지 않고 "줄래, 줄래, 줄래."라고 말했어요. 또 ㉣ 자신의 말하기 순서를 기다리지 못해서 불쑥 얘기하기도 해요.
>
> 정 교사: 그렇군요. 그건 지수와 같은 아이들에게서 자주 나타나는 현상이죠.
>
> 황 교사: 그리고 지수는 ㉤ 몸을 앞으로 숙였다 펴고, 손을 들어 손가락을 접었다 펴는 행동을 반복해요. 그러면서 "까악까악"이라는 의미 없는 소리를 내기도 해요.
>
> …하략…

2) ㉢과 같이 지수가 보이는 의사소통의 특성을 무엇이라고 하는지 쓰시오. [1점]

- ㉢: ______________________

3) ① ㉣에 해당하는 언어학의 하위 범주를 쓰고, ② ㉤의 행동 특성을 무엇이라고 하는지 쓰시오. [2점]

- ①: ______________________
- ②: ______________________

23 2015학년도 유아 A 5번 일부

영수는 ○○ 유치원 5세 반에 다니고 있다. (가)는 담임교사인 박 교사의 관찰 메모이다. 물음에 답하시오.

(가) 박 교사의 관찰 메모

관찰대상: 영수	관찰일: 4월 2일	관찰장면: 자유선택활동
다른 아이들은 아래 그림을 보고 '5'와 '가방'이라고 말했는데, ㉠ 영수는 '3'과 '꽃'이라고 대답했다.		
5		
아이들이 퍼즐놀이를 하면서 항상 ㉡ 높낮이 변화 없이 같은 톤으로 말하는 영수를 보고, "선생님, 영수는 말하는 게 똑같아요." 라고 했다.		

2) ㉡과 관련하여, 다음에 들어갈 알맞은 말을 쓰시오. [1점]

> 영수의 특성은 자폐성장애 유아의 언어적 결함 중 하나로 음운론적 영역 가운데 (　　) 사용의 제한을 보인다.

• ______

24 2013학년도 유아 추시 A 6번 일부

다음은 교사 협의회 중 2명의 유아 특수교사가 나눈 대화 내용이다. 물음에 답하시오.

> 박 교사: 선생님, 저는 요즘 ㉠ 혜수를 위해 학급의 일과를 일정하게 하고 등원 후에는 하루 일과를 그림으로 안내해줘요. 그리고 활동이 끝나기 5분 전에 종을 쳐서 알려줘요.
> 김 교사: 그래서인지 혜수가 활동에 잘 참여하는 것 같아요. 그런데 걱정하시던 혜수의 언어 평가 결과는 어때요?
> 박 교사: 다른 부분은 다 좋아졌는데, ㉡ 말의 높낮이, 강세, 리듬, 속도와 같은 언어의 (　　) 측면에는 전혀 변화가 없어요.
> 김 교사: 그런 부분은 자폐성장애의 특성 중 하나지요.
> 박 교사: 그런데 ㉢ 제가 계획한 대로 교수 활동이나 중재 전략을 정확하고 일관성 있게 적용하고 있는지 객관적으로 점검해 보고 싶은 생각이 들어요.
> 김 교사: 좋은 생각이네요. 교사도 지속적으로 자신의 교수 실행을 점검할 필요가 있어요. 저는 ㉣ 부모님이나 주변 사람들이 아이들의 변화를 느끼고 있는지, 이런 변화가 생활 속에서 의미 있다고 생각하는지도 알아보고 있어요.
> 박 교사: 맞아요. 그렇게 하면 우리 아이들의 변화를 좀 더 객관적으로 알 수 있겠네요.

2) ① ㉡의 (　　)에 적합한 말을 쓰고 ② ㉡의 이유를 자폐성 장애 아동의 사회적 의사소통 특성에 근거하여 쓰시오. [2점]

• ______ 측면, • 이유: ______

제2절 교육과정 및 교육방법

01 구조화된 교수(TEACCH)

1. 정의

① 학생이 교수·학습 활동의 순서와 과제를 예측할 수 있도록 체계적으로 계획·구성하는 것이다.
② 구조화는 포괄적인 개념으로, 학생이 보다 잘 참여하고 쉽게 이해하도록 학습 환경을 설정하는 것을 말한다.
③ 자폐성장애 학생이 시각적 강점을 가지고 조직성을 선호하는 특성을 활용하여 학습 참여를 촉진하고 안정감과 동기화를 증진하고자 한다.

2. 목적

① 학생이 무엇을 해야 하는지를 이해하고 과제를 성공적으로 수행하도록 돕는다.
② 활동이 이루어지는 장소가 어디인지, 사용되는 교재 또는 교구가 무엇인지, 자신의 것은 무엇이고 또래와 함께 공유해야 하는 것은 무엇인지, 해야 하는 행동이 무엇인지, 누구와 함께 해야 하는지, 얼마나 오랫동안 해야 하는지, 언제 끝나는지 등을 예측할 수 있도록 구체적인 정보를 포함하여 체계적인 교수·학습 환경을 구성한다.
③ 잘 구조화된 학습 환경에서 안정감과 편안함을 느끼고 자신의 불안을 조절하여 학습에 더 잘 참여할 수 있다.

3. TEACCH 프로그램

구분	내용
물리적 구조화	• 학생이 어디에 있어야 하는지, 해야 하는 과제와 활동이 무엇인지의 정보를 제공함 • 분명한 특정 경계의 제시와 같이 예측 가능한 방법으로 해야 할 활동을 알려주는 시각 정보를 제공함 • 학생의 주의집중 분산이나 감각 자극의 과부화를 유발하는 환경적 요소를 줄임
일과의 구조화	• 하루에 일어나는 일의 계열을 조직하고 의사소통하기 위해 일과를 구조화하는 것 • 주로 일과표(schedule)의 개발과 활용을 통해 이루어지며, 학생은 작성된 일과표로 언제 무슨 과제·활동을 하는지 확인할 수 있음 • 언제 활동이 일어날 것인지, 어떤 활동을 할 것인지, 다음에 어떤 활동을 할 것인지, 학생이 좋아하는 활동은 언제 일어날 것인지 등에 관한 정보를 제공함 • 활동의 예측 가능성을 제공하므로 학생의 불안 감소에 도움이 됨
과제 조직	• 개별 과제 조직은 학생이 수행할 과제의 자료를 조직하는 것으로, 학생이 해야 하는 과제가 무엇인지, 어떻게 과제를 수행해야 하는지, 얼마 동안 과제를 해야 하는지, 얼마나 많은 과제를 해야 하는지, 과제를 완수할 때까지 자신의 수행을 어떻게 점검할 수 있는지, 과제의 완성을 어떻게 확인할 수 있는지, 다음에 해야 하는 것이 무엇인지에 관한 정보를 시각적 지원을 활용하여 학생에게 제공함 • 시각적 지원은 조직화된 개별 과제를 지도하는 데 반드시 필요한 요소로, 이 지원을 통해 학생은 과제 완성 전략을 학습하고 무엇을 성취해야 하는지를 명확하게 학습할 수 있음
작업 시스템 (work system)	• '개별 작업 시스템'이라고도 하는 구조화된 작업 시스템은 교사의 직접적인 지도·감독을 통해 습득한 개별 과제를 연습·숙달하는 시각적으로 조직화된 공간을 의미함 • 목적은 학생이 독립적으로 작업하는 것으로, 어떤 활동을 독립적인 작업 영역에서 수행해야 하는지를 알게 함 • 학생이 해야 하는 작업(어떤 작업을 수행해야 하는지), 해야 하는 작업의 양(얼마나 많은 작업을 해야 하는지), 작업이 종료되는 시점(작업은 언제 끝나는지)의 정보를 제공함

25 2011학년도 중등 2번

김 교사는 전공과에서 직업교육을 받고 있는 자폐성장애 학생의 작업 환경 조정을 위하여 구조화된 교수(TEACCH) 프로그램을 적용하려고 한다. 김 교사가 적용하려는 프로그램의 주요 요소에 해당하는 내용으로 적절하지 <u>않은</u> 것은? [2점]

① 각각의 조립 순서를 그림으로 상세히 제시한다.

② 사무용 칸막이를 이용하여 별도의 작업 공간을 정해준다.

③ 시간대별 활동 계획표를 작성해주어 다음 작업을 예측할 수 있도록 한다.

④ 일과가 끝나면 작업 내용에 대하여 토의하고 다음날의 작업에 대하여 학생에게 설명한다.

⑤ 작업대 위에 견본 한 개와 일일 작업량만큼의 부품들을 올려놓고, 작업대 옆 완성품을 담는 상자에 작업 수당에 해당하는 액수를 적어놓는다.

26 2016학년도 초등 A 6번 일부

다음은 자폐성장애 학생을 지도하기 위해 작성한 '2011 개정 특수교육 교육과정' 중 기본 교육과정 사회과 1~2학년군 '마음을 나누는 친구' 단원의 교수 · 학습 과정안의 일부이다. 물음에 답하시오.

단원	마음을 나누는 친구	제재	친구의 표정을 보고 마음 알기
단계	교수 · 학습 활동	자료(자) 및 유의 사항(유)	
전개	〈활동 1〉 • 같은 얼굴표정 그림카드끼리 짝짓기 • 같은 얼굴표정 상징카드끼리 짝짓기	(자) 얼굴표정 그림카드	얼굴표정 상징카드
	〈활동 2〉 • 같은 얼굴표정 그림카드와 상징카드를 짝짓기 • 학습지 풀기	(자) ㉠ <u>바구니 2개, 학습지 4장</u> (유) (㉡) (자) 〈학습 활동 순서〉 책상에 앉기 / 학습지 준비하기 / 연필 준비하기 / 학습지 완성하기 [A] (유) ㉢ <u>학생이 학습 활동 순서에 따라 학습지를 완성할 수 있도록 시각적 단서를 제공한다.</u>	
	〈활동 3〉 …생략…		

2) 교사가 〈활동 2〉에 '자폐성장애와 관련 의사소통장애 아동의 중재와 교육(TEACCH)'의 구성요소 중 하나인 '작업 시스템(work system)'을 적용하려고 한다. ㉠을 활용하여 ㉡에 들어갈 유의사항의 예를 쓰시오. [1점]

• ㉡: ____________________

27 2021학년도 중등 A 8번

다음은 자폐성장애 학생 D를 지원하기 위한 TEACCH(Treatment and Education of Autistic and Related Communicatio Handicapped Children)의 구조화된 교수 요소이다. 〈작성 방법〉에 따라 서술하시오. [4점]

〈구조화된 교수 요소〉

교수 요소	교사가 학생에게 제공해야 할 정보
(㉠)	• 어떤 활동이 어떤 순서로 일어나는가?
과제 구성	• 무엇을 해야 하는가? • 얼마나 많은 항목을 해야 하는가? • 최종 결과물은 어떠한 것인가?
(㉡)	• 특정 활동을 어디서 해야 하는가? • (글, 상징, 사진 등의 시각적 단서 제공)
㉢ <u>작업 체계</u>	• 수행해야 할 작업은 무엇인가? • 어느 정도 많은 작업을 해야 하는가? • (㉣)

〈작성 방법〉

- 괄호 안의 ㉠, ㉡에 들어갈 교수 요소의 명칭을 순서대로 쓸 것
- 밑줄 친 ㉢을 적용하기 위한 과제로 선정될 수 있는 조건을 1가지 서술하고, 괄호 안의 ㉣에서 제공해야 할 정보를 1가지 제시할 것

28 2019학년도 초등 A 5번 일부

다음은 특수학교 5학년 학생을 지도하는 특수교사의 음악수업 성찰 일지이다. 물음에 답하시오.

수업 성찰 일지

(2018 ○월 ○일)

…생략…

[A]
발표 준비를 위해서 교과 수업 운영 시간을 조정해야겠다. 음악 수업이 한 시간씩 떨어져 있어 아무래도 집중적인 연습이 어려울 것 같다. 두세 시간을 묶는 방식으로 수업시간을 조정해야겠다. 그런데 이미 정해진 일과가 흐트러지면 자폐성장애 학생인 지수가 혼란스러워할 텐데 어떻게 해야 할까?
지난번 연수 후 지수를 위한 환경 구조화의 일환으로 제작해 사용하고 있는 (㉣)을/를 적용해봐야겠다. 벨크로를 이용해 만들었기 때문에 과목카드를 쉽게 붙였다 떼었다 할 수 있다. 그것으로 지수에게 음악 시간과 원래 교과 시간이 바뀌었음을 설명해주면 금방 이해하고 안정을 찾을 것 같다.

그리고 구어 사용이 어려운 지수에게 악기 연습 시간에 사용할 수 있는 그림카드를 만들어주어야겠다. 연주를 시작할 때, 핸드벨 카드를 제시하면 핸드벨을 주는 방식으로 지도해봐야겠다. 지수는 시각적 학습에 익숙한 편이니, ㉤ <u>그림교환 의사소통체계</u>를 활용해봐야겠다.

3) [A]를 참조하여 ㉣에 들어갈 구조화된 지원방법을 쓰시오. [1점]

- ㉣: ______

29 2014학년도 유아 A 2번 일부

다음은 발달지체 유아 지우에 대해 통합학급 김 교사와 특수학교 박 교사가 나눈 대화 내용이다. 물음에 답하시오.

김 교사: 선생님, 지우 때문에 의논드리고 싶은 일이 있어요. 오늘 ㉠ 친구들이 역할놀이 영역에서 집안 꾸미기를 하는데, 지우는 목적 없이 교실을 돌아다니기만 해요. 제가 놀이하는 모습을 보여주려고 해도 쳐다보지 않아요.
박 교사: 그렇다면 지우의 참여 행동을 구체적으로 점검해봐야 할 것 같아요. 참여 행동을 진단하려면 맥윌리엄(R. McWilliam)의 이론에 따라 참여 수준과 함께 (㉡)와(과) (㉢)을(를) 살펴보는 게 좋겠어요.
김 교사: 네, 그래야 할 것 같아요. 또 지우는 한 활동이 끝나고 다른 활동으로 전이하는 것도 힘들어하는 것 같아요.
박 교사: 그러면 ㉣ 지우에게 그림 일과표를 보여주세요. 활동을 마칠 때마다 그림 카드를 떼어 다음 활동을 알 수 있도록 하면 좋을 것 같아요.
김 교사: 아! 그러면 지우의 참여 행동에 도움이 될 수 있겠네요. 참여를 해야 비로소 학습이 시작되고, 그래야 학습한 내용을 습득할 수 있겠지요. 그 다음에 (㉤), 유지와 일반화가 이루어지므로 참여가 중요한 것 같아요.

3) ㉣에서 박 교사가 물리적 환경을 구조화하기 위해 제안한 방법 1가지를 쓰시오. [1점]

•

30 2013학년도 유아 추시 A 6번 일부

다음은 교사 협의회 중 2명의 유아 특수교사가 나눈 대화 내용이다. 물음에 답하시오.

박 교사: 선생님, 저는 ㉠ 요즘 혜수를 위해 학급의 일과를 일정하게 하고 등원 후에는 하루 일과를 그림으로 안내해줘요. 그리고 활동이 끝나기 5분 전에 종을 쳐서 알려줘요.
김 교사: 그래서인지 혜수가 활동에 잘 참여하는 것 같아요. 그런데 걱정하시던 혜수의 언어 평가 결과는 어때요?
박 교사: 다른 부분은 다 좋아졌는데, ㉡ 말의 높낮이, 강세, 리듬, 속도와 같은 언어의 ( ) 측면에서는 전혀 변화가 없어요.
김 교사: 그런 부분은 자폐성장애의 특성 중 하나지요.
박 교사: 그런데 ㉢ 제가 계획한 대로 교수 활동이나 중재 전략을 정확하고 일관성 있게 적용하고 있는지 객관적으로 점검해 보고 싶은 생각이 들어요.
김 교사: 좋은 생각이네요. 교사들도 지속적으로 자신의 교수 실행을 점검할 필요가 있어요. 저는 ㉣ 부모님이나 주변 사람이 아이들의 변화를 느끼고 있는지, 이런 변화가 생활 속에서 의미 있다고 생각하는지도 알아보고 있어요.
박 교사: 맞아요. 그렇게 하면 우리 아이들의 변화를 좀 더 객관적으로 알 수 있겠네요.

1) 다음 문장을 완성하시오. [1점]

㉠과 같이 일과와 환경에서의 구조화는 ( )을(를) 높여 혜수의 활동 참여를 증가시킬 수 있다.

•

31 2014학년도 초등 B 2번 일부

특수학교 손 교사는 자폐성장애 학생 성주가 있는 학급에서 과학과 '식물의 세계' 단원을 지도하고자 한다. (가)는 성주의 행동 특성이다. 물음에 답하시오.

(가) 성주의 행동 특성

- 과학 시간을 매우 좋아하나 한 가지 활동이 끝날 때마다 불안해하며 교사에게 "끝났어요?"라고 말로 계속 확인하기 때문에 학습 활동에 집중하기가 어려움
- 성주가 "끝났어요?"라고 말할 때마다 교사는 남아 있는 학습 활동과 끝나는 시각을 거듭 말해주지만, 성주가 반복해서 말하는 행동은 수업 후반부로 갈수록 증가함

1) (가) 성주의 행동 특성을 고려하여 수업 참여도를 높일 수 있는 구조화 전략을 1가지 쓰고, 적용 이유를 쓰시오. [2점]

- 구조화 전략: ______________________________
- 적용 이유: ______________________________

32 2018학년도 초등 B 5번 일부

(나)는 가정 실습 모형에 따라 자폐성장애 학생을 위해 작성된 '손빨래하기' 수업 활동 개요의 일부이다. 물음에 답하시오.

(나) 활동 개요

차시		5/10	학습주제	손빨래하기
목표		• 손수건을 빨 수 있다.	• 손걸레를 빨 수 있다.	
장소	단계	교수학습 활동		
학교	문제 제기	• 손빨래와 관련 경험 상기 • 손빨래가 필요한 상황에 대하여 이야기하며 학습 목표 제시 및 확인 • 손빨래를 위한 개별화된 과제 제시		
	실습계획 수립	• 손빨래 실습 계획 수립 • 손빨래에 필요한 준비물(빨랫비누, 빨래통, 빨래판 등) 준비 및 기능 설명 • 손빨래 방법 안내		
	시범 실습	• 손빨래 순서에 따른 시범 • ㉡ 시각적 단서를 활용하여 순서에 따라 학생이 직접 손빨래하기 • 손빨래 시 유의할 점 안내		
	㉢	• 부모와 함께 학생이 손빨래를 해보도록 활동 요령 지도		

※ 유의사항: ㉣ 학생에게 그림교환 의사소통체계(PECS)를 통해 '문장으로 의사소통하기' 지도

2) 다음은 (나)의 밑줄 친 ㉡에서 적용한 환경 구조화 전략이다. ⓐ에 들어갈 전략의 명칭을 쓰고, ⓑ에 들어갈 시간의 구조화 전략의 예 1가지를 쓰시오. [2점]

• (ⓐ): 손빨래 활동 영역을 칸막이로 표시함　　• 시간의 구조화: (ⓑ)

- ⓐ: ______________________ • ⓑ: ______________________

33 2019학년도 초등 B 6번 일부

다음은 교육 봉사를 다녀온 예비 특수교사와 지도 교수의 대화 내용이다. 물음에 답하시오.

예비 특수교사: 교수님, 어제 ㅇㅇ학교에 교육 봉사를 다녀왔습니다. 교실 환경이 상당히 인상 깊었는데, 가장 특이했던 것은 교실 한쪽에 있던 커다란 플라스틱 이글루였어요. 입구에 '북극곰의 집'이라고 쓰여 있고 흔들의자도 있는 것 같았어요. 마침 1교시 시작할 때였는데 자폐성장애 학생인 민우가 그 안에서 나오는 거예요. 담임 선생님께 여쭤 보니 민우가 자주 이용하는 곳이라고 하시더군요.

지 도 교 수: 아하! 아마도 (㉠)인가 봐요. 교실 한쪽이나 학교 내 별도 공간에 둘 수 있는데, 물리적 배치를 통해 환경적 지원을 제공하기 위한 거죠. 유의할 점은 타임아웃을 하거나 벌을 주는 공간은 아니라는 겁니다.

…중략…

예비 특수교사: 2교시에는 민우가 흥분이 되었는지 몸을 점점 심하게 흔드는 거예요. 그때 담임 선생님께서 손짓과 함께 "민우야, 북극곰!"하시니까, 갑자기 민우가 목에 걸고 있던 명찰 같은 것을 선생님께 보여주면서 "민우 북극곰, 민우 북극곰" 그러더라고요. 목에 건 거랑 똑같은 것이 민우의 책상과 이글루 안쪽에도 붙어 있었어요.

지 도 교 수: 자폐성장애 학생에게 주로 사용하는 파워카드 전략입니다. 자폐성장애 학생의 (㉡)을/를 활용해 행동 변화의 동기를 제공하는 시각적 지원 전략의 하나죠. 파워카드에는 그림과 (㉢)이/가 사용됩니다.

예비 특수교사: 중재 전략이 정말 다양하군요.

지 도 교 수: 중요한 것은 어떤 전략이든 ㉣ <u>자연스러운 환경에서 적용해야 일반화가 쉽다는 겁니다. 언어중재도요</u>.

1) ① ㉠에 들어갈 적절한 말을 쓰고, ② 그 기능을 1가지 쓰시오. [2점]

- ①: ____________________
- ②: ____________________

02 사회성 지도방법

1. 그림교환 의사소통체계(PECS)

(1) 목적

사회적 의사소통이 어려운 자폐성장애 학생의 사회적 상호작용 · 의사소통 능력을 향상시키기 위해 개발되었다.

(2) 특징

① 행동형성, 차별강화, 자극통제의 전이 등과 같은 행동주의 원리 · 방법을 기반으로 하지만, 사회적 상황 속에서 의사소통 행동을 가르친다는 점에서 자연적 중재 방법도 활용한다고 볼 수 있다.

② 보완 · 대체 의사소통의 한 방법이지만 아동이 의사소통 대상자에게 먼저 접근하고 상호작용을 시작한다는 점에서 차이가 있다.

③ 이 체계에서 사용하는 그림 카드는 시각적 지원 방법이므로 자폐성장애 학생의 특성에 적합하다.

④ 강조하는 교육 내용은 아동이 원하는 것을 '요청하기', '질문에 대답하기', 사회적인 상호작용을 위한 '설명하기(comment)' 등이며, 요청하기를 첫 번째 의사소통 행동으로 가르치는 이유는 아동이 의사소통 대상자에게 원하는 물건을 요청하고 의사소통 대상자가 그에 대한 반응으로 원하는 물건을 즉각적으로 제공하면 자연적으로 의사소통 행동이 강화 받게 되어, 의사소통 동기를 촉진하기 때문이다.

⑤ 일상생활에서 의사소통 대상자와 의미 있는 상호작용을 촉진한다.

⑥ 초기 훈련 단계는 복잡한 선수 기술이 필요하지 않아 초기 의사소통 행동을 습득해야 하는 어린 영유아나 능력이 낮은 자폐성장애 학생에게도 적용할 수 있다.

(3) 적용 방법

① 훈련 단계

단계	1	2	3	4	5	6
내용	교환개념 지도	자발적 교환훈련	그림 변별훈련	문장 만들기	질문에 대답하기	질문에 대한 반응으로 설명하기

② 교환개념 지도와 교환훈련

㉠ 아동이 원하는 것의 선호도를 파악한다(선호도는 몇 가지 사물을 책상 위에 올려 두고 아동이 먼저 집거나 가지고 노는 것, 빨리 사용하는 것이 무엇인지 관찰하여 파악할 수 있음).

ⓐ 선호도 파악 과정의 유의점은 아동에게 원하는 것이 무엇인지 질문하지 않아야 한다는 것이다.

ⓑ 훈련자는 "뭘 줄까? 네가 원하는 것 좀 보여줘. 이거 줄까?" 등의 질문 없이 아동이 좋아할 만한 몇 가지 물건을 제시하여 아동이 선택하는 것을 관찰한다.

㉡ 선호하는 것이 확인되면 아동이 선택한 선호물을 제외한 모든 물건을 치운다.

㉢ 훈련자는 아동이 충분히 볼 수 있는 위치에서 선호물을 보여준 다음 아동이 선호물로 손을 뻗으면 선호물의 그림카드를 아동의 손에 놓는다.

㉣ 아동이 그림카드를 손에 쥐고 있을 때, 훈련자(또는 보조자)는 아동이 그림카드를 훈련자가 내민 손에 놓도록 신체적 안내를 한다.

㉤ 아동이 그림카드를 주는 순간 훈련자는 아동에게 즉각적으로 미소를 지으며, 아동이 원하는 것을 주면서 "그래, 너는 이걸 원했구나? 여기 있어."라고 말한다. 이 단계는 아동이 원하는 것과 아동이 가진 그림카드를 교환한 첫 번째 교환 단계이다.

㉥ 훈련자는 그림카드와 아동이 원하는 것의 교환을 계속하면서 아동이 그림카드를 집는 것에 대해 제공하던 신체적 촉진을 점차 줄인다.

㉦ 훈련자는 아동이 그림카드를 집을 때마다 계속 손을 벌려서 아동이 그 손에 그림카드를 놓을 수 있도록 한다.

㉧ 아동이 훈련자가 벌린 손에 그림카드를 집어 놓을 수 있게 되면 손 벌리기 단서를 줄여나간다.

㉨ 이 단계의 목표는 아동이 테이블 위에 있는 그림카드를 집어 훈련자에게 주고 원하는 것을 받는 것이다.

㉩ 이 단계에서 훈련자는 아동의 앞이나 뒤에 위치한다.

③ 자발적 교환훈련

㉠ 훈련자는 아동으로부터 조금 더 멀리 떨어지고 의사소통판도 보다 멀리 놓는다.

㉡ 이 단계에 아동은 교환을 하려면 의사소통 대상자에게 가까이 가서 그림을 가져야 한다는 것을 배운다.

㉢ 이때 훈련자는 아동이 의사소통 대상자를 향해 움직이는 것, 의사소통 대상자의 손을 향해 움직이는 것을 촉진한다.

㉣ 유의점은 여러 의사소통 대상자(훈련자)에게 훈련을 받도록 해, 다양한 사람과 의사소통할 수 있도록 해야 한다는 점이다.

㉤ 또한 이 단계에 2명의 훈련자가 참여하는데, 훈련자 1은 아동으로부터 조금 멀리 이동하여 아동이 그림에 다가가게 하고, 훈련자 2는 아동이 훈련자 1의 얼굴 · 어깨를 만지도록 시범 보이거나 신체적으로 촉진한다.

㉥ 구체적인 방법

ⓐ 훈련자가 아동이 원하는 물건을 들고 아동이 가까이 가려고 하면 약간 뒤로 물러나 아동이 훈련자에게 접근하기 위해 일어나도록 한다.

ⓑ 교환이 이루어지면(아동이 그림카드를 주면), 훈련자는 아동에게 원하는 물건(과자 제공)과 사회적 강화("음, 너는 이 과자를 원했구나.")를 제공한다.

ⓒ 훈련자는 이와 같은 훈련을 계속하면서 아동과의 거리를 점차 늘려나간다.

ⓓ 이 단계의 마지막에 아동은 의사소통판으로 가서 의사소통판에 있는 그림카드를 떼어낸 후, 훈련자에게 가서 그의 손에 카드를 놓을 수 있게 된다.

④ 그림 변별훈련

㉠ 의사소통판에 있는 둘 이상의 그림을 변별하는 것을 습득한다.

㉡ 교사는 의사소통판에 아동이 선호하는 것과 선호하지 않는 (혹은 중립적인) 것의 그림카드를 붙이고 아동에게 잘 보이게 놓아두는데, 이때 언어적 촉진은 하지 않는다.

㉢ 아동이 그림카드를 집어 주면 교사는 원하는 물건과 교환하도록 그림카드에 있는 것(예 작은 과자)을 준다.

㉣ 아동이 교사가 든 물건과 다른 그림의 그림카드를 집으려고 하면 "우리는 이것을 가지고 있지 않아요."라고 말하면서 적절한 물건의 그림카드를 집도록 촉진한다.

㉤ 아동에게 촉진이나 도움을 제공하여 그림 간의 차이를 변별할 수 있도록 지속적으로 연습 기회를 제공하고 80% 정도의 정반응을 보일 때까지 계속한다.

㉥ 그림카드의 위치를 계속 바꿔, 아동이 그림카드의 위치를 기억하고 이에 따라 반응하지 않도록 한다.

㉦ 아동이 원하는 새 그림카드를 계속 추가한다거나 그림의 크기 · 색깔을 다르게 하여 연습할 수도 있다.

⑤ 문장 만들기(문장으로 표현하기)

㉠ 4단계에 이르면 대개 아동의 의사소통 판에 12 ~ 20개 정도의 그림카드가 포함되므로 그림카드의 크기를 조금 줄여 의사소통판이나 의사소통 책에 정리해두고, 그림카드의 수가 많아지면 유형 · 영역 체계에 따라 분류하여 쉽게 사용할 수 있도록 한다.

예 음식, 장난감, 활동, 개인적 요구 등과 같이 주제별로 정리하여 색인 표시를 하는 것

㉡ 아동은 몇몇 의사소통 대상자와 여러 가지 요구나 바라는 것의 의사소통적 교환을 할 수 있게 된다.

㉢ 아동에게 '나는 ~을 원해요.'라는 문장을 사용하여 '원하는 것 요청하기'를 가르친다.

㉣ '나는 원해요' 그림카드는 문장 띠에 미리 붙여놓고, 아동이 원하는 사물의 그림카드를 붙인 후 의사소통 띠를 의사소통 대상자에게 제시하게 하는데, '나는 원해요' 그림카드는 보통 오른쪽 구석 문장 띠에 고정한다.

㉤ 훈련은 아동이 활용 가능한 전체 단어를 문장 띠에 사용할 수 있을 때까지 계속한다.

㉥ 아동의 일상 환경을 구조화하여 하루 일과 전체 동안 다양한 의사소통 기회 속에서 연습할 때까지 계속한다.

㉦ **문장 띠 사용법**: 문장 띠는 약 4인치 × 1.5인치 크기로 만들어 의사소통 판의 오른쪽 아래 모서리나 중앙에 붙이고, 이 문장 띠에 '나는'과 '원해요'라는 2개의 단어를 의미하는 그림카드로 각각 붙이지 않고, '나는 원해요'라는 의미의 그림카드를 사용한다.

⑥ "뭘 줄까?"라는 질문에 대답하기

㉠ 목표는 아동이 일상생활 중 "뭘 줄까?"라는 질문에 대답하고 원하거나 필요한 물건 · 행동을 요청하는 것이다.

㉡ 원하는 물건과 '나는 이것을 원해요.'라는 카드를 의사소통판에 제시하는 것으로 시작한다.

㉢ 교사는 '나는 이것을 원해요.' 카드를 가리키며 "뭘 줄까?"라고 질문한다.

㉣ 아동이 원하는 카드를 들어 문장 띠에 붙여 '문장'을 완성하면 원하는 물건을 그림카드와 교환하게 되며, 점차 "뭘 줄까?"라는 질문과 원하는 그림을 가리키는 시간은 0.5초에서 1초 정도로 짧아진다.

⑦ 질문에 답하면서 설명하기

㉠ 지금까지 아동이 다양한 상황 · 사람을 대상으로 '요청하기' 의사소통 기능을 사용하도록 훈련했다.

㉡ 이 단계의 목적은 '새로운 의사소통 기능을 가르치는 것'으로 '명명하기' 또는 '이름 붙이기', 즉 "무엇을 보고 있니?"라는 새로운 질문과 앞서 습득한 "뭘 줄까?"라는 질문에 적절히 대답하게 한다.

㉢ 원하는 것은 아니지만 요청할 수 있는 물건으로 시작하며 5단계처럼 지연된 촉진을 사용한다.

㉣ 훈련자는 테이블 위에 약간 선호하는 물건을 두고 '나는 이것을 보고 있어요.' 또는 '나는 이것을 원해요.' 그림카드를 올려 두거나 참조 그림과 문장 띠가 있는 의사소통판 위에 이와 유사한 구를 놓는다.

㉤ 참조 물건을 집으면 "뭘 보고 있니?" 질문하며 '나는 ~을 보고 있어요.' 카드를 지적하게 한다.

㉥ 아동이 이 카드를 바로 지적하지 못할 경우, 이 카드를 문장 띠에 올려놓고 훈련자가 신체적으로 안내하여 아동이 지적하도록 한다.

㉦ 카드를 문장 띠에 올려놓은 후 훈련자는 아동이 문장 띠에 원하는 물건의 그림카드를 올려놓는지 알아보기 위하여 5초 정도 기다리고, 아동이 적절히 반응하면 훈련자는 "그래, 너는 ~를 보았구나."라고 설명하고 아동이 본 것과 연관되지 않은 작은 보상물을 준다. 아동이 이름을 말한 물건은 보상으로 제공하지 않는데, 이유는 아동이 그 물건을 요청했다는 사인으로 혼동할지 모르기 때문이다.

㉧ 아동이 "뭘 보고 있니?"라는 질문에 대답할 수 있게 되면 "뭘 보고 있니?"라는 질문과 "뭘 줄까?"라는 질문을 섞어서 제시하며, 이때 핵심은 "뭘 줄까?"라는 질문에 답할 경우 원하는 것을 제공하고, "뭘 보고 있니?"라는 질문에 답할 경우 원하는 것을 제공하지 않는다는 점이다.

㉨ "뭘 보고 있니?"라는 질문에 정확히 답할 경우, 명명한 물건이 아닌 보다 효과적인 강화제를 주어 강화한다 (예 토큰 등의 보상물, 칭찬 등).

㉩ "뭘 보고 있니?"라는 질문에 따른 반응을 잘 습득한 경우, 점차 물질 강화제는 소거하고 사회적 강화에 반응하게 한다.

㉪ 구체물과 같은 물질 강화를 소거하는 것은 자발적 명명 · 언급하기를 가르칠 때 매우 중요하다.

(4) 장점

① 주고-받기의 교환성 의사소통 개념, 상호작용을 촉진하고 자발성을 강화한다.

② 언어적 촉구 없이도 자발적으로 의사소통을 시작할 수 있다.

③ 반향어나 알아듣기 어려운 말을 사용하는 학생에게도 효과적이다.

④ 어휘가 향상되고 의사소통 기능이 개선된다.

⑤ 사회적 상호작용을 용이하게 할 수 있고, 구어의 발생을 촉진한다.

⑥ 구어를 사용하지 못하는 학생과 언어를 거의 사용하지 않는 학생에게 효과적이다.

(5) 단점

초기 훈련 단계에 2명 이상의 교사가 필요하다.

예 PECS를 시작할 때 훈련자 두 사람이 한 학생을 대상으로 하여, 한 훈련자는 학생이 좋아하는 물건을 들고 의사소통 상대자의 역할을 하고, 다른 훈련자는 학생의 옆이나 뒤에 앉아 학생이 그림을 선택하여 대상자에게 내밀고 그 손에 놓도록 신체적 촉진을 제공한다.

34 2009학년도 초등 1번

〈보기〉는 구어가 전혀 발달되지 않았을 뿐 아니라, 비언어적 의사소통에도 어려움을 보이는 동건이에게 유 교사가 그림교환 의사소통체계(PECS; Picture Exchange Communication System)를 지도한 방법의 예시이다. 지도 절차가 순서대로 제시된 것은? [1.4점]

〈보기〉

㉠ 동건이가 그림카드를 사용하여 문장판에 문장을 만들고 그것을 교사에게 제시하도록 지도하였다.
㉡ 동건이가 원하는 그림카드를 교사에게 주면 해당하는 사물을 주어 교환의 개념을 알도록 지도하였다.
㉢ 동건이가 선호하는 사물의 그림카드의 선호하지 않는 사물의 그림카드 중 선호하는 것을 식별하도록 지도하였다.
㉣ 동건이가 자신의 의사소통 판으로 가서 그림카드를 가져와 교사에게 주면 해당하는 사물을 주어 자발적으로 교환하도록 지도하였다.

① ㉡ - ㉢ - ㉠ - ㉣
② ㉡ - ㉣ - ㉢ - ㉠
③ ㉢ - ㉡ - ㉣ - ㉠
④ ㉢ - ㉣ - ㉠ - ㉡
⑤ ㉣ - ㉡ - ㉢ - ㉠

35 2014학년도 중등 A (기입형) 15번

다음은 특수학교에 재학 중인 자폐성장애 학생 A를 위해 특수교사인 박교사와 특수교육 실무원이 그림교환 의사소통체계(PECS; Picture Exchange Communication System) 훈련 6단계 중 일부 단계를 실시한 내용이다. 제시된 내용의 바로 다음 단계에서 학생 A가 배우게 되는 과제를 쓰시오. [2점]

학생 A와 의사소통 상대자인 박 교사는 서로 마주 보고 앉고, 실무원은 학생 A의 뒤에 앉는다. 실무원은 학생 A가 테이블 위에 놓여 있는 그림카드를 집어서 박 교사에게 줄 수 있도록 신체적 촉진을 제공한다. 이때 실무원은 언어적 촉진은 제공하지 않는다. 학생 A가 박 교사에게 자신이 좋아하는 야구공이 그려진 그림카드를 집어 주면, 박 교사는 "야구공을 갖고 싶었구나!"라고 하면서 학생 A에게 즉시 야구공을 준다. 이와 같은 방식으로 학생 A가 하나의 그림카드로 그 카드에 그려진 실제 물건과의 교환을 독립적으로 하게 되면, 박 교사는 학생 A와의 거리를 점점 넓힌다. 학생 A가 박 교사와 떨어져 있는 상황에서도 하나의 그림카드를 박 교사에게 자발적으로 가져다주면, 박 교사는 학생 A에게 그 그림카드에 그려진 실제 물건을 준다.

• ______________________

36 2016학년도 유아 B 3번 일부

통합학급 5세 반 활동의 예시이다. 물음에 답하시오.

> 자폐성장애 유아인 정호는 버스 그리기를 좋아하며, 직선과 원을 그릴 수 있어 최근에는 십자형태 그리기를 배우고 있다. 박 교사는 교통기관 그리기 활동시간에 그림교환 의사소통체계를 활용하여 정호의 자발적 의사소통도 지도하고 있다.
>
> 박 교사: (버스 밑그림이 그려진 도화지를 들고 있다.)
> 정　호: (도화지를 보자마자 가져가려고 한다.)
> 박 교사: (도화지를 주지 않고, 버스 그림카드와 기차 그림카드가 붙어있는 그림교환 의사소통판을 보여주고, 정호가 고를 때까지 기다린다.) ┐
> 정　호: (그림교환 의사소통판을 바라보고 버스 그림카드를 떼어서 교사에게 건넨다.) [A]
> 박 교사: (버스 밑그림이 그려진 도화지를 정호에게 건네준다.) ┘
> 정　호: (신이 나서 ㉠ 버스에 눈, 코, 입을 그린다. 십자형이 들어간 원을 그린다.)
> 박 교사: 와! 바퀴도 그렸네요.
> 정　호: (㉡ 도화지의 여백에 십자형이 들어간 원 여러 개를 한 줄로 나열하여 그린다.)

3) 그림교환 의사소통체계(PECS) 6단계 중 (나)의 [A]에 해당하는 단계의 지도 목적을 쓰시오. [1점]

• ______________________________

37 2019학년도 초등 A 5번 일부

다음은 특수학교 5학년 학생을 지도하는 특수교사의 음악수업 성찰 일지이다. 물음에 답하시오.

> 수업 성찰 일지
>
> (2018 ○월 ○일)
>
> …생략…
>
> [A] 발표 준비를 위해서 교과 수업 운영 시간을 조정해야겠다. 음악 수업이 한 시간씩 떨어져 있어 아무래도 집중적인 연습이 어려울 것 같다. 두세 시간을 묶는 방식으로 수업시간을 조정해야겠다. 그런데 이미 정해진 일과가 흐트러지면 자폐성장애 학생인 지수가 혼란스러워할 텐데 어떻게 해야 할까?
> 지난번 연수 후 지수를 위한 환경 구조화의 일환으로 제작해 사용하고 있는 (㉣)을/를 적용해봐야겠다. 벨크로를 이용해 만들었기 때문에 과목카드를 쉽게 붙였다 떼었다 할 수 있다. 그것으로 지수에게 음악 시간과 원래 교과 시간이 바뀌었음을 설명해주면 금방 이해하고 안정을 찾을 것 같다.
>
> 그리고 구어 사용이 어려운 지수에게 악기 연습 시간에 사용할 수 있는 그림카드를 만들어주어야겠다. 연주를 시작할 때, 핸드벨 카드를 제시하면 핸드벨을 주는 방식으로 지도해봐야겠다. 지수는 시각적 학습에 익숙한 편이니, ㉤ 그림교환 의사소통체계를 활용해봐야겠다.

4) 다음은 ㉤에 대한 설명이다. 적절하지 않은 것 2가지를 찾아 ①과 ②에 각각 기호를 쓰고 바르게 고쳐 쓰시오. [2점]

> ⓐ 교환개념 훈련 단계에 교환개념을 획득할 때, 학생의 선호보다 교과에 사용된 단어의 그림카드를 우선적으로 사용한다.
> ⓑ 자발적 교환훈련 단계에서는 '아, ○○을 좋아하는구나!' 등과 같은 사회적 강화를 제공한다.
> ⓒ 자발적 교환훈련 단계에서는 보조교사가 신체적 지원을 서서히 줄여나가야 한다.
> ⓓ 변별학습 단계에서 제시하는 그림카드는 선호도의 차이가 큰 세트부터 먼저 지도한다.
> ⓔ 변별학습 단계에서는 목표로 하는 그림카드가 아닌 다른 그림카드를 제시하는 행동에 대해서도 보상을 해준다.

• ①: ______________ • ②: ______________

38 2020학년도 유아 A 1번 일부

(나)는 5세 자폐범주성 장애를 가진 민호의 어머니가 가입한 장애아동 부모 커뮤니티의 게시물이다. 물음에 답하시오.

(나) 커뮤니티 게시글

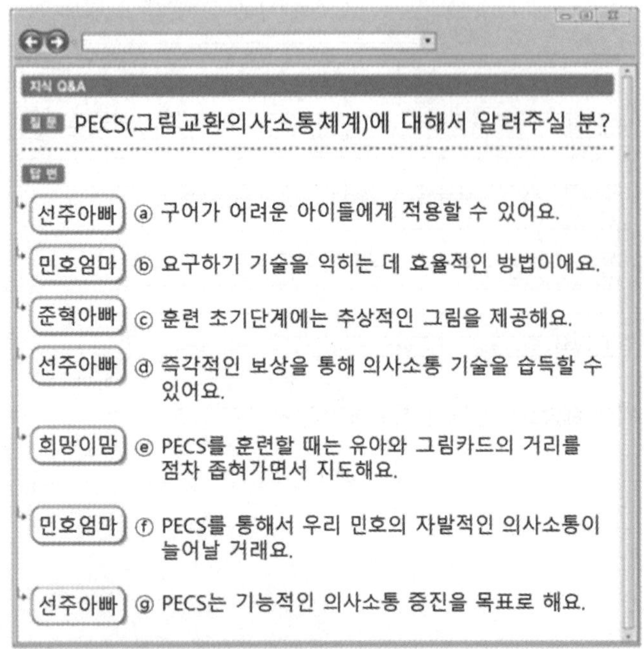

2) (나)의 ⓐ~ⓖ 중 <u>틀린</u> 것을 2가지 찾아 기호를 쓰고, 각각 바르게 고쳐 쓰시오. [2점]

• ______________________________

• ______________________________

2. 상황이야기

(1) 개요

① 자폐성장애 학생의 특성을 고려하여 이들이 매일 접하는 비구어적인 사회적 정보를 구체적 · 명시적인 정보로 설명함으로써 사회적 상황을 예측하게 하고 기대되는 사회적 행동을 할 수 있도록 돕는 것을 목적으로 한다.

② 사회적 상황에 대한 구체적 정보를 제공하여 현재 어떤 일이 일어나고 있는지, 왜 일이 일어났는지 등을 알게 하고, 상황 속에서 다른 사람은 어떻게 행동할 것인지, 나는 어떤 행동을 해야 하는지와 다른 사람의 정서적 반응은 어떠할지 등의 구체적인 정보를 제공한다.

③ 사회적 상황부터 시작하여 상호작용 대상자의 입장 · 생각을 명시적으로 안내하고 그 상황에서 기대되는 사회적 행동은 무엇인지를 구체적으로 설명한다.

(2) 특징

① 글자, 그림을 기반으로 하는 시각적 자료로 구성되어 자폐성장애 학생의 강점인 시각적 능력을 활용할 수 있어 긍정적 · 반복적으로 사용할 수 있다.

② 학생과 상황에 관한 개별화된 정보를 수집하여 이야기를 구성하기 때문에 개별 학생에 적합한 내용과 문장으로 구성된다.

③ 학생을 잘 아는 부모와 교사가 직접 관찰한 내용에 근거하여 작성하므로 실제적이고 개별 학생에 적합한 내용으로 구성하여 즉각 적용할 수 있다.

④ 이야기의 주제는 일상생활 중 개별 학생이 어려움을 겪는 사회적 상황에 관련한 것이므로 사회적 상황에 대한 이해 능력이 향상되고 다른 사람과의 적절한 의사소통 방법을 습득하게 된다.

⑤ 다른 사람과 자신의 생각 · 감정을 명시적으로 설명하여, 자신과 다른 사람의 감정을 이해하는 데 도움이 된다.

⑥ 학생이 수행해야 하는 적절한 행동을 구체적 · 간략하게 제시하여 바람직한 사회적 행동 수행을 돕는다.

(3) 상황이야기의 개발 및 적용

① 1단계: 상황이야기 주제 선정

㉠ 상황이야기는 어려움을 경험하는 사회적 상황이나 앞으로 일어날 일의 예측 가능성을 높이는 내용으로 구성하기 때문에 학생에게 필요한 주제를 선정해야 한다.

㉡ 상황이야기 주제를 설정하기 위한 구체적인 정보는 부모, 교사와 같이 아동을 잘 아는 사람이 수집하며 먼저 학생이 주로 어려움을 경험하는 상황을 파악한다.

② 2단계: 학생과 상황에 관한 개별화된 정보 수집

㉠ 상황이야기 작성에 앞서 다양한 정보를 수집하는데, 그 이유는 상황이야기가 필요한 주제를 설정하고 이야기 구성에 필요한 기본 정보를 파악하기 위함이다.

㉡ 정보 수집 시 학생이 겪는 어려움은 무엇인지, 어려움의 정도는 어느 정도인지, 어떤 상황에서 가장 많은 어려움이 있는지를 파악한다.

㉢ 이야기 내용과 작성 방법을 구성하기 위해 아동의 언어 이해 능력은 어느 정도인지, 글을 읽을 수 있는 아동인지, 좋아하는 것은 무엇인지 등과 같은 아동의 특성 · 발달 정보도 파악한다.

㉣ 이 정보는 교사, 부모와 같이 아동을 잘 아는 사람과 면담하거나 아동을 직접 관찰하는 방법 등을 활용해 수집한다.

㉤ 설명문 유형

유형	내용	예시
설명문	관찰 가능한 상황적 사실을 설명하는 문장과 사실에 관련한 사회적인 가치나 통념에 대한 내용을 제시함	• **사실 설명**: 용돈은 나에게 필요한 것을 살 수 있도록 부모님이 주시는 돈입니다. • **사회적 가치 및 통념**: 용돈을 아끼기 위해 필요한 물건만 구입하는 것은 매우 현명한 일입니다.
조망문	다른 사람의 마음 상태, 생각, 느낌, 믿음, 의견, 동기, 건강 및 다른 사람이 알고 있는 것에 대한 정보 등을 제시함	• **다른 사람이 알고 있는 것에 대한 정보**: 내 친구는 나에게 무엇이 필요한지 알고 있습니다. • **느낌과 생각**: 우리 부모님은 내가 맛있는 음식을 골고루 먹을 때 매우 기뻐하십니다.
긍정문	일반적인 사실이나 사회적 규범 · 규칙 등의 내용을 강조하기 위한 문장으로 '확정문' 또는 '강조문'으로 알려짐	• 도서관에서 친구에게 꼭 해야 할 말이 있을 때는 아주 작은 목소리로 말할 것입니다. 그것은 매우 중요합니다. • 친구의 물건을 사용하고 싶을 때는 친구의 허락을 받은 후 사용할 것입니다. 이것은 매우 중요합니다.

㉥ 코칭문 유형

유형	내용	예시
청자 코칭문	이야기를 듣는 학생이 할 행동 · 반응을 제안하는 지시문에 해당함	쉬는 시간에 나는 그림을 그리거나 책을 읽거나 다른 조용한 활동을 할 수 있습니다.
팀원 코칭문	양육자나 교사와 같은 팀 구성원이 학생을 위해 할 행동을 제안하거나 떠올리도록 하는 협조문에 해당함	우리 엄마는 수건 접는 방법을 알려주실 겁니다.
자기 코칭문	학생이 부모나 교사와 함께 이야기를 검토하며 이야기의 구성에 참여하는 것으로, 학생의 주도권을 인정하고 스스로 이야기를 회상하며 여러 시간과 장소에서 이야기의 내용을 일반화하게 돕는 통제문에 해당함	선생님이 "눈과 귀를 교실 앞에 두어라."라고 하시면 나는 선생님이 하시는 말씀을 잘 듣고 선생님의 행동을 잘 보라는 것을 뜻하는 말로 이해하고 그것을 지키려고 노력하겠습니다.

㉦ 내용을 이해했는지 점검하는 미완성문도 이야기 작성 문장 유형에 포함될 수 있으며, 미완성문은 이야기에 빈칸을 남겨 청자(대상 학생)가 이야기 내용을 잘 이해했는지 확인하거나 다음 단계에 어떤 일이 일어날지 추측하는 데 사용한다.

예 '오늘 우리 선생님이 학교에 나오지 못하셨습니다. 왜냐하면 ______________________.', '내가 아파서 보건실에 가야 한다면 먼저 선생님께 말씀 드리고 선생님의 허락을 받겠습니다. 만일 허락 없이 보건실로 간다면, 선생님께서는 ______________________.'

③ 3단계: 상황이야기 작성

㉠ 개별 수집된 정보에 근거하여 작성하고 이야기에 대상 학생의 관심을 포함해야 한다.

㉡ 작성 시 유의사항

ⓐ 묘사하는 사회적 상황, 사회적 단서, 반응은 가능한 한 긍정문으로 구성한다.

ⓑ 문장 수준은 개별 학생의 전반적인 인지 능력이나 언어 이해 수준에 적합해야 하고 이미 작성된 이야기를 활용할 경우 아동의 수준에 맞게 수정한다.

ⓒ 사회적 상황에서 어떤 일이 일어나고 있는지 그럴 때 어떤 행동을 해야 하는지, 다른 사람의 마음은 어떠한지, 그러므로 나는 어떤 행동을 해야 하는지 등의 구체적 · 명시적인 사회적 정보와 학생이 해야 하는 구체적인 사회적 행동을 제시한다.

ⓓ 이야기는 학생의 일상생활과 관련된 내용으로 구성한다.

ⓔ 기본적으로 글자라는 시각적 단서를 활용하고 글로 된 이야기의 이해를 돕기 위해 각 이야기에 그림이나 사진을 추가할 수 있어 읽기 기술이 부족한 아동에게도 효과적으로 활용할 수 있고, 읽기 능력이 전혀 없는 학생의 경우 그림 · 사진 자료만으로 이야기를 구성하여 지도할 수 있다.

ⓕ 문장은 1인칭 또는 3인칭으로 서술한다.

ⓖ 가능한 한 짧은 이야기로 구성하고 한 페이지에 너무 많은 정보가 포함되지 않도록 한다.

ⓗ 학생의 선호도 · 흥미를 이야기에 포함한다.

④ 4단계: 상황이야기 적용

㉠ 상황이야기 적용 시 유의사항

ⓐ 조용하고 편안한 장소에서 긍정적 태도로 이야기를 읽으며, 이야기 소개는 진지하고 침착하게 한다.

ⓑ 상황이야기를 처음 소개하는 단계이거나 대상 학생이 어린 경우 교사와 아동이 나란히 앉아 이야기를 읽는 것이 바람직하고 초기에는 교사와 함께 읽다가 점차 학생이 스스로 상황이야기를 읽는 것에 익숙해지면 교사의 지원을 줄인다.

ⓒ 읽는 빈도는 아동의 여러 특성을 고려하여 결정한다.

예 상황이야기가 매일 발생하는 일상에 관련한 내용일 경우 매일 한 번씩 이야기를 읽게 할 수도 있고 경우에 따라서는 아침 등교 직후에 한 번, 점심 식사 후 한 번과 같이 하루에 두 번 읽도록 할 수도 있다.

ⓓ 아동의 요구에 부합해야 하고 읽기 싫은 아동에게 강요하거나 억지로 시키면 안 된다.

ⓔ 상황이야기는 이야기만 읽지 않고 실제 상황과 관련된 활동과 연계할 수도 있다.

예 이야기 속 상황을 연극놀이로 해보는 것

39 2009학년도 중등 21번

다음은 자폐성장애 학생에게 '병원에서 적절한 행동하기'를 가르치기 위해 개발된 '사회적 이야기(social stories)'의 예다. 이 이야기에 대해 옳은 것을 〈보기〉에서 고른 것은? [2점]

> 병원 대기실에는 의자가 있다. 아파서 병원에 온 사람들은 진찰을 받기 위해 의자에 앉아 있다. ㉠ 일반적으로 사람들은 아프기 때문에 의자에 앉아서 기다리고 싶어 한다. 때때로 어린아이들은 대기실에서 뛰어다닌다. 어린아이들은 일반적으로 가만히 앉아 있기 힘들기 때문에 뛰어다닐 수 있다. 나는 중학생이기 때문에 가만히 앉아서 기다릴 수 있다. 아버지는 내가 가만히 앉아서 기다릴 수 있도록 나에게 퍼즐을 주시면서 "퍼즐을 맞춰라."라고 말씀하실 것이다. ㉡ 나는 가만히 앉아서 기다리기 위해 퍼즐을 맞춘 후 아버지에게 퍼즐을 다 하였다고 말할 것이다. 아버지는 내가 가만히 앉아서 퍼즐을 하고 있다면 좋아하실 것이다.

〈보기〉

ㄱ. ㉠은 지시문이다.
ㄴ. ㉡은 통제문이다.
ㄷ. 개별화된 인지적 중재 방법이다.
ㄹ. 학생들이 해야 할 행동을 기술하기 위하여 쓴 글이다.
ㅁ. 학생들이 사회적 상황과 상대방의 입장을 이해할 수 있도록 돕는다.

① ㄱ, ㄴ, ㄹ　② ㄱ, ㄴ, ㅁ　③ ㄱ, ㄷ, ㄹ　④ ㄴ, ㄷ, ㅁ　⑤ ㄷ, ㄹ, ㅁ

40 2013학년도 유아 A 7번

수호는 만 5세 고기능 자폐성장애 유아로 유치원 통합학급에 재원 중이다. 다음은 자유놀이 상황에 대한 김 교사의 관찰 및 중재 내용이다. 물음에 답하시오. [5점]

수호와 영미는 자유놀이 시간에 블록 쌓기를 하는 중이다. 영미는 다양한 색의 블록을 사용하여 집을 만들려고 하였다. 반면에 수호는 빨강색을 너무 좋아해서 빨강색 블록만을 사용하여 집을 만들려고 하였다. 영미가 다른 색의 블록으로 쌓으려 하면, 수호는 옆에서 블록을 쌓지 못하게 방해하였다. 결국 블록 집은 수호가 좋아하는 빨강색 블록만으로 만들어졌다. 이에 기분이 상한 영미는 수호에게 "이제 너랑 안 놀아!"라고 하며, 다른 친구에게로 갔다.

이것을 옆에서 지켜보던 김 교사는 수호를 위해 그레이(C. Gray)의 이론을 근거로 아래와 같은 (㉠)을(를) 제작하여 자유놀이 시간이 되기 전에 여러 번 함께 읽었다.

[친구와 블록 쌓기 놀이를 해요]

나는 친구들과 블록 쌓기를 해요.
친구들은 블록 쌓기를 좋아하고 나도 블록 쌓기를 좋아해요.
나와 영미는 블록으로 집을 만들어요.
나는 빨강색을 좋아하지만, 영미는 여러 색을 좋아해요.
빨강 블록 집도 예쁘지만 다른 색으로 만들어도 멋있어요.
여러 색으로 집을 만들면 더 재밌어요.
그러면 영미도 좋아해요. 나도 좋아요.
㉡ <u>나는 친구들과 여러 색으로 블록 쌓기 놀이를 할 수 있어요</u>.

또한, 김 교사는 다양한 놀이 상황에서 수호가 실수를 한 후 자신의 잘못을 깨닫게 하는 중재법을 적용하였다. ㉢ <u>이 중재법</u>은 수호가 잘못한 상황을 돌이켜보도록 함으로써, 자신의 잘못으로 인해 다른 친구들이 마음의 상처를 받을 수 있다는 것을 이해하도록 도와주는 것이다.

1) **㉠에 들어갈 말을 쓰시오.** [1점]

• ㉠: ______

2) **김 교사가 ㉠을 적용하였을 때, 기대되는 수호의 변화를 2가지 쓰시오.** [2점]

• ______

• ______

3) **㉡과 같은 문장의 기능을 쓰시오.** [1점]

• ______

4) **㉢의 중재법이 무엇인지 쓰시오.** [1점]

• ______

41 2020학년도 유아 A 1번 일부

(다)는 5세 자폐범주성장애 민호와 진우에 대한 교사의 반성적 저널의 일부이다. 물음에 답하시오.

(다) 반성적 저널

> 우리 반 진우는 생일잔치에 참여하는 데 어려움이 있다. 그래서 다음과 같은 문장을 활용하여 지도하였다.
>
> [A]
> 오늘은 ○○ 생일이에요.
> 교실에서 생일잔치를 해요.
> 케이크와 과자가 있어요.
> 나는 기분이 참 좋아요.
> 친구들도 즐겁게 웃고 있어요.
> 모두 신났어요.
> 나는 박수를 쳐요.
> 선생님도 기뻐해요.
> 앞으로 나는 친구들과 생일잔치에서 즐겁게 놀 거예요.
>
> …하략…

3) (다)의 [A]는 5세 반 담임교사가 진우의 마음이해 능력을 촉진하기 위한 전략에 활용한 것이다. ① 이 전략을 무엇이라고 하는지 쓰고, ② [A]에서 친구들의 마음을 잘 읽을 수 있는 문장 중 1가지 찾아 쓰시오. [2점]

- ①: ______________________
- ②: ______________________

42 2021학년도 초등 A 4번 일부

(가)는 사회과 수업 설계 노트의 일부이다. 물음에 답하시오.

(가) 수업설계노트

○ 기본 교육과정 사회과 분석
- 내용 영역: 시민의 삶
- 내용 요소: 생활 속의 질서와 규칙, 생활 속의 규범
- 내용 조직: ㉠ 나선형 계열구조

○ 은수의 특성
- 3어절 수준의 말과 글을 이해함
- 말이나 글보다는 그림이나 사진 자료의 이해도가 높음
- 통학버스 승하차 시, 급식실, 화장실에서 차례를 지키지 않음

[A]

○ 목표
- 순서를 기다려 차례를 지킬 수 있다.

○ 교수 · 학습 방법
- 사회 상황 이야기

문제 상황
은수는 수업을 마치고 통학버스를 타러 달려간다. 학생들이 통학버스를 타려고 줄을 서서 기다리고 있을 때 맨 앞으로 기어든다.

[B]

○ 평가 방법
- 자기평가
  - 교사에 의해 설정된 준거와 비교하기
  - (㉡)와/과 비교하기
  - 다른 학생들의 수준과 비교하기
- 교사 관찰: ㉢ 상황 간 중다기초선설계
- 부모 면접

2) [A]와 [B]를 고려하여 '사회 상황 이야기'를 개발하려고 한다. ① 은수에게 사용할 수 있는 조망문(perspective sentences)의 예를 1가지 쓰고, ② '사회 상황 이야기' 카드 제작 시 제공할 수 있는 시각적 단서의 예를 1가지 쓰시오. [2점]

- ①: ______
- ②: ______

3. 파워카드

(1) 개요

① 아동의 특별한 관심을 사회적 상호작용 교수에 포함하는 시각적 지원 방법이다.

② 자폐성장애 아동은 대부분 제한된 · 특별한 관심을 보이며 이 관심은 어린 시기부터 나타나는데, 파워카드 전략은 이 특별한 관심을 긍정적으로 활용한 대표적인 강점 중심의 중재 방법이자 사회적 담화의 한 유형이다.

(2) 파워카드 전략의 요소

① 간단한 시나리오

㉠ 학생이 영웅시하는 인물이나 특별한 관심사, 힘들어하는 행동 · 상황에 대한 간략한 시나리오를 작성한다.

㉡ 시나리오는 대상 학생의 인지수준을 고려하여 작성하며, 간략한 시나리오에 학생의 특별한 관심사에 해당하는 그림도 넣는다.

㉢ 첫 문단에 영웅이나 롤 모델이 등장하여 문제 상황에 대한 해결 또는 성공 경험을 제시한다. 두 번째 문단에는 3~5단계로 나눈 구체적인 행동을 제시하여 새로운 행동을 습득하게 한다.

② 명함 크기의 파워카드

㉠ 특별한 관심 대상의 작은 그림과 문제행동 · 상황의 해결 방안을 제시한 파워카드는 학생이 습득한 행동을 일반화하는 방안으로도 활용되며, 학생이 지갑이나 주머니에 넣고 다니거나 책상 위에 두고 볼 수 있게 한다.

㉡ 파워카드 활용 예시

[상황 제시]

치타와 친구들은 미술 시간에 색종이로 꾸미기를 좋아합니다. 그런데 치타에게 색종이가 부족한 경우가 있습니다. 그럴 때 치타는 친구에게 "친구야, 네 색종이를 같이 써도 되니?"라고 친구의 생각을 물어봅니다. 친구 물건을 같이 쓰고 싶을 때는 친구의 허락을 받아야 합니다. 그래야 치타도 친구도 즐겁게 색종이로 꾸미기를 할 수 있습니다. 치타는 친구의 허락을 받고 친구의 물건을 빌릴 수 있습니다.

[해결 방안]

필요한 물건을 친구에게 빌려야 할 때의 순서 ① 치타는 색종이를 가지고 있는 친구 옆으로 간다. ② 친구를 보면서 "친구야, 네 색종이를 같이 써도 되니?"라고 친구의 생각을 물어본다. ⑤ 친구가 "그래."라고 말하면 친구의 색종이를 사용하여 꾸미기를 한다.	

43 2015학년도 유아 A 1번

민수는 5세 고기능 자폐성장애 유아이다. (가)는 김 교사와 민수 어머니의 상담 내용이고, (나)는 민수를 위한 지원 전략이다. 물음에 답하시오. [5점]

(가) 김 교사와 민수 어머니의 상담 내용

민수 어머니:	선생님, 요즘 민수가 유치원에서 잘 지내는지요?
김 교 사:	네, 많이 좋아지고 있어요. 그런데 민수가 친구들과 어울릴 때 어려움이 있어요.
민수 어머니:	친구들과 잘 지내는 것이 힘든 것 같아요. 그리고 약간 염려스러운 것은 민수가 글자와 공룡만 너무 좋아해요. 매일 티라노 공룡을 들고 다녀요. 다른 어머니들은 민수가 글자를 안다고 부러워하시는데 저는 잘 모르겠어요.
김 교 사:	네, 공룡을 좋아하지요. 민수는 글자를 좋아할 뿐 아니라 읽기도 잘해요. 저는 친구들과 어울리는 데 어려움이 있는 민수가 친구들과 잘 지내도록 돕기 위해 두 가지 지원 전략을 고려하고 있어요.

(나) 지원 전략

〈㉠〉

스크립트

티라노랑 친구들은 그네 타기를 좋아해요.
어떤 때는 티라노가 좋아하는 그네를 친구들이 타고 있어요.
그럴 때 티라노는 친구에게 "나도 타고 싶어. 우리 같이 타자."라고 말해요.
㉡ <u>친구에게 말하지 않고, 그냥 타면 친구들이 속상해 해요</u>.
티라노는 친구들과 차례차례 그네를 탈 수 있어요.

타고 싶은 그네를 다른 친구가 타고 있을 때:
① 그네를 타고 있는 친구 옆으로 간다.
② 친구를 보면서 "나도 타고 싶어. 우리 같이 타자."라고 말한다.
③ 친구가 "그래."라고 하면 그네를 탄다.

카드

① 그네를 타고 있는 친구 옆으로 간다.
② 친구를 보면서 "나도 타고 싶어. 우리 같이 타자."라고 말한다.
③ 친구가 "그래."라고 하면 그네를 탄다.

〈상황이야기〉

다른 친구와 장난감 놀이를 해요.

나는 친구들과 장난감 놀이를 해요.
나와 친구들은 장난감을 아주 좋아해요.
어떤 때는 내 친구가 먼저 장난감을 가지고 놀아요.
그럴 때는 친구에게 "이 장난감 같이 가지고 놀아도 돼?"라고 물어보아요.
친구가 "그래."라고 말하면 그때 같이 가지고 놀 수 있어요.
㉢ <u>그래야 내 친구도 기분이 좋아요.</u>

나는 친구에게 "친구야, 이 장난감 같이 가지고 놀아도 돼?"라고 물어볼 수 있어요.

1) ㉠에 들어갈 지원 전략의 명칭을 쓰시오. [1점]

• ㉠: ____________________

2) 김 교사가 (나)를 계획할 때 고려한 민수의 행동 특성 2가지를 (가)에서 찾아 쓰시오. [2점]

• ①: ____________________ • ②: ____________________

3) ㉡과 ㉢ 문장의 공통적 기능을 쓰고, 상황이야기 작성 방법에 근거하여 ㉢에 해당하는 문장 유형을 쓰시오. [2점]

• 문장의 공통적 기능: ____________________

• 문장 유형: ____________________

44 2019학년도 초등 B 6번 일부

다음은 교육 봉사를 다녀온 예비 특수교사와 지도 교수의 대화 내용이다. 물음에 답하시오.

예비 특수교사: 교수님, 어제 ○○학교에 교육 봉사를 다녀왔습니다. 교실 환경이 상당히 인상 깊었는데, 가장 특이했던 것은 교실 한쪽에 있던 커다란 플라스틱 이글루였어요. 입구에 '북극곰의 집'이라고 쓰여 있고 흔들의자도 있는 것 같았어요. 마침 1교시 시작할 때였는데 자폐성장애 학생인 민우가 그 안에서 나오는 거예요. 담임 선생님께 여쭤보니 민우가 자주 이용하는 곳이라고 하시더군요.

지 도 교 수: 아하! 아마도 (㉠)인가 봐요. 교실 한쪽이나 학교 내 별도 공간에도 둘 수 있는 건데, 물리적 배치를 통해 환경적 지원을 제공하기 위한 거죠. 유의해야 할 점은 타임아웃을 하거나 벌을 주는 공간은 아니라는 겁니다.

…중략…

예비 특수교사: 2교시에는 민우가 흥분이 되었는지 몸을 점점 심하게 흔드는 거예요. 그때 담임 선생님께서 손짓과 함께 "민우야, 북극곰!"하시니까, 갑자기 민우가 목에 걸고 있던 명찰 같은 것을 선생님께 보여 주면서 "민우 북극곰, 민우 북극곰" 그러더라고요. 목에 걸고 있던 거랑 똑같은 것이 민우의 책상과 이글루 안쪽에도 붙어 있었어요.

지 도 교 수: 자폐성장애 학생에게 주로 사용하는 파워카드 전략입니다. 자폐성장애 학생의 (㉡)을/를 활용해 행동 변화의 동기를 제공하는 시각적 지원 전략의 하나죠. 파워카드에는 그림과 (㉢)이/가 사용됩니다.

예비 특수교사: 중재 전략이 정말 다양하군요.

지 도 교 수: 중요한 것은 어떤 전략이든 ㉣ <u>자연스러운 환경에서 적용해야 일반화가 쉽다는 겁니다. 언어중재도요</u>.

2) ㉡과 ㉢에 들어갈 말을 각각 쓰시오. [2점]

• ㉡: ____________________ • ㉢: ____________________

45 2020학년도 중등 A 5번 일부

(나)는 자폐성장애 학생 D에 대한 행동지원 계획안의 일부이다. 〈작성 방법〉에 따라 서술하시오. [4점]

(나) 행동지원 계획안

〈지원 방법: 파워카드 전략〉

• 개념: 적절한 사회적 상호작용을 교수하기 위해 학생의 특별한 관심과 강점을 포함하는 시각적 지원 방법

…중략…

• 목표 행동: ⓑ <u>대화할 때 친구의 기분을 고려하여 말하기</u>

• 구성 요소

1) 간략한 시나리오
  • 시나리오에 학생 D가 영웅시하는 가수 E의 사진을 포함함
  • 시나리오는 학생 D의 (㉠) 수준을 고려하여 작성함
  • 시나리오 구성
    – 첫 번째 문단: (㉡)
    – 두 번째 문단: 학생 D가 친구의 기분을 고려하여 말할 수 있도록 구체적인 행동을 3~5단계로 나누어 제시함

2) 명함 크기의 파워카드
  • 학생 D의 주머니에 넣고 다니게 하고, 책상 위에도 붙여두고 보도록 함

〈작성 방법〉

• (나)의 괄호 안의 ㉠에 해당하는 내용을 쓸 것
• (나)의 괄호 안의 ㉡에 해당하는 내용을 밑줄 친 ⓑ의 목표행동을 고려하여 1가지 서술할 것

4. 짧은 만화대화

(1) 개요

① 상황이야기와 같이 다양한 사회적 상황에서 상호작용 대상과 교류하는 중에 발생하는 여러 정보를 보다 쉽게 이해할 수 있도록 시각적으로 안내하는 사회적 담화 방법의 한 유형으로, 자폐성장애 학생이 많은 어려움을 겪는 사회적 상황을 보다 잘 이해할 수 있게 지원한다.

② 자폐성장애 학생이 많은 어려움을 겪는 사회적 상황 이해, 즉 다른 사람의 생각 · 믿음 · 동기와 같은 마음이해를 지원하기 위해 자주 사용된다.

③ 2명의 대화 상대자를 그림으로 표현하고 그림 속의 주인공들이 자신의 생각 · 동기 · 믿음 등을 명시적인 그림 · 글로 표현하여 사회적 상호작용 및 적응 능력을 지원한다.

(2) 적용

① 2명 이상의 사람이 간단한 그림을 그리며 대화를 나누는 것을 기본으로 하며, 이때의 그림은 사회적 상황에서 겪는 어려움을 지원하는 설명으로 사용될 수 있다.

② 적용 방법

㉠ 8컷 이하의 짧은 만화 형식을 사용하며, 만화는 자폐성장애 학생의 강점인 시각적 정보와 학생들이 좋아하는 만화 형식을 이용하여 보다 적극적으로 참여하게 한다.

㉡ 학생과 의사소통 대상자가 서로 그림을 그리면서 대화 상황을 생각할 수 있도록 돕는다.

㉢ 학생을 잘 알고 신뢰 관계가 형성된 부모, 전문가가 사용할 수 있다.

㉣ 칠판이나 종이 등 일상에서 접하는 도구를 활용하여 그림을 그린다.

㉤ 정서를 표현하는 방법으로 색깔을 활용할 수 있다.

예 빨간색은 화가 났다거나 초록색은 기분이 좋다거나 하는 상황을 표현할 수 있다.

㉥ '대화 상징 사전'과 '사람 상징 사전' 같은 상징을 이용하여 그림을 그리고 이야기를 나누고, 완성한 상징 사전은 개인의 필요에 따라 재구성하거나 새롭게 개발할 수 있다.

5. 사회적 도해

(1) 개념

① 학생이 자신의 사회적 실수를 이해하고 수정하도록 도와주는 목적의 사회적 분석법이다.

② 학생이 사회적 상황을 이해하고 실수를 정정할 수 있게 도와준다.

③ 자신의 행동과 다른 사람의 반응 간 인과관계를 이해하게 한다.

(2) 특징

① 경도 자폐성장애 학생이 행동으로 보인 사회적 실수를 이해하도록 돕는 성인 중재 전략이다.

② 사회적으로 모순되는 행동을 줄이려는 사회적 이야기와 달리, 이미 실수를 저지른 다음 시행한다.

③ 이 방법은 회상적 형태를 취하며 학생과 교사는 실수를 한 주변 환경을 기술하고 사회적 실수를 하지 않도록 협력 · 계획한다.

(3) 단계

단계	1	2	3	4
내용	실수를 확인함	실수로 인해 손해 본 사람이 누구인지 결정함	실수를 어떻게 정정할지 결정함	실수가 다시 발생하지 않도록 계획함

(4) 장점

① 사회적 행동과 행동의 결과 간 관계를 통해 원인과 결과의 성립에 도움을 줄 수 있다.

② 사회적 행동에 대한 즉각적인 피드백을 제공하여 바람직한 행동을 강화할 수 있다.

6. 비디오 모델링

(1) 정의

누군가가 보여주는 기술이나 행동의 이미지를 봄으로써 그 기술이나 행동을 발전시키는 교수방법이다.

(2) 특징

① 모델은 또래, 성인, 애니메이션이 될 수 있으며 자기 모델링의 경우 스스로 보여주는 사람이 될 수도 있다.

② 모든 비디오 모델링 형식의 핵심적인 특징은 보여주는 행동이 항상 긍정적이라는 것이다.

③ 자기관찰이라는 비디오 교수의 다른 형식은 관찰자가 성공뿐만 아니라 실수를 통해서 배우도록 있는 그대로의 비디오 장면이 분석되는 반면, 이 전략은 '하지 말아야 할 것'은 다루지 않는다.

46 2018학년도 중등 B 2번 일부

(나)는 자폐스펙트럼장애 학생 D를 위해 그레이의 이론에 근거해 만든 중재 방법이다. 〈작성 방법〉에 따라 서술하시오. [4점]

(나) 학생 D를 위한 중재 방법

1. (㉡)을/를 사용하여 지도함
   - 학생 D가 통합학급 수업에 참여하기 전 다음의 글을 소리내어 읽음

수업 시간에 친구와 함께 공부하기
나는 교실에서 친구들과 함께 공부를 한다. 친구들과 함께 공부하는 것은 즐거운 일이다. 우리는 수업 시간에 바른 자세로 선생님 말씀을 듣는다. 나는 때때로 가만히 앉아있는 것이 힘들다. 내가 갑자기 일어서면 친구들에게 방해가 될 수도 있다. ㉢ <u>나는 도움이 필요할 때 "선생님, 도와주세요."라고 말할 것이다.</u> 선생님이 나에게 와서 도와줄 것이다. 교실에서 친구와 함께 수업하는 것은 즐거운 일이다.

2. (㉣)을/를 사용하여 지도함
   - 학생 D가 교사와 대화하면서 다음과 같은 그림을 그림

〈작성 방법〉

- ㉡에 들어갈 중재 방법의 명칭을 쓸 것
- 밑줄 친 ㉢의 문장 유형 명칭과 그 기능을 1가지 서술할 것
- ㉣에 들어갈 중재 방법의 명칭과 그 장점을 1가지 서술할 것

47 2011학년도 초등 21번

다음은 폭행과 폭언을 하는 아스퍼거장애(증후군) 학생 영두를 지도하기 위하여 통합학급 김 교사와 특수학급 강 교사가 협의하여 작성한 2008년 개정 특수학교 국민공통 기본교육과정 3학년 도덕과 교수 · 학습 과정안이다. 이에 대한 올바른 설명을 〈보기〉에서 고른 것은? [1.4점]

<table>
<tr><td>단원</td><td colspan="2">함께 어울려 살아요.</td></tr>
<tr><td>제재</td><td colspan="2">2. 같은 것과 다른 것이 함께 해요.</td></tr>
<tr><td>목표</td><td colspan="2">생김새나 생활 방식 등이 나와 다른 이웃과 친구들을 어떻게 대해야 하는지 바르게 판단한다.</td></tr>
<tr><td colspan="2">단계</td><td>교수 · 학습 활동</td></tr>
<tr><td colspan="2">도덕적 문제의 제시</td><td>• 전시학습 확인
• 동기 유발
• ㉠ 학습 문제 확인</td></tr>
<tr><td rowspan="4">도덕 판단 · 합리적 의사결정의 연습</td><td>문제 사태 제시 및 상황 파악</td><td>• 폭언이나 폭행을 하는 예화 내용 파악하기</td></tr>
<tr><td>입장 선택과 근거 제시</td><td>• 자신의 입장과 이유 발표하기</td></tr>
<tr><td>잠정적 결정 및 가치원리 검사</td><td>• 가치 원리에 따른 바람직한 행동 알기
※ ㉡ 영두를 위한 적절한 개별화 지도법 적용</td></tr>
<tr><td>최종 입장 선택</td><td>• 최종 입장 결정하기</td></tr>
<tr><td colspan="2">도덕적 정서 및 의지의 강화</td><td>• 다양성을 이해하려는 마음 갖기</td></tr>
<tr><td colspan="2">정리 및 실천 생활화</td><td>• ㉢ 실천 과제 확인하기
※ ㉣ 영두를 위한 수정 실천 과제 제시
• 차시 계획</td></tr>
</table>

〈보기〉

ㄱ. ㉠의 학습문제 확인에서는 영두에게 은유법이나 상징을 사용하여 폭언이나 폭력의 심각성을 알려준다.

ㄴ. ㉡을 지도할 때, 영두에게 폭언이나 폭행을 하는 상황을 묘사하는 만화를 그리도록 하여 그 상황을 이해시키는 사회적 도해(social autopsy) 전략을 적용한다.

ㄷ. ㉢의 실천 과제 확인하기에서 학급 동료들은 영두의 폭언이나 폭행에 대하여 1개월 동안 소거 기법을 사용하도록 한다.

ㄹ. ㉣의 영두를 위한 수정 실천 과제 제시에서 영두에게 폭언이나 폭행 충동이 일어날 때 파워카드를 사용하게 지도한다.

ㅁ. 정신장애진단 및 통계편람 제4판(DSM-IV-TR)에 근거하면, 영두와 같은 장애학생은 인지발달 또는 연령에 적절한 자조기술에서 임상적으로 유의한 지체를 보이지 않는다.

① ㄱ, ㄴ ② ㄴ, ㄷ ③ ㄴ, ㅁ ④ ㄷ, ㄹ ⑤ ㄹ, ㅁ

48 2020학년도 초등 B 6번 일부

다음은 자폐성장애 학생들이 포함되어 있는 학급의 특수교사가 2015 개정 특수교육 교육과정 중 기본 교육과정 과학과 3~4학년군 '생물과 무생물' 단원의 '새싹 채소가 자라는 모습을 살펴보기' 수업을 준비하여 작성한 수업 설계의 일부이다. 물음에 답하시오.

1. 예상되는 어려움과 대안
   가. 새싹이 자라는 기간이 길기 때문에 이를 살펴보고 이해하는 것이 학생들에게 어려울 수 있음
   → ㉠ 컴퓨터 보조수업 활용: 실제 활동 전 새싹 채소를 키우는 것과 유사한 상황에서 씨앗 불리기, 씨앗 뿌리기, 물 주기 등 필요한 행동을 선택해나가며 새싹 키우는 과정을 체험해보게 함
   나. 학생 간 수행 수준의 차이가 큼
   → 개별 지도가 필요한 학생의 경우 개인 교수형 컴퓨터 보조수업을 활용함

2. 새싹 채소 키우기 활동(교과서 ○○쪽)
   물 속에서 씨앗 불리기 → 플라스틱 용기에 넣은 솜이 젖을 정도로 물 뿌리기 → …중략… → ㉡ 씨앗의 모양이 어떻게 변해 가는지, 만졌을 때의 느낌은 어떠한지 등을 오감을 통해 살펴보기

3. 과학 수업의 방향 고려
   초등학교 수업은 (㉢) 지식을 중심으로 계획함

4. 자폐성장애 학생들의 특성 및 지도상의 유의점
   가. 정민이는 ㉣ 촉각 자극에 대한 역치가 매우 낮고 감각 등록이 높으므로 물체를 탐색하는 과정에서 이를 고려함
   나. 경태의 경우 수업 중 규칙을 잘 지키지 않아 친구를 당황하게 하는 경우가 많음
   → 계속해서 문제가 발생할 경우 아래와 같이 사회적 도해(사회적 분석, social autopsies) 방법으로 자신의 실수를 이해하고 수정하도록 함

   > 수업 중 자신이 한 실수가 무엇인가? → 실수로 인해 상처를 받은 사람은 누구인가? → 문제해결책은 무엇인가? → (㉤)

   다. 새싹 채소 키우기 학습을 모두 마친 후 식물원 견학 시 정민이와 경태의 ㉥ 불안감 감소, 학습 참여 증진 방안을 고려함
   → 견학 전 미리 준비한 동영상을 통해 식물원 가는 길이나 식물원의 모습 등을 보여줌 ┐
   → 식물원에서는 새로운 식물을 살펴보기 전에 사진자료를 활용하여 식물에 대해 설명해줌 ┘ [A]

3) ㉣로 인해 나타날 수 있는 반응 특성을 1가지 쓰시오. [1점]

• ______________________________

4) ① ㉤에 들어갈 내용을 쓰고, ② [A] 활동을 통해 ㉥이 될 수 있는 이유를 1가지 쓰시오. [2점]

• ①: ______________________________

• ②: ______________________________

49 2018학년도 초등 A 4번 일부

(가)는 자폐성장애 학생 지호의 특성이고, (나)는 최 교사가 2015 개정 특수교육 교육과정 중 기본 교육과정 과학과 3~4학년 '지구와 우주' 영역을 주제로 작성한 교수 · 학습 과정안의 일부이다. 물음에 답하시오.

(가) 지호의 특성

• 모방이 가능함	• 낮과 밤을 구분할 수 있음	• 동적 시각자료에 대한 주의집중이 양호함

(나) 교수 · 학습 과정안

영역	지구와 우주	일반화된 지식	지구와 달의 운동은 생활에 영향을 준다.
단계	활동		자료 및 유의점
탐색 및 문제 파악	• ㉠ 실험실에서 지켜야 할 일반적인 규칙 상기하기 • 낮과 밤의 모습 살펴보기 • 낮과 밤이 생기는 까닭 예측하기		㉡ 실험실 수업 규칙 영상
가설 설정	• 가설 수립하기	수립한 가설 (㉢)	다양한 의견을 수렴하고 교사 안내로 가설 수립
실험 설계	• 실험 과정 미리 안내하기 • 실험 설계하기 - 같게 할 조건과 다르게 할 조건 알아보기		모형 실험 영상, 지구의, 손전등
실험	• 지구의를 돌리며 모형 실험하기		
가설 검증	• 실험 결과에 따라 가설 검증하기 • ㉣ 지구 자전 놀이로 알게 된 내용 정리하기		대형 지구의, 손전등
적용	(㉤)		가설 검증 결과와 연결 지을 수 있도록 지도

1) 최 교사는 (가)를 고려하여 (나)의 밑줄 친 ㉠을 습득시키고자 실험실에서 이루어지는 수업을 할 때마다 지호에게 (나)의 밑줄 친 ㉡을 보며 따라 하도록 지도하였다. 이 전략의 명칭을 쓰시오. [1점]

• ______________________________

50 2019학년도 유아 B 3번 일부

다음은 특수학급 박 교사의 수업 장면의 일부이다. 물음에 답하시오.

박 교사: 선생님과 '코끼리의 발걸음' 음악을 들으면서 움직여볼 거예요.
유 아 들: 네.
박 교사: 선생님을 잘 보세요. 한 발로 땅을 딛었다가 가볍고 빠르게 뛰어오르고, 다시 다른 발로 땅을 딛었다가 뛰어오르는 거예요. 한번 해볼까요?
시 율: 선생님, 저 보세요. 코끼리가 뛰는 거 같지요?
박 교사: 아기 코끼리 한 마리가 신나게 뛰고 있네요.
태 우: (친구들을 따라 ㉡ 몸을 움직여본다.)
박 교사: 태우야, 선생님이 하는 것을 보고 따라 해볼까요? 이렇게 하는 거예요. 한번 해볼까요? ┐[B]
태 우: (교사의 행동을 보고 따라한다.) ┘

3) [B]에서 박 교사가 사용한 교수 전략을 쓰시오. [1점]

•

51 2020학년도 유아 B 1번 일부

다음은 5세 발달지체 유아 민수의 통합학급 김 교사와 유아 특수교사 박 교사의 대화이다. 물음에 답하시오.

김 교사: 선생님, 자유선택활동 시간에 난타 놀이를 하는데 아이들이 웃으며 재미있게 하고 있어요. 난타 도구를 서로 바꾸면서 상호작용했어요.
박 교사: 아이들이 참 재미있어 했겠네요. 민수는 어떻게 하고 있나요?
김 교사: 민수는 난타 놀이를 재미있어 해요. 민수가 좋아하는 가영이, 정호, 진아와 한 모둠이 되어 난타를 했어요. 그런데 다른 아이들만큼 잘 안 될 때는 무척 속상해했어요.
박 교사: 생각만큼 난타가 잘 안 돼서 민수가 많이 속상했겠네요.
김 교사: 민수를 관찰하려고 표본기록이 아니라 ㉠ 일화기록을 해보았어요. 제가 일주일간 자유선택활동 시간에 기록한 일화기록을 한번 보시겠어요?
박 교사: 이게 민수의 일화기록이군요. 민수가 난타를 잘하는 가영이 옆에서 따라 했네요. 그런데 그 정도로는 난타 실력이 많이 늘지는 않았나 봐요.
김 교사: 맞아요. 그래서 저도 걱정이에요.

…중략…

김 교사: 아까 말한 것처럼 민수는 난타 놀이를 더 잘하고 싶어 해요. 민수가 연습할 시간이 더 많았으면 좋겠는데, 현실적으로 힘든 점이 있네요. 이럴 때는 어떻게 하면 좋을까요?
박 교사: 시간이나 비용 면에서 경제적이고 반복해서 연습할 수 있는 비디오 모델링을 추천해요. 민수는 컴퓨터로 학습하는 것을 좋아하니 더 주의집중해서 잘 할 거예요. 일화기록을 보니 ㉡ 가영이를 모델로 하면 좋겠네요.

2) 대화에서 ㉡의 이유를 2가지 찾아 쓰시오. [2점]

•

•

03 포괄적 중재: 중심반응 훈련

(1) **개념**

① 자폐성장애 학생에게 반드시 필요한 중심 영역을 중재 · 일반화하는 것이 주요 목표이다.

② 필요한 구체적인 중심반응 행동은 눈맞춤, 시작행동, 공동관심, 조망 수용, 도움 요청하기 등이며, 이 기술이 중심 행동인 이유는 해당 능력을 습득할 경우 일상생활에서 여러 행동에 일반화하여 사용할 수 있는 기본적인 기술이기 때문이다.

(2) **비연속 개별시행 교수와 중심반응 훈련 간의 차이**

구분	비연속 개별시행 교수	중심반응 훈련
교재	• 치료자가 선택함 • 준거에 도달할 때까지 반복 훈련 • 중재 절차의 시작은 자연적 환경에서 기능적인지의 여부를 고려하지 않고 목표 과제와 관련 교재 제시	• 아동이 선택함 • 매 시도마다 다양하게 제시됨 • 아동이 일상 환경에서 쉽게 접할 수 있으면서 연령에 적합한 교재 사용
상호작용	• 훈련자가 교재를 들고 있음 • 아동에게 반응하도록 요구함 • 교재는 상호작용하는 동안 기능적이지 않음	훈련자와 아동이 교재를 가지고 놀이에 참여함 예 교재는 상호작용과 가족들과의 일과 중에 기능적인 것임
반응	정반응이나 정반응에 가까운 반응을 강화함	반응하고자 하는 시도(자기자극 행동 제외)는 대부분 강화함
결과	먹을 수 있는 강화제를 사회적 강화와 함께 제공함	자연적 강화(예 교재를 가지고 놀 기회 제공)를 사회적 강화와 함께 제공함

(3) **중심반응 행동을 지도하기 위한 중심반응 훈련 영역**

① 동기 유발

㉠ 자폐성장애 학생이 무엇을 하고자 하는 동기를 가지게 하는 것이 이 훈련의 중요한 중심반응이다.

㉡ 동기 유발 요소

요소	내용
선택 기회 제공하기	• 아동이 선호하는 교재를 선택하도록 하는 것 • 상호작용을 하는 동안 아동에게 선택 기회를 제공할 경우 동기가 강화될 수 있음
기존에 학습한 내용과 새로운 내용을 같이 제시하기	아동에게 이미 성취한 과제와 새로운 과제를 같이 제시할 경우 학습 동기가 강화될 수 있음
아동의 시도 강화하기	• 아동이 무엇인가를 하고자 하는 모든 시도를 강화함 • 비록 시도가 잘못되었거나 적절한 반응이 아니더라도 무엇을 하고자 하는 시도가 명확하면 모든 시도를 강화하여 아동의 동기를 강화할 수 있음
자연적 · 직접적인 강화 제공하기	자연적 · 직접적인 강화는 아동의 학습 동기 강화에 매우 효과적으로 작용함

② 복합단서에 반응하기

㉠ 학생이 이미 습득한 중심 행동을 다양한 속성 · 특징을 가진 복잡한 요구에 반응하도록 하는 것이다.

예 학생이 '크레파스'라는 명칭을 이미 알고 있다면 이를 활용하여 새로운 자극인 색깔 자극을 더 제시하여 '파란색 크레파스'에 반응하도록 하는 것

ⓛ 자극을 다양화하고 단서 증가시키기

ⓐ 한 가지 속성의 단서를 지닌 자극에 반응하게 한다.

예 친구에게 인사를 가르치고자 할 경우 처음에는 '친구'라는 한 가지 속성을 지닌 단서에만 반응할 수 있도록 친구에게 인사하기를 가르치는데, 이때 처음에는 1명의 친구에게 인사할 수 있게 하고 점차 여러 친구에게 인사하기를 할 수 있게 가르친다.

ⓑ 두 가지 단서를 제공하여 학습자가 하나 이상의 단서에 반응할 수 있도록 한다.

예 친구에게 인사하기를 가르칠 경우, 빨간 옷을 입은 친구에게 인사도록 가르칠 수 있는데, 이때 두 개의 단서는 '친구'와 '빨간 옷'임

ⓒ 보다 복잡한 단서에 반응하게 한다.

예 '노란 핀을 꽂고 빨간 외투를 입은 친구'에게 인사하기 등과 같이 여러 단서를 제공하여 그에 반응하게 가르치며, 이때 제시된 단서는 '노란 핀, 빨간 외투, 친구'라는 세 가지 단서임

ⓒ 강화스케줄 활용하기

ⓐ 목표 기술을 가르치기 위해 다양한 강화인을 활용하여 동기를 향상시킨다.

예 학습자가 만화 보기나 컴퓨터 게임하기를 좋아할 경우 이를 강화인으로 활용할 수 있다.

ⓑ 학습자가 목표 기술을 잘 사용할 수 있도록 연속 강화를 제공할 수 있다.

예 교사의 질문에 대답할 때마다 매번 간단한 만화를 보게 한다.

ⓒ 새로운 기술을 일정 수준 습득하면 점차 강화스케줄을 변경하여 간헐적으로 강화를 제공한다.

예 처음에는 교사의 질문에 반응할 때마다 강화를 하다가 점차 세 번 반응할 때마다 강화를 제공하거나 평균 세 번 반응할 때 강화를 하는 방법 등과 같은 간헐 강화 방법을 사용할 수 있는데, 이 방법의 가장 큰 강점은 습득된 행동을 유지하는 데 효과적이라는 것이다.

③ 자기관리

㉠ 자기관리 기술은 여러 상황에서 많은 사람과 다양한 행동을 하도록 일반화를 촉진하며, 다른 사람이나 훈련된 중재자의 도움을 거의 받지 않고 습득된 행동을 할 수 있게 하며, 나아가 부모나 교사에 의존하는 정도를 줄이고 스스로 행동하게 한다.

ⓛ 자기관리를 촉진하려면 학습자가 스스로 목표한 기술을 확실히 알아야 하고 목표 기술의 발생 여부를 기록 · 모니터링할 수 있어야 한다.

ⓒ 지도방법

ⓐ 자기관리 체계를 갖추어 어떤 행동을 얼마나 수행해야 하는지 알 수 있도록 목표 행동은 무엇이며 현재 어느 정도 수행하고 있는지, 강화는 언제, 얼마나 자주 사용할 것인지, 기록 방법은 무엇인지 등에 대해 구체적으로 알게 한다.

ⓑ 자기관리 행동에는 바람직한 행동과 바람직하지 않은 행동 변별하기, 바람직한 행동의 빈도 수 기록하기 등과 같은 행동을 포함한 자기관리 기술을 가르친다.

ⓒ 성인의 지원을 줄이고 스스로 수행하게 해야 하기에 성인의 촉진을 점진적으로 줄이면서 바람직한 반응을 습득하고, 습득된 반응을 다양한 자극에 일반화하고 스스로 목표 행동의 수행을 기록하게 한다.

④ 자발적으로 시작행동하기

㉠ 자발적 시작행동을 중심 행동으로 선정한 이유는 스스로 시작하는 상호작용을 통해 학습이 일어나는 일이 많기 때문인데, 이는 구체적으로 사회적 상황에서 상호작용 대상자에게 먼저 말이나 몸짓으로 의사소통을 시도하는 행동 등을 말한다.

예 친구들이 놀고 있을 때, "나도 같이 놀자."라고 말하거나 공을 던지면서 "자, 받아."라고 말하는 등의 시작행동

ⓛ 다른 사람에게 질문하는 것은 중요한 시작행동의 예이므로 다른 사람들에게 질문하는 것을 가르치는 것도 시작행동을 가르치는 것이며, 아동이 할 수 있는 질문에는 "이게 뭐야?", "어디 가요?" 등이 있다.

ⓒ 또래를 매개로 하거나 학습자 주도적인 전략을 사용하여 지도할 수 있다.

52 2009학년도 초등 4번

자폐성장애 학생의 사회적 의사소통 지도방법 중 하나인 중심축반응 훈련(PRT; Pivotal Response Training)에 대한 적절한 진술을 〈보기〉에서 모두 고른 것은? [1.4점]

〈보기〉

㉠ 특정한 사회적 상황과 그에 대한 적절한 반응을 설명해주는 이야기를 지도한다.
㉡ 자연적 환경에서 발생하는 다양한 학습 기회와 사회적 상호작용에 반응하도록 지도한다.
㉢ 학습 상황에서 습득한 중심축반응을 유사한 다른 상황에서도 보일 수 있도록 일반화를 강조한다.
㉣ 동기화, 환경 내의 다양한 단서에 대한 반응, 자기주도, 자기관리 능력의 증진에 초점을 둔다.

① ㉠, ㉡ ② ㉠, ㉢ ③ ㉢, ㉣ ④ ㉠, ㉡, ㉢ ⑤ ㉡, ㉢, ㉣

53 2013학년도 초등 B 5번 일부

다음의 (가)는 특수학교 초임교사가 실과시간에 '간단한 생활용품 만들기' 단원을 지도하기 위해 수석교사와 나눈 대화 내용의 일부이다. 이 수업에 참여하는 세희는 사회적 의사소통에 어려움을 보이는 자폐성장애 학생이다. (나)는 초임교사가 적용하고자 하는 중심축반응 교수(Pivotal Response Training)전략이다. 물음에 답하시오.

(가) 대화 내용

수석교사: 프로젝트 활동 수업은 어떻게 준비되고 있나요?
초임교사: ㉠ 학생들이 만들고 싶어 하는 생활용품이 매우 다양해서 제가 그냥 연필꽂이로 결정했어요. 먼저 ㉡ 연필꽂이를 만드는 정확한 방법과 절차를 가르치려고 해요. 그리고 ㉢ 모둠 활동에서 상호작용과 역할 분담이 이루어지는지 확인할 거예요. ㉣ 활동이 끝나면 만든 작품들을 전시하고 발표하는 시간을 가질 거예요.
수석교사: 그러면 세희는 프로젝트 활동에 참여하는 것이 조금 어려울 것 같은데 지원 계획은 있나요?
초임교사: 네. 세희가 활동에 보다 의미 있게 참여하도록 하기 위하여 중심축반응 교수 전략을 사용하도록 해요.

(나) 중심축반응 교수 전략

㉤ 세희가 질문에 정확하게 반응할 경우에만 강화를 제공한다.
㉥ 다양한 연필꽂이 만들기 재료 중에서 세희가 요구하는 것을 준다.
㉦ 세희를 위해 하나의 단서와 자극에 반응할 수 있도록 환경을 구조화한다.
㉧ 세희가 연필꽂이 만드는 순서를 모를 때, 도움을 요청할 수 있도록 가르친다.

3) (나)의 ㉤~㉧에서 적절하지 않은 것 2개를 찾아 기호를 쓰고, 바르게 고쳐 쓰시오. [2점]

• ______

• ______

54 2017학년도 초등 B 6번 일부

(가)는 특수교육 수학교육연구회에서 계획한 2015 개정 특수교육 교육과정 중 기본 교육과정 수학과 1~2학년 '측정' 영역에 해당하는 수업 개요이고, (나)는 자폐성장애 학생에게 (가)를 적용할 때 예측 가능한 학생 반응을 고려하여 구상한 수업 시나리오의 일부이다. 물음에 답하시오.

(가) 수업 개요

- 공부할 문제: 물의 양이 같은 것을 찾아보아요.
- 학습 활동

〈활동 1〉 같은 양의 물이 들어있는 컵 살펴보기
- 같은 양의 물이 들어 있는 2개의 컵 살펴보기
- 준비물: 투명하고 ㉠ 모양과 크기가 같은 컵 2개, 물, 주전자

〈활동 2〉 컵의 같은 양의 물 따르기
- ㉡ 같은 위치에 표시선이 있는 2개의 컵에 표시선까지 물 따르기
- 준비물: 투명하고 모양과 크기가 같은 컵 2개, 물, 주전자, 빨간색 테이프, 파란색 테이프, 빨간색 사인펜, 파란색 사인펜

〈활동 3〉 컵에 같은 양의 물이 들어 있는 그림 찾기
- 2개의 그림 자료 중 같은 양의 물이 들어 있는 그림 자료 찾기
- 준비물:

[그림 자료 1]

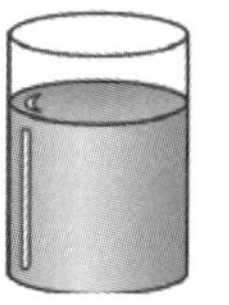
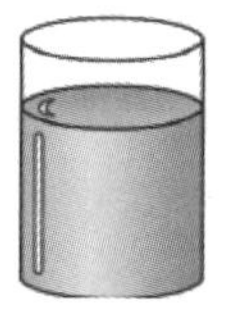

같은 양의 물이 들어있는 컵 2개가 그려진 자료

[그림 자료 2]

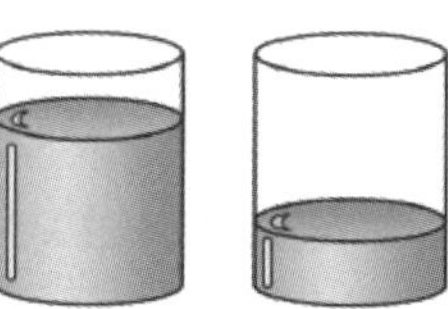

다른 양의 물이 들어있는 컵 2개가 그려진 자료

(나) 수업 시나리오

〈활동2〉

교사: (컵 2개를 학생에게 보여주며) 선생님이 컵에 표시선을 나타낼 거예요. (책상 위에 놓여 있는 빨간색 테이프, 파란색 테이프, 빨간색 사인펜, 파란색 사인펜을 가리키며) ㉢ 테이프 주세요.

학생: (색 테이프 하나를 선생님에게 건네준다.)

교사: (2개의 컵에 색 테이프로 표시선을 만든다.) 이제 표시선까지 물을 채워 봅시다.

…중략…

〈활동3〉

교사: (학생에게 [그림 자료 1]과 [그림 자료 2]를 지시하며) 물의 양이 같은 것은 어느 것인가요?

학생: (머뭇거리며 교사를 쳐다본다.)

교사: (㉣ 학생에게 [그림 자료 1]과 [그림 자료 2]를 다시 제시하며) 물의 양이 같은 것은 어느 것인가요?

2) 중심축반응 훈련(PRT)을 통해 '복합 단서에 반응하기'를 지도하고자 할 때 ① (나)의 〈활동 2〉에서 교사의 지시문 ㉢이 적절하지 않은 이유를 쓰고, ② 적절한 지시문의 예 1가지를 쓰시오. [2점]

- ①: __________
- ②: __________

55 2017학년도 유아 A 2번 일부

다음은 유아 특수교사인 김 교사와 유아교사인 최 교사 간 협력적 자문 내용의 일부이다. 물음에 답하시오.

> 최 교사: 지난 회의에서 자폐성장애의 주요 특성은 '사회적 의사소통 및 사회적 상호작용의 어려움'과 '제한된 반복 행동, 흥미, 활동'을 보이는 것이라고 하셨지요? 이와 관련해서 민수를 조금 더 잘 이해하고 싶은데 어떻게 하면 좋을까요?
>
> 김 교사: 민수를 잘 이해하시려면 민수의 사회적 의사소통 특성을 아는 것이 중요해요. 그리고 '제한된 반복 행동, 흥미, 활동'을 이해하는 것도 필요한데, 여기에는 상동행동, 동일성에 대한 고집과 그 외에 ㉠ 다른 특성들이 더 있어요.
>
> 최 교사: 그리고 활동 시간에 민수를 잘 지도할 수 있는 구체적인 방법을 알고 싶어요. 예를 들어, 교실에서 ㉡ 민수가 원하는 것을 요구할 수 있도록 가르치기 위해 제가 할 수 있는 일에는 무엇이 있을까요?
>
> 김 교사: 요구하기를 지도하기 위한 방법에는 여러 가지가 있는데요, 저는 요즘 민수에게 (㉢)을/를 적용하고 있어요. 이 방법은 핵심영역에서의 지도가 다른 기술들을 배우는 데 도움을 주어 의사소통 능력과 사회적 상호작용을 촉진하는 데 효과적입니다. 이 방법에서는 주로 (㉣), 복합 단서에 반응하기, 자기 관리, ㉤ 자기 시도를 핵심영역으로 제시하고 있습니다. 민수에게 이를 적용한 결과, 핵심영역에서 배운 기술을 통해 다른 영역의 기술을 수월하게 익혀가는 것을 볼 수 있었어요.

2) ㉢에 들어갈 중재 방법의 명칭을 쓰시오. [1점]

• ㉢: ______________________________

3) ㉣에 들어갈 핵심영역을 쓰시오. [1점]

• ㉣: ______________________________

4) ㉡과 관련하여 ㉤의 핵심영역에서 설정할 수 있는 민수의 목표행동을 쓰시오. [1점]

• ______________________________

56 2019학년도 중등 B 7번 일부

(나)는 자폐성장애 학생 J를 위한 기본 교육과정 고등학교 과학과 '주방의 조리도구' 수업 지도계획의 일부이다. 〈작성 방법〉에 따라 서술하시오. [5점]

(나) '주방의 조리도구' 수업 지도계획

학습목표	여러 가지 조리도구의 용도를 안다.
〈중심축반응 훈련(PRT) 적용〉 • ㉢ '조리도구 그리기', '인터넷을 통해 조리도구 알아보기', '조리도구 관찰하기' 활동을 준비하여 지도함 • ㉣ 조리도구의 용도를 묻는 질문에 답하도록 지도함 • ㉤ 조리도구의 용도를 모를 때 학생이 할 수 있는 행동을 지도함	〈유의사항〉 • 학생이 할 수 있는 다른 활동과 함께 제시 • 자연스러운 강화제 사용 • 다양한 활동, 자료, 과제량 준비

〈작성 방법〉

- 밑줄 친 ㉢과 ㉣을 할 때 '동기' 반응을 향상시키기 위한 방법을 순서대로 서술할 것(단, 〈유의사항〉에서 제시된 방법을 제외할 것)
- 밑줄 친 ㉤을 할 때 교사가 가르칠 내용을 '자기주도(self-initiation)'반응 측면에서 서술할 것

04 의사소통 지도법

1. 비연속 시행훈련(DTT)

(1) 정의

특정 기술을 가르치기 위해 구조화된 교수 환경에서 응용행동분석 원리를 집중적으로 적용하는 것이다.

(2) 용어

① 시행(trial)

㉠ 단일 교수 단위이며 '식별자극, 아동의 반응, 후속결과'의 요소로 구성된다.

㉡ 구성요소

구분	식별자극	아동의 반응	후속결과
내용	"이게 뭐지?" (교사는 과자를 들고 있다.)	"과자" (아동이 반응한다.)	"우와, 맞았어. 이건 과자야." (교사는 후속결과인 강화물을 제공한다.)

② 불연속(discrete)

㉠ 시행 간에 짧은 기간이 있다는 것을 의미하며, 시행 간 간격이라 한다.

㉡ 교수방법

방법	내용
집중시도 교수	• 교사가 한 가지 행동의 교수를 반복 전달할 때 발생하고, 한 번의 시도를 다른 시도가 즉각 뒤따름 • 예시 모형: XXXXXXXX
간격시도 교수	• 교사가 한 가지 행동의 교수를 진행한 다음 다른 시도를 전달하기 전에 학생에게 잠시 휴식하게 함 • 소집단 교수의 경우, 휴식시간 동안 교사는 또 다른 학생에게 같은 행동이나 다른 행동을 수행해볼 것을 요구할 수 있으며, 쉬는 학생은 행동에 대해 생각할 기회를 가질 수도 있고, 다시 반응해보도록 요구받기 전에 다른 학생이 수업 받는 것을 관찰할 수 있음 • 예시 모형: X X X X X X X X
분산시도 교수	• 교사가 하루 일과 전반에 걸쳐 목표행동 교수를 전달할 때 발생하며, 진행되는 활동의 자연스러운 상황에 목표행동이 삽입되는 것이 바람직함 • 시도 중에 학생은 다른 활동에 참여할 기회를 가지고 다른 행동을 하면서 교수를 받음 • 예시 모형: XYXYXYXY

(3) 구성요소

① **주의집중**: 개별 시행을 시작하기 위해 학생의 주의집중을 이끈다.

② **자극 제시**: 변별 자극을 제시하는데, "이것 해라.", "이게 뭐지?"와 같은 간단명료한 지시 · 질문을 하고, 자극을 제시할 때는 한번에 많은 정보를 포함시키지 말고 학생이 해야 할 행동을 구체적으로 분명하게 제시한다.

③ **촉진**: 자극의 제공과 동시에 또는 자극 제공 후 바로 교사는 학생이 변별 자극에 올바르게 반응하도록 지원한다.

④ **반응**: 교사의 자극에 학생이 정확한 또는 틀린 반응을 한다.

⑤ **후속자극 · 피드백**: 학생이 정확한 반응을 하면 즉시 칭찬, 안아 주기, 음식물, 장난감, 활동 등의 강화제를 제공하고, 학생의 반응이 틀리면 "아니야."라고 말하거나 다른 곳을 보거나 교재를 치우거나 틀렸다는 신호를 준다.

⑥ **시행 간 간격**: 후속자극을 제시한 후에 교사는 1~5초 정도의 간격을 두고 다음 개별시행 단서를 제공한다.

(4) 한계

① 학생은 교사가 제공한 단서에 반응하는 것으로 분명한 단서 없이 행동을 시작하는 것은 학습하지 못한다.

② 교사가 엄격하게 통제된 학습 환경을 만들기에 학생은 획득 기술을 다른 환경으로 전이하지 못할 수 있다.

③ 교사가 학생과 개별적으로 상호작용하고 지속적으로 단서를 제공해야 한다는 점에서 매우 노동 집약적인 방법이므로 학생이 획득 기술을 새로운 환경에서 일반화하는 데 보다 효과적이면서 단서를 제시하는 부담이 적은 우발교수, 또래 시범, 시각적 일과표 등의 방법을 함께 활용하는 것도 좋다.

57 2011학년도 중등 8번

사회적 의사소통 능력의 결함으로 인해 대인관계에서 다양한 부적응 행동을 보이는 자폐성장애 학생을 중재하기 위해 교사는 다음과 같은 지원 전략을 세웠다. (가)~(다)에 해당하는 가장 적절한 중재 기법을 고른 것은? [2.5점]

단계	전략
1단계	학생이 보이는 문제행동의 기능을 파악한다.
2단계	문제행동과 관련된 환경 및 선행사건을 수정한다.
3단계	(가) 자연스러운 상황에서 사회적 의사소통 기술을 지도하여 문제행동의 발생을 예방함과 동시에 습득한 기술을 다른 사회적 기술로 확장시켜 학생 스스로 환경적 문제에 대처하도록 한다.
	(나) 문제행동과 동일한 기능을 가진 수용 가능한 교체 기술을 가르친다.
4단계	(다) 문제행동의 발생 빈도를 평가하고, 문제행동에 대한 반응적 중재 방법을 마련한다.
5단계	학생이 학습한 행동을 다양한 환경에서 독립적으로 수행하게 한다.

	(가)	(나)	(다)
①	촉진적 의사소통(FC)	비연속 시행훈련(DTT)	중심축반응 훈련(PRT)
②	촉진적 의사소통(FC)	기능적 의사소통훈련(FCT)	중심축반응 훈련(PRT)
③	중심축반응 훈련(PRT)	촉진적 의사소통(FC)	교수적 접근, 소거, 차별강화
④	중심축반응 훈련(PRT)	기능적 의사소통훈련(FCT)	교수적 접근, 소거, 차별강화
⑤	교수적 접근, 소거, 차별강화	기능적 의사소통훈련(FCT)	비연속 시행훈련(DTT)

58 2013학년도 유아 추시 A 7번 일부

발달지체 유인 민아의 개별화교육계획 목표를 활동 중심 삽입교수로 실행하려 교사가 작성한 계획안이다. 물음에 답하시오.

<table>
<tr><td>유아명</td><td>정민아</td><td>시기</td><td>5월 4주</td><td>교수목표</td><td>활동 중에 제시된 사물의 색 이름을 말할 수 있다.</td></tr>
<tr><td colspan="6">교수활동</td></tr>
<tr><td>활동</td><td colspan="3">㉠ 학습 기회 조성</td><td colspan="2">㉤ 교사의 교수활동</td></tr>
<tr><td>자유선택 활동
(쌓기 영역)</td><td colspan="3">블록으로 집을 만들면서 블록의 색 이름 말하기</td><td colspan="2" rowspan="6">㉡ <u>민아에게 사물을 제시하며 “이건 무슨 색이야?”하고 물어본다.</u>

“빨강(노랑, 파랑, 초록)”하고 색 이름을 시범 보인 후 “따라 해 봐”하고 말한다.

㉢ <u>정반응인 경우 칭찬과 함께 긍정적인 피드백을 제공하고 오반응인 경우 색 이름을 다시 말해준다.</u></td></tr>
<tr><td>자유선택 활동
(역할놀이 영역)</td><td colspan="3">소꿉놀이 도구의 색 이름 말하기</td></tr>
<tr><td>자유선택 활동
(언어 영역)</td><td colspan="3">존대말 카드의 색 이름 말하기</td></tr>
<tr><td>대소집단 활동
(동화)</td><td colspan="3">그림책 삽화를 보고 색 이름 말하기</td></tr>
<tr><td>간식</td><td colspan="3">접시에 놓인 과일의 색 이름 말하기</td></tr>
<tr><td>실외활동</td><td colspan="3">놀이터의 놀이기구 색 이름 말하기</td></tr>
</table>

<table>
<tr><td colspan="6">㉣ 관찰</td></tr>
<tr><td rowspan="2">정반응률</td><td>월</td><td>화</td><td>수</td><td>목</td><td>금</td></tr>
<tr><td>%</td><td>%</td><td>%</td><td>%</td><td>%</td></tr>
</table>

2) 비연속 개별 시도 교수(Discrete Trial Teaching)의 구성 요소에 근거하여 ㉡, ㉢의 교수전략을 각각 쓰시오. [1점]

• ㉡: ________________ • ㉢: ________________

59 2013학년도 중등 추시 A 2번 일부

다음은 A 특수학교(고등학교) 2학년 윤지가 창의적 체험활동시간에 인터넷에서 직업을 검색하도록 박 교사가 구상 중인 계획안의 일부이다. 물음에 답하시오.

<table>
<tr><th>학습단계</th><th>교수활동</th><th>지도상의 유의점</th></tr>
<tr><td>습득</td><td>윤지에게 인터넷에서 직업 검색 방법을 다음과 같이 지도한다.
① 바탕 화면에 있는 인터넷 아이콘을 클릭하게 한다.
② 즐겨 찾기에서 목록에 있는 원하는 검색 엔진을 클릭하게 한다.
③ 검색 창에 직업명을 입력하게 한다.
④ 직업에서 하는 일을 찾아보게 한다.
…이하 생략…</td><td>• 윤지가 관심 있어 하는 5가지 직업으로 직업 목록을 작성한다.
• ㉢ 직업 검색 과정을 하위 단계로 나누어 순차적으로 지도한다.</td></tr>
<tr><td>(가)</td><td>윤지가 직업 검색하기를 빠르고 정확하게 수행하도록 ㉠ 간격시도 교수를 사용하여 지도한다.</td><td rowspan="3">• ㉣ 간격시도 교수상황에서 윤지와 친구를 짝지은 후, 관찰기록지를 주고 수행결과에 대해 서로 점검하여 피드백을 제공하도록 한다.</td></tr>
<tr><td>유지</td><td>윤지가 정기적으로 직업명을 인터넷에서 검색할 수 있도록 한다.</td></tr>
<tr><td>(나)</td><td>학교에서는 ㉡ 분산시도 교수를 사용하여 지도한 후, 윤지에게 복지관에서도 자신이 관심 있어 하는 직업명을 검색하도록 한다.</td></tr>
</table>

2) ㉠과 ㉡에 대해 각각 설명하시오. [2점]

• ㉠: ______

• ㉡: ______

60 2015학년도 초등 B 4번 일부

(가)는 특수학교 김 교사가 색 블록 조립하기를 좋아하는 자폐성장애 학생 준수에게 '2011 개정 특수교육 교육과정' 중 기본 교육과정 수학과 3~4학년군 '지폐' 단원에서 '지폐 변별하기'를 지도한 단계이다. 물음에 답하시오.

(가) '지폐 변별하기' 지도 단계

단계	교수·학습 활동
주의집중	교사는 준수가 해야 할 과제 수만큼의 작은 색 블록이 든 투명 컵을 흔들며 준수의 이름을 부른다.
㉠	교사는 1,000원과 5,000원 지폐를 준수의 책상 위에 놓는다. 이때 ㉡ 교사는 1,000원 지폐를 준수 가까이에 놓는다. 교사는 준수에게 "천 원을 짚어 보세요."라고 말한다.
학생 반응	준수가 1,000원 지폐를 짚는다.
피드백	교사는 색 블록 한 개를 꺼내, 준수가 볼 수는 있으나 손이 닿지 않는 책상 위의 일정 위치에 놓는다. (오반응 시 교정적 피드백 제공)
시행 간 간격	교사는 책상 위 지폐를 제거하고 준수의 반응을 기록한다.

※ 투명 컵이 다 비워지면, 교사는 3분짜리 모래시계를 돌려놓는다. 준수는 3분 간 색 블록을 조립한다.

1) (가)의 ㉠단계의 명칭과 ㉡에서 적용한 촉구(촉진)의 유형을 쓰시오. [2점]

• ㉠: ______ • ㉡: ______

3) (가)에서 김 교사가 적용한 지도법의 일반적인 제한점을 1가지 쓰시오. [1점]

• ______

61 2017학년도 중등 B 3번

다음은 자폐성장애 학생 Y의 의사소통 중재와 관련하여 김 교사와 박 교사가 나눈 대화의 일부이다. ㉠에 공통으로 들어갈 중재 전략을 쓰고, ㉡의 경우에 적용하는 지도방안을 제시하시오. 그리고 ㉢에 공통으로 들어갈 중재 전략을 쓰고, ㉣을 1가지 제시하시오. [4점]

김 교사: 선생님, 우리 반의 Y가 어휘력이 부족한데 어떻게 지도해야 할까요?
박 교사: 자폐성장애 학생의 어휘력을 향상시키는 데 효과적인 전략이 있습니다. 예를 들어, Y에게 필요한 어휘목록을 10개 준비하고 주의를 집중하게 한 뒤, '지구본'이라는 단어 카드를 제시하면서 "이 단어는 무엇이지?"라고 질문하세요. Y가 "지구본"이라고 대답을 하면 "잘했어."라고 하세요. 잠시 간격을 두고 나서 다음 단어 카드를 보여주면서 앞서 말한 절차를 반복하면 됩니다. 이와 같이 (㉠)은/는 학생이 변별자극에 정확하게 반응할 수 있을 때까지 간격을 두고 반복하여 시행하는 것입니다.
김 교사: 그런데 이 전략을 사용할 때, "이 단어는 무엇이지?"라는 질문에 ㉡ Y가 대답하지 못하거나 오답을 말하면 어떻게 해야 하나요?

…중략…

김 교사: 그리고 Y는 구어를 할 수는 있으나 필요한 상황에서 적절하게 사용하지 않습니다. 어떻게 해야 할까요?
박 교사: 네, Y에게 (㉢)을/를 적용해 볼 수 있습니다. 예를 들어, 먼저 Y가 좋아하는 '만화책'을 손이 닿지 않는 책장 위에 두고, 관심을 보일 때까지 기다려주세요. Y가 좋아하는 '만화책'에 관심을 보일 때, 같이 쳐다보면서 "만화책 주세요."라고 말하도록 유도하세요. 만약 Y가 말을 하지 않고 계속해서 손가락으로 '만화책'을 가리키기만 하면, 이때 선생님께서 "만화책 주세요."라고 먼저 말하세요. Y가 "만화책 주세요."라고 따라 말하면, 그때 '만화책'을 주면 됩니다. 이처럼 학생의 선호에 맞게 환경을 구성하고, 학생이 관심을 보이면 촉진을 통해 적절한 반응을 유도하는 것입니다.
김 교사: 네, 그렇군요. 그러면 중재 전략 (㉢)은/는 (㉠)에 비해 어떤 ㉣ 장점이 있나요?

…하략…

- ㉠: ____________________
- ㉡: ____________________
- ㉢: ____________________
- ㉣: ____________________

2. 환경중심 언어중재

(1) 정의

① 기능적인 의사소통을 자연스럽게 유도할 수 있도록 아동의 환경 속에서 아동의 관심 · 흥미에 맞게 언어중재를 하는 다소 포괄적인 중재 방법이다.

② 의사소통이나 사회작용을 유도하는 데 많이 사용되어 왔으며, 통합교육과 일반화 문제가 대두되면서 언어치료에서도 많이 활용되고 있다.

(2) 공통된 요소

① 훈련은 아동의 흥미 · 주도에 따라 구성한다.

② 언어 형태를 가르칠 때 일상생활에서 흔히 접하는 많은 사례를 사용한다.

③ 아동의 반응을 확실하게 촉진한다.

④ 아동의 반응에 대한 강화는 특정 언어 형태와 연결된 것으로 하고, 훈련 문맥 속에서 자연스럽게 한다.

⑤ 훈련은 교사-학생의 상호작용 속에서 다양하게 실시한다. 환경중심 언어중재법은 행동주의의 '선행자극(자극)-반응-후속사건(강화)'의 체제로 행해지는데, 전통적인 행동주의적 접근법과의 차이점은 선행사건이 훈련자의 촉진이 아니라 아동의 관심 표현이라는 점과 후속사건이 언제나 동일하지 않고 반응이 기능적으로 연관된다는 점이다.

(3) 기법

① 환경조절 전략

㉠ 아동의 언어를 촉진하는 물리적인 상황을 제공하는 전략으로, 아동이 선호하는 자료를 중심으로 환경조절 전략에 따라 놀이 상황을 계획한다.

㉡ 환경조절 전략의 기법

기법	내용	예시
흥미 있는 자료	아동이 흥미 있어 하는 자료를 이용함	좋아하는 블록이나 장난감을 교실의 잘 보이는 곳에 배치함 예 나이프, 포크, 종이 블록, 긴 줄, 블록 박스, 언어 퍼즐 등
닿지 않는 위치	아동의 시야 안에 자료를 놓아두되 아동의 손이 닿지 않는 곳에 둠	좋아하는 장난감을 손이 닿지 않는 높이의 벽에 테이프로 붙여 놓거나 아동의 키보다 높은 창틀에 올려 놓음
도움	아동이 자료를 조작하기 위해 성인의 도움을 필요로 하는 상황을 만듦	좋아하는 긴 줄이나 넥타이를 풀기 어렵게 여러 번 묶어 놓음
불충분한 자료	아동이 추가적인 자료를 요구하도록 하기 위해 적은 수 · 양의 자료를 제공함	수족관에 배 띄우기를 좋아하는 아동에게 물이 부족한 수족관과 배를 주어서 놀이를 하도록 유도함

② 반응적 상호작용 전략

㉠ 언어 학습을 위한 대화적 기초를 제공하는 전략으로, 놀이 상황에서 아동의 언어적 · 비언어적 행동에 반응하는 방법을 제시한다.

㉡ 기법

기법	내용	예시
아동 주도에 따르기	• 아동의 말 · 행동과 유사하게 언어적 · 비언어적 행동을 하고, 아동의 주제를 따르며 관찰하고, 말하게 기다려 주고, 경청하며 말과 행동을 모방함 • 지시나 질문은 피함	소꿉놀이를 하면서, 아동: (나이프와 포크로 음식 모형을 써는 행동을 한다.) 교사: (나이프와 포크를 가지고 썰며) 계란 프라이를 썰어요. 아동: (포크로 음식을 찍어 먹는 흉내를 낸다.) 교사: (포크로 음식을 먹는 흉내를 내며) 계란 프라이가 맛있네요.
공동 관심 형성하기	• 아동과 같은 활동에 참여하거나 같은 장난감으로 놀이에 참여함 • 아동이 장난감이나 활동을 바꾸면 교사도 아동이 선택한 활동으로 전환함	크기가 다른 종이 블록을 가지고 놀이를 한다. 아동: (큰 블록을 아래 놓고 작은 블록을 차례대로 높이 쌓는다.) 교사: 작은 블록은 위로 올려야지. (작은 블록을 집어 아동의 블록 위에 올려놓는다.)
정서 일치시키기	• 아동의 기분 · 태도가 적절할 때 아동의 정서에 맞춰 반응함 • 아동의 정서가 부적절하면 그에 맞춰 반응하지 않음	아동이 얼굴을 찡그리면 교사도 찡그리고, 작게 대답을 하면 교사도 작게 아동에게 말을 한다.
상호적 주고 받기	아동과 교사의 상호 교대로 대화나 사물을 주고받음	대화 주고받기 교사: (고개를 숙이며) ○○야, 안녕하세요? 아동: (고개를 숙인다.) 교사: 말로도 인사해야지. 안녕하세요? 아동: (웃으며) 안녕하세요?

③ 환경언어 중재 전략

㉠ 기능적인 문맥에서 언어 산출을 촉진하는 전략으로, 아동중심 시범, 요구모델, 시간지연, 우발교수의 절차에 따라 아동의 언어를 중재한다.

㉡ 환경언어 중재 전략 기법

기법	내용	예시
아동 중심 시범	• 아동 위주의 언어적 시범을 의미하며, 관심이 어디 있는지를 관찰하고 그 물건이나 행동에 같이 참여하면서 적절한 언어를 시범 보임 – 아동과 공동 관심을 가짐 – 관심을 보이는 것에 언어적 시범을 보여줌 – 아동이 정반응을 할 때 즉각적인 칭찬과 함께 언어 확장을 하면서 재료를 주고 오반응이나 무반응을 하면 다시 모델을 함 – 아동이 두 번째 시범에 정반응을 하면 즉각적 칭찬, 언어 확장, 재료를 주고 오반응을 하면 교정적 피드백과 재료를 줌	아동: (교사의 손을 끌어 보자기에 놓는다.) 교사: OO아, 어떻게 해줄까요, 도와줄까요? 아동: (보자기 위에 발을 올려놓는다.) 교사: 보자기 묶어줘요? 이때는 '도와주세요.'라고 하는 거야. 아동: 도와주세요. 교사: (안아주면서) 옳지 잘하네.
선반응 요구 – 후시범	• 아동과 함께 활동을 하다가 아동에게 언어적인 반응을 구두로 요구한 후에 시범을 보이는 것 – 아동과 공동 관심을 갖고 먼저 반응을 요구함 – 아동이 정반응을 하면 즉각적인 칭찬과 언어 확장, 재료를 주고, 오반응, 무반응을 하면 두 번째 요구와 시범을 제시함 – 아동이 두 번째 요구나 시범에서도 오반응을 하면 교정적 피드백을 줌	교사: (안경을 교사가 가지고 있으면서) 뭐 줄까? 아동: (교사의 손에서 안경을 가져가려고 한다.) 교사: 안경을 가지고 놀고 싶니? 아동: (손을 내민다.) 교사 : 이럴 때는 '주세요'라고 이야기하는 거야. 아동: (손을 내밀며) 주세요. 교사: 안경, 주세요. 아동: 안경, 주세요 교사: 옳지 말 잘하네. 그래, 그렇게 말하려무나.
시간 지연	• 아동과 함께 활동을 하다가 언어적 반응을 기다려주는 것으로, 아동이 말을 해야 하는 상황임을 눈치채고 말을 하면 그에 적절하게 교정 또는 시범을 보임 – 아동과 공동 관심을 가짐 – 아동이 재료나 보조를 필요로 하기 쉬운 경우를 판별함 – 5초 간 아동의 언어적 반응을 기다림 – 아동이 정반응을 하면 즉각적인 칭찬, 언어 확장, 강화물을 주고, 오반응을 하면 두 번째 시간 지연을 하며, 만일 아동이 두 번째도 오반응을 하면 다른 전략을 사용함	(소고를 가지고 놀이를 한다. 교사만 소고의 채를 가지고 있고 아동는 채를 주지 않고 북만 준다.) 교사: (소고를 두드리며 놀이를 한다.) 아동: (교사의 손을 쳐다본다.) 교사: (소고를 아동 앞에서 두드리면서 소리를 낸다.) 아동: (교사의 손에서 채를 가져가려고 한다.) 교사: (채를 주지 않고 5초 이상 기다린다.) 아동: 주세요. (손을 내민다.) 교사: 북채 주세요. 아동: 북채 주세요.
우발 교수	• 우연히 일어나는 의사소통 · 언어학습의 기회를 이용하여 언어훈련을 함 – 아동의 의사대로 우발적인 상황이 됨 – 아동과 공동 관심을 가짐 – 아동이 흥미로워 하는 영역에 가서 놀이를 하면 새로운 환경과 반응을 조성해줌	• **시범 절차**: 새롭거나 어려운 형태를 훈련, 명료성 향상을 위해 사용 • **요구 모델 절차**: 복잡하고 대화적인 기술을 훈련하기 위해 사용 • **시간 지연 절차**: 환경 자극에 대해서 의사소통적 행동을 시작하도록 아동를 훈련시킬 때 사용

3. 공동행동일과

(1) 개념

① 놀이와 활동에 참여하면서 의사소통을 촉진하는 중요한 활동으로, 어머니와 어린 자녀가 자주 하는 까꿍놀이나 손바닥 치기 놀이와 같은 일상적인 상호작용적 게임이다.

② 일과를 반복함으로써 목표 반응의 획득 · 유지 · 일반화를 촉진하는 빈번한 기회를 제공하고, 자연적인 환경에서 발생하기 때문에 그 상황에 있는 다른 사람들이 일과를 알고 있어 쉽게 시작하고 적절히 반응할 수 있다.

(2) 특징

① 공동관심은 공유하기 위해 사용되는 일련의 특정 몸짓을 의미하기 위해 사용된다.

② 공동참여는 상호작용의 매우 중요한 질과 유대감을 의미한다.

(3) 공동관심 기술의 정의

① 공동관심 시작하기

㉠ 협동적인 공동 주시: 아동은 성인과 사물을 번갈아 쳐다보고 관심을 공유하기 위해서 다시 성인을 바라본다. (이러한 행동은 사물을 보고 성인을 본 후에 다시 사물을 보는 반대 순서로 행해질 수 있다.) 이러한 몸짓은 "저거 봐, 재미있는데!"라는 뜻이다.

㉡ 보여주기: 아동은 손에 놀잇감을 들고 관심을 끌기 위해서 성인 앞에 들고 보여준다. 아동은 성인에게 놀잇감을 주지는 않는다. 이러한 몸짓은 "내가 뭐가졌는지 봐!"를 의미한다.

㉢ 공유하기 위해 건네주기: 아동은 놀잇감에 대한 도움을 얻기 위해서가 아니라 단순히 공유하기 위해 성인에게 놀잇감을 준다. 이러한 몸짓은 "여기 놀잇감이 있으니까 너도 놀아도 돼!" 또는 "네 차례야!"라는 뜻이다.

㉣ 가리키기: 아동은 단순히 성인의 관심을 흥미로운 어떤 것으로 이끌기 위해 사물을 가리킨다. 아동은 성인이 놀잇감에 대해 행동하기를 원하지 않는다. 이러한 몸짓은 "저거 봐요! 재미있어요."라고 의사소통하는 것이다.

② 공동관심 반응하기

㉠ 가리키는 곳 따르기: 성인이 사물을 가리킨 후에 아동은 가리킨 곳을 따라 동일한 사물을 바라보는 것으로 반응한다.

㉡ 시선 따르기: 아동은 성인이 바라보고 있는 것으로 성인의 시선을 따른다.

(4) 고려사항

① 일과의 주제를 선정할 때 모든 참여자에게 의미 있고 친숙한 것인지를 확인한다.

② 다른 사람들과 상호작용 · 의사소통을 할 수 있는 많은 기회와 함께 하루 종일 일과를 자주 제시한다.

③ 성과를 구체화한다.

④ 일과가 시작과 끝이 분명한 상태에서 순서를 따르고 있는지 확인한다.

⑤ 일과의 시작과 끝을 나타내는 명확한 신호를 규명한다.

⑥ 숙달을 즉시 기대하지 말고 아동이 자신의 역할을 하도록 돕기 위하여 언어와 일과를 시범 보일 준비를 한다.

⑦ 하루를 기준으로 일과를 반복하는 계획을 세우고 점진적으로 변화를 추가한다.

⑧ 아동이 역할을 구별할 수 있도록 돕고 성인에 의한 언어적 촉구의 필요성을 줄이기 위해 일과에 소도구를 포함시킨다.

62 2012학년도 중등 25번

다음은 자폐성장애 학생 A와 B의 언어 특성이다. 학생들의 의사소통 능력 향상을 위한 가장 적절한 중재 방법은? [2점]

> 학생 A는 일상생활에 필요한 기본적인 단어의 의미는 이해할 수 있고, 일상 사물의 이름을 주로 한 단어(일어문)로 말할 수 있다. 그러나 자신의 관심사에만 집착하고, 타인과 의사소통 하는 데 관심이 없어서 자발적으로 언어표현을 시도하는 경우가 매우 드물고 교사나 친구들과 의사소통하는 것이 어렵다.
>
> 학생 B는 학교 일과에서 교사나 친구들과 이야기할 때에 주로 두 단어(이어문)로 의사소통을 할 수 있다. 그러나 어떤 특정 활동 속에서 요구되는 상황적 언어를 논리적인 순서에 따라 말하는 데 어려움이 있다. 특히 지역사회 참여활동, 복지관 실습, 가사실습 시간에 요구되는 상황적 언어들을 그 활동 맥락 안에서 표현하는 데 어려움이 있다.

	학생 A의 중재 방법	학생 B의 중재 방법
①	환경중심 언어중재	스크립트 활용 언어중재
②	환경중심 언어중재	언어경험 접근법
③	언어경험 접근법	스크립트 활용 언어중재
④	언어경험 접근법	환경중심 언어중재
⑤	스크립트 활용 언어중재	환경중심 언어중재

63 2019학년도 초등 B 6번 일부

다음은 교육 봉사를 다녀온 예비 특수교사와 지도 교수의 대화 내용이다. 물음에 답하시오.

> 예비 특수교사: 교수님, 어제 ○○학교에 교육 봉사를 다녀왔습니다. 교실 환경이 상당히 인상 깊었는데, 가장 특이했던 것은 교실 한쪽에 있던 커다란 플라스틱 이글루였어요. 입구에 '북극곰의 집'이라고 쓰여 있고 흔들의자도 있는 것 같았어요. 마침 1교시 시작할 때였는데 자폐성장애 학생인 민우가 그 안에서 나오는 거예요. 담임 선생님께 여쭤 보니 민우가 자주 이용하는 곳이라고 하시더군요.
>
> 지 도 교 수: 아하! 아마도 (㉠)인가 봐요. 교실 한쪽이나 학교 내 별도 공간에도 둘 수 있는 건데, 물리적 배치를 통해 환경적 지원을 제공하기 위한 거죠. 유의해야 할 점은 타임아웃을 하거나 벌을 주기 위한 공간은 아니라는 겁니다.
>
> …중략…
>
> 예비 특수교사: 2교시에는 민우가 흥분이 되었는지 몸을 점점 심하게 흔드는 거예요. 그때 담임 선생님께서 손짓과 함께 "민우야, 북극곰!"하시니까, 갑자기 민우가 목에 걸고 있던 명찰 같은 것을 선생님께 보여 주면서 "민우 북극곰, 민우 북극곰" 그러더라고요. 목에 걸고 있던 거랑 똑같은 것이 민우의 책상과 이글루 안쪽에도 붙어 있었어요.
>
> 지 도 교 수: 그건 자폐성장애 학생에게 주로 사용하는 파워카드 전략입니다. 자폐성장애 학생의 (㉡)을/를 활용해 행동 변화의 동기를 제공하기 위한 시각적 지원 전략의 하나죠. 파워카드에는 그림과 (㉢)이/가 사용됩니다.
>
> 예비 특수교사: 중재 전략이 정말 다양하군요.
>
> 지 도 교 수: 중요한 것은 어떤 전략이든 ㉣ <u>자연스러운 환경에서 적용해야 일반화가 쉽다는 겁니다. 언어중재도 마찬가지예요.</u>

3) ㉣에 해당하는 언어중재 방법에서 사용되는 요구 모델이 모델링과 <u>다른</u> 점을 1가지 쓰시오. [1점]

• ______________________________

64 2019학년도 중등 A 13번

(가)는 자폐성장애 학생 P의 특성이고, (나)는 김 교사가 학생 P의 선호하는 사물과 활동을 통해 학생의 공동관심을 형성하기 위한 방안이다. 〈작성 방법〉에 따라 서술하시오. [4점]

(가) 학생 P의 특성

- '보드 게임'과 '라면 끓이기'를 좋아함
- 구어를 사용하지 않음

(나) 공동관심 형성 방안

• EMT 환경 구성 전략: 도움 • 활동: 보드게임	학생의 공동관심 유형	교사와 학생 행동
(㉠)	(㉡)	(㉢)

• EMT 환경 구성 전략: 불충분한 자료 • 활동: 라면 끓이기	학생의 공동관심 유형	교사와 학생 행동
(㉣)	(㉤)	(㉥)

※ EMT는 강화된 환경 교수(Enhanced Milieu Teaching)를 의미함

〈작성 방법〉

- 'EMT 환경 구성 전략'과 '활동'을 고려하여 괄호 안의 ㉠, ㉣에 해당하는 예 1가지를 순서대로 서술할 것
- 괄호 안의 ㉡, ㉤에 들어갈 수 있는 '학생의 공동관심 유형'의 명칭을 순서대로 쓰고, 각 유형에 따라 괄호 안의 ㉢, ㉥에 해당하는 '교사와 학생 행동'의 예 1가지를 순서대로 서술할 것(단, ㉡, ㉤은 교사와 학생의 행동 순서와 관련하여 서로 다른 유형임, ㉠-㉡-㉢, ㉣-㉤-㉥의 내용 연계성을 고려하여 작성할 것)

NOTE

해커스임용 설지민 특수교육학
영역별 이론 + 기출문제 2

정답 · 해설

제5장 지적장애
제6장 학습장애
제7장 정서 · 행동장애
제8장 자폐성장애

제5장 지적장애

제1절 지적장애 개관

01 2013학년도 중등 23번

정답 ⑤

해설

⑤ 지원은 자연적 지원과 서비스를 중심으로 제공되는 지원으로 구분할 수 있다.
- **자연적 지원**: 주어진 환경 내에서 자연스럽게 제공되는 인적·물적 자원을 통한 지원
- **서비스를 중심으로 제공되는 지원**: 한 개인의 자연스러운 환경의 일부가 아닌 사람이나 장비 등에 의해 제공되는 지원

① '정신지체'라는 용어는 '개인의 내적 조건으로 인해 기능이 제한된 상태가 장애'라는 관점이 내포되지만, '지적장애'라는 용어는 '개인의 잠재력과 사회적 맥락이 상응하지 않아 발생하는 제한된 기능 상태가 장애'라는 관점이 내포된다.

② 11차 정의의 지능지수 절사점은 하위 2 표준편차 이하이며, 75 이상을 포함하는 정의는 8차 정의이다.

③ 11차 인간 기능성에 대한 개념적 틀은 ICF와 일치하는데, 2002년 틀은 'Ⅰ. 지적능력, Ⅱ. 적응능력(개념적, 실제적, 사회적), Ⅲ. 참여, 상호작용, Ⅳ. 건강(신체건강, 정신건강, 병인), Ⅴ. 상황적 맥락(환경, 문화, 기회)'이며, 2010년 틀은 'Ⅰ. 지적능력, Ⅱ. 적응행동, Ⅲ. 건강, Ⅳ. 참여, Ⅴ. 맥락'으로 변경되었다.

④ 지원 모델은 '지적장애인이 개인의 능력과 환경의 요구 간의 불일치 경험 → 지원 요구의 창출 → 개별화된 지원 → 개인적 성과의 증진 단계'를 거친다.

02 2013학년도 중등 추시 A 5번 일부

정답

1) ㉠: 사회적

㉡: 간헐적

3) 1. 현재 기능성의 제한성은 그 개인의 동년배와 문화를 포함한 전형적인 지역사회 환경의 맥락 안에서 고려되어야 한다.

2. 타당한 평가는 의사소통, 감각과 운동, 행동 요인의 차이뿐만 아니라 문화와 언어의 다양성도 함께 고려하여 실시해야 한다.

해설

1) ■ 11차 AAIDD 적응행동 영역

영역	내용
개념적 기술	• 언어, 읽기와 쓰기 • 돈, 시간, 수 개념
사회적 기술	• 대인관계 기술, 사회적 책임감, 자존감, 파괴성 • 순진성(경계심), 규칙 따르기, 법 준수 • 희생 당하는 것을 피함, 사회적 문제해결
실제적 기술	• 일상생활 활동(개인적 관리), 직업 기술 • 돈 사용, 안전, 건강 관리, 여행·이동 • 일정·일과 계획, 전화 사용

■ 지원 강도에 따른 유형

분류	지원의 수준
간헐적 지원	필요할 때나 위기 상황에 일시적으로 제공
제한적 지원	일정 기간에 일관성 있게 시간 제한적으로 제공
확장적 지원	몇몇 환경에서 정기적으로 제공
전반적 지원	항구성을 가지는 고강도의 지원을 전반적 환경에서 지속적으로 제공

3) AAIDD의 지적장애 정의(2010)

지적 기능성, 개념적·사회적·실제적 적응 기술로 표현되는 적응행동 양 영역에서 유의하게 제한성을 보이는 장애로, 18세 이전에 시작된다. 이 정의를 적용하려면 다음의 가정이 반드시 전제되어야 한다.
- 현재 기능성의 제한성은 그 개인의 동년배와 문화에 전형적인 지역사회 환경의 맥락 안에서 고려되어야 한다.
- 타당한 평가는 의사소통, 감각과 운동, 행동 요인에서의 차이뿐만 아니라 문화와 언어에서의 다양성도 함께 고려되어 실시되어야 한다.
- 한 개인은 제한성뿐만 아니라 강점도 가진다.
- 제한성을 기술하는 중요한 목적은 개인에게 필요한 지원이 무엇인지 파악하는 것이다.
- 개별화된 적절한 지원이 장기간 제공되면 지적장애인의 생활기능은 일반적으로 향상될 것이다.

03 2010학년도 초등 7번

정답 ③

해설

건강: 인슐린을 장기적으로 투여 ➡ 확장적 지원(장기적)
문제행동: 단기적인 행동 중재 ➡ 간헐적 지원(일시적 · 단기적)
전환: 기술을 1년 동안 지도 ➡ 제한적 지원(일관적 · 제한적)

■ 전반적 지원

지속적이고 일관된 고강도의 지원을 말한다. 장기적 수준을 넘어, 학생의 인생 전반에 걸쳐 지원과 영향이 이어진다는 점에서 확장적인 지원과 차이가 있다.

04 2016학년도 중등 A (기입형) 3번

정답

- '지적능력, 적응행동, 건강, 참여, 맥락'의 5가지 차원
- 지원이 인간의 기능성에 작용하는 역할

해설

■ 인간 기능성에 대한 다차원적 모델

지적장애를 '인간 기능성에서의 제한성'이라는 관점에서 정의하고, 생태학적 · 다면적인 관점에서 장애를 개념화하며, 개인의 기능을 향상하기 위한 개별화된 지원의 역할이 가지는 중요성을 제시한다.

이 모델은 두 가지의 주요 구성요소를 가진다. 다섯 가지 차원(지적능력, 적응행동, 건강, 참여, 맥락)과 지원이 인간 기능성에 작용하는 역할의 묘사가 포함된다. 더 나아가 이 모델은 지적장애의 표출이 지적능력, 적응행동, 건강, 참여, 맥락, 개별화된 지원 사이의 역동적 · 상호적 관여를 포함함을 인정한다.

05 2009학년도 초등 19번

정답 ①

해설

실제적 적응행동: 여러 장소의 사물함 이용하기(일상생활에서 도구 활용)
자극일반화: 연수에게 새로운 장소(수영장, 목욕탕)에서 지식이나 기술을 사용하게 하기

06 2010학년도 중등 13번

정답 ③

해설

〈보기〉의 적응행동검사 결과를 살펴볼 때, 개념적 기술 점수가 사회적 · 실제적 기술 점수에 비해 현저히 낮게 측정되기 때문에 개념적 적응 행동을 우선적으로 지도해야 한다.

ㄱ. 구인광고 읽기(읽기)
ㄷ. 과제를 선택하고 해결하기(자기지시)
ㅁ. 화폐의 액면가와 단위 알기(금전 개념)

ㄴ. 식사도구 사용하기 ➡ 실제적 적응행동(일상의 도구적 활동)
ㄹ. 다른 사람과 공동 작업하기 ➡ 사회적 적응행동(인간관계)
ㅂ. 학급의 급훈 및 규칙 지키기 ➡ 사회적 적응행동(규칙 따르기)

■ 자기지시(self-direction)

자기주도와 비슷한 개념으로, 목표에 도달하는 방법을 계획 · 점검하여 목표에 효과적으로 도달하는 능력을 의미한다.

07 2021학년도 중등 B 4번

정답

- 실제적 적응행동 기술

해설

■ 적응행동 기술

개념적 기술	언어(읽기와 쓰기), 돈 · 시간 · 수 개념
사회적 기술	대인관계 기술, 사회적 책임감, 자존감, 파괴성, 순진성(즉, 경계심), 규칙 따르기/법 준수, 희생당하는 것을 피함, 사회적 문제 해결
실제적 기술	일상생활 활동(개인적 관리), 작업 기술, 돈 사용, 안전, 건강관리, 여행/이동, 일정/일과 계획, 전화 사용

08 2011학년도 중등 16번

정답 ①

해설

ㄱ, ㄷ. 사정은 의사결정에 필요한 자료를 수집하는 과정으로 검사, 관찰, 면접, 교육과정 중심 사정, 수행 사정, 포트폴리오 사정 등이 있다.

ㄴ. 언어성 · 동작성 점수의 결과를 해석해보면, 언어성 점수가 동작성 점수에 비해 높다는 점을 통해 학생의 현행 수준이 선천적 능력을 넘어 섰으며 올바른 교육과정이 적용되었음을 유추할 수 있다. 반대로 동작성 점수가 언어성 점수보다 우위를 보이면 학습 결손과 원활한 교육 서비스가 제공되지 못하고 있다는 가늠자 역할을 한다. 또한 이 경우 다른 검사자를 통해 검사자의 실수나 검사 절차 · 적용의 오류로 인한 결과가 아닌지 검증하는 재검사가 요구된다.

ㄹ. 책임감 · 자존감의 증진은 사회적 기술 향상에 도움을 준다.
ㅁ. '단기적'으로 제공되는 지원은 간헐적 지원을 의미한다.

09 2019학년도 중등 A (기입형) 5번 일부

정답

㉡: 자연적 지원

해설

■ 자연적 지원

주어진 환경 내에서 자연스럽게 제공되는 인적 · 물적 자원을 통한 지원이다. 가족이나 직장 동료, 친구, 이웃으로부터 자연스러운 일과 내에서 지원이 제공되는 경우가 이에 속한다.

10 2014학년도 중등 B (논술형) 1번

정답

정신지체 학생 A에 대한 평가결과를 알아보고, 실습지로 적합한 이유와 실습을 하기 전 갖추어야 할 기술에 대해 알아보자.

AAIDD의 적응행동 유형으로 개념적, 사회적, 실제적 적응행동이 있다. 첫째, 학생 A의 개념적 적응행동과 연관된 특성은 '메뉴판의 음식명을 읽을 수 있다.', '화폐의 종류를 구분한다.' 부분이 해당된다. 둘째, 학생 A의 사회적 적응행동과 연관된 특성은 '출근 시간을 잘 지킨다.', '맡은 일은 끝까지 마무리한다.', '손님과 다른 직원들에게 인사를 잘하고 친절하다.' 부분이 해당된다. 셋째, 학생 A의 실제적 적응행동과 연관된 특성은 '음식 주문 번호와 일치하는 번호의 테이블에 음식을 가져간다.', '다른 사람의 도움 없이는 화장실 청소를 하지 못한다.', '음식값을 계산하는 데는 어려움이 있다.' 부분이 해당된다. 학생 A는 개념적, 사회적 적응행동에 비해 실제적 적응행동 부분에서 어려움을 보인다.

학생 A에게 ○○카페가 적합한 이유는 첫째, 실습 장소였던 분식집과 직무 면에서 유사하고, 학생 A가 경험이 있는 바리스타 수업을 실제적으로 적용할 수 있는 곳이기 때문이다. 둘째, 실습지의 구성원에 학생 A와 생활연령이 비슷한 고등학생과 대학생이 있으며, 학생 A도 친하게 지낼 만한 또래가 있는 것을 원하고 있다. 셋째, 실습지의 문화적 측면에서 카페의 직원들이 장애인과 함께 근무한 경험이 있어 장애인에 대한 이해가 높고, 학생 A도 원하는 유니폼을 착용하고 근무할 수 있다.

학생 A가 ○○ 카페에서 실습을 하기 전 갖추어야 할 기술은 실제적 적응행동에 해당하는 '이동기술'이다. ○○카페는 학생 A의 집에서 지하철로 20분 거리에 있으며, 학생 A의 어머니는 출퇴근을 지원할 여건이 되지 않는다. 또한 아직까지 학생 A는 혼자 대중교통을 이용한 경험이 없다. 따라서 실습을 나가기 전 독립적인 실습을 위하여 대중교통을 이용하여 이동하는 기술을 익혀야 한다.

교사는 실습결과와 새로운 실습환경을 잘 분석하여, 학생이 지역사회에서 독립적인 역할을 할 수 있도록 지원해야 한다.

해설

■ 기술 요소

영역	내용
개념적 기술	• 언어, 읽기와 쓰기 • 돈, 시간, 수 개념
사회적 기술	• 대인관계 기술, 사회적 책임감, 자존감, 파괴성 • 순진성(경계심), 규칙 따르기, 법 준수 • 희생 당하는 것을 피함, 사회적 문제해결
실제적 기술	• 일상생활 활동(개인적 관리), 작업 기술 • 돈 사용, 안전, 건강관리, 여행 · 이동 • 일정 · 일과 계획, 전화 사용

11 2020학년도 중등 A 4번 일부

정답

㉠: 부조화

㉡: 자조 기술

해설

■ 지원 모델

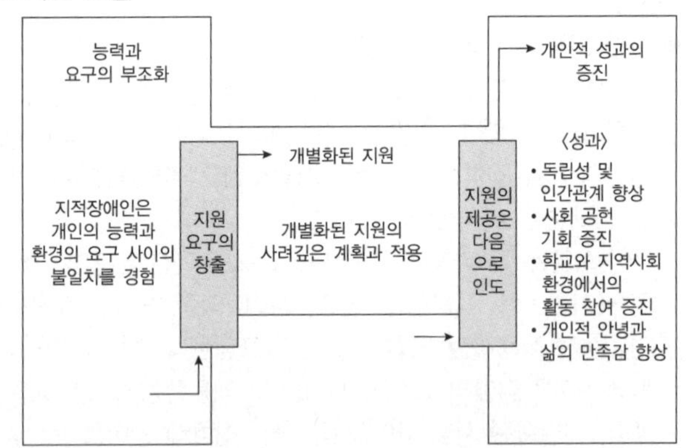

12 2018학년도 중등 A 3번

정답

㉠: 빈도

㉡: 지원 유형

해설

지원 요구의 평가에 사용하는 지원정도척도(SIS)는 각 활동에 지원이 얼마나 자주 요구되는지(빈도), 지원할 때마다 얼마나 많은 시간이 소요되는지(시간), 어떤 유형의 지원이 필요한지 구체적으로 평가할 수 있게 구성되지만, 해당 지원이 간헐적, 제한적, 확장적, 전반적 지원 중 어느 유형에 해당하는지는 제시하지 않는다.

13 2020학년도 초등 B 4번 일부

정답

4) '독립성 및 인간관계 향상', '사회 공헌 기회 증진', '학교와 지역사회 환경에서의 활동 참여 증진', '개인적 안녕과 삶의 만족감 향상' 중 1개

해설

11번 해설 참고

14 2021학년도 중등 A 1번

정답

㉠: 개인중심계획

㉡: 지원정도척도(SIS)

해설

■ 개별화된 지원의 평가, 계획 및 감독을 위한 과정

❶ 1단계(원하는 삶의 경험과 목표 확인하기)

- 개인의 꿈, 선호도, 관심 등에 초점을 둔 '개인중심 계획' 과정을 사용한다.
- 개인중심 계획의 핵심은 당사자가 자신에게 중요하다고 생각하는 것이 무엇인지 파악하는 것이며, 이 과정에서 현재 제공되는 서비스, 재정 상태, 개인의 능력 등에 국한하지 않고 논의한다.
- 이 계획 과정에 장애 당사자뿐 아니라 주요 주변인도 참여해야 하며, 현재의 삶과 함께 미래의 삶에 대한 내용도 다루어야 한다.

❷ 2단계(지원 요구 평가하기)

표준화된 도구(예 SIS), 관찰, 심층 면담 등을 이용하여 삶의 다양한 영역에 필요한 지원 요구를 평가하고, 앞서 '개인중심 계획' 단계에서 드러난 개인이 원하는 활동에 성공적으로 참여하려면 어떠한 지원이 필요한지에 관한 주요 정보가 수집된다.

■ 지원 요구에 대한 평가

한 개인의 지원 요구는 자기보고나 지원정도척도 등을 통하여 평가될 수 있다. 현재 미국에서는 지원 요구 평가를 위한 표준화된 도구로 '지원정도척도(SIS)'가 개발·적용되고 있다. 지원 요구에 대한 객관적인 평가를 통해 어느 지원 영역에 어떤 유형의 지원이 얼마나 빈번하게 제공되어야 하는지 등이 분석된 이후에 개별화된 지원계획이 개발되어야 한다.

15 2009학년도 중등 1번

정답 ④

해설

ㄴ. 전체 인구 중 장애라는 특정 조건을 가진 장애 인구의 수를 출현율이라고 한다.

ㅁ. 교육이나 재활 서비스 등의 요구를 파악하는 데 활용하기 용이한 지표는 출현율이다.

ㄱ. 출현율과 발생률은 서로 다른 의미를 가진다.

ㄷ. 특정 기간 동안 전체 인구 중 새로 판별된 장애 인구의 수를 발생률이라고 한다.

ㄹ. 장애의 원인을 연구하고 예방 프로그램을 개발하는 데 의의가 있는 지표는 발생률이다.

16 2016학년도 초등 A 4번 일부

정답

1) 페닐케톤뇨증(PKU)을 가진 학생을 조기에 선별하여 식이요법으로 지적장애의 출현을 예방하는 것

2) 부모의 약물 남용, 가정 폭력 등

3) ㉣, 장애가 발생하지 않도록 미리 예방하는 1차적 예방에 해당한다.

해설

1) 중재로서의 특수교육

❶ 예방적 중재

장애를 초래할 수 있는 잠재적인 문제를 중재하는 것으로 가능한 한 이른 시기에 시작한다.

1차적 예방	• 장애가 발생하지 않도록 관련된 모든 사람의 위험요소를 제거하는 것 • 교육자는 중재 목표가 되는 문제행동의 영향을 받을 수 있는 모든 사람을 위해 1차적인 예방을 함 예 행동장애를 예방하기 위한 학교 전체 차원의 프로그램에서 1차적 예방은 모든 학생을 대상으로 하는 학급 또는 학교 차원의 긍정적 행동지원을 포함함
2차적 예방	• 현존하는 위험요소의 영향을 제거·최소화하는 것 • 특정 위험에 노출된 아동을 대상으로 함 예 행동장애를 방지하기 위한 학교 차원의 2차적 예방은 문제행동의 초기 신호를 보이는 학생을 위한 특성화된 중재 방법
3차적 예방	• 장애의 영향을 최소화하는 것 • 장애를 가진 학생을 대상으로 함 예 정서·행동장애가 있다고 판별된 학생을 위해 집중적인 중재를 제공함

❷ 교정적 중재

장애인이 독립적이고 성공적으로 기능을 수행하는 데 필요한 기술을 교수하는 것이다. 이 중재는 장애인이 일반 환경에서 성공적으로 기능하려면 특별한 도움이 필요하다고 가정한다. 예를 들어, 학교 환경에서 필요한 기술은 학업적인 기술, 사회적 기술, 개인적 신변처리 기술, 직업 기술 등이 있다.

❸ 보상적 중재

장애가 있는 학생이 과제를 수행할 수 있도록 대체 기술을 교수한다. 예를 들어 교정적 중재는 손의 사용이 불편한 뇌성마비 아동에게 컴퓨터 과제 수행에 필요한 손의 사용을 가르치는 반면, 보상적 중재는 머리에 다는 막대(헤드 스틱), 컴퓨터 자판 등의 기술을 제공하여 제한된 소근육 통제 능력을 보상한다.

2) 행동적 위험 요인

구분	생물 · 의학적 요인	사회적 요인	행동적 요인	교육적 요인
출생 전	• 염색체 이상 • 단일유전자 이상 • 증후군 • 대뇌 이상 • 모체 질병 • 부모의 나이	• 빈곤 • 산모의 영양 결핍 • 가정 폭력 • 부모의 관리 부족	• 부모의 약물 남용 • 부모의 알콜 남용 • 부모의 흡연 • 부모의 미성숙	• 부모 지원이 없는 인지 장애 • 부모됨의 준비 결여
출생 시	• 미숙아 • 출생 시 상해 • 신생아 외상	출생 시 관리 결여	부모의 보호 거부	퇴원 시 중재 서비스에 대한 의학지식 부족
출생 후	• 외상성 뇌손상 • 영양실조 • 뇌수막염 • 발작장애 • 퇴행성장애	• 잘못된 보호자 • 적절한 자극 결여 • 가족의 빈곤 • 가족의 만성 질병 • 시설 수용	• 아동 학대, 유기 • 가정 폭력 • 부적절한 안전 수단 • 사회적 박탈 • 까다로운 아동 행동	• 잘못된 육아 • 진단 지연 • 부적절한 조기교육 • 부적절한 특수교육 • 부적절한 가족 지원

17 2010학년도 중등 15번

정답 ③

해설

ㄱ. 페닐케톤뇨증(PKU)은 출생 후 조기 선별이 쉬우며, 진단을 받은 후 식이요법을 통해 지적장애 출현을 예방할 수 있다.

ㅁ. 지적장애 학생은 반복된 실패로 인해 자신에 대한 기대수준이 낮고 타인에게 의존하는 외부지향성이 나타나며, 과제 수행 결과 여부를 외부적 요인으로 돌리는 외적 통제의 경향을 보인다.

18 2012학년도 유아 22번

정답 ②

해설

■ 프래더-윌리 증후군
- 이상 식욕과 비만 증상을 보임
- 순차적보다 동시적 처리가 요구되는 과제에 강함
- 단기기억 능력보다 장기기억 능력이 우수함
- 시공간적 처리 능력이 요구되는 과제, 직소 퍼즐에 강함
- 타인을 꼬집는 행동, 심한 짜증을 보임
- 모든 연령에서 강박장애와 충동조절장애가 나타남

19 2019학년도 중등 A 11번 일부

정답

• 안젤만 증후군

해설

■ 안젤만 증후군(Angelman syndrome)

안젤만 증후군의 약 70%는 어머니로부터 전달받은 15번 염색체의 장완 부분에 결손이 있다. 프래더-윌리 증후군과 마찬가지로, 이 증후군도 15번 염색체를 한쪽 부모에게서 전달받는 현상인 UPD가 나타나기도 한다(안젤만 증후군은 아버지에게서 전달받음). 발생 빈도는 프래더-윌리 증후군과 비슷한 반면, 프래더-윌리 증후군에 비해 신경학적 증상이 심하게 나타난다.

안젤만 증후군이 있는 아동은 생후 6~12개월에 발달지연이 나타나기 시작한다. 발달지연과 언어장애로 인해 말을 잘 하지 못하지만, 수용언어 기술과 비언어적인 의사소통 기술은 표현언어 기술보다는 상대적으로 좋은 편이다. 움직임과 균형 감각에 이상이 생겨 걸음에 장애가 생긴다. 자주 웃고 쉽게 흥분하는 경향을 보이며 집중 시간이 짧다. 머리 크기의 성장이 비정상적으로 지연되어 2세경에 소두증이 나타난다.

20 2011학년도 중등 15번

정답 ①

해설

ㄴ. 프래더-윌리 증후군(Prader-Willi syndrome)을 가진 경우 비만, 식탐, 작은 키를 비롯한 전체적인 발육 부진, 지적장애 등의 증상을 보인다.

ㄷ. 학습된 무기력은 피할 수 없거나 극복할 수 없는 환경에 반복적으로 노출된 경험이 누적되어 자신의 능력으로 피할 수 있거나 극복할 수 있는 상황에서도 자포자기(의욕상실)하는 방향으로 해결하려 하는 태도로 드러난다.

ㄱ. 교사의 관심을 끌기 위해 문제행동을 하는 학생에게 주의를 주면 오히려 강화가 되어 문제행동의 발생 빈도가 증가할 수 있다.

ㄹ. 윌리엄스 증후군을 가진 경우 요정처럼 보이는 외모와 지적장애를 지닌다. 소리에 민감하고 또래에 비해 키가 작은 편이며 일찍 나이가 드는 것처럼 보이기도 한다. 수학적 능력이 떨어지는 편이나 언어를 유창하게 구사하고 얼굴을 기억하는 데 뛰어난 능력을 가지기도 한다. 집중하는 시간은 짧지만 음악을 잘 듣고 악기 연주도 잘하며 악보를 읽을 수는 없지만 멜로디는 정확히 기억한다.

ㅁ. 생의학적 요인은 염색체 이상(출생 전), 조산(출생 전후), 외상성 뇌손상(출생 후) 등이 있다.

21 2012학년도 중등 16번

정답 ④

해설

㉡ 사회적 적응기술에는 대인관계, 책임감, 자아 존중감, 타인에게 잘 속는 정도, 순진한 정도, 규칙 따르기, 법 준수하기, 손해 보지 않기 등이 있다.
㉣ 프래더-윌리 증후군은 시각적 정보처리와 퍼즐 해결에 강한 경향을 보인다.
㉤ 다운 증후군은 언어 · 청각 과제보다 시 · 공간적 과제를 더 잘 수행하는 경향이 있다.

㉠ 손해 보지 않기는 사회적 적응 기술에 해당된다.
㉢ 약체 X 증후군은 수용 · 표현언어 능력이 단기기억 능력이나 시 · 공간적 기술보다 우수하며, 순차적보다는 동시적 처리가 요구되는 과제에 강점을 보인다.

22 2014학년도 중등 A (기입형) 8번

정답

㉠: 언어 및 청각적 기억
㉡: 시 · 공간적

해설

■ 증후군별 특징

윌리엄스 증후군	• 언어 · 청각적 기억, 얼굴 인지에 강점을 보임 • 시 · 공간적 기능, 지각-운동 계획, 소근육 기술의 제한 • 마음이론 측면에서 강점을 보임(대인지능) • 손상된 사회적 지능을 가지며 친숙함을 보임 • 모든 연령에서 불안장애가 나타남
프래더-윌리 증후군	• 이상 식욕과 비만 증상을 보임 • 순차적보다는 동시적 처리가 요구되는 과제에 강점을 보임 • 단기기억 능력보다 장기기억 능력이 우수함 • 시 · 공간적 처리 능력이 요구되는 과제, 직소 퍼즐에 강함 • 타인을 꼬집는 행동과 심한 짜증을 보임 • 모든 연령에서 강박장애와 충동조절장애가 나타남

■ 행동표현형

유전자에 따라 겉으로 나타나는 행동유형을 말한다. 다만, 동일한 증후군을 가진 아동이 모두 동일한 행동표현형을 가진다는 것을 의미하지는 않는다.

- 동일한 증후군의 아동이라도 유전자나 염색체 변이 과정의 다양성으로 인해 부적응행동이나 언어 · 지적 능력 등에서 다양한 수준을 보인다.
- 아동의 성별, 가족 배경, 일상생활 양식, 제공되는 자극 정도, 가족의 의사소통 유형이나 부모의 문제해결 방식 등에 따라 다르게 발달할 수 있다.
- 표현형은 생활연령이 증가하면서 변화할 수 있다.

23 2017학년도 중등 A (기입형) 3번

정답

㉠: 약체 X 증후군
㉡: 다운증후군

해설

■ 증후군별 특징

약체 X 증후군	• 수용 · 표현언어 능력이 단기기억 능력, 시 · 공간적 기술보다 우수함 • 순차적보다는 동시적 처리가 요구되는 과제에 강점을 보임 • 일상생활 기술과 자조 기술에 상대적으로 강점을 보임 • 부주의, 과잉행동, 자폐증과 유사한 행동이 나타남 • 모든 연령에 불안장애를 보임
다운 증후군	• 언어 · 청각적 과제보다 시 · 공간적 과제 수행이 우수함 • 장기기억 능력이 요구되는 과제의 수행 능력이 동일한 정신연령의 아동보다 지체됨 • 상대적으로 수용언어 능력이 표현언어 능력보다 우수함 • 지능에 비해 적응행동에 강점을 보임 • 명랑하고 사회적인 성격을 보임 • 성인기에 우울증과 치매 성향이 나타남

24 2016학년도 유아 B 7번 일부

정답

1) ㉠: 사회적 요인
㉥: 생의학적 요인

해설

㉠ 사회적 요인인 '출생 후 가족의 빈곤'이다.
㉥ 생의학적 요인인 '출생 시 미숙아'이다.

25 2019학년도 중등 A (기입형) 6번

정답

㉠: 자아효능감
㉡: 클라인펠터 증후군

해설

■ 자아효능감(자기효능감)

특정한 목표를 달성할 수 있다는 자신의 능력에 대한 신념, 과제 수행에 필요한 일련의 행동을 조직 · 완성할 수 있다는 자신의 능력에 대한 믿음이다. 자기효능감은 모델의 행동을 관찰 · 모방하는 과정에서 형성되며 개인의 행동에 영향을 미칠 수 있다. 자기효능감을 형성하는 요인은 과거의 성공 경험, 모델 관찰, 언어적 설득, 개인의 심리상태가 있다.

■ 클라인펠터 증후군

가장 흔한 성 염색체 이상 증후군으로 정상적인 남성 염색체 XY에 X염색체가 추가되어 발생한다. 부모의 생식세포 감수분열 단계나 수정 후 유사분열 단계에서 성염색체 비분리 현상이 일어나 발생한다(섞임증). 주요 증상은 운동발달 지연, 언어지연, 읽기장애 등이 있고 대부분 청소년 중 · 후반기에 생식샘 자극 호르몬의 과다와 함께 남성 호르몬 수치가 정상 또는 감소되며, 치료받지 않은 80%는 안드로겐 결핍증을 보인다. 2차 성징의 발현은 남성 호르몬이 결여되어 빈약한 체모, 고음, 여성형 지방 분포의 특징을 보일 수 있다. 사춘기 말에 38~56%가 여성형 유방증을 보인다.

제2절 지적장애 특성

26 2009학년도 초등 8번

정답 ⑤

해설

ㄱ. **자기결정력**: 독립적인 행동에 필요한 태도 · 능력, 부당한 외부적 영향으로부터 벗어나 삶의 질을 스스로 결정할 수 있는 태도 · 능력을 말한다.

ㄴ. **초인지**: 과제 수행에 필요한 방법을 인지할 수 있는 능력으로, 개인의 활동을 계획하고 효율성을 평가하며 노력의 결과 등을 점검하는 자기조절 기능의 능력이다.

ㄷ. **일반화**: 새로운 일, 문제, 자극 상황에서 지식이나 기술을 적용하는 능력이다.

ㄹ. **학습된 무기력**: 자신의 행동이 좋은 결과를 가져올 수 없다고 생각하여 낮은 의욕과 동기 수준을 보인다.

27 2011학년도 중등 17번

정답 ④

해설

④ 여러 색깔 단서(주의집중의 혼란을 일으킬 우려가 높음)가 아닌 상징적인 색깔 단서를 사용한다. 화려한 그래픽이나 애니메이션은 집중력을 떨어뜨리므로, 대비되는 2~3가지 색상으로 제한한다.

① 시연으로 정보(중심 문장) 읽기, 목표 행동 연습을 반복한다.
 예 따라 쓰기, 밑줄 긋기, 덧칠 등

② 정교화로 새로운 정보 첨가, 관련 정보를 연결하여 핵심에 집중, 지엽적인 내용은 줄이고 중복된 내용은 삭제한다.
 예 의역, 요약(축소형 정교화), 유추(확대형 정교화), 창의적 노트, 질의응답 활용 등

③ 초인지 전략은 자기교수, 자기강화, 자기점검, 선행 조직자 등을 포함한다.

⑤ 과제분석을 통해 난이도를 파악하고, 쉬운 것에서 어려운 것 순으로 제공한다.

28 2013학년도 중등 추시 A 5번 일부

정답

2) ㉢: 선택적 주의집중

해설

■ 선택적 주의집중

기능적 가치가 큰 자극이나 목표와 관련된 자극에 주의집중하고 이외의 자극을 무시하는 것을 의미한다.

29 2019학년도 유아 B 2번 일부

정답

1) 수행 중인 과제에 필요한 자극에는 주의를 기울이고 관련 없는 자극은 무시하는 것

해설

■ 주의집중

선택적 주의집중	수행중인 과제에 필요한 자극은 주의를 기울이고 관련 없는 자극은 무시함
주의 유지	일정 시간 동안 시간의 흐름에 따라 환경 내에서 방해하는 자극을 억제하면서 집중함

30 2015학년도 초등 A 4번 일부

정답

1) ㉠: 선택적 주의집중
 ㉡: 초인지

해설

㉠ 주의 유형

선택적 주의	적절한 환경 자극에 주의를 기울이고 부적절한 자극으로부터 방해받지 않는 능력
지속적 주의	시간이 지나도 과제에 주의를 기울이는 능력

㉡ 초인지

개인의 인지와 인지적 활동의 조절에 관한 지식, 알기와 알아가는 방법에 관한 지식을 말한다. 초인지는 인출 시도 전에 정확성을 예측하는 능력, 미리 계획하는 능력, 계획을 실행 · 학습하거나 기억한 성과를 검토 · 점검하는 능력으로 구성된다. 초인지 기능은 학습 과정을 의식적으로 통제하는 것으로 학습 계획, 전략 선택, 학습 진전도 점검, 오류 수정, 학습 전략의 효과성 분석, 학습 행동과 전략의 변경 등을 포함한다.

■ 초인지 요소

- 과제 수행에 어떤 전략, 기술, 자원이 필요한지 인식하는 능력
- 개인의 수행을 모니터링하고 실수할 경우 수정해주어 수행을 조절하는 능력

31 2013학년도 초등 추시 B 7번 일부

정답

2) '아동이 학습된 무기력에 빠져 있어, 성공 경험을 가질 수 있도록 촉구를 제공하거나 과제를 조절하여 제공한다.', '각 단계를 완성할 때마다 강화를 제공하여 성취감을 느끼게 한다.' 중 1개

해설

■ 학습된 무기력

어려운 과제를 쉽게 포기하거나 문제해결도 시도하지 않는 상태를 말한다. 심지어 스스로 할 수 있는 과제나 상황도 해결할 수 없다고 믿는다. 즉 상황을 스스로 통제할 수 없다고 지각하는 심리적 상태를 의미한다. 성공하더라도 결과를 자신의 노력보다는 행운 탓으로 돌린다. 이 신념은 과거 실패 경험의 결과에 기인한다. 특히 부모나 교사, 다른 사람의 비판과 낮은 기대 등으로 초기 실패를 경험하기 때문에, 지적장애인이 감당할 수 있는 과제나 상황을 제시하여 성취감과 만족감을 얻게 해야 한다. 실패를 감당하는 마음을 가지게 하는 것도 지도에 있어 중요한 요소이다.

32 2016학년도 초등 A 4번 일부

정답

4) ①: ⓐ, 꽃 위에 나비가 앉아 있네.
ⓑ, 나비가 어디에 앉아 있지?
②: 정보의 조직화가 어렵기 때문에, 쌍연합 학습을 통해 자극을 언어적 매개로 연결시켜준다.

해설

■ 학습의 패러다임

❶ 기대

개인의 이전 경험에서 비롯된 기대감이 학습 상황에의 접근 방식을 결정한다는 이론이다. 즉, 이전에 많은 성공 경험을 한 상황에는 접근 반응이 일어나고, 실패 경험을 많이 한 상황에는 회피 반응이 일어난다. 지적장애 아동은 과거에 학습 실패 경험이 많고 실패에 대한 기대감이 높은 경우가 많으므로, 이 단계의 학습 전략은 아동이 학습의 실패를 극소화하고 성공 경험을 최대한 많이 할 수 있게 구성하는 것이다.

❷ 주의

선택적 주의집중의 단계로 일정 시간 동안 여러 자극 중 하나를 선택하여 연관 자극에 주의를 주도록 한다. 다양한 자극을 훑어보며 주요 자극을 선택하고 일정 시간 동안 주요 자극에 주의를 기울이는 것으로, 주의집중에 결함이 있는 아동에게는 강화제를 유관 자극에 보상을 주고, 무관 자극에 보상을 주지 않는 자극 통제의 관계를 사용하는 변별학습과, 밑줄을 치거나 하이라이트를 사용하는 등의 방법으로 주의를 연관 자극에 모아주고 반복연습을 하는 전략이 제공된다.

❸ 정보의 조직화

지적장애 학생은 자극의 조직화에 문제가 있다. 즉, 정보가 회상되려면 컴퓨터의 정보처리과정처럼 파일 처리가 되어야 하는데, 정보를 유형별로 적절하게 분류 · 조직하지 못하여 정보의 재인이 어렵다.

33 2020학년도 유아 B 3번 일부

정답

3) 학습된 무기력

해설

■ 학습된 무기력(learned helplessness)

지적장애 학생 중 학습 동기가 낮아 문제인 경우가 있다. 어떤 학생은 어려운 문제의 해결에 큰 즐거움을 느끼지 못한다. 학교에서 새롭거나 어려운 과제를 수행할 때 적극적으로 참여하지 않거나 학습 문제에 흥미를 보이지 않는 학생도 더러 있다. 처음부터 동기 유발이 잘 안 된다기보다 실패에 대한 높은 예상과 관계되는 학습된 무기력 때문이다. 이는 아무리 노력해도 성공할 수 없다고 믿는 것으로 인지적 요소와 정서적 요소를 모두 포함한다. 지적장애 학생은 실패에 대해 높은 기대를 한다. 이들은 잦은 실패로 인해 환경이나 사건에 대해 스스로 행동을 조절할 수 없다고 느낄 때 자신에 대한 기대치가 매우 낮아진다. 또한 과제를 열심히 하지 않고, 빨리 포기하는 등의 행동을 보여 결과적으로 능력보다 낮은 과제 수행을 보이므로 기대된 실패가 현실로 나타난다.

34 2009학년도 중등 10번

정답 ⑤

해설

ㄱ. 다양한 환경을 제공한다.(일반화)
➡ 일반화를 높이는 지도 전략이다.
ㄴ. 학습 활동 시 교사의 참여를 줄인다.(숙달)
➡ 습득에서 숙달단계로 넘어갈 때 교사의 참여를 줄인다.
ㄷ. 과제에 대하여 학생의 반응양식을 다양화한다.(일반화)
➡ 반응양식을 다양화하여 일반화를 높인다.
ㄹ. 정확한 수행을 위해 피드백을 집중적으로 제공한다.(습득)
➡ 수행을 위한 피드백 제공은 습득단계에 해당한다.
숙달단계에서는 과제의 정확도와 속도를 함께 고려한다.
ㅁ. 오류를 줄이고자 다양한 촉진을 제공한다.(습득)
➡ 오류에 관한 피드백은 습득단계에 제공한다.
ㅂ. 제한 시간 안에 과제를 완성하도록 연습기회를 늘린다.(숙달)
➡ 수행 속도와 관련된 내용으로 숙달단계에 해당한다.

35 2013학년도 중등 2번

정답 ②

해설

② 교실에서의 수업은 다양한 예시 · 자극 · 매체를 활용하는 것이 일반화에 효과적이다.

① 자기통제 기술을 지도하면 실생활에서의 독립 기능이 촉진될 수 있어 일반화에 도움이 된다.
③ 일과표 작성은 같은 행동이므로 자극의 일반화에 해당한다.
④ 숟가락으로 밥 떠먹기와 숟가락으로 국을 떠먹기는 다른 행동에 해당하므로 반응의 일반화에 해당한다.
⑤ 자신이 배운 내용을 제한적으로 알고 있는 것은 과소일반화에 해당한다.

36 2013학년도 중등 추시 A 2번 일부

정답

1) (가): 숙달
(나): 일반화

2) ㉠: 간격시도 교수는 교사가 교수를 시행한 다음, 다시 교수를 제공하기 전에 휴식기를 제공하는 것이다.
㉡: 분산시도 교수는 교사가 하루 일과 전반에 걸쳐 목표행동에 대한 교수를 전달할 때 발생하며, 목표행동과 목표행동 사이에 다른 활동을 함께 교수하는 방법이다.

해설

1) 단계에 따른 진전도 비율

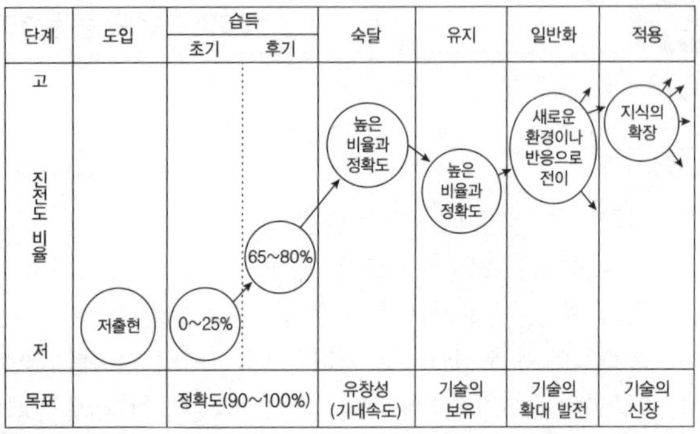

단계	도입	습득		숙달	유지	일반화	적용
		초기	후기				
진전도 비율 (고 ~ 저)	저출현	0~25%	65~80%	높은 비율과 정확도	높은 비율과 정확도	새로운 환경이나 반응으로 전이	지식의 확장
목표		정확도(90~100%)		유창성(기대속도)	기술의 보유	기술의 확대 발전	기술의 신장

❶ 습득
습득단계의 학습자 수행은 0%의 정확도(과제 수행 방법에 대한 지식 없음)에서 90~100%의 정확도 범위 내에 위치한다. 이 단계의 교수목표는 학생이 목표기술을 정확하게 수행하도록 돕는 것이다.

❷ 숙달
숙달단계의 학습자는 기술을 거의 자동적인 수준으로 학습하고자 시도한다. 목표는 학생이 과제를 정확하고 빠르게 완수하는 것이다. 사용되는 기술은 습득단계에 사용된 기술과 다르며 학습자의 수행 속도 증가에 중점을 둔다.

❸ 유지
숙달단계에서 높은 수준의 학습이 일어난 후, 학습자는 유지단계로 들어선다. 이 단계의 교수목표는 높은 수준의 수행을 유지하는 것이다.

❹ 일반화
학습자는 배운 것과는 다른 시간 · 상황에 해당 기술을 수행한다. 이 단계의 목표는 학생이 다른 환경 · 사람에 기술을 유창하게 보여주는 것이다.

2) 과제 제시 방법 – 중도장애

❶ 시도 – 불연속 행동 · 단계의 교수

유형	내용
집중시도 교수	교사가 한 행동의 반복 교수를 전달할 때 발생하고, 한 번의 시도에 다른 시도가 즉각 뒤따름 – XXXXXXXXX
간격시도 교수	• 교사가 한 행동 교수를 진행한 다음 다른 시도를 전달하기 전에 학생에게 잠시 휴식시간을 줌 – X X X X X X X X • 소집단 교수의 경우, 휴식시간에 교사는 다른 학생에게 같거나 다른 행동을 수행해보도록 요구할 수 있음 • 쉬는 학생은 행동에 대해 생각할 기회를 가지거나 다시 반응하도록 요구받기 전에 다른 학생이 수업받는 것을 관찰함
분산시도 교수	• 교사가 일과 전반에 걸쳐 목표행동의 교수를 전달할 때 발생하며, 목표행동이 활동의 자연스러운 상황에 삽입되는 것이 바람직함 • 시도 중에 학생은 다른 활동에 참여할 기회를 얻고 다른 행동을 하면서 교수를 받음 – X Y X Y X Y X Y

❷ 불연속 시행 유형 – 자폐범주성장애 아동 교육

유형	내용	
집중시행 (masses trials)	교사는 같은 반응을 이끌어내기 위해 동일한 차별자극을 연속하여 사용함	
	장점	기술을 빨리 가르칠 수 있음
	단점	정보를 빨리 잃어버릴 수 있고, 같은 반응을 여러 번 요구하면 불순종 · 공격 행동이 나타날 수 있음
분산시행 (distributed trials)	시행을 훈련 회기에 분산하여 실시함	
	장점	학습한 반응은 시간이 지나도 유지됨
	단점	학습하는 데 오래 걸릴 수 있음
집단시행 (collective trials)	• 학생은 동일한 과제를 받고 교사는 학생에 질문함 • 교사는 학생에게 첫 번째 질문에 대답하도록 요구함(관심을 얻고 차별 자극을 제시) • 교사는 정확한 대답을 알기 때문에 틀린 대답을 수정하고, 다른 학생을 불러 대답하게 함(반응과 후속 결과를 제공함) • 그러고나서 다른 학생에게 다음 질문에 대답하도록 요구함	
	장점	스포트라이트 공유, 타인으로부터 학습 허용, 모델링에서 얻는 이익을 허용
	단점	• 해당 학생에게 직접 질문하지 않으면 주의를 기울이지 않음 • 일부 학생은 다른 사람이 하는 것을 이해하지 못해 모델링을 학습하지 못함

37 2015학년도 유아 A 2번 일부

정답

4) 숙달

해설

■ 숙달단계

- 숙달단계에 학습자는 기술을 거의 자동적인 수준으로 학습하고자 시도한다.
- 목표는 학생이 과제를 정확하고 빠르게 완수하는 것이다.
- 사용되는 기술은 습득단계에 사용된 기술과 다르며, 학습자의 수행 속도 증가에 초점을 둔다.

38 2016학년도 중등 B 5번

정답

- 선수 학습의 아동 수행에서 분침을 시로, 시침에 0을 덧붙여서 분으로 읽고 있다. 따라서 아날로그시계의 시침과 분침을 구별하여 읽는 법을 가르친다.
- 아동이 학습 내용을 정해진 시간 안에 정확하고 빠르게 완성하도록 반복 연습한다.
- ②, 여러 종류의 시계를 관찰하고 움직여보면서 시계의 모양 및 기능을 탐색할 수 있도록 한다.

  ⑤, 학생이 현행수준에 이미 시간의 전후 개념을 알고 있으므로, 하루 일과를 순서대로 배열하는 부분을 후속 학습으로 제시하기보다는 선수 학습에서 학생의 주의집중을 돕기 위해 적용한다.

제3절 교육과정 및 교육방법

39 2010학년도 중등 5번

정답 ②

해설

교사가 사용한 접근법은 생태학적 접근법이다.

ㄷ. 생태학적 접근은 다양한 측면에서 기능 분석이 이루어지기 때문에, 구매 활동 기술이 다른 환경과 활동에도 적용될 수 있는지를 고려해야 한다.

ㅁ. 지도계획 수립 시 장애 정도 등을 고려하여 단계별 전략과 통합을 위한 부분참여의 원리를 반영해야 한다.

ㄱ. 생태학적 접근은 하향식 접근방법으로, 아동이 위치한 환경에서 필요로 하는 기능적 기술을 가르친다.

ㄴ. 아동의 주변 환경에서 기능적 기술의 필요와 선호도를 조사하여 현재·미래 생활에 기능하게 하는 환경적 접근방법이다.

ㄹ. A의 생활연령을 고려해 현재와 더불어 졸업 후 독립생활에 필요한 기술을 선정한다.

40 2011학년도 중등 5번

정답 ⑤

해설

ㄱ. 발달연령 ➡ 생활연령

ㄴ. 현재 생활 환경 ➡ 생애 주기 전반의 환경

■ 기능중심 교육

다양한 지역사회 환경에서 교수가 이루어질 수 있도록 접목한 교육방법으로, 지적장애 아동이 현재와 미래 환경에 참여하는 데 목적을 둔다. 더 나은 삶의 질에 기여하도록 연령에 적합한 기술, 일과, 자료로 구성되며 사회에서도 가치 있는 기술을 적용한다. 학생에게 교수설계적인 측면에서도 도움이 되고 지역사회에도 생산적인 기여자가 되도록 설계한다. 이를 위해 교사는 아동의 관심과 흥미를 반영하고 해당 아동의 재능이 향상되도록 지원한다.

41 2013학년도 중등 26번

정답 ①

해설

ㄱ. 생태학적 목록은 환경조사법이라고도 한다. 아동의 현재 환경에 대한 자료조사를 선행하여 미래 환경에서의 적응을 위한 교육의 목표를 선정하는 평가이다.

ㄴ. 생태학적 접근은 기능적이고 생활연령에 맞는 기술을 실제 환경에서 교수하기 때문에 일반화 능력을 가정하지 않아도 되며, 교수하는 기술은 사회적 타당화에 의해서 기능적이고 적절한 내용으로 결정된다.

ㄷ. 기능적 접근은 하향식 접근 방법으로, 학생 중심, 생태학적 입장, 일반화 강조, 학생 경험을 강조하는 입장이다.

ㄹ. 발달론적 입장으로, 준비성의 함정에 빠질 수 있다. 정상 발달순서와 단계별 필수 선수기술 습득을 강조하여 기능적 기술의 교수가 이루어지지 않고, 발달단계나 정신연령을 강조함으로써 장애학생의 실제 생활연령과 차이가 많이 나더라도 이를 해당 수준의 기술 습득을 교수내용으로 선정하는 근거로 사용한다.

ㅁ. 발달론적 입장으로, 학생은 발달단계에 적합한 과제를 제공받으며 교육 내용은 단계 간 관련성이 있는 계열적 순서로 이루어진다.

42 2021학년도 초등 A 5번 일부

정답

1) ①: 최소위험가정의 원리

②: 기능적 생활중심 교육과정

해설

■ 최소위험가정 기준

- 결정적인 자료가 제공되지 않아 교사가 잘못된 결정을 하더라도, 학생에게는 최소한의 위험한 결과만 가져와야 한다는 가정을 전제로 결정을 내려야 한다는 개념이다.
- 한 아동을 교육하는 데 드는 비용이 향후 보호·관리에 필요한 비용보다 적거나, 교육을 통해 독립성이 향상되고 관리가 쉬워지거나 관리할 부분이 줄어드는 기술을 배운다면 실제로 비용적인 면에서 더 이득이 된다.
- 지적장애 학생이 배우지 못한다고 증명된 기술이 없기 때문에, 결정적 증거가 없는 한 지적장애 정도가 아무리 심하더라도 최선의 시도를 하며 교육 가능성의 신념을 실현해야 한다.

■ 기능적 교육과정(= 기능적 생활중심 교육과정)

학습자의 생활, 경험 흥미, 관심, 필요 활동 등을 중심으로 구성된 교육과정이다. 전통적인 교과 또는 지식 중심의 교육과정과 상반되는 것으로, 교육과정에 대한 기본 견해는 인식론상으로는 관념론보다 '실용주의', 조직 형태상으로는 분과형보다는 '통합형', 내용상으로는 문화유산이나 지식보다는 '생활 경험과 조직', 방법상으로는 논리성보다는 '심리성'에 강조점을 두고 있다. 학습 내용보다 '학습 과정', 정적 학습보다 '동적 학습'을 중시하며, 행함으로써 배운다는 원리하에 실생활에서 학습자의 활동과 작업을 통해 생활인으로서 필요한 모든 기능을 개발하려는 데 목적이 있다.

43 2013학년도 중등 추시 B 3번 일부

정답

1) 최소위험가정 기준

해설

결정적인 자료가 제공되지 않아 교사가 설사 잘못된 결정을 하더라도 학생에게는 최소한의 위험스러운 결과를 가져와야 한다는 가정에 기반하여 결정을 내려야 한다는 개념이다. 또한 장애학생이 배우지 못한다고 증명된 것이 없기 때문에, 결정적인 증거가 없는 한 아무리 지적장애 정도가 심해도 최선의 시도를 통해 교육 가능성의 신념을 실현한다.

44 2014학년도 초등 B 5번 일부

정답

1) 생태학적 목록

2) 청소하기는 쾌적한 환경 유지를 위한 것으로 아동이 다음 환경(지역사회 생활)으로 전환하는 데 결정적으로 필요한 내용이다.

해설

1) 기술의 기능을 결정할 때는 기능적 기술의 필요와 선호도를 조사한다. 생태학적 목록은 학생의 현재와 미래의 생활에서 기능을 발휘하기 위해 필요한 개별 기술들을 찾는 방법을 제공하는 가치 있는 조사표, 관찰지, 평가도구이기도 하다. 생태학적 목록의 주요 교육과정 영역은 보통 주요 생활 영역인 가정(주거), 지역사회, 여가활동, 교육적·직업적 환경으로 구분한다. 가정이나 학교에서 교사들은 순서에 따라 목록을 작성하여 학생의 기술을 시험할 기회를 제공할 수 있다.

■ 생태학적 목록 작성 단계

단계	내용	설명 및 사례
1단계	교육과정 영역 정하기	구체적인 기술을 가르치고 삽입해야 할 상황·맥락으로 사용될 교육과정의 영역을 정함 예 주거, 지역사회, 여가생활, 교육적 또는 직업적 환경 등으로 구분하기
2단계	각 영역의 현재 환경과 미래 환경을 확인하기	현재 주거환경은 일반 아파트나 주택일 수 있지만, 미래 환경은 장애 지원을 받는 아파트, 그룹 홈, 시설일 수 있음
3단계	하위 환경으로 나누기	각 학생에게 필요한 활동을 파악하기 위해 활동을 수행할 가능성이 있는 환경을 자세히 구분함 예 학생의 집은 거실, 부엌, 침실, 테라스로 구분됨
4단계	하위 환경에서 벌어지는 활동을 결정하고 활동 목록 만들기	가장 적절한 활동을 결정하기 전에 다양한 변인을 고려해야 하며 학생의 생활방식에 대한 정보를 제공 받아야 함 예 식탁 혹은 조리대 앞 의자에서 식사, 거실 TV 앞에서 식사 등
5단계	활동 수행에 필요한 기술 정하기	활동을 교수 가능한 단위 수준이나 과제 분석으로 나눠야 하며 의사소통, 근육운동, 문제해결력, 선택하기, 자기관리 등의 기술을 익힘

2) 기능의 우선순위 결정 시, 다음과 같은 질문을 사용한다.

- 여러 자료의 출처와 영역 전반에 걸쳐 중요하게 나타나는 특정 기술이 있는가?
- 이 기술이 가족에게 가치 있게 받아들여지는가?
- 덜 제한적이고 연령에 적합한 환경에 접근하여 기술을 사용할 기회를 바로 제공할 수 있는가?
- 다음 환경으로 전환하는 데 결정적으로 필요한가?
- 아동의 안전을 위해 결정적으로 필요한가?

45 2017학년도 초등 A 2번 일부

정답

4) ⓜ: 초등학교 5학년 학생에게 생활연령에 적합하지 않은 유아용 동화책을 제공하였다.

ⓑ: 아동이 미래 환경에서 살아가야 할 때 꼭 필요한 기술을 가르치지 않았으므로 궁극적 기능성의 기준에 위배된다.

해설

■ 연령에 적절한 교육과정

지적장애 학생의 교육과정은 생활연령에 적합한 내용으로 구성 · 적용되어야 한다. 특히 중도 지적장애 학생은 일반 또래 학생을 위한 활동에도 참여할 필요가 있다. 개별화교육프로그램 수립 시 기능과 연령에 적합한 기술을 고려한다. 지역사회에서도 기술이 요구되고 일반 학생과 활동 · 상호작용할 가능성이 있기 때문이다. 기능적이고 연령에 적합한 행동은 자연적인 환경에서 더 쉽게 강화될 것이며 결과적으로 학습된 행동의 유지가 용이할 것이다.

■ 궁극적 기능성

지적장애 학생의 교육과정을 결정할 때는 '궁극적 기능성의 기준'을 고려해야 한다. 이는 중도장애 학생을 위한 교육 목표로, 그들이 성인이 되어 일반인과 함께 자신의 잠재력을 최대한 발휘하여 기능하게 한다. 사회적 · 직업적 · 가정적으로 통합된 성인기 사회 환경에서 최대한 생산적이고 독립적으로 활동하기 위해 반드시 소유해야 할 요소이다. 이러한 기준은 학생이 성인으로서 또는 궁극적으로 일하게 될 환경에서 학생과 가족의 선호도, 생활연령의 적합성(또래와 비교하기), 문화적 요소를 고려해야 함을 알려준다. 지적장애 학생의 교육과정은 '생태학적 접근'에서 논의되어야 한다.

46 2020학년도 중등 B 6번

정답

• ㉠: 프래더-윌리 증후군
• ㉡: 학급에서 배운 기술들을 실제 사회생활에서 일반화하지 못할 수도 있다는 전제에 기반을 두고, 배운 기술을 여러 환경에서 일반화할 수 있는지 시험해봐야 한다는 개념이다.

㉣: 지역사회 참조수업

해설

■ 프래더-윌리 증후군(Prader-Willi syndrome)

프래더-윌리 증후군의 약 70%는 아버지로부터 전달받은 15번 염색체의 장완 부분이 미세하게 결손되어 있다. 영아기에 근긴장 저하와 수유곤란, 발달지연이 나타나다가 유아기부터 중증 비만이 온다. 특이한 얼굴 모양과 저색소증이 나타날 수 있으며, 작은 손발과 저신장, 성선기능 저하증(hypogonadism) 등도 특징이다.

프래더-윌리 증후군이 보이는 가장 심각한 증상은 비만으로 볼 수 있는데, 이는 비만이 심장병, 당뇨병, 고혈압, 뇌혈관 질환, 수면장애 등의 합병증을 초래할 수 있기 때문이다. 비만의 원인은 시상하부의 병변으로 인한 과식증, 적은 신체 활동과 신진대사로 추정된다. IQ 20~90의 다양한 지능 수준을 나타내며 여러 학습에 어려움을 보인다.

■ 영수준의 추측(zero degree of inference)

궁극적 기능성의 기준에 도달하려면 다양한 전략이 필요한데, 영수준의 추측도 그 전략 중 하나이다. 이는 학급에서 배운 기술을 실제 사회생활에서 일반화하지 못할 수도 있다는 전제에 기반을 두고, 배운 기술을 여러 환경에서 일반화할 수 있는지를 시험해봐야 한다는 개념이다. 일반화가 되지 않은 경우 기술이 사용될 실제 환경에서 가르쳐야 한다는 입장으로, 지역사회중심 교수와 기능적 교육과정의 적용이 그 예다.

글자를 배운 학생이 실제 생활에서는 단어를 읽고 적용하지 못할 수도 있고, 숫자를 배운 학생이 가게에서 제품을 구입하고 적절한 비용을 지불하지 못할 수도 있다. 따라서 학생이 기능적 기술을 자연스럽게 습득할 것이라고 추측하는 대신 이들이 성인이 된 이후 필요할 기술의 교육과정을 적용해야 한다. 지적장애 학생을 교육할 때는 자연스럽게 습득할 것이라고 '추측'하면 안 된다.

47 2013학년도 중등 24번

정답 ③

해설

ㄱ. 지역사회는 자연적인 맥락에서 의미 있는 기능적 기술을 가르치는 교수적 실제이다.

ㄷ. '지역사회 시뮬레이션'은 지역사회의 장면과 과제를 교실 수업으로 끌어와 모의 활동을 하는 것이다. '지역사회 참조 교수'는 학교 내에서 지역사회 생활에 필요한 기술을 간접적으로라도 연습할 수 있는 공간과 기회를 주는 것이다.

ㅁ. '일반사례 교수방법'은 일반화가 필요한 모든 범위의 자극과 반응을 포함하는 교육 사례를 사용하는 방법으로 지역사회 중심 교수를 실시하는 방법 중 하나이다.

ㄴ. 지역사회 중심 교수는 교수할 기술이 어떤 영역에서 선정되었는지부터 구체적이고 세세한 요소를 구조적으로 계획한다. 이 교수는 체계적인 교수계획을 기반으로 이뤄지므로, 단순한 현장학습이나 적응훈련과는 구분된다.

ㄹ. 지역사회 중심 교수는 장애의 정도에 관계없이 모든 아동이 사회의 구성원으로 성장할 수 있다는 신념을 가지고 성인 생활에 필요한 준비를 하기 위해, 생활연령에 맞는 기능적 활동을 배우며, 통합학급의 수업 맥락에서 이루어진다.

48 2015학년도 중등 A (기입형) 3번

정답

(가): 일반사례 교수법

(나): 지역사회 참조 교수

해설

(가)의 일반사례 교수법은 학습한 기술은 어떤 상황 · 조건에서도 기술 수행이 요구될 때 사용할 수 있어야 한다는 목표로 발달된 전략으로 '교수사례의 선택과 계열화를 강조'한다.

■ 일반사례 교수법의 단계

단계	설명
1단계	• 어떤 것을 가르칠지 교수영역을 정의함 • 교수영역은 학습자가 배운 행동이 수행될 다양한 자극 상황을 포함해야 하며, 학습자의 특성, 현행수준, 교수행동을 고려하여 결정함
2단계	• 교수영역에 사용할 교수사례와 검사사례를 선택함 • 교수사례를 선택할 때 모든 자극 상황 · 반응이 포함되는 대표적인 최소한의 사례를 선택함 • 새로운 정보를 제공하는 사례와 부정적인 교수사례를 적절히 제공함
3단계	• 교수사례를 계열화하기 위해 활동 · 기술의 모든 구성요소를 한 중재 회기에 모두 교수함 • 가능한 한 많은 사례를 제시하고, 가장 유사한 긍정적 사례와 부정적 사례를 연이어 교수함
4단계	• 계획한 순서대로 교수를 실시함 • 촉진, 소거, 강화 등의 전략 중 일반사례 교수를 실시한 대부분의 연구에서는 촉진을 교수전략으로 사용함
5단계	기술의 일반화 여부를 파악하기 위해 검사사례에서 학습자의 수행을 검토 · 평가함

(나)의 지역사회 참조 교수는 기술이 실제로 사용될 자연적인 환경을 반영하는 실감나는 단서 · 소재를 이용하여 학교 환경 안에서 기능적 기술을 교수하는 실제이다. 이때의 지역사회 참조 모의 교수는 지역사회를 참고하여 학교 또는 학급 내에서 실제와 유사한 모의체험을 할 수 있도록 하여 필요한 기술을 직접 가르치는 교수방법이다.

■ 지역사회 참조 모의 교수를 실시하는 경우

- 교통수단, 비용, 직원, 안전, 지리적인 위치 등 제약으로 인해 바라는 만큼 자주 지역사회에 접근할 기회가 없을 수 있다.
- 통합 환경의 학생은 학교 활동에 참여해야 하므로, 지역사회기반 교수를 받을 시간이 부족할 수 있다.
- 학교 정책에 따라 어린 학생은 나이 많은 학생보다 지역사회기반 교수를 적게 받는 경우도 있다.
- 개인의 특성(의료적인 조건, 행동문제)에 따라 참여 가능한 지역사회기반 교수가 제한적일 수 있다.

49 2009학년도 유아 35번

정답 ④

해설

ㄱ. 유아의 일반화 능력을 향상할 수 있는 교수법이다.
ㄷ. 목표기술과 상황에 필요한 관련 기술을 함께 지도한다.
ㄹ. 지역사회중심 교수의 정의이다.
ㅁ. 여러 촉진을 사용하여 기능적 기술을 학습하게 한다.
ㄴ. 아동의 생활연령에 적합한 기능적 기술을 지도한다.

50 2018학년도 중등 A 9번 일부

정답

• ⓒ: 지역사회 모의 수업

이유: 지역사회 모의 수업으로 시간을 절약하고, 위험에 처한 상황을 미리 연습해볼 수 있다.

해설

■ 지역사회 참조 모의 수업

- 지역사회 중심 교수가 장애학생의 통합 기회와 일반교육과정 참여를 저해할 수 있다는 문제점이 지적되면서 실제 지역사회에서의 교수는 장애학생의 연령 증가에 따라 점차 늘어나는 한편, 학교 내 교육 경험과 모의 교수로 효과를 얻으려는 흐름이 이어지고 있다.
- 지역사회 중심 교수는 비용이나 위험 등을 감수한다. 다만 통합된 환경에서 실행하기에 현실적인 어려움이 있을 수 있으므로 지역사회 참조 교수, 시뮬레이션 등의 방법도 활용하여 시간을 절약하고 위험성을 줄일 수 있다.
- 지적장애 학생이 준비 없이 외부에서 직접 적용할 경우 위험한 상황에 처할 수 있는 내용을 지역사회 참조 교수, 시뮬레이션으로 선행한다는 이점이 있다.

51 2010학년도 초등 23번

정답 ①

해설

지역사회 참조 수업은 학교에서 지역사회 생활에 필요한 기술을 간접적으로 연습하는 것이다.

ㄱ, ㄷ. 학교 건물(수영장, 식당 등)에서 사회생활에 필요한 기술을 연습한다.

ㄴ. **지역사회 중심 교수**: 우체국 방문
➡ 실제 지역사회에서 체험

ㄹ. **지역사회 중심 교수**: 은행 방문
➡ 실제 지역사회에서 체험

ㅁ. **지역사회 모의 수업**: 지하철 이용
➡ 교실에서 학습 자료를 통해 수업

52 2017학년도 초등 A 2번 일부

정답

2) 지역사회 모의 수업

해설

지역사회를 참고하여 학교 또는 학급에서 실제와 유사한 모의 체험을 하며 필요한 기술을 배우게 하는 방법이다.

53 2021학년도 초등 B 5번 일부

정답

1) ①: 지역사회 모의 수업
   ②: 일반화

해설

■ 지역사회 모의 수업(= 지역사회 시뮬레이션)

의미 있는 자연환경에서 기능적 기술들을 교수하는 실제이다. 기술들이 실제로 사용될 자연적인 환경을 반영한 실감나는 단서들과 소재들을 이용하여 학습에서 기능적 기술들을 교수한다.

■ 지역사회기반 교수 실천

- 기술들을 어떻게 선택할 것인지 결정하고,
- 목표기술들이 가치가 있는지 확인하고(예 학생, 가족, 지역사회에 가치 있는 기술)
- 자연스러운 환경에서 수행될 때의 기술들을 과제분석하고,
- 제시할 교수시도의 순서를 결정하고,
- 교수절차(예 촉진하기, 강화하기, 오류 교정하기 등)를 개발하고,
- 지역사회 내에서의 기술수행을 관리 · 감독하기 위한 자료수집 체계와 일정을 만들고,
- 측정할 수 있는 부수적인 행동들(예 대화, 적절한 행동, 운동기술)을 확인하고,
- 시간이 지나면서 목표환경에서 자료에 근거한 교수를 실천하고,
- 새로운(훈련되지 않은) 환경에서 검사나 시험을 통해 일반화를 점검해야 한다.

54 2014학년도 초등 A 3번 일부

정답

3) ㉥: 일반사례 교수법
   ㉦ 지도내용: 계획된 교수사례 순서에 맞추어 교수를 실시한다.
   ㉧ 지도내용: B 슈퍼마켓(비교수된 사례)에서 평가한다.

해설

■ 일반사례 교수법

학습한 기술은 어떤 상황 · 조건에서도 해당 기술의 수행이 요구될 때 사용할 수 있어야 한다는 목표로부터 발전한 주요 전략으로 '교수 사례의 선택과 계열화를 강조'한다.

- 어떤 것을 가르칠 것인지 교수영역을 정의한다.
- 교수영역에 사용할 교수 사례와 검사 사례를 선택한다.
- 교수 사례를 계열화한다.
- 계획된 교수 사례 순서에 맞추어 교수를 실시한다.
- 검사 사례에서 평가한다.

55 2017학년도 중등 A 12번 일부

정답

㉢: 사회적 타당도

해설

■ 사회적 타당도

교육 프로그램의 질적 측면을 다루는 개념이다. 교육목표의 수용도, 사용된 교육적 방법, 행동 변화의 중요성과 사회적 수용성에 초점을 맞춘다. 사회적 타당화 절차는 학습된 행동이 기능적인지와 의미 있는지를 결정하는 데 사용되며, 이를 결정하는 데는 두 가지 방법이 있다.

- **사회적 비교(social comparison)**
  학생의 수행을 또래 비장애 학생의 수행과 대조한다. 이 기준은 불필요하게 엄격한 수행 기준을 내포하거나 학생이 사회적으로 수용할 만한 수행 수준에 도달하기 전에 교육을 중단하는 일을 방지한다.
- **주관적 평가(subjective evaluation)**
  사회적 타당도를 결정하는 두 번째 방법이다. 중요한 타인들이 가진 학생과의 전문성 · 친숙함을 이유로 그들의 의견이 행동변화의 중요성 판단에 사용된다.

56 2019학년도 초등 A 1번 일부

정답

2) ㉡: 사회적 타당도

해설

사회적 타당도란 중재가 사회적 관심과 중재 대상의 관심을 대변할 수 있어야 한다는 개념이다. 즉, 다른 사람이 생각할 때 행동에서 목표된 변화가 중요하며, 행동 변화에 사용한 방법이 수용 가능한지의 정도를 일컫는다.

■ 사회적 타당도에서 중재에 관한 질문
- 중재의 목표가 일상생활과 관련이 있는가?
- 중재의 절차가 대상자와 지역사회에 수용 가능한가?
- 중재의 성과가 중요한가? 즉 개인의 일상생활에서 차이를 가져올 수 있는 변화인가?

■ 사회적 타당도
- **연구 목표의 중요성**: 연구 목표가 연구 대상에게 정말로 유익하고 중요한 것인지 확인해야 한다.
- **실험 절차의 적절성**: 연구에서 사용된 중재가 사용하기 쉬운지, 강압적이지는 않은지, 내용이 긍정적인지 확인해야 한다.
- **실험 효과의 실용성**: 연구 대상의 연구 결과 자료를 연구 대상이 아닌 또래나 동료의 수준과 객관적으로 비교하여 효과의 실용성을 평가해야 한다.

57 2013학년도 유아 B 5번 일부

정답

3) 부분참여의 원리

58 2016학년도 유아 B 4번 일부

정답

3) 부분참여의 원리

59 2016학년도 중등 A 9번

정답

- ㉡, 학생 A의 독립적인 수행에 초점을 맞추어 앞 시간의 과제를 수행하게 되어, 현재 시간에 아동의 목표를 달성하기 위한 참여가 이루어지지 않아 아동의 참여 기회가 상실되었다.
- ㉢, 학생 A가 적극적으로 참여에 활동하지 못하고 다른 학생들의 수행만 관찰하는 수동적인 참여가 이루어졌다.
- ㉣, 학생 A가 활동에 참여는 하지만, 수업에 필수적인 기술이나 지식이 아닌 부분에 참여하여 학습의 전반적인 기회로부터 이득을 보지 못하고 근시안적 참여가 이루어졌다.

해설

부분참여의 원리는 사회적으로 가치 있는 역할을 부여하는 것을 강조하기 위해 고안되었는데, 이는 사회적으로 가치 있는 역할을 부여하는 것이 그들의 이미지와 개인적 역량에 긍정적 영향을 준다는 믿음에서 시작되었다.

60 2012학년도 중등 37번

정답 ①

해설

㉠ 부분참여의 원리는 중도 · 중복장애 학생의 의미 있는 참여를 보장한다.
㉡ 부분참여의 원리는 학생이 자신이 할 수 있는 일부 활동에 참여, 사회적 역할 가치화의 개념을 실현하는 방법이다.
㉢ 부분참여의 원리의 잘못된 적용 유형인 비정규적 참여이다.
㉣ 최소개입촉진은 가장 덜 개입적인 촉진부터 개입적인 촉진까지를 단계적으로 제공하는 것을 의미한다.
㉤ 학습 초기 단계에 도움을 많이 주되 점진적으로 줄이는 최대-최소 촉구를 사용하며, 과제 수행에 따라 점차 신체적 촉구를 줄이는 점진적 안내 기법을 적용한다.

61 2020학년도 유아 B 5번 일부

정답

3) 주하는 ○○○에만 친구 이름을 넣어 부르게 한다.

해설

■ 부분참여의 원리

본질적으로 모든 중도장애 학생은 최소한으로 제한된 다양한 학교 내외 환경과 활동에 부분적으로라도 기능할 수 있도록 하는 많은 기술을 습득할 수 있다는 긍정적 단언이다. 이 원리의 핵심은, 일반 또래가 참여하는 활동에 함께 참여하기 위해 굳이 기술을 독립적으로 수행할 필요가 없다는 점이다. 다른 형식을 통해 기술의 기능을 수행하는 조정이 적용될 수 있다.

바움가르트(Baumgart) 등은 개별화된 조정을 '이는 특정 개인에게 적용될 수 있으며 특정 학생이 생활연령에 적절하고 기능적인 활동에 적어도 부분적으로나마 참여할 수 있도록 하는 것'이라고 정의했다. 조정은 '의사소통기기와 같은 물품과 도구', '휠체어를 밀어주는 사람과 같은 개인적인 도움', '바지를 벗기 위해 의자에 앉는 것과 같은 조정된 기술 순서', '놀이 장소의 크기를 줄이는 것과 같은 조정된 규칙', '보조기구를 달고 팀 경기에 참여하는 것을 허락하는 사회적 태도의 조정' 등이다. 이에 따르면, 부분참여의 원리의 실행은 아동을 다른 사람의 눈에 더욱 가치 있게 보이도록 하며 아동이 제외되거나 차별받는 것을 방지한다.

62 2011학년도 초등 30번

정답 ⑤

해설

ㄱ. 도구를 수정하여 참여할 수 있도록 한다.
ㄹ. 수동적 참여 방법이다.

제6장 학습장애

제1절 학습장애 개관

01 2010학년도 중등 18번

정답 ③

해설

「장애인 등에 대한 특수교육법」 시행령에 따르면 학습장애는 '개인의 내적 요인 때문에 듣기, 말하기, 주의집중, 지각, 기억, 문제해결 등의 학습 기능이나 읽기, 쓰기, 수학 등의 학업 성취 영역에서 현저하게 어려움을 보이는 자'를 선정 기준으로 한다.

③ 사회성은 비언어성 학습장애의 특성에 포함될 수 있으나 장애인 등에 대한 특수교육법의 정의에 포함되지 않는다.

① 수학
② 듣기
④ 주의집중
⑤ 기억

02 2011학년도 중등 9번

정답 ④

해설

④ 비언어성 학습장애는 우뇌 인지기능인 시지각적 · 시공간적 정보전달 체계에 기능장애가 있을 때 발생하는 것이므로 시각적인 표현을 함께 사용하는 것은 적절하지 않다.

① 신체적 증상(손톱 깨물기, 두통, 복통, 공포증)과 함께 우울과 불안을 호소하므로 감정의 문제를 정기적으로 관찰하고 상담해야 한다.
② 친구를 사귀는 데 어려움이 있어 대인관계 형성이 힘들다.
③ 우뇌 인지기능에 결함이 있어 공간적 개념을 이해하는 데 어려움이 있으며, 총체적으로 접근하기보다는 세부적인 사항에 주목하므로, 선행 조직자를 제공하여 수업의 전체적인 내용을 제시하는 도움을 제공한다.
⑤ 비언어적 과제를 잘 수행하지 못하는 특성을 보이고 논리적 · 복합적인 정보의 처리에 어려움이 있으므로 학습 자료를 논리적인 순서로 세분화하여 제시한다.

제2절 교육적 사정

03 2012학년도 초등 10번

정답 ②

해설

김 교사는 '불일치 모델'을, 최 교사는 '중재반응 모델'을 제시하고 있다.

② 또래 집단에 비해 수행수준이 낮은 현상과 진전도가 느린 현상을 모두 보이면 이중불일치 조건을 만족하는 경우인 중재반응 접근의 이중불일치 모델이다.

① 기대하는 학업 성취수준과 실제 학업 성취수준 간의 차이로 학습장애를 진단하는 모델은 불일치 모델이다.
③ 지능지수와 기대수준 범위의 차이는 불일치 모델의 설명이다.
④ 인지적 처리과정의 특성을 분석하거나 학습장애를 심리 처리과정에 의한 것으로 진단하는 경우는 인지처리과정 결함 접근 모델에 해당한다.
⑤ 잠재능력과 성취수준 점수 간의 차이를 비교하므로 불일치 모델의 특징에 해당한다.

04 2021학년도 중등 B 2번

정답

①: ㉠, 중재반응 모델
②: ㉢, 기초학습기능검사

해설

■ 중재반응 모델

학습문제를 가진 학생을 조기에 선별하여 중재를 실시하고 여러 단계의 중재를 통해서 중재에 대한 학생의 반응에 따라 학습장애 학생을 선별하는 모델이다.

■ 학습장애 진단평가 영역

지능검사, 기초학습기능 검사, 학습준비도 검사, 시지각 발달검사, 지각운동 발달검사, 시각운동 통합발달검사

05 2009학년도 중등 38번

정답 ④

해설

ㄱ. 인지 결함 문제를 측정하는 것이 아니라 학생이 실험에 근거한 교수에 반응하는지를 측정하여 학습장애 여부를 결정하는 것이 인지처리과정이다.

ㅁ. 지능지수와 실제 학년수준의 차이를 비교하는 것은 불일치 모델이다.

06 2020학년도 초등 B 3번 일부

정답

2) ①: 중재반응 모델

②: 학생의 실패를 기다리지 않고 학업 문제가 확인되는 즉시 교육적 지원이 제공된다.

해설

■ 중재반응 모델

학업 문제를 가진 학생(학습장애 위험군 학생)을 선별하여 조기 중재를 실시하고, 중재에 대한 학생 반응에 따라 학습장애 적격성을 결정하는 모델이다.

■ 중재반응 모델의 장점

- 불일치 모델과 달리 진단 자체보다 교육을 강조하여 가능한 한 빠르게 학습장애 위험군 학생을 선별하고 적절한 교육적 지원을 함으로써 학업 성취도를 극대화할 수 있다. 불일치 모델을 적용하면 학습장애로 진단되기 전 일반 교육 이외의 교육적 지원을 받지 못하는 반면, 중재반응 모델은 학업 문제가 확인되면 즉시 교육적 지원을 제공한다.
- 학습장애 위험군 학생에게 우선 중재를 제공하고 중재에 대한 학생 반응에 따라 학습장애 적격성을 결정하기 때문에 외적인 요인(예 교육경험의 결핍, 가정환경 등)에 의한 학습부진과 내적 원인에 의한 학습장애의 변별이 가능하다. 학습장애 위험군 학생 중 외적 요인에 의해 학업 문제를 보이는 학생(학습부진 학생)은 조기 중재를 받아 학업 성취를 향상할 수 있다. 반면, 내적 요인으로 학업 문제를 보이는 학생(학습장애 학생)은 동일한 조기 중재를 받아도 학업성취도의 향상이 상대적으로 더디게 나타난다.

07 2012학년도 초등 12번

정답 ⑤

해설

⑤ 민수는 6주차부터 목표 점수를 초과했으므로 개인목표를 재설정하고, 현재보다 조금 더 높은 수준의 문제해결 활동을 간헐적으로 제공해야 한다.

① 데이터만으로는 현지가 겪는 어려움의 원인을 알 수 없다.

② 현지는 자신의 목표점수에 도달하지 못했으므로 교수방법을 수정하여 제공해야 한다.

③ 현지의 초기 학업 성취수준은 학급 동료보다 낮으나 성취 진전도는 비슷하다. 이중불일치를 충족시키지 못하므로 학습장애로 진단하지 않는다.

④ 중재반응 모형의 이중불일치는 현재 학업 성취수준과 학업 성장률 모두가 학급 동료에 비해 낮은 것을 의미한다. 따라서 높은 학업성장률을 보이는 은지는 해당하지 않는다.

08 2019학년도 초등 B 3번 일부

정답

4) ⓐ: 학급 학생 대부분의 학업성취 능력이 향상되었기 때문이다.

ⓑ: 2단계 집중적인 교수가 필요한 학생들이기 때문이다.

해설

■ 중재반응 모델

1단계(일반교육)는 일반 아동보다 낮은 성취수준과 느린 성장속도를 보이는 학생을 선별하는 단계로, 일반교육 환경에서는 모든 학생이 일반교사로부터 과학적으로 검증된 교수법에 따라 중재를 받는다. 검증된 교수법으로 교육을 받았음에도 반응을 보이지 않는 하위 약 20%의 학생은 1단계에서 2단계로 넘어간다. 1단계에서 모든 학생은 1년에 적어도 2~3번 정도 평가를 받으며 평가에는 표준화검사, CBM, 관찰, 기타 검사가 사용된다. 학생의 수행수준과 진전도 비율을 분석한 후 교육의 효과가 없어 보다 전략적인 중재가 제공되지 않으면 기대수준에 도달하지 못할 것으로 판단되는 경우 2단계 과정으로 넘어가는 학생으로 선별된다.

09 2013학년도 중등 31번

정답 ④

해설

ⓒ C영역은 IQ 75 이상 읽기부진 집단과 IQ 70~75 미만 읽기 집단에서 공통적으로 낮은 성취도를 보이기 때문에 지능에 관계없이 읽기에 영향을 미치는 변인으로 볼 수 있다.

ⓔ 읽기학습에 대한 인지처리과정의 변인을 모두 파악하면 읽기 중재의 반응 결과를 기다릴 필요 없이 모든 연령의 학습장애 진단이 가능하다.

㉠ T점수의 평균은 50이며, B영역의 경우 평균 이하에 해당한다.

㉡ A영역의 IQ 70~75 미만인 읽기부진 집단의 T점수는 34.8이므로 약 2.5~16%ile에 해당한다.

T점수	Z점수	백분위(%ile)
50	0	50
40	−1	16
30	−2	2.5
20	−3	0.6

10　2021학년도 초등 B 2번

정답

1) ㉠: 평균 점수(100점)
   ㉡: 표준
2) 1년 동안 달성해야 할 목표를 설정하고, 그 달성 여부를 평가할 수 있기 때문이다.
3) ①: 일반학생들의 CBM 점수
   ②: 일반학생들의 점수와 비교하여 영호의 학업성취 수준과 학습진전도를 확인한다.

해설

1) 불일치 모델 – 표준점수 비교 공식의 문제점

평균으로의 회귀현상: 두 측정값이 완전한 상관이 아닐 때 나타나는 현상이다. 표준점수 비교 공식은 지능과 학업성취 값이 완벽한 상관이라는 것을 가정한다. 즉, 지능지수가 100인 학생은 학업성취 점수도 100, 지능지수가 85인 학생은 학업성취 점수도 85일 것으로 가정한다. 그러나 지능지수와 학업성취 점수가 완전한 상관이 아닐 때, 지능지수가 100 이상인 학생의 학업성취 점수가 지능지수보다 낮게 나타나는 경향을 보이는 반면, 지능지수가 100 이하인 학생의 학업성취 점수는 지능지수보다 높게 나타나는 경향을 보인다. 이러한 평균으로의 회귀현상으로 인해 표준점수 비교 공식은 지능이 높은 학생을 과잉판별하고 지능이 상대적으로 낮은 학생은 과소판별하는 문제가 있다.

2) 교육과정 중심 측정

❶ 장점

– **전반적인 읽기교과능력을 측정 가능**

CBM은 한 교과영역의 하위 세부영역에 초점을 맞추기보다는 전반적인 교과능력에 초점을 맞추므로 교과영역에 대한 전반적인 능력을 평가할 때(예 선별 단계의 평가) 최적의 검사방법으로 사용할 수 있다.

– **실시해야 할 소검사의 수가 적음**

교사에게 평가수행에 관한 업무를 최소화할 수 있다. 단 한 번의 검사(유창성 영역만 측정)만으로 전체 읽기능력을 평가할 수 있는 효율성을 가지고 있다.

– **장기적인 교육의 목표를 설정할 수 있음**

장기목표의 설정과 달성 여부를 평가하기 위한 목적으로 사용될 수 있다. 일반적으로 특수교육에서 사용되는 개별화교육계획은 1학기 혹은 1년 동안 달성해야 할 교육의 목적을 설정하게 된다. 이러한 경우 CBM을 사용한다면 장기목표의 달성 여부를 평가하기 위한 목적으로 활용할 수 있다.

❷ 단점

– **하위영역의 결함을 확인하지 못함**

CBM은 전반적인 성취만을 측정하기 때문에 낮은 성취가 확인되었을 경우 하위 영역 중 어떠한 영역에서 문제가 있는지에 관한 정보를 제공하기 어렵다.

– **일부 교과영역에서만 전반적인 성취를 가정할 수 있음**

전반적인 성취를 나타낼 수 있는 대표적인 지표를 모든 교과에서 개발할 수 없는 제한점을 가지고 있다. 읽기교과의 경우 유창성을 전반적인 성취를 나타내는 대표 지표로 활용할 수 있지만, 수학교과나 과학교과의 경우 해당 교과영역을 대표할 수 있는 특정 지표를 개발하는 것이 불가능할 수도 있다.

3) 이중불일치

학생이 중재에 반응하는 정도에 있어 같은 반 학생들보다 낮은 성취수준을 보이면서 동시에 학습 진전도가 낮은 경우 학습장애로 진단한다.

제3절 읽기장애

11　2010학년도 초등 18번

정답 ④

해설

• **민수 – 읽기이해**: 날씨에 관한 문장을 읽고 해당하는 그림을 찾게 한다. 꽃의 모양 변화를 시간의 흐름에 따라 쓴 세 개의 문장을 읽게 하고 그림 순서를 찾게 한다.
• **은지 – 음운인식**: '자'와 '추'를 만들 수 있는 네 장의 낱자 카드를 제시하고, '자'를 만들어보게 한다.
• **주혜 – 단어재인**: 신발장에 붙어 있는 자신의 이름표를 읽고 신발을 찾게 한다. 교실 상황에서 지켜야 할 규칙에 들어 있는 '조용히'를 가리키며 읽게 한다.

12　2009학년도 초등 38번

정답 ②

해설

김 교사는 상향식(문자의 정확한 해독을 우선으로 함) 접근 관점이며 박 교사는 하향식(기대나 경험을 동원하여 읽기에 나타나는 의미 이해) 접근 관점이다.

㉠ 문자의 정확한 해독이 중심이 됨(상향식)
㉣ 어휘 자체에 대한 이해부터 시작하여 문장의 구와 절을 이해하고 나아가 글의 전체 의미를 파악함(상향식)
㉡ 경험, 배경지식으로 내용을 가정 · 추측함(하향식)
㉢ 글을 읽는 목적을 생각한 후 질문하는 형식이며 배경지식을 바탕으로 스스로 의미를 구성하기에 같은 글을 읽어도 다른 의미를 창출할 수 있음(하향식)

13 2011학년도 중등 30번

정답 ③

해설

(가) Hegge-Kirk-Kirk 접근법

교정적 읽기훈련 프로그램의 일환으로 많은 연습 기회를 통해 문자와 음소의 대응관계를 파악하는 데 중점을 둔다.

(나) 신경학적 각인 교수법

교사와 학생이 함께 주어진 자료를 가능한 한 빨리 읽는 연습을 하도록 구성하여 읽기유창성의 향상을 목표로 한다. 교수설계 시 별도의 준비나 읽기 자료를 요구하지 않아 적용이 간편하며, 성공적으로 정착된 단어와 학생이 인식할 수 있는 수준의 자료를 중심으로 구성된다. 교사와 학생은 50~200개의 단어를 서로 번갈아 읽기를 반복한다. 학생은 자신과 타인의 목소리를 함께 들으며 읽기유창성 기능을 효과적으로 획득할 수 있다.

(다) SQ3R 기법

주제의 탐색이 가능한 설명문, 논설문 등의 비문학 장르를 읽을 때 주로 사용되며, 살펴보기(survey) ➡ 질문(question) ➡ 읽기(read) ➡ 암송(recite) ➡ 다시보기(review)의 과정을 거친다.

■ Fernald 읽기 교수법(V-A-K-T)

학습 동기를 중시하여 유의미한 학습 활동을 강조하기 때문에 시각, 청각, 촉각, 운동 감각을 모두 사용하도록 구성되어 음운분석 방법이 아닌 단어 자체로도 학습의 구성이 가능하다.

■ RIDER 읽기 교수법

Read a sentence.(문장 읽기) ➡ Make an Image in your mind.(마음 속에 이미지 생성) ➡ Describe how the new image.(새로운 이미지 묘사) ➡ Evaluate the image.(이미지 평가) ➡ Repeat the steps to RIDE.(이전 단계를 반복)

■ 정교화 전략

학습 자료를 의미 있게 구성하려 새로운 정보를 첨가하거나 관련된 정보를 연결시키고 덜 중요하거나 중복되는 내용은 삭제하여 주요 핵심을 부각하는 전략이다.

■ 절차적 촉진

비고츠키의 사회적 구성주의 이론에 등장하는 용어로 교사가 사용하는 5W1H(육하원칙)의 약어로 'Who(누가) · When(언제) · Where(어디서) · What(무엇을) · Why(왜) · How(어떻게)'의 머리 글자를 응용한 질문 방식의 촉진 절차이다. 교사는 질문을 던져 학생이 스스로 사고하고 고민하여 내용을 생성하도록 도와주는 역할을 한다. 과정중심 작문 모형이 인지적 · 사회적 구성주의에 기반을 두고 있기 때문에 일종의 비계(scaffolding) 설정에 적합하다.

14 2014학년도 초등 A 4번 일부

정답

1) ㉠: 음절 변별

㉡: 선생님이 단어를 따로따로 나눠서 말할 거예요. 그러면 OO가 듣고, 합쳐서 말하는 거예요. /그-애/ [답 : 개]

해설

■ 음운인식의 하위 기술 예시

음운인식의 하위 기술		예시 과제
음절	변별	앞에 있는 종이에 그림들이 있어요.(사자, 두부, 버섯, 고추 그림을 각각 손으로 짚으면서) 이 그림은 '사자, 두부, 버섯, 고추'예요. ○○가 /두/로 시작하는 그림을 찾으세요. [답 : 두부]
	분리	• 선생님을 따라 하세요. /고추/. (학생이 '고추'라고 따라 한다.) /고추/에서 첫소리가 무엇이죠? [답 : 고] • 선생님을 따라 하세요. /다리미/. (학생이 '다리미'라고 따라 한다.) /다리미/에서 가운뎃소리가 무엇이죠? [답 : 리]
	합성	• 선생님이 단어를 따로따로 나눠서 말할 거예요. 그러면, ○○가 듣고, 합쳐서 말하는 거예요. /사-자/ [답 : 사자] • 선생님이 단어를 따로따로 나눠서 말할 거예요. 그러면 ○○가 듣고, 합쳐서 말하는 거예요. /지-우-개/ [답 : 지우개]
	분절	• 선생님을 따라 하세요. /두부/.(학생이 '두부'라고 따라 한다.) 이번에는 ○○가 /두부/를 따로따로 나눠서 말해주세요. [답 : 두-부] • 선생님을 따라 하세요. /고양이/.(학생이 '고양이'라고 따라 한다.) 이번에는 ○○가 /고양이/를 따로따로 나눠서 말해주세요. [답 : 고-양-이]
	탈락	• 선생님을 따라 하세요. /고추/. (학생이 '고추'라고 따라 한다.) 이번에는 /고/를 빼고 말해보세요. [답 : 추] • 선생님을 따라 하세요. /자전거/. (학생이 '자전거'라고 따라 한다.) 이번에는 /거/를 빼고 말해보세요. [답 : 자전]
	대치	• 선생님을 따라 하세요. /공부/. (학생이 '공부'라고 따라 한다.) 이번에는 /부/를 /기/로 바꾸어 말해보세요. [답 : 공기] • 선생님을 따라 하세요. /무지개/. (학생이 '무지개'라고 따라 한다.) 이번에는 /지/를 /니/로 바꾸어 말해보세요. [답 : 무니개]
초성-각운	변별	앞에 있는 종이에 그림이 있어요.('달, 눈, 집, 밤' 그림을 각각 손으로 짚으면서) 이 그림은 '달, 눈, 집, 밤'이에요. ○○가 /알/로 끝나는 그림을 찾으세요. [답 : 달]
	합성	선생님이 단어를 따로따로 나눠서 말할 거예요. 그러면 ○○가 듣고, 합쳐서 말하는 거예요. /프-울/. [답 : 풀]
	분절	선생님을 따라 하세요. /발/. (학생이 '발'이라고 따라 한다.) 이번에는 ○○가 /발/을 따로따로 나눠서 말해주세요. [답 : 브-알]

음절체-종성	변별	앞에 있는 종이에 그림이 있어요.('달, 눈, 집, 밤' 그림을 각각 손으로 짚으면서) 이 그림은 '달, 눈, 집, 밤'이에요. OO가 /누/로 시작하는 그림을 찾으세요. [답 : 눈]
	합성	선생님이 단어를 따로따로 나눠서 말할 거예요. 그러면, OO가 듣고, 합쳐서 말하는 거예요. /기-음/. [답 : 김]
	분절	선생님을 따라 하세요. /잠/. (학생이 '잠'이라고 따라 한다.) 이번에는 OO가 /잠/을 따로따로 나눠서 말해주세요. [답 : 자-음]
음소	변별	앞에 있는 종이에 그림들이 있어요. ('도, 레, 미, 파' 그림을 각각 손으로 짚으면서) 이 그림은 '도, 레, 미, 파'예요. OO가 /드/로 시작하는 그림을 찾으세요. [답 : 도]
	분리	• 선생님을 따라 하세요. /게/. (학생이 '게'라고 따라 한다.) /게/에서 첫소리가 무엇이죠? [답 : 그] • 선생님을 따라 하세요. /형/. (학생이 '형'이라고 따라 한다.) /형/에서 끝소리가 무엇이죠? [답 : 응]
	합성	• 선생님이 단어를 따로따로 나눠서 말할 거예요. 그러면 OO가 듣고, 합쳐서 말하는 거예요. /그-애/ [답 : 개] • 선생님이 단어를 따로따로 나눠서 말할 거예요. 그러면 OO가 듣고, 합쳐서 말하는 거예요. /드-아-을/ [답 : 달]
	분절	• 선생님을 따라 하세요. /구/. (학생이 '구'라고 따라 한다.) 이번에는 OO가 /구/를 따로따로 나눠서 말해주세요. [답 : 그-우] • 선생님을 따라 하세요. /돈/. (학생이 '돈'이라고 따라 한다.) 이번에는 OO가 /돈/을 따로따로 나눠서 말해주세요. [답 : 드-오-온]
	탈락	• 선생님을 따라 하세요. /새/. (학생이 '새'라고 따라 한다.) 이번에는 /스/를 빼고 말해보세요. [답 : 애] • 선생님을 따라 하세요. /귤/. (학생이 '귤'이라고 따라 한다.) 이번에는 /을/을 빼고 말해보세요. [답 : 규]
	대치	• 선생님을 따라 하세요. /나/. (학생이 '나'라고 따라 한다.) 이번에는 /아/를 /이/로 바꾸어 말해보세요. [답 : 니] • 선생님을 따라 하세요. /별/. (학생이 '별'이라고 따라 한다.) 이번에는 /을/을 /응/으로 바꾸어 말해보세요. [답 : 병]

15 2018학년도 유아 A 4번 일부

정답

2) ⓒ: 탈락
ⓒ: 대치

해설

■ 음운인식 과제 유형의 예시

탈락	• 선생님을 따라 하세요. /새/. (학생이 '새'라고 따라 한다.) 이번에는 /스/를 빼고 말해보세요. [답: 애] • 선생님을 따라 하세요. /귤/. (학생이 '귤'이라고 따라 한다.) 이번에는 /을/을 빼고 말해보세요. [답: 규]
대치	• 선생님을 따라 하세요. /나/. (학생이 '나'라고 따라 한다.) 이번에는 /아/를 /이/로 바꾸어 말해보세요. [답: 니] • 선생님을 따라 하세요. /별/. (학생이 '별'이라고 따라 한다.) 이번에는 /을/을 /응/으로 바꾸어 말해보세요. [답: 병]

16 2009학년도 초등 15번

정답 ⑤

해설

장 교사의 접근법은 해독중심 접근법이며, ⑤번은 의미중심 접근법이다. 의미중심 접근법은 문자 해독과 관련된 개별 기능을 가르치기보다는 의미 형성을 위한 전체적인 학습 활동으로써 읽기 활동을 전개한다.

17 2019학년도 초등 B 3번 일부

정답

1) 경음화

해설

■ 경음화(된소리되기)의 조건

- 받침 'ㄱ(ㄲ, ㅋ, ㄳ, ㄺ), ㄷ(ㅅ, ㅆ, ㅈ, ㅊ, ㅌ), ㅂ(ㅍ, ㄼ, ㄿ, ㅄ)' 뒤에 연결되는 'ㄱ, ㄷ, ㅂ, ㅅ, ㅈ'은 된소리로 발음한다.
- 용언의 어간 받침 'ㄴ(ㄵ), ㅁ(ㄻ)' 뒤에 결합되는 어미의 첫소리 'ㄱ, ㄷ, ㅅ, ㅈ'은 된소리로 발음한다.
- 용언의 어간 받침 'ㄼ, ㄾ' 뒤에 결합되는 어미의 첫소리 'ㄱ, ㄷ, ㅅ, ㅈ'은 된소리로 발음한다.
- 한자어에서 'ㄹ' 받침 뒤에 연결되는 'ㄷ, ㅅ, ㅈ'은 된소리로 발음한다.

18 2010학년도 초등 36번

정답 ③

해설

ㄴ. 의미중심 접근법 – 통언어적 접근
ㄹ. 의미중심 접근법 – 언어경험 접근
ㄱ. 해독중심 접근법 – 음운분석적 접근
ㄷ. 해독중심 접근법 – 언어학적 접근

19 2010학년도 유아 29번

정답 ③

해설

ㄴ, ㄹ. 음운분석 접근법

■ 의미중심적 접근 – 총체적 언어 교육

총체적 언어 교육은 하향식 모형에 근거를 두며, 읽기와 쓰기를 비롯한 모든 언어 기술이 의미 전달을 위해 필요한 것이라고 주장한다. 언어를 음소나 낱말 중심으로 가르치는 것이 아니라, 의미를 지닌 덩어리로 사용할 수 있도록 접근하는 방법이므로, 앞에서 제시한 발음중심 접근법과는 상반된 이론이다. '총체적'은 세 가지 의미를 함축한다.

첫째, 언어의 기본 단위는 의미이다.

둘째, 말하기, 듣기, 읽기, 쓰기를 인위적으로 구분하여 가르칠 것이 아니라, 통합적으로 가르쳐야 한다.

셋째, 언어 교육은 모든 교과와 통합하여 가르친다.

총체적 언어 교육을 하는 교사는 학생이 언어 학습을 즐거워하도록 분위기를 조성해야 하며, 이들이 자신감을 가지고 생각 · 느낌을 표현하도록 유도하여 학생이 언어 배우기를 두려워하거나 지루해하지 않도록 격려해야 한다. 학생은 자연스러운 맥락에서 읽고 쓰는 것을 학습해야 하며, 읽기와 쓰기 기술이 원래 연결되어 있다고 믿는다. 따라서 읽기와 쓰기를 통합 지도해야 한다고 주장한다. 총체적 언어 지도에 관한 몇 가지 지침은 다음과 같다.

■ 총체적 언어 지도 관련 지침

- 학생에게 좋은 글을 읽어준다.
- 학생이 알 수 있거나 반복적으로 구성된 리듬, 노래, 운문, 이야기를 반복하여 읽어준다.
- 교사를 포함한 모든 학생이 묵독하는 시간을 매일 별도로 마련한다.
- 집단 구성원의 흥미와 능력에 맞게 선택된 책을 이용하여 소집단 학생을 위한 읽기 지침을 제공한다.
- 개별적인 읽기 기회를 제공한다.
- 학생이 수행한 경험에 대해 작성해보는 '언어 – 경험 활동'을 조직한다.
- 형태보다 내용에 초점을 맞추고 흥미 있는 주제에 대해 작성하는 다양한 기회를 제공한다.
- 학생이 '모범적인' 쓰기를 모델링할 수 있도록 한다.
- 쓴 글을 다른 학생들에게 나누어주거나 인쇄해볼 기회를 준다.
- 교재 내용을 읽고 쓰는 것을 시범 보인다.

20 2010학년도 중등 25번

정답 ④

해설

최 교사가 김 교사에게 알려준 교수법은 '언어경험 접근법'이다.

ㄴ. 언어경험 접근법은 학습자의 경험을 재구성하여 학습 자료로 다양하게 활용하므로 학생의 동기가 내재적이다.

ㄷ. 학생의 말을 교사가 받아 적으면서 읽기 교재를 제작하는 과정에서 구어와 문어 간의 관계를 이해할 수 있다.

ㄹ. 학습자의 경험을 바탕으로 학습 자료가 제작되므로 학생의 경험을 개별 읽기 지도의 소재로 활용한다고 볼 수 있다.

ㄱ. 학습자의 사전 경험을 재구성하여 학습 자료를 제작하므로 교육과정 내용이 구조화되거나 위계적이지 못하다.

ㅁ. 네 가지 언어 기술(듣기, 말하기, 읽기, 쓰기)을 동시에 사용하는 총체적 접근법과 같은 맥락인 의미중심 접근법이다.

21 2011학년도 초등 20번

정답 ④

해설

박 교사가 적용한 교수법은 '언어경험 접근법'이다.

■ 언어경험 접근법의 수업 절차

- 1단계 토의하기
  - ㄹ. '성호가 놀이공원에서 한 일을 자유롭게 말하게 하며, 필요한 경우 현장체험학습 사진이나 동영상 자료를 보여준다.'
- 2단계 받아쓰기
  - ㄱ. '성호가 놀이공원에서 한 일을 이야기한 내용 그대로 받아 적는다.'
- 3단계 읽기
  - ㅁ. '성호가 자신이 이야기한 내용의 글이 친숙해질 때까지 여러 번 읽도록 지도한다.'
- 4단계 단어 학습
  - ㄴ. '성호가 생소하거나 어려운 낱말, 혹은 배우고 싶은 낱말을 선택하게 하여 낱말 카드로 만들어 지도한다.'
- 5단계 다른 자료 읽기
  - ㄷ. '성호가 자신이 이야기한 내용의 글을 능숙하게 읽게 되면, 다른 학생의 이야기를 읽도록 지도한다.'

22 2017학년도 중등 A 12번 일부

정답

㉠: 생활 기능

㉡: 단어에 대한 의식적인 분석 없이 즉각 단어를 인지하는 것이다.

이유: 학생 N은 시각적 단서를 구분할 수 있으나 글자는 읽지 못하므로, 시각적 단서에 반복적으로 노출시켜 단어의 시각적 단서와 단어를 연결하게 한다.

해설

■ 일견읽기

의식적인 음소나 음절 분석을 실시하지 않고 즉시적으로 단어를 인지하는 것을 말한다. 아동이 제시된 단어에 반복하여 누적적으로 노출된 경우, 거의 자동적으로 전체적 · 시각적 단서와 단어를 연결하게 된다. 즉, 일견읽기는 기능적 읽기 활동이며, 이 능력의 향상은 아동의 읽기유창성과 밀접한 관련이 있다.

23 2012학년도 중등 18번

정답 ⑤

해설

㉡ '바람'을 '밤'이라는 다른 의미단어로 대치한 오류이다.
㉢ 읽기유창성은 정확성, 속도, 표현력에 중점을 두고 지도해야 한다.
㉣ 읽기유창성을 향상하는 교수방법으로 반복읽기가 있다.

㉠ '줄기가'를 '줄기를'로 읽는 것은 대치 오류에 속한다.
㉤ 학생이 글에 포함된 단어의 약 90% 이상을 정확하게 읽을 수 있는 글을 선택하여 읽기유창성 교수에 사용한다.

해설

■ 읽기유창성 교수의 특성
- 학생에게 동일한 글을 소리 내어 반복하여 읽도록 한다.
- 소리 내어 반복읽기를 실시할 때, 글을 유창하게 읽는 사람(교사나 또래)이 유창하게 읽는 것을 시범 보인 다음, 학생이 같은 글을 소리 내어 읽도록 한다.
- 학생이 글을 읽을 때 오류를 보이면 체계적인 오류 교정 절차를 적용하여 오류를 교정한다.
- 같은 글을 세 번 이상 소리 내어 반복하여 읽도록 한다.
- 일주일에 세 번 이상 읽기유창성 교수를 실시한다.
- 학생이 단어의 약 90% 이상을 정확하게 읽을 수 있는 글을 사용한다.

24 2013학년도 초등 A 4번 일부

정답

1) ①: ㉡, 반복읽기 전략의 주목적은 읽기유창성 능력을 향상시키는 것이다.
   ②: ㉢, 반복읽기를 통해 유창성이 향상되면, 글을 해독하는 것보다 글의 내용 파악에 중점을 둘 수 있어 읽기이해 능력이 향상된다.

해설

■ 읽기유창성
글을 빠르고 정확하게, 적절한 표현력을 가지고 읽는 능력을 의미한다. 즉, 읽기유창성은 정확도, 속도, 표현력의 세 가지 특성을 포함하는 개념이다. 읽기유창성이 부족한 학생은 글을 읽을 때 개별 단어의 해독과 단어의 의미 파악에 인지적 자원을 많이 사용하기 때문에, 상대적으로 읽기이해에 사용할 인지적 자원이 부족하여 전체 글을 이해하기 어려워한다. 반대로 유창한 독자는 글을 이해하는 데 집중할 수 있으므로 쉽게 글의 흐름을 파악하고 내용을 이해한다.

25 2018학년도 중등 B 6번

정답

- ㉠: 표현력
- ㉡: 단어인지 능력
- ㉢: 글을 읽을 때 개별 단어를 해독하고 단어의 의미를 파악할 때 인지적 자원을 많이 사용하면 상대적으로 읽기이해에 사용할 인지적 자원이 부족하여 글을 이해하는 데 어려움을 초래한다.
- 1. ㉤, 새로운 읽기 자료보단 아동이 글에 포함된 단어의 약 90% 이상을 정확하게 읽을 수 있는 글을 선택하여 교수에 사용한다.
  2. ㉦, 배경 효과음이 없는 음성파일을 사용하여, 읽기에만 주의집중을 할 수 있도록 한다.

26 2019학년도 초등 B 3번 일부

정답

2) ①: ⓑ, 혼자서 읽기보다 다른 사람과 함께 읽었을 때 효과가 더 크므로, 교사나 또래 친구와 함께 읽도록 한다.
   ②: ⓒ, 묵독보다는 음독읽기 활동이 반복읽기와 모니터링이 쉬워, 유창성 교수에 효과적이다.

해설

ⓑ 읽기유창성은 교사와 아동이 함께 할 때 가장 많이 향상되는 것으로 본다.
ⓒ 소리 내어 읽는 활동은 모니터링이 가능하고 반복하기 쉬워 읽기부진 아동과 읽기장애 아동의 읽기 속도와 정확성 문제를 해결하는 데 적합한 중재 방법이다.

27 2021학년도 중등 A 9번

정답

- ㉠: 음운인식
- ㉡: 소리 내어 반복읽기

해설

■ 음운인식
말소리를 식별하는 능력으로 같은 소리로 시작되는 단어와 다른 소리로 시작되는 단어를 인식하는 능력, 단어를 구성하는 음소를 셀 수 있는 능력, 단어를 구성하는 소리들을 합성, 분절 또는 조작할 수 있는 능력 등을 말한다.

■ 소리 내어 반복읽기

❶ 학생-성인 읽기(student-adult reading)
학생은 성인과 함께 일대일로 읽게 된다. 성인은 교사, 부모, 보조교사, 개인교사 등이 될 수 있다. 성인이 먼저 본문을 유창하게 읽는 시범을 보인다. 이때 학생은 성인의 도움과 격려를 받으면서 같은 내용을 읽는다. 아주 유창하게 읽을 수 있을 때까지 대략 서너 번 정도 반복해서 읽어야 한다.

❷ 함께 읽기(choral reading)

함께 읽기에서 학생은 교사(혹은 유창하게 읽는 성인)와 함께 읽게 된다. 물론 학생은 교사가 읽고 있는 것과 같은 본문을 볼 수 있어야 한다. 이때 너무 길지 않고 학생들 대부분이 독립적으로 읽을 수 있는 수준의 책을 선택하는 것이 좋다. 아동이 내용을 예측할 수 있는 책은 특히 함께 읽기에 유용하다. 교사가 유창하게 읽는 시범을 보이면서 책을 소리 내어 읽기 시작한다. 책을 반복해서 읽고, 학생들이 단어를 인지할 때 함께 하도록 한다. 책을 반복해서 읽고 학생들을 격려한다. 학생들은 교사와 함께 전체를 세 번에서 다섯 번은 읽어야 한다. 그 후 학생 은 독립적으로 책을 읽을 수 있어야 한다.

❸ 테이프 활용하여 읽기(tape-assisted reading)

학생은 테이프 활용하여 읽기를 통해 유창하게 읽는 내용을 들으면서 책을 읽게 된다. 교사는 학생의 독립적 읽기 수준에서 책을 선택하고 유창하게 읽는 책의 테이프 기록을 준비해야 한다. 이때 테이프는 음향 효과나 음악이 함께 나와서는 안 된다. 먼저 테이프에서 나오는 소리를 들으면서 각 단어를 지적해 나간다. 다음으로 학생은 테이프를 따라 읽기를 시도해야 한다. 테이프의 도움 없이 학생이 독립적으로 읽을 수 있을 때까지 테이프를 따라 읽어야 한다.

❹ 짝과 읽기(partner reading)

짝과 읽기는 짝이 된 학생들이 돌아가면서 서로서로 큰 소리로 책을 읽게 된다. 더 유창하게 읽는 학생이 덜 유창하게 읽는 학생과 짝이 된다. 더 잘 읽는 학생이 유창하게 읽는 시범을 보인다. 그러면 다른 학생이 같은 내용을 큰소리로 읽는다. 유창하게 읽는 학생은 다른 학생의 단어 인지를 돕고 피드백을 제공한다. 유창하게 독립적으로 읽을 수 있을 때까지 읽기를 반복한다. 짝과 읽기에서 반드시 더 유창하게 읽는 학생과 유창하게 잘 읽지 못하는 학생이 서로 짝이 될 필요는 없다. 교사의 지도를 받은 이야기를 반복해서 읽기 위해 같은 읽기 수준의 학생이 짝이 될 수도 있다. 그들은 교사가 읽는 것을 듣고 반복 읽기 연습을 함께 할 수 있다.

❺ 역할수행(readers' theater)

역할수행에서 학생들은 또래나 다른 사람들과 함께 책 속에서 주어진 역할을 연습하고 수행한다. 그들은 대화가 많은 책 속의 내용을 먼저 읽는다. 학생들은 말을 하면서 주인공 역할을 하게 된다. 여기에서는 내용을 반복해서 유창하게 읽도록 해야 한다. 이러한 활동을 통해 또래 간의 협력적인 상호작용을 도모하고 흥미로운 읽기과제를 제공할 수 있다.

28 2017학년도 초등 B 3번 일부

정답

4) 현재 단어와 정의를 연결할 수 있는 결합지식 수준을 가진 준수에게 의미 지도를 통해 어휘와 관련된 내용을 시각적으로 제시해주어, 이해지식 수준으로 향상시킬 수 있다.

해설

■ Baumann과 Kame' enui(1991)의 어휘 지식 수준

결합지식
(associative knowledge or verbal-association level)
목표 어휘와 정의 연결, 단일 맥락에서 어휘 의미 이해

이해지식
(comprehension knowledge or partial concept level)
목표 어휘를 관련 어휘들과 연결지어 범주화, 목표 어휘의 다양한 의미 이해

생성지식
(generative knowledge or full-concept level)
여러 상황에 어휘 적용, 비슷한 어휘들 간의 구분, 다양한 어휘 범주 이해

29 2019학년도 중등 B 1번

정답

- ㉠: 하나의 낱말이 여러 가지 뜻을 가진 경우가 있으므로, 글 속에서 사용된 뜻을 찾을 수 있도록 한다.
- ㉡: 사실적 이해
- ㉢: 베먼 할아버지는 왜 존시를 위해서 나뭇잎을 그렸을까요?

해설

■ 낱말 알아보기 지도 시 유의점

낱말 알아보기 부진 학생에게는 일상에서 많이 사용하는 낱말을 제공한다. 익숙한 낱말의 사전적 의미를 찾는 과정에서 낱말의 정확한 의미를 파악할 수 있다. 또한 정해진 낱말의 뜻을 요구하기보다 학생이 스스로 뜻을 짐작하고 이해할 수 있는 활동을 하는 것이 좋으며, 국어사전, 인터넷 등을 활용하여 낱말의 의미를 찾을 수 있다. 사전을 활용하면 낱말의 정확한 의미를 이해할 수 있고, 낱말의 뜻이 여러 가지일 때에는 글 속의 의미를 추측해보도록 유도한다.

학생이 직접 글을 읽으면서 낱말의 의미 관계를 확인해보게 할 수도 있다. 어려운 낱말이나 낱말의 관계를 알 수 있는 낱말을 찾아 표시를 하고, 표시한 낱말의 뜻을 찾거나 낱말 간의 관계를 살펴본다. 낱말 간의 관계를 사전을 찾아 확인해나가면서 아는 낱말의 수를 확장할 수 있다.

■ 독해 수준
- **사실적 재인 또는 회상**: 사실적 이해는 독자가 읽기 교재에 분명하게 진술되어 있는 정보, 아이디어, 사건을 재인·회상하는 것을 의미한다.
- **추론**: 추론적 이해는 글에서 추려낸 사실적 내용을 독자의 직관, 개인적 지식, 상상의 결과와 통합하여 만든 가설·추측이다.
- **평가**: 독자가 외적 기준에 따라 문어 교재의 내용에 대해 내리는 판단을 의미한다.
- **감상**: 저자가 독자의 정서적 반응을 자극하기 위해 사용한 형식, 문체, 문학적 기법, 구조에 대한 학생의 인식을 말한다.

30 2010학년도 중등 17번

정답 ⑤

해설

〈보기〉의 지문은 설명문에 대한 내용으로 설명문을 이해할 때 사용하는 전략을 고르면 된다.

⑤ 사실과 의견을 구분하는 글의 종류는 논설문에 해당한다.

① 관련 배경지식을 활성화하면 내용 이해에 효과적이다.

② 읽기 전 활동으로 제목 등을 훑어보며 읽을 내용을 짐작하도록 하는 것은 효과적이다.

③ 글의 구조에 대한 지도를 하여 글의 중요 내용을 파악하게 하는 것은 효과적이다(비교대조형 구조의 경우).

④ 중심 내용과 이를 뒷받침하는 세부내용을 확인하여 문단의 중요한 내용을 파악하도록 하는 것은 효과적이다.

■ 그래픽 조직도

학습할 과제의 내용을 쉽게 이해·정리할 수 있도록 과제의 관련 내용 요소를 조직도로 구성하는 교수 유형이다. 전체 글의 내용과 내용 간 관계 파악이 목적이며, 설명문의 비교·대조에 적합하다.

31 2013학년도 중등 34번

정답 ①

해설

ㄱ. 읽기 전 단계인 구조적 평가 활동에서 제목을 미리 읽으며 글의 주제를 파악할 수 있다.

ㄴ. 글에서 제시한 단어를 찾아 중심 내용을 찾고 이를 말로 표현하는 것은 글의 주제 파악에 도움이 된다. 문맥 단서를 이용한 낯선 단어의 의미분석 활동으로 볼 수 있다.

ㄹ. '개념지도 작성하기 방법'은 주어진 내용과 관련된 개념을 주제 내용을 중심으로 개념망(concept network) 형식으로 작성하고, 내용 간의 관계를 같이 적는 방법이다. 이를 활용하면 글의 주제와 비교한 개념을 쉽게 이해할 수 있다. 그래픽 조직자는 연결된 조직에 정보를 배열함으로써 지식을 시각적으로 나타내는 것으로 구조화된 개요, 수형도, 의미지도, 의미망, 삽화식 지도, 개념지도, 주제 도해, 순서도로도 불린다.

ㄷ. '일견단어(sight word) 교수 방법'은 아동의 문자 해독 기능을 향상시키기 위해 통언어적 접근에서 사용하는 방법으로 의미중심 접근법에 해당한다. 반복적인 노출을 통해 단어의 시각적 형태를 기억하고 단어의 시각적 형태와 음(sound), 의미를 연합하게 하는 방법이다.

ㅁ. '비교대조 형식의 글'은 주로 낯선 내용을 친숙한 대상과 연결지어 설명하거나 대조되는 개념을 비교할 때 많이 활용된다. 이에 대한 평가는 개념을 상호 비교할 수 있는 구조화된 형식을 제공하고, 형식지를 이용하여 글 자료의 체계적 분석이 가능한지를 분석하여 이루어질 수 있다.

32 2014학년도 초등 A 4번 일부

정답

2) 읽기이해(독해력)

3) 심상 만들기

해설

■ 독해력 증진을 위한 교수전략

관련 지식 자극하기	이전 읽기 내용과 현재 읽기 내용을 서로 연관시켜주기, 이야기의 전반적인 맥락을 제시하여주기, 학생들에게 글의 내용과 관련한 경험이나 지식을 서로 이야기하도록 하기 등
질문하기	• 학생이 글의 주요 내용에 주의를 기울이게 유도하고, 글의 전체 내용을 단계적으로 요약할 수 있도록 도와주고, 학생 스스로가 글을 읽는 동안 글의 내용에 대한 자신의 이해를 점검해볼 수 있게 도와줌 • 교사가 학생에게 직접적으로 단계적으로 준비된 질문을 제시하거나 학생에게 글의 제목, 그림, 도표 등을 이용해 스스로 질문을 만들고 답을 찾게 함으로써 활용될 수 있음
심상 만들기	• 주요 내용을 효과적으로 연결·요약할 수 있게 도와줌 • 학생은 글을 읽는 동안 글에 기술된 인물, 사건, 상황 등을 반영하는 영상을 마음속에 형성하는 동시에 사실적 정보는 내용을 명제로 부호화함
학습동기 교수전략	학생이 읽기 활동에 적극적으로 참여하도록 유도하여 궁극적으로 읽기 능력이 향상되도록 함

33　2014학년도 중등 A (기입형) 14번

정답

• 읽기유창성, 읽기이해

해설

■ 읽기 마인드맵

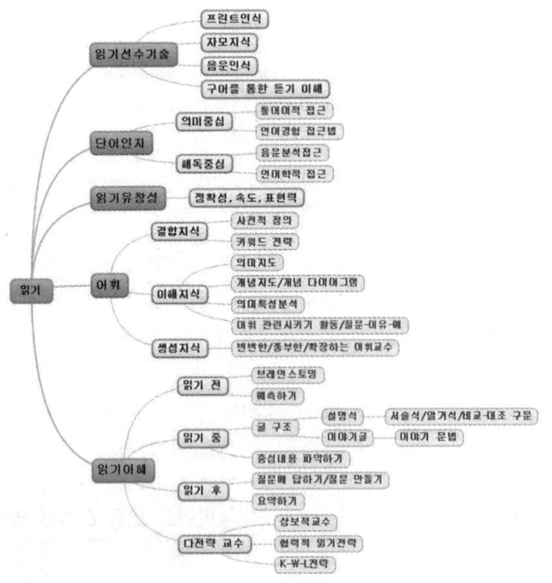

34　2015학년도 초등 B 1번 일부

정답

3) 읽은 것 다시 말하기

해설

■ PALS 전략

파트너 읽기	• 돌아가면서 큰 소리로 읽기 • 오류 수정 • 읽은 것 다시 말하기
단락 줄이기	• 돌아가며 큰 소리로 단락 읽기 • 오류 수정하기 • 10단어 이하로 단락의 중심 생각 말하기
예측하기	• 다음에 무슨 일이 일어날지 돌아가며 예측하기 • 다음 단락을 큰 소리로 읽은 후 구문을 요약하기 • 이후에 일어날 일 또 다시 예측하기

35　2015학년도 중등 B 3번

정답

①: ㉢, 의미특성분석은 목표 개념과 해당 개념의 주요 특성 간의 관계를 격자표로 정리하는 방법으로, 학생으로 하여금 각각의 개념이 각각의 특성과 관련이 있는지 없는지를 분석하여 해당 개념의 의미를 폭넓게 이해할 수 있도록 하는 그래픽 조직도이다. 순환적 변화를 이해하는 데 의미특성분석은 적절하지 않다.

②: K-W-L 전략은 앞으로 읽을 글에 대해 선행지식을 활성화하고 읽은 내용을 요약하는 것을 돕는 전략이다. K는 자신이 이미 아는 것으로, '용해는 고체 물질이 액체로 변하는 상태 변화이다. 용해는 고체나 액체 또는 기체가 액체에 녹아 들어가는 현상이다.'가 해당된다. W는 앞으로 글을 읽음으로써 배우고 싶은 내용이며, '융해, 용해, 기화, 액화의 뜻은 무엇인가?'가 해당된다. L 기법은 글을 다 읽은 후, 자신이 글을 통해 배운 내용을 요약하는 것으로, '용해는 용매와 용질 사이의 인력으로 인하여 일어난다.'가 해당된다.

해설

K-W-L 전략은 앞으로 읽을 글에 대하여 선행지식을 활성화하고 읽은 내용을 요약하는 것을 돕는 전략이다.

■ K-W-L 전략

K	읽을 글의 제목에 대해 자신이 이미 알고 있는 것을 기록함
W	앞으로 글을 읽음으로써 배우고 싶은 내용을 기록함
L	글을 다 읽은 후, 자신이 글을 통해 배운 것을 요약하는데, 특히 요약할 때는 글의 중심 내용에 초점을 맞추도록 함

제4절 쓰기장애

36　2018학년도 중등 A 7번

정답

①: 형태처리 오류

②: 기억인출 교수법

해설

■ 형태처리 오류

형태소에 대한 인식이 부족하여 나타나는 오류이다.

- 어간과 어미의 경계를 구분하지 못하는 오류
  - 예 앉아서 → 안자서
- 시제 선어말어미를 제대로 인식하지 못하는 오류
  - 예 빛난다 → 빛났다
- 어미를 변환하는 오류
  - 예 죽음 → 죽은
- 동음이의어로 혼동하는 오류
  - 예 반듯이 → 반드시

■ 기억인출 교수법

글자를 주의 깊게 살펴보라고 지시한 후, 가림판으로 글자를 가린 상태에서 글자를 기억하여 쓰게 하는 방법이다. 처음에는 글자를 가리고 1초 후에 기억하여 쓰게 하다가, 점차 시간을 늘려 3초 후, 6초 후, 9초 후에 글자를 기억하여 쓰게 하는 '지속적인 시간 지연법'을 사용한다.

37 2015학년도 중등 A 10번 일부

정답

- 자기교정법

해설

■ 자기교정법

학생 자신이 쓴 단어와 정답을 비교하여 자신이 잘못 철자한 단어를 확인하여 수정한 후, 단어를 바르게 베껴 쓰는 방법이다. '가리고, 기억하여 쓰고, 비교하기'는 이에 속하는 활동이다. 학생에게 단어를 보여준 다음, 단어를 가리고, 약간의 시간을 주어 단어를 외워서 쓰도록 하고, 다시 단어를 보여주어 해당 단어와 자신의 답을 비교하여 답을 확인하게 한다. 학생이 잘못 철자하면, 잘못 철자된 부분을 스스로 표시하게 하는 것도 좋은 방법이다.

38 2009학년도 초등 17번

정답 ②

해설

㉠ 문법에는 맞지 않지만 의미 있는 문장을 구성할 수 있다.

㉣ 민지는 낱말 소리와 표기가 다른 정음법적 오류를 보이므로, 낱말 소리와 표기가 다를 수 있음을 가르칠 필요가 있다.

㉡ 문장의 서술어와 목적어 순서를 바꿔쓰고 있다.
 예 '나 나가 우동장' → 나 운동장 나가
 예 '영수이가 부처 반찬고을' → 영수가 반창고를 붙여

㉢ '나이, 나가, 영수이가'에서와 같이 의존형태소를 바르게 사용하지 못한다.

39 2010학년도 중등 16번

정답 ①

해설

ㄱ. 글쓰기 시간에 무엇에 대하여 쓸지 생각하는 데 긴 시간이 필요하고 글씨 쓰는 속도가 느리므로 연습할 수 있는 시간과 다양한 기회를 제공한다.

ㅁ. 글쓰기 수정 단계에는 글의 내용을 보충하고 편집 단계에는 맞춤법 등의 오류를 교정한다.

ㄴ. A 학생의 경우 음운변동이 일어나는 낱말을 쓸 때 오류가 있는 표기처리 오류를 보이므로, 음운변동 규칙별로 단어를 묶어서 소개한다.

ㄷ. 초안 작성 시 문법 · 철자의 오류 수정보다는 내용의 구성과 생성에 중점을 둔다.

ㄹ. 글쓰기 준비 단계에서 학생의 관심 등을 고려하여 다양한 주제를 제공하여, 아동이 선택 · 작성할 수 있도록 한다.

40 2011학년도 초등 19번

정답 ②

해설

ㄷ. 발음되는 대로 쓰는 정음법적 표현이다.
 예 어리니, 소푼, 안가따, 조타, 아므도, 칭구

ㄹ. 하루 일과의 주요한 사건과 시간을 상세하게 나열한다.
 예 오늘, 소풍, 어린이대공원, 잔다.

ㄱ. 부적절한 문장 부호의 사용, 부호 생략 등의 오류가 있다.

ㄴ. 단문 3개와 2개의 중문으로 구성된다.

ㅁ. 페그워드는 기억 전략의 일환으로 쓰기 오류, 철자 교정을 위한 지도와는 거리가 있다(고정된 단어 자료에 기억할 내용을 결합시켜 재생). 예 도는 도화지, 레는 레코드

41 2012학년도 중등 19번

정답 ⑤

해설

ㄴ. 문자의 구성에 영향을 주는 요인에는 자세, 연필을 잡는 법, 종이의 위치(3P) 등이 있다.

ㄷ. 또래에게 교정적 피드백을 받을 수 있으므로 바람직하다.

ㄹ. 〈자료 2〉를 보면 두 문장을 연결하지 못함을 확인할 수 있다.

ㅁ. 〈자료 2〉는 A가 가을을 주제로 15분 동안 쓴 글이다. 글에 대한 다양한 아이디어가 필요해보이므로 도식 조직자를 이용하여 아이디어를 생성하도록 하는 지도가 필요하다.

ㄱ. 유창성의 조건은 정확도와 속도이므로 정확히 쓰는 것만큼 빠르게 쓰는 것도 중요하다.

42 2013학년도 중등 35번

정답 ②

해설

(가) 글쓰기 전 단계는 글쓰기 준비 단계로 글의 주제와 목적, 독자를 명확히 하는 단계이다.

(다) 수정 단계에는 글의 내용을 보충하고, 필요 없는 부분을 삭제하면서 내용을 고친다. 이때 다양한 시각을 제안할 수 있도록 또래 집단을 활용한다.

(마) 쓰기 결과물 게시 단계에는 학생이 쓴 글을 다른 학생에게 읽어주거나 학급에 게시한다.

(나) 초고 작성 단계에는 내용을 생성하고 구성하는 데 초점을 두고 활동한다. 어문 규정, 문법, 철자에 초점을 맞추어 글을 작성하는 것은 편집 단계이다.

(라) 편집 단계에는 학생이 작성한 글을 어문 규정에 맞춰 쓰도록 지도한다. 교사의 피드백을 제한하는 것이 아니라 교사의 피드백을 제공한다.

43 2011학년도 중등 29번

정답 ②

해설

A 학생의 글을 살펴보면 문장 구사 능력은 문제를 보이지 않지만 특정 주제를 바탕으로 작성하는 글임에도 논지를 유지하는 데 문제가 있다. 이 언어 패턴은 학습장애, 소아자폐성장애(아스퍼거) 학생에게서도 쉽게 관찰된다. 문제 개선을 위해 대주제를 중심으로 글의 구조를 한눈에 제시하는 '도식 조직자(그래픽 조직도)' 학습이 가장 적합하다.

① **정밀교수**: 정량(수치)적으로 측정하는 정확성과 체계를 강조하는 프로그램 학습 유형으로 직접교수와 같은 다른 교수법과 연계하면 학습 효과를 극대화할 범용성이 높고, 그 수준과 적용 연령의 범위가 넓은 보편성을 지니는 응용된 행동분석 방법이다.

③ **페그워드 방법**: 주제 어법이라고도 하며 특정 자료에 기억할 내용(학습 목표) 결합시켜 기억의 재생(recycling)을 유도하는 학습 전략이다.

④ **심상화 기법**: 심상(image)을 활용하여 사물에 대한 기억을 마음에 투영(영상화)하는 방법으로 학생의 집 주변 건물에 자신만의 의미를 부여하는 장소법 등이 이에 해당한다.

⑤ **빈칸 채우기 과정**: 학생이 빠진 단어나 구를 채워 넣는 평가 유형으로 짧은 단락을 읽고 뒷부분의 빈칸을 채워 넣는다.

44 2014학년도 중등 A 6번

정답

㉠: 1. 주제에 맞는 내용을 작성하지 못하므로, 주제를 명확히 한다.
2. 30분 동안 작성한 내용이 너무 적으므로, 주제에 관련된 아이디어를 생성하고 조직화한다.

㉡: 학생 A는 음운처리 오류를 보이고 있으므로, 낱자-소리 대응관계를 활용한 파닉스 교수법을 적용하는 철자 교수를 실시한다.

해설

■ 작문 - 쓰기과정적 접근

글쓰기 준비	• 글의 주제를 선택함 • 쓰는 목적(정보 제공, 설명, 오락, 설득 등)을 명확히 함 • 독자를 명확히 함(또래 학생, 부모, 교사, 외부 심사자) • 목적과 독자에 기초하여 작문의 적절한 유형을 선택함(이야기, 보고서, 시, 소설, 편지 등) • 쓰기 아이디어를 생성·조직하기 위한 사전활동을 함(마인드맵 작성, 이야기하기, 읽기, 인터뷰, 브레인스토밍, 주제와 세부 항목 묶기 등) • 교사는 학생과 협력하여 글쓰기 활동에 참여함(내용을 재진술·질문하고 논리적이지 않은 생각을 지적함)
초고 작성	• 일단 초고를 작성하고, 수정하기 위한 충분한 공간을 남김 • 문법, 철자보다 내용을 생성하고 구성하는 데 초점을 맞춤
수정	• 초고를 다시 읽고, 보충하고, 다른 내용으로 바꾸고, 필요 없는 부분을 삭제하고 옮기면서 내용을 수정함 • 글의 내용을 향상하고 다양한 시각을 제안할 수 있도록 또래 집단을 활용하여 피드백을 제공함
편집	• 구두점 찍기, 철자법, 문장구조, 철자 등 어문 규정에 맞추어 글쓰기함 • 글의 의미가 잘 전달될 수 있도록 문장의 형태를 변경함 • 필요하다면 사전을 사용하거나 교사의 피드백을 받음
결과물 게시	• 쓰기 결과물을 게시하거나 제출함(학급 신문이나 학교 문집에 제출) • 적절한 기회를 통해 자기가 쓴 글을 학급의 다른 학생에게 읽어주거나 학급 게시판에 올려놓음

■ 철자

❶ 철자 오류의 유형

음운처리 오류	낱자-소리 대응관계를 제대로 적용하지 않은 오류, 즉 소리 나는 대로 표기되는 단어를 철자로 쓸 때 소리가 다른 단어로 잘못 쓰는 오류를 의미함
표기처리 오류	• 소리 나는 대로 표기되지 않는 단어를 정확히 쓰는 못하는 오류를 의미함 • 소리 나는 대로 표기되지 않는 단어(음운변동이 적용되는 단어)를 철자로 쓸 때, 소리만으로는 올바른 표기를 할 수 없고 낱자·글자의 형태에 대한 인식 능력이 요구됨 - 같은 소리가 나는 다른 낱자로 대치하는 오류 예 부엌 → 부억 - 전체 단어를 소리 나는 대로 표기하는 오류 예 깊이 → 기피 - 단어의 일부를 소리 내는 대로 표기하는 오류 예 만약 → 마냑 - 실제 발음상 구분이 되지 않는 글자의 오류 예 외국 → 왜국
형태처리 오류	단어를 구성하는 형태소에 대한 인식이 부족하여 나타나는 오류 - 어간과 어미의 경계를 구분하지 못하는 오류 예 앉아서 → 안자서 - 시제 선어말어미를 제대로 인식하지 못하는 오류 예 빛난다 → 빛났다 - 어미를 변환하는 오류 예 죽음 → 죽은 - 동음이의어로 혼동하는 오류 예 반듯이 → 반드시

❷ 철자 교수법

음운처리 오류	낱자-소리 대응관계를 활용한 <u>파닉스 교수법</u>	
표기처리 오류	음운변동 규칙에 따른 철자 교수법	
형태처리 오류	어간-어미, 시제, 동음이의어를 고려하는 철자 교수법	
기타 철자 교수법	자기교정법(가리고, 기억하여 쓰고, 비교하기)	학생이 자신이 쓴 단어와 정답을 비교하여, 자신이 잘못 철자한 단어를 확인하여 수정한 후 단어를 바르게 베껴 쓰는 방법
	지속적인 시간지연법	처음에는 단어를 가린 후 1초 후에 단어를 기억하여 쓰도록 하다가, 점차적으로 시간을 늘려서 단어를 기억하여 쓰도록 함
	목표단어 반복 쓰기	목표단어를 반복적으로 베껴 쓰는 방법

제5절 수학장애

45 2009학년도 중등 11번

정답 ⑤

해설

'받아 올림이 없는 한 자리 수 더하기 한 자리 수' 덧셈을 할 때 아래와 같이 숫자 위에 그 수만큼의 동그라미(반구체물 수준)를 그리고 그 수를 세어 계산하였으므로, '반구체물 수준'이다.

① 구체물 수준을 적용하려면 실제 구체물이 있어야 한다.
② 추상적 수준은 연산으로 암산하는 과정이다.
③ 활동적 수준은 구체물 수준과 같다.
④ 상징적 수준은 추상적 수준과 같다.

46 2009학년도 중등 23번

정답 ①

해설

유창성의 구성요소로는 속도, 정확성 등이 있다.

ㄴ. **추론**: 미루어 생각하여 논하거나 어떤 판단을 근거로 삼아 다른 판단을 이끌어내는 능력이다.
ㄹ. **일반화 능력**: 학습된 행동이 다양한 상황에 중재(또는 교사) 없이도 자발적으로 발생하는 능력이다.
ㅁ. **문제해결 능력**: 계획·관찰, 결정을 내릴 때 필요한 능력으로 문제가 주어지는 상황을 파악하고, 문제를 해결하기 위한 계획을 수립하고, 계획에 따라 정확하게 실행하고 전반적인 문제 해결 과정을 점검하는 등의 종합적인 사고력을 요구한다.

47 2019학년도 중등 A (기입형) 7번

정답

㉠: 공간지각
㉡: 자동화(장기기억에서 답을 바로 인출)

해설

■ 수학 영역별 수학 학습장애 학생의 특징

영역	특징
수학 개념 이해	취학 전 기본적인 수학 개념(크기, 양, 대소, 순서 등)의 습득 정도가 미약함 ⇨ 취학 이후에 학습하는 보다 고차원적·추상적인 수학 개념(집합, 확률, 함수 등)의 이해와 학습이 어려움
문장제 응용문제	• 문제를 읽고 이해하는 데 필요한 기본 읽기 능력, 기본 계산 능력, 단기기억 능력이 부족함 • 응용 문제를 수학적으로 해결하기 용이하도록 표상하는 능력이 부족함 • 보통 아동보다 훨씬 비효과적인 문제해결 전략을 사용함
도형 및 공간 지각	• 공간 시각화 능력, 심적 회전 능력 등이 취약함 • 공간, 거리, 크기 순서 등의 지각 능력이 비교적 취약함 • 공간지각상 어려움은 자리 수, 정렬 수의 방향 인식 등의 어려움을 야기할 수 있음 • 숫자를 도치하여 읽거나(예 6과 9, 41과 14), 숫자 크기를 균형 있게 맞추지 못해 자릿수를 배열하지 못함 • 미세한 시각적 기능이 요구되는 수학적 기호를 잘못 보거나 빠뜨릴 수 있음 • 지각-운동 협응 능력의 결함으로 숫자를 균형 있게 쓰지 못하거나 연산 과정에 보조 숫자나 보조선을 미숙하게 활용하는 특징을 보임

■ 곱셈구구의 궁극적인 목적

학생이 계산 과정을 거치지 않고 바로 장기기억에서 답을 인출할 수 있도록 하는 것이다. 자동성의 개념은 학생이 수학적 사실을 생각해낼 수 있는 속도를 설명하기 위한 것이다. 초기에 아동은 덧셈과 뺄셈을 위해 손가락 세기를 필요로 할 수 있다. 그러나 대부분의 인지심리학자는 반복적인 사용과 기계적 암기를 통한 수학적 사실의 숙달에 따른 강화로 수학적 사실이 자동화되고 인지처리과정이 덜 포함된다고 믿는다. 이에 따르면 초기 단계의 수학적 사실은 일정 정도 정신적 에너지를 차지하나 상대적으로 이후에는 자동화된다.

48 2009학년도 초등 43번

정답 ①

해설

① 수지는 소수점이 있는 숫자의 자릿값을 맞추지 못하지만 세 자리 수+두 자리 수 계산에 대한 오류는 나타내지 않는다.

49 2011학년도 초등 25번

정답 ①

해설

ㄱ. **받아 올림의 오류**: 시각적 촉진을 바탕으로 촉진 단서를 제공한다. 순서 방법과 구분선 등의 안내를 제공한 다음 점차 지원을 감소하며 일반화를 형성한다.
ㄷ. **받아 내림의 생략**: 명시적 교수법을 바탕으로 구체물(동물, 캐릭터, 바둑알), 반구체물(타일, 블록 등 숫자의 대체물), 추상물(7, 일곱)의 순서로 10진법의 개념을 형성한 후에 피감수와 감수의 관계를 이해하여 뺄셈에서 발생하는 보존의 개념을 습득한다.

ㄴ. **전략상의 오류**: 순서 방법과 구분선 등의 안내를 제공한 뒤 점차적으로 지원을 감소한다(전략상의 오류로 자릿수를 고려하지 않고 모두 더함).

ㄹ. **분수에 대한 개념 오류**: 등분, 멀티큐브를 이용하여 분수의 개념과 표시 방법을 지도한다.

■ 수학 사칙연산의 오류 유형

– **연산 방법의 오류**
사칙연산(+, −, ÷, ×)의 적용, 전략상의 적용 오류

– **계산 과정의 오류**
단순 오류(단순한 실수에 기인) → 계산과 실수 과정 반복

– **연산 과정의 오류**
복합 오류(오개념 형성에 기인) → 촉진 제공, 풀이 순서 전환

– **무작위 응답**
정답과 무관한 숫자를 기입하는 무작위 대답

50 2013학년도 중등 36번

정답 ②

해설

㉢ 학생 B가 쓴 세로식의 곱셈을 보면 '34 × 6'에서 일의 자리 값이 올바르게 표시되어 있으나, 십의 자리에서는 6과 30의 곱한 값만 나오고 '6 × 4'에서 24의 20은 더하지 않았음을 알 수 있다.

㉤ 학생 C가 쓴 세로식의 뺄셈을 보면 일의 자리끼리 빼기를 할 때 작은 수에서 큰 수를 빼지를 못한다. 따라서 앞의 십의 자리에서 10을 빌려와 빼는 과정과 십의 자리에서 빌려주고 남은 수를 표시하는 것이 빠져 있어 답에서 오류가 생길 수 있으므로, 시각적 단서인 네모(□) 칸을 넣어 풀이하는 과정을 눈으로 볼 수 있게 한다.

㉠ 학생 A의 세로식을 살펴보면 자릿수에 맞게 덧셈하고 있는 것을 알 수 있으며, 학생 A의 오류는 받아 올림한 수를 십의 자리에서 같이 더하지 못한 것으로 보인다.

㉡ **자리 값의 내용 요소 및 지도 순서**

단계	구체적인 교수-학습 항목	수행 준거 예
1단계	20에서 99까지의 수 읽고 쓰기	
2단계	가로셈을 세로셈으로 맞추어 쓰기	46+5, 8+24, 61−6
3단계	100 이하의 자릿수 풀어서 자리 값 표현하기	39=30+9
4단계	100에서 999까지의 수 중 십의 자리에 0이 들어가는 수와 들어가지 않는 수 읽고 쓰기	
5단계	가로식을 세로셈으로 맞추어 쓰기 – 백의 자리 포함	25+76+9, 769−41
6단계	100단위 자릿수 풀어서 자리 값 표현하기	237 =200+30+7
7단계	1000에서 9999까지 수 중 백과 십의 자리가 0인 수와 0이 아닌 수 읽고 쓰기	
8단계	가로식을 세로셈으로 맞추어 쓰기 – 천의 자리 포함	27+2, 560+307=

❶ 자리 값을 제대로 학습하면 다음 세 가지 기능이 보인다.
첫째, 숫자의 읽고 쓰기로, 427을 '사이칠' 대신 '사백 이십 칠'로 읽을 수 있다든지, 반대로 '사백 이십 칠'을 듣거나 읽고 숫자 '427'로 나타낼 수 있는 능력이다.
둘째, 자리 값에 맞게 세로로 배열하기는 '427+35'를 세로로 배열하는 능력이다.
셋째, 풀어서 자리 값 표현하기는 427을 '400+20+7'로 표현하는 능력이다.

❷ 덧셈구구표는 '한 자리 수+한 자리 수'로 100개의 기본 덧셈구구로 이루어진다.

㉣ 시각적 표상 교수는 문장제 문제의 해결에 사용되는 시각적 전략 교수이다.

51 2014학년도 중등 A (기입형) 7번

정답

• 큰 수로부터 이어 세기

해설

■ 덧셈교수

모두 세기	• 두 수를 더할 때, 각 수를 1부터 센 다음(예 4+3을 계산할 때 '1, 2, 3, 4+1, 2, 3'), 이를 합쳐서 다시 셈(예 1, 2, 3, 4, 5, 6, 7) • 이 시기에는 일반적으로 손가락이나 사물을 사용하여 수세기를 함
이어 세기	• 두 수를 더할 때, 한 숫자에서 시작하여 더해지는 만큼 나머지 수를 셈 예 4+3을 계산할 때 4−5, 6, 7 • 초기 단계에는 두 수의 크기와 관계없이 앞의 수를 기준으로 뒤의 수를 세는 방법을 사용함 • 점차 발달하면서 두 수 중 큰 수를 변별하고 큰 수를 기준으로 나머지 수를 세는 방법을 사용함 예 2+4 계산, 4−5, 6을 사용 • 초기에는 손가락이나 사물을 사용하여 수세기를 하다가, 점차 언어적으로 수세기를 함
부분 인출	과도기적 단계로 학생이 직접 인출할 수 있는 덧셈식에 추가적으로 필요한 계산을 더하여 셈하는 방법 예 6+7 계산, 6+6=12라는 정보를 장기기억에서 인출한 후, 6+7이 1만큼 크니 1을 더하여 13이라는 답을 인출
직접 인출	두 수의 합을 계산 과정을 거치지 않고 바로 장기기억에서 인출하여 답하는 단계

■ 큰 가수를 기준으로 이어세기

이 방법을 사용하려면 선행지식과 기술이 필요하다.

– 덧셈식의 순서와 상관없이 효율적인 순서로 연산을 할 수 있다는 것을 알아야 한다.
– 두 수 중 큰 수를 변별할 수 있어야 한다.
– 1이 아닌 곳에서 시작하여 셀 수 있어야 한다.

이 중 '두 수 중 큰 수를 변별할 수 있어야 한다.'는 것을 인식하는 것은 큰 수를 기준으로 이어 세기를 하는 데 가장 중요하다. 교사는 두 수 중 어떤 수가 더 큰 수인지 변별하는 연습을 통해 학생이 충분히 인지하도록 한다.

52 2016학년도 초등 5번 일부

정답

2) ㉠: 일의 자리, 십의 자리에 대한 자릿값의 이해는 있으나 시간, 분, 초에 대한 자릿값의 개념이 없다.

㉡: 자릿값은 맞게 계산하였으나 뺄셈의 과정에 받아 내림의 문제가 있다.

3) 받아 내림을 할 때, 받아 내린 수 '10'을 더하고, 그 위의 값은 '1'이 줄어드는 것에 대한 시각적 단서를 숫자 위에 빈칸으로 제시한다.

해설

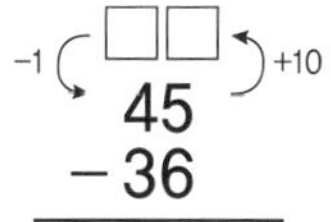

답: ___(십의 자리) ___(일의 자리)

53 2017학년도 중등 B 5번 일부

정답

①: 문제해결을 위한 식을 세우는 데 오류(여학생 수의 3배인데, 남학생 수의 3배)

②: 세운 식을 오류 없이 연산하는 데 오류 – 문제풀이 순서의 오류(곱셈 계산 후 덧셈을 연산해야 하나 제시된 연산방법 순서대로 계산)

해설

■ 문장제 응용 문제의 해결에 필요한 능력
- 문제를 읽고 이해할 수 있어야 한다.
- 문제해결에 적합한 수학 식을 세울 수 있어야 한다.
- 적합한 식을 세운 다음 오류 없이 연산할 수 있어야 한다.

54 2012학년도 중등 17번

정답 ①

해설

ㄱ. 영희는 무조건 큰 수에서 작은 수를 빼고 있으므로, 받아 내림 절차의 지도가 필요하다.

ㄷ. 문장제 문제는 문제해결에 관련된 정보와 아닌 정보를 선별하는 것(선택적 주의집중)이 중요하다.

ㅁ. 문장 정보를 그림이나 도식으로 나타내는 것(표상교수)은 문제해결에 필요한 정보를 파악하고 의미 있게 형성하도록 하며 문제의 유형을 파악하는 것을 돕는다.

ㄴ. 큰 수로부터 이어 세기는 덧셈 전략이다.

ㄹ. 이 문제는 '결합형' 유형이다.

55 2013학년도 초등 추시 B 1번

정답

1) 문제해결에 필요한 정보를 파악하는 데 어려움을 보인다.

2) 모형 대신 동그라미와 같은 반구체물 수준의 학습이 이루어진다.

3) 비교형

해설

1) 문제해결 수학 학습장애 학생은 언어 능력에 상당한 문제를 보인다. 언어 능력의 문제로 인해 문제를 읽거나 문제 유형을 파악하거나 문제해결에 필요한 정보를 파악하는 데 어려움을 보이는 경우가 많다.

3) 대상 간의 차이를 비교하는 형태로, 비교대상 1과 비교대상 2의 차이를 파악해야 하는 문제이다.

56 2021학년도 중등 B 5번

정답

- ㉠: 핵심어전략, 모두를 더하기로 계산하여 연산방법의 오류가 나타날 수 있다.
- '4×3=12'와 같이 숫자로 표현하기
- ㉢: 동형

해설

■ 핵심어 전략

일반적으로 문장제 문제에 많이 등장하는 단어들에 적절한 연산을 연계시켜 문제를 해결하도록 하는 방법이다. 예를 들어, '적게', '각각', '남은 것' 등은 주로 뺄셈을 활용하고, '모두'는 덧셈을 활용하도록 한다. 자칫 과잉일반화를 초래하여 학생들이 문제의 전체 맥락을 파악하는 대신 특정 단어에만 지나치게 주의를 집중할 경우 오답에 도달하게 만들 가능성이 있다.

■ 수학개념 교수
- **구체적 교수**: 수학에서 구체적 수준은 수와 연산을 표상하기 위해 사물을 조작하는 것과 관련된다.
  예 3의 개념을 가르치기 위해 블록 3개나 장난감 자동차 3개가 주어질 것이다.
- **반구체적 교수**: 개수 표시(예 /, //, ///, ////, /////)와 그림을 사용하여 수학 문제를 해결하는 것과 관련된다. 실제 블록이나 장난감 자동차를 사용하는 것이 아니라 그에 해당하는 개수 표시나 그림과 같은 시각적 표상이 주어질 수 있다.
- **추상적 교수**: 학생이 수학적 개념에 대한 구체적이고 반구체적인 표상을 이해한다면 추상적 수준으로 이동할 준비가 된 것이다. 학생이 추상적 수준으로 옮겨 가면 더 이상 시각적 표상에 의존하여 문제를 해결하지 않는다. 수 대신 상징(예 2, 5, 7)만이 사용된다.

■ CBM 검사지 제작하기

측정할 기술이 결정되면 그 기술과 관련된 향후 1년간의 교육과정을 대표할 수 있는 검사지를 제작한다. 이때 CBM 기간에 실시할 검사의 횟수와 동일한 숫자의 동형검사를 제작하여야 하는데, 동형검사란 다른 문항으로 구성되어 있지만 문항들의 내용과 형태, 문항 수, 문항난이도가 동일한 검사를 말한다.

제6절 내용 강화법

57 2018학년도 중등 A 13번 일부

정답

• 두문자법

해설

■ 문자전략

머리글자 (두문자법)	앞글자를 따와서 글자 만들기 예 태정태세문단세
어구만들기 (이합법)	각 단어의 첫 글자가 다른 단어를 대신하는 문장 만들기 예 활석, 방해석, 장석 → '활로 방어하는 장군이다.'

58 2013학년도 중등 추시 B 6번 일부

정답

2) ㉣: 학습할 단어·내용과 발음이 유사하고 쉬운 핵심어를 설정한 후, 핵심어와 학습할 단어·내용을 시각적 이미지로 연결하는 기억 전략이다.

㉤: 순서에 맞게 외워야 하는 내용을 학습할 때 사용하는 전략으로, 페그워드는 숫자와 비슷하게 발음하기 쉬운 단어를 지칭한다.

차이점: 페그워드는 순차적 정보 기억에 활용하며, 핵심어는 어휘 학습에 이용한다.

해설

■ 기억 전략

핵심어 전략	친숙한 정보를 새롭고 친숙하지 않은 단어와 연결함
말뚝어 방법	정보를 순서대로 번호를 매길 때 숫자와 유사한 운율적 단어를 사용하는 방법

59 2010학년도 중등 8번

정답 ②

해설

ㄴ. 단원 구성도는 단원의 주요 개념, 활동, 아이디어를 시각적으로 제시하는 그래픽 조직도이다.

ㅁ. 개념 다이어그램은 그래픽 조직도의 다른 형태이며 개념의 주요 특징을 시각적으로 조직화하여 제시하는 것으로, 해당되는 것과 그렇지 않은 것의 구체적인 대조를 통해 이해와 집중을 돕는 것이 특징이다.

ㄱ. 심상법은 심상(image)을 활용하는 방법이다.
예 다이아몬드에 대한 생각(image)을 마음속에 그리는 것

ㄷ. 핵심어 전략(중심어휘 기억법)은 한 단어가 지닌 이미지를 이용하여 다른 단어를 기억하는 것이며, 〈보기〉의 내용은 어구 만들기 중 이합법(acrostics)에 관한 설명이다.

ㄹ. 안내 노트는 중요한 정보·개념·관계성을 기록하도록 표준 단서와 특정 여백을 남겨두어 학생에게 강의를 안내하도록 하는 교사 제작 인쇄물로, 수업에 적극적으로 참여할 수 있도록 정보를 제공하는 것을 목적으로 한다.

■ 문자 전략

두문자법	둘 이상으로 구성된 복합 단어를 하나의 어구로 생성 예 Republic Of Korea → ROK, 특수교사를 꿈꾸며 → 특꿈
어구 만들기 (이합법)	조사나 어미를 추가하여 문장이나 시로 변환 예 활석, 방해석, 장석 → '활로 방어하는 장군이다.'

60 2010학년도 초등 28번

정답 ①

해설

그래픽 조직도는 정보의 체계화를 돕는 도표들로써 수직적·연속적 비교 관계를 나타내기 때문에 개념과 사실을 시각적으로 제시한다. 또한 주요 정보만을 담고 있으며, 논리적 구조에 따라 개념 사이의 관련성을 보여준다.

ㄷ. 그래픽(시각적) 조직도는 인지주의적 접근 방법으로, 교수자료와 절차를 순서화한다.

ㄹ. 과잉학습은 처음 학습하는 기술의 최소 50% 이상을 추가 연습하는 것으로, 학습 단계 중 유지를 위한 학습방법이다.

ㅁ. 과제분석은 과제를 수행하려면 우선적으로 갖춰야 할 선행 기술이 무엇인지 먼저 분석하고 과제를 구성하는 각 하위 단계도 분석하여 순차적으로 교수하는 방법으로, 학습의 습득단계에서 사용하며, 그래픽 조직도와는 관련이 없다.

61 2012학년도 초등 19번

정답 ④

해설

④ 선행 자극, 학생 반응, 귀결사건의 구성이 중요한 원리인 것은 행동주의 교수전략이며, 그래픽 조직자는 인지주의 교수전략에 해당한다.

① 개인의 경험을 바탕으로 학습 내용과 관련된 내용을 구조화하여 시각적으로 나타내기 때문에 주요 어휘 등 학습 내용을 기억하는 데 도움이 된다.
② 학습자가 가을 운동회 날 경험한 내용을 이야기하고, 교사와 학습자가 조직자를 함께 만들어가는 과정을 통해 학습자의 능동적인 참여를 유도한다.
③ 가을 운동회와 관련된 정보는 가을 운동회의 경험을 이야기하는 데 도움이 되며, 이를 구조화하면 학습 내용을 명확하게 할 수 있다.
⑤ 가을 운동회와 관련된 정보에 집중하도록 지도한다.

62 2014학년도 중등 A (기입형) 5번

정답

의미특성 분석(= 의미론적 특성 분석, 의미론적 특징 분석)

해설

■ 의미특성 분석

목표 개념과 개념의 주요 특성 간 관계를 격자표로 정리하는 방법으로, 각 개념이 각 특성과 관련이 있는지(+표시) 없는지(−표시)를 분석하여 개념의 의미를 폭넓게 이해하도록 돕는다.

63 2017학년도 초등 B 3번 일부

정답

3) ①: 수업 전 미리 수업에 대한 안내된 내용을 받을 수 있다.
②: 빈칸만 채워 넣으므로 글자를 쓰는 노력을 적게 기울일 수 있다.

해설

■ 안내 노트

- 교과과정 내용을 조직·강화하여 학습장애 학생과 일반 또래 학생이 수업에 적극 참여하게 하는 방법이다.
- 중요 사실, 개념, 관계성을 기록할 수 있게 표준 단서와 특정 여백을 남겨두어 학생에게 강의를 안내하게 하는 교사 제작 인쇄물이다.

64 2016학년도 중등 A 11번

정답

①: 시험 보기 전략
②: 어려운 문제를 넘기지 못하므로 PIRATES, SCORER 전략을 사용한다.

해설

■ 시험 보기 전략

구분	전략	
시험 준비	• FORCE - Find out(시험에서 다루게 될 것과 질문의 유형이 무엇인지 찾아낸다) - Organize(공부에 필요한 모든 자료를 수집함으로써 정리한다) - Review the material(자료를 복습한다) - Concentrate and make a cue sheet(집중하고 큐시트를 만든다) - Early exam(예행시험: 반복하거나 짝이 질문하게 함으로써 연습한다)	
시험 치는 동안	• DETER - Directions, read them (지시사항을 읽는다) - Examine the test (시험지를 살펴본다) - Time, check it (시간을 점검한다) - Easy ones first (쉬운 것을 먼저 한다) - Review my work (나의 답안을 검토한다)	• PIRATES - Prepare to succeed (성공하도록 준비한다) - Inspect the instruction (지시사항을 점검한다) - Read, remember, reduce(질문을 읽고 정보를 기억하고 줄인다) - Answer or abandon (질문에 답하거나 포기한다) - Turn back (다시 돌아간다) - Estimate (답을 추정한다) - Survey(답을 제대로 했는지 훑어본다)
	• SCORER - Schedule time (시간을 계획한다) - Clue words, look for (단서를 주는 단어를 찾는다) - Omit difficult questions (어려운 질문은 넘어간다) - Read carefully (주의 깊게 읽는다) - Estimate answers (정답을 추정한다) - Review your work (자신의 답안을 검토한다)	• SNOW - Study the question (질문을 숙독한다) - Note important points (중요한 점을 메모한다) - Organize important information before writing(쓰기 전에 중요한 정보를 조직화한다) - Write directly to the point of the question (질문의 요지에 맞춰 쓴다)

65 2017학년도 중등 B 5번 일부

정답

㉠: 문제해결 계획 세우기

㉡: "필요한 단계와 연산 기호를 결정하자."

해설

■ 단계별 인지 전략

인지 전략 (단계)	자기조절 초인지 전략		
	말하기 (자기교시)	묻기 (자기질문)	점검하기 (자기점검)
문제 읽기 (1단계)	"문제를 읽자, 이해하지 못하면 다시 읽자."	문제를 읽고 이해했는가?	문제를 풀 수 있을 만큼 이해했는지 점검하기
문제를 자신의 말로 고쳐 말하기 (2단계)	"중요한 정보에 밑줄을 긋자.", "문제를 나의 말로 다시 말해 보자."	중요한 정보에 밑줄을 그었는가?, 문제가 무엇인가?, 내가 찾는 것은 무엇인가?"	문제의 정보 확인하기
그림이나 다이어그램으로 문제 표상하기 (3단계)	"그림이나 다이어그램을 만들자."	그림이 문제에 적합한가?	그림이 문제 속 정보와 비교하여 어긋나는지 점검하기
문제 해결 계획 세우기 (4단계)	"필요한 단계와 연산 기호를 결정하자."	만약 내가 ~을 한다면 답을 얻을 수 있는가?, 다음에 해야 할 것은 무엇인가?, 몇 단계가 필요한가?	계획이 잘 세워졌는지 점검하기
답을 어림해 보기 (5단계)	"어림수를 찾아 머릿속으로 문제를 풀고 어림값을 쓰자."	올림과 내림을 했는가?, 어림수를 썼는가?	중요한 정보를 사용하였는지 점검하기
계산하기 (6단계)	"정확한 순서대로 계산하자."	내가 한 답은 어림값과 비교하여 어떠한가?, 답이 맞는가?, 기호나 단위를 잘 썼는가?	모든 계산이 바른 순서대로 이루어졌는지 점검하기
모든 과정이 옳은지 점검하기 (7단계)	"계산을 점검하자."	모든 단계를 점검했는가?, 계산을 점검했는가?, 답은 맞는가?	모든 단계가 맞는지 점검하기, 틀렸다면 다시 하기, 필요한 경우 도움을 요청하기

제7절 교수방법

66 2009학년도 초등 6번

정답 ②

해설

교사들의 입장은 행동주의적 입장이다.

ㄷ. 아동의 참여를 이끌어내기 위해 간단한 질문을 한다.

ㅁ. 독립적 수행을 위해 촉구를 줄여나간다.

■ 학습장애 교수법

학습장애 아동은 새로운 학습 내용을 어려워하거나 선뜻 체험해보려 들지 않을 것이므로 교사의 부추김이 필요하다. 부추김은 특수 아동의 참여를 유도하는 교사의 도움으로부터 비롯되며 수업의 주요 요소이다. 이는 교사의 시범 후, 즉각 이루어져야 하며 점진적으로 소멸되어야 한다. 부추김(유도)은 시작할 때 거의 교사가 처음부터 끝까지의 시범을 보여주는 상수준으로 인도한다. 유도 과정에서 교사의 발문은 간단한 형태의 참여를 끌어내는 질문으로 구성한다. 응답의 유형이 쉽고 간단하여 대부분의 아동이 망설임 없이 참여할 수 있다. 아동이 충분히 이해하도록 교사의 시범은 계속되어야 하며, 아동이 일정 수준을 이해하면 교사는 하수준의 유도를 실시한다. 하수준의 유도는 문제를 해결하는 과정·이유에 대한 육하원칙의 개방형 질문으로 구성한다.

67 2011학년도 초등 13번

정답 ①

해설

최 교사의 관점은 행동주의적 관점이다.

ㄷ. 구성주의 과정이다.

ㅁ. 인지주의 과정이다.

68 2009학년도 초등 18번

정답 ②

해설

ㄴ. 선행 조직자는 글을 읽기 전에 글의 개요와 개요에 관련된 질문을 던져 선행지식을 활성화시키는 전략이다.

ㄷ. 경수가 읽는 중 줄을 놓치지 않게 문장에 선을 그어준다.

ㄱ. 위인전을 반복적으로 읽는 것은 반복읽기에 해당한다.

ㄹ. 김 교사가 직접 읽으면서 구두점을 따라 쉬어 읽는 방법이나 사전을 찾는 방법을 보여주는 것은 따라 읽기와 사전 찾기 방법을 병행하여 지도한 것이다. 정밀교수는 학생의 학업수행을 매일매일 측정하여 모니터링하는 방법이다.

69 2012학년도 중등 11번

정답 ③

해설

(나) 직접교수는 교사의 단계별 시범이 명확하게 이루어진다.
(라) 직접교수는 학습이 유지될 때까지 연습과 점검을 거친다.
(가) 직접교수의 학습 목표는 객관적 용어로 명확히 제시한다.
예 학습 목표: 잎 모양 본뜨기를 스스로 수행한다.
(다) 직접교수는 교사의 철저한 피드백과 신속한 교정이 필요하며, 학생이 답을 하지 못하면 구체적이고 정확한 피드백을 제공하여 과제를 완성할 수 있게 돕는다.

70 2020학년도 중등 B 2번

정답

㉠: 쓰기 유창성
㉡: 직접교수

해설

■ 글씨 쓰기

교사는 기본적으로 학생이 바른 자세, 올바르게 연필 쥐는 방법, 올바른 종이의 위치(3P; Posture, Pencil grip, Position of the paper)를 이해하고 있는지 확인해야 한다. 또한 글씨 쓰기 교수 시에는 다음 내용을 유의하여 지도하는 것이 중요하다.

- 잘 알아볼 수 있게 글씨를 쓰도록 지도한다. 잘 알아볼 수 있는 글씨는 글자 형태, 기울기, 크기, 글자와 단어 사이의 간격, 줄 맞춰 쓰기 등의 영향을 받는다.
- 글씨를 유창하게 쓰도록 지도한다. 유창하게 쓴다는 것은 글씨를 알아볼 수 있도록 쓸 뿐 아니라 빠르게 쓰는 것을 의미한다. 교사는 학생이 글씨를 알아볼 수 있을 정도로 쓰게 되면, 글씨 쓰기의 속도를 높여야 한다.

■ 직접교수법

학습장애 학생은 일반적으로 교수·학습 목표에 대한 명확한 진술을 기반으로 적당한 학습 분량을 확실하게 학습할 수 있는 충분한 시범과 연습의 기회가 필요하다. 직접교수는 이러한 학생의 특성에 효과적으로 적용할 수 있는 교수방법이다. 직접교수 프로그램의 지도 원리는 '교사가 가르칠 수 있는 것을 학생들이 학습할 수 있고, 학생들이 학습할 수 없다면 교사가 가르치지 않는다.'이다.

■ 교수 단계

목표 제시 → 모델링 → 안내된 연습 → 유도된 연습

71 2016학년도 중등 A 11번 일부

정답

①: ㉠, 교사가 설명한 후 학생들에게 질문하여 이해했는지 확인한다.
②: ㉢, 학생이 오류를 보일 때는 교사가 다시 시범을 보여 정확한 반응을 할 수 있도록 해야 한다.

해설

㉠ 명시적 모델링의 목적은 학습자가 확실히 이해하도록 돕는 것으로 학습자를 위해 '그림을 색칠하는 것'과 같다. 교사가 시범을 보이는 동안 학생은 보고 듣고 생각한다. 교사는 '소리 내어 생각 말하기'를 하고 학생은 기술, 내용, 전략 학습에 사용된 초인지 과정을 관찰한다. 이때 두 가지 절차가 사용된다. 첫째, 교사는 스스로에게 질문하고 답한다. 학생은 교사가 전략을 사용하는 과정을 소리 내어 말하는 것을 들으며 과제가 수행되는 과정을 지켜본다. 둘째, 교사는 학생에게 질문하고 학생이 답하도록 돕는다. 교사와 학생은 함께 전략을 사용하고, 교사는 계속 과정을 시범 보인다.

㉢ 오류 교정은 '시범-검사-지연검사'의 3단계를 거친다. 전략의 시범을 제시할 때 오류가 발생하면, 정확한 반응을 시범을 보이거나 전략에 관한 안내 질문을 제시하여 학생이 정확한 반응을 보일 수 있게 한다. 검사 단계에는 동일한 과제를 다시 제시하여 검사를 하며, 이때는 도와주지 않는다. 이후 원래의 과제 첫 부분으로 되돌아가서 과제 전체를 다시 제시하는 지연검사를 실시한다.

㉣ 교사지도 연습에서는 주로 교사가 학생을 촉진하고 활동을 점검한다. 학생이 초반에 시행하는 연습이 성공하도록 교사는 학생의 과제 수행을 돕는 촉진을 제공한다. 촉진에는 유도질문하기, 수업 내용 반복하고 쉽게 말하기, 구체적인 단어나 숫자를 지적하기, 예시와 비예시 제공하기, 피드백 제공하기, 과제를 나누어 수행하기, 학생과 함께 과제 수행하기, 안내 소책자 제공하기 등이 포함된다. 학생이 촉진을 받아 과제를 수행하고 나면, 교사는 학생이 촉진 없이도 과제를 성공적으로 수행할 수 있는지의 여부를 점검한다.

72 2015학년도 중등 A (기입형) 10번 일부

정답

정밀교수

해설

■ 정밀교수

특정한 교수방법이 아닌 학생의 학업 수행을 면밀히 모니터링하는 방법이다. 린드슬리(Lindsley)는 매일 시행되는 교수 평가 방법을 공식화하고자 행동심리학의 선례를 적용하였다. 교사는 매일의 평가를 통해 이루어지는 정밀교수를 적용하여 교수기법의 성공과 실패를 기록·문서화할 수 있고 학생의 진보를 촉진하여 일정 수준의 교육적 향상을 추구할 수 있다.

정밀교수는 하나의 단독적인 교수전략보다는 교수적 모니터링 기법으로 여겨야 하며, 교사가 선정한 방법의 효과성을 확인하는 방법이므로 다양한 교실 상황에 적용 가능하다.

73 2021학년도 중등 A 9번 일부

정답

• ⓒ: 시범

ⓔ: 교사는 질문하고 연습이 부족하여 발생되는 실수를 확인하고, 오류를 정정하고, 필요한 경우 재교수함으로써 학생을 지원한다.

해설

■ 직접교수

수업 목표	교사 주도적 수업은 학생의 기대되는 결과를 제시해야 하고 수업 목표는 관찰 가능하고 측정 가능한 행동, 행동이 발생할 조건, 수용 가능한 행동 수행을 위한 기준의 세 가지 요소를 포함해야 함 예 교사가 철자 쓰기 목록의 단어를 읽어 주면(행동발생 조건) 수민이는 10개의 단어 철자를 100% 정확하게(성취기준) 쓸 것이다(행동)라는 수업목표를 세운다.
교수와 모델링	• 교수목표에서 요구하는 행동을 구체적으로 제시하는 것 • 모델링은 행동주의적 모델링과 인지주의적 모델링을 포함함 – 행동주의적 모델링은 기술의 실제 시연을 의미하고, 인지주의적 모델링은 시범 보이는 사람의 사고 과정을 이해하는 데 있어서 학생을 도울 수 있는 자기대화를 포함함 – 자기대화를 제공할 때, 교사는 학생이 과제를 수행하는 동안에 그들이 생각하는 것을 명확히 이야기함 – 이는 교사로 하여금 과제뿐만 아니라 과제를 완수하는 데 사용된 전략도 함께 보일 수 있도록 함 • 교사는 필요할 때 촉진과 피드백을 사용하여 학생들의 대답을 요구해야 함
안내된 연습	• 교사가 행동을 시범보이면(예 해당 수업의 행동목표) 학생은 직접적인 감독하에 수업목표를 학습할 기회를 가지게 됨 • 안내된 연습은 학생이 해당 기술을 교사와 함께 연습하는 전략으로 교사는 질문하고, 연습이 부족하여 발생되는 실수를 확인하고, 오류를 교정하고, 필요한 경우 재교수함으로써 학생을 지원하는 데 쉽게 적용될 수 있음
독립 연습	• 학생이 독립적으로 과제를 수행하도록 기대하며 교사의 피드백이 안내된 연습에서처럼 빠르게 제공되지는 않음 • 전통적 교수에서는 독립연습이 숙제의 형태로 제시되는 경우가 있음 • 독립연습은 학생이 안내된 연습에서 높은 성공률(90~100%)을 보이기 전까지 시작되어서는 안 됨

74 2009학년도 중등 40번

정답 ②

해설

■ 지문에서 호혜적 교수법 단서 찾기

> – 자기 주도적 학습 능력 길러주기 위하여 ……
> – 구조화된 대화: 생각하고, 질의응답 과정을 거쳤다.
> 한 단락을 읽고, 요약 · 토론하여 내용을 명시적으로 보여주었다.
> – 학생 스스로 질문, 요약, 명료화, 수정 · 평가하는 과정을 거쳐 ………
> – 점진적으로 모든 책임을 학생들이 맡아서 진행하도록 지도한다.

이 단서를 바탕으로 호혜적 교수법임을 알 수 있다.

75 2015학년도 중등 A (기입형) 5번

정답

①: 상호 호혜적 교수법

②: 명료화하기

해설

■ 상호 호혜적 교수법

– 목적은 교사와 학생이 글에 대해 구조화된 대화를 하여 학생의 읽기이해력을 증진하는 것이다.

– 요약하기, 질문 만들기, 명료화하기, 예측하기 전략의 사용을 가르치고, 점차 학생이 대화를 이끌어가도록 돕는다.

– 전략은 순서대로 한 번만 사용하고 끝나는 것이 아니라 문단별(또는 한 두 문단별)로 순환적으로 사용한다.

■ 읽기 전략

예측하기	글을 읽는 목적 설정 시 도움을 줌
질문 만들기	학생이 읽은 글의 중요 내용에 집중하도록 도움
명료화하기	학생이 글의 이해 여부를 점검하도록 함
요약하기	학생이 읽은 글의 내용을 정리하고, 중요한 내용을 기억하게 함

76 2017학년도 초등 B 2번 일부

정답

2) 안전띠: 우리 안전을 위해 버스의 좌석에 몸을 매어 놓는 띠입니다.

착용: 얼굴에 안경을 쓰듯, 안전띠를 몸에 매어 놓는 것을 말해요.

해설

■ 명료화하기

– **어려운 단어**: 다시 읽기, 어려운 단어가 포함된 문장의 앞문장과 뒷문장 읽기, 단어 형태 분석하기, 사전 찾기 등을 활용한다.

– **이해가 되지 않는 내용**: 다시 읽기, 문맥의 뜻을 파악하기 위해 앞뒷문장 읽기, 친구 또는 교사와 이야기하기로 파악한다.

제8절 사회성

77 2009학년도 중등 34번

정답 ③

해설

ㄴ. 평정척도를 사용하면 단기간에 많은 항목을 조사할 수 있고 서로 다른 상황 · 집단에서 장애 학생의 사회성이나 사회적 기술 상태를 상대적으로 비교할 수 있다.

ㄷ. 장애 학생과 관련된 시간에 다양한 사회적 장면을 관찰할 수 있고, 이를 바탕으로 사회적 기술 문제를 진단하고 해결책을 유추할 수 있다.

ㄹ. 사회적 거리 추정법은 사회도 측정법의 하나로, 주어진 일련의 질문에 한 학생이 모든 학생에게 반응할 수 있게 하는 방법이다. 집단이 주어진 학생을 어떻게 인정하고 배척하는지의 정도를 분석할 수 있어 집단의 사회적 역동성을 파악하는 데 중요한 정보를 제공한다.

ㄱ. 자유반응형 질문지를 사용한 자기 보고법은 시행이 쉽고 통계적 분석이 가능하나 신뢰도를 보장할 수 없는 문제점이 있으며, 특정 상황에서 특정 사회적 기술을 구사해야 한다는 것을 이야기할 수 있다는 것과 실제로 구사하는 것은 차이가 있으므로 사회적 타당도도 낮다.

ㅁ. 지명도 측정법은 문제행동을 보이는 학생을 추출하는 데 높은 신뢰도를 보인다. 그러나 어떤 학생이 훈련 결과로 사회성이 향상되거나 사회적 기술을 얻게 된 정도를 검증하는 데 시간이 걸린다.

78 2012학년도 중등 8번

정답 ④

해설

ㄱ. 사회적 기술은 특정한 사회적 과제를 해결하기 위해 사용하는 구체적이고 관찰 가능한 행동이다. 사회적 타당성이 있는 사회적 기술은 장애 학생에게 필요하다.

ㄴ. 사회적 능력은 사회적 장면 안에서 과제를 성공적으로 수행하는 종합적 능력으로, 풍부한 사회적 경험을 통해 신장된다.

ㄷ. 사회인지는 대인관계에 영향을 주는 관련 정보를 수집하고 이해하여 적절한 판단을 내리는 능력이며, 이에 어려움을 보이는 장애 학생은 사회인지 훈련이 필요하다.

ㄹ. 사회적 기술은 여러 능력이 통합 작용하므로 장애 학생이 사회적 기술 습득에 어려움을 겪는 이유를 설명할 수 있다.

ㅁ. 사회적 능력은 사회적 기술 · 인지를 포함하는 개념으로 적절한 대인관계 형성 능력 전반을 지칭한다.

79 2016학년도 중등 A 14번

정답

㉠: 기술 결함을 보인다. 이유는 기본 학습과정에서의 심한 결함이나 기술을 배울 기회의 부재로 인해 나타난다.

㉡: 수행력 결함을 보인다. 동기유발 부족과 행동을 수행할 기회의 부족이 원인이 되어 발생한다.

해설

■ 사회적 능력의 결함 유형

분류	획득 결함	수행력 결함
정서적 각성반응 부재	기술 결함	수행력 결함
정서적 각성반응 존재	자기통제 기술 결함	자기통제 수행력 결함

❶ 기술 결함

적응적 · 사회적 방법으로 행동하는 데 필수적인 사회적 능력이 없거나 위계적 행동의 수행에 필요한 중요한 단계를 알지 못하는 것으로, 반두라의 습득 결함 · 학습 결함과 비슷하다. 지적장애 아동이 또래와 협력하거나 인사를 건네거나 독립적으로 이동하는 방법을 알지 못하는 것이 그 예이다. 기술 결함에 사용되는 지표는 과거에 수행한 기술과 해당 기술에 대한 지식이다. 아동이 행동의 수행방법을 전혀 알지 못하거나 행동 수행이 나타나지 않는다면 기술 결함이 있을 수 있다. 기술 결함은 기본 학습과정에서 보여지는 심한 결함, 기술을 배우는 기회의 부재가 원인이 될 수 있다. 사회적 기술 획득 결함을 중재할 때는 직접지도, 모델링, 행동시연, 코칭 등의 기법을 이용하는 것이 효과적이다.

❷ 수행력 결함

주어진 행동의 수행방법은 알지만 인정할 만한 수준으로는 수행하지 못하는 것으로 동기 유발 부족과 행동을 수행하는 기회 부족이 원인일 수 있다. 아동이 학급 상황에서 행동을 수행하지 못하지만 학급 밖에서 행동을 수행하는 경우가 그 예이다. 또한 과거에 행동을 수행하는 것이 관찰된 경우도 수행력 결함으로 볼 수 있다. 선행사건과 후속결과를 조절하면 개선될 수 있으며, 또래주도, 유관강화, 집단강화를 중재 방법으로 사용한다.

❸ 자기통제 기술 결함

특정 정서적 각성반응이 기술 습득을 방해하기 때문에 특정한 기술을 배우지 못한다. 학습을 방해하는 정서적 각성반응으로는 불안을 들 수 있다. 불안은 학습과정을 방해하거나 장벽이 되어 아동이 사회적 능력을 학습하지 못하게 한다. 사회적으로 불안한 아동은 친구를 피하거나 위축된 행동을 보이는데, 이는 불안을 줄이기 위해 부정적으로 강화된 사회적 위축행동이다. 불안을 줄이는 둔감법이나 홍수법과 더불어 자기대화, 자기감독, 자기강화를 함께 사용한다.

❹ 자기통제 수행력 결함

사회적 기술 목록에 특정 기술이 있지만 정서적 각성반응과 선행·후속결과 통제 문제 때문에 기술을 수행하지 못한다. 아동은 기술을 수행하는 방법을 알지만 부적절하고 일관성 없이 사용한다. 충동성이 대표적인 예이다. 충동성이나 불충분하게 반응하는 경향은 정서적 각성반응으로 볼 수 있다. 충동적인 아동은 또래나 교사와 적절하게 상호작용하는 방법을 알고 있지만 부적절한 행동을 초래하는 반응 양식인 충동성 때문에 행동에 일관성이 없다. 이 아동을 지도할 때는 부적절한 행동을 억제하는 자기 통제 전략, 변별 기술을 지도하는 자극통제 훈련, 적절한 사회적 행동을 증대하는 유관강화 등을 이용한다.

80 2015학년도 중등 A (기입형) 8번

정답

(가): 사회적 지위 평가(지명도 측정법)

(나): FAST 전략

해설

(가) 사회성 평가방법

친구 간의 수용도 측정평가	• 자신을 제외한 다른 학생을 얼마나 좋아하는지를 평가함으로써 친구 간에 얼마나 수용되는지를 파악함 • 아동별로 평균 몇 점인지를 계산하여 각 아동의 친구 수용도를 평가함
사회적 지위평가	• 친구로부터 얼마나 많은 긍정적·부정적 지명을 받는지로 평가함 • 학생들에게 가장 좋아하는 친구 세 명과 가장 싫어하는 친구 세 명을 적도록 한 후, 아동별로 얼마나 많은 긍정적·부정적 지명을 받았는지를 평가함 • 결과에 기초하여 인기 있는 학생, 거부되는 학생, 인기와 거부를 동시에 받은 학생, 무관심하게 여겨지는 학생을 파악함

(나) 상황맥락 중재

학교, 가정, 또래관계 등 상황 맥락 안에 필요한 사회적 기술을 선택하고, 선택된 상황 맥락에서 기술을 가르칠 것을 강조한다.

■ FAST 전략(대인관계 문제 해결 중재)

목적	학생이 문제 상황에서 반응하기 전에 문제를 주의 깊게 생각하고 대안을 모색하고 각 대안의 결과를 예측하여 최선의 대안을 선택할 수 있도록 함
전략	• Freeze and think.(멈추고 생각하기) • Alternatives.(대안 모색하기) • Solution evaluation.(최적의 대안 찾기) • Try it!(대안 수행하기)

■ SLAM 전략(대인관계 문제 해결 중재)

목적	타인에게 부정적인 피드백을 들을 때 적절하게 받아들이는 것을 도움
전략	• Stop whatever you are doing. (지금 하고 있는 일을 멈추어라.) • Look the person in the eye. (상대방의 눈을 바라보라.) • Ask the person a question to clarify what he or she means. (상대방이 말한 것이 어떤 의미인지 명확하게 말해 줄 것을 요청하라.) • Make an appropriate response to the person. (상대방에게 적절한 반응을 하라.)

81 2021학년도 유아 A 5번 일부

정답

2) ①: 긍정적인 지명으로 또래 수용도를, 부정적인 지명으로 또래들에게 받는 거부 정도를 알 수 있다.

②: 우리반에서 가장 옆자리에 앉기 싫은 친구 이름을 쓰세요.

해설

■ 또래지명법

– 학급의 각 아동이 주어진 기준과 관련하여 정해진 수의 급우를 선택하도록 하는 것이다.

– 또래지명은 긍정적인 지명과 부정적인 지명으로 나눌 수 있다. 긍정적인 지명의 기준의 예는 '가장 좋아한다', '가장 친한 친구', '가장 함께 놀고 싶다' 등이며, 부정적인 지명의 기준의 예는 '가장 덜 좋아한다', '가장 덜 같이 놀고 싶다' 등이다.

– 각 아동의 점수는 급우들로부터 지명을 받은 수다. 긍정적인 지명점수는 또래 수용도 및 인기도의 지표가 되며, 부정적인 지명점수는 또래들에게 받은 거부의 지표가 된다.

82 2018학년도 중등 A 13번 일부

정답

• 상황을 실행해봄으로써 타인의 행동에 어떻게 영향을 미치는가를 더 잘 이해할 수 있다.

• 대본 작성하기

해설

㉣ 역할놀이 학습 모형

역할놀이는 학생이 어떤 역할을 해보는 것으로 구체적인 상황을 실제로 경험할 기회를 제공한다. 이로써 스스로가 지닌 가치나 의견을 분명히 깨닫게 하고 역지사지를 실연하며 사람이 어떻게 타인의 행동에 영향을 미치는지를 더 잘 이해할 수 있게 한다. 이 학습 모형은 학생이 여러 가지 다른 역할을 해보는 과정에서 일상생활에 일반화할 수 있는 인간의 행동에 관한 여러 개념을 습득한다는 가정에 근거한다.

ⓜ 학교 현장에서는 역할놀이와 더불어 역할극도 많이 하는데, 둘은 극본의 제공 유무와 자유로운 표현 여부에 있어 큰 차이가 있다. 역할놀이는 문제 상황만 주고 등장인물이 어떻게 말하고 행동할 것인지는 자유롭게 판단하여 나타내는 데 비해, 역할극은 문제 상황과 관련하여 극본을 미리 만들어 정해진 대로 말하고 행동하게 한다.

83 2019학년도 중등 A 12번

정답

- ㉠: 사회적 능력
- ㉡: 여러 가지 대안 중 가장 최적의 대안 찾기
- ㉢: 1. 사회적 지위 평가, 학생들에게 가장 좋아하는 친구 세 명과 싫어하는 친구 세 명을 적도록 하는 방법이다.
  2. 면접, 부모나 교사들에게 구조화된 면접이나 비형식적 면접을 통해 아동의 사회적 기술을 입수한다.

해설

■ 사회적 능력

사회적 인지와 사회적 기술을 포함하는 능력으로, 대인관계 문제를 사회적으로 용인되는 방향으로 해결하는 능력이다.

■ FAST 전략

학생이 문제 상황에 반응하기 전 문제를 주의 깊게 생각하고 대안을 모색하여 각 대안의 결과를 예측함으로써 최선의 대안을 선택할 수 있도록 한다.

- Freeze and think(멈추고 생각하기)
- Alternatives(대안 모색하기)
- Solution evaluation(최적의 대안 찾기)
- Try it!(대안 수행하기)

■ 비형식적 사회성 평가

자기보고법	• 자기보고법(서술형)은 서면이나 면대면 인터뷰를 통해 사회적 기술과 관련한 자기 상태를 표현하는 방식 • 시행이 간편하고 짧은 시간에 많은 사람을 대상으로 많은 문항을 물어볼 수 있다는 점에서 간편함 • 자료를 수량화하여 통계 처리하여 수나 표로 제시할 수 있음 • 단점은 사회적 타당도를 보장할 수 없다는 점임
지명도 측정법 (교우도 검사)	• 대상 아동이 또래에게 어떻게 인지되고 있는지를 알아보는 데 유용한 방법 • 피험자들은 특정 집단에서 가장 좋아하는 친구와 가장 싫어하는 친구 몇 명을 우선순위에 따라 지목하고, 그 결과를 기반으로 교우도를 작성함 • 이 방법은 신뢰도가 높고 타당하지만 거부되는 이유가 해당 아동이 사회적으로 무관심하기 때문인지 적극적으로 배척당하기 때문인지를 구별할 수 없음
행동평정척도	• 사회적 기술 소유 정도를 3점, 5점, 7점 척도로 아동 자신, 또래, 부모, 교사가 평정하는 방법 • 짧은 시간에 많은 항목을 조사할 수 있음
직접 관찰법	• 직접 관찰은 관찰 상황을 어떻게 구성하느냐에 따라 구조화된 환경에서의 관찰과 비구조화된 환경에서의 관찰로 나뉨 • 수업시간, 체육시간, 점심시간, 여가시간, 등·하교시간, 쉬는 시간, 가정에서의 시간 등 여러 상황에서 아동을 관찰할 수 있음 • 관찰 내용은 수량화하거나 유목화할 수 있는 것뿐만 아니라 질적인 사항까지 포함함
행동간 기능적 연쇄성 분석	• 행동 간 기능적 연쇄성 분석법은 사회적 기술 문제 진단부터 문제해결에 이르도록 하는 진단·처방 방법 • 핵심은 사회적 기술이 문제가 되는 상황의 전후 맥락과 사회적 기술 문제를 구체적으로 파악하는 것 • 궁극적으로는 해당 사회적 기술 문제의 원인을 규명하여 해당 문제를 일으키거나 유지시키는 특정 행동에 기능하는 자극·반응을 변화시켜 목표행동을 변경(증가, 감소, 제거 등)하는 것

■ 타당도에 따른 측정 방법 – 유형 1 측정

- 사회기관(학교, 법정, 정신건강 기관 등)이나 중요한 타인(부모, 교사, 또래)이 중요하다고 여기는 사회적 행위를 중심으로 측정한다.
- 또래의 수용 정도, 교우관계 정도, 교사나 학부모 판단, 학교 출석 기록이나 훈육조치 사항, 학교 정학 등과 같은 실제적인 자료가 포함된다. 중요한 타인의 정보를 활용하는 경우 여러 방법을 사용할 수 있다.

  예 부모나 교사들에게서 구조화된 면접이나 비형식적 면접을 통해 아동의 사회적 기술 관련 정보를 입수, 또래로부터 가장 좋아하거나 싫어하는 친구를 적어내게 하는 교우관계도(sociogmm)로 아동의 사회적 기술 관련 정보 입수
- 이 방식의 장점은 높은 사회적 타당도이며, 현재 아동이 소속한 기관의 기록이나 중요 타인을 대상으로 하기 때문에 아동의 사회적 기술 정보를 가장 직접적으로 타당하게 얻을 수 있다.
- 다만, 단기간에 중재효과를 검증하기에는 너무 둔감하다. 사회적 행위에 얼마나 변화가 있어야 사회적 타인이 이를 인정할 것인지의 문제인데, 대개 눈에 띄는 변화가 있어야만 타인이 이를 알아챌 수 있기 때문이다.

제7장 정서 · 행동장애

제1절 정서 · 행동장애 개관

01 2009학년도 중등 6번

정답 ①

해설

ㄷ은 의사소통장애, ㄹ은 자폐성장애에 대한 설명이다.

■ 「장애인 등에 대한 특수교육법」에 따른 정의

구분	내용
정서 · 행동 장애	• 장기간에 걸쳐 다음 각 목의 어느 하나에 해당하여, 특별한 교육적 조치가 필요한 사람 – 지적 · 감각적 · 건강상의 이유로 설명할 수 없는 학습상의 어려움을 지닌 사람 – 또래나 교사와의 대인관계에 어려움이 있어 학습에 어려움을 겪는 사람 – 일반적인 상황에서 부적절한 행동이나 감정을 나타내어 학습에 어려움이 있는 사람 – 전반적인 불행감이나 우울증을 나타내어 학습에 어려움이 있는 사람 – 학교나 개인 문제에 관련된 신체적인 통증이나 공포를 나타내어 학습에 어려움이 있는 사람
자폐성 장애	사회적 상호작용과 의사소통에 결함이 있고, 제한적이고 반복적인 관심과 활동을 보여 교육적 성취 및 일상생활 적응에 도움이 필요한 사람
의사소통 장애	• 다음 각 목의 어느 하나에 해당하여 특별한 교육적 조치가 필요한 사람 – 언어의 수용 · 표현 능력이 인지능력에 비해 현저하게 부족한 사람 – 조음 능력이 현저히 부족해 의사소통이 어려운 사람 – 말 유창성이 현저히 부족해 의사소통이 어려운 사람 – 기능적 음성장애가 있어 의사소통이 어려운 사람

02 2013학년도 중등 33번

정답 ②

해설

ㄴ. 내재화 요인은 '과잉통제'라고도 부르며 우울, 위축, 불안과 같이 개인의 정서 · 행동상 어려움이 외적으로 표출되기보다 내면적인 어려움을 야기하는 요인이다.

ㄷ. 장애의 공존은 개인에게 둘 이상의 장애가 동시에 나타나는 것으로 정서 · 행동장애가 다른 장애(예 학습장애)와 함께 나타나거나 정서 · 행동장애에 포함되는 하위 유형의 장애가 함께 나타나는 것(예 우울장애와 품행장애)을 포함한다.

ㄱ. 외현화 요인은 '통제결여'라고도 부르며, 공격성, 반항 행동과 같이 개인의 정서 · 행동상 어려움이 타인 또는 환경을 향해 표출되는 상태를 포함한다.

ㄹ. 의학적 분류는 다양한 정신장애를 체계화하고 의사 간의 의사소통을 용이하게 하고자 정한 것으로, 정신장애를 일탈적 관점에서 보기 때문에 표찰의 위험성이 높다.

03 2017학년도 초등 B 1번 일부

정답

1) ①: 만성성, 지속성

②: 학교 차원의 긍정적 행동지원의 연속적 행동지원 체계

해설

① 만성성, 빈도, 정도 등의 차원은 행동이 정상인지의 여부를 결정하는 핵심적 요소이다. 행동의 정도 · 심각성은 부정적인 효과 · 충격 때문에 명백하게 드러나기 쉽다. 예를 들어, 교실에서의 자위행위 같은 행동은 즉각적으로 부정적인 주의를 끌기에 충분하나 행동의 만성성과 빈도는 명백하지 않기 때문에 지속적인 기록이 필요할 수 있다. 교사의 포용력에 영향을 미치는 요소는 문제행동의 빈도, 심각성, 지속시간, 복합성 등이다. 일반 아동도 정서 · 행동장애 아동과 같이 일탈이나 부적절한 행동을 하는데, 정서 · 행동장애 아동은 문제행동이 보다 심각하고 장기간 지속되며 발생 빈도가 높고 복합적이라는 점에서 다르다. 이들의 행동은 교사나 성인의 포용력을 뒤흔들어놓는 경향이 있다.

② 연속적 행동지원

■ 연속적 행동지원의 연속체

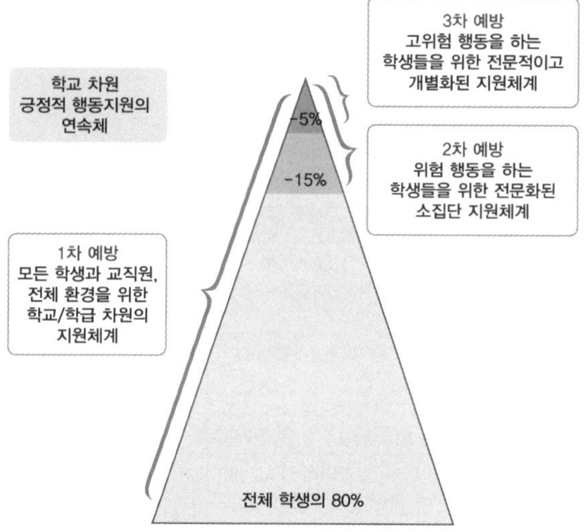

모든 학생, 교직원, 전체 환경을 위해 학교 · 학급 차원의 지원 체계가 필요하고, 전체의 20%에 해당하는 위험행동을 하는 학생에게는 전문화된 소집단 지원체계가 필요하며, 전체의 5%에 해당하는 고위험행동을 하는 학생에게는 전문적이고 개별화된 지원체계가 필요함을 보여준다. 그러나 이 체계는 각 단계를 구별되는 명칭으로 명명하고 선으로 분리하여 정체된 느낌을 준다는 제한점이 있다. 이는 각 단계에 해당 인원의 학생을 배치하여 전문가가 정해진 서비스를 제공하는 것으로 오해될 여지가 있다.

■ 학교 차원의 긍정적 행동지원의 연속적 행동지원 체계

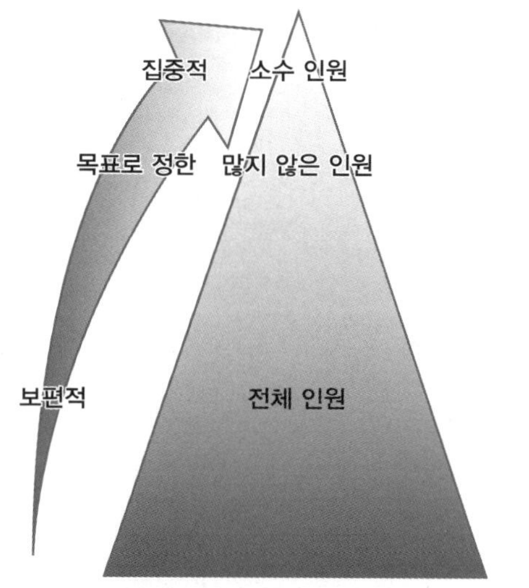

이 체계는 단계마다 층으로 구별되는 선이 없다. 각 층에 해당하는 인원이 정해져 있지 않고 지원체계가 유기적으로 연관됨을 보여준다. 이 체계에서는 중재에 대한 학생의 반응에 기초하여 적절한 지원을 받도록 시스템을 구성하고 지원의 강도를 결정한다.

■ 연속적 행동지원 체계의 예방 목표

구분	내용
1차	학교의 모든 환경에서 교직원과 학생을 위한 질 높은 학습 환경을 제공하여 문제행동의 새로운 발생을 예방하고자 함
2차	1차 예방에 적절히 반응하지 않거나 고위험 문제행동으로 발전할 가능성이 있는 문제행동에 대해 소집단 중재를 자주 제공하여 출현율을 감소하고자 함
3차	1차와 2차의 예방적 노력에도 불구하고 여전히 존재하는 문제행동에 대해 개별화된 중재를 제공하여 이 문제행동의 강도나 복잡성을 감소하고자 함

04 2018학년도 초등 A 2번 일부

정답

1) 외현화 장애

해설

■ 범주적 분류(교육적 분류)

내재화 요인	'과잉통제'라고도 부르며, 우울, 위축, 불안 등과 같이 개인의 정서 · 행동상의 어려움이 외적으로 표출되기보다 내면적인 어려움을 야기하는 상태를 포함함
외현화 요인	'통제결여'라고도 부르며, 공격성이 반항행동과 같이 개인의 정서 · 행동상 어려움이 타인이나 외부 환경을 향해 표출되는 상태를 포함함

제2절 이론적 모델

05 2010학년도 중등 19번

정답 ②

해설

ㄴ. 행동주의적 모델에 대한 설명이다.

ㄷ. 신체생리학적 모델에 대한 설명이다.

ㄱ. '문제행동의 원인을 정신 내적 과정상의 기능장애에 의한 것으로 보는 것'은 심리역동적 모델이며, '자기점검 및 행동형성 절차를 적용하여 학생의 행동 변화를 이끌어내는 것'은 행동주의적 관점이다.

ㄹ. '문제행동이 사고, 감정, 행동 간 상호작용에 의해 발생하는 것으로 보는 것'은 인지주의적 관점이며, '학생이 자신의 욕구와 갈등을 표현할 수 있도록 환경을 지원하여 건강한 성격발달이 이루어지게 하는 것'은 심리역동적 관점이다.

06 2012학년도 중등 23번

정답 ④

해설

④ 행동주의 모델에 대한 설명이며, 체계적 둔감화도 행동주의 모델의 중재 방법의 하나이다.

① (가)는 신체생리학적 모델로, 의사가 약물요법을 실시하며 교사는 관찰자의 역할을 수행한다.
② (나)는 생태학적 모델로, 분노통제 훈련은 인지주의 모델의 중재 방법이다.
③ (다)는 인지 모델의 문제해결 훈련에 대한 설명으로, 합리적 정서치료는 인지 모델에서 사용하는 인지왜곡 중재이다.
⑤ (마)는 심리역동적 모델의 집단중재를 적용한 것이며, 자기교수는 인지 모델의 중재 방법에 해당한다.

07 2013학년도 중등 추시 A 6번 일부

정답

2) 적응하기 쉬운 아동, 적응능력이 부족하고 새로운 자극에 위축되는 까다로운 아동, 서서히 적응하는 더딘 아동
3) 심리역동적 모델(정신역동적 모델)

해설

2) 기질은 생득적 경향성과 더불어 환경적인 영향을 받아 표출되는 행동 스타일을 말한다.
- **적응하기 쉬운 아동**: 대상 아동 중 40% 정도로 욕구불만에 대한 높은 인내력을 갖고 있으며 생리적으로 균형적이고 새로운 자극에 적극적인 반응을 보인다.
- **적응능력이 부족하고 새로운 자극에 위축되는 까다로운 아동**: 대상 아동의 10% 정도로 흔히 부정적 태도와 강한 정서를 나타내며 생리적 기능이 불균형적이다.
- **서서히 적응하는 더딘 아동**: 대상 아동의 15% 정도이며, 위의 두 가지 유형이 혼합된 형태로 새로운 상황과 변화에 느리지만 긍정적으로 적응한다.

3) 심리역동적 모델

구분	원인	평가절차	중재법
내용	• 무의식적 충동과 의식적 욕구 간 갈등 • 개인과 사회적 가치 간의 갈등 • 방어기제의 남용 • 생물학적 혹은 대인관계 발달상의 위기 해소 실패	• 투사적 기법 (로르샤흐 검사, 아동용 주제통각 검사 등) • 인물화 검사 • 문장완성검사 • 자기보고식 평정척도	• 인간중심 교육 • 서비스 학습 프로그램 • 치료적 환경 • 생활공간 면접 • 현실치료 • 심리치료 • 정서교육

08 2013학년도 유아 추시 A 5번 일부

정답

4) 중간체계

해설

가족이라는 소집단 간의 상호작용이므로 중간체계에 해당한다.

■ 브론펜브레너(U. Bronfenbrenner)의 생태학적 모델

체계	정의	예시
미시체계	물리적·사회적 환경에서 개인이 직접 경험하는 활동, 역할, 관계	가정, 놀이터, 학교 등과 같이 사람이 면대면으로 마주하여 상호작용하는 상황
중간체계	• 개인이 참여하는 환경 간의 상호작용 • 개인이 직접적으로 상호작용하는 미시체계 간의 상호작용	부모와 교사 간의 상호작용, 가정과 또래 간의 상호작용
외체계	개인이 직접 참여하지 않지만 개인이 속한 환경에 영향을 주고받는 상황	부모의 직장, 지역사회 기관, 교회, 병원, 친척 등
거시체계	문화적 가치·태도, 정치적 환경, 대중매체, 법과 같이 하위체계에서 일관되게 나타나는 것	문화적 가치·태도가 보다 수용적인 나라, 총기 소지에 제한을 두는 나라에서는 아동·청소년의 정서·행동 문제가 적게 나타날 수 있음

09 2021학년도 유아 A 3번 일부

정답

1) ㉠: 중간체계

해설

■ 브론펜브레너(Bronfenbrenner)의 생태학적 체계

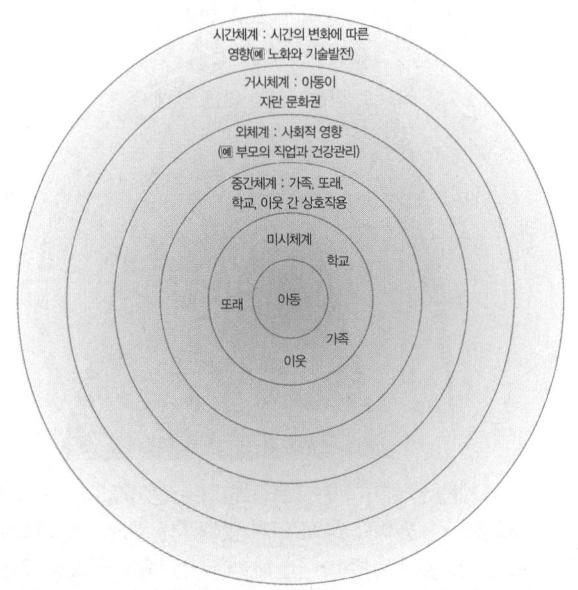

- **미시체계**: 부모, 형제, 학교와 또래 집단 등 아동에게 중요한 영향을 미치는 가장 인접한 환경이다. 이러한 관계는 쌍방향적이며 상호적이다. 즉, 부모와 형제는 아동의 행동에 영향을 미치며 아동도 부모와 형제의 행동에 영향을 미친다. 또한 낮은 사회 · 경제적 지위, 편부모, 부모의 이혼, 학대 및 다른 스트레스 요인 등 미시체계의 기능적 수준도 아동 발달에 영향을 미친다.
- **중간체계**: 가정, 운동장, 학교와 같은 많은 환경들이 포함되며, 이러한 환경들 또한 상호작용한다. 예를 들어, 부모가 학교를 적대적 환경으로 보고 교육에 가치를 두지 않는다면 이러한 태도가 학교에서의 아동 행동과 학업 수행에 영향을 주는 것처럼, 중간체계는 아동에게 있어서 가장 친밀한 학습환경이며 다른 세상에 대한 참조가 된다.
- **외체계**: 아동과 직접 상호작용을 하지는 않지만 아동 발달에 영향을 미치는 부모의 직업, 교사의 가정생활, 지역교육청, 지역사회 기관 등이 포함될 수 있다. 예를 들어, 아동 양육에 대해 우호적이지 않은 부모의 직장 환경은 가정에서 부모와 아동 간 상호작용 방식에 영향을 미친다.
- **거시체계**: 법, 관습, 문화적 신념과 가치 등이 포함된다. 예를 들면, 총기 사용을 엄격하게 제한하는 국가에서는 아동 상해와 사망이 상당히 적게 나타난다.
- **시간체계**: 개인적 환경은 아동이 성장하고 발달함에 따라 변화한다. 시간의 흐름에 따라 사춘기, 학교에서 사회로의 전환, 결혼과 은퇴 등의 정상적인 경험과 가족구성원의 죽음, 이혼 등의 사건들을 경험하게 되며, 이는 일생을 통해 발생하며 개인의 발달에 중요한 영향을 미칠 수 있다.

10 2017학년도 중등 B 2번

정답

①: 심리역동적 모델(김 교사), 행동주의적 모델(박 교사)

②: 대체행동 차별강화(의사소통 차별강화), 문제행동과 기능이 동일한 바람직한 행동을 가르칠 수 있다.

해설

■ **심리역동적 모델**

정서 · 행동장애를 정서적 성숙이 지체된 것으로 간주하며, 아동이 정서적인 문제와 충족되지 않은 욕구 때문에 불안해 한다고 본다.

■ **행동주의적 모델**

행동에 선행하거나 뒤따르는 다양한 환경 자극의 관계성의 관점에서 문제행동을 정의한다.

11 2009학년도 초등 29번

정답 ⑤

해설

'인지적 모델링 ➡ 외현적 지도 ➡ 외현적 자기지도 ➡ 외현적 자기지도 감소 ➡ 내재적 자기지도'의 순서로 진행된다.

ㄱ. 내재적 자기지도 단계
ㄴ. 외현적 자기지도 단계
ㄷ. 외현적 자기지도 감소 단계
ㄹ. 인지적 모델링 단계
ㅁ. 외현적 지도 단계

12 2009학년도 초등 34번

정답 ②

해설

(가) **자기점검**: 각각의 순서에 제시된 일을 끝낼 때마다 확인란에 O 표시를 하는 것은 자신의 행동이 끝나고 나서 스스로 점검하는 단계에 해당한다.

(나) **자기강화**: 자기가 세운 목표 8개를 달성하였으므로, 정한 대로 청소를 시작하기 전에 컴퓨터 게임을 하였다. 목표에 도달하여 컴퓨터 게임이라는 강화를 스스로 제공하므로 자기강화라고 할 수 있다.

13 2016학년도 중등 A (기입형) 4번

정답

(가): 합리적 정서행동치료(REBT)

(나): 관찰학습

해설

■ **합리적 정서행동치료 – ABCDE 모형**

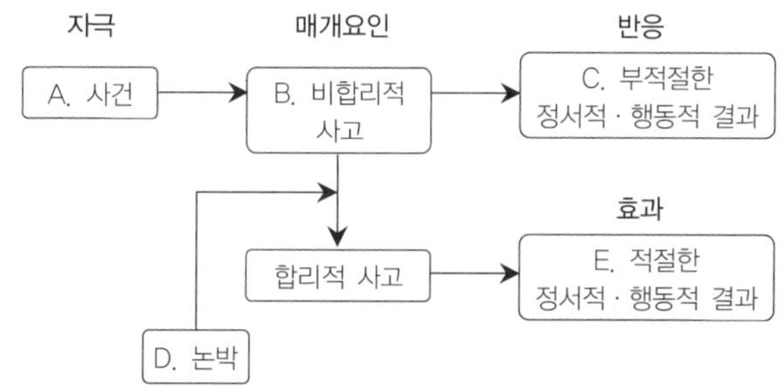

A는 사건 상황, 환경, 개인의 태도 등을 말한다. C는 개인의 반응이나 정서 · 행동적 결과이며 이 반응은 적절할 수도 부적절할 수도 있다.

합리적 정서행동치료에서는 A(반응을 일으키는 사건)가 C(정서 · 행동적 결과)를 초래한다고 보지 않고 개인의 A에 대한 믿음, 즉 사고인 B가 C의 정서 · 행동적 반응을 일으킨다고 본다. 인간의 정서반응과 장애를 유발하는 비합리적인 생각을 바꾸는 방법을 제시하는 것이 이 치료의 핵심이다.

이 방법은 D로 표현되는 논박이다. D는 내담자가 자신의 비합리적인 생각을 바꾸는 데 적용되는 과학적 방법이며 일단 논박이 성공하면 내담자의 적절한 정서와 적응적 행동을 유발하는 효과인 E가 나타난다.

■ 관찰학습

타인의 행동을 관찰함으로써 간접적으로 바람직한 행동을 학습하는 것이다. 핵심 기제는 모델이 보인 행동 정보로부터 학생이 새로운 행동을 산출하는 것이다.

하위 과정	활동
주의집중	신체적으로 강조된 관련 과제 · 부분이 복잡한 활동으로 다시 나뉘는 것, 유능한 모델을 사용하는 것, 모델 행동의 유용성을 보이는 것 등의 과정으로 이루어짐
파지	학습된 정보를 시각적 · 상징적 형태로 코딩하며 시연함으로써 증진되고, 기억 속에 저장된 과거의 정보와 새로운 자료를 연결지음
재생	개인의 개념적(정신적) 표현이며 피드백을 통해 결함을 교정하는 과정으로 구성됨
동기화	모델 행동의 결과는 관찰자에게 기능적 가치 · 적합성을 알리고, 이는 창의적인 성과기대와 자기효능성의 증진에 의해 동기화됨

14 2013학년도 중등 추시 A 6번 일부

정답

1) ①: 교사는 과제 수행에 필요한 단계를 수행하면서, 각 단계를 소리 내어 말한다.

②: 학생은 자기교수의 내용을 혼자 작은 소리로 중얼거리며 과제를 수행한다.

해설

■ 자기교수 훈련

- **인지적 모델링 단계**: 아동은 성인 모델이 소리 내어 혼잣말(자기교수)을 하면서 과제를 수행하는 것을 관찰한다.
- **모델의 외현적 지도 단계**: 아동은 성인 모델이 보인 것과 동일한 내용의 혼잣말(자기교수)을 따라 하며 성인 모델과 동일한 과제를 수행한다.
- **아동의 외현적 자기교수 단계**: 시범 없이 아동이 혼자 큰 소리를 내어 혼잣말(자기교수)을 하며 과제를 수행한다.
- **외현적 자기교수의 점진적 감소 단계**: 아동 혼자 자기교수 내용을 작은 소리로 중얼거리면서 과제를 수행한다.
- **내면적 자기교수 단계**: 아동은 소리를 내지 않고 내적인 언어로 자기교수를 하면서 과제를 수행한다.

15 2015학년도 초등 B 6번 일부

정답

1) ㉠: 문제 정의

2) 이를 관찰하고 피드백을 준다.

해설

1) 자기교수 단계

단계	예시
문제 정의하기	'무엇을 해야 하지?'
계획하기	'이 문제를 어떻게 풀 수 있을까?'
전략 사용하기	'5단계 전략을 사용하면 중요한 단서를 찾을 수 있을 거야.'
자기평가하기	'잘했을까?'
자기강화하기	'잘했어. 정답이야.'
문제 정의	'내가 해야 할 게 뭐지?'
주의집중과 반응 안내에 초점 맞추기	'조심스럽게... 선을 밑으로 그리고.'
자기 강화	'좋아, 잘하고 있어.'
실수 교정에 대한 자기평가	'괜찮아... 실수를 하더라도 천천히 할 수 있어.'

2) 자기교수 훈련

단계	훈련	교수 · 학습활동
1단계	인지적 모델링	교사: 과제 수행에 필요한 단계를 수행하면서, 각 단계를 소리내어 말함 학생: 교사의 행동을 관찰함
2단계	외현적 외부 지도	학생: 교사의 지시에 따라 1단계에 교사가 보여준 것을 그대로 함 교사: 학생이 과제를 수행하는 동안 큰 소리로 자기교수의 내용을 말함
3단계	외현적 자기교수	학생: 큰 소리로 자기교수 내용을 말하며 교사가 보여준 것을 그대로 함 교사: 이를 관찰하고 피드백을 제공함
4단계	자기교수 용암	학생: 혼자 자기교수 내용을 작은 소리로 중얼거리면서 과제를 수행함 교사: 이를 관찰하고 피드백을 제공함
5단계	내재적 자기교수	학생: 자기교수의 내용을 속으로 말하며 그대로 행동함

16 2018학년도 유아 A 3번 일부

정답

1) ①: 자기교수법

②: 학생이 큰 소리로 "책을 꽂아요."라고 말하며 책을 제자리에 꽂고, 교사는 이를 관찰하고 피드백을 제공한다.

17 2020학년도 중등 B 1번 일부

정답

㉠: 합리적 정서행동치료

해설

■ 합리적 정서행동치료

Ellis(1962)는 비합리적 신념이 여러 형태의 정서·행동장애를 일으킨다고 결론 내렸다. 유연하지 않고 비논리적인 신념은 인생의 목표 달성을 방해한다고 보고, 비합리적인 신념을 합리적 신념으로 변화시키는 방법인 합리적 정서행동치료(REBT; Rational Emotive Behavior Therapy)를 고안했다.

■ 합리적 정서행동치료의 일반적인 목표

학생의 비합리적 신념을 합리적 신념으로 바꾸는 것이 목표이며, 합리적 신념은 상황의 변화에 유연하고 논리적이고 상황의 현실과 일치하며 목표를 성취하려는 사람에게 도움을 준다고 본다.

18 2014학년도 초등 B 1번 일부

정답

1) ①: '자신이 너무 이상하게 생겼다.'라고 생각한다.

②: 논박

③: 비합리적 신념

④: 합리적 신념

해설

■ 합리적 정서행동치료

인간의 정서와 인지가 서로 연계되어 있다고 가정한다. 사고의 대부분은 감정이 원인이다. 부정적인 상황은 학생의 정서·행동문제에 직접적으로 작용하지 않는다. 즉, 문제행동의 원인은 상황에 대한 학생의 비합리적 신념이다.

■ 합리적 정서치료의 A-B-C 체계

체계	구분	내용
A	선행사건	관찰 가능한 상황과 상황에 대한 학생의 해석
B	신념	발생한 상황에 대한 다양한 평가·조망, 학생의 삶에 대한 철학·신념
C	결과	학생의 신념에 뒤따르는 정서·행동

➡ 합리적 정서치료의 중점은 신념을 비합리적인 것에서 합리적인 것으로 전환시키는 인지 재구조화이다. 교사는 학생의 비합리적 신념을 논박하여 인지 재구조화를 촉진한다. 논박 기법으로 비합리적 신념의 논리, 증거, 유용성이 부족함을 설명한다. 논박이 성공하면, 인지 재구조화는 정서·행동장애에서 나타나는 사고체계를 변화시킨다. 이러한 변화는 일반화와 유지의 필수 요소이다.

19 2014학년도 유아 B 2번 일부

정답

3) ①: 신념

②: 공을 주워 다시 공놀이에 참여한다.

해설

■ ABCDE 모형

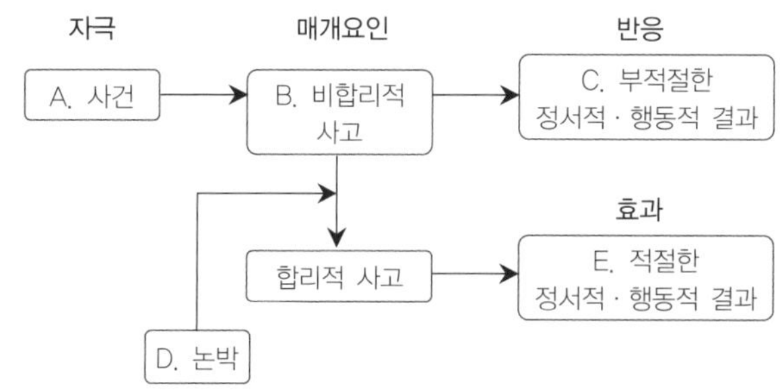

20 2010학년도 초등 4번, 2010학년도 유아 4번

정답 ③

해설

㉠ 귀인-능력, 안정성-안정, 원인의 소재-내적, 통제성-통제 불가능

㉡ 귀인-행운, 안정성-불안정, 원인의 소재-외적, 통제성-통제 불가능

㉣ 귀인-타인, 안정성-불안정, 원인의 소재-외적, 통제성-통제 가능

㉤ 귀인-노력, 안정성-불안정, 원인의 소재-내적, 통제성-통제 가능

21 2012학년도 초등 11번, 2012학년도 유아 7번

정답 ①

해설

㉠ '죄책감', '흥미 상실', '피로', '식욕의 변화' ➡ 우울장애

㉡ '게임에서 진 것은 자신의 무능함 때문' ➡ 개인 내적

㉢ '언제나(항상) 시험을 잘 치지 못함' ➡ 안정적

㉣ '모든 활동에서 뒤처짐' ➡ 전체적

22 2013학년도 중등 추시 B 6번 일부

정답

1) ①: 능력
   ②: 불안정
   ③: 외적

해설

■ 귀인 유형

소재성 / 안정성 / 통제성	내적		외적	
	안정적	불안정적	안정적	불안정적
통제 가능	지속적 노력	일시적 노력	교사의 편견	타인의 도움
통제 불가능	능력	기분	과제 난이도	운

23 2017학년도 유아 A 4번

정답

1) 자기점검
2) ①: 외적 통제소
   ②: 행동의 결과를 외적 요소에 의한 것으로 보기 때문에, 자신의 행동을 스스로 조절하는 자기조절능력이 필요한 자기점검을 적용하기 어렵다.
3) 귀인 재훈련

해설

1) 자기행동의 양이나 질을 측정하여 스스로 기록하는 것으로 자기기록이라고도 한다.
2) 일반적으로 외적 통제소를 지니면 자신의 성공 · 실패에 대한 책임을 받아들이지 못하고 자립심과 자기조정적 행동을 발달시키지 못한다. 이는 자기결정과 자기지시와 관련이 있다. 자기지시는 목표를 세우고 그 목표에 도달할 수 있는 방법을 찾고 진전 사항을 점검하고 그에 따라 계획을 세우는 것과 관련되는데, 지적장애 학생의 경우 외적 통제소로 인해 자기지시와 자기결정에 어려움을 겪는다.
3) 귀인 재훈련 프로그램에서는 학생이 성공 원인을 내적이고 안정된 원인인 자신의 능력으로 돌리게 하고, 실패 원인은 내적이지만 불안정한 원인인 노력으로 돌리게 한다.

제3절 정서 · 행동장애 유형

24 2013학년도 중등 30번

정답 ④

해설

④ 과잉행동의 증상은 다음과 같다.
- 자리에서 안절부절 못하고 손과 발을 만지작거리며 몸을 뒤트는 행동
- 착석 상태를 유지해야 할 교실을 비롯한 장소에서 자리를 이탈함
- 부적절한 상황에서 과도하게 뛰어다니거나 높은 곳으로 기어오르는 행동
- 놀이나 여가 활동에 침착한 상태로 참여하기 어려움
- 가만히 있지 못하고 모터가 달린 듯 산만함
- 지나치게 말이 많음

① 손상을 초래하는 과잉행동, 충동, 부주의 증상은 만 7세 이전에 나타난다.
② 충동성에 대한 내용으로, 충동성이 있으면 흔히 질문이 채 끝나기도 전에 성급하게 대답한다.
③ 부주의는 흔히 다른 사람이 직접적으로 말을 할 때 경청하지 않는 것처럼 보이는 증상이 포함된다.
⑤ 혼합형의 경우 부주의와 과잉행동 · 충동성 관련 진단기준을 모두 충족해야 하며 6개월 이상 지속되어야 한다.

25 2010학년도 초등 9번, 2010학년도 유아 9번

정답 ③

해설

아동은 ADHD 중 과잉행동-충동성 우세형에 해당하므로, 자기 통제가 결여된 자기관리 훈련이 필요하다.

■ 자기관리

개인이 목표성취를 향하여 자신의 활동을 효과적으로 통제하는 기법이나 전략

자기점검	자기 행동의 양이나 질을 측정하여 스스로 기록하는 것으로, '자기기록'이라고도 함
자기평가	• 자기행동이 특정 기준에 맞는지를 결정하기 위해서 사전에 선정된 준거와 자신의 행동을 스스로 비교하는 것 • 즉, 자기평가에서 학생은 자신의 행동이 특정한 기준을 충족시키는 수행인지의 여부를 결정하기 위해서 미리 설정된 준거에 자신의 행동을 비교하게 됨 • 학생에게 자기평가를 가르칠 때에는 반드시 자기점검을 가르치는 것부터 시작하여야 하는데, 그 이유는 자기점검이 자기평가의 선행조건이기 때문
자기강화	정해진 목표에 도달했을 때 스스로 선택한 강화물을 자신에게 제공하는 것

26 2012학년도 초등 34번

정답 ⑤

해설

⑤ 만들기 재료를 한꺼번에 제공하여 자유롭게 만들도록 하면 주의가 산만해진다. 활동을 세부적으로 나누고 단계적으로 재료를 제공하는 것이 바람직하다.

① 또래를 통한 관찰학습이 이루어질 수 있다.

② 언어적 설명만 제공하는 것보다 그림으로도 제공하는 것이 학습에 더 효과적이다.

③ 가까운 거리를 유지하면 필요한 도움을 즉시 제공할 수 있다.

④ 주의집중에 어려움을 보이는 학생에게 과제를 세분화하여 지도하는 것이 바람직하다.

27 2018학년도 중등 A 11번 일부

정답

- '주의점을 추가하여 감별 진단의 명료성을 높였다.', '후기 청소년이나 성인(17세 이상)의 경우 부주의, 과잉행동-충동성 증상 중 5가지 증상만 충족되어도 진단이 가능하다.', '몇 가지의 부주의 또는 과잉행동-충동성 증상이 7세 이전에서 12세 이전에 나타나야 하는 것으로 연령이 조정되었다.' 중 2가지

28 2013학년도 중등 추시 A 6번 일부

정답

4) 뚜렛장애

해설

■ 틱장애

❶ 틱장애 종류

- **단순한 운동 틱**: 눈 깜박거림, 찌푸리는 얼굴, 어깨 으쓱거림 등
- **일반적 음성 틱**: 코골기, 컹컹대기, 헛기침 등
- **복잡한 음성 틱**: 애매한 단어 소리치기, 반향어, 자기 말의 마지막 구 반복하기 등

❷ DSM-IV-TR 진단기준

| DSM-IV-TR의 뚜렛장애 진단기준 |

(1) 다발성 근육 틱과 한 가지 이상의 음성 틱이 질병의 경과 중에 나타난다. 그러나 이 두 종류의 틱이 반드시 동시에 존재할 필요는 없다(틱이란 갑작스럽고, 빠르고, 반복적이며, 리듬이 없고, 상동적으로 나타나는 근육의 움직임 또는 소리냄을 의미한다).
(2) 틱은 거의 매일 많은 횟수로 나타나고, 1년 이상 지속되며 이 기간 동안에 틱 증상이 나타나지 않는 기간이 3개월을 초과하여서는 안 된다.
(3) 틱 증상으로 인하여 사회적, 직업적, 다른 중요한 기능적 측면에서 뚜렷한 장애가 있어야 한다.
(4) 발병연령은 18세 이전이어야 한다.
(5) 틱 증상이 중추신경 흥분제 등 약물에 의하거나 일반적인 내과질환에 수반된 것은 아니어야 한다.

29 2015학년도 중등 A (기입형) 9번

정답

만성 음성 틱, 뚜렛장애

해설

■ 틱장애

❶ 틱장애 종류

- **단순한 운동 틱**: 눈 깜박거림, 얼굴 찌푸리기, 어깨 으쓱거리기 등
- **일반적 음성 틱**: 코골기, 컹컹대기, 헛기침 등
- **복잡한 음성 틱**: 애매한 단어 소리치기, 반향어, 자신의 말 마지막 구 반복하기 등

❷ DSM-IV-TR 진단기준

| DSM-IV-TR의 일과성 틱장애 진단기준 |

(1) 단발성 또는 다발성의 근육 또는 음성 틱이 나타나는데, 두 종류의 틱이 모두 나타나기도, 하나만 나타나기도 한다.
(2) 틱은 매일 또는 거의 매일 나타나는데, 적어도 4주는 지속되나 전체 기간이 12개월을 넘지는 않는다.
(3) 틱 증상으로 인하여 사회적, 직업적 또는 다른 중요한 기능적 측면에서 뚜렷한 장애가 있어야 한다.
(4) 발병연령은 18세 이전이어야 한다.
(5) 이러한 틱 증상이 중추신경 흥분제 등 약물에 의하거나 일반적인 내과질환에 수반된 것은 아니어야 한다.
(6) 이상의 진단기준이 뚜렛장애, 만성근육 또는 음성 틱장애의 진단기준을 만족시켜서는 안된다.

| DSM-IV-TR의 만성 운동성 또는 음성 틱장애 진단기준 |

(1) 단발성 또는 다발성의 근육 또는 음성 틱이 나타나는데, 이 두 종류의 틱 중 한 가지만 나타난다.
(2) 틱은 거의 매일 나타나거나 간헐적으로 나타나기도 하는데 지속기간은 1년 이상이며, 이 기간 동안에 틱 증상이 나타나지 않는 기간이 3개월을 초과하여서는 안 된다.
(3) 틱 증상으로 인하여 사회적, 직업적 또는 다른 중요한 기능적인 측면에서 뚜렷한 장애가 있어야 한다.
(4) 발병연령은 18세 이전이어야 한다.
(5) 이러한 틱 증상이 중추신경 흥분제 등 약물에 의하거나 일반적인 내과질환에 수반된 것은 아니어야 한다.
(6) 진단기준이 뚜렛 증후군의 진단기준을 만족시키면 안 된다.

| DSM-IV-TR의 뚜렛장애 진단기준 |

(1) 다발성 근육 틱과 한 가지 이상의 음성 틱이 질병의 경과 중에 나타난다. 그러나 이 두 종류의 틱이 동시에 존재할 필요는 없다(틱은 갑작스럽고, 빠르고, 반복적이며, 리듬이 없고, 상동적으로 나타나는 근육의 움직임, 소리냄을 의미한다).
(2) 틱은 거의 매일 많은 횟수로 나타나는데, 1년 이상 지속되며 이 기간 중 증상이 나타나지 않는 기간이 3개월을 초과하면 안 된다.
(3) 틱 증상으로 인하여 사회적, 직업적, 다른 중요한 기능적 측면에서 뚜렷한 장애가 있어야 한다.
(4) 발병연령은 18세 이전이어야 한다.
(5) 틱 증상이 중추신경 흥분제 등 약물에 의하거나 일반적인 내과질환에 수반된 것은 아니어야 한다.

30 2011학년도 초등 11번

정답 ④

해설

④ **외상 후 스트레스 장애**: 충격적인 사건 · 사고를 경험한 후 심한 감정적 스트레스를 겪으면서 나타나는 불안장애를 말한다. 경험 후 일정 시간이 지나고나서 찾아온다. 증상은 스트레스 발생 시 발현 · 심화되는데 우울 · 조울 · 불안 · 집중곤란 · 환각 · 환청 등이 발생하며 비슷한 경험을 피하려 하는 충동적 행동을 보이기도 한다.

① **강박-충동장애**: 반복적 · 정형화된 행동이다.

② **범불안장애**: 모든 상황에 긴장 상태가 지속된다. 많은 경우에 뒷목이 당기듯 아픈 긴장성 두통, 손 떨림, 발한, 어지러움, 갈증, 상복부 통증, 소화불량 등의 신체적 증상이 함께 나타난다.

③ **선택적 함구증**: 특정 장소, 조건, 상황에서 말을 하지 않거나 제한된 단어만 사용하는 증상이 한 달 이상 지속된다.

⑤ **분리불안장애**: 애착 대상과의 분리를 심하게 불안해한다.

31 2012학년도 중등 24번

정답 ③

해설

(가) 범불안장애, (나) 강박장애, (다) 기분부전장애

32 2020학년도 중등 B 1번 일부

정답

범불안장애

해설

■ 범불안장애 진단기준

| DSM-5의 범불안장애 진단기준 |

A. 최소한 6개월 이상의 몇 개의 사건이나 활동에 대해 과도하게 불안해하며 걱정한다.
 예 학교 수행평가

B. 자신이 걱정하는 것을 통제할 수 없다.

C. 불안이나 걱정은 다음 여섯 가지 중 세 가지(아동은 한 가지) 이상이 최소 6개월 동안 나타난다.
 1. 안절부절못하거나 벼랑 끝에 서 있는 느낌이 든다.
 2. 쉽게 피곤해진다.
 3. 집중하기 어렵다.
 4. 과민하다.
 5. 근육이 긴장되어 있다.
 6. 수면장애가 있다.

D. 불안, 걱정, 신체적 증상이 사회적, 학업적, 직업적, 다른 중요한 기능 영역에 임상적으로 중요한 손상 · 결함을 초래한다.

E. 약물이나 다른 의학적 · 생리적인 효과에 기인하지 않는다.

F. 공황장애의 공황발작 불안과 염려, 사회적 불안장애의 부정적 평가, 강박-충동장애의 강박, 불리불안장애의 애착대상으로부터의 분리, 외상 후 스트레스 장애의 외상성 사건의 회상, 거식증의 체중 증가 염려, 신체증상장애의 신체적 고통 호소, 신체변형장애의 자각된 외모 결함, 질병 불안장애의 질병 걱정, 정신분열이나 망상장애의 망상적 신념 등의 정신장애로 더 잘 설명되지 않는다.

33 2010학년도 중등 21번

정답 ⑤

해설

⑤ 정동홍수법은 중재 초기에 불안을 일으키는 정도가 가장 심한 자극에 아동을 장시간 노출시키는 절차이다. 불안을 일으키는 정도가 가장 심한 자극에 노출되더라도 사람은 계속 높은 각성 상태를 유지할 수 없으므로 결국 불안 반응이 약화된다는 가정에 근거한다.
➡ 기분장애가 아닌 불안장애에 적용하는 방법이다.

34 2018학년도 중등 A 6번

정답

㉠: 실제상황 둔감법

㉡: 비디오 모델링

해설

■ 실제상황 둔감법(접촉 둔감법)

내담자가 실제 공포를 야기하는 자극에 점진적으로 접근 · 노출된다는 점을 제외하면 체계적 둔감법과 유사하다. 이 절차를 사용하려면 내담자는 우선 이완 반응을 학습해야 한다. 다음으로 내담자와 치료자는 공포를 야기하는 자극 상황의 위계를 만든다. 내담자가 위계의 각 장면을 상상하는 것이 아니라 공포 반응의 대체반응인 이완을 유지하면서 각 위계 상황을 직접 경험한다.

35 2019학년도 유아 A 5번 일부

정답

3) ㉣: 내담자가 두려운 자극을 상상하기 때문에 직접 접촉하는 것보다 쉽고 용이하다.

㉤: 실제로 두려운 자극과 직접 접촉하기 때문에 일반화가 용이하다.

해설

■ 실제상황 둔감법

- **장점**: 내담자가 실제로 두려운 자극과 접촉한다는 점이다. 두려운 자극이 있을 때, 바람직한 행동(예 접근행동)은 도피 · 회피하는 행동의 대체행동으로 강화되며 일반화하기가 용이하다. 내담자는 위계표에 따라 두려움을 유발하는 상황에서 성공적인 수행을 보여줄 수 있다.
- **단점**: 실행이 어렵고 시간과 비용이 많이 든다. 치료자가 위계표에 따라 두려움을 야기하는 상황을 실제로 준비해야 하며, 두려움을 유발하는 자극에 내담자를 노출시키려면 사무실을 떠나 내담자와 동행해야 한다. 두려움을 유발하는 자극과 접촉하는 것을 준비하기가 아예 불가능한 경우도 있다. 예를 들어, 어떤 곳에서는 겨울에 거미를 찾을 수 없다.

➡ 실제상황 둔감법이 체계적 둔감법보다 선호된다. 상상 속이 아닌 현실에서 성공적인 행동이 나타나면 행동이 강화되어 실제 상황에서도 해당 행동이 자주 일어날 수 있다.

■ 체계적 둔감법

- **장점**: 내담자가 두려운 자극을 상상만 하므로 직접 접촉하는 것보다 쉽고 용이하다. 예를 들어, 비행 두려움을 가진 내담자가 있다면 치료자는 비행기 안, 지상에 있는 비행기 안, 공중에 있는 비행기 안에 있는 장면을 묘사할 수 있다.
- **단점**: 결과가 실제 상황에서 완전하게 일반화 되기 어렵다. 내담자가 상황을 상상하면서 이완을 유지하더라도 실제 상황에서는 다를 수 있다.

➡ 체계적 둔감법의 결과를 성공적으로 일반화하려면 실제 상황에서 내담자의 두려움을 평가하는 것이 중요하다. 결과가 충분히 일반화되지 않았다면 효과를 증진시키고 일반화하기 위해 실제상황 둔감법을 추가로 사용할 수 있다.

36 2019학년도 중등 A (기입형) 8번

정답

㉠: 이완훈련법

㉡: 부작용

해설

■ 이완훈련법(relaxation training)

공포와 불안 문제를 구성하는 자율적 각성 경험을 감소시키는 전략이다. 특정한 이완 행동에 참여하는 개인은 자율적 각성에 반대되는 신체적 반응을 한다. 근육의 긴장, 빠른 심장박동, 차가운 손, 빠른 호흡 등의 신체 반응 대신, 근육의 긴장을 감소시키고 심장박동과 호흡을 느리게 하며 손을 따뜻하게 한다. 이 반응을 경험한 사람은 불안 감소를 보이게 된다. 보편적인 이완훈련으로는 점진적 근육이완, 횡경막 호흡, 주의집중 연습, 행동이완 훈련이 있다.

■ 약물 효과

교사는 학생이 복용하는 약이 제 기능을 하고 있는지 관찰할 수 있다. 발작의 통제 정도에 기초하여 약물의 종류와 투여량이 결정되기 때문에, 투약 기간에 일어나는 발작의 종류와 수에 대한 교사의 관찰 정보는 매우 중요하다.

➡ ADHD 치료법은 일반적으로 환경 적합화, 행동 전략, 약물 투여의 복합적 방법으로 이루어진다. 가장 널리 쓰이는 약물은 각성제이나, 부작용(예 불면증, 우울증, 두통)을 일으킬 수 있기 때문에 교사는 학생이 복용하는 약물이 최소 부작용으로 원하는 효과를 얻을 수 있는지 점검하는 것이 중요하다. 교사는 대상 학생, 학교 과제, 그들의 행동을 관찰하는 특별한 위치에 있다. 약물의 조정 여부를 결정하기 위해 관찰 결과를 부모와 물리치료사와 공유해야 한다.

37 2009학년도 중등 18번

정답 ④

해설

■ 반항성장애

품행장애의 전조 증상으로 여겨진다. 반항적이고 일탈된 행동은 중요한 규칙 · 기준을 위반하지 않고 다른 사람의 기본적인 권리를 침해하지 않기 때문에 품행장애보다 덜 심각하다고 간주된다.

예 타인의 탓으로 돌려 비난하기, 의도적인 괴롭힘

38 2011학년도 중등 20번

정답 ②

해설

ㄴ. 사회적 기술 훈련은 장애 학생의 사회적 발달을 증진하고 문제행동을 감소시키는 구체적인 사회적 기술의 획득과 기술 수행을 향상시킴으로써 문제행동을 감소 · 제거하고 사회적 기술의 일반화 · 유지를 이루는 것을 목적으로 한다.

ㄷ. 품행장애의 원인은 크게 생물학적 요인, 환경적 요인, 위험 · 보호 요인으로 나뉘며 생물학적 요인은 신경생리학적 요인, 뇌 기능 관련 요인, 기질 등이 있다.

ㄱ. 학생 A의 장애는 품행장애이다. 적대적 반항장애는 품행장애의 전조가 되는 장애이다.

ㄹ. 학생 A가 보이는 공격행동은 외적 문제행동이므로 외적인 변인을 통제하고자 한다면, 행동주의적 중재가 적합하다. 행동주의적 중재 기법인 강화와 벌, 행동형성, 행동연쇄, 모델링, 차별화 훈련, 용암, 차별강화, 혼합기법 등을 사용하여 행동의 변화를 이끌어낸다.

39 2012학년도 중등 21번

정답 ②

해설

ㄷ. 품행장애의 발현은 생물학적 요인(신경 생리적 요인, 뇌기능 관련 요인, 기질 요인)과 사회 · 환경적 요인(가정, 학교, 지역사회, 약물 관련 요인)의 영향으로 볼 수 있다.

ㅁ. 부모의 부정적 양육 태도, 가정 내 학대 등은 위험요인이며, 가족 내의 긍정적인 요인을 증가시키는 것은 보호요인에 해당한다.

위험요인	공격 및 품행 문제에 영향을 미치는 객관적 요인
보호요인	위험 요인에 직면 했을 때 부정적 영향력을 완화시켜 문제행동의 발생 가능성을 낮추는 요인

ㄱ. 적대적 반항장애는 품행장애의 전조로 볼 수 있다.

ㄴ. 품행장애는 18세 이상일 경우 반사회성 인격장애의 진단기준에 부합하지 않아야 한다.

ㄹ. 품행장애의 진단준거는 사람 · 동물에 대한 공격성, 재산의 파괴(의도적 방화, 방화를 제외한 재산 파괴 활동), 사기 · 도둑질, 심각한 규칙 위반 등이 포함된다.

40 2019학년도 초등 A 4번 일부

정답

1) ①: 품행장애

②: 민규가 다른 학생이 강화를 받거나 벌을 받는 것을 관찰함으로써 새로운 행동을 획득한다.

해설

■ 사회학습(모델링)

행동주의에서 제안한 세 번째 학습 패러다임으로, 다른 사람이 강화나 벌을 받는 것을 관찰함으로써 새로운 반응을 획득하고, 다른 사람의 행동을 모방하여 자신의 유사한 행동을 감소 · 제거한다고 본다. 개인이 스스로 행동을 수행하지 않고 학습에 직접적인 강화가 필요하지 않다는 점에서 조작적 조건화, 수동적 조건화와는 다르다.

■ 사회학습에 영향을 주는 요인

관찰자가 영향을 받는 범위는 모델에 대한 동일시 범위에 따라 달라진다. 동일시 과정에 영향을 주는 변인은 모델의 연령, 성역할, 성, 지위, 권위 등이 있다. 다른 요인으로는 모델이 실제 인물인지 가상의 인물인지, 몇 명이 관찰되는지, 모델이 벌을 받는지 강화를 받는지 등이 있다. 사회학습이론에 의하면 긍정적 행동뿐만 아니라 부정적 · 부적응적 행동도 모델의 노출로부터 학습될 수 있기 때문에 두려움, 공포, 공격적인 행동도 대리 학습할 수 있다.

41 2013학년도 초등 B 3번 일부

정답

1) 1. 무단결석을 자주 한다.

2. 친구들의 학용품이나 학급 물품을 부순다.

해설

■ DSM-IV-TR의 품행장애 진단기준

| DSM-IV-TR의 품행장애 진단기준 |

A. 연령에 적합한 주된 사회적 규범이나 다른 사람의 권리를 위반하는 행동을 반복적이고 지속적으로 보이며, 다음 항목 중 세 가지 이상이 12개월 동안 보이고 그중에서 적어도 한 항목이 6개월 동안 지속적으로 보인다.

사람과 동물에 대한 공격성

1. 다른 사람을 괴롭히거나 위협하거나 협박한다.
2. 신체적 싸움을 먼저 시도한다.
3. 다른 사람에게 심각한 신체적 손상을 입힐 수 있는 무기를 사용한다.
4. 사람에 대해 신체적으로 잔인한 행동을 한다.
5. 동물에 대해 신체적으로 잔인한 행동을 한다.
6. 강도, 약탈 등과 같이 피해자가 있는 상황에도 강탈을 한다.
7. 성적인 행동을 강요한다.

재산 · 기물 파괴

8. 심각한 손상을 입히고자 의도적으로 방화를 한다.
9. 다른 사람의 재산을 방화 외의 방법으로 의도적으로 파괴한다.

사기 또는 절도

10. 다른 사람의 집, 건물, 차에 무단으로 침입한다.
11. 사물이나 호의를 얻거나 의무를 회피하려 자주 거짓말을 한다.
12. 피해자가 없는 상황에서 물건을 훔친다.

심각한 규칙 위반

13. 부모의 금지에도 불구하고 자주 밤 늦게까지 집에 들어오지 않는다. 이러한 행동이 13세 이전부터 시작되었다.
14. 부모와 함께 사는 동안 적어도 두 번 이상 밤 늦게까지 들어오지 않고 가출한다(또는 장기간의 가출을 1회 이상 한다.)
15. 학교에 자주 무단결석을 하며 이 행동이 13세 이전에 시작되었다.

B. 행동의 장애가 사회적, 학업적, 직업적 기능수행에 임상적으로 심각한 장애를 초래한다.

C. 18세 이상의 경우, 반사회적 성격장애(antisocial personality disorder)의 준거에 부합하지 않아야 한다.

42 2016학년도 초등 B 2번 일부

정답

1) ㉠: 사회적 규범의 위반

㉡: 타인의 권리 침해

2) ①: 1차원 예방

②: 바람직한 행동을 알려주어 모든 학생의 문제 발생을 예방한다.

해설

1) 적대적 반항장애는 화난 민감한 기분, 시비 걸거나 반항하는 행동, 보복적 행동이 최소 6개월간 지속적으로 나타난다. 전문가들은 이를 품행장애의 발달적 전조로 보기도 한다.

누구든 아동 · 청소년기에는 고집 세고 어른의 요구 · 지시에 따르지 않는 등의 반항행동을 보일 수 있다. 그러나 이 행동이 매우 극단적인 형태로 지속적으로 자주 나타나지만 사회적 규범을 위반하지 않고 타인의 기본 권리를 침해하지 않으면 이 장애로 간주한다.

DSM-5의 적대적 반항장애 진단기준

A. 화난 민감한 기분, 시비 걸기, 반항하는 행동, 보복적 행동이 최소 6개월간 지속되고, 형제가 아닌 사람과의 상호작용에서 다음 항목 중 적어도 4가지 증후를 보인다.

화난 민감한 기분

1. 화를 자주 낸다.
2. 자주 다른 사람에 의해 쉽게 기분이 상하거나 신경질을 부린다.
3. 자주 쉽게 화를 낸다.

시비를 걸거나 반항하는 행동

4. 권위적인 사람 또는 성인과 자주 말싸움(논쟁)을 한다.
5. 권위적인 사람의 요구에 응하거나 규칙 따르기를 거절 · 무시하는 행동을 자주 보인다.
6. 의도적으로 다른 사람을 자주 괴롭힌다.
7. 자신의 실수나 비행을 다른 사람의 탓으로 자주 돌린다.

보복적인 행동

8. 지난 6개월간 두 차례 이상 다른 사람에게 악의에 차 있거나 보복적인 행동을 한 적이 있다.

비고: 행동의 지속성과 빈도에 따라 장애의 증후적인 행동과 정상적인 제한 내에서의 행동을 구별해야 한다. 5세 이하 아동 대상으로 적용할 때는 최소한 6개월 동안 일상생활의 대부분 시간에 행동이 나타나지 않으면 진단을 내리지 않는다. 5세 이상의 경우, 최소한 6개월 동안 일주일에 적어도 한 차례 나타나야 준거에 부합한다고 본다. 이러한 빈도 준거는 증후를 판별하는 데 적용할 수 있는 최소한의 빈도 수준으로, 행동의 빈도와 강도는 개인의 발달 수준, 성별, 문화별로 수용되는 기준이 다름을 감안한다.

(1) 행동의 장애가 개인의 사회적 맥락(예 가정, 또래집단, 직장동료)에서 개인 또는 다른 사람에게 고통을 주는 것과 관련이 있거나, 사회적 · 학업적 · 직업적 또는 다른 중요한 기능수행 영역에 부정적인 영향을 미친다.

(2) 행동이 정신병적 장애, 물질사용장애, 우울장애, 양극성 장애에 의해 주로 나타나는 것이 아니다. 또한 준거가 파괴적 기분조절장애에 부합하지 않는다.

장애 정도

- **경도**: 증후가 한 상황에서만 나타난다.
- **중등도**: 일부 증후가 최소 두 가지 상황에서 나타난다.
- **중도**: 일부 증후가 세 가지 이상의 상황에서 나타난다.

2) 연속적 행동지원 체계의 내용 비교

구분	목표	중재			
		대상 범위	강도	성격	적용 방법
1차 예방	새로운 문제행동 발생 예방하기	학생 전체 학생	하	보편적	범단체적
2차 예방	기존 문제행동의 수를 감소하기	고위험 · 위험 가능 학생	중	목표 내용 중심적	소집단적
3차 예방	기존 문제행동의 강도와 복잡성을 경험하기	고위험 학생	강	집중적	개별적

■ 연속적 행동지원 체계의 예방 목표

구분	예방 목표
1차 예방	학교의 모든 환경에서 교직원과 학생에 질 높은 학습 환경을 제공하여 문제행동의 새로운 발생을 예방하고자 함
2차 예방	1차 예방이 적절히 반응하지 않거나 고위험 문제행동을 발전할 가능성이 있는 문제행동에 대해 소집단 중재를 자주 제공하여 출현율을 감소시키고자 함
3차 예방	1차와 2차의 예방적 노력에도 불구하고 여전히 존재하는 문제행동에 대해 개별화된 중재를 제공하여 문제행동의 강도나 복잡성을 감소시키고자 함

43 2020학년도 초등 A 3번 일부

정답

1) 사회적 규칙 위반과 타인의 권리 침해가 나타나지 않으므로, 품행장애가 아닌 적대적 반항장애이다.

해설

부정적 · 반항적 행동이 매우 극단적인 형태로 지속적으로 자주 나타나면서 사회적 규범을 위반하지 않고 타인의 기본 권리를 침해하지 않는 경우 적대적 반항행동으로 간주한다.

44 2013학년도 중등 32번

정답 ⑤

해설

⑤ 긍정적 행동지원은 전략의 효율성, 인간의 존엄성과 선택 기회를 증진시킬 수 있는 가치를 존중하기 때문에 문제행동 감소 등의 효과뿐만 아니라 인간의 존엄성과 선택 기회의 증진도 중시한다. 따라서 비인간적이거나 인간의 가치를 낮추는 전략은 사용하지 않는다.

① 교사는 집단 따돌림이 발생한 것을 알았을 때, 즉각적으로 개입하여 가능한 한 빠른 시기에 중재를 제공한다.

② 반사회적 행동을 조기 판별 · 중재 · 개선하는 것은 2차 예방의 조치이다.

③ 공격성을 낮추도록 학교 분위기를 긍정적으로 조성하는 학교 규칙을 설정하여 기대되는 행동 · 규칙을 가르친다.

④ 행동 문제가 발생되지 않도록 하는 1차적 예방은 반사회적 행동을 예방하는 것으로 모든 학생이 대상이 된다. 개선 가능성이 높은 학생을 대상으로 집중적인 행동 지도를 시행하는 것은 2차적 예방에 해당한다.

45 2020학년도 유아 A 7번 일부

정답

1) ①: 우리 유치원 모든 유아에게 차례 지키기를 하자고 약속하고, 차례 지키는 행동을 구체적으로 가르쳐요.

②: 여전히 차례 지키기가 안 되는 유아들은 소집단으로 릴레이 게임을 연습시켜요.

해설

■ 연속적 행동지원 체계의 예방 목표

구분	목표	중재			
		대상 범위	강도	성격	적용 방법
1차 예방	새로운 문제행동의 발생을 예방하기	학교 전체 학생	하	보편적	범단체적
2차 예방	기존 문제행동의 수를 감소하기	고위험 · 위험 가능 학생	중	목표 내용 중심적	소집단적
3차 예방	기존 문제행동의 강도와 복잡성을 경감하기	고위험 학생	강	집중적	개별적

46 2012학년도 중등 26번

정답 ②

해설

ㄱ. 규칙 · 절차를 개발한 다음 학생이 규칙 · 절차를 기억하는 데 도움이 되는 연상 자료의 유형을 결정한다.

ㄷ. '독서시간에는 떠들지 않는다.', '수업 시작 전에 준비를 철저히 한다.'는 명확한 진술으로 볼 수 없다. '수업 시작 5분 전까지 질문할 것을 미리 메모해둔다.'가 더 구체적인 진술이다. 이때 규칙에는 부정적 의미를 포함하지 않는다.

47 2014학년도 중등 B (논술형) 2번

정답

학교 차원의 긍정적 행동지원의 구성요소 적용과 위기관리 계획에 대해 알아보자.

학교 차원의 긍정적 행동지원의 구성요소는 ㉠ 성과, ㉡ 체계, ㉢ 자료, ㉣ 실제이다. 이 중 (나)에서 잘못 적용된 것 두 가지가 있다. 첫째, ㉢ 자료이다. 학교 차원의 긍정적 행동지원에서는 중재의 효과나 요구를 판별하기 위해 객관적이고 다양한 자료에 근거하여 결정을 내린다. 교사의 지도 경험을 바탕으로 결정을 내린다는 것은 잘못되었다. 둘째, ㉣ 실제이다. 학교 차원의 긍정적 행동지원에서는 연구 결과로 입증된 실제를 적용한다. 교사의 개인적 경험에 비추어 효과가 있던 중재를 적용하는 것은 잘못되었다.

위기관리 계획은 학생이 자신과 다른 사람에게 해를 입히거나 재산에 손해를 입힐 수 있는 상황에서 계획되는 것이다. 이 계획의 목적은 사람과 재산을 보호하는 것이며, 문제행동의 발생률을 감소시키는 반응적 중재와 달리 다른 사람의 보호 가능성에 더욱 중점을 둔다.

(다)의 ㉤에서 잘못된 점은 첫째, 교사 혼자 학생 A의 문제행동에 대처하는 것이다. 위기관리 계획에서는 문제행동의 중재에 필요한 인원을 설정하고 미리 확보한다. 하지만 (다)에서는 교사가 혼자 중재를 적용하면서 다른 학생이 방치되는 결과를 초래했다. 둘째, 위기상황이 종료될 때까지 다른 학생들을 교실에서 자습하게 하는 것이다. 위기관리 계획에서는 절차 적용 시 발생할 교실 전체의 방해 정도를 고려해야 한다. 대상 학생에 대한 중재로 인해 다른 학생들이 적절한 수업을 받지 못하고 자습을 하는 것은 교실 전체의 방해 정도를 고려하지 못한 것이므로 잘못되었다.

교사는 학교 차원의 긍정적 행동지원과 위기관리 계획을 익혀, 문제행동을 가진 학생에게 적절한 중재를 제공하도록 노력해야 한다.

해설

■ 학교 차원의 긍정적 행동지원의 특성

첫 번째 특징(기초)은 학생의 성과에 중점을 둔다는 것이다. 학교는 사회에서 생활하는 데 필요한 학업 기술과 사회적 기술을 배우는 안전한 환경으로 여겨져 왔다. 이 체계의 근본적인 목적은 성과의 성취에 필요한 행동지원을 제공하는 것이다. 따라서 학교는 학업 성취, 사회적 행동, 안전을 측정하는 기준을 명확히 해야 한다.

두 번째 특징은 연구 결과로 입증된 실제를 사용하는 것이다. 실제에는 학생의 능력을 형성 · 유지시키기 위해 매일 사용되는 교육과정, 학급 관리, 교수적 절차 보상, 후속결과 등이 포함된다. 교사가 학생의 행동을 형성하고 행동에 영향을 주기 위해 사용하는 학급 · 행동 관리를 위한 다양한 노력을 의미한다. 학교 차원의 긍정적 행동지원은 학생의 행동에 영향을 주는 것으로 입증된 실제에 근거한다. 학교는 실제가 학생에게 의미 있는 성과의 변화와 관련이 있는지, 효과가 있고 실행 가능한지, 비용 효과가 있는지, 타당한 교육 · 행동 이론에 근거하는지 등에 대한 신중한 고려나 실증적인 자료 없이 사용하여 종종 비판을 받기도 한다.

세 번째 특징은 효과적인 실제를 유지하는 데 필요한 체계를 강조한다는 것이다. 체계에는 정책, 직원 배치 유형, 예산, 팀 조직, 행정가의 지도력, 경영 과정, 직원 훈련, 학교 내 성인의 행동에 영향을 주는 행동 계획이 포함된다. 효과적인 실제를 지속적으로 사용하려면 반드시 체계가 필요하다. 선행 연구에서 타당하다고 입증된 실제의 실행 · 유지에 필요한 체계에 주의를 기울여야 한다.

네 번째 특징은 의사결정을 위한 자료를 적극적으로 수집·사용하는 것이다. 길버트(Gilbert)는 조직의 변화를 이루려면 적극적인 자료 수집과 가치 있는 성과의 정보 기록보다 더 효과적인 전략은 없다고 주장했다. 학교에서 아동의 학업성취, 사회적 능력, 안전 관련 자료를 수집되어야 한다. 자료는 지속적으로 수집하고 교직원, 이사회, 팀, 가족, 학생에게 규칙적으로 보고되어야 한다. 가장 중요한 점은 정보가 학교를 향상시키는 방법의 결정에 사용되어야 한다는 점이다.

■ 위기관리 계획

❶ 학생의 행동은 때로 자신과 다른 사람에게 심한 해를 입히거나 귀한 재산에 손해를 입히는 위험한 상황을 초래할 수 있다. 이러한 상황에서는 여러 위험이 있기 때문에 반응적 중재가 아닌 위기관리 계획을 적용한다. 위기관리의 주요 목적은 사람과 재산을 보호하는 것이다. 반응적 중재와 달리, 문제행동의 미래 발생률의 감소를 예상하지 않는다. 바람직하지 않은 행동이 강화되는지보다 학생과 다른 사람의 보호 가능성에 더욱 관심을 기울인다.

❷ 위기관리 계획 결정 시 고려할 점

- 실제로 심각한 상해·손상이 일어날 가능성을 점검해야 한다. 구성원은 학생의 행동이 위기로 정의할 수준이고 보호 절차가 필요하다는 점을 합의해야 한다.
- 안전한 환경 유지에 필요한 절차 선정에 관한 것이다. 중재는 학생의 행동을 감소시킬 수 있는 것으로 선정한다. 구속과 같은 신체적 중재는 학생의 문제행동을 증가시킬 수도 있으므로 이 경우 다른 방법을 찾아야 한다.
- 위기관리 절차 실행 시 발생할 방해 정도를 고려한다. 교실 청소를 하는 것이 신체적 중재의 필요성을 없애는 대신 교실 전체를 방해할 수도 있다. 어떤 학생은 교실 밖의 조용한 공간으로 가는 것을 더 좋아할 수 있다.
- 어떤 절차를 사용할지를 결정한 후 중재 계획의 실행 일시를 결정한다.
- 우선 문제행동의 중재에 몇 명이 참여할지 결정한다.
- 위기가 언제 종료되는지를 명확하게 설정한다.

제4절 교육적 사정

48 2009학년도 초등 11번, 2009학년도 유아 11번

정답 ④

해설

④ 이 프로파일에서 은비의 문제는 내재화 문제보다 외현화의 문제가 상대적으로 심각한 것을 확인할 수 있다.

① 은비의 아버지와 어머니가 어느 정도의 행동을 문제행동으로 볼 것인가에 따라 다른 반응을 나타낼 수 있다.

② 위축과 신체 증상을 제외하면 은비의 아버지보다 어머니가 은비의 행동을 걱정하고 있다.

③ 은비의 어머니가 작성한 프로파일에서는 은비가 주의집중, 비행, 공격성에 문제가 있다고 나타난다.

⑤ 은비 부모님의 은비에 대한 평정의 차이가 크게 나므로 K-CBCL 검사 이외의 다른 검사를 해보는 것이 적절하다.

49 2020학년도 초등 A 3번 일부

정답

4) 1. ㉠, 93%ile은 +1SD와 +2SD 사이에 위치한다.
2. ㉢, 신체 증상은 특정한 의학적 원인 없이 신체 증상을 호소하는 정도를 평가한다.

해설

■ 아동·청소년 행동평가척도 부모보고형(CBCL 6-18)

문제행동 증후군 소척도(9개 하위영역), DSM 진단척도, 문제행동 특수척도의 경우에는 표준점수가 70(백분위 98) 이상이면 임상범위, 65(백분위 93) 이상 70점 미만이면 준임상범위로 해석한다.

문제행동 증후군 소척도 중 내재화 척도(불안·우울, 위축·우울, 신체증상)와 외현화 척도(규칙위반, 공격행동)를 합산한 문제행동 총점의 경우, 표준점수 64(백분위 92) 이상이면 임상범위, 60(백분위 84) 이상 64 미만이면 준임상범위로 해석한다.

적응척도에서는 적응척도의 총점과 사회성, 학업수행 척도의 점수에 대한 표준점수 기준이 다르다. 사회성과 학업수행 척도는 표준점수 30(백분위 2) 이하면 임상범위, 표준점수 30 초과 35 이하면 준임상범위로, 적응척도의 총점에 대해서는 표준점수 36(백분위 8) 이하면 임상범위, 표준점수 36 초과 40(백분위 16) 이하면 준임상범위로 본다. 적응척도는 표준점수가 기준치보다 낮을 때 증상이 심각하다고 해석된다.

요인				문항내용
증후군 척도	① 총 문제행동	② 내재화	④ 불안·우울	'잘 운다.' '신경이 날카롭고 곤두서 있거나 긴장되어 있다.' 등 정서적으로 우울하고 지나치게 걱정이 많거나 불안해하는 것과 관련된 문항들로 구성
			⑤ 위축·우울	'즐기는 것이 매우 적다.', '말을 하지 않으려 한다.' 등 위축되고 소극적인 태도, 주변에 대한 흥미를 보이지 않는 것 등과 관련된 문항들로 구성
			⑥ 신체증상	'어지러워한다', '별다른 이유 없이 지나치게 피곤해한다' 등 의학적으로 확인된 질병이 없음에도 불구하고 다양한 신체 증상을 호소하는 것과 관련된 문항들로 구성
		③ 외현화	⑦ 규칙위반	'잘못된 행동(버릇없이 굴거나 나쁜 짓을 함)을 하고도 잘못했다고 느끼는 것 같지 않다.', '집이나 학교 또는 다른 장소에서 규율을 어긴다.' 등 규칙을 잘 지키지 못하거나 사회적 규범에 어긋나는 문제행동을 충동적으로 하는 것과 관련된 문항들로 구성
			⑧ 공격행동	'말다툼을 많이 한다.', '자기 물건을 부순다.' 등 언어적이나 신체적으로 파괴적이고 공격적인 행동과 적대적인 태도에 관련된 문항들로 구성
			⑨ 사회적 미성숙	'어른들에게 붙어 있으려 하거나 너무 의존적이다.', '다른 아이들과 잘 어울려 지내지 못한다.' 등 나이에 비해 어리고 미성숙한 면, 비사교적인 측면 등 사회적 발달과 관련된 문항들로 구성
		-	⑩ 사고문제	'어떤 생각들을 마음에서 떨쳐버리지 못한다(강박 사고).', '비정상적인 이상한 생각을 한다.' 등 어떤 특정한 행동이나 생각을 지나치게 반복하거나 실제로 존재하지 않는 현상을 보거나 소리를 듣는 등의 비현실적이고 기이한 사고·행동과 관련된 문항들로 구성
			⑪ 주의집중 문제	'자기가 시작한 일을 끝내지 못한다.', '집중력이 없고 어떤 일에 오래 주의를 기울이지 못한다.' 등 주의력 부족이나 과다한 행동 양상, 계획을 수립하는 것에 곤란을 겪는 것 등과 관련된 문항들로 구성
			⑫ 기타 문제	'손톱을 깨문다.', '체중이 너무 나간다.' 등 앞에 제시된 여덟 개의 증후군에는 포함되지 않지만 유의미한 수준의 빈도로 나타나는 문제행동과 관련된 문항들로 구성
DSM방식 척도			⑬ DSM 정서문제	'자기가 가치가 없거나 남보다 못하다고 느낀다.', '지나치게 죄책감을 느낀다.' 등 여러 증상으로 나타나는 정서 문제와 관련된 문항들로 구성
			⑭ DSM 불안문제	'학교에 가는 것을 겁낸다.', '걱정을 한다.' 등 불안 증상과 유사한 행동을 평가하는 척도로 전반적·구체적인 상황에서의 불안을 측정하는 문항들로 구성
			⑮ DSM 신체화 문제	'몸이 여기 저기 아프다(배나 머리가 아프다고 하는 경우는 제외).', '발진 혹은 기타 피부의 이상이 있다.' 등 의학적으로 확인된 질병이 없음에도 불구하고 심리적인 불안정, 긴장이 해소되지 않을 경우 나타날 수 있는 신체적인 불편·통증을 호소하는 것과 관련된 문항들로 구성

요인		문항내용
DSM방식 척도	⑯ DSM ADHD	'충동적이거나 생각하지 않고 행동한다.', '집중을 잘 못하고 쉽게 산만해진다.' 등 행동에 일관성이 없고, 부산하거나 한 가지 일에 주의집중하는 데 어려움을 겪고, 즉각적인 요구 충족을 바라는 것과 관련된 문항들로 구성
	⑰ DSM 반항행동 문제	'말다툼을 많이 한다.', '고집이 세고 시무룩해지거나 짜증을 부린다.' 등 행동적으로 나타나는 폭력성, 비협조적 행동 등과 관련된 문항들로 구성
	⑱ DSM 품행 문제	'가족이나 다른 아이의 물건을 부순다.', '남을 신체적으로 공격한다.' 등 사회적으로 용납되지 않는 행동을 반복적으로 하는 것과 관련된 문항들로 구성
	⑲ 강박증상	'어떤 생각을 마음에서 떨쳐버리지 못한다(강박 사고).', '특정한 행동을 계속 되풀이한다(강박 행동).' 등 특정 사고나 행동을 반복적으로 하는 것과 관련된 문항들로 구성
	⑳ 외상 후 스트레스 문제	'어른들에게 붙어 있으려 하거나 너무 의존적이다.', '나쁜 생각이나 나쁜 행동을 할까 봐 두려워한다.' 등 심각한 회상적인 사건에 직면한 후 나타날 수 있는 문제행동과 관련된 문항들로 구성
	㉑ 인지속도 부진	'혼란스러워하거나 갈피를 못 잡는다.', '공상을 하거나 멍하게 자기 생각에 빠지곤 한다.' 등 정신·신체적으로 수동적이고 활동 저하와 관련된 문항들로 구성
	㉒ 사회성	아동·청소년의 사회적 적응 수준을 평가할 수 있는 내용, 즉 친구의 수와 어울리는 횟수, 각 관계(친구, 형제, 부모 혹은 혼자 있는 경우)별로 얼마나 잘 어울리고 시간을 잘 보내는지 평가
	㉓ 학업수행	아동·청소년의 학업 수행 수준을 평가할 수 있는 내용, 즉 성적(주요 과목의 수행 평균), 특수학급에 있는지의 여부, 휴학 여부, 기타 학교에서의 학업 관련 문제 여부에 대한 항목들로 구성

■ 상대적 위치점수 간의 관계

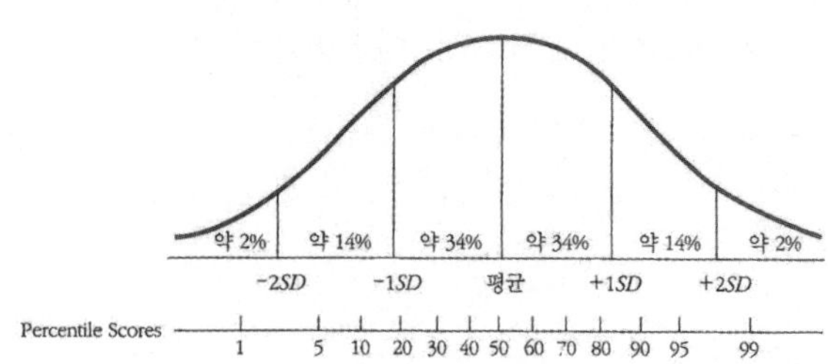

제8장 자폐성장애

제1절 자폐성장애 개관

01 2013학년도 유아 B 4번 일부

정답

1) 상동적이고 반복적인 행동, 흥미, 활동

3) 1. ①, 다양하게 바뀌는 자료에 민감하게 반응하므로 자료를 미리 제시하여 아동이 탐색할 수 있게 한다.

2. ④, 도서 활동 영역에서는 책 읽는 활동을 하게 하여 각 활동 영역에서 기대되는 행동을 할 수 있도록 한다.

해설

1) ㉠에 나타난 민지의 행동은 반복적이며 한정된 행동임을 확인할 수 있다.

■ DSM-IV-TR의 자폐성장애 진단기준
- 사회적 상호작용의 질적 결함
- 의사소통의 질적 결함
- 상동적 · 반복적이며 한정된 행동, 흥미, 활동

■ DSM-5의 자폐성장애 진단기준
- 여러 맥락에서 사회적 의사소통과 사회적 상호작용의 지속적인 결함
- 제한적이고 반복적인 행동, 흥미, 활동

3) ② 예측 가능성
③ 시간의 구조화
④ 고확률 요구

02 2014학년도 유아 A 4번 일부

정답

1) 제한적이고 반복적인 관심과 활동

해설

■ 「장애인 등에 대한 특수교육법」에 따른 자폐성장애

사회적 상호작용과 의사소통에 결함이 있고, 제한적이고 반복적인 관심과 활동을 보임으로써 교육적 성취 및 일상생활 적응에 도움이 필요한 사람을 말한다.

03 2017학년도 유아 A 2번 일부

정답

1) ①: 정도나 초점이 비정상적인 매우 제한적이고 한정된 흥미

②: 감각 자극에 대한 둔감 또는 민감 반응, 환경의 감각적 양상에 대한 특이한 감각적 관심

해설

■ DSM-5의 자폐성장애 진단기준

DSM-5의 자폐성장애 진단기준

B. 제한적이고 반복적인 행동, 흥미, 활동을 보이며 다음 중 적어도 두 가지가 현재 또는 이전부터 지속적으로 나타난다.

1. 상동적이거나 반복적인 동작, 사물 또는 말의 사용
   예 단순한 상동적인 동작, 장난감 길게 줄 세우기, 사물 흔들기, 반향어 사용, 특이한 어구의 사용 등
2. 동일성에 대한 고집, 판에 박힌 일과에의 집착, 언어 · 비언어적 행동의 의례적(예배 의식과 같은) 패턴
   예 작은 변화에도 과도하게 불안해함, 전이 어려움, 경직된 사고 패턴, 판에 박힌 인사하기 일과, 매일 동일한 일과 또는 동일한 음식 섭취에 대한 요구 등
3. 정도나 초점이 비정상적인 매우 제한적이고 한정된 흥미
   예 특이한 사물에 대한 강한 집착이나 몰두, 과도하게 한정된 흥미에의 몰두 등
4. 감각 자극에 대한 둔감 혹은 민감 반응 또는 환경의 감각 양상에 대한 특이한 감각적 관심
   예 고통 또는 온도에 대한 분명한 무감각, 특정 소리나 감각에 대한 혐오적 반응, 과도하게 냄새를 맡거나 사물을 만짐, 빛이나 움직임에 시각적으로 강한 흥미를 보이는 것 등

04 2017학년도 중등 A (기입형) 7번

정답

㉠: 사회 · 정서적 상호성

㉡: '언어 · 비언어적 의사소통을 통합적으로 사용하는 데 어려움', '눈맞춤과 몸짓과 같은 비언어적 행동에서의 비정상성', '몸짓의 이해 · 사용의 결함', '얼굴표정과 비언어적 의사소통에서의 전반적인 결함' 중 1가지

해설

■ DSM-5의 자폐성장애 진단기준

| DSM-5의 자폐성장애 진단기준 |

A. 다양한 맥락에서 사회적 의사소통과 사회적 상호작용의 지속적인 결함을 보이며, 이는 다음의 세 가지 모두가 현재 또는 이전부터 지속적으로 나타난다.
   1. 사회 및 정서적 상호성에서의 결함
      예 비정상적인 사회적 접근과 주고받는 일반적인 대화의 실패, 관심, 정서, 애정 등을 다른 사람과 공유하는 데 제한, 사회적 상호작용을 시작 및 반응하는 데 어려움 등
   2. 사회적 상호작용에 사용하는 비언어적 의사소통 행동의 결함
      예 언어 및 비언어적 의사소통을 통합적으로 사용하는 데 어려움, 눈맞춤과 몸짓과 같은 비언어적 행동에서의 비정상성, 몸짓의 이해 및 사용의 결함, 안면표정과 비언어적 의사소통에서의 전반적인 결함 등
   3. 사회적 관계를 만들고 유지하고 이해하는 데 결함
      예 다양한 사회적 맥락에 맞게 행동하는 게 어려워 상상놀이를 공유하거나 친구를 만드는 데 어려움, 또래에 관심이 없음 등

05 2018학년도 중등 A 5번 일부

정답

㉡: 사회적 의사소통 장애

해설

DSM-5에서 전형적인 자폐성장애, 아스퍼거 장애, 비전형 전반적 발달장애의 기준에 부합하면 자폐스펙트럼장애로 진단이 된다. 다만, 사회적 의사소통에 현저한 결함을 가지고 있다 하더라도 자폐스펙트럼장애의 진단기준에 부합하지 않는다면, 사회적(화용) 의사소통장애로 평가되어야 한다.

06 2013학년도 유아 추시 B 5번 일부

정답

2) 마음이론

해설

■ 마음이론

자기 자신과 다른 사람의 마음 상태를 추론하는 능력으로, 다른 사람의 마음을 읽는 능력이라고 할 수 있으며, 다른 사람과 상호작용할 때 길잡이 역할을 한다.

■ 마음맹

다른 사람의 감정, 믿음, 정서를 이해하지 못하고, 그 결과 이에 적절하게 반응하지 못하는 것을 의미한다.

07 2020학년도 중등 A 5번 일부

정답

• 마음이론의 결함

해설

■ 마음이해 능력의 결함이 일상생활에 미치는 영향

영향	실행 · 예시
다른 사람 얼굴표정에 담긴 사회 · 정서적 메시지 이해의 어려움	• 얼굴표정 · 눈빛을 통해 다른 사람의 정서적 상태를 이해하는 데 어려움이 있음 • 상대의 정서를 이해하기 위해 눈을 바라보지 않으며, 눈을 바라봐도 의미를 잘 읽지 못함
글자 그대로 이해하기	• 의사소통 중에 여러 의미를 가진 어휘를 구분하는 데 어려움이 있음 예 '배'에는 먹는 배, 신체적인 배, 물 위에 떠다니는 배가 있는데 세 의미 중 대화 상황에 적합한 의미를 찾는 것 • 은유와 비유를 이해하는 데 어려움이 있음 예 '사과 같은 얼굴'과 같은 표현 • 농담과 속담을 이해하는 데 어려움이 있음 예 '열 길 물속은 알아도 한 길 사람 속은 모른다.'와 같은 속담 등
다른 사람을 존중하지 않는 듯한 태도	• 자신이 좋아하는 주제와 관련된 내용을 다른 사람의 관심과 상관없이 계속 이야기함 • 상대가 지루해하는지 흥미를 가지는지 등을 살피지 않고 계속 이야기함
지나친 솔직함	• 사회적 상황에 적절하지 않은 이야기를 지나치게 솔직히 말함 예 본인이 못생겼다고 생각하는 여학생에게 "난 너 싫어. 진짜 못생겼어."라고 말하는 것 • 도덕적 · 윤리적 원칙을 매우 중요하게 생각하고 원칙에서 벗어나는 일을 하지 않으며 벗어난 사람을 폭로하는 경우도 있음 • 더러 거짓말의 가치를 알고 사용하는 경우도 있는데 모두가 알아차리는 거짓말을 하지만 다른 사람이 자신이 거짓말한다는 것을 안다는 사실을 잘 인식하지 못함
실수, 장난과 의도적 행동 구분이 어려움	상호작용 중에 친구가 의도적으로 괴롭히는 행동과 친밀감으로 장난치는 것을 쉽게 구분하지 못해 가벼운 장난에 매우 격하게 반응하거나 의도적인 괴롭힘을 당하는 경우가 있음
갈등 관리의 어려움	자신이 한 번 정한 규칙이나 결정을 바꾸기 어렵기 때문에 여러 상황에서 다른 사람의 견해를 수용 · 조절하는 데 어려움이 있을 수 있음
당황스러운 정서 이해의 어려움	여러 사람 앞에서 발표하는 친구의 실수를 친구가 부끄럽거나 당황스러울 수 있음을 고려하지 않고 많은 사람 앞에서 지적할 수 있음
다른 사람의 정서 상태 이해의 어려움	상황에 근거한 정서나 다른 사람의 믿음과 바람에 근거한 정서를 이해하는 데 어려움이 있음 예 '선물을 받아 기쁘지만, 내가 좋아하는 선물이 아니어서 약간 실망스럽다.'와 같은 정서를 이해 · 표현하는 것
심리적 상태 관련 어휘 사용의 어려움	심리적 상태에 관련한 어휘 사용 빈도가 낮으며 다양한 어휘를 사용하는 데 어려움이 있음

영향	실행 · 예시
다른 사람의 정보적 상태 이해의 어려움	다른 사람이 아는 것은 내가 아는 것과 다를 수 있다는 것, 다른 사람이 보는 것은 내가 보는 것과 다를 수 있음을 이해하는 데 어려움이 있음 예 나는 그림 앞면을 보고 있으나 다른 사람은 그림 뒷면을 보고 있어 나와 다른 장면을 본다는 사실을 이해하는 것
목소리 톤이나 운율 이해 · 사용의 어려움	대화할 때, 대화 상대에 적합한 목소리 톤, 크기 등을 사용하지 못하거나 상대의 목소리 톤을 들으며 정서를 이해하는 데 어려움이 있음

08 2018학년도 초등 A 4번 일부

정답

4) 마음이론의 결함으로 상대방(민희)의 입장에서 생각하지 못한다.

해설

ASD 학생의 의사소통 및 상호작용의 결함은 '생각의 원리', '마음이해 능력'의 결함에 기인한다. ASD 학생은 타인의 신념, 태도, 정서를 이해하는 데 어려움이 있으며 생각 원리의 결함으로 다른 사람이 다양한 상황에서 어떤 말 · 행동을 할지 예상하지 못한다. 다른 사람이 자신과 다르게 생각할 수 있음을 이해하지 못하므로, 대다수가 다른 사람과 사회적으로 상호작용하거나 의사소통하는 데 문제를 보인다.

09 2010학년도 중등 26번

정답 ①

해설

(가) **실행기능**: 목표 달성을 위해 스스로 행동을 조절하며 문제해결에 필요한 인지 · 행동 전략을 유지 · 관리하는 기능이다.

(나) **중앙응집**: 나무를 보고 숲을 보지 못하는 것처럼, 정보를 상황으로 인식하기보다 정보 조각으로 처리(상향식 접근)하는 경향을 말한다.

10 2018학년도 중등 A 5번 일부

정답

㉠: 실행기능 결함

해설

실행기능은 인지적 유연성, 계획 · 조직, 행동 억제 능력의 세 가지 하위 요인으로 구성된다. ASD 학생은 이 중 인지적 유연성에 심각한 결함을 보여 다른 다양한 상황적 요구에 맞게 사고과정과 행동을 변화시키지 못하고 동일한 인지적 틀을 적용하는 동일성에 대한 고집과 행동 문제를 보인다.

11 2020학년도 초등 A 4번 일부

정답

1) 실행기능의 결함

해설

■ 실행기능(executive functions)

두뇌의 전두엽에 의해 조정되는 인지적 변인이다. 앞으로 발생할 행동을 안내하는 적절한 문제해결 방안을 계획하고 충동을 통제하며 행동과 사고를 유연하게 하도록 돕는다.

■ 실행기능의 주요 요소와 역할

- 조직 · 계획 능력
- 작업 기억
- 반응 억제, 충동 조절
- 자기반성, 자기점검
- 시간 관리, 우선순위 결정
- 복합적 · 추상적인 개념의 이해
- 새로운 전략의 사용, 유연한 사고

■ 자폐성장애 학생의 특성

- 반응 억제와 충동 조절에 어려움을 보이는데 이는 실행기능의 결함과 관련된 특성으로 추론된다.
- 작업 기억 사용에 어려움을 보인다.
- 특정 학업 과제, 일상적인 과제를 조직 · 계획하는 데 어려움을 보인다.
- 시간 관리나 여러 가지 과제를 수행할 때 우선순위 결정에 많은 어려움을 나타낸다.
- 인지적 융통성의 어려움으로 인해 새로운 전략을 사용하거나 유연하게 생각하는 데도 어려움을 보인다.
- 복잡하고 추상적인 개념의 이해에 어려움을 보인다.
- 규칙 학습과 규칙 · 범주 내에서의 전환은 정상 범주에 있으며 고기능 자폐성장애 학생의 경우 개념 파악과 규칙 · 절차 학습은 비교적 잘 수행하는 것으로 나타났다.

12 2015학년도 유아 A 5번 일부

정답

1) 중앙응집 기능 결함

해설

중앙응집은 인지체계가 의미를 가지고 정보를 통합하는 경향성이자, 정보나 감각을 단편적으로 처리하지 않고 전체적으로 인식하는 능력을 의미한다. 중앙응집 능력에 결함이 있다는 것은 사건 · 사물을 전체보다 부분으로 인식한다는 뜻이다.

13 2020학년도 유아 A 1번 일부

정답

1) 중앙응집 이론

해설

■ 중앙응집 능력(central coherence)

외부 환경에서 입력된 정보를 의미 있게 연계하고 총체적인 형태로 처리하는 능력을 의미한다.

■ 약한 중앙응집 능력으로 인한 어려움

- 외부의 여러 복잡한 정보 중 필요한 정보를 선택하고, 그 정보를 의미 있게 연계하고 사용하는 데 어려움을 보이며, 복잡한 정보를 처리하는 데 어려움을 보인다.
- 학습할 여러 정보와 메시지를 요약하거나 핵심 부분을 선택 · 기억하는 데 어려움을 보인다. 이야기 내용의 특정 부분이나 사소한 내용을 잘 기억하지만, 이야기의 주요 주제나 전체 흐름을 파악하는 데 어려움을 보인다.
- 자폐성장애 학생은 여러 정보를 종합적으로 이해하는 데 어려움을 보인다.

14 2012학년도 초등 13번

정답 ⑤

해설

㉢ 가족과 사람들에게 관심이 없는 것으로 보아 사회적 상호작용에 어려움을 보이므로 사회적 · 정서적 상호성을 신장시키는 것이 바람직하다.

㉣ 스스로 간단한 문장 표현은 가능하나 질문에 엉뚱한 말을 하거나 특정 어구를 반복하는 것으로 보아 언어의 내용과 사용 측면에 어려움을 보이므로 심층적인 언어평가를 받게 안내하는 것이 바람직하다.

㉤ 반향어를 보이므로 반향어와 의도적인 구어 구별하기 등의 언어중재를 사용하여 부적절한 언어 행동을 개선하는 것은 바람직하다.

㉠ 자폐성장애의 주요 문제는 사회적 상호작용, 의사소통, 비전형적인 행동이며, 과민감성 줄이기는 자폐성장애 학생이 감각적 민감성을 보일 때 적용된다.

㉡ 정확한 문법의 문장을 따라 말하는 방법보다는 기능적으로 의사소통할 수 있게 지도하는 것이 바람직하다.

15 2012학년도 초등 14번

정답 ③

해설

③ 정해진 순서나 규칙에 집착하고 변화에 매우 민감하여 자주 예기치 않은 상황을 만들면 불안을 느낄 수 있으므로, 예상 가능한 일과를 확립하여 불안 수준을 완화시키고 교수에 더 집중하게 한다.

① 상동행동은 개인적 즐거움과 강한 감각 피드백 등을 주는 반복적인 움직임, 음성행동 등의 자기자극 행동이다.

④ 사회적 상황에 대한 이해가 부족하여 사회적 관습이나 규칙 이해에 어려움을 보이기 때문에, 사회적 상황을 이해할 수 있도록 상황이야기를 제공한다.

16 2015학년도 초등 B 4번 일부

정답 2) 매우 제한적이고 한정된 흥미

해설

■ DSM-5의 자폐성장애 정의

DSM-5의 자폐성장애 정의

B. 제한적이고 반복적인 행동, 흥미, 활동을 보이며, 다음 중 적어도 두 가지가 현재 또는 이전부터 지속적으로 나타난다.

1. 상동적이거나 반복적인 동작, 사물 또는 말의 사용
   예 단순한 상동적인 동작, 장난감을 길게 줄 세우기, 사물 흔들기, 반향어 사용, 특이한 어구의 사용 등
2. 동일성에 대한 고집, 판에 박힌 일과에의 집착, 언어 또는 비언어적 행동의 의례적(예배의식과 같은) 패턴
   예 작은 변화에도 과도하게 불안해함, 전이의 어려움, 경직된 사고 패턴, 판에 박힌 인사하기 일과, 매일 동일한 일과 또는 동일한 음식 섭취에 대한 요구 등
3. 정도나 초점이 비정상적인 매우 제한적이고 한정된 흥미
   예 특이한 사물에 대한 강한 집착이나 몰두, 과도하게 한정된 흥미에의 몰두 등
4. 감각 자극에 대한 둔감 혹은 민감 반응, 환경의 감각 양상에 대한 특이한 감각적 관심
   예 고통 또는 온도에 대한 분명한 무감각, 특정 소리나 감각에 대한 혐오적 반응, 과도하게 냄새를 맡거나 사물을 만짐, 빛이나 움직임에 시각적으로 강한 흥미를 느낌 등

17 2012학년도 초등 25번

정답 ②

해설

㉡ 아스퍼거장애는 자폐범주성장애의 유형 중 하나로, 자극에 대한 과잉선택성을 보이므로 특정 자극을 강조해 제시하는 것은 바람직하다. 선택적 주의집중이 어렵기 때문에 교사가 문제의 중요한 부분에 주의집중 표시 등을 한다면 중요한 부분에 집중하여 문제를 해결하는 데 도움이 된다.

㉢ 민규는 시각적 정보처리 능력에 강점을 가지고 있으므로, 문제해결 능력을 향상시키기 위해 시각적 표상화(도식)를 사용하는 것은 적절하다.

㉠ 민규는 '네 자리 수 + 네 자리 수' 덧셈을 바로 대답하는 것으로 보아 기계적 암산이 뛰어나며, 문장제 문제의 해석방법에 대한 지도가 필요하다.

㉣ 민규는 '네 자리 수 + 네 자리 수'에 대한 정확하고 빠른 암산 능력을 보여주므로 연산의 기본원리를 잘 알고 있음을 알 수 있다.

㉤ 마음이론(theory of mind)은 타인의 생각, 욕구, 감정 등을 정확하게 추론하는 능력의 향상을 도모하는 것으로 타인의 입장을 이해할 수 있게 한다.

18 2010학년도 초등 19번

정답 ③

해설

㉡ 대명사(사람이나 사물, 장소, 방향을 직접 가리키는 품사)를 사용하여 말하고 있다.

㉣ '말 차례 지키기(turn-taking)'는 '순서 바꾸기'와 같은 의미로 자신이 이야기한 후 상대에게 순서를 넘겨주는 것을 말한다. 즉 일방적인 대화가 아니라 이야기를 주고받는 대화를 의미한다.

㉠ 상대의 명료화 요구에도 이전 발화를 반복하거나 명료하게 하는 데 어려움이 있다.

㉢ 표정, 손짓 등의 비언어적 의사소통 수단은 나타나지 않는다.

㉤ 주격 조사의 오류를 보이고 있다(예 '내가도', '선생님이가').

19 2013학년도 유아 추시 B 8번 일부

정답

2) ①, 자폐 아동의 반향어는 의사소통 기능을 가지고 있으므로, 아동이 사용하는 반향어의 형태로 아동의 실제 언어 수준과 언어발달 패턴을 관찰한다.

해설

■ 반향어를 바라보는 입장

❶ 비기능적으로 바라보는 입장

반향어는 비기능적인 것이며 자폐 아동의 언어장애 중 가장 심각한 부분으로 생각하고, 이를 소거하거나 출현 빈도를 감소시켜야 한다고 생각한다.

❷ 중도의 전달 장애로 보는 입장

자폐아가 사회적 접촉을 유지하는 초보적인 방법이며 사회성을 촉진하는 기능을 가진다고 생각한다.

➡ 반향어는 다양한 의사소통적 · 인지적 기능을 하며, 전형적인 발달을 보이는 아동의 모방과 다르지 않게 자폐 범주성 장애를 지닌 많은 아동들을 위한 생산적인 언어-학습전략일 수 있다. 반향어는 복잡한 언어의 형태를 취할 수 있지만 아동이 어떻게 사용하는지 주의 깊게 관찰하고 단어나 구절을 창의적으로 조합하여 사용하는 모습을 살펴보며 아동의 실제 언어 수준과 언어발달 패턴을 알 수 있다.

20 2014학년도 유아 A 4번 일부

정답

2) ①: 지연 반향어

의사소통 기술: 요구

해설

'요구' 기능은 원하는 물건을 얻고자 요구하는 기능을 말한다. 원하는 물건을 보면서 말하고 물건을 얻을 때까지 계속한다.

21 2018학년도 중등 B 2번 일부

정답

㉠: 지연 반향어

해설

반향어는 자신의 뜻이 전혀 담기지 않은 상대방의 말만 반복하는 것이다. 자폐성장애 아동의 언어에서 나타나는 반향어는 금방 들은 말을 따라하는 '즉각 반향어'와 과거에 들은 말을 반복하여 말하는 '지연 반향어'가 있다.

22 2020학년도 유아 A 8번 일부

정답

2) ㉢: 반향어

3) ①: 화용론

②: 상동행동

해설

2) 과거에 반향어는 전에 들은 낱말이나 문장을 의도나 의미 없이 반복하는 현상이자 아무 의미 없는 소리로 간주되었다. 그러나 즉각 반향어는 무엇인가 이해를 한다는 증거를 제공하고 있으며 기능적 목적으로 사용될 수 있고, 지연 반향어는 다양한 방식으로 사회적 상호작용을 도울 수 있다.

3) 상동행동

환경에서 분명한 기능적 효과를 가지지 않는 무의미한 반복적인 운동 또는 몸짓 행동으로 정의된다. 자폐성장애 아동에게 상동행동이 즐거움의 근원이 되며 개인적 즐거움과 강한 감각 피드백 등을 주는 반복적인 움직임, 음성 행동을 포함한 자기자극 행동에 포함된다.

의식적인 행동은 상동행동과 자기자극 행동뿐만 아니라 같은 음식만을 먹거나, 사물을 일렬로 쌓아올리거나, 양손에 물건을 쥐고 있는 등판에 박히듯 고정된 일에 집착하는 행동을 포함한다.

23 2015학년도 유아 A 5번 일부

정답

2) 초분절적 요소

해설

■ 자폐성장애 아동의 음운론적 특성

❶ 음성적 특성

- **음성**: 음도가 높고 범위가 좁아 단조롭게 들린다.
- **강도**: 속삭임부터 큰 소리까지 넓은 범위를 사용한다.
- **음질**: 목쉰 소리, 거친 소리, 과대 비음화 경향이 있다.

❷ 운율적 요소

억양, 강세, 리듬 등이 포함된다. 음성·운율 같은 구어의 초분절적 요소는 의사를 주고 받는 데 중요한 매체가 된다. 예를 들어, 문장의 끝을 올리거나 내림으로써 의문문과 서술문이 구별될 수 있으며, 종속절은 빠르게 읽고 주절은 천천히 읽음으로써 문장 전체의 뜻을 좀 더 쉽게 이해할 수 있게 도와준다. 또한 핵심 낱말이나 구에 강세를 주면 화자의 의도나 강조점이 좀 더 명확하게 전달될 수도 있다. 많은 연구에서 자폐성장애 아동이 억양, 장단(특히, 모음의 길이 조절), 강세에 결함을 나타낸다고 보고되었다.

24 2013학년도 유아 추시 A 6번 일부

정답

2) • 준언어적(초분절적) 요소 측면

• 이유: 자신과 타인의 감정을 인지하지 못하기 때문에, 자신의 감정을 전달하는 준언어적 요소를 맥락에 맞게 사용하지 못한다.

해설

자폐성장애 아동은 자신과 타인의 기본 감정 이해 능력을 습득하였더라도 이를 사회적 맥락에 맞게 이해하는 데 어려움을 보인다. 감정을 이해할 때는 얼굴표정, 목소리, 구어적 내용, 상황맥락 등 다양한 정보가 결합되는데 자폐성장애 아동은 이러한 정보를 결합하여 정보를 처리하는 데 어려움이 있다.

제2절 교육과정 및 교육방법

25 2011학년도 중등 2번

정답 ④

해설

■ TEACCH 구조화된 교수 프로그램 구성요소

구성요소	내용
물리적 구성	• 학생이 무슨 활동을 어디서 해야 하는지에 관한 시각적 정보를 제공하는 것 • ② '사무용 칸막이를 이용하여 별도의 작업 공간을 정해준다.'
시각적 일과표	• 학생이 무슨 활동을 어떤 순서로 해야 하는지 알 수 있도록 일과표를 제공하는 것 • 활동 간 일과표와 활동 내 일과표가 있음 • ③ '시간대별 활동 계획표를 작성해주어 다음 작업을 예측할 수 있도록 한다.'
작업 시스템	• 학생에게 독립적으로 작업하는 것을 지도하기 위하여 학생이 수행해야 할 작업이 무엇인지, 어느 정도의 작업을 해야 하는지, 개별 작업은 각각 언제 끝나는지에 대한 시각적 정보를 제공하는 것 • ⑤ '작업대 위에 견본 한 개와 일일 작업량만큼의 부품을 올려놓고 작업대 옆 완성품을 담는 상자에 작업 수당에 해당하는 액수를 적어 놓는다.'
과제 구성	• 과제를 수행하기 위해 학생이 무엇을 해야 하는지, 얼마나 많은 항목을 수행해야 하는지, 최종 결과물은 무엇인지에 대해 시각적으로 명확한 정보를 제공하는 것 • ① '각각의 조립 순서를 그림으로 상세히 제시한다.'

26 2016학년도 초등 A 6번 일부

정답

2) ㉡: 바구니를 좌우에 각각 하나씩 놓고, 풀지 않은 학습지를 왼쪽에, 다 푼 문제는 오른쪽에 배치하여, 학생들이 작업의 종결을 알 수 있도록 배치한다.

해설

■ 작업 시스템

자폐스펙트럼장애 학생이 독립적으로 작업을 배우는 것을 도우며, 학생이 스스로에게 무엇을 기대하는지 정확히 알게 하고, 다음의 정보를 전달한다.

- 그들이 할 수 있을 것으로 기대되는 작업은 무엇인가?
- 작업이 얼마나 있는가?
- 작업이 언제 끝나는지 그들은 어떻게 아는가?
- 작업이 완료된 후에 어떤 일이 일어나는가?

작업 체계는 학생이 활동을 시작하기 전에 설정된다. 과제 완수를 위해 과제는 상자에 놓거나 선반 위에 줄을 그어 놓거나 시각적으로 과제를 가리키는 다른 방법으로 배치한다. 작업 학습 상자와 상자의 내용물은 항상 눈에 보이는 내용과 함께 왼쪽에 위치시킨다. 학생은 왼쪽에서 오른쪽으로 작업을 배운다. 작업 학습구역 상자 안의 재료가 처리되면, 그 자료는 오른쪽에 있는 완료 상자에 넣는다. 모든 자료가 학생을 거쳐 갔을 때 그들은 과제가 끝났음을 알 수 있다.

학생이 작업 공간에서 독립적으로 모든 활동을 완수해야 하기 때문에 과제는 학생이 이미 숙달한 것으로 구성해야 한다. 독립적인 작업 구역은 새로운 기술을 가르치는 것보다 기술의 능숙함을 촉진하는 것을 목표로 하며 작업 공간에서 보이는 전형적인 과제는 활동지, 퍼즐, 아이템의 분류 · 조립과 같이 완성을 위한 명확한 지시가 있는 과제로 구성된다.

많은 작업 공간에서 각각의 모든 활동을 완성하면 보상이 있을 것이라고 알려준다. 학생은 '일하고 난 뒤 놀자.'라는 내용을 반복적으로 학습한다.

27 2021학년도 중등 A 8번

정답

- ㉠: 일과의 구조화
  ㉡: 물리적 구조화
- ㉢: 이미 학습한 숙달과정에 있는 과제
  ㉣: 작업이 종료되는 시점에 대한 정보

해설

■ TEACCH 프로그램 구조화의 유형

- **물리적 구조화**: 학생이 어디에 있어야 하는지, 그리고 거기서 해야 하는 과제와 활동이 무엇인지에 대한 정보를 제공한다. 분명한 특정 경계를 제시하는 것과 같은 예측 가능한 방법으로 학생이 해야 할 활동을 알려 주는 시각 정보를 제공한다. 또한 학생의 주의집중 분산이나 감각자극의 과부화를 유발할 수 있는 환경적 요소를 줄여 준다.
- **일과의 구조화**: 하루에 일어나는 일의 계열을 조직하고 의사소통하기 위해 일과를 구조화하는 것이다. 주로 일과표(schedule)의 개발과 활용을 통해 이루어진다. 학생은 일과표를 통해 자신이 언제 무슨 과제 또는 활동을 할 것인지를 알 수 있다. 이는 언제 활동이 일어날 것인지, 어떤 활동을 할 것인지, 다음에 어떤 활동을 할 것인지, 자신이 좋아하는 활동은 언제 일어날 것인지 등에 관한 정보를 제공한다. 시각적 일과표는 활동의 예측가능성을 제공하므로 학생의 불안 감소에 도움이 된다. 일과표의 가장 중요한 특징은 학생에게 시각적이고 의미 있는 정보를 제공하며 변경 또는 갱신이 용이하다는 점이다.
- **과제 조직**: 학생이 수행할 과제의 자료를 조직하는 것으로, 학생이 해야 하는 과제가 무엇인지, 어떻게 과제를 수행해야 하는지, 얼마 동안 과제를 해야 하는지, 얼마나 많은 과제를 해야 하는지, 과제를 완수할 때까지 자신의 수행을 어떻게 점검할 수 있는지, 과제의 완성을 어떻게 확인할 수 있는지, 다음에 해야 하는 것이 무엇인지에 관한 정보를 시각적 지원을 활용하여 학생에게 제공하는 것이다. 시각적 지원은 이러한 조직화된 개별 과제를 지도하는 데 필수 요소이다. 시각적 지원을 통해 학생은 과제 완성 전략을 학습하고 무엇을 성취해야 하는지를 명확하게 학습할 수 있다.
- **작업 시스템(work system)**: '개별 작업 시스템'이라고도 하는 구조화된 작업 시스템은 교사의 직접적인 지도와 감독을 통해 습득된 개별 과제를 연습하거나 숙달하는 시각적으로 조직화된 공간을 의미한다. 작업 시스템의 목적은 학생에게 독립적으로 작업하는 것을 지도하는 것이다. 이는 학생이 어떤 활동을 독립적인 작업 영역에서 수행해야 하는지를 알게 해 준다. 작업 시스템은 학생이 해야 하는 작업(어떤 작업을 수행해야 하는지), 해야 하는 작업의 양(얼마나 많은 작업을 해야 하는지), 작업이 종료되는 시점(작업은 언제 끝나는지)에 관한 정보를 제공한다. 작업학습 상자와 이에 대한 내용은 항상 볼 수 있도록 왼쪽에 배치한다. 학생들은 왼편에서 오른편으로 작업을 수행한다. 작업 학습 구역을 거친 자료를 오른편에 있는 완료 상자에 넣는다. 왼편의 모든 자료가 없어지면 작업이 끝남을 의미한다. 작업 시스템은 작업 공간에서 학생이 독립적으로 모든 활동을 완수하는 것이 목표이므로, 새로운 기술을 가르치는 것보다는 기술의 숙달을 촉진하는 것에 주안점을 두어야 한다. 독립적인 과제 수행을 통해 학생이 습득한 기술이 유창하게 숙달될 수 있도록 학습의 기회를 제공하는 것이다. 교사와 학생의 일대일 또는 소집단 학습 등을 통해 습득한 기술이 숙달되기 위해서는 반복된 학습의 기회가 제공되어야 한다. 학교 현장에서는 학생이 기술의 숙달을 보일 때까지 교사가 충분한 학습의 시간을 일대일 또는 소집단 학습을 통해 제공하기 어렵다. 따라서 이러한 독립적으로 작업할 수 있는 구조화된 작업 시스템을 통해 학생이 기술의 숙달을 이룰 수 있도록 교실 내에 개별 작업 공간을 구성하고 여기에 작업 과제를 비치하여 학생이 독립 과제 수행을 반복하여 숙달할 수 있도록 한다.

28 2019학년도 초등 A 5번 일부

정답

3) ㉣: 시각적 일과표

해설

■ 시각적 일과표

하루의 한 부분, 하루 전체, 일주일, 한 달, 일련에 관한 정보를 제공하는 일정의 대표적인 시각적 지원이다. 학생은 이를 통해 일의 활동을 순서에 맞게 진행할 수 있고 시간 구조와 환경적 배열을 이해할 수 있다.

시간이 어떻게 사용되는지 정보를 제공하는 시간 구조화는 일과를 예상할 수 있도록 지원해주고 심리적 불안을 완화하여 학습 동기와 가능성을 높일 수 있다. 시간의 구조화는 활동에 걸리는 시간, 활동의 변화와 순서, 해야 할 활동에 대한 묘사, 시작과 끝의 안내, 활동의 전환 안내 등을 제공한다. 예상할 수 있는 일과를 확립하는 것은 심리적 불안을 일부 완화시키고 학생이 학습에 더 집중하게 만들어주고 궁극적으로 융통성 능력을 촉진한다.

29 2014학년도 유아 A 2번 일부

정답

3) 시간의 구조화

해설

교실의 물리적 배치의 구조화가 기대되는 행동을 전달함으로써 아동의 행동에 영향을 미친다면 시간의 구조화는 아동의 학습에 대한 동기와 가능성에 영향을 미칠 수 있다. 발달장애 아동은 종종 사건의 순서를 예측하는 데 어려움을 보이고 평상시의 일정으로부터 벗어났을 때 불안해한다. 따라서 예측 가능한 일정을 설정하는 것은 심리적 불안을 일부 완화시켜줌으로써 아동들의 학습 가능성을 높인다.

■ 일정표

❶ 일일 일정표

하루의 활동 순서를 알려주는 표이다. 일일 일정표는 아동이 다음 활동을 예측할 수 있게 한다. 또한 다음에 할 활동을 알고 전환을 준비할 수 있기 때문에 한 활동에서 다른 활동으로의 전환을 촉진시키는 역할도 한다. 일일 일정표에는 일정의 시간적 순서에 따라 시간, 활동(또는 과목), 장소 정보가 제시되는데 이때 아동이 글을 읽을 수 있으면 단어나 문장을 사용하고 아동이 글을 읽을 수 없는 경우는 단어와 그림을 함께 사용하거나 그림만 사용한다. 또한 '이 일정표는 변경될 수도 있음'이라는 문구를 포함하여 설정된 일정으로부터 벗어나는 일은 언제나 있을 수 있음을 아동이 이해할 수 있도록 가르친다.

❷ 작업 일정표

각 수업시간에 수행해야 할 작업의 진행을 나타내는 일정표이다. 작업을 얼마만큼 해야 하고 언제 끝내야 하는지를 알려주는 시각적인 그림이나 목록인데, 그림이나 다른 비언어적 단서를 사용하여 마쳐야 하는 과제를 표시해주면 더 쉽게 지시를 따를 수 있다.

30 2013학년도 유아 추시 A 6번 일부

정답

1) 활동의 예측 가능성

해설

자폐성장애 아동은 사건의 순서 예측에 어려움을 보이고, 평상시의 일정으로부터 벗어나는 경우 불안해한다. 사건이 예측하기 어렵거나 혼란스러울 때 나타나는 심리적 불안은 아동으로 하여금 무슨 일이 일어나고 있는지 알아내려고 하거나 안정감을 되찾기 위하여 활동을 통제하게 하면서 인지적 에너지 대부분을 사용하게 한다. 따라서 예측 가능한 일정을 설정하는 것은 심리적 불안을 일부 완화시켜주어 아동의 학습 가능성을 높일 수 있다.

31 2014학년도 초등 B 2번 일부

정답

1) 구조화 전략: 시각적 일과표

적용 이유: 아동이 활동이 마칠 때마다 불안의 수준이 올라가므로 아동이 마치는 시간을 시각적으로 확인하고, 다음 활동에 대한 예측 가능성을 높여 활동 참여도를 높일 수 있도록 한다.

해설

■ TEACCH

❶ 일상생활 환경에서 학생의 의사소통 능력 향상을 목표로 개발된 것으로, 자폐성장애 아동의 요구에 맞게 환경을 체계적으로 조절하는 것에 주안점을 둔다.

❷ 구성요소

구성요소	내용
물리적 구성	학생이 특정 활동을 어디서 해야 하는지에 관한 시각적 정보를 제공하는 것
시각적 일과표	• 학생이 어떤 활동을 어떤 순서로 해야 하는지를 알 수 있도록 일과표를 제공하는 것 • 활동 간 일과표와 활동 내 일과표가 있음
작업 시스템	학생에게 독립적으로 작업하는 것을 지도하기 위해 학생이 수행해야 할 작업이 무엇인지, 어느 정도의 많은 작업을 해야 하는지, 개별 작업이 각각 언제 끝나는지에 대한 시각적 정보를 제공하는 것
과제 구성	과제 수행을 위해 학생이 무엇을 해야 하는지, 얼마나 많은 항목을 수행해야 하는지, 최종 결과물은 무엇인지에 대해 시각적으로 명확한 정보를 제공하는 것

❸ 작업 시스템과 과제 구성의 비교

구분	작업 시스템	과제 구성
공통점	학생이 독립적으로 할 작업을 결정함	
차이점	• 어떤 작업이 완수되어야 하는지, 작업량이 얼마인지, 각 작업이 언제 끝나는지를 시각적으로 알려줌 • 학생이 작업 공간에서 독립적으로 모든 활동을 완수해야 하기에 과제는 학생이 숙달한 것으로 구성함 ⇨ 새로운 기술의 교수보다 기술의 능숙함을 촉진함	• 학생이 과제 내에서 무엇을 해야 하고, 얼마나 많은 항목을 완수해야 하며, 최종 성과물이 무엇인지의 정보를 제공함 • 각 과제에서 자료를 조직화하는 것은 과제를 완성하기 위한 지침을 제공함

32 2018학년도 초등 B 5번 일부

정답

2) ⓐ: 물리적 구성

ⓑ: 손빨래를 하는 과정을 사진이나 그림으로 순서대로 제시한다.

33 2019학년도 초등 B 6번 일부

정답

1) ①: 진정영역

②: 감각 민감 반응을 보일 수 있는 학생이 자신의 안정을 찾을 수 있도록 자극수준을 낮게 유지하는 장소이다.

해설

자폐성장애 학생은 낮은 역치로 인해 감각 자극 과부화에 따른 감각 민감성 반응을 보일 수 있다. 따라서 학생이 안정을 찾을 수 있는 공간을 교실 내에 확보해야 한다. 이는 '안정 · 진정 영역'이라 부르는 공간으로, 학생이 스스로 해당 공간에 가서 이완을 할 수도 있고 교사가 학생에게 해당 공간으로 가도록 안내할 수도 있다. 중요한 점은 과제나 활동을 회피하기 위한 수단으로 안정 공간에 가면 안 된다는 점이다.

34 2009학년도 초등 1번

정답 ②

해설

■ 그림교환 의사소통체계의 단계

단계	내용
1단계	다양한 그림으로 기본적인 교환 수행함 ⇨ ⓛ '동건이가 원하는 그림카드를 교사에게 주면 해당하는 사물을 주어 교환의 개념을 알도록 지도하였다.'
2단계	성인이나 또래의 관심을 얻고 거리를 조절하기 위해 지속적으로 연습함 ⇨ ⓔ '동건이가 자신의 의사소통판으로 가서 그림카드를 가져와 교사에게 주면 해당하는 사물을 주어 자발적으로 교환하도록 지도하였다.'
3단계	다양한 그림을 식별함 ⇨ ⓒ '동건이가 선호하는 사물의 그림카드와 선호하지 않는 사물의 그림카드 중 선호하는 것을 식별하도록 지도하였다.'
4단계	그림을 이용하여 문장을 만듦 ⇨ ㉠ '동건이가 그림카드를 사용하여 문장판에 문장을 만들고 이를 교사에게 제시하도록 지도하였다.'
5단계	그림을 이용하여 질문에 대답함
6단계	이전에 습득한 상호작용을 확장함

35 2014학년도 중등 A (기입형) 15번

정답

변별학습

해설

■ 그림교환 의사소통체계(PECS)

❶ 정의

자폐성장애 아동에게 쉽게 적용할 수 있는 자발적 · 실제적인 의사소통 체계로 사진이나 그림과 같은 시각자료를 서로 교환하며 타인과 의사소통하는 것이다.

❷ 중재내용

- 표현 언어가 부족한 자폐성장애나 기타 장애를 지닌 아동을 위해 고안한다.
- 학생이 원하는 사물을 얻으려면 사물의 그림카드와 교환하도록 교수한다.
- 아동의 강화 선호도를 결정하기 위하여 몇 가지 조합된 물건을 아동에게 반복적으로 제공한다.
- 선호도는 시간이 지남에 따라 달라질 수 있기 때문에 강화물 진단을 훈련이 끝날 때까지 계속 반복한다.

❸ 단계

단계	구분	내용
1단계	자발적 교환훈련	• 교사가 아동이 선호하는 사물을 제시하면, 아동은 그것을 얻기 위해 손을 뻗음 • 이때 아동의 뒤에 있는 보조교사가 아동의 손을 잡고 해당 카드를 집도록 함 • 해당 카드를 교사에게 주며 선호하는 사물을 교환하는 개념을 배움
2단계	자발 의지의 일반화	• 교사가 아동이 선호하는 사물을 제시함 • 아동은 사물을 얻기 위해 일정 거리에 둔 의사소통판의 그림카드 1장을 떼어서 교사에게 줌
3단계	변별학습	• 아동이 선호하는 그림과 싫어하는 그림 두 장을 함께 놓음 • 아동이 선택한 그림을 주면 해당 사물을 교환해줌
4단계	문장구조 훈련	• 아동이 간단한 문장을 만들기 시작하는 단계 • "나는 쿠키가 먹고 싶어요."라는 문장을 표현하려면 /쿠키/+/먹고 싶다/ 등의 몇 개의 카드가 필요함 • '먹고 싶다'는 카드를 붙이고 원하는 사물의 그림카드(밥, 아이스크림, 사과 등)를 붙여 문장 판을 완성하게 함 • 문장 구조의 발달은 보다 완벽한 의사소통을 가능하게 함
5단계	기다리기 훈련	• 아동이 그림카드를 제시할 때 '기다리기 카드'와 교환함 • 5초 정도의 시간이 지난 후 '기다리기 카드'와 사물을 교환해줌
6단계	종합적 훈련	• 이제까지 배운 의사소통 기술을 종합적으로 사용하도록 훈련하는 단계 • 특히 "OOO을 주세요."라는 요구 단계에서 벗어나 자신의 감정이나 생각을 표현하도록 함 • 의사소통을 자발적으로 시작하고 다양한 대화 상대자와 소통이 가능한 단계

36 2016학년도 유아 B 3번 일부

정답

3) 변별하기 단계로 학생이 더 많은 선택권을 가질 수 있도록 그림 간 차이를 변별하도록 한다.

해설

■ 그림교환 의사소통체계의 지도 목적

단계	내용
1단계	그림이나 물건의 교환과 함께 항목이나 활동의 요청이 포함됨
2단계	해당 학생과 의사소통을 위한 공책이나 판, 혹은 그림 사이의 거리가 멀어지고 학생은 그림이나 물건을 찾아 주위에 있는 누군가와 교환함으로써 의도·자발성을 표현하도록 배움
3단계	학생들이 더 많은 선택권을 가질 수 있도록 그림들 간 차이를 변별하도록 함
4단계	그림을 이용하여 문장을 만들어 요청하기를 학습함
5단계	'뭘 원하니?'라는 질문에 대답하기가 포함됨
6단계	질문에 대한 반응에 의견을 말하게 되고, 새로 어휘를 획득하고 자발적인 의견을 말하며 질문에 '예.'나 '아니오.'로 반응할 기회도 있음

37 2019학년도 초등 A 5번 일부

정답

4) ①: ⓐ, 선호하는 것을 얻기 위해 손을 뻗는 것을 이용하여 교환 개념을 가르치기 때문에 아동의 선호도를 파악하고 선호하는 물건으로 교환 개념을 가르친다.

②: ⓔ, 두 가지 이상의 그림을 변별하는 것이 목적이므로, 다른 그림카드를 집었을 때 "우리는 이것을 가지고 있지 않아요."라고 말하면서 적절한 물건의 그림카드를 집도록 촉진한다.

해설

ⓐ 교환 개념 훈련 단계 전에 아동의 선호도를 파악하는 단계가 선행된다.

ⓔ 다른 그림카드를 제시하는 행동에는 보상을 주지 않고, 적절한 카드를 집도록 유도한다.

■ 그림교환 의사소통체계 1단계

단계	내용
1단계 교환개념 지도와 훈련	• 아동이 원하는 것, 즉 아동의 선호도를 파악한다(선호도는 몇 가지 사물을 책상 위에 올려두고 아동이 먼저 집거나 가지고 노는 것, 빨리 사용하는 것이 무엇인지 관찰하여 파악할 수 있음). • 선호도를 파악하는 과정에서 유의할 점은 훈련자가 아동에게 원하는 것이 무엇인지 질문하지 않아야 한다는 점이다. • 훈련자는 아동에게 "뭘 줄까? 네가 원하는 것 좀 보여줘. 이거 줄까?" 등의 말을 하지 않는다. • 훈련자는 질문하지 않고 아동이 좋아할 만한 몇 가지 물건을 제시하고 아동이 선택하는 것을 관찰한다. • 선호하는 것이 무엇인지 확인되면, 훈련자는 아동이 선택한 선호물을 제외한 모든 물건을 치운다. • 훈련자는 아동이 충분히 볼 수 있는 위치에서 선호물을 보여주고, 아동이 선호물을 향해 손을 뻗으려 할 때, 선호물의 그림카드를 아동의 손에 놓는다.
1단계 교환개념 지도와 훈련	• 아동이 그림카드를 손에 쥐고 있을 때, 훈련자(보조자)는 아동이 그림카드를 훈련자가 내민 손에 놓도록 신체적 안내를 한다. • 아동이 그림카드를 훈련자에게 주는 순간 훈련자는 아동에게 즉각적으로 미소를 지으며, 아동이 원하는 것을 주고 "그래, 너는 이거 원했구나? 여기 있어."라고 말한다. • 이 단계는 아동이 원하는 것과 그림카드를 교환한 첫 번째 교환 단계이다. • 훈련자는 그림카드와 아동이 원하는 것을 교환하는 것을 계속하면서 아동이 그림카드를 집는 것에 대해 제공하던 신체적 촉진을 점차 줄여나간다. • 훈련자는 아동이 그림카드를 집을 때마다 손을 벌려 아동이 그 손에 그림카드를 놓을 수 있도록 한다. • 아동이 훈련자가 벌린 손에 그림카드를 집어 놓을 수 있게 되면 훈련자는 손 벌리기 단서를 줄여간다. • 이 단계의 최종 목표는 아동이 테이블 위에 있는 그림카드를 집어서 훈련자에게 주고 원하는 것을 받는 것이다. • 이 단계에서 훈련자는 아동의 앞이나 뒤에 위치한다.

■ 그림교환 의사소통체계 3단계

단계	내용
3단계 그림변별 훈련	• 이 단계에서는 의사소통판에 있는 두 가지 이상의 그림을 변별하는 것을 습득한다. • 이 훈련을 위해 교사는 의사소통판에 아동이 선호하는 것과 선호하지 않는(혹은 중립적인) 2개의 그림카드를 붙이고 아동에게 잘 보일 수 있도록 놓아둔다. • 이 단계에서도 언어적 촉진은 하지 않는다. • 아동이 그림카드를 집어 교사에게 주면 교사는 아동이 원하는 물건과 교환하도록 아동에게 그림카드에 있는 것(예 작은 과자)을 준다. • 아동이 교사가 들고 있는 물건과 다른 그림의 그림카드를 집으려 하면 "우리는 이것을 가지고 있지 않아요."라고 말하면서 적절한 물건의 그림카드를 집을 수 있도록 촉진한다. • 그림변별 훈련 과정에서 아동에게 촉진이나 도움을 제공하여 그림 간의 차이를 변별할 수 있도록 지속적으로 연습할 수 있다. • 기회를 제공하고 연습 회기 중 80% 정도의 정반응을 보일 때까지 계속한다. • 이 단계에서 주의할 점은 그림카드의 위치를 계속 바꿔 아동이 그림카드의 위치를 기억하고 그에 따라 반응하지 않도록 해야 한다. • 아동이 원하는 새로운 그림카드를 계속 추가하여 훈련할 수도 있고 그림의 크기나 색깔을 달리하여 연습할 수도 있다. • 그림 변별에 어려움을 겪는 아동을 위한 팁은 다음과 같다. - 선호하는 그림카드는 눈에 띄게 두고 다른 카드는 그림 없이 검정색으로 색칠한 카드를 놓기 - 좋아하는 그림카드와 잘 모르는 그림카드 놓아두기 - 좋아하는 그림과 좋아하지 않는 그림 놓아두기 - 점차 선호도가 유사한 2개의 카드를 제시하여 그중 정확한 카드 변별하도록 하기

38 2020학년도 유아 A 1번 일부

정답

2) 1. ⓒ, PECS는 그림 언어를 아동의 수준과 치료 단계에 따라 사용한다.

2. ⓔ, 자발적인 교환을 위해 점차 거리를 늘려간다.

해설

ⓒ 언어를 사용하지 못하거나 최소한의 수준으로만 사용하는 학생에게 그림교환 의사소통체계를 이용하는 것의 이점은 융통성이다. 그림교환 의사소통체계가 매우 보편적인 언어인 그림을 이용하기 때문에, 학생은 어떤 상황이든 상대가 누구든 의사소통할 수 있다.

ⓔ 2단계에서 해당 학생과 의사소통을 위한 공책이나 판, 그림 사이의 거리가 멀어지고, 학생은 그림이나 물건을 찾아 주위 누군가와 교환함으로써 의도 · 자발성을 표현하도록 배운다.

39 2009학년도 중등 21번

정답 ④

해설

ㄴ. 통제문은 특정 상황에 의미를 부여하고, 특정 상황을 회상하거나 이에 대한 정보를 적용하는 데 도움을 주기 위해 대상이 진술하는 문장을 말한다. 학생이 특정 상황에서 바람직한 일(정보)을 적용하는 데(나는 가만히 앉아서 기다리기 위해), 도움을 주기 위해 대상이 스스로(퍼즐을 맞춘 후 아버지에게 퍼즐을 다 하였다고) 진술하는 문장이다.

ㄷ. 상황이야기는 사회적 상황과 관련된 분명한 사회적 단서와 적절한 반응을 설명하는 개별화된 인지적 중재 방법이다.

ㅁ. 상황이야기는 학생이 직면하게 될 다양한 상황에 어떻게 반응해야 하는지에 대한 단서와 적절한 반응을 기술해 사회적 인지의 기본적인 이해가 가능하도록 도와주는 인지적 접근 방법이다.

ㄱ. ㉠은 관점문에 해당한다.

ㄹ. 상황이야기는 학생의 행동을 변화시킬 목적으로 쓰인 것이 아니라 사회적 상황과 다른 사람의 관점에 대한 이해를 돕기 위해 사용한다.

40 2013학년도 유아 A 7번

정답

1) ㉠: (사회적) 상황이야기

2) 1. 영미가 다른 친구에게로 간 이유를 알 수 있음

2. 블록놀이를 할 때 여러 색을 사용하여 블록 쌓기를 할 수 있음

3) 특정 상황에서 행동에 대한 긍정적 반응과 반응 범주를 제공한다.

4) 사회적 도해

해설

1) 상황이야기는 자폐 아동이 처한 자연스럽고 일상적인 상황 중에 학생의 혼란을 초래하는 사회적 상황에 대한 설명과 적절한 행동을 기술한 짧은 이야기이다. 자폐범주성장애 학생이 직면하게 될 다양한 상황에서 어떻게 반응해야 하는지에 대한 단서와 적절한 반응을 기술해 사회적 인지의 기본적인 이해가 가능하도록 도와주는 인지적 접근방법이다.

3) ㉡과 같은 문장은 지시문에 해당한다.

4) 사회적 도해는 학생이 사회적 실수를 이해하고 수정하도록 도와주는 사회적 분석법이다.

41 2020학년도 유아 A 1번 일부

정답

3) ①: 상황이야기

②: 친구들도 즐겁게 웃고 있어요.

해설

■ 상황이야기

자폐성장애 학생의 사회화 증진을 위해 사용하는 전략으로, 학생의 행동을 변화시킬 목적으로 쓰인 것이 아니라 사회적 상황과 다른 사람의 관점에 대한 이해를 돕기 위해 쓰인 것이다. 이야기는 사건과 기대를 설명하는 정보를 제공하고 학생의 수준에 따라 삽화가 포함되기도 한다. 모든 상황이야기는 사회적 이해를 돕는 목적으로 작성된다.

42 2021학년도 초등 A 4번 일부

정답

2) ①: 사람들은 차례를 지키는 것을 좋아합니다.

②: 사람들이 바르게 줄을 서서 기다리는 모습의 사진 또는 그림

해설

■ 상황이야기 작성 지침

- 상황이야기에서 묘사하는 사회적 상황과 사회적 단서와 반응은 가능한 한 긍정문으로 구성해야 한다.
- 상황이야기를 구성하는 문장 수준은 개별 학생의 전반적인 인지 능력이나 언어 이해 수준 등에 적합해야 한다. 또한 이미 작성된 이야기를 활용할 경우 아동의 수준에 적절하게 수정하여 사용해야 한다.
- 상황이야기에서 제시하는 정보는 사회적 상황에서 어떤 일이 일어나고 있는지 그럴 때 어떤 행동을 해야 하는지, 다른 사람들의 마음은 어떠한지, 그러므로 나는 어떤 행동을 해야 하는지 등과 같은 구체적이고 명시적인 사회적 정보와 학생이 해야 할 구체적인 사회적 행동이다.
- 이야기의 내용은 학생이 매일 접하는 일상생활과 관련된 내용으로 구성한다.

- 상황이야기는 기본적으로 글자라는 시각적 단서를 활용한다. 더불어 이러한 글로 된 이야기에 대한 이해를 도울 수 있도록 각 이야기에 그림이나 사진을 포함시킬 수 있다. 그림과 사진은 읽기 기술이 부족한 이동에게도 효과적으로 활용될 수 있다. 또한 읽기 능력이 전혀 없는 학생의 경우 그림 자료나 사진 자료만으로 이야기를 구성하여 지도할 수 있다.
- 상황이야기를 구성하는 문장은 1인칭 또는 3인칭 형태로 서술한다.
- 가능한 한 짧은 이야기로 구성하고 각 페이지에 지나치게 많은 정보가 포함되지 않도록 유념한다.
- 학생의 선호도와 흥미가 이야기에 포함되도록 한다.
  ➡ 시각적 지원의 목표는 정보를 강조하거나 요약하고, 흥미를 사로잡고, 이해를 향상시키는 것이어야 한다.

■ 조망문

- 개인의 내적 상태 또는 그들의 지식, 사고, 느낌, 신념, 의견, 동기, 신체적 조건이나 건강을 정확히 참조하거나 묘사하는 진술이다.
- 다른 사람의 마음 상태나 생각, 느낌, 믿음, 의견, 동기, 건강 및 다른 사람이 알고 있는 것에 대한 정보 등에 관련한 정보를 제시한다.

43 2015학년도 유아 A 1번

정답

1) ㉠: 파워카드

2) ①: 공룡을 좋아한다.
   ②: 글자를 읽을 수 있다.

3) 문장의 공통적 기능: 타인의 느낌, 생각에 관해 알려준다.
   문장 유형: 조망문(관점문)

해설

1) 파워카드

적절한 행동이나 사회적 기술을 아동의 관심 영역과 연결시키는 시각적 자극을 기초로 하는 방법으로, 아동이 좋아하는 만화 캐릭터를 이용하여 적절한 행동을 증진시키는 전략이다.

■ 파워카드의 구성

종류	구성
파워카드	• 명함과 같은 작은 크기의 카드로 지갑에 넣어 가지고 다닐 수 있으며 공책이나 사물함 등에 벨크로를 이용하여 붙일 수도 있음 • 카드는 3~5단계 전략으로 구성됨 • 아동의 특별한 관심 영역, 영웅에 대한 내용을 포함함 예 심슨은 백화점에서 좋은 시간을 보내려면 어떻게 해야 하는지 잘 알고 있습니다. 심슨은⋯.
개인용 스크립트	• 아동이 좋아하는 영웅이나 특별한 관심, 아동에게 문제가 되는 행동이나 상황을 이용하여 간단한 대본을 작성하며, 아동의 이해력에 맞도록 구성함 • 잡지 사진, 컴퓨터에서 출력한 사진, 교사나 학생이 그린 그림, 다양한 기호 등과 같은 아동의 특별한 관심과 관련된 사진이나 그림이 포함될 수 있음 • 스크립트는 아동이 좋아하는 영웅이나 모델에 대한 간단한 각본을 포함하는데, 영웅이나 모델은 아동이 경험하는 문제와 유사한 문제를 해결하는 것을 보여줌 • 영웅이나 모델을 위하여 왜 긍정적인 행동이 필요한지에 대한 당위성을 제공함 • 전략이 사용될 때 영웅이 어떻게 성취감을 경험하는지 정확하게 묘사함 • 아동이 새로운 행동을 시도하도록 격려함

2) 파워카드 전략 중재

자폐성장애 학생의 사회적 의사소통 촉진을 위한 시각적 접근방법으로 학생의 특별한 관심영역을 활용하여 사회적 상황에 적합한 스크립트를 지도하는 것이다. 자폐성장애 학생은 사회적 환경에 대한 관심이 부족하여 사회적 상호작용의 동기가 적은 반면 특정 영역에서의 제한된 흥미를 보인다. 비록 일반적인 사회적 환경에 대한 관심은 부족하고 특정 영역에 지나친 관심을 보이지만, 이를 활용하여 학생을 동기화 하면 사회적 의사소통에 참여할 가능성이 높아질 수 있다. 파워카드 전략은 특별한 관심 영역을 강점으로 보고 이를 적극적으로 활용한 강점 중심의 접근방법이다.

3) 상황이야기

자폐성장애 학생의 시각적 인식의 강점을 활용하는 방법으로, 대상의 수준에 맞게 개별화하여 글씨 외에도 사진이나 그림, 실물을 간단한 상징으로 표현한 아이콘 등을 이야기에 포함할 수 있어 읽기 기술이 부족한 아동에게도 적용할 수 있다. 상황이야기 책은 다양한 형태로 제작할 수 있고, 제작하는 데 많은 시간이 소요되지 않으며, 제작 비용이 저렴하여 현장 적용이 수월하다는 장점이 있다.

대상 학생의 특성에 따라 상황이야기 제공 방법을 다양하게 할 수 있다. 읽기를 하지 못하는 학생의 경우 오디오 테이프를 이용할 수 있으며, 중증 자폐성장애 학생에게는 한 면에 하나의 문장이나 그림, 그림 문자, 사진을 사용할 수 있다.

■ 상황이야기의 특징

- 일상적인 상황 중 학생의 혼란을 초래하는 사회적 상황에 대한 설명과 적절한 행동을 기술한 짧은 이야기이다.
- 학생이 직면하게 될 다양한 상황에 어떻게 반응해야 하는지에 대한 단서와 적절한 반응을 기술해 사회적 인지의 기본적 이해가 가능하게 도와주는 인지적 접근방법이다.
- 자폐성장애의 강점인 시각적 인식을 활용하는 방법이다.
- 특정 사회적 상황과 관련된 분명한 사회적 단서와 적절한 반응을 설명해주는 개별화된 인지적 중재 방법이다.

■ 상황이야기 개발 단계

<table>
<tr><td>1단계:
사회적
이야기
주제 선정</td><td>이야기의 주제는 현재 학생이 혼란스러워하거나 부적응하고 있는 구체적인 사회적 상황이어야 한다. 학생의 기능이나 생활연령에 알맞게 교육할 필요가 있다고 판단되는 사회적 기술이나 상황도 주제로 설정할 수 있다.</td></tr>
</table>

<table>
<tr><td>2단계:
관련 정보
수집</td><td>정보의 수집이나 상황은 객관적이고 현실적으로 기술되어야 하며, 관찰 가능한 내용이어야 한다. 수집할 정보는 문제 상황이 언제, 어디서 발생하였고, 누가 이 상황에 관련되었으며, 일상적인 예와 규칙, 사회적 단서, 활동의 시작과 끝에 대한 신호 등이다. 상황의 직접적인 관찰과 더불어 대상 학생의 관련인을 대상으로 면접을 시행한다. 이는 관련 정보의 중요한 출처가 될 수 있다. 목표 상황의 세심한 관찰과 평가가 이야기에 필요한 실제적인 정보를 제공하므로 관찰한 것에 대한 객관적 기록이 중요하다.</td></tr>
</table>

<table>
<tr><td>3단계:
정보 분석
및
상황 선정</td><td>학생이 어려움이나 문제를 보이는 상황을 선정한다. 학생별로 어려움에 따라 초점을 다르게 한다. 같은 사건·상황을 일반인은 똑같이 생각한다 할지라도 학생이 다른 방향에서 바라본다면 이야기의 내용도 학생의 시각에 따라 작성해야 한다. 학생의 입장, 사고체계, 시각을 살피는 것이 중요하다.</td></tr>
</table>

<table>
<tr><td rowspan="9">4단계:
상황이야기
문장 구성</td><td colspan="2">관찰을 통해 설정된 사회적 상황, 타인에 대한 인식, 자폐성장애 학생이 어떻게 반응을 해야 하는지에 대한 상황이야기를 문장으로 구성한다. 설명문, 지시문, 조망문 중심으로 구성되며 보다 높은 수준에서는 협조문, 통제문, 미완성문도 포함된다. 학생이 해야 하는 행동을 기술하는 지시문은 하나의 상황이야기 내에 전체 문장 10개 중 1문장 정도가 적당하다. 장애 정도가 심각할수록 지시문의 수가 적은 것이 좋다.</td></tr>
<tr><td>설명문
(진술문)</td><td>• 육하원칙에 해당하는 질문의 답 제공
• 정확하고 객관적인 정보를 제시</td></tr>
<tr><td>지시문</td><td>• 특정 상황에서 행동에 대한 긍정적 반응과 반응 범주를 자연스럽게 제공하는 것
• 대상이 할 수 있는 행동을 구조화하여 제시</td></tr>
<tr><td>조망문
(관점문)</td><td>다른 사람의 느낌, 생각, 신념에 관한 견해를 언급하는 것</td></tr>
<tr><td>협조문</td><td>다른 사람이 대상자에게 어떻게 도움을 줄 수 있는지를 제시</td></tr>
<tr><td>통제문</td><td>특정 상황에 의미를 부여하고 특정 상황을 회상하거나 이에 대한 정보를 적용하는 데 도움을 주기 위해 대상이 진술하는 문장</td></tr>
<tr><td>확정문
(보충문)</td><td>주요 개념의 구분을 돕기 위해 사용</td></tr>
<tr><td>미완성문</td><td>다음에 어떤 일이 일어날지를 예측하게 하는 것으로 다른 사람의 반응과 이에 대한 자신의 반응·느낌을 추측하는 문장</td></tr>
</table>

44 2019학년도 초등 B 6번 일부

정답

2) ㉡: 아동의 특별한 관심
　㉢: 스크립트(시나리오)

해설

■ 파워카드 전략

아동의 특별한 관심을 사회적 상호작용 교수에 포함시키는 시각적 지원 방법이다. 사회적 상황과 일상적 일과의 의미, 언어의 의미를 알려주며 일상적 일과, 기대되는 행동, 다른 사람의 마음이해 방법, 잠재적 교육과정으로 알려진 일상생활 중 하면 안 되는 일과 해야 할 일을 지도할 때 효과적이다.

■ 파워카드 전략의 요소

- **간단한 시나리오**: 학생이 영웅시하는 인물이나 특별한 관심사, 학생이 힘들어하는 행동이나 상황에 관련된 간략한 시나리오를 작성한다. 시나리오는 대상 학생의 인지 수준에 맞게 작성한다. 시나리오와 더불어 특별한 관심사에 해당하는 그림을 포함한다.
- 첫 문단에 영웅이나 롤 모델이 등장하여 문제 상황에 대한 해결이나 성공 경험을 제시한다. 두 번째 문단에는 3~5단계로 나눈 구체적인 행동을 제시하여 새로운 행동을 습득할 수 있도록 한다.
- **명함 크기의 파워카드**: 특별한 관심 대상의 작은 그림과 문제행동이나 상황에 대한 해결 방안을 제시한다. 파워카드는 학생이 습득한 행동을 일반화하는 방안으로도 활용될 수 있다. 파워카드는 지갑이나 주머니에 넣고 다니거나 책상 위에 두고 볼 수 있도록 한다.

45 2020학년도 중등 A 5번 일부

정답

- ㉠: 인지
- ㉡: 가수 E가 친구의 기분을 고려하여 말하는 상황을 제시한다.

해설

■ 파워카드

아동의 특별한 관심을 사회적 상호작용 교수에 포함시키는 시각적 지원 방법이다.

■ 파워카드 전략의 요소

- **간단한 시나리오**: 학생이 영웅시하는 인물이나 특별한 관심사, 학생이 힘들어하는 행동이나 상황에 관한 간략한 시나리오를 작성한다. 시나리오는 대상 학생의 인지 수준으로 작성한다. 간략한 시나리오와 더불어 특별한 관심사에 해당하는 그림을 포함한다.
- 첫 문단에서 영웅이나 롤 모델이 등장하여 문제 상황 해결이나 성공 경험을 제시한다. 두 번째 문단에서는 3~5단계로 나눈 구체적인 행동을 제시하여 새로운 행동을 습득할 수 있도록 한다.

- 명함 크기의 파워카드: 특별한 관심 대상에 대한 작은 그림과 문제행동이나 상황에 대한 해결 방안을 제시한다. 파워카드는 학생이 습득한 행동을 일반화하기 위한 방안으로도 활용될 수 있다. 파워카드는 지갑이나 주머니에 넣고 다니거나 책상 위에 두고 볼 수 있도록 한다.

46 2018학년도 중등 B 2번 일부

정답

- ㉡: 사회적 상황이야기
- ㉢: 지시문, 학생이 할 수 있는 행동을 기술하는 문장이다.
- ㉣: 짧은 만화대화, 사회적 상황에 대한 생각, 동기, 믿음을 명시적인 글과 그림으로 표현하여 자폐성장애 학생의 사회적 상황에 대한 이해 능력을 향상시킨다.

해설

■ 코칭문 유형

유형	내용	예시
청자 코칭문	이야기를 듣는 학생이 할 수 있는 행동이나 반응을 제안하며, 기존의 지시문에 해당함	쉬는 시간에 나는 그림을 그리거나 책을 읽거나 조용한 활동을 할 수 있습니다.
팀원 코칭문	양육자가 교사와 같은 팀 구성원이 학생을 위해 할 수 있는 행동을 제안하거나 떠올리도록 하며, 협조문에 해당함	우리 엄마는 나에게 수건 접는 방법을 알려주실 것입니다.
자기 코칭문	학생이 부모나 교사와 함께 이야기를 검토하면서 학생이 이야기 구성에 참여하며, 학생의 주도권을 인정하고 스스로 이야기를 회상하며 다양한 시간과 장소에서 이야기의 내용을 일반화하도록 도우며, 기존의 통제문에 해당함	선생님이 "눈과 귀를 교실 앞에 두어라."라고 하시면 나는 선생님이 하시는 말씀을 잘 듣고 선생님의 행동을 잘 보라는 것을 뜻하는 것으로 이해하고 그것을 지키려고 노력하겠습니다.

■ 설명문 유형

유형	내용	예시
설명문	관찰 가능한 상황적 사실을 설명하는 문장과 사실에 관련한 사회적인 가치나 통념에 관련한 내용을 제시함	**사실 설명**: 용돈은 나에게 필요한 것을 살 수 있도록 부모님께서 주시는 돈입니다. **사회적 가치 및 통념**: 용돈을 아끼기 위해 필요한 물건만 구입하는 것은 매우 현명한 일입니다.
조망문	다른 사람의 마음 상태나 생각, 느낌, 믿음, 의견, 동기, 건강, 다른 사람이 알고 있는 것에 대한 정보 등을 제시함	**다른 사람이 알고 있는 것에 대한 정보**: 내 친구는 나에게 무엇이 필요한지 알고 있습니다. **느낌과 생각**: 우리 부모님은 내가 맛있는 음식을 골고루 먹을 때 매우 기뻐하십니다.
긍정문	일반적인 사실이나 사회적 규범이나 규칙 등과 관련한 내용을 강조하기 위한 문장으로 '확정문', '강조문' 등으로도 불림	도서관에서 친구에게 꼭 해야 할 말이 있을 때는 아주 작은 목소리로 말할 것입니다. <u>그것은 매우 중요합니다.</u> 친구의 물건을 사용하고 싶을 때는 친구의 허락을 받은 후에 사용할 것입니다. <u>이것은 매우 중요합니다.</u>

■ 짧은 만화대화

❶ 자폐성장애 학생이 어려워하는 사회적 상황에 대한 이해, 다른 사람의 생각과 믿음, 동기와 같은 다른 사람의 마음이해를 지원하는 수단으로 사용된다. 2명의 대화 상대자를 그림으로 표현하고 그림 속의 주인공이 자신의 생각과 동기, 믿음 등을 명시적인 그림과 글로 표현하여 사회적 상호작용 능력과 적응 능력을 지원한다.

❷ 적용 방법

- 8컷 이하의 매우 짧은 만화 형식을 사용한다. 만화는 자폐성장애 학생의 강점 영역인 시각적 정보와 학생이 좋아하는 만화 형식을 이용하여 보다 적극적으로 참여하게 한다.
- 학생과 의사소통 대상자가 서로 그림을 그리면서 대화 상황을 생각할 수 있도록 돕는다.
- 짧은 만화대화는 학생을 잘 알고 신뢰관계가 형성된 부모와 전문가가 사용할 수 있다.
- 칠판이나 종이 등과 같이 일상적으로 접하는 도구를 활용하여 그림을 그릴 수 있다.
- 짧은 만화대화를 하는 동안 정서를 표현하기 위하여 색깔을 활용할 수 있다. 빨간색은 화가 났다거나 초록색은 기분이 좋다거나 하는 상황을 표현할 수 있다.
- '대화 상징 사전'과 '사람 상징 사전' 같은 상징을 이용하여 그림을 그리고 이야기를 나눈다. 상징 사전은 개인의 필요에 따라 재구성하거나 새롭게 개발할 수 있다.

47 2011학년도 초등 21번

정답 ⑤

해설

ㄹ. 파워카드로 영두가 긍정적 행동을 하게 유도한다.

ㅁ. 아스퍼거장애는 사회적 상호작용의 질적인 손상, 제한적 · 반복적 · 상동적인 행동, 관심 및 활동, 사회적응의 손상, 지연되지 않은 언어, 지연되지 않은 인지, 자조 기술 및 적응 행동을 나타낸다.

ㄱ. 아스퍼거장애를 비롯한 자폐성장애를 가진 사람은 추상적 개념이나 비유적 표현, 상징적 표현을 이해하기 어렵다.

ㄴ. 폭언과 폭행 상황을 묘사하여 만화를 그리도록 하여 상황을 이해하는 것은 연재만화 대화(화술)에 해당한다.

ㄷ. 영두가 실천해야 할 바람직한 행동에 대해 지속적인 관심과 강화를 제공한다.

48 2020학년도 초등 B 6번 일부

정답

3) 촉각에 대한 자극을 피한다.

4) ①: 다음에 실수를 하지 않기 위한 계획은 무엇인가?

②: 미리 예측이 가능하기 때문이다.

해설

3) 아주 낮은 역치를 가진 사람은 경험하는 모든 감각이 다 등록되며 이들이 편안하게 느끼는 것보다 더 많은 감각자극이 등록된다. 따라서 낮은 역치를 가진 사람은 자극의 유입을 피하고, 성인의 경우 전형적인 역치나 높은 역치를 지닌 사람보다 많은 불안과 우울을 경험한다.

4) 사회적 도해

경도장애 학생이 자신의 행동에 나타난 사회적 실수를 이해하도록 돕는 성인개입 전략 중 하나이다. 이 방법은 회고적 형식을 취한다. 학생과 교사는,

- 실수를 하게 된 주변 환경에 대해 기술하고,
- 사회적 실수가 무엇인지 판별하며,
- 사회적 실수로 인해 상처를 받았을 사람을 찾아보며,
- 문제해결책을 고려하고,
- 같은 실수를 하지 않기 위한 계획을 함께 수립한다.

■ 시간의 구조 확립

교실의 물리적 구조(공간적 지원)는 해당 공간에서 무엇을 할지에 대한 기대를 전달하고 적절한 행동을 지원하며, 시간적 구조(시간적 지원)는 학습 동기와 가능성에 영향을 미친다. 이는 시간이 어떻게 사용되는지를 의미한다.

자폐성장애 학생은 일상에서 벗어나거나 예측이 어렵거나 혼란스러울 때 심리적 불편감을 심하게 느끼며 학습 등의 일상적인 활동에 참여하는 데 어려움을 보인다. 시간이 어떻게 사용되는지에 관한 정보를 제공하는 시간 구조화는 일과를 예상할 수 있도록 지원해주고 심리적 불안을 완화하여 학습 동기와 가능성을 높일 수 있다. 또한 활동에 걸리는 시간, 활동의 변화와 순서, 해야 할 활동에 대한 묘사, 시작과 끝에 대한 안내, 활동의 전환 안내 등을 제공한다.

예상할 수 있는 일과를 확립하는 것은 심리적 불안을 일부 완화시켜줄 수 있고 학생이 학습에 더 집중하게 만들어줄 수 있다. 예측 가능한 일과의 확립은 궁극적으로 융통성 능력을 촉진하게 된다.

49 2018학년도 초등 A 4번 일부

정답

1) 비디오 모델링

해설

■ 비디오 모델링

학생이 수행해야 하는 바람직한 행동을 비디오를 통해 시범을 보이는 기법으로, 대상자는 비디오 시범을 보고 난 뒤 제시된 시범 행동을 모방한다. 비디오 모델링의 시범자는 또래, 성인, 대상자 자신이 될 수 있다. 대상자 자신이 시범자인 모델이 되는 경우는 '비디오 자기 모델링'이라고 한다.

50 2019학년도 유아 B 3번 일부

정답

3) 모델링

해설

모델링은 학생이 타인을 관찰하면서 나타내는 감정, 행동, 사고의 변화를 말한다.

51 2020학년도 유아 B 1번 일부

정답

2) 1. 민수가 가영이를 좋아한다.
2. 가영이는 민수와 같은 동년배로 나이가 비슷하며, 민수보다 난타를 잘한다.

해설

■ 최적의 모델이 갖는 특성

- **관찰자와 모델의 연령과 특성의 유사성**: 모델과 관찰자의 인종, 나이, 태도, 사회적 배경 등이 비슷한 경우
- **문제의 공유성**: 자신과 비슷한 관심과 문제를 가지는 경우
- **능력의 우월성**: 모델이 관찰자보다 더 큰 자신감을 보이는 경우

52 2009학년도 초등 4번

정답 ⑤

해설

㉡ 중심축반응 훈련은 일반적인 환경에서 기능수행과 자극에 대한 반응성을 높이는 기술을 지도하는 것이 목적이므로, 자연적 환경에서 발생하는 다양한 학습 기회와 사회적 상호작용에 반응하도록 지도한다.

㉢ 중심축반응 훈련은 학습한 행동의 일반화를 강조한다.

㉣ 중심축 행동으로는 동기, 복합단서, 자기주도반응, 자기관리 등이 있다.

㉠ 사회적 상황이야기에 대한 설명이다.

53 2013학년도 초등 B 5번 일부

정답

3) 1. ㉤, 세희가 질문에 반응하려 시도할 때에도 강화를 제공한다.
2. ㉦, 중심축반응 훈련은 목표기술의 일반화를 위한 교수법이다. 하나의 단서와 자극에만 반응하는 것이 아니라 여러 복합단서에 반응을 할 수 있도록 환경을 구조화한다.

해설

■ 중심축반응 훈련

❶ 목표

- 아동이 자연적 환경에서 발생하는 다양한 학습 기회와 사회적 상호작용에 반응하도록 한다.
- 중재 제공자의 지속적인 감독 필요성을 줄인다.
- 아동을 자연적 환경에서 분리하는 서비스를 감소시킨다.

❷ 주요 교수전략

중심축 반응	중재 및 예시
동기	• 아동에게 선택권 제공 - 아동이 과제의 순서를 선택한다. - 아동이 쓰기 도구를 선택한다. • 다양한 과제 제시 - 쉬는 시간을 자주 가져 과제의 양을 다양하게 한다. - 학생의 반응과 다음 지시까지의 시간을 줄여 과제의 속도를 수정한다. • 시도에 대해 강화 - 질문에 대한 모든 응답을 말로 칭찬한다. - 숙제와 다른 과제에 대해 칭찬의 글을 써준다. • 자연스러운 강화 - 시간 말하기를 배울 때, 아동이 좋아하는 활동의 시간을 배우게 한다.
복합 단서	• 복합단서 학습과 반응을 격려 - 미술시간에 종이, 크레용, 연필 등을 다양하게 준비하고 아동이 좋아하는 것을 요구하게 한다. - 이야기 시간에 아동이 복합단서를 사용하여 답할 수 있는 질문을 한다.
자기 주도 반응	• 질문하는 것 지도 - 시간과 물건의 위치와 관련하여 질문하기와 같은 정보-탐색 시도를 가르친다.
자기 관리	• 자신의 행동을 식별하고, 발생한 행동과 아닌 행동의 기록 방법 교수 - 아동이 이야기 시간에 조용히 앉아서 책장을 넘길 때, 종이에 표시하도록 한다. - 교실에서 과제를 하는 동안에 과제행동을 자기평가할 수 있도록 알람시계를 사용하게 한다.

54 2017학년도 초등 B 6번 일부

정답

2) ①: 하나의 단서를 제공하는 것이 아니라 색깔과 도구를 포함한 여러 차원의 단서를 제공한다.

②: 빨간색 테이프 주세요.

해설

■ 복합단서 학습과 반응 격려

- 미술시간에 종이, 크레용, 연필 등을 다양하게 준비하고 아동이 좋아하는 것을 요구하게 한다.
- 이야기 시간에 아동이 복합단서를 사용하여 답할 수 있는 질문을 한다.

55 2017학년도 유아 A 2번 일부

정답

2) ㉢: 중심축반응 훈련

3) ㉣: 동기

4) 민수가 원하는 것(요구하는 것)을 가르친다.

해설

4) 중심축반응 훈련의 지도전략

중심축 반응	중재 및 예시
동기	• 아동에게 선택권 제공 - 아동이 과제의 순서를 선택한다. - 아동이 쓰기 도구를 선택한다. • 다양한 과제 제시 - 쉬는 시간을 자주 가져 과제의 양을 다양하게 한다. - 학생의 반응과 다음 지시까지의 시간을 줄여 과제의 속도를 수정한다. • 시도에 대해 강화 - 질문에 대한 모든 응답을 말로 칭찬한다. - 숙제와 다른 과제에 대해 칭찬의 글을 써준다. • 자연스러운 강화 - 시간 말하기를 배울 때, 아동이 좋아하는 활동의 시간을 배우게 한다.
복합 단서	• 복합단서 학습과 반응을 격려 - 미술시간에 종이, 크레용, 연필 등을 다양하게 준비하고 아동이 좋아하는 것을 요구하게 한다. - 이야기 시간에 아동이 복합단서를 사용해서 답할 수 있는 질문을 한다.
자기 주도 반응	• 질문하는 것 지도 - 시간과 물건의 위치와 관련하여 질문하기와 같은 정보-탐색 시도를 가르친다.
자기 관리	• 자신의 행동을 식별하고, 발생한 행동과 아닌 행동의 기록 방법 교수 - 아동이 이야기 시간에 조용히 앉아서 책장을 넘길 때, 종이에 표시하도록 한다. - 교실에서 수학이나 다른 과제를 하는 동안에 과제행동을 자기평가할 수 있도록 알람시계를 사용하게 한다.

56 2019학년도 중등 B 7번 일부

정답

• ㉢: 여러 가지 활동 중 아동이 선택하여 활동할 수 있도록 한다.

㉣: 정확한 답을 말하기보다 질문에 대답하려는 시도에 강화를 해준다.

• ㉤: 조리도구의 용도를 모를 때 선생님께 질문하는 방법을 가르친다.

해설

■ 중심축반응 훈련

❶ 동기

아동에게 선택권 제공	• 아동이 과제의 순서를 선택함 • 아동이 쓰기 도구를 선택함
다양한 과제 제시	• 쉬는 시간을 자주 가져 과제의 양을 다양하게 구성함 • 학생의 반응과 다음 지시 간의 시간을 줄여 과제의 속도를 수정함
시도에 대해 강화	• 질문에 대한 모든 응답을 말로 칭찬함 • 숙제와 다른 과제에 대해 칭찬의 글을 써줌
자연스러운 강화	시간 말하기를 배울 때, 아동이 좋아하는 활동의 시간을 배우게 함

❷ 자기주도

질문하는 것 지도	시간과 물건의 위치와 관련하여 질문하기와 같은 정보-탐색 시도를 가르침

57 2011학년도 중등 8번

정답 ④

해설

(가) '자연스러운 상황', '사회적 의사소통 기술', '문제행동의 예방', '사회적 기술로 확장'은 중심축반응 훈련과 관련 있다.

(나) '문제행동과 동일한 기능, 수용 가능한 교체 기술'은 기능적 의사소통 훈련과 관련 있다.

(다) '문제행동에 대한 반응적 중재'는 교수적 접근, 소거, 차별강화와 관련 있다.

58 2013학년도 유아 추시 A 7번 일부

정답

2) ㉡: 자극제시

㉢: 피드백

해설

■ 비연속 시행훈련

훈련	내용
주의집중	개별시행을 시작하기 위해 학생의 주목을 끎
자극 제시	변별 자극을 제시하며 "이것 해라.", "이게 뭐지?"와 같은 간략하고 분명한 지시 또는 질문을 하는데, 자극을 제시할 때는 한 번에 너무 많은 정보를 포함하지 말고 학생이 해야 할 행동을 구체적으로 분명하게 제시함
촉진	자극의 제공과 동시에 또는 직후에 바로 교사는 학생이 변별 자극에 올바르게 반응하도록 지원함
반응	교사의 자극에 학생이 정확한 또는 틀린 반응을 함
후속자극, 피드백	학생이 정확한 반응을 하면 교사는 즉시 칭찬, 안아주기, 음식물, 장난감, 활동 등의 강화제를 제공하고, 학생의 반응이 틀리면, 교사는 "아니야."라고 말하거나 다른 곳을 보거나 교재를 치우거나 틀렸다는 신호를 줌
시행 간 간격	후속자극을 제시한 후에 교사는 대략 1~5초 정도의 간격을 두고 다음 개별 시행의 단서를 제공함

59 2013학년도 중등 추시 A 2번 일부

정답

2) ㉠: 간격시도 교수는 교사가 교수를 시행한 다음, 또 다시 교수를 제공하기 전에 휴식기를 제공하는 것이다.

㉡: 분산시도 교수는 교사가 하루 일과 전반에 걸쳐 목표행동에 대한 교수를 전달할 때 발생하며, 목표행동과 목표행동 사이에 다른 활동을 함께 교수하는 방법이다.

해설

■ 시행 간 간격

유형	내용	
집중 시행	교사는 같은 반응을 끌어내고자 같은 차별자극을 연속하여 사용함	
	장점	기술을 빨리 가르치는 데 효과적임
	단점	정보를 빨리 잃어버리는 경향, 연속해서 같은 반응을 여러 번 요구했을 때 불순종, 공격행동 등이 나타날 수 있음
분산 시행	시행을 훈련 회기 동안에 분산함	
	장점	학습한 반응은 시간이 지나도 유지함
	단점	학습이 오래 걸릴 수 있음
집단 시행	• 학생은 동일한 과제를 받고, 교사는 질문을 권유함 • 교사는 학생에게 첫 번째 질문의 대답을 요구함(관심을 얻고, 차별 자극을 제시) • 교사는 정확한 대답을 알고 있음 • 교사는 틀린 대답을 수정하고, 다른 학생을 불러 대답하도록 함(반응과 후속결과를 제공함) • 다른 학생에게 다음 질문에 대답하도록 요구함	
	장점	스포트라이트의 공유, 타인으로부터 배우는 것을 허용, 모델링으로 얻는 이익을 허용
	단점	• 학생에게 직접 질문하지 않으면 주의를 기울이지 않음 • 일부 학생은 다른 사람이 하는 것을 이해하지 못해서 모델링을 배우지 못함

60 2015학년도 초등 B 4번 일부

정답

1) ㉠: 자극 제시

㉡: 공간 촉구, 자극 내 촉구

3) 다른 환경으로 일반화시키기가 어렵다.

해설

1) 자극촉구

정확한 반응을 더욱 촉진하고자 변별자극을 변화 · 증가하거나 변별자극 관련 단서를 주는 것이다.

자극 내 촉구	아동의 바람직한 반응을 유발하고자 변별자극을 변화시켜 제공하는 촉구이다. 예를 들어, 책상 위의 그림카드 3장(사자, 수박, 기차)을 제시하고, "사자 그림 주세요."라고 지시하면서, 유아가 쉽게 목표 그림카드를 집어줄 수 있도록 유아의 손과 좀 더 멀리 떨어진 곳에 제시하는 것이다. 변별자극의 위치를 다른 자극과 다르게 제시하는 것으로 변화시켰다. 다른 예로, '할머니'와 '어머니'의 낱말 카드를 제시하고, "할머니 낱말 카드 주세요."라는 지시를 할 때, '할머니'는 '어머니'보다 진하고 크게 써서 제시할 수 있다. **할머니** 어머니
자극 외 촉구	다른 자극을 추가하거나 변별자극에 대한 단서를 주는 것을 가외 자극 촉구라고 한다. 예로는 수학 시간에 연산 1단계의 '구체물 가르기와 모으기'를 지도할 때, 여러 개의 사과와 두 개의 접시를 주면서 사과를 나누라고 지시하면서 아동에게 여러 개의 사과가 한 접시에 있는 그림과 두 접시에 나눠 담은 사과 그림을 함께 주는 경우다.

■ 교사의 촉진 종류 및 적용방법

	방법	적용의 예
언어적 촉진	아동이 주어진 과제를 수행하도록 지원하는 단순한 설명	손을 씻기 위해 수도꼭지의 손잡이를 잘못된 방향으로 돌리고 있는 아동에게 "다른 쪽으로 돌려봐."라고 말함
시범 촉진	아동이 목표 행동을 수행할 수 있을 때 주어지는 방법으로, 언어나 몸짓, 또는 두 가지를 함께 사용	한쪽 운동화를 신겨 주면서 "이쪽은 선생님이 도와줄테니 저쪽은 네가 혼자 신어 봐."라고 말함
신체적 촉진	과제를 수행하게 신체적으로 보조해주는 방법으로 부분 또는 완전한 형태로 주어짐	식사 시간에 숟가락을 사용하도록 팔꿈치에 가만히 손을 대고 있거나(부분적 촉진), 숟가락을 잡은 손을 붙들고 음식을 먹도록 움직여 줌(완전한 신체적 촉진)
공간적 촉진	아동의 행동 발생 가능성을 높이고자 사물을 특정 위치(예 과제 수행을 위해서 필요한 장소, 아동에게 더 가까운 장소)에 놓는 방법	손을 씻을 때 수건을 세면대 가까이에 가져다 놓음
시각적 촉진	그림, 사진, 색깔, 그래픽 등의 시각적인 단서를 사용하는 방법	아동들의 사물함이나 소유물에 아동마다 고유한 색깔로 표시하거나, 손 씻는 순서를 사진으로 붙여 놓음
단서 촉진	언어, 몸짓으로 하는 촉진이며 과제 수행의 특정 측면에 대한 직접적인 관심을 유도하는 방법으로, 이때 사용되는 단서는 자극이나 과제를 가장 잘 대표할 특성이어야 함	교사가 손가락으로 숟가락을 가리키면서 "자, 식사 시간이다."라고 말함(식사의 특성을 가장 잘 나타내는 숟가락을 사용해서 독립적인 식사 기술을 촉진)

3) 교사가 매우 엄격하게 통제된 학습 환경을 만들기 때문에 학생은 DTT에서 획득한 기술을 다른 환경으로 전이시키지 못할 수 있다. 학생이 기술을 새로운 환경으로 일반화하는 데 보다 효과적이고 교사도 학생에게 단서를 제시하는 부담이 보다 적은 우발교수, 또래 시범, 시각적 일과표 등의 방법을 함께 활용하는 게 좋다.

61 2017학년도 중등 B 3번

정답

㉠: 비연속 시행 훈련

㉡: 부정확한 반응이나 무반응을 보일 때, 지시에 반응하도록 촉구를 제공한다.

㉢: 우발교수

㉣: 일반화가 촉진되며, 사회적 시작행동이 근본적인 구성요소로 포함되며 부모들이 일상적인 일과 중에 쉽게 활용할 수 있다.

해설

㉡ 교사는 학생 반응에 따라 후속결과를 제공한다. 반응이 정확하다면, 피드백으로 강화를 제공한다. 학생이 부정확한 반응을 보이거나 무반응을 보이면, 지시에 반응하도록 촉구함으로써 피드백으로 오류를 수정한다.

62 2012학년도 중등 25번

정답 ①

해설

학생 A는 타인과의 의사소통에 어려움이 있고, 자발적으로 언어표현을 시도하는 경우가 드물기 때문에 '환경중심 언어중재'를 적용하여 의사소통 능력을 향상시킬 수 있다.

학생 B는 특정한 활동에 요구되는 상황적 언어를 논리적인 순서에 따라 말하는 데 어려움이 있으므로 '스트립트 활용 언어중재'를 적용하여 의사소통 능력을 향상시킬 수 있다.

63 2019학년도 초등 B 6번 일부

정답

3) 모델링이 직접적인 언어적 자극을 제공하는 데 반해, 요구모델은 간접적인 언어적 자극을 제공한다.

해설

요구모델 절차는 처음부터 시범을 보이는 것이 아니라, 질문, 선택, 요구하기의 형태로 비모방적인 구어 촉진을 한다는 점에서 모델링과 다르다.

64 2019학년도 중등 A 13번

정답

- ㉠: 아동에게 새로운 보드게임을 사용설명서 없이 제공한다.
  ㉣: 라면 스프를 제공하지 않는다.
- ㉡: 공동관심 반응하기
  ㉤: 공동관심 시작하기
  ㉢: 교사가 보드게임을 가리키자, 학생은 교사가 가리킨 보드게임을 바라본다.
  ㉥: 학생은 라면을 지적하며 스프가 없다는 것을 표현하며, 교사는 가리키는 곳을 함께 바라본다.

해설

■ 공동관심 기술

유형	기술	정의
공동관심 시작하기	협동적인 공동주시	아동은 성인과 사물을 번갈아 쳐다보고 관심을 공유하기 위해서 다시 성인을 바라본다(이러한 행동은 사물을 보고 성인을 본 후에 다시 사물을 보는 반대 순서로 행해질 수도 있음). 이러한 몸짓은 '저거 봐, 재미있는데!'라는 뜻이다.
	보여주기	아동은 손에 놀잇감을 들고 관심을 끌기 위해서 성인 앞에 들고 보여준다. 아동은 성인에게 놀잇감을 주지는 않는다. 이러한 몸짓은 '내가 뭐 가졌는지 봐!'를 의미한다.
	공유하기 위해 건네주기	아동은 놀잇감에 대한 도움을 얻기 위해서가 아니라 단순히 공유하기 위해서 성인에게 놀잇감을 준다. 이러한 몸짓은 '여기 놀잇감이 있으니까 너도 놀아도 돼!' 또는 '네 차례야!'라는 뜻이다.
	가리키기	아동은 단순히 성인의 관심을 흥미로운 어떤 것으로 이끌기 위해 사물을 가리킨다. 아동은 성인이 놀잇감에 대해 행동하기를 원하지 않는다. 이러한 몸짓은 '저거 봐요! 재미있어요.'라고 의사소통하는 것이다.
공동관심 반응하기	가리키는 곳 따르기	성인이 사물을 가리킨 후에 아동은 가리킨 곳을 따라 동일한 사물을 바라보는 것으로 반응한다.
	시선 따르기	아동은 성인이 바라보고 있는 것으로 성인의 시선을 따른다.

NOTE

해커스임용

설지민 특수교육학 영역별 이론+기출문제 2

개정 2판 1쇄 발행	2021년 7월 12일
지은이	설지민
펴낸곳	해커스패스
펴낸이	해커스임용 출판팀
주소	서울시 강남구 강남대로 428 해커스임용
고객센터	02-566-6860
교재 관련 문의	teacher@pass.com 해커스임용 사이트(teacher.Hackers.com) 1:1 고객센터
학원 강의 및 동영상강의	teacher.Hackers.com
ISBN	979-11-6662-474-2(13370)
Serial Number	02-01-01